翻譯名義集校注

The Collation and Annotation of *Fanyimingyiji*

〔宋〕法雲 撰　富世平 校注

圖書在版編目(CIP)數據

翻譯名義集校注/(宋)法雲撰;富世平校注. —北京:中華書局,2020.11
(國家社科基金後期資助項目)
ISBN 978-7-101-14802-2

Ⅰ.翻…　Ⅱ.①法…②富…　Ⅲ.佛教-詞典　Ⅳ.B94-61

中國版本圖書館 CIP 數據核字(2020)第 196438 號

書　　名	翻譯名義集校注
撰　　者	〔宋〕法　雲
校 注 者	富世平
叢 書 名	國家社科基金後期資助項目
責任編輯	鄒　旭
出版發行	中華書局
	(北京市豐臺區太平橋西里 38 號　100073)
	http://www.zhbc.com.cn
	E-mail:zhbc@ zhbc.com.cn
印　　刷	北京瑞古冠中印刷廠
版　　次	2020 年 11 月北京第 1 版
	2020 年 11 月北京第 1 次印刷
規　　格	開本/710×1000 毫米　1/16
	印張 45¼　插頁 2　字數 580 千字
國際書號	ISBN 978-7-101-14802-2
定　　價	158.00 元

國家社科基金後期資助項目出版説明

後期資助項目是國家社科基金設立的一類重要項目,旨在鼓勵廣大社科研究者潛心治學,支持基礎研究多出優秀成果。它是經過嚴格評審,從接近完成的科研成果中遴選立項的。爲擴大後期資助項目的影響,更好地推動學術發展,促進成果轉化,全國哲學社會科學工作辦公室按照"統一設計、統一標識、統一版式、形成系列"的總體要求,組織出版國家社科基金後期資助項目成果。

全國哲學社會科學工作辦公室

目　録

前　言

　　翻譯名義集七卷，六十四篇，宋法雲編撰，是一部重要的佛教辭書。此書主要匯集佛教經、律、論中的梵語音譯詞，引用佛典尤其是天台宗著述，做了系統而又較爲詳備的解釋。無論是對研讀佛教經典，還是瞭解佛教文化，都能提供極大的方便。

一

　　法雲的生平，主要見之於元大德五年（一三〇一）釋普洽據法雲弟子文辯大師撰寫的行狀刪定而成的蘇州景德寺普潤大師行業記。此外，佛祖統紀卷一五諸師列傳第六之五清辯齊法師法嗣中，也有法雲的簡略記載。然其所述內容，不出普洽之行業記的範圍。故今據行業記，略述法雲的履歷如次：

　　法雲，字天瑞，俗姓戈，號無機子，世居長洲（今江蘇蘇州）彩雲里。生於北宋元祐三年（一〇八八）。五歲辭親，九歲剃髮，二十歲受具足戒。紹聖四年（一〇九七），從通照法師學習天台教，後又從天竺敏法師諦受玄談，最後得法於南屏清辯法師。政和七年（一一一七），應安道禮請住持松江大覺教寺，薦錫“普潤大師”號。凡八年間，反復講法華、金光明、涅槃、淨名等經，聽衆極多，所謂“學者輻輳，如川東之”。後因其母年邁，遂謝絕諸事歸里，在祖墳築廬曰“藏雲”，侍養報恩。此間前來問道者，“盈諸戶外”。並造西方三聖像，廣化衆生。紹興十四年（一一四四），寺僧請歸，十五年（一一四五），與諸徒弟迎像入寺。效法廬山慧遠，組織各種念佛講經的法會，慕名聽法者絡繹不絕。紹興二十八年（一一五八）九月二十八日（或云“二十一日”）卒，年七十一。

　　法雲“博通經史，囊括古今”，編撰著述有翻譯名義集、注解金剛經、心經疏鈔、息陰集和劫波圖〔一〕等。然大多無存，今可見者，僅翻譯名義集矣。根據法雲在本書卷一開頭的序言，此書初稿編撰完成於紹興十三年(一一四三)。其叙及編撰的過程，有云“時將二紀”，則此書的編撰應始於宣和(一一九——一二五)初年。初稿編撰完成之後，他又做了續補，不僅充實了部分詞條的釋義，還增加了一些條目。續補工作結束的時候，他滿心喜悦地説：“編至此時，六十四歲，幸目未昏，得書小字。”法雲六十四歲，是紹興二十一年(一一五一)。這一年，就是全書最終編撰完成的時間。

二

　　隨着佛經的翻譯，出現了一大批“不翻”的音譯詞〔二〕，這些詞很早就受到了人們的關注。早期譯經中，就有譯者對音譯詞以子注方式所作的注釋。出三藏記集卷四著録有道行品諸經梵音解一卷，據開元釋教録卷一五著録，爲“後漢失譯”，有譯無本。其本雖不可見，然顧名思義，當屬解釋梵語的撰述無疑。大唐内典録卷一〇著録梁寶唱出要律儀，子注曰“二十卷并翻梵言三卷”，又著録陳真諦翻梵言七卷。寶唱的三卷本翻梵言和真諦的七卷本翻梵言皆不可見，但從類似性質的書如唐代傳入日本的翻梵語十卷〔三〕，我們可以推測

〔一〕　本書卷二時分篇“颰陁劫簸”條中有云：“義如余撰劫波圖出。”

〔二〕　梵語譯成漢言，音譯而不義譯者，玄奘概括爲“五種不翻”。“五種不翻”的記載，現存文獻中最早見之於本書卷一十種通號篇第一“婆伽婆”條。後周敦義翻譯名義序中，亦有記載。因周敦義翻譯名義序置於本書卷首，後代多誤其爲“五種不翻”的最早記載者。

〔三〕　翻梵語十卷，收入大正藏第五四册。該書收詞四千七百多條，專門摘録經、律、論及此土撰述中的重要名相，分七十三類編排。撰者不詳。陳士强先生認爲是寶唱翻梵言的增補(見大藏經總目提要文史藏二)。翻梵語釋詞，先鈔經、律、(轉下頁注)

其大致的情況。翻梵語十卷，是翻譯名義集之前最重要的專門匯釋梵語音譯詞的著作。雖然分類過細，釋詞較簡，但導夫先路，爲翻譯名義集的編撰奠定了一定的基礎。

　　在專門匯釋梵語音譯詞的著作之外，諸如玄應、慧琳、慧苑、可洪等人的音義，智顗、湛然、智圓等人的經疏，亦有大量對音譯詞的解釋。法雲編撰翻譯名義集，"隨見隨録"者不少即出自於這些撰述。

　　翻譯名義集全書收詞兩千零四十餘條，雖然數量上比翻梵語少了不少，但和翻梵語簡單摘録經、律、論中的解釋相比，有了明顯的進步。首先，每一詞條的解釋，都充實了很多。和翻梵語簡單注明音義詞的意譯不同，此書每一詞條，首先列出不同的異譯、出處，然後引經據典地詳加論釋。部分詞條的解釋，有數千字之多，儼然就是圍繞着該詞撰述的專題論文。在匯釋音譯詞之外，還對和音譯詞有着密切關係的歷代重要的佛經翻譯者做了專篇記載（見卷一宗翻譯主篇第十一）。其次，全書編撰更成體系。法雲不僅對翻梵語的分類做了較大調整，還在每一類之前撰寫了序言。卷一有總序，説明此書編撰的目的、經過。各篇開頭有小序，綜述該篇的要意。最後一篇統論二諦，則具有總括性質。總之，編撰者在"隨見隨録"大量材料的基礎上，精心地佈局謀篇，使得全書體系更爲謹嚴。不僅給讀者閲讀佛教經典提供方便，爲初學者進入"無邊"的佛教世界提供方便法門，還可從中窺見編撰者之佛教思想。

　　法雲是天台宗僧人。本書徵引典籍數量衆多，但以天台宗著述爲主。其中部分引書已經散佚，此書因此具有了重要的輯佚價值。

（接上頁注）論中的音譯詞，對認爲音譯不確者時有訂正，然後注明漢語的意思和出處。大都十分簡略，但卷三迦絺那法衣第十八，詞目多散見於其他各篇（類），且釋詞較爲詳細，和其他各篇（類）體例明顯不同。其中引出要律儀卷八、卷九、卷一〇各一處。

三

　　翻譯名義集編撰成書之後,紹興丁丑年(即紹興二十七年,一一五七年),周敦義〔一〕為之作序,後刊刻流行。今所見諸本,卷首皆置有周敦義序文。元大德五年(一三〇一),釋普洽撰蘇州景德寺普潤大師行業記,是現在可見法雲最為詳盡的傳記資料。大正藏卷五四收錄此書(簡稱大正藏本),根據卷尾的跋,刊刻於日本寬永五年(一六二八)。其祖本是從中國傳入的,"於茲有年矣",但不知具體時間。從版本來看,和收入永樂北藏續入藏經中的翻譯名義集(簡稱永樂北藏本)相比,更接近原貌〔二〕。比永樂北藏本早,又有元代普洽撰述的行業記置於卷首法雲自勉文字之後,則其祖本當為元代的本子。

　　宋、元時代有關此書的記載,皆云七卷。明永樂北藏本則對原七卷本做了較大的改動,不僅分七卷為二十卷,調整了各篇的次序〔三〕,把普洽撰述的行業記置於書後,續補部

〔一〕　周敦義,名葵,宋史云"字立義"。荆溪(今江蘇無錫宜興)人,晚號"唯心居士"。傳見宋史卷三八五。

〔二〕　陳士強大藏經總目提要文史藏二:"從版本的角度來分析,顯然大正藏本要較明、清藏本更接近法雲原著的狀貌。因為法雲在第六十四篇統論二諦篇的序言中明明白白地説:'教傳東土(東標所至——原注),法本西域(西顯所出——原注),當聞香以尋根,故沿流而窮原。辨佛陀僧伽之號,解菩提般若之名,隨機之語雖曰無邊,旨歸之意唯詮二諦。今就集末,略開七門。'統論二諦篇是六十四篇中唯一不收詞目,帶有總論性質的篇章,因此,大正藏本將它放在全書的最後是符合作者'今就集末'的原意的,而明、清藏本將它放在第五十九篇的位置上,並將寺塔壇幢篇移為第六十四篇,這顯然是不對的。"

〔三〕　永樂北藏本在周敦義序之後,法雲自勉文字之前,有翻譯名義集目録,今録於此,可見其分卷情況及各篇次第:"翻譯名義集目録。卷第一:十種通號篇第一、諸佛別名篇第二、通別三身第三、釋尊姓字第四;卷第二:三乘通號第五、菩薩別名第六、度五比丘第七、十大弟子第八、總諸聲聞第九、宗釋論主第十;卷第三:宗翻譯主第十一、七衆弟子第十二;卷第四:僧伽衆名第十三、八部第十四、四魔第十五;(轉下頁注)

分移入相應的各篇各條之中，還對部分文字做了有意的變動〔一〕。可以説，永樂北藏本是對法雲翻譯名義集的重編本。明閲藏知津卷一、卷四三著録翻譯名義集爲十四卷，和永樂北藏本又不同。其卷四三中有云："十種通號第一、諸佛別名第二，乃至寺塔壇幢第六十四，並舉梵名，而釋其義。"其最後一篇爲"寺塔壇幢"，和永樂北藏本相同〔二〕。故知此十四卷本，應該就是在永樂北藏本二十卷的基礎上合併而成的，至少應是和永樂北藏本同屬一個系統的版本，而不是把原七卷本每卷一分爲二之後的産物。嘉興藏收翻譯名義集（簡稱嘉興藏本）和清藏收翻譯名義集，底本都是永樂北藏本，所以分卷及篇目次第皆同，僅個别文字有異，多屬傳抄中的訛誤所致。

（接上頁注）卷第五：仙趣第十六、人倫第十七、帝王第十八、后妃第十九、長者第二十、外道第二十一、六師第二十二、時分第二十三；卷第六：鬼神第二十四、畜生第二十五；卷第七：地獄第二十六、世界第二十七、諸國第二十八、衆山第二十九、諸水第三十、林木第三十一；卷第八：五果第三十二、百花第三十三、衆香第三十四、七寶第三十五、數量第三十六；卷第九：什物第三十七、顯色第三十八、總名三藏第三十九、十二分教第四十；卷第十：律分五部第四十一、論開八聚第四十二、示學三法第四十四、釋十二支第四十五、明四諦第四十六、止觀三義第四十七；卷第十一：衆善行善第四十八；卷第十二：三德祕藏第四十九、法寶衆名第五十；卷第十三：四十二字第五十一、名句文法第五十二；卷第十四：增數譬喻第五十三、半滿書籍第五十四；卷第十五：唐梵字體第五十五、煩惱惑業第五十六；卷第十六：心意識法第五十七；卷第十七：陰入界第五十八；卷第十八：統論二諦第五十九、沙門服相第六十、捷椎道具第六十一；卷第十九：齋法四食第六十二、篇聚名報第六十三；卷第二十：寺塔壇幢第六十四。翻譯名義集目録終。"

〔一〕　有意的變動，是指除傳抄中出現的訛誤之外，有意做的修改。如雖爲音譯，但根據約定俗成的書寫習慣，改"密"爲"蜜"、"瑜珈"爲"瑜伽"等。但也有因爲理解有誤而改錯者，如卷二人倫篇第十七"僕呼繕那"條引同性經中有云"楞伽王"者，永樂北藏本改"楞伽王"爲"楞伽云王"，就是誤將"楞伽"作爲經名而致誤的例子。這也可以當做永樂北藏本從版本的角度來看要晚的證據。

〔二〕　七卷本的最後一篇是"統論二諦篇"。

　　除以上諸大藏經中所收之外，四部叢刊初編中亦收録此書（簡稱四部叢刊初編本）。四部叢刊初編本據以影印的底本，是南海潘氏藏宋刊本。此宋刊本，較之於前述諸本，當是最早的本子。此本每卷後有關於刊刻情況的題記（卷七後無），内容主要是捐刻者的姓名、捐資的銀兩數額及其祈願等。雖無關正文，但亦有重要的學術價值。在整理中，作爲附録，移置於書後。其中的捐刻者，大多不見於它處。但卷一後的題記中有云：“東掖白蓮教院住持與咸喜遇翻譯名義，回施五貫，助集流通。”這裏的助刻者住持與咸，佛祖統紀卷一六、釋門正統卷七、補續高僧傳卷三等皆有傳。佛祖統紀卷一六云：“法師與咸，字虚中，黄巖章氏，賜號明祖。母夢故白蓮惠師遺黄柑令食之，及寤，齒頰猶香。生七歲，依香積出家。首謁智涌，涌奇之曰：‘祖位再來也！’學成，以妙年居第一座。涌没，證悟爲繼，已而悟遷上竺，乃舉師以代。（中略）隆興元年五月，别衆端坐，念佛而亡。”與咸卒於隆興元年（一一六三），其捐刻翻譯名義集，當在此年之前無疑。而卷五後的刊刻題記中有云：“少傅、保寧軍節度使、充醴泉觀使、信安郡王謹施俸資一百貫文，彫開翻譯名義，助法流布。”考宋時兼任或具有“少傅、保寧軍節度使、充醴泉觀使、信安郡王”數職或身份者，當即宋外戚重臣孟忠厚。孟忠厚，宋史卷四六五外戚下有傳，卒於紹興二十七年（一一五七）。據建炎以來繫年要録，他病逝於此年四月。其施俸資助刻翻譯名義集的時間，自然在去世之前。而周敦義作翻譯名義序是在紹興丁丑年（一一五七）重午。則此書的刊刻，就在一一五七年無疑。孟忠厚在生命的最後時刻，施資助刻翻譯名義集，期冀“壽禄增延，福慧圓顯”，有着很迫切的需要和很功利的目的。由此刊刻時間來看，此宋刊本當是翻譯名義集最早的刊本。而且法雲卒於紹興二十八年（一一五八），此宋本刊刻在法雲生前，或許是得到了他本人認可的最權威可靠的本子〔一〕。大正藏本除卷首增加元普洽撰蘇州景德寺普潤大師行業記、卷尾增加跋之外，和此刊本沒有大的差別，應屬同一版本系統。

四

本次校注，即以四部叢刊初編本爲底本。校本主要用永樂北藏本、嘉興藏本和大正藏本。永樂北藏本、嘉興藏本和底本的篇目次第不同，校注中不再説明。永樂北藏本、嘉興藏本中注音的子注，和底本、大正藏本亦不盡相同，不一一出校。

校注中，不輕易改動底本文字。爲便於閱讀，底本中明顯訛誤者改正之，但在校注中説明。校本文字與底本的差異，擇要説明，但常見的異體字不出校；諸校本中的明顯訛誤，爲避繁瑣，亦不一一臚列。

各篇篇名大多有"篇"字，作"三乘通號篇第五"等，但第一、第二、第三、第四篇和第四十、第四十一、第四十二、第四十三、第四十四篇無，作"十種通號第一"等。其中前四篇，大正藏本亦無；第四十、四十一、四十二、四十三和四十四篇，永樂北藏本、嘉興藏本亦無。今爲劃一，無"篇"字之九篇，皆補一"篇"字。

詞條後校注中標注的"後同"，僅針對該詞條中出現的相同情況。

個別詞條較長，根據文意做了分段，以便於閱讀。

注釋以注明引文出處爲主。詞條中的引文，時有删略節引甚至轉述的情況，爲避繁瑣，校注中不一一徵引原文。但或有因引文節略過甚而不易理解者，則徵引了原文，一則有

〔一〕詳參拙文宋刊本翻譯名義集刊刻時間考，文獻，二〇一八年第五期。

助於理解，一則免翻檢之勞。部分重要的佛教術語，也做了
解釋。但其他詞語，一般不做注釋。

　　底本之外法雲及其翻譯名義集的相關資料，作爲附録，
置於書後。

　　爲便於查閲，書後附“條目索引”。大正藏本中，大多數
作爲詞目的音譯詞補注有梵文。今在大正藏本所注梵文基
礎上，借助相關工具書，給能夠查明梵文的條目也加注梵文，
附在“條目索引”相關詞條之後。

　　由於水平有限，訛誤不當之處在所難免，敬請各位方家
不吝指正。

　　　　　　　　　　　　　　　　　　　富世平
　　　　　　　　　　　　　　　　　　　二〇一九年三月

翻譯名義序

唯心居士荆谿周敦義述〔一〕

余閲大藏,嘗有意效崇文總目,撮取諸經要義以爲内典總目。見諸經中每用梵語,必搜檢經教,具所譯音義,表而出之,别爲一編。然未及竟,而顯親深老示余平江景德寺普潤大師法雲所編翻譯名義,余一見而喜,曰:"是余意也。他日總目成,别録可置矣。"已而過平江,雲遂來見,願求叙引。余謂此書不惟有功於讀佛經者,亦可護謗法人意根。唐奘法師論五種不翻:一、祕密故,如陀羅尼;二、含多義故,如薄伽梵,具六義;三、此無故,如閻浮樹,中夏實無此木;四、順古故,如阿耨菩提,非不可翻,而摩騰以來,常存梵音;五、生善故,如般若尊重,智慧輕淺。而七迷之作,乃謂釋迦牟尼,此名能仁,"能仁"之義,位卑周孔;阿耨菩提,名正遍知,此土老子之教,先有無上正真之道,無以爲異;菩提薩埵,名大道心衆生,其名下劣,皆掩而不翻〔二〕。夫三寶尊稱,譯人存其本名,而肆爲謗毁之言,使見此書,將無所容其啄〔三〕矣。然佛法入中國,經論日以加多,自晉道安法師至唐智昇,作爲目録圖經,蓋十餘家。今大藏諸經,猶以昇法師開元釋教録爲準,後人但增宗鑑録〔四〕、法苑珠林。於下藏之外,如四卷金光明經、摩訶衍論及此土證道歌,尚多有不入藏者。我國家嘗命宰輔爲譯經潤文使〔五〕,所以流通佛法,至矣,特〔六〕未有一人繼昇之後。翻譯久遠,流傳散亡,真贋相乘,無所攷據,可重嘆也! 雲雖老矣,尚勉之哉!

紹興丁丑重午日序

雪山大士,求半偈而施身;法愛梵志,敬四句而析骨。久沉苦海,今遇慈舟,秉志竭誠,采經集論。宜安像前,燒香禮拜,息塵勞之雜念,游般若之法林。終卷掩帙,攝心静坐,照元明〔七〕之本體，復常寂之性原。雖万有以施爲，然〔八〕一無而亦絕。

無機子法雲奉勉

〔一〕唯心居士荆谿周敦義述：永樂北藏本、嘉興藏本、大正藏本作“宋唯心居士荆谿周敦義述”。周敦義，名葵，荆溪（今屬江蘇無錫宜興）人，晚號“唯心居士”。宋史卷三八五有傳。

〔二〕七迷之作：指李仲卿十異九迷論“九迷”中之第七迷。詳見法琳辯正論卷六答外九迷論三寶無翻七。

〔三〕啄：永樂北藏本、嘉興藏本作“喙”。

〔四〕宗鑑録：即宗鏡録。改“鏡”爲“鑑”，蓋宋人避翼祖趙敬廟諱嫌名。

〔五〕據宋志磐撰佛祖統紀卷四四：宋真宗天禧元年，“宰相王欽若兼譯經潤文使”。五年，“門下侍郎平章事丁謂兼譯經潤文使，翰林學士晁迥、李維兼潤文官”。卷四五：宋仁宗景祐三年時，右僕射吕夷簡爲譯經潤文使。慶曆元年，“宰相章得象兼譯經潤文使”。皇祐二年，“宰相文彦博兼譯經潤文使”。嘉祐五年，“同中書門下平章事富弼兼譯經潤文使”。

〔六〕特：大正藏本作“將”。

〔七〕元明：衆生本來固有的清淨光明本性。宋思坦集注楞嚴經集注卷一：“元明者，本覺也。”“其性本來即寂而照，故曰元明。”

〔八〕然：原無，據諸校本補。

翻譯名義集一

姑蘇景德寺普潤大師法雲編

夫翻譯者,謂翻梵天之語,轉成漢地之言,音雖似別,義則大同。宋僧傳云:“如翻錦繡,背面俱華,但左右不同耳。”〔一〕譯之言易也,謂以所有易其所無,故以此方之經,而顯彼土之法。周禮,掌四方之語,各有其官。東方曰寄,南方曰象,西方曰狄鞮,北方曰譯〔二〕。今通西言而云“譯”者,蓋漢世多事北方,而譯官兼善西語,故摩騰始至而譯四十二章,因稱譯也。言“名義”者,能詮曰名,所以爲義。能詮之名,胡梵音別。自漢至隋,皆指西域以爲胡國。唐有彦琮法師,獨分胡梵〔三〕。葱嶺已西,並屬梵種。鐵門之左,皆曰胡鄉。言梵音者,劫初廓然,光音天神降爲人祖,宣流梵音。故西域記云:“詳其文字,梵天所制,原始垂則,四十七言。寓物合成,隨事轉用。流演枝派,其源浸廣。因地隨人,微有改變。語其大較,未異本源。而中印度特爲詳正,辭調和雅,與天音同。氣韻清亮,爲人軌則。”〔四〕

或問:玄奘三藏、義淨法師西游梵國,東譯華言,指其古翻,證曰舊訛。豈可初地龍樹〔五〕,論梵音而不親?如以“耆闍”名“鷲”,“掘”名“頭”,奘云訛〔六〕也,合〔七〕云姞栗羅矩吒〔八〕。三賢羅什〔九〕,譯秦言而未正?什譯羅睺羅爲覆障,奘譯羅怙羅爲執日〔一〇〕。既皆紕繆,安得感通?澤及古今,福資幽顯?

今試釋曰:秦楚之國,筆聿名殊;殷夏之時,文質體別。況其五印度別,千載日遥。時移俗化,言變名遷。遂致梁唐之新傳,乃殊秦晉之舊譯。苟能曉意,何必封言?設筌雖殊,得魚安別?法雲十歲無知,三衣濫服,後學聖教,殊昧梵言,由是思義思類,隨見隨録。但經論文散,疏記義廣,前後添削,時將二紀,編成七卷六十四篇。十号三身,居然列目;四洲七趣,燦尔在掌。免檢閱之勞,資誠證之美。但媿義天弥

廣,管見奚周? 教海幽深,蠡測烏〔一一〕盡? 其諸缺〔一二〕疑,傾
俟博達者也。時大宋紹興十三年歲次癸亥仲秋晦日居弥陀
院扶病云爾。

十種通號第一　　　　諸佛別名第二
通別三身第三　　　　釋尊姓字第四
三乘通號第五　　　　菩薩別名第六
度五比丘第七　　　　十大弟子第八
惣諸聲聞第九　　　　宗釋論主第十
宗翻譯主第十一　　　七衆弟子第十二
僧伽〔一三〕衆名第十三

〔一〕宋高僧傳卷三譯經篇論曰:"翻也者,如翻錦綺,背面俱花,但其花
　　　有左右不同耳。"

〔二〕禮記王制:"五方之民,言語不通,嗜欲不同。達其志,通其慾,東方
　　　曰寄,南方曰象,西方曰狄鞮,北方曰譯。"

〔三〕續高僧傳卷二隋東都上林園翻經館沙門釋彦琮傳:"詳梵典之難
　　　易,詮譯人之得失,可謂洞入幽微,能究深隱。至於天竺字體,悉曇
　　　聲例,尋其雅論,亦似閑明。舊唤彼方,惣名胡國,安雖遠識,未變
　　　常語。胡本雜戎之胤,梵唯真聖之苗,根既懸殊,理無相濫。不善
　　　諳悉,多致雷同,見有胡貌,即云梵種,實是梵人,漫云胡族,莫分真
　　　偽,良可哀哉!"

〔四〕見大唐西域記卷二印度總述。

〔五〕初地:即十地之第一地歡喜地。初地龍樹,見本卷宗釋論主篇第十
　　　"那伽曷樹那"條。

〔六〕訛:原作"誰",據永樂北藏本、嘉興藏本改。

〔七〕合:大正藏本作"今"。

〔八〕大唐西域記卷九摩揭陀國下:"姞栗陀羅矩吒山,唐言'鷲峯',亦
　　　謂'鷲臺'。舊曰'耆闍崛山',訛也。"

〔九〕三賢:謂大乘十住、十行、十迴向之菩薩。清書玉述梵網經初津卷
　　　一音釋:"三賢,謂十住、十行、十迴向也。皆稱賢者,此就別教而
　　　論,謂此位菩薩但斷見思惑盡,尚有無明惑在,未入聖位,故名曰
　　　賢。"唐道宣撰律相感通傳:"又問:俗中常論,以淪陷戒檢爲言。
　　　答:此不須評,非悠悠者所議。什師今位階三賢,所在通化,然其譯

經刪補繁闕，隨機而作，故大論一部，十分略九，自餘經論，例此可知。自出經後，至今盛誦，無有替廢。冥祥感降，歷代彌新。以此詮量，深會聖旨。及文殊指授，令其刪定，特異恒倫。豈以別室見譏，頓忘玄致，殊不足涉言也。”

〔一〇〕什，即鳩摩羅什。奘，即玄奘。姚秦僧肇撰注維摩詰經卷三：“什曰：阿修羅食月時名羅睺羅。羅睺羅，秦言‘覆障’，謂障月明也。羅睺羅六年處母胎所覆障故，因以爲名。”大唐西域記卷四秣菟羅國：“羅怙羅，舊曰‘羅睺羅’，又曰‘羅雲’，皆訛略也。”唐窺基撰妙法蓮華經玄贊卷一：“梵云‘羅怙羅’，此云‘執日’。舊言‘羅睺羅’，翻爲‘障蔽’，非也。”窺基（窺基之名，學界看法不一，但約定俗成，本書仍用此稱）爲玄奘之弟子。

〔一一〕烏：大正藏本作“焉”，意同。

〔一二〕缺：大正藏本作“鈌”。鈌，通“缺”。

〔一三〕僧伽：正文篇名作“釋氏”。

十種通號篇第一

福田論叙三寶曰：“功成妙智，道登圓覺，佛也；玄理幽微，正教精誠，法也；禁戒守真，威儀出俗，僧也。皆是四生導首，六趣舟航。”〔一〕故名爲寶。無機子問曰：如涅槃云：“諸佛所師，所謂法也。”〔二〕則應立教，舉法爲初，何緣垂訓，佛居先耶？釋曰：“人能弘道，非道弘人。”〔三〕佛有能演之功，法無自顯之力，猶若伏藏，藉人指出，故初稱佛，然後示法。佛有無量德，亦有無量名，故今此集，先列十號。言十號者，一、倣同先跡號，二、堪爲福田號，三、徧知法界號，四、果顯因德號，五、妙往菩提號，六、達僞通真號，七、攝化從道號，八、應機授法號，九、覺悟歸真號，十、三界獨尊號。

〔一〕見廣弘明集卷二五彥琮福田論。

〔二〕見北涼曇無讖譯大般涅槃經卷四。

〔三〕出論語衛靈公。

梵語多陀阿伽陀　亦云“怛闥阿竭”，後秦翻爲“如來”。金剛經云：“無所從來，亦無所去，故名如來。”〔一〕此以法

身〔二〕釋。轉法輪論云：第一義諦名如，正覺名來〔三〕。此
以報身〔四〕釋。成實論云："乘如實道，來成正覺，故名如
來。"〔五〕此約應身〔六〕釋。

〔一〕 見姚秦鳩摩羅什譯金剛般若波羅蜜經。又，大智度論卷二："云何
　　　名多陀阿伽陀？如法相解，如法相説。如諸佛安隱道來，佛亦如是
　　　來，更不去後有中，是故名多陀阿伽陀。"

〔二〕 法身：佛三身之一，即佛之真身。隋慧遠大乘義章卷一八涅槃義五
　　　門分別："言法身者，解有兩義：一、顯本法性以成其身，名爲法身；
　　　二、以一切諸功德法而成身，故名爲法身。相狀如何？開合不定，
　　　總之唯一，謂一法身。或分爲二，謂真與應。或説爲三，法、報與
　　　應。"卷一九三佛義七門分別："法者，所謂無始法性。此法是其衆
　　　生體實，妄想覆纏，於己無用，後息妄想，彼法顯了，便爲佛體，顯法
　　　成身，名爲法身。"唐窺基大乘法苑義林章卷七："爲欲滅除一切諸
　　　煩惱等障，爲欲具足一切諸善法故，唯有如如、如如智，是名法身。"
　　　參本卷通別三身篇第三"毗盧遮那"條。

〔三〕 轉法輪經優波提舍："以何義故名如來者，彼義今説：如實而來，故
　　　名如來。何法名如？涅槃名如。衆生與法，彼二不如。如世尊説：
　　　諸比丘，第一聖諦不虛妄法，名爲涅槃，知故名來。(中略)涅槃名
　　　如，知解名來，正覺涅槃，故名如來。"第一義諦：深妙真實之理，爲
　　　諸法中之第一，故稱第一義諦。慧遠大乘義章卷一二諦義兩門分
　　　別："第一義者，亦名真諦。第一是其顯勝之目，所以名義。真者是
　　　其絶妄之稱。世與第一，審實不謬，故通名諦。"

〔四〕 報身：佛三身之一，酬報因位無量願行之報果，爲萬德圓滿之佛身。
　　　亦即菩薩初發心修習，至十地之行滿足，酬報此等願行之果身，名
　　　報身。慧遠大乘義章卷一九三佛義七門分別："報身佛者，酬因爲
　　　報，有作行德，本無今有，方便修生。修生之德，酬因名報。報德之
　　　體，名之爲身，又德聚積亦名爲身。報身覺照，名之爲佛。"參本卷
　　　通別三身篇第三"盧舍那"條。

〔五〕 見成實論卷一十號品。唐法藏述華嚴經探玄記卷二："如來者，地
　　　持論云：言語所説不乖於如，故名如來。又，轉法輪論云：第一義諦
　　　名如，正覺名來。正覺第一義諦，故名如來。又，經云：乘六波羅
　　　蜜，來成正覺，故名如來。又，論云：乘如實道，來成正覺。"

〔六〕 應身：佛三身之一，應他機緣而化現之佛身。慧遠大乘義章卷一九

三佛義七門分別：“應身佛者，感化爲應。感化之中，從喻名之。是義云何？如似世間有人呼喚則有響應，此亦如是。衆生機感，義如呼喚，如來示化，事同響應，故名爲應。應德之體，名之爲身。又，此應德聚積名身，應身應覺照目之爲佛。”參本卷通別三身篇第三“釋迦牟尼”條。

阿羅訶　秦云“應供”。大論云：“應受一切天地衆生供養。”〔一〕亦翻“殺賊”，又翻“不生”。觀經疏云：“天竺三名相近：‘阿羅訶’翻‘應供’，‘阿羅漢’翻‘無生’，‘阿盧漢’翻‘殺賊’。”〔二〕

〔一〕大智度論卷二：“阿羅呵，名‘應受供養’。佛諸結使除盡，得一切智慧故，應受一切天地衆生供養。以是故，佛名‘阿羅呵’。”

〔二〕見隋智顗説觀無量壽佛經疏。又，梁法雲撰法華經義記卷一：“羅漢，亦是天竺正音，於此亦無的翻譯，相傳舊解，亦以三德釋之，備此三德，乃稱羅漢。何者？第一、不生，第二、殺賊，第三、言應供也。若使此人後猶生三界流轉六道者，非謂羅漢。今明羅漢之人，一殂之後，不復受生，既斷絕生因，生果亦亡，故言‘我生已盡、梵行已立、所作已辦、不受後有’，此之謂也。第二言殺賊者，賊之爲用，能奪人財寶、傷人身命。今明九十八使煩惱諸賊，無過瞋恚斷人慧命，是故遺教經言：‘劫功德賊無過瞋恚。’明諸羅漢結賊已亡，功德不失，慧命長存，是故維摩經云：‘行羅漢慈破結賊故。’第三應供者，此人智斷既圓，堪生物福，亦取譬良田有秋收之實，是故下經文言：‘我等今者真阿羅漢，一切皆受人天供養。’又，此三德，亦得相成。只問此人死後何故不生？正由殺煩惱賊。又問此人何故能殺煩惱賊？由有應供之德故。亦有倒相生義，那得有此應供之德？只由殺煩惱賊故。云何得知殺煩惱賊？此人死後不復受生也。”隋智顗説妙法蓮華經文句卷一上：“阿毗經云應真，瑞應云真人，悉是無生釋羅漢也。依舊翻云‘無著’、‘不生’、‘應供’。或言無翻，名含三義。無明糠脱，後世田中不受生死果報，故云‘不生’；九十八使煩惱盡，故名‘殺賊’；具智斷功德，堪爲人天福田，故言‘應供’。含此三義，釋阿羅漢也。”

三藐三佛陀　亦云“三耶三菩”，秦言“正徧知”〔一〕。大論云：“是言正徧知一切法。”〔二〕什師言：“正徧覺也。言

法無差,故言正;智無不周,故言徧;出生死夢,故言覺。"〔三〕

　　妙宗云:"此之三号,即召〔四〕三德。今就所觀,義當三諦。正徧知即般若,真諦也;應供即解脱,俗諦也;如來即法身,中諦也。"〔五〕故維摩云:"阿難! 若我廣説此三句義,汝以劫壽,不能盡受。"〔六〕

〔一〕僧肇撰注維摩詰經卷一:"肇曰:阿耨多羅,秦言'無上'。三藐三菩提,秦言'正遍知'。道莫之大,無上也。其道真正無法不知,正遍知也。"

〔二〕大智度論卷二:"'三藐'名'正','三'名'遍','佛'名'知',是言正遍知一切法。"

〔三〕見僧肇撰注維摩詰經卷九。仕師,即鳩摩羅什。

〔四〕召:永樂北藏本、嘉興藏本作"名"。按:觀無量壽佛經疏妙宗鈔作"召"。

〔五〕見宋知禮述觀無量壽佛經疏妙宗鈔卷四。

〔六〕維摩詰所説經卷下菩薩行品:"阿難! 諸佛色身、威相、種性,戒、定、智慧、解脱、解脱知見,力、無所畏、不共之法,大慈、大悲,威儀所行,及其壽命,説法教化,成就衆生,淨佛國土,具諸佛法,悉皆同等,是故名爲三藐三佛陀,名爲多陀阿伽度,名爲佛陀。阿難! 若我廣説此三句義,汝以劫壽,不能盡受。正使三千大千世界滿中衆生,皆如阿難多聞第一,得念總持,此諸人等,以劫之壽,亦不能受。如是,阿難! 諸佛阿耨多羅三藐三菩提,無有限量,智慧辯才不可思議。"

　　鞞侈遮羅那三般那　秦言"明行足"。大論云:宿命、天眼、漏盡,名爲三明。三乘雖得三明,明不滿足,佛悉滿足,是爲異也〔一〕。

〔一〕大智度論卷二:"鞞侈遮羅那三般那,秦言'明行足'。云何名明行足? 宿命、天眼、漏盡,名爲三明。問曰:神通、明有何等異? 答曰:直知過去宿命事,是名通;知過去因緣行業,是名明。直知死此生彼,是名通;知行因緣,際會不失,是名明。直盡結使,不知更生不生,是名通;若知漏盡,更不復生,是名明。是三明,大阿羅漢、大辟支佛所得。問曰:若爾者,與佛有何等異? 答曰:彼雖得三明,明不滿足,佛悉滿足,是爲異。"

修伽陀　秦言"好去"。大論云:"於種種諸深三摩提〔一〕,無量智慧中去。"〔二〕或名"修伽度",此云"善逝"〔三〕。菩薩地持經云:"第一上升,永不復還,故名善逝。"〔四〕

〔一〕三摩提:即三昧。唐慧琳一切經音義卷九:"三昧,莫蓋反,或此言
　　'三摩提',或云'三摩帝',皆訛也,正云'三摩地',此譯云'等
　　持'。等者,正也,正持心也,謂持諸功德也。或云'正定',謂任緣
　　一境,離諸邪亂也。"

〔二〕大智度論卷二:"復名'修伽陀','修'秦言'好','伽陀'或言
　　'去',或言'說',是名'好去'、'好說'。好去者,於種種諸深三摩
　　提,無量諸大智慧中去。如偈説:'佛一切智爲大車,八正道行入涅
　　槃。'是名好去。"

〔三〕唐玄應一切經音義卷二一:"蘇揭多,渠謁反,舊言'修伽陀',或作
　　'修伽度',亦作'修伽多',此云'善逝',即如來德之一号也。有三
　　義:一、讚歎,二、不迴,三、圓滿也。"窺基撰妙法蓮華經玄贊卷二:
　　"善逝者,謂於長夜具一切種自利、利他二功德故。逝者,往也。謂
　　成菩提已,於生死長夜,具一切種二利功德,善事往矣,故名善逝。"

〔四〕見菩薩地持經卷三。

路伽憊　大論云:是名知世間。知二種世間:一、衆生,二、非衆生。及如實相知世間果、世間因、出世間滅、出世間道〔一〕。地持經云:"知世間衆生界一切種煩惱及清淨,名世間解。"〔二〕

〔一〕大智度論卷二:"復名'路迦憊','路迦'秦言'世','憊'名'知',
　　是名知世間。問曰:云何知世間? 答曰:知二種世間:一、衆生,二、
　　非衆生。及如實相知世間、世間因,知世間滅、出世間道。復次,知
　　世間,非如世俗知,亦非外道知;知世間無常故苦,苦故無我。復
　　次,知世間相,非有常非無常,非有邊非無邊,非去非不去,如是相
　　亦不著,清淨、常不壞相如虚空。是名知世間。"

〔二〕見菩薩地持經卷三。

阿耨多羅　秦云"無上"。大論云:如諸法中涅槃無上,衆生中佛亦無上〔一〕。地持經云:唯一丈夫,名無上士〔二〕。大經云:有所斷者,名有上士。無所斷者,名無上士〔三〕。

〔一〕大智度論卷二：“復名‘阿耨多羅’，秦言‘無上’。云何無上？涅槃
法無上。佛自知是涅槃，不從他聞，亦將導衆生令至涅槃。如諸法
中涅槃無上，衆生中佛亦無上。復次，持戒、禪定、智慧，教化衆生，
一切無有與等者，何況能過？故言無上。”

〔二〕菩薩地持經卷三：“第一調伏心巧方便智，一切世間唯一丈夫，故名
無上調御士。”

〔三〕曇無讖譯大般涅槃經卷一八：“云何無上士？上士者名之爲斷。無
所斷者，名無上士。諸佛世尊無有煩惱，故無所斷，是故號佛爲無
上士。”隋智顗説妙法蓮華經玄義卷五上：“等覺地者，觀達無始無
明源底，邊際智滿，畢竟清淨，斷最後窮源微細無明，登中道山頂，
與無明父母別，是名有所斷者，名有上士也。”隋智顗撰四教義卷一
〇：“涅槃經云：有所斷者，名有上士。無所斷者，名無上士。”當爲
此説所本。

富樓沙曇藐婆羅提　秦云“可化丈夫調御師”。大論云：
佛以大慈大智故，有時頓美語，有時苦切語，有時雜語，令不
失道。若言佛爲女人調御師，爲不尊重。若説丈夫，一切
都攝〔一〕。

〔一〕大智度論卷二：“復名‘富樓沙曇藐婆羅提’，‘富樓沙’秦言‘丈
夫’，‘曇藐’言‘可化’，‘婆羅提’言‘調御師’，是名‘可化丈夫調御
師’。佛以大慈大悲大智故，有時軟美語，有時苦切語，有時雜
語，以此調御，令不失道。”“復次，調御師有五種：初父母兄姊親里、
中官法、下師法，今世三種法治，後世閻羅王治，佛以今世樂、後世
樂及涅槃樂利益，故名師。上四種法治人不久畢壞，不能常實成
就。佛成人以三種道，常隨道不失，如火自相不捨乃至滅。佛令人
得善法亦如是，至死不捨。以是故，佛名可化丈夫調御師。問曰：
女人，佛亦化令得道，何以獨言丈夫？答曰：男尊女卑故，女從男
故，男爲事業主故。復次，女人有五礙：不得作轉輪王、釋天王、魔
天王、梵天王、佛，以是故不説。復次，若言佛爲女人調御師，爲不
尊重。若説丈夫，一切都攝。譬如王來，不應獨來，必有侍從。如
是説丈夫，二根、無根及女盡攝，以是故説丈夫。用是因緣故，佛名
可化丈夫調御師。”

舍多提婆魔㝹舍喃　此云“天人教師”。大論云：“佛示

導是應作、是不應作,是善、是不善,是人隨教行。"又云:"度餘道衆生者少,度天、人衆生者多。"〔一〕

〔一〕大智度論卷二:"復名'舍多提婆魔瓮舍喃','舍多'秦言'教師','提婆'言'天','魔瓮舍喃'言'人',是名'天人教師'。云何名天人教師? 佛示導是應作、是不應作,是善、是不善,是人隨教行、不捨道法,得煩惱解脱報,是名天人師。問曰:佛能度龍、鬼、神等墮餘道中生者,何以獨言天人師? 答曰:度餘道中生者少,度天、人中生者多。如白色人,雖有黑黶子,不名黑人,黑少故。復次,人中結使薄,厭心易得;天中智慧利。以是故,二處易得道,餘道中不爾。復次,言天則攝一切天,言人則攝一切地上生者。何以故? 天上則天大,地上則人大。是故説天則天上盡攝,説人則地上盡攝。復次,人中得受戒律儀、見諦道、思惟道及諸道果。或有人言:餘道中不得。或有人言:多少得。天、人中易得多得,以是故,佛爲天人師。復次,人中行樂因多,天中樂報多;善法是樂因,樂是善法報。餘道中善因報少,以是故,佛爲天人師。"

佛陀　大論云:"秦言'知'者,知過去、未來、現在,衆生、非衆生數,有常、無常等一切諸法。菩提樹下了了覺知,故名佛陀。"〔一〕後漢郊祀志云:漢言覺也〔二〕。覺具三義:一者、自覺,悟性真常,了惑虛妄。二者、覺他,運無緣慈,度有情界。三者、覺行圓滿,窮原極底,行滿果圓故〔三〕。華嚴云:"一切諸法性,無生亦無滅,奇哉大導師,自覺能覺他。"〔四〕肇師云:"生死長寢,莫能自覺。自覺覺彼者,其唯佛也。"〔五〕妙樂記云:"此云知者、覺者,對迷名知,對愚説覺。"〔六〕佛地論云:"具一切智、一切種智,離煩惱障及所知障,於一切法、一切種相能自開覺,亦能開覺一切有情,如睡夢覺,如蓮華開,故名爲佛。"〔七〕

〔一〕見大智度論卷二。

〔二〕按:此説法苑珠林卷一二千佛篇第五感應緣引,周叔迦、蘇晉仁校注曰:"出後漢紀卷十。廣弘明集卷一引此文,注云范曄後漢書。然范曄後漢書無郊祀志。(中略)舊唐書經籍志史部載後漢書有七家,是否袁宏引用他家文字,難以考矣。"

〔三〕唐良賁仁王護國般若波羅蜜多經疏卷上:"梵云'佛陀',此云'覺'者,依起信論,所言覺者,心體離念,永離妄念不覺之心,有大智慧,光明遍照,等虛空界,無所不遍,謂之覺矣。此具三義:一者、自覺,覺知自心本無生滅,異凡夫故;二者、覺他,覺一切法無不是如,異二乘故;三者、覺滿,究竟理圓,稱之爲滿,異菩薩故。"

〔四〕見唐實叉難陀譯大方廣佛華嚴經卷一六。

〔五〕見僧肇撰注維摩詰經卷九。肇師,即僧肇。

〔六〕妙樂記:即唐湛然述法華文句記。此説見法華文句記卷一中。

〔七〕見佛地經論卷一。

路迦那他 大論云:"翻'世尊'。"〔一〕成論云:具上九號,爲物欽重,故曰"世尊",天上人間所共尊故〔二〕。

此十号義,若惣略釋,無虛妄名"如來",良福田名"應供",知法界名"正徧知",具三明名"明行足",不還來名"善逝",知衆生國土名"世閒解",無與等名"無上士",調他心名"調御丈夫",爲衆生眼名"天人師",知三聚名"佛"。具兹十德,名"世間尊"。涅槃疏云:"阿含及成論合'無上士'與'調御丈夫'爲一號,故至'世尊',十數方滿。涅槃及大論開'無上士'與'調御丈夫'爲兩號。"〔三〕而輔行云:"大論合'無上士''調御丈夫'以爲一句。"〔四〕此文誤也,學者詳之〔五〕。

〔一〕大智度論卷二:"路迦那他,秦言'世尊'。"

〔二〕成實論卷一十力品:"佛因垢淨,故有十力。得九力故,則智成就。得第十力故,則斷成就。智斷具足,故名世尊,天人所敬。"

〔三〕見隋灌頂撰、唐湛然再治大般涅槃經疏卷一八。

〔四〕見唐湛然述止觀輔行傳弘決卷二之一。

〔五〕據大智度論卷二,佛之十號爲多陀阿伽陀(如來)、阿羅呵(應受供養)、三藐三佛陀(正遍知)、鞞侈遮羅那三般那(明行具足)、修伽陀(好去)、路迦憊(知世間)、阿耨多羅(無上)、富樓沙曇藐婆羅提(可化丈夫調御師)、舍多提婆魔㝹舍喃(天人教師)、佛陀(知者),世尊別爲尊號。又,成實論卷一十號品第四:"復次經中説如來等十種功德,謂如來、應供、正遍知、明行足、善逝、世間解、無上調御、天人師、佛、世尊。(中略)得此五法,如來自己功德具足,得正智故,能知世間一切心念。知所念已,而爲説法,故名無上調御。"則合“無上”與“調御”爲一號者,成實論也。

婆伽婆　應法師云:“薄伽梵,惣衆德至尚之名也。”〔一〕大論云:一名有德;二名巧分別諸法;三名有名聲,無有得名聲如佛者;四能破婬怒癡〔二〕。新云“薄伽梵”,名具六義。佛地論曰:“薄伽梵聲,依六義轉:一、自在,二、熾盛,三、端嚴,四、名稱,五、吉祥,六、尊貴。頌曰:自在、熾盛與端嚴,名稱、吉祥及尊貴,如是六德義圓滿,是故彰名薄伽梵。其義云何? 謂如來永不繫屬諸煩惱故,具自在義;猛焰智火所燒煉〔三〕故,具熾盛義;妙三十二大士相等所莊飾故,具端嚴義;一切殊勝功德圓滿無不知故,具名稱義;一切世間親近供養咸稱讚故,具吉祥義;具一切德,常起方便,利益安樂一切有情,無懈廢故,具尊貴義。”〔四〕唐奘法師明五種不翻:一、祕密故不翻,陀羅尼是;二、多含故不翻,如薄伽梵,含六義故;三、此無故不翻,如閻浮樹;四、順古故不翻,如阿耨菩提,實可翻之,但摩騰已來存〔五〕梵音故;五、生善故不翻,如般若尊重,智慧輕淺,令人生敬,是故不翻。

翻譯名義集第一

〔一〕玄應一切經音義卷二一:“言以義總衆德至尚之名也,餘則不爾。故諸經首,皆置此名。舊言‘婆伽婆’,訛也。”

〔二〕大智度論卷二:“云何名‘婆伽婆’? ‘婆伽婆’者,‘婆伽’言‘德’,‘婆’言‘有’,是名有德。復次,‘婆伽’名‘分別’,‘婆’名‘巧’,巧分別諸法總相、別相,故名‘婆伽婆’。復次,‘婆伽’名‘名聲’,‘婆’名‘有’,是名‘有名聲’,無有得名聲如佛者。轉輪聖王、釋、梵、護世者,無有及佛,何況諸餘凡庶! 所以者何? 轉輪聖王與結相應,佛已離結;轉輪聖王沒在生、老、病、死泥中,佛已得渡;轉輪聖王爲恩愛奴僕,佛已永離;轉輪聖王處在世間曠野災患,佛已得離;轉輪聖王處在無明闇中,佛處第一明中;轉輪聖王若極多領四天下,佛領無量諸世界;轉輪聖王財自在,佛心自在;轉輪聖王貪求天樂,佛乃至有頂樂亦不貪著;轉輪聖王從他求樂,佛內心自樂。以是因緣,佛勝轉輪聖王。諸餘釋、梵、護世者,亦復如是,但於轉輪聖王小勝。復次,‘婆伽’名‘破’,‘婆’名‘能’,是人能破婬怒癡故,稱爲'婆伽婆'。"

〔三〕煉:永樂北藏本、嘉興藏本作"鍊"。

〔四〕見佛地經論卷一。又,窺基撰妙法蓮華經玄贊卷二下:"薄伽梵者,舊云'世尊',坦然安坐妙菩提座,任運摧滅一切魔軍,大勢力故即破四魔。如佛地論頌:'自在、熾盛與端嚴,名稱、吉祥及尊貴,具足如是諸六義,應知總名爲薄伽。''薄伽'者,聲也;'梵'謂具德,若有爲此薄伽聲,自能破四魔,必具六德:一、自在義,永不繫屬諸煩惱故;二、熾盛義,炎猛智火所燒練故;三、端嚴義,三十二相等所莊嚴故;四、名稱義,佛之勝名無不知故;五、吉祥義,恒起方便利有情故;六、尊貴義,世出世間咸尊重故。今名世尊,闕前五義。"慧琳一切經音義卷一:"薄伽梵,五印度梵語也。大智度云:如來尊號,有無量名,略而言之,有其六種,薄伽梵是總稱也。義曰衆德之美,尊敬之極也。古譯爲'世尊',世出世間咸尊重故。佛地論頌曰:'自在、熾盛與端嚴,名稱、吉祥及尊貴,如是六種義差別,應知總號薄伽梵。'此爲文含多義,譯經者故存梵言。"

〔五〕存:原作"有",據諸校本改。

諸佛別名篇第二

仰則真法,俯立俗號,名雖各異,義亦互通。故法苑云:如"釋迦"翻"能仁",豈有一佛非能仁也?"阿弥陀"云"無量壽",豈有一佛非長壽也〔一〕? 但以逗機設化,隨世建立,題名則功能雖殊,顯義乃力用齊等,方知三世無量之名,具顯諸佛無量之德也。

〔一〕法苑珠林卷二〇致敬篇第九名號部第四:"如西云'釋迦',此云'能仁',豈有一佛非能仁也? 如西云'阿彌陀',此云'無量壽',豈有一佛非長壽也?"

釋迦文 淨名疏云:天竺語,"釋迦"爲"能","文"爲"儒",義名"能儒"〔一〕。大論云:"釋迦文佛先世作瓦師,名大光明。爾時,有佛名釋迦文,弟子名舍利弗、目伽連、阿難,佛與弟子俱到瓦師舍一宿。爾時,瓦師布施草座、燈明、石蜜漿,便發願言:'我於當來作佛,如今佛名。弟子名字,亦如今佛。'"〔二〕優婆塞戒經云:我於釋迦,最初發心。於迦葉佛,滿三僧祇〔三〕。須知三祇正滿,在於勝觀。今言迦葉,兼百劫故。大論云:"初阿僧祇中,心不自知我當作佛不作佛。二阿僧祇中,心雖能知我必作佛,而口不稱我當作佛。三阿僧祇中,了知得佛,口自發言,無所畏難:'我於來世,當得作佛。'從過去釋迦文佛到剌那尸棄佛爲初阿僧祇,是中菩薩永離女人身。從剌那尸棄佛至燃燈佛爲二阿僧祇,是時菩薩七枚〔四〕青蓮華供養燃燈佛,敷鹿皮衣,布髮掩泥,便授其記:'汝當作佛,名釋迦牟尼。'從燃燈佛至毗婆尸爲三僧祇。過三僧祇,種三十二相業。"〔五〕

〔一〕按:"淨名疏云"者,俟考。本書引淨名疏,多出隋智顗説、唐湛然略維摩經略疏(略智顗撰維摩經文疏成),今檢此書,未見此説。智顗維摩經文疏二十八卷中,亦無此説。吳支謙譯太子瑞應本起經卷上:"汝當作佛,名釋迦文。"子注曰:"天竺語,'釋迦'爲'能','文'爲'儒',義名'能儒'。"或爲此説所本。

〔二〕出大智度論卷三。

〔三〕北涼曇無讖譯優婆塞戒經卷一修三十二相業品第六:"善男子!我於往昔寶頂佛所,滿足第一阿僧祇劫;然燈佛所,滿足第二阿僧祇劫;迦葉佛所,滿足第三阿僧祇劫。善男子!我於往昔釋迦牟尼佛所,始發阿耨多羅三藐三菩提心。"僧祇:即阿僧祇,表示極長的時間單位。大智度論卷四:"天人中能知算數者,極數不復能知,是名一阿僧祇。如:一一名二,二二名四,三三名九,十十名百,十百名千,十千名萬,千萬名億,千萬億名那由他,千萬那由他名頻婆,千萬頻婆名迦他,過迦他名阿僧祇。"

〔四〕枚:諸校本作"枝"。按:大智度論作"枚"。

〔五〕見大智度論卷四。

剌那尸棄　名出俱舍〔一〕。大論則名剌那尸棄〔二〕,此云"寶髻",亦云"寶頂"。吾佛世尊初僧祇滿時值此佛,與七佛中第二尸棄隔二僧祇。先達謂同,故今辯異。

〔一〕阿毗達磨俱舍釋論卷一三:"於剌那尸棄佛世尊,第一阿僧祇究竟。於燃燈佛世尊,第二阿僧祇究竟。於毗婆尸佛世尊,第三阿僧祇究

竟。"隋智顗說、唐灌頂記摩訶止觀卷六上:"故釋論引迦旃延子明
菩薩義云:釋迦菩薩初值釋迦佛發心。至廚那尸棄佛是初阿僧祇,
心不知作佛,口亦不說。次至然燈佛爲二,毗婆尸佛爲三。"

〔二〕參前"釋迦文"條。翻梵語卷一佛名第二:"刺那尸棄佛,譯曰:'刺
那'者,寶;'尸棄'者,大,亦云勝也,亦最上。"

提洹竭　或云"提和竭羅",此云"燃燈"〔一〕。大論云:
太子生時,一切身邊光如燈故,故云燃燈。以至成佛,亦名燃
燈〔二〕。鐙字,說文從金。徐鉉云:"錠中置燭,故謂之
燈。"〔三〕聲類〔四〕云:有足曰錠,無足曰燈。故瑞應經翻爲
錠光〔五〕。摭華〔六〕云:錠,音定,燈屬也。古來翻譯,迴
文〔七〕不同,或云燃燈,或云錠光,語異義同,故須從金。釋
尊修行名儒童時,二僧祇滿,遇燃燈佛,得受記莂〔八〕。

〔一〕玄應一切經音義卷五:"提洹竭佛,此譯云'錠光',又云'然燈佛'
是也。"

〔二〕大智度論卷九:"如燃燈佛生時,一切身邊如燈故,名燃燈太子,作
佛亦名燃燈。"

〔三〕說文卷一四金部:"鐙,錠也,从金登聲。"徐鉉注曰:"錠中置燭,故
謂之鐙。今俗別作'燈',非是。"

〔四〕聲類:曹魏時期李登撰,已佚。隋書經籍志:"聲類十卷,魏左校令
李登撰。"封氏聞見記卷二文字:"魏時有李登者,撰聲類十卷,凡
一萬一千五百二十字,以五聲命字,不立諸部。"

〔五〕竺大力共康孟詳譯修行本起經中,翻爲"錠光",支謙譯太子瑞應本
起經中,翻爲"定光",此兩經,本同譯異。據開元釋教錄卷一三、一
四,此經前後六譯,三存三闕。竺大力共康孟詳譯者二卷,爲第三
譯,支謙譯者二卷,爲第四譯。另有求那跋陀羅譯過去現在因果經
四卷,爲第六譯,翻爲"燈照"。此三種,大正藏皆收入第三册。此
外,闕本三種,分別是支曜譯小本起經二卷,亦名修行本起經、宿行
本起經,爲第一譯;康孟詳譯太子本起瑞應經二卷,亦名瑞應本起,
爲第二譯;佛馱跋陀羅譯過去因果經四卷,爲第五譯。

〔六〕摭華:即宋智圓撰盂蘭盆經疏摭華鈔,簡稱摭華鈔,二卷,"釋圭峰
蘭盆疏",已佚。見佛祖統紀卷一〇高論旁出世家孤山智圓法師。
智圓閑居編卷五,收有盂蘭盆經疏摭華鈔序。

〔七〕文:原無,據諸校本補。

〔八〕蒳:原無,據諸校本補。慧琳一切經音義卷九〇:"記蒳,彼列反,分也,分別與受記也。"釋尊受燃燈佛記事,參見前"釋迦文"條。

毗婆尸　亦名"維衛",此云"勝觀"〔一〕。俱舍云:"三無數劫滿〔二〕,逆次逢勝觀、燃燈、寶髻佛,初釋迦牟尼。"〔三〕此〔四〕由釋尊於勝觀佛初種相好故,毗婆尸爲七佛首。以讚弗沙精進力故,超九大劫,故至于今,過九十一大劫也。

〔一〕唐澄觀撰大方廣佛華嚴經疏卷一七升須彌山頂品第十三:"毗婆尸者,此翻有四,謂淨觀、勝觀、勝見、遍見。如月圓智滿,是遍見也;魄盡惑亡,是淨觀也;既圓且淨,是勝觀、勝見也。"

〔二〕滿:原無,據諸校本及阿毗達磨俱舍論補。

〔三〕見阿毗達磨俱舍論卷一八。又同卷:"論曰:言逆次者,自後向前。謂於第三無數劫滿,所逢事佛名爲勝觀。第二劫滿,所逢事佛名曰然燈。第一劫滿,所逢事佛名爲寶髻。最初發心位逢釋迦牟尼。"

〔四〕此:原作"佛",據諸校本及阿毗達磨俱舍論改。按:若作"佛",當屬前。

尸棄　亦名"式棄",大論翻"火"〔一〕。依佛名經,過三十劫〔二〕。

〔一〕大智度論卷九:"賢劫之前九十一劫,初有佛名鞞婆尸。秦言種種見。第三十一劫中有二佛:一名尸棄,秦言火。二名鞞恕婆附。秦言一切勝。是賢劫中有四佛:一名迦羅鳩飡陀,二名迦那伽牟尼,秦言金仙人也。三名迦葉,四名釋迦牟尼。"澄觀撰大方廣佛華嚴經疏卷一七升須彌山頂品第十三:"尸棄,亦云'式棄那',此云'持髻',亦云'有髻'。無分別智最爲尊上,處心頂也。又,髻中明珠即無分別也。"

〔二〕佛説佛名經卷八:"過去三十劫,有佛名尸棄如來。"

毗舍浮　翻"徧一切自在"〔一〕。藥王藥上經云:莊嚴劫中最後一佛〔二〕。

〔一〕唐慧苑述新譯大方廣佛華嚴經音義卷上:"毗舍浮,正云'毗濕婆部',言'毗濕婆'者,此云'遍一切'也;'部','自在'也。言遍於一切皆得自在。或翻爲'一切有'也。"

〔二〕佛説觀藥王藥上二菩薩經:"其千人者,花光佛爲首,下至毗舍浮佛,於莊嚴劫得成爲佛,過去千佛是也。"莊嚴劫:過去、現在、未來三世之三劫之一。三劫分别爲莊嚴劫、賢劫和星宿劫。唐道宣撰釋迦氏譜:"如大乘經,三世三劫,劫有千佛,過去莊嚴劫,現在名賢,未來星宿。"

俱留孫 此云"所應斷",又翻"作用莊嚴"。賢劫第九減,六萬歲出成佛道,爲千佛首〔一〕。

〔一〕玄應一切經音義卷二一:"羯洛迦孫馱,舊言'拘樓孫',此云'作用莊嚴'也。"清來舟注大乘本生心地觀經淺註卷六:"俱留孫,此云'所應斷',謂能斷一切煩惱,永盡無餘故。於賢劫中第九減劫,人壽減至六萬歲時出世成佛,爲千佛首。"

拘那含牟尼 此云"金寂"〔一〕。大論:"名迦那迦牟尼,秦言金仙人。"〔二〕四萬歲時,出現閻浮。

〔一〕澄觀撰大方廣佛華嚴經疏卷一七升須彌山頂品第十三:"拘那牟尼,舊曰'金仙',亦云'金寂'。寂故無礙,金故明見。"

〔二〕見大智度論卷九。參前"尸棄"條注一。

迦葉波 此云"飲光"〔一〕。二萬歲時,出成正覺。至百歲時,釋迦牟尼居兜率天,四種觀世故。大論云:"一者、觀時。人壽百歲,佛出時到。二、觀土地。諸國常在中國生故。三、觀種姓。刹利種姓勢力大,婆羅門種智慧大,隨時所貴,佛於中生。四、觀生處。何等母人能懷那羅延力菩薩,亦能自護淨戒?如是觀竟,唯中國迦毗羅婆淨飯王后能懷菩薩。如是思惟已,於兜率天下,不失正慧,入於母胎。"〔二〕

〔一〕窺基撰妙法蓮華經玄贊卷一:"梵云'摩訶迦葉波'。'摩訶',大也;'迦葉波'者,姓也。此云'飲光',婆羅門姓。上古有仙,身有光明,飲蔽日月之光。迦葉是彼之種,迦葉身亦有光,能飲日月,以姓爲名,故名'飲光'。大富長者之子,捨大財、姓出家,能爲大行,少欲知足,行杜多行,大人所識,故標'大'名,簡餘迦葉。"澄觀撰大方廣佛華嚴經疏卷一七升須彌山頂品第十三:"迦葉者,此云'飲光'。若從姓立,示生彼族。若就佛德,一者身光蔽餘光故,二者悲光飲蔽邪光故。"

〔二〕見大智度論卷四。

弥勒　西域記云:"梅哩麗耶,唐云'慈氏',即姓也。舊曰'弥勒',訛也。"〔一〕什曰:"姓也。阿逸多,字也,南天竺婆羅門子。"〔二〕淨名疏云:"有言從姓立名,今謂非姓,恐是名也。何者? 弥勒,此翻慈氏。過去爲王,名曇摩流支,慈育國人,自尔至今,常名慈氏。姓阿逸多,此云無能勝。有言阿逸多是名,既不親見正文,未可定執。"〔三〕觀下生經云:"時修梵摩即與子立字,名曰弥勒。"〔四〕

〔一〕見大唐西域記卷七婆羅㾛斯國。

〔二〕見僧肇撰注維摩詰經卷一。

〔三〕見智顗説、湛然略維摩經略疏卷二。按:此維摩經略疏,由湛然略智顗撰維摩經文疏成。故見之於此書者,皆出於智顗撰維摩經文疏,但兩書文字或有出入。後文凡注云"見維摩經略疏"者,皆同此。

〔四〕見西晉竺法護譯觀彌勒菩薩下生經。

袍休羅蘭〔一〕　漢言"大寶",即多寶佛。出薩曇〔二〕分陀利經〔三〕。

〔一〕羅蘭:原作"蘭羅",妙法蓮華經文句卷八下引亦作"蘭羅",據薩曇分陀利經等改。

〔二〕曇:原作"雲",據永樂北藏本、嘉興藏本改。

〔三〕薩曇分陀利經:"浮圖中央,有七寶大講堂,懸幢幡華蓋,名香清潔。姝好講堂中有金床,床上有坐佛,字袍休羅蘭。漢言'大寶'。"慧琳一切經音義卷二八:"枹休羅蘭,梵語佛名也,正梵云'鉢羅二合步多囉怛曩二合引野',唐云'多寶'。"

弗沙　正名"富沙"。清涼云:亦云"勃沙",此云"增盛",明達勝義故也。亦云〔一〕"底沙",亦云"提舍",此翻"明"。又云"説度",説法度人也〔二〕。什師解弗沙菩薩云:"二十八宿中鬼星名也。生時相應鬼宿,因以爲名。"〔三〕或名沸星,或名孛星〔四〕。

〔一〕云:原無,據永樂北藏本、嘉興藏本補。

〔二〕清涼:即釋澄觀,傳見宋高僧傳卷五唐代州五臺山清涼寺澄觀傳。澄觀撰大方廣佛華嚴經疏卷一七:"弗沙,亦云'勃沙',此云'增盛’,明達勝義,是增盛也。<u>提舍</u>,亦云‘<u>底沙</u>’。西域訓字底邏那,此云‘度’也。沙是‘旛沙’,此云‘説’也。謂説法度人。或但云説,辯才無礙者,即能説也。”

〔三〕見<u>僧肇撰注維摩詰經</u>卷八。

〔四〕<u>玄應一切經音義</u>卷八:“沸星,或云‘佛星’,或作‘孛星’,或言‘弗沙星’,皆音字訛也,正音‘富沙’。依諸經云:如來成道出家,皆用二月八日鬼宿合時。依日藏分經,二月九日,曙夜分屬九日故也。”

樓夷亘羅　<u>清淨平等覺經</u>翻“<u>世饒王</u>”〔一〕,<u>無量壽經</u>翻“<u>世自在王</u>”〔二〕。

〔一〕見<u>東漢支婁迦讖</u>譯<u>佛説無量清淨平等覺經</u>。

〔二〕見<u>曹魏康僧鎧</u>譯<u>佛説無量壽經</u>。

曇摩迦　此翻“<u>法藏比丘</u>”,乃<u>無量壽</u>行因時名〔一〕。

〔一〕<u>吳支謙</u>譯<u>佛説阿彌陀經</u>(<u>佛説阿彌陀三耶三佛薩樓佛檀過度人道經</u>)卷上:“<u>樓夷亘羅</u>佛説經竟,<u>曇摩迦</u>便一其心,即得天眼徹視,悉自見二百一十億諸佛國中諸天人民之善惡、國土之好醜,即選擇心中所願,便結得是二十四願經,則奉行之,精進勇猛,勤苦求索。如是無央數劫,所師事供養諸已過去佛亦無央數。其<u>曇摩迦</u>菩薩至其然後,自致得作佛,名<u>阿彌陀</u>佛最尊,智慧勇猛,光明無比,今現在所居國土甚快善。”<u>康僧鎧</u>譯<u>佛説無量壽經</u>卷上,作“<u>法藏比丘</u>”。

阿彌陀　<u>清淨平等覺經</u>翻“<u>無量清淨佛</u>”〔一〕,<u>無量壽經</u>翻“<u>無量壽佛</u>”〔二〕。<u>稱讚淨土經</u>云:“其中世尊,名<u>無量壽</u>及<u>無量光</u>。”〔三〕

〔一〕<u>佛説無量清淨平等覺經</u>卷一:“<u>世饒王</u>佛説經竟,<u>法寶藏</u>菩薩便壹其心,則得天眼徹視,悉自見二百一十億諸佛國中諸天人民之善惡、國土之好醜,則選心所欲願,便結得是二十四願經,則奉行之,精進勇猛,勤苦求索。如是無央數劫,所師事供養諸佛已過去佛亦無央數。其<u>法寶藏</u>菩薩至其然後,自致得作佛,名<u>無量清淨覺</u>最尊,智慧勇猛,光明無比。”

〔二〕見<u>康僧鎧</u>譯<u>佛説無量壽經</u>。

〔三〕見<u>唐玄奘</u>譯<u>稱讚淨土佛攝受經</u>:“於是西方,去此世界過百千俱胝那庾多佛土,有佛世界,名曰極樂。其中世尊,名<u>無量壽</u>及<u>無量光</u>,

如來、應、正等覺十號圓滿，今現在彼安隱住持，爲諸有情宣説甚深微妙之法，令得殊勝利益安樂。”

阿閦　淨名經云：“有國名妙喜，佛号<u>無動</u>。”〔一〕疏云：“‘阿’之言無，‘閦’之言動。”〔二〕

〔一〕見<u>姚秦鳩摩羅什</u>譯<u>維摩詰所説經</u>卷下<u>見阿閦佛品</u>。

〔二〕見<u>智顗</u>説、<u>湛然</u>略<u>維摩經略疏</u>卷一〇。

剌那那伽羅　此云“<u>寶積</u>”〔一〕。“以無漏根、力、覺、道等法寶集故，名爲寶積。問：若尒，一切佛皆應号‘寶積’？荅：但此佛即以此寶爲名。”〔二〕

〔一〕<u>大智度論</u>卷七：“剌那那伽羅菩薩，秦言‘寶積’。”

〔二〕見<u>大智度論</u>卷九。

樓至　此翻“啼泣”〔一〕。又名“<u>盧遮</u>”，亦名“<u>魯支</u>”，此翻“<u>愛樂</u>”〔二〕。

〔一〕<u>隋吉藏</u>撰<u>法華義疏</u>卷一二：“樓至，此云啼哭佛，獨住半賢劫度衆生。”<u>大寶積經</u>卷九：“何故名之<u>樓由</u>？爾時愁感，自投於地，用得下籌，自積誓願，由斯世尊號之<u>樓由</u>。‘樓由’者，晉言‘涕泣’。”<u>慧琳一切經音義</u>卷一一：“<u>樓由</u>，亦名‘<u>樓至</u>’，皆梵語訛也，即賢劫中菩薩最後成佛者是也。經自解云：<u>樓由</u>，晉言‘<u>涕泣</u>’，即<u>密迹金剛</u>也。”

〔二〕<u>慧琳一切經音義</u>卷一八：“<u>盧至如來</u>，梵語佛名，古譯‘<u>樓至</u>’，<u>唐</u>云‘<u>愛樂</u>’，即此賢劫中第一千佛，劫末後成佛，即今之<u>執金剛神</u>是也。亦名密迹金剛。”

鞞恕婆附　大論云：“秦言‘一切勝’。”〔一〕

〔一〕見<u>大智度論</u>卷九。<u>翻梵語</u>卷一佛名第二：“<u>鞞恕婆附佛</u>，論曰‘<u>一切勝</u>’。譯曰：‘鞞恕’者，一切；‘婆附’者，勝，亦云生。”

提和羅耶　晉言“<u>天人王</u>”。佛授調達作佛之號〔一〕。

〔一〕<u>薩曇分陀利經</u>：“佛言：(中略)<u>調達</u>却後阿僧祇劫，當得作佛，號名<u>提和羅耶</u>。<u>漢</u>言天王佛。當得十種力，三十二相八十種好。”<u>法苑珠林</u>卷四七和順篇第四十七和施部第三引佛説一切施王所行檀波羅蜜經，有云：“<u>調達</u>却後阿僧祇劫當得作佛，號字<u>提和羅耶</u>。”子注曰：“<u>晉</u>言天人王。”

須扇多　亦云“<u>須扇</u>〔一〕<u>頭</u>”，此云“<u>甚淨</u>”。弟子未熟，便入涅槃，留化佛一劫〔二〕。

翻譯名義集第二

〔一〕扇:原作"肩",據大正藏本改。

〔二〕姚秦鳩摩羅什譯摩訶般若波羅蜜經卷二一三慧品:"譬如過去有佛名須扇多,爲欲度菩薩故,化作佛而自滅度。是化佛住半劫作佛事,授應菩薩行者記已滅度。"又,西晉無羅叉譯放光般若經卷一六:"過去有佛名須扇頭,須扇頭者,晉言極淨如來。彼佛世時,人無有行菩薩道者,則佛現般泥洹,作化佛留住一劫。行佛事一劫已,後彼化佛授應菩薩行者莂,復般泥洹。人皆呼般泥洹,不知是化。"

通別三身篇第三别標釋迦,通貫諸佛。

萬彙沈迷,居三道而流轉;十力〔一〕超悟,證三身〔二〕以〔三〕圓通。由是三諦一境,合名法身。此彰一性也。三智一心,合名報身。三脫一體,合名應身。此顯二修也。以斯定慧互嚴,致使法身圓顯,境智冥合,應物現形,三身明矣。

〔一〕十力:佛陀具有的十種能力。慧遠大乘義章卷二〇十力義八門分別:"言十力者,一是如來是處非處智力,二自業智力,三是定力,四是諸根利鈍智力,五是欲力,六是性力,七至處道力,八宿命智力,九天眼智力,十漏盡智力。"

〔二〕三身:即法身、報身和應身。具體參後各條。

〔三〕以:大正藏本作"爲"。

毗盧遮那　輔行曰:"此云'徧一切處'。煩惱體淨,衆德悉備,身土相稱,徧一切處。"〔一〕唯識論云:"一、自性身,謂諸如來真淨法界,受用變化,平等所依,離相寂然,絕諸戲論,具無邊際真實功德,是一切法平等實性,即此自性,亦名法身。"〔二〕光明玄云:"法名可軌,諸佛軌之而得成佛。故經言:'諸佛所師,所謂法也。'"〔三〕摩訶衍論云:剋其法身真實自體,湛湛絕慮〔四〕,寂寂名斷,能爲色相作所依止〔五〕。今問:寂寂名斷,安名法身? 答:法實無名,爲機詮辯,召寂寂體,强稱法身。問:湛湛之體,當同太虛? 答:凡所有相,皆是非相。覺五音如谷響,知實無聲;了萬物如夢形,見皆非色。

空有不二,中道昭然,不可聞無,謂空斷絕。

〔 一 〕見湛然述止觀輔行傳弘決卷一。又,慧苑新譯大方廣佛華嚴經音
　　　義卷上:"毗盧遮那,按梵本,毗字,應音云死廢反,此云種種也;盧
　　　遮那,云光明照也。言佛於身智以種種光明照衆生也。或曰,毗,
　　　遍也;盧遮那,光照也。謂佛以身智無礙光明遍照理事無礙法
　　　界也。"

〔 二 〕見成唯識論卷一〇。

〔 三 〕見隋智顗説、唐灌頂録金光明經玄義卷一。又,"經言"者,見曇無
　　　讖譯大般涅槃經卷四。

〔 四 〕絕慮:釋摩訶衍論卷六作"慮絕"。

〔 五 〕詳見龍樹造,姚秦筏提摩多譯釋摩訶衍論卷六。

盧舍那　賢首梵網疏云:"梵本‘盧舍那’,此云‘光明徧
照’。照有二義:一、內以智光,照真法界。此約自受用義;
二、外以身光,照應大機。此約他受用義。"〔一〕淨覺雜編云:
盧舍那,寶梁經翻爲‘淨滿’,以諸惡都盡故云淨,衆德悉圓故
云滿。此多從自受用報得名。或翻"光明徧照",此多從他受
用報爲目。若論色心皆得淨滿,身智俱有光明,則二名並通,
自他受用也〔二〕。唯識論云:"二受用身,此有二種:一、自受
用身。謂諸如來三無數劫修習無量福德資粮,所起無邊真實
功德,又極圓淨,常徧色身,相續湛然,盡未來際,常自受用,
廣大法樂。二、他受用身。由平等智,示現妙淨功德身,居純
淨土,爲住十地菩薩,現大神通,轉正法輪,決衆疑網,令彼受
用大乘法樂。合此二身,名曰報身。"〔三〕摩訶衍云:"所言報
身者,具勝妙因,受極樂果,自然自在,決定安樂,遠離苦相,
故名爲報。"〔四〕

〔 一 〕賢首:即法藏。宋高僧傳卷五周洛京佛授記寺法藏傳:"釋法藏,字
　　　賢首,姓康,康居人也。"此説見法藏撰梵網經菩薩戒本疏卷一。
　　　又,慧琳一切經音義卷二〇:"盧舍那,或云‘盧柘那’,亦言‘盧折
　　　羅’,此譯云‘照’,謂遍照也,以報佛淨色遍周法界故也。又日月
　　　燈光遍周一處,亦名盧舍那,其義是也。"

〔 二 〕淨覺:宋初天台宗僧人仁岳,著述甚多。詳見四明尊者教行録卷六

四明門人雪川淨覺法師、佛祖統紀卷二一諸師雜傳淨覺仁岳法師。雜編，即義學雜編，六卷。已佚。此説亦見其楞嚴經熏聞記卷五。寶梁經，"編入大寶積經藏中，故無別本"（開元釋教録卷二〇）。

〔三〕見成唯識論卷一〇。

〔四〕見釋摩訶衍論卷六。

釋迦牟尼　撰華云：此云"能仁寂默"。寂默故，不住生死；能仁故，不住涅槃。悲智兼運，立此嘉稱。發軫〔一〕云：本起經翻釋迦爲能仁〔二〕。本行經譯牟尼爲寂默〔三〕。能仁是姓，寂默是字。姓從慈悲利物，字取智慧冥理。以利物故，不住涅槃；以冥理故，不住生死。長水云："寂者現相無相，默者示説無説。此則即真之應也。"〔四〕能仁是姓者，長阿含云：昔有輪王，姓甘蔗氏，聽次妃之譖，擯四太子至雪山北，自立城居，以德歸人。不數年間，欝爲强國。父王悔憶，遣使往召，四子辭過不還。父王三歎："我子釋迦！"因此命氏。又云住直樹林，又號釋迦。既於林立國，即以林爲姓。此以"釋迦"翻爲"直林"〔五〕。寂默是字者，本行經云：又諸釋種立性，憍慢多言，及見太子，悉皆默然。王云：宜字牟尼〔六〕。稱讚淨土經名"釋迦寂静"〔七〕。又，"釋迦牟尼"翻"度沃焦"〔八〕。如舊華嚴名字品及十住婆沙所列，大海有石，其名曰焦，萬流沃之，至石皆竭，所以大海水不增長。衆生流轉，猶如焦石，五欲沃之而無猒足，唯佛能度，故此爲名〔九〕。釋迦牟尼屬應身也。摩訶衍云："所言應者，隨順根機而不相違，隨時隨處隨趣出現，非安樂相，故名爲應。"〔一〇〕而此應身，周帀千華上，復現千釋迦，一華百億國，一國一釋迦〔一一〕。故召釋迦牟尼，名千百億化身也。唯識論云："三變化身，謂諸如來由成事智，變現無量隨類化身，居淨穢土，爲未來登地菩薩及二乘異生，稱彼機宜，現通説法。"〔一二〕若就應身開出變化，則成四身。以現同始終名應，無而猒有名化。

然此三身之法，或執即義，名失三身；或執離義，相乖一體。今約三義,通而辯[一三]之:一者、體用。智與體冥,能起大用。自報上冥法性,體名真身。他報下赴機緣,用名應身。故光明云:"佛真法身,猶如虛空。應物現形,如水中月。"[一四]而觀世音普門示現,令無涯人獲乎冥、顯兩種利益者,由此二身也。二者、權實。權名權暫,實謂實録。以施權故,從勝起劣,三佛離明;以顯實故,從劣起勝,祇是一身。故曰:"吾今此身,即是法身。"[一五]又云:"微妙淨法身,具相三十二。"[一六]是知順機則權設三身,就應乃實唯一佛也。三者、事理。觀經疏云:"佛本無身無壽,亦無於量,隨順世間而論三身。"[一七]是則仰觀至理,本實無形;俯隨物機,迹垂化事。猶明鏡也,像體本虛;若水月焉,影元非實。苟於迹事而起封執,則同癡猴墮井而死。學出世法,宜誡之哉!

〔 一 〕發軔:即發軔鈔,五卷,宋仁岳撰,已佚。佛祖統紀卷二一諸師雜傳淨覺仁岳法師録,子注曰:"釋自造金剛疏。"此引文,亦見宋宗曉述金光明經照解卷上。

〔 二 〕修行本起經卷上現變品:"汝却後百劫,當得作佛,名釋迦文漢言'能仁'。如來。"

〔 三 〕此説俟考。唐窺基撰成唯識論述記卷一〇:"梵言'牟尼',此言'寂默'。寂默法者,離言法也。或離過故,故名爲寂默。"

〔 四 〕長水:即宋子璿。此説見長水子璿録金剛經纂要刊定記卷一。

〔 五 〕參見長阿含經卷一三。

〔 六 〕按:此處引文,當據釋氏要覽卷中三寶"天中天"條。隋闍那崛多譯佛本行集經卷七、八、九等,説太子降誕王宮等,然不見有與此相近者。唐義淨譯根本説一切有部毗奈耶雜事卷二〇:"諸釋迦子體懷憍慢,立性多言,菩薩入城,皆悉默然,牟尼無語。王見是已,報諸臣曰:諸釋迦子體懷傲慢,立性多言,太子入城,皆悉默然,牟尼無語,應與太子名曰釋迦牟尼。"

〔 七 〕見稱讚淨土佛攝受經。

〔 八 〕智顗説妙法蓮華經文句卷九釋壽量品:"法身如來名毗盧遮那,此翻遍一切處;報身如來名盧舍那,此翻淨滿;應身如來名釋迦文,此翻度沃焦。"阿毗曇八犍度論卷三〇偈跋渠第六:"沃焦者,無限生死。彼無學,<u>文尼</u>已度;學,<u>文尼</u>方度。故曰'<u>文尼</u>度沃焦'。"

〔九〕 "如舊<u>華嚴</u>"至此,見<u>湛然</u>述<u>法華文句記</u>卷九下。又,<u>東晉佛馱跋陀</u>
　　　　<u>羅</u>譯<u>大方廣佛華嚴經</u>卷一四<u>金剛幢菩薩十迴向品</u>:"我當爲一切衆
　　　　生,受無量苦,令諸衆生,悉得免出生死沃焦。"<u>十住毗婆沙論</u>卷一
　　　　<u>序品</u>:"苦惱諸受,以爲沃焦。"

〔一〇〕見<u>釋摩訶衍論</u>卷六。

〔一一〕<u>梵網經</u>卷下:"我今<u>盧舍那</u>,方坐蓮花臺,周匝千花上,復現千<u>釋迦</u>。
　　　　一花百億國,一國一<u>釋迦</u>,各坐菩提樹,一時成佛道。"

〔一二〕見<u>成唯識論</u>卷一〇。

〔一三〕辯:<u>大正藏</u>本作"辨"。

〔一四〕見<u>金光明經</u>卷二<u>四天王品第六</u>。

〔一五〕<u>曇無讖</u>譯<u>大般涅槃經</u>卷四:"我已久從無量劫來離於婬欲,我今此
　　　　身,即是法身,隨順世間,示現入胎。"

〔一六〕見<u>妙法蓮華經</u>卷四<u>提婆達多品</u>。

〔一七〕見<u>智顗</u>説<u>觀無量壽佛經疏</u>。

釋尊姓字篇第四

　　<u>世本</u>云:"言姓即在上,言氏即在下。"〔一〕<u>西域記</u>云:姓
者,所以繫統百世,使不別也。氏者,所以別子孫之所出也。
族姓殊者,有四流焉:一、婆羅門,淨行也。守道居貞,潔白其
操。二、刹帝利,王種也。弈世君臨,仁恕爲志。三、吠奢,商
賈也。貿遷有無,逐利遠近。四、戍陀羅,農人也。肆力疇
壠,勤身稼穡〔二〕。<u>智度論</u>云:隨時所尚,佛生其中。<u>釋迦</u>出
剛強之世,托王種以振威。<u>迦葉</u>生善順之時,居淨行以標
德〔三〕。故佛諸文姓有六種:一、<u>瞿曇</u>,二、<u>甘蔗</u>,三、<u>日種</u>,
四、<u>釋迦</u>,五、<u>舍夷</u>,六、<u>刹利</u>,今具釋之。

〔一〕 按:<u>史記高祖本紀司馬貞索隱</u>亦引<u>世本</u>此説。

〔二〕 <u>大唐西域記</u>卷二<u>印度總述</u>:"若夫族姓殊者,有四流焉:一曰婆羅
　　　　門,淨行也。守道居貞,潔白其操。二曰刹帝利,王種也。舊曰'刹
　　　　利',略也。奕世君臨,仁恕爲志。三曰吠奢,舊曰'毗舍',訛也。商賈
　　　　也。貿遷有無,逐利遠近。四曰戍陀羅,舊曰'首陀',訛也。農人也。

肆力疇壠,勤身稼穡。凡茲四姓,清濁殊流,婚娶通親,飛伏異路。内外宗枝,姻媾不雜。婦人一嫁,終無再醮。”又,史記五帝本紀“弃爲周,姓姬氏”,裴駰集解引鄭玄駁許慎五經異義云:“姓者,所以統繫百世,使不别也。氏者,所以别子孫之所出。”然未見西域記中有云“姓者,所以繫統百世,使不别也。氏者,所以别子孫之所出也”。

〔 三 〕按:今檢大智度論,未見此説。然法苑珠林卷八千佛篇第五七佛部第一種族部引,亦云出大智度論。

瞿曇 或“憍曇弥”,或“俱譚”〔 一 〕。西域記云:“喬荅摩,舊云‘瞿曇’,訛略也。”〔 二 〕古翻“甘蔗”、“泥土”等,南山〔 三 〕曰:非也。瞿曇,星名,從星立稱,至于後代,改姓釋迦。慈恩云:“釋迦之群〔 四 〕望也。”〔 五 〕文句曰:“瞿曇,此云純淑。”〔 六 〕應法師翻爲“地最勝”,謂除天外,人類中此族最勝〔 七 〕。如十二游經明:阿僧祇時,大茅草王捨位付臣,師婆羅門,遂受其姓,名小瞿曇。仁賢劫初,識神託生,立瞿曇姓〔 八 〕。故知瞿曇遠從過去,近自民主。

二姓甘蔗者,菩薩本行經云:大茅草王得成王仙,壽命極長,老不能行。時諸弟子出求飲食,以籠盛仙,懸樹枝上。獵師遥見,謂鳥便射。滴血于地,生二甘蔗,日炙開剖,一出童男,一出童女。占相師立男名善生,即灌其頂,名甘蔗王,女名善賢,爲第一妃〔 九 〕。

三姓日種者,本行經云:“又以日炙甘蔗出故,亦名日種。”〔 一〇 〕

四姓釋迦,具三身篇〔 一一 〕。

〔 一 〕玄應一切經音義卷一三:“俱譚,徒含反,或作‘具譚’,經中多云‘瞿曇’,皆是梵言輕重也。”

〔 二 〕見大唐西域記卷六拘尸那揭羅國。

〔 三 〕南山:即道宣律師。未見其有此説,此或爲“孤山”之誤。思坦集注楞嚴經集注卷三:“孤山云:優盧頻螺,云木瓜林。迦葉波,云龜氏。瞿曇,星名,從星立姓,至於後代,改姓釋迦。”孤山,即釋智圓,宋初天台宗山外一派名僧。然此“南山曰”者,亦非無據,參注五。

〔四〕 群:楞嚴經熏聞記作"郡",參下注。群望,指受祭的星宿。若言
　　　　"群望",則與前"瞿曇,星名"之説相通。

〔五〕 慈恩:即窺基。傳見宋高僧傳卷四唐京兆大慈恩寺窺基傳。此説
　　　　見仁岳述楞嚴經熏聞記卷二引:"瞿曇星名者,此依南山解也。若
　　　　慈恩云:釋迦之郡望也。"

〔六〕 見智顗説妙法蓮華經文句卷一下。

〔七〕 慧苑新譯大方廣佛華嚴經音義卷上:"瞿曇氏,具云'瞿答摩'。言
　　　　'瞿'者,此云地也。'答摩',最勝也。謂除天以外,在地人類此族
　　　　最勝,故云'地最勝'也。或曰瞿曇彌,或曰憍曇彌,或曰瞿夷,皆女
　　　　聲呼之也。"仁岳述楞嚴經熏聞記卷二:"應師云:此翻爲最,謂除
　　　　天外,人類中此族最勝故。"宋元照撰四分律行事鈔資持記卷下釋
　　　　諸部篇:"瞿曇,此云地最勝,謂在地人中最勝故。此即如來因地之
　　　　姓,人猶稱之。佛昔於劫初作國王,禪位,師瞿曇仙修道,因以
　　　　爲姓。"

〔八〕 參見東晉迦留陀伽譯佛説十二遊經。

〔九〕 參見佛本行集經卷五。

〔一〇〕 見佛本行集經卷五賢劫王種品下。

〔一一〕 "具三身篇"者,見本卷通別三身篇第三"釋迦牟尼"條。

舍夷　文句云:"舍夷者,貴姓也。"〔一〕此名訛略,正云
奢夷耆耶。本行經云:以住釋迦大樹蓊鬱枝條之林,是故名
爲奢夷耆耶。此以其處而立於姓,故國名舍夷〔二〕。

〔一〕 智顗説妙法蓮華經文句卷一下:"瞿曇,此言'純淑',亦名'舍夷'。
　　　　舍夷者,貴姓也。"

〔二〕 佛本行集經卷五賢劫王種品下:"以釋迦住大樹蓊蔚枝條之下,是
　　　　故名爲奢夷耆耶。以其本於迦毗羅仙處所住故,因城立名,故名迦
　　　　毗羅婆蘇都。"

刹帝利　肇曰:"王種也,秦言'田主'。劫初,人食地
味,轉食自然粳米。後人情漸僞,各有封殖,遂立有德,處平
分田,此王者之始也。故相承爲名,爲其尊貴自在,强暴快
意,不能忍和也。"什曰:"梵音中含二義:一言忍辱,二言能
嗔。言此人有大力勢,能大嗔恚,忍受苦痛,剛强難伏,因以
爲姓。"〔一〕

〔一〕兩説均見僧肇撰注維摩詰經卷二方便品。

薩婆悉達　唐言"頓吉"。太子生時,諸吉祥瑞,悉皆具故〔一〕。大論翻爲"成利"〔二〕。西域記云:"薩婆曷剌他悉陀,唐言'一切義成',舊云'悉達',訛也。"〔三〕此乃世尊小字耳。

〔一〕修行本起經卷上菩薩降身品:"王聞太子生,心懷喜躍,即與大衆、百官群臣、梵志、居士長者、相師,俱出往迎。王馬足觸地,五百伏藏,一時發出,海行興利,於時集至,梵志相師,普稱萬歲,即名太子,號爲悉達。漢言'財吉'。王見釋梵四王、諸天龍神彌滿空中,敬心肅然,不識下馬禮太子。時未至城門,路側神廟一國所宗,梵志相師咸言:'宜將太子禮拜神像。'即抱入廟,諸神形像,皆悉顛覆。梵志相師、一切大衆皆言:'太子實神實妙,威德感化,天神歸命。'咸稱太子,號天中天。於是還宮,天降瑞應,三十有二:一者、地爲大動,坵墟皆平;二者、道巷自淨,臭處更香;三者、國界枯樹,皆生花葉;四者、苑園自然,生奇甘果;五者、陸地生蓮花,大如車輪;六者、地中伏藏,悉自發出;七者、中藏寶物,開現精明;八者、篋笥衣被,被在桁架;九者、衆川萬流,停住澄清;十者、風霽雲除,空中清明;十一者、天爲四面細雨澤香;十二者、明月神珠,懸於殿堂;十三者、宮中火燭,爲不復用;十四者、日月星辰,皆住不行;十五、沸星下現,侍太子生;十六、天梵寶蓋,彌覆宮上;十七、八方之神,奉寶來獻;十八、天百味飯,自然在前;十九、寶甕萬口,懸盛甘露;二十、天神牽七寶交露車至;二十一、五百白象子,自然羅在殿前;二十二、五百白師子子,從雪山出,羅住城門;二十三、天諸婇女,現伎女肩上;二十四、諸龍王女,繞宮而住;二十五、天萬玉女,把孔雀拂現宮牆上;二十六、天諸婇女,持金瓶盛香汁,列住空中侍;二十七、天樂皆下,同時俱作;二十八、地獄皆休,毒痛不行;二十九、毒蟲隱伏,吉鳥翔鳴;三十、漁獵怨惡,一時慈心;三十一、境內孕婦,生者悉男,聾盲瘖瘂、癃殘百疾,皆悉除愈;三十二、樹神人現,低首禮侍。"按:梁僧祐撰釋迦譜卷一釋迦降生釋種成佛緣譜第四引此文,云:"瑞應本起云:五百伏藏,一時發出,海行興利,一時集至,梵志相師,普稱萬歲,即名太子爲悉達多,漢言'頓吉'。説此語時,虛空天神即擊天鼓,燒香散華,唱言善哉。諸天人民即便稱曰薩婆悉達。"

〔二〕大智度論卷二：“悉達陀，秦言‘成利’。”

〔三〕見大唐西域記卷七婆羅疤斯國。

摩納縛迦　或號摩那婆。瑞應翻爲儒童〔一〕，本行翻爲雲童〔二〕，又云善慧〔三〕，又翻年少淨行〔四〕，燃燈佛時爲菩薩号。今問：瑞應明昔爲摩納，獻燃燈華。諸文引此證二僧祇，何故妙玄證通行因耶〔五〕？荅：經中既云“得不起法忍〔六〕”，三藏〔七〕由伏惑故，無此法忍，故證通教。而諸文中證二僧祇者，以瑞應是三藏故。淨名疏中，義以“初祇爲伏，二、三祇爲順，百劫爲無生，三十四心爲寂滅”〔八〕，故諸文中證二僧祇。發軫問：若通別、圓，妙玄何故判爲通教？荅：非但通二，亦通三藏。隨教所説，淺深不同。一往瑞應，多屬通義，以得忍故，異前三藏。不説行因，不思議相，異後別、圓，況復若判屬通，必兼後二。又云：餘經説遇燃燈是八地〔九〕，正是通教辟支佛地〔一〇〕。

〔一〕支謙譯太子瑞應本起經卷上：“昔我爲菩薩，名曰儒童。”慧琳一切經音義卷一二：“摩納婆，梵語也，或云‘摩那婆’，或云‘那羅摩納’，或云‘摩納縛迦’，或云‘那羅摩那’，或但云‘摩納’，皆語訛轉也，總一義耳，此譯云儒童。”玄應一切經音義卷二四：“儒童，而俱反，説文：‘儒，柔也。’謂柔頓也。童，幼也，謂幼小也。梵言摩納縛迦。”

〔二〕見佛本行集經卷三受決定記品。

〔三〕子璿録金剛經纂要刊定記卷五：“彼國雪山南面有一梵志，名曰珍寶，有五百弟子。中有一弟子，名之雲童，或名善慧，於彼衆中而爲上首，所有仙法皆學已了，辭師還家。”

〔四〕慧琳一切經音義卷一〇：“摩那婆，梵語，或云‘摩納婆’，或言‘摩納’，皆梵語訛轉也，此譯爲‘年少淨行’也。”

〔五〕妙玄，即智顗説妙法蓮華經玄義。妙法蓮華經玄義卷七上：“迹因多種，或言昔爲陶師，值先釋迦佛，三事供養，藉草然燈、石蜜漿，發口得記，父母名字，弟子侍人，皆如先佛，即是初阿僧祇發心。既不明斷惑，知是三藏行因之相也。或言昔爲摩納，值然燈佛，五華奉散，布髮掩泥，躍身虛空，得無生忍，佛與受記，號釋迦文。大品亦云:'華嚴城内得記。'義與此同,並云斷惑,故知通佛行因之相也。或言昔爲寶海梵志,删提嵐國寶藏佛所行大精進,十方佛送華供養。既爲寶藏佛父,又是彌陀之師,稱其功德不可思議,故知是別圓行因之相。"

〔六〕不起法忍:智顗説、湛然略維摩經略疏卷一:"不起内外煩惱,生死無境可觀,故名不起法忍,即是大無生忍,亦名寂滅忍。"慧遠撰大乘義章卷一:"不起法忍者,是七地已上無生忍也。"大智度論卷二七:"若菩薩能觀一切法不生不滅、不不生不不滅,不共、非不共。如是觀諸法,於三界得脱,不以空,不以非空;一心信忍十方諸佛所用實相智慧,無能壞、無能動者,是名無生忍法。"

〔七〕三藏:三藏教,天台宗所立化法四教之小乘教。妙法蓮華經卷五安樂行品:"貪著小乘,三藏學者。"大智度論卷一〇〇:"雖俱求一解脱門,而有自利、利人之異,是故有大小乘差別。爲是二種人故,佛口所説,以文字語言分爲二種:三藏是聲聞法,摩訶衍是大乘法。"又,智顗撰四教義卷一:"四教者,一、三藏教,二、通教,三、別教,四、圓教。(中略)第一釋三藏教名者,此教明因緣生滅、四聖諦理,正教小乘,傍化菩薩。所言三藏教者,一、修多羅藏,二、毗尼藏,三、阿毗曇藏。(中略)此之三藏,的屬小乘。(中略)二釋通教名者,通者,同也。三乘同稟,故名爲通。此教明因緣、即空、無生、四真諦理,是摩訶衍之初門也。正爲菩薩,傍通二乘。(中略)三釋別教名者,別者不共之名也。此教不共二乘人説,故名別教。此教正明因緣假名、無量四聖諦理,的化菩薩,不涉二乘。(中略)四釋圓教名者,圓以不偏爲義。此教明不思議因緣,二諦中道,事理具足,不偏不別,但化最上利根之人,故名圓教也。"智顗説妙法蓮華經玄義卷一下:"若十因緣所成衆生有下品樂欲,能生界内事善,拙度破惑,析法入空;具此因緣者,如來則轉生滅四諦法輪,起三藏教也。若十因緣法所成衆生有中品樂欲,能生界内理善,巧度破惑,體法入空;具此因緣者,如來則轉無生四諦法輪,起通教也。若十因緣所成衆生有上品樂欲,能生界外事善,歷別破惑,次第入中;具此因緣者,如來則轉無量四諦法輪,起別教也。若十因緣所成衆生有上上品樂欲,能生界外理善,一破惑一切破惑,圓頓入中;具此因緣者,如來則轉無作四諦法輪,起圓教也。"

〔八〕見智顗説、湛然略維摩經略疏卷一。

〔九〕八地:菩薩修行十個階位中的第八位。菩薩成佛,須經歷十地三阿僧祇劫。其中,從八地至十地,爲第三阿僧祇劫。大智度論卷四:"從燃燈佛至毗婆尸佛,爲第三阿僧祇。"十地之名,諸經中不完全相同。慧遠撰大乘義章卷一四三乘共地義三門分別:"三乘共地,如大品經燈炷品説,一切賢聖住處名地。地別不同,一門説十。説三乘地,共爲此十,名共十地。爲別菩薩獨法十地,故云共矣。十名是何? 一、乾慧地,二者性地,三、八人地,四者見地,五者薄地,六、離欲地,七、已作地,八、辟支佛地,九、菩薩地,十者、佛地。"

〔一〇〕慧遠撰大乘義章卷一四三乘共地義三門分別:"辟支地者,緣覺人中,從因至果,通名辟支。辟支,胡語,此方翻譯名因緣覺。藉現事緣而得覺悟,不假他教,名因緣覺。又於十二因緣法中而得覺悟,亦名緣覺。"

三乘通號篇第五

佛教詮理,化轉物心,超越凡倫,升入聖域。其或知苦常懷厭離,斷集永息潤生,證滅高契無爲,修道唯求自度,此聲聞乘也;其或觀無明是妄始,知諸行爲幻源,斷二因〔一〕之牽連,滅五果〔二〕之纏縛,此緣覺乘也;其或等觀一子,普濟群萌,秉四弘〔三〕之誓心,運六度〔四〕之梵行,此菩薩乘也。語其渡河,雖象、馬、兔之有殊〔五〕;論乎出宅,實羊、鹿、牛之無別矣〔六〕。

〔一〕二因:習因、報因。智顗説、灌頂記摩訶止觀卷八下:"云何名習因習果? 阿毗曇人云:習因是自分因,習果是依果。又習名習續,自分種子相生,後念心起,習續於前。前念爲因,後念爲果。此義通三性,論家但在善惡無記無習續也。報因報果者,此就異世。前習因習果,皆名報因。此因牽來果,故以報目之,名爲報因。後受五道身,即是報果也。就今果報身上,復起善惡習續,習因習果。總望前世,此習續是果。若望後世,此習續是因。(中略)又今生煩惱,起名習因,成業即報因。後生起煩惱名習果,苦痛名報果。若坐禪中,但見諸相,此名報果相現,由昔因故,亦得言報因。"

〔二〕五果:異熟果、等流果、離繫果、士用果、增上果。阿毗達磨俱舍論卷一七:"異熟果者,謂自地中斷道所招可愛異熟。等流果者,謂自

地中後等若增諸相似法。離繫果者,謂此道力斷惑所證,擇滅無
爲。士用果者,謂道所牽俱有解脱所修及斷。增上果者,謂離自
性,餘有爲法。”

〔三〕四弘:即四弘誓。菩薩瓔珞本業經卷上:“所謂四弘誓,未度苦諦令
度苦諦、未解集諦令解集諦、未安道諦令安道諦、未得涅槃令得涅
槃。”諸經所説,或有不同。如道行般若經卷八守行品:“(釋提桓
因)心作是念:‘諸未度者悉當度之,諸未脱者悉當脱之,諸恐怖者
悉當安之,諸未般泥洹者悉皆當令般泥洹。’”

〔四〕六度:布施、持戒、忍辱、精進、禪定、智慧。詳參卷四辨六度法篇第
四十四。

〔五〕優婆塞戒經卷一三種菩提品:“如恒河水,三獸俱渡,兔、馬、香象。
兔不至底,浮水而過;馬或至底,或不至底;象則盡底。恒河水者,
即是十二因緣河也。聲聞渡時,猶如彼兔;緣覺渡時,猶如彼馬;如
來渡時,猶如香象,是故如來得名爲佛。聲聞、緣覺雖斷煩惱,不斷
習氣,如來能拔一切煩惱、習氣根原,故名爲佛。”

〔六〕妙法蓮華經卷二譬喻品:“若有衆生,内有智性,從佛世尊聞法信
受,慇懃精進,欲速出三界,自求涅槃,是名聲聞乘,如彼諸子,爲求
羊車,出於火宅;若有衆生,從佛世尊聞法信受,慇懃精進,求自然
慧,樂獨善寂,深知諸法因緣,是名辟支佛乘,如彼諸子,爲求鹿車,
出於火宅;若有衆生,從佛世尊聞法信受,勤修精進,求一切智、佛
智、自然智、無師智,如來知見、力、無所畏,慇念、安樂無量衆生,利
益天人,度脱一切,是名大乘,菩薩求此乘故,名爲摩訶薩,如彼諸
子,爲求牛車,出於火宅。”窺基撰妙法蓮華經玄贊卷四:“羊車、鹿
車,爲求牛車出於火宅,方便施設。”火宅,喻指衆生所居之世間。
妙法蓮華經卷二譬喻品:“三界無安,猶如火宅,衆苦充滿,甚可怖
畏。常有生老、病死憂患,如是等火,熾然不息。”

菩薩　肇曰:“正音云‘菩提薩埵’。‘菩提’,佛道名也。
‘薩埵’,秦言大心衆生。有大心入佛道,名‘菩提薩埵’,無
正名譯也。”〔一〕安師云:開士,始士〔二〕。荊溪釋云:“心初
開故,始發心故。”〔三〕淨名疏云:“古本翻爲‘高士’,既異翻
不定,須留梵音。但諸師翻譯不同。今依大論,釋‘菩提’名
佛道,‘薩埵’名成衆生。”〔四〕天台解云:“用諸佛道成就衆

生故,名'菩提薩埵'。又,菩提是自行,薩埵是化他,自修佛道,又化他故。"〔五〕賢首云:"菩提,此謂之覺。薩埵,此曰衆生。以智上求菩提,用悲下救衆生。"〔六〕

〔一〕見僧肇撰注維摩詰經卷一。

〔二〕安師:當爲道安,參注五。又,仁岳述楞嚴經熏聞記卷三:"古翻菩薩爲開士。安師云:開士,始士也。開謂心初開故,始謂始發心故。"

〔三〕荆溪:指唐台州國清寺釋湛然。宋高僧傳卷六唐台州國清寺湛然傳:"釋湛然,俗姓戚氏,世居晉陵之荆溪,則常州人也。(中略)有法華釋籤、法華疏記各十卷,止觀輔行傳弘訣十卷,法華三昧補助儀一卷,方等懺補闕儀二卷,略維摩疏十卷,維摩疏記三卷,重治定涅槃疏十五卷,金錍論一卷,及止觀義例、止觀大意、止觀文句、十妙不二門等盛行于世。"此説見湛然述維摩經疏記卷上。

〔四〕見智顗説、湛然略維摩經略疏卷一。參下注。

〔五〕天台:即智顗。此説見智顗説、湛然略維摩經略疏卷一:"夫大乘行人,通名菩薩,是大乘行人之氣類也。具存西音,應云'菩提薩埵'。什師恐繁,略'提'、'埵'字,但云'菩薩',翻譯不同。阿毗曇云:自覺、覺他,名爲菩薩。有云:'菩提'云'無上道','薩埵'名'大心',謂無上道大心,此人發大心爲衆生求無上道,故名菩薩。安師云:開士,始士。又翻云'大道心衆生',古本翻爲'高士'。既異翻不定,須留梵音。今依大論,釋'菩提'名'佛道','薩埵'名'成衆生'。用諸佛道成就衆生故,名'菩提薩埵'。又,菩提是自行,薩埵是化他,自修佛道,又用化他,故名菩薩。若不如是,己所修持,爲無慧利。但三乘同名菩提,二乘不名薩埵者,無悲利物,故不受斯稱。是則雖略二字,異乎二乘,其義宛然。藏、通見真,通名爲道,不名薩埵。別、圓見真,如磁石吸鐵,非但止名菩提,亦即得名薩埵。"

〔六〕見法藏述般若波羅蜜多心經略疏。

鳩摩羅伽 或云"鳩摩羅馱",或名"究磨羅浮多",此云"童真",亦云"毫童",亦云"童子"〔一〕。熏聞云:"内證真常而無取著,如世童子,心無染愛。"〔二〕即法王子之號也。大論曰:"復次,又如王子名鳩摩羅伽,佛爲法王,菩薩入法正位,乃至十地故,悉名王子,皆任爲佛,如文殊師利,十力、四無所畏〔三〕等悉具佛事故,住鳩摩羅伽地。"〔四〕佛地論云:從世尊口,正法所生,紹繼佛身,不斷絕故,名法王子〔五〕。觀經疏云:"以法化人,名法王子。"〔六〕什注淨名云:"妙德以法身遊方,莫知其所生。又來補佛處,故言法王子。"〔七〕荆溪:"問曰:經稱文殊爲法王子,其諸菩薩,何人不是法王之子? 荅:有二義:一、於王子中,德推文殊。二、諸經中,文殊爲菩薩衆首。"〔八〕

〔一〕湛然述止觀輔行傳弘決卷二之五:"言鳩摩羅者,此云'童真',亦曰'毫童',亦曰'名童',即童真無染偈也。"玄應一切經音義卷三:"鳩摩,正言'究磨羅浮多'。'究磨羅'者,是彼八歲已上乃至未娶者之總名,舊名童子。'浮多'者,舊云'真',言童真地也。經順俗名,以童標八地以上菩薩也。或云法王子者,別號也。"

〔二〕仁岳述楞嚴經熏聞記卷三:"童子者,菩薩之異名也。餘經亦稱文殊等爲童子,以内證真常而無取著,如世童子,心無染愛故。"

〔三〕十力:慧遠撰大乘義章卷二〇十力義八門分別:"言十力者,一是如來是處非處智力,二、自業智力,三是定力,四是諸根利鈍智力,五是欲力,六是性力,七、至處道力,八、宿命智力,九、天眼智力,十、漏盡智力。"四無所畏:大乘義章卷一九四無畏義七門分別:"智心不怯,名爲無畏。無畏不同,隨義分四。名字是何? 一、一切智無畏,二、漏盡無畏,第三、能説障道無畏,第四、能説盡苦道無畏。普照諸法,名一切智。緣己有智,於他不怯,名一切智無畏。結愚斯已,稱曰漏盡。照己有盡,於他不怯,名漏盡無畏。堪陳過礙,名能説障道。緣己有能,於他不怯,名爲解脱盡苦道無畏。"

〔四〕見大智度論卷二九。又,同卷:"欲得鳩摩羅伽地者,或有菩薩從初發心斷婬欲,乃至阿耨多羅三藐三菩提,常行菩薩道,是名鳩摩羅伽地。復次,或有菩薩作願:世世童男,出家行道,不受世間愛欲,是名爲鳩摩羅伽地。(中略)復次,又如童子過四歲以上,未滿二十,名爲鳩摩羅伽。若菩薩初生菩薩家者,如嬰兒。得無生法忍,乃至十住地,離諸惡事,名爲鳩摩羅伽地。"

〔五〕佛地經論卷二:"如説皆從世尊口生,正法生故。有義皆是趣大聲聞,能紹佛種,令不斷絕,故名佛子。"

〔六〕見智顗説觀無量壽佛經疏。

〔七〕見僧肇撰注維摩詰經卷一佛國品。

〔八〕見湛然述法華文句記卷三上。

辟支迦羅　孤山云:"此翻'緣覺',觀十二緣而悟道故。亦翻'獨覺',出無佛世,無師自悟故。"〔一〕今楞嚴云"復有無量辟支"〔二〕者,將非他方無佛之土,大權引實而來此會乎? 雪川〔三〕云:或佛知此衆當獲大益,威神攝至,不亦可乎? 獨覺稱麟喻者,名出俱舍〔四〕。名爲犀角,出大集經〔五〕。檇李云:獨覺亦觀十二因緣,亦可名爲緣覺。但約根有利、鈍,值佛、不值佛之殊,分二類也〔六〕。

〔一〕孤山:即智圓。此説見思坦集注楞嚴經集注卷一引。楞嚴經集注引孤山智圓的著作有楞嚴經疏和楞嚴經谷響鈔。疏十卷。谷響鈔五卷,釋自造楞嚴疏,見佛祖統紀卷一〇。

〔二〕見大佛頂如來密因修證了義諸菩薩萬行首楞嚴經卷一。

〔三〕雪川:指淨覺法師仁岳。四明尊者教行録卷六四明門人雪川淨覺法師:"師諱仁岳,雪川人也。"補續高僧傳卷二仁岳傳:"仁岳,雪川姜氏子,自號潛夫。"

〔四〕見俱舍論卷二六等。又,思坦集注楞嚴經集注卷一:"若麟喻者,出無佛世,三千世界獨一而出,如麟一角。麟喻名出俱舍。爾雅云:'麐,麕身,牛尾,一角。'春秋感精符曰:'麟一角,明海内共一主也。'獨覺亦爾,大千唯一,故以爲喻。"

〔五〕大方等大集經卷五一:"若復有人,未學聲聞緣覺乘,先學大乘退入緣覺乘,(中略)是名佉伽毗沙筌劫'佉伽',齊云'犀牛'。'毗沙筌',云'角'。辟支佛,世間獨福田,是名禪清淨平等第一義緣覺如來共、不共聲聞。"

〔六〕檇李:指洪敏。深研楞嚴,撰證真鈔。高麗義天録新編諸宗教藏總録卷一海東有本見行録上著録注疏首楞嚴經的著作中,有洪敏述資中疏證真鈔六卷,似是在唐弘沇資中疏基礎上的進一步疏解。錢謙益撰大佛頂首楞嚴經疏解蒙鈔卷首古今疏解品目録有"檇李靈光洪敏法師撰證真鈔",注云"未見全文,略見義海諸録"。此説見首楞嚴經義海卷一七引。又,智顗説妙法蓮華經玄義卷四下:"明辟支佛位者,此翻緣覺。此人宿世福厚,神根猛利,能觀集諦以爲初門。大論稱獨覺、因緣覺。若出無佛世,自然悟道,此即獨覺;若出佛世,聞十二因緣法,稟此得道,故名因緣覺。獨覺生無佛世,有小、有大。若本在學人,今生佛後,七生既滿,不受八生,自然成道,不名爲佛,亦非羅漢,名小辟支迦羅。論其道力,不及舍利弗等大羅漢。二者、大辟支迦羅,二百劫中作功德身,得三十二相分,或三十一、三十、二十九,乃至一相。福力增長,智慧利,於總相、別相,能知、能入。久修集定,常樂獨處,故名大辟支迦羅也。若就因緣論小大者,亦應如是分別。”

畢勒支底迦　此云“各各獨行”。音義云“‘獨覺’,正得其義”〔一〕也。義鈔中:“問:獨覺爲有戒耶? 解云:亦得。雖出無佛世,緣於別等得脱,亦得別解脱也。若爾,此戒佛世有。既出無佛世,云何得有戒? 荅:別解脱有二:一、在家諸戒,二、出家別解脱。又,善見云:五戒十戒,一切時有,乃至無佛出世,辟支、輪王等,亦有教受。”〔二〕妙玄云:“今明三藏三乘無別衆,不得別有菩薩、緣覺之戒也。”〔三〕

〔一〕慧苑新譯大方廣佛華嚴經音義卷上:“辟支佛地,‘辟支’,梵言具云‘畢勒支底迦’,此曰‘各各獨行’。‘佛’者,覺也。舊翻爲‘獨覺’,正得其意。或翻爲‘緣覺’,譯人謬。以梵語云‘鉢羅底迦’,此翻爲‘緣’故。智度論第十八中,通上二類也。”

〔二〕見道宣四分律拾毗尼義鈔卷上將講起戒差別即以十門。又,“善見云”者,見善見律毗婆沙卷七:“五戒十戒是學,若佛出世、若不出世,於世間中此戒常有。佛出世時,佛聲聞教授餘人。若未出世時,辟支佛、業道沙門、婆羅門、轉輪聖王、諸大菩薩,教授餘人身,自智慧教授沙門婆羅門。”

〔三〕見智顗説妙法蓮華經玄義卷三下。

須陀洹　金剛疏云:“此翻‘入流’,又曰‘逆流’。”〔一〕斷三法〔二〕者,約逆而言,即四流中逆見流也〔三〕。得果證者,約入流而説,即入八聖道〔四〕之流也。今經云“名爲入流”,又云“不入色、聲、香”〔五〕等,不亦二義乎? 四教義翻“修習無漏”〔六〕。刊正〔七〕釋云:初見真理故。

〔一〕唐慧淨注金剛經注疏卷上:“須陀洹,此云‘入流’,亦曰‘逆流’。

流有二種：一、生死流，二、聖道流。是名入流，明入聖道之流，而無所入，顯逆生死之流。在觀既無復分別，豈見道流可入乎？既不見道流之可入，豈見道果之可得乎？既不見道果之可得，豈見可得之可見乎？”

〔二〕雜阿含經卷一四：“斷三法故，堪能離老、病、死。云何三？謂貪、恚、癡。此三法斷已，堪能離老、病、死。復三法斷故，堪能離貪、恚、癡。云何三？謂身見、戒取、疑。此三法斷故，堪能離貪、恚、癡。復三法斷故，堪能離身見、戒取、疑。云何爲三？謂不正思惟、習近邪道、起懈怠心。此三法斷故，堪能離身見、戒取、疑。復三法斷故，堪能離不正思惟、習近邪道及懈怠心。云何爲三？謂失念心、不正知、亂心。此三法斷故，堪能離不正思惟、習近邪道及心懈怠。復三法斷故，堪能離失念心、不正知、亂心。何等爲三？謂掉、不律儀、犯戒。此三法斷故，堪能離失念心、不正知、亂心。復有三法斷故，堪能離掉、不律儀、犯戒。云何三？謂不信、難教、嬾墮。此三法斷故，堪能離掉、不律儀、犯戒。復有三法斷故，堪能離不信、難教、嬾墮。云何爲三？謂不欲見聖、不樂聞法、好求人短。此三法斷故，堪能離不信、難教、嬾墮。復三法斷故，堪能離不欲見聖、不欲聞法、好求人短。云何爲三？謂不恭敬、戾語、習惡知識。此三法斷故，離不欲見聖、不欲聞法、好求人短。復有三法斷故，堪能離不恭敬、戾語、習惡知識。云何三？謂無慚、無愧、放逸。”

〔三〕四流：欲流（欲即欲界之思惑。謂五根貪愛五塵，因此思惑，流轉欲界，不能出離，故名欲流）、有流（有即因果不亡。謂色界、無色界思惑。因此思惑，流轉色界、無色界不能出離，故名有流）、見流（見即三界之見惑。謂意根對於法塵，起分別見，因此見惑，流轉三界，不能出離，故名見流）、無明流（由三界思惑中癡惑，流轉生死，不能出離，故名無明流）。逆見流，即斷盡見惑。成實論卷二：“若人一心聽佛法者，是人即能除滅五蓋，修七覺意。是故此人截生死流，名逆流者。亦名爲住，亦名得度。”

〔四〕八聖道：即八正聖道，又稱八正道，謂正見、正思維、正語、正業、正命、正精進、正念、正定，是通向涅槃聖道的門徑、方法。佛本行集經卷三四轉妙法輪品下：“如我所證，爲開眼故，爲生智故，爲寂定故，乃至涅槃八正聖道，所謂正見、正分別、正語、正業、正命、正精進、正念、正定。”唐智周撰大乘入道次第：“八聖道者，契理通神，目之爲聖。運載遊履,稱之爲道。其八者何? 謂正思惟、正語、正業、正命、正精進、正念、正定、正見。籌量義理,名正思惟。語離四非,稱爲正語。身遠三過,名爲正業。無漏身語,離五邪命,名爲正命。修善斷惡,有勝堪能,目爲精進。明記所緣,稱爲正念。攝心不亂,號爲正定。推察諦理,故名正見。"

〔五〕金剛經:"須陀洹名爲入流,而無所入,不入色、聲、香、味、觸、法,是名須陀洹。"

〔六〕智顗撰四教義卷六:"須陀洹,天竺之言,此翻'修習無漏'。若成論明,猶是見道。若數人明義,證果即入修道,即用此一往釋修習無漏義便也。若見所斷,略說三結盡,廣說八十八使盡,名須陀洹。"

〔七〕刊正:指孤山智圓著刊正記,二卷,爲釋觀經疏的著作,已佚。智圓著閑居編卷四,有觀經疏刊正記序。

斯陀含　此云"一往來"。金剛疏云:是人從此死,一往天上,一來人間,得盡眾苦〔一〕。大論云"息忌伽弥":"'息忌'名'一','伽弥'名'來'。"〔二〕是名"一來"。四教義翻云"薄",前斷已多,其所未斷少,故名薄〔三〕。

〔一〕慧淨注金剛經注疏卷上:"斯陀含,此云'一往來'。此人證果之後,若人中命終,即往天而來人。若天中命終,即往人而來天。由一往一來,便得滅度,故曰一往來。"

〔二〕大智度論卷三二:"'息忌'名'一','伽彌'名'來'。是人從此死,生天上,天上一來,得盡眾苦。"

〔三〕智顗撰四教義卷六:"斯陀含,天竺之言,此翻云'薄'。欲界煩惱,分爲九品,前六品盡,餘三品在。前斷已多,所未斷少,故名爲'薄'。"又,吉藏撰仁王般若經疏卷下六:"斯陀含果,梵本名'息忌伽彌',此云'一來'。'息忌'名'一','伽彌'名'來'。斷欲、色界修道六品。或本云:四地斷欲界思惟,五地斷色界思惟,六地斷無色界思惟,住在薄中,名薄煩惱。又解:入斯陀含位者,斷身淨我慢障盡,有微煩惱習障在,似小乘斯陀含,亦可。此人望後六地,唯一往來義也。三藏師云:五地菩薩,猶餘六地,見三界,名一往來也。"

阿那含　此云"不來"。金剛疏云:是人欲界中死,生色、無色界。於彼漏盡,不復來生〔一〕。大論名"阿那伽弥":

“‘阿那’名不，‘伽弥’名來。”〔二〕<u>四教義</u>翻云“不還”〔三〕。

〔一〕<u>慧淨</u>注<u>金剛經</u>注疏卷上：“阿那含，此云‘不來’。此人證果之後，生上而不生下，有去而無有來，故曰不來。”

〔二〕<u>大智度論</u>卷三二：“‘阿那’名不，‘伽彌’名來，是名不來相。是人欲界中死，生色界、無色界中，於彼漏盡，不復來生。”

〔三〕<u>智顗</u>撰<u>四教義</u>卷六：“阿那含者，<u>天竺</u>之言，此翻云‘不還’。此人欲界五下分結盡，更不還生欲界，故言不還也。”<u>慧遠</u>撰<u>大乘義章</u>卷五五下分結義：“五下分結者，一名貪欲，二名瞋恚，三名身見，四名戒取，五名爲疑。”又，<u>吉藏</u>撰<u>仁王般若經</u>疏卷下六：“那含果，西方云‘阿那伽彌’，此云‘不還’。‘阿那’名不，‘伽彌’名還，此不還欲界也。此人受欲界生，更不還欲界也。”

阿羅漢　<u>大論</u>云：“‘阿羅’名賊，‘漢’名破，一切煩惱賊破。復次，阿羅漢一切漏盡故，應得一切世間諸天人供養。又，‘阿’名‘不’，‘羅漢’名‘生’，後世中更不生，是名阿羅漢。”〔一〕<u>法華疏</u>云：“阿颰音跋經云‘應真’〔二〕，瑞應云‘真人’〔三〕，悉是無生釋羅漢也。或言無翻，名含三義：無明糠脱，後世田中，不受生死果報，故云‘不生’。九十八使煩惱盡，故名‘殺賊’。具智斷功德，堪爲人天福田，故言‘應供’。含此三義，故存梵名。”〔四〕

〔一〕見<u>大智度論</u>卷三。

〔二〕<u>佛開解梵志阿颰經</u>：“羅漢者，爲已應真。”

〔三〕<u>太子瑞應本起經</u>卷上：“羅漢者，真人也。”

〔四〕見<u>智顗</u>説<u>妙法蓮華經</u>文句卷一上。

摩訶那伽　<u>大論</u>云：“那伽，或名龍，或名象。是五千阿羅漢，諸羅漢中最大力。以是故，言如龍如象。水行中龍力最大，陸行中象力大。”〔一〕<u>中阿含經</u>：佛告<u>鄔陀夷</u>：若沙門等從人至天，不以身口意害我，説彼是龍象〔二〕。<u>淨名疏</u>云：“羅漢若得超越，名摩訶那伽，心調柔頓，三乘事定，齊此爲極。”〔三〕記云：“如涅槃歎德云：人中之龍也。”〔四〕

〔一〕見<u>大智度論</u>卷三。

〔二〕詳見<u>中阿含經</u>卷二九大品龍象經。

〔三〕見智顗説、湛然略維摩經略疏卷四弟子品初。

〔四〕見智圓述維摩經略疏垂裕記卷五。“涅槃歎德”者,曇無讖譯大般
　　　涅槃經卷一一:“如來世尊有大智慧,照明一切。人中之龍,具大
　　　威德。”

阿離野　此翻“聖者”,亦云“出苦者”〔一〕。孔氏傳云:
“於事無不通謂之聖。”〔二〕孔子對魯哀公云:“所謂聖人者,
智通大道,應變不窮,測〔三〕物之情性者也。”〔四〕“商太宰嚭
匹鄙問孔子曰:‘夫子聖者歟?’曰:‘丘博識強記,非聖人也。’
‘三王聖者歟?’曰:‘三王善用智勇。聖,非丘所知。’‘五帝
聖者歟?’曰:‘五帝善用仁信。聖,非丘所知。’‘三皇聖者
歟?’曰:‘三皇善用時政。聖,非丘所知。’太宰大駭,曰:‘然
則孰爲聖人乎?’夫子有間動容而對曰:‘西方有聖者焉,不治
而不亂,不言而自信,不化而自行。蕩蕩乎,人無能
名焉!’”〔五〕

〔一〕玄應一切經音義卷一:“阿梨耶,此譯云‘出苦者’,亦言‘聖者’。”

〔二〕見尚書洪範“睿作聖”孔氏傳。

〔三〕測:原作“惻”,據諸校本改。

〔四〕見大戴禮記哀公問五義。

〔五〕見列子仲尼篇。

菩薩別名篇第六

文殊師利　此云“妙德”。大經云:“了了見佛性,猶如
妙德等。”〔一〕淨名疏云:“若見佛性,即具三德,不縱〔二〕不
橫,故名妙德。”〔三〕無行經名滿殊尸師利,或翻“妙首”〔四〕,
觀察三昧經〔五〕并大淨法門經名“普首”〔六〕,阿目佉
經〔七〕、普超經名“濡首”〔八〕,無量門微密經名“敬首”〔九〕。
西域記云:“曼殊室利,唐言‘妙吉祥’。”〔一〇〕首楞嚴經説:是
過去無量阿僧祇劫,有佛號龍種上尊王佛〔一一〕。央掘經説:
“是現在北方常喜世界歡〔一二〕喜藏摩尼寶積佛。”〔一三〕慈恩上
生經疏引經云:未來成佛,名曰普現〔一四〕。

〔一　〕見曇無讖譯大般涅槃經卷二〇。

〔二　〕縱：原作"蹤"，據永樂北藏本、嘉興藏本改。

〔三　〕見智顗説、湛然略維摩經略疏卷一。

〔四　〕唐宗密述大方廣圓覺修多羅了義經略疏卷上："文殊師利菩薩，此
云'妙首'，亦云'妙吉祥'，表信解之智故。亦云'妙德'，表證
智故。"

〔五　〕觀察三昧經：諸經録皆無著録，俟考。

〔六　〕竺法護譯大淨法門經"文殊師利者"子注"晉名溥首童真。"

〔七　〕阿目佉經：諸經録皆無著録，俟考。

〔八　〕見竺法護譯文殊師利普超三昧經卷中。可洪新集藏經音義隨函録
卷五："溥首，上音普。寶積經作'普首菩薩'也，即文殊是也。又
作'濡'，或作'溥'，同而朱反。又作'㮈'、'澳'，二同人充反。"玄
應一切經音義卷三："滿予，音餘、與二音，三蒼解詁云：此亦與字，
梵言也，經中或作'滿濡'，或作'文殊師利'，或言'曼殊尸利'，譯
云'妙德'，或言'敬首'。舊維摩經云：漢言濡首，放光經作'哀
雅'，咸皆訛也。正言'曼殊室利'，此云'妙吉祥'。經中有作'溥
首'，案：溥，此古文普字，疑爲誤也，應作'濡'，音而朱反，但字形
相濫，人多惑耳也。"（校注者按：此條引文，據慧琳一切經音義卷
九有校改）

〔九　〕支謙譯無量門微密持經："佛復告慧見菩薩、敬首菩薩、除憂菩薩、
虞界菩薩、去蓋菩薩、闓音菩薩、殆棄菩薩、衆首菩薩、辯音菩薩、慈
氏菩薩。"

〔一〇〕見大唐西域記卷四秣菟羅國："曼殊室利，唐言'妙吉祥'。舊曰
'濡首'，又曰'文殊師利'，或言'曼殊尸利'，譯曰'妙德'，訛也。"

〔一一〕鳩摩羅什譯佛説首楞嚴三昧經卷下："過去久遠無量無邊不可思議
阿僧祇劫，爾時有佛，號龍種上如來、應供、正遍知、明行足、善逝、
世間解、無上士、調御丈夫、天人師、佛、世尊。"

〔一二〕歡：大正藏本作"觀"。

〔一三〕見央掘魔羅經卷四。又，智顗説妙法蓮華經文句卷二上："文殊師
利，此云'妙德'，大經云：'了了見佛性，猶如妙德等。'無行經云
'滿殊尸利'，普超云'濡首'，思益云：'雖説諸法而不起法相、不起
非法相，故名妙德。'悲花云：'願我行菩薩道，所化衆生皆於十方
先成正覺，令我天眼悉皆見之，我之國土皆一生菩薩，悉令從我勸

發道心,我行菩薩道無有齊限。寶藏佛言:汝作功德甚深甚深,願取妙土,今故號汝名文殊師利,在北方歡喜世界作佛,號歡喜藏摩尼寶積佛。'今猶現在,聞名滅四重罪,爲菩薩像,影響釋迦耳。觀心性理,三德祕密,不縱不橫,故名妙德。"

〔一四〕上生經疏:即窺基撰觀彌勒上生兜率天經贊,又作觀彌勒上生經疏等,未見有引此説。按:竺法護譯文殊師利佛土嚴淨經卷下:"於是師子步雷音菩薩前白佛言:'成佛之時,所號云何?'佛言:'名曰普現如來、至真、等正覺。所以號曰普現者何?其佛功德普現十方無限國土,其有得見普現如來,若覩光明,皆當得前,逮成無上正真之道,於今若佛滅度之後,得聞將來普現佛名,亦當得決,然後成無上正真之道,除入滅志得道迹者。'"

邲蒲必輸跋陁　或云〔一〕"三曼跋陀",此云"普賢"〔二〕。悲華云:"我行要當勝諸菩薩。寶藏佛言:以是因緣,今改汝字,名曰普賢。"〔三〕文句云:"今明伏道之頂,其因周徧曰普。斷道之後,隣于極聖曰賢。"〔四〕嶠音醉李云:"行弥法界曰普,位隣極聖曰賢。"〔五〕請觀音經疏云:"跋陀云賢首,等覺是衆賢位極故,佛聖首極故。"〔六〕觀經、大論,並翻"徧吉"〔七〕。圓覺略疏云:"一、約自體,體性周徧曰普,隨緣成德曰賢;二、約諸位,曲濟無遺曰普,鄰極亞聖曰賢;三、約當位,德無不周曰普,調柔善順曰賢。表於理行。"〔八〕清涼國師制華嚴三聖圓融觀中,先明二聖三對表法:一、普賢即所信如來藏,理趣般若云:一切衆生,皆如來藏,普賢菩薩自體徧故〔九〕。初會即入如來藏身三昧故也。文殊即能信之心。佛名經説一切諸佛,皆因文殊而發心故,善財始見發大心故。二、普賢表所起萬行,上下經文,皆云"普賢行"故。文殊表能起之解。慈氏云:汝先得見諸善知識,聞菩薩行,入解脱門,皆文殊力也〔一〇〕。三、普賢表證出纏法界,經云:"身相如虛空故。"〔一一〕善財入其身故。善財見之,即得智波羅蜜者,依體起用故也。文殊表能證大智。本所事佛名不動智故,常爲諸佛母故。再見文殊,方見普賢者,顯其有智方證理故。故古德名後文殊爲智照無二相也〔一二〕。然此二聖,各相融攝。謂依體起行,行能顯理,故三普賢而是一體。信若無解,信是無明;解若無信,解是邪見。信解真正,方了本源,成其極智,極智返照,不異初心,故三文殊亦是一體。又,二聖亦互相融,二而不二,没同果海,即是毗盧遮那。是爲三聖,故此菩薩常爲一對〔一三〕。

〔 一 〕云:原無,據永樂北藏本、嘉興藏本補。

〔 二 〕竺法護譯阿差末菩薩經卷一:"東方去此度十江沙諸佛國土滿中諸塵過若干刹,有世界名阿尼彌沙,彼有佛號三曼跋陀如來、至真、等正覺,現在説法。"子注曰:"阿尼彌沙者,晉言'不眴';三曼跋陀者,晉言'普賢'。"

〔 三 〕見悲華經卷四。

〔 四 〕見智顗説妙法蓮華經文句卷一〇釋普賢菩薩勸發品。

〔 五 〕洪敏證真鈔,已佚。此説亦見宋長水子璿集首楞嚴義疏注經卷五。釋氏稽古略卷四:"嘉興秀州也。長水法師,名子璿,秀州人,初依本州洪敏法師學楞嚴經。"

〔 六 〕見智顗説、灌頂記請觀音經疏。

〔 七 〕佛説觀普賢菩薩行法經:"若我宿福應見普賢,願尊遍吉示我色身。"大智度論卷九:"我誦法華經,故遍吉自來。"子注曰:"遍吉,法華經名爲'普賢'。"

〔 八 〕見宗密述大方廣圓覺修多羅了義經略疏卷上。

〔 九 〕金剛頂瑜伽理趣般若經:"一切有情即是如來藏,普賢菩薩性遍故;一切有情即是金剛,灌頂圓滿性故;一切有情即正法藏性,能轉一切正法語輪故;一切有情即是事業藏性,能作一切事業相應故。"

〔一〇〕實叉難陀譯大方廣佛華嚴經卷七九:"(彌勒言)是故,善男子!汝應往詣文殊之所,莫生疲厭,文殊師利當爲汝説一切功德。何以故?汝先所見諸善知識聞菩薩行、入解脱門、滿足大願,皆是文殊威神之力,文殊師利於一切處咸得究竟。"

〔一一〕見實叉難陀譯大方廣佛華嚴經卷七。

〔一二〕以上參見澄觀三聖圓融觀門。

〔一三〕參見澄觀三聖圓融觀門、大方廣佛華嚴經疏卷五五。

阿那婆婁吉低輸 文句名"婆婁吉低税"〔一〕。別行玄〔二〕:"此云'觀世音'。能所圓融,有無兼暢,照窮正性,察其本末,故稱觀也。'世音'者,是所觀之境也。萬象流動,隔別不同,類音殊唱,俱蒙離苦。菩薩弘慈,一時普救,皆令解脫,故曰觀世音。"〔三〕應法師云:"阿婆盧吉低舍婆羅,此云'觀世自在'。雪山已來經本,云'娑婆羅',則譯爲'音'。"〔四〕無量清淨平等覺經名"盧_{烏合}〔五〕樓亘",此云"光世音"。西域記云:"阿縛盧枳多伊濕伐羅,唐言'觀自在'。合字連聲,梵語如上。分大散音,即'阿縛盧枳多'譯曰'觀','伊濕伐羅'譯曰'自在'。舊譯爲'光世音',或'世自在',皆訛謬也。"〔六〕唐奘三藏云:"觀有不住有,觀空不住空,聞名不惑於名,見相不没於相,心不能動,境不能隨,動隨不亂其真,可謂無礙智慧也。"〔七〕

〔一〕智顗説妙法蓮華經文句卷二上:"'觀世音'者,天竺云'婆婁吉底稅'。思益云:'若衆生見者,即時畢定得於菩提,稱名者得免衆苦,故名觀音。'悲花云:'若有衆生受苦,稱我名者、念我者,爲我天耳、天眼所見聞,不得免苦,不取正覺。寶藏佛云:汝觀一切衆生生大悲心,今當字汝爲觀世音。'"

〔二〕玄:永樂北藏本、嘉興藏本作"云"。

〔三〕見智顗説、灌頂記觀音玄義卷上。觀音玄義,二卷,又稱觀音別行玄義、普門玄義等,"釋法華普門一品,別行部外,昔曇無讖勸河西王誦持愈疾,故智者特釋"(佛祖統紀卷二五)。

〔四〕玄應一切經音義卷五:"觀世音,梵言'阿婆盧吉伍舍婆羅',此譯云'觀世自在'。舊譯云'觀世音',或言'光世音',並訛也。又,尋天竺多羅葉本,皆云'舍婆羅',則譯爲'自在'。雪山以來經本,皆云'婆婆羅',則譯爲'音',當以'舍'、'婆'兩聲相近,遂致訛失也。"

〔五〕烏合:永樂北藏本、嘉興藏本無,大正藏本誤合此注文爲一正文"鴿"字。

〔六〕見大唐西域記卷三烏仗那國。

〔七〕仁岳述楞嚴經熏聞記卷四:"證真引天台云:西音'阿那婆婁吉低輪',此云'觀世音',能所圓融,有無兼暢,照窮正性,察其本末,故稱'觀世音'。又,梵語'阿縛盧枳帝滋伐羅',此云'觀自在'。唐三藏云:觀有不住有,觀空不住空,聞名不惑於名,見相不没於相,心不能動,境不能隨,動隨不亂其真,可謂無礙智慧也。"

摩訶那鉢　此云"大勢至"。思益云：我投足之處，震動三千大千世界及魔宮殿，故名大勢至〔一〕。觀經云："以智慧光普照一切，令離三塗，得無上力，是故号此菩薩名大勢至。"〔二〕

〔一〕鳩摩羅什譯思益梵天所問經卷三談論品第七："得大勢菩薩言：若菩薩所投足處，震動三千大千世界及魔宮殿，是名菩薩。"

〔二〕見畺良耶舍譯觀無量壽佛經。

維摩羅詰　什曰："秦言'淨名'。"〔一〕垂裕記云："淨即真身，名即應身。真即所證之理，應即所現之身。"〔二〕生曰："此云無垢稱。其晦迹五欲，超然無染，清名遐布，故致斯号。"〔三〕大經云："威德無垢稱王優婆塞。"〔四〕西域記："毗摩羅詰，唐言'無垢稱'，舊曰'淨名'。然淨則無垢，名則是稱，義雖取同，名乃有異。舊曰維摩詰者，訛也。"〔五〕

〔一〕見僧肇撰注維摩詰經卷一。

〔二〕見智圓述維摩經略疏垂裕記卷一。

〔三〕見僧肇撰注維摩詰經卷一。生，即竺道生。

〔四〕見曇無讖譯大般涅槃經卷一壽命品第一。

〔五〕見大唐西域記卷七吠舍釐國。

純陁　舊云："本名'純陀'，後大眾稱德，号爲'妙義'。"補注云："不應名德兩分。'純陀'是西音，'妙義'乃此語。"〔一〕

〔一〕灌頂撰、湛然再治大般涅槃經疏卷三純陀品上："舊云：本名'純陀'，後大眾稱德，號爲'妙義'。今則不然。'純陀'是彼音，'妙義'是此語。先立嘉名，爲最後作瑞，所以大眾稱美，不應名德兩分。"

阿迦雲　此云"藥王"。觀藥王藥上菩薩經云：過去有佛，号瑠璃光照。滅度之後，時有比丘，名爲日藏，宣布正法。時有長者，名星宿光，聞說法故，持呵梨勒及諸雜藥，奉上日藏并諸大眾，因此立名"藥王"。後當作佛，名爲淨眼。星宿光弟，名電光明，聞說法故，以其醍醐上妙之藥而用供養。因此立名,名爲"藥上"。後當作佛,名爲淨藏[一]。文句云:"若推此義,星光應在喜見之後。從捨藥發誓已來,名藥王故。"[二]本草序云:"醫王子,姓韋名古,字老師,元是疏勒國得道人也。身被毳袍,腰懸數百葫蘆,頂戴紗巾,手持藜杖,常以一黑犬同行。壽年五百餘歲。泊開元中孟夏之月,有人疾患,稍多疼困。師發願,心存目想,遂普施藥餌,無不痊平,覩之者便愈。後乃圖形供養,皇帝敬禮爲藥王菩薩。"又,神仙傳云:"昔堯舜之時,殷湯之際,周秦已後,大漢至唐,凡五度化身,來救貧病。其犬化爲黑龍,背負老師沖天而去。"[三]

〔一〕參見佛說觀藥王藥上二菩薩經。此爲引述。
〔二〕見智顗說妙法蓮華經文句卷一〇下。
〔三〕"本草序云"及"神仙傳云"者,出處俟考。宋本覺編釋氏通鑑卷九、元覺岸編釋氏稽古略卷三引,皆云"出本草序及神仙傳"。

颰蒲活陁婆羅　大論翻云"善守"[一]。思益云:若衆生聞名者,畢竟得三菩提,故云"善守"[二]。孤山云:"賢守,自守護賢德,復守護衆生。或云'賢首',以位居等覺,爲衆賢之首。"[三]亦名"跋陀和",此云"賢護"[四]。妙樂云:"善即賢也。"[五]王城在家菩薩。

〔一〕大智度論卷七:"颰陀婆羅菩薩,秦言'善守'。"
〔二〕思益梵天所問經卷三談論品第七:"跋陀婆羅居士言:若菩薩衆生聞其名者,畢定於阿耨多羅三藐三菩提,是名菩薩。"智顗說妙法蓮華經文句卷二下:"跋陀婆羅者,此言善守,亦云賢守。思益云:若衆生聞名者,畢定得三菩提,故名善守。"
〔三〕見思坦集注楞嚴經集注卷五引孤山智圓說。
〔四〕窺基撰妙法蓮華經玄贊卷二本:"颰陀婆羅,云'賢護',護守善法令不失故。"
〔五〕見湛然述法華文句記卷二中。妙樂,即法華文句記。

薩陁波崙　大論云:秦言"常啼"。是菩薩求佛故,憂愁啼哭,七日七夜,故號常啼。具如智論[一]。

〔一〕大智度論卷九六:"何以名薩陀波崙?'薩陀',秦言'常'。'波崙',名'啼'。爲是父母與作名字?是因緣得名字?答曰:有人言:以其小時喜啼,故名'常啼'。有人言:此菩薩行大悲心柔軟故,見衆生在惡世,貧窮、老病、憂苦,爲之悲泣。是故衆人號爲'薩陀波崙'。有人言:是菩薩求佛道故,遠離人衆,在空閑處,求心遠離,一心思惟籌量,勤求佛道。時世無佛,是菩薩世世行慈悲心,以小因緣故,生無佛世。是人悲心於衆生,欲精進不失,是故在空閑林中。是人以先世福德因緣,及今世一心、大欲、大精進,以是二因緣故,聞空中教聲,不久便滅。即復心念:我云何不問?以是因緣故,憂愁啼哭,七日七夜。因是故,天、龍、鬼神號曰常啼。"

鬱伽陀達磨　大論云:"'鬱伽陀',秦言'盛'。'達磨',秦言'法'。故号'法盛'。"〔一〕

〔一〕法盛:永樂北藏本、嘉興藏本作"盛法"。　大智度論卷九七:"'鬱伽陀',秦言'盛'";'達磨',秦言'法'。此菩薩在衆香城中,爲衆生隨意説法,令衆生廣種善根,故號'法盛'。"

尸梨伽那　大論:"此云'厚德'。"〔一〕

〔一〕見大智度論卷二。

和須蜜多　亦云"婆須蜜多"。西域記云:"伐蘇密俎多〔一〕,唐言'世友'。舊曰'和須蜜多',訛也。"〔二〕觀法師云:"亦翻天友,隨世人天方便化故。"〔三〕

〔一〕伐蘇密俎多:大正藏本作"伐蘇須蜜俎多"。

〔二〕見大唐西域記卷二健馱邏國。

〔三〕澄觀撰大方廣佛華嚴經疏卷五七:"善友名婆須蜜多者,此云'世友',亦云'天友',隨世人天方便化故。"

乾陀訶提　此云"不休息"。念念流入薩婆若海,初無休息〔一〕。

〔一〕宋智圓述阿彌陀經疏:"乾陀訶提,此云'不休息',中道正觀念念流入故。常精進者,無二邊懈怠。"薩婆若:慧琳一切經音義卷七:"薩婆若,梵語訛也,正梵音薩嚩吉孃二合,唐言'一切智智',即般若波羅蜜之異名也。"

瞿沙　西域記云:"此云'音'。"〔一〕

〔一〕大唐西域記卷三呾叉始羅國:"瞿沙,唐言'妙音'。"按:亦有本作

“唐言‘音’”。

瞿師　此云“美音”〔一〕。

〔一〕慧琳一切經音義卷二五：“瞿師羅，此云‘妙音聲’，形長三尺，位登初果也。”又，卷二六：“瞿師羅，局俱反，梵語也。按中本起經云：瞿師羅者，此譯云‘美音’。”

提婆達多　亦名調達，亦名提婆達兜。法苑云：“本起經：提婆達多，齊云‘天熱’，以其生時，人天等眾心皆驚熱。無性攝論云：唐云‘天授’，亦云‘天與’，謂從天乞得故。”〔一〕入大乘論：問：彼提婆達多世世爲佛怨，云何而言是大菩薩？答：若是怨者，云何而得世世相值？如二人行，東西各去，步步轉遠，豈得爲伴！〔二〕又云“是賓伽羅菩薩”〔三〕。

〔一〕見法苑珠林卷二二入道篇第十三引證部第四。按：“本起經”者，法苑珠林校注云“出中本起經卷上”。今檢中本起經作“調達”，經中無有與此引文文意相涉者。且中本起經爲後漢曇果共康孟詳譯，斷不會有“齊云”者。梁僧祐釋迦譜卷二釋迦從弟調達出家緣記第十，題後子注云“出中本起經”，在引述經文之後，有云：“調達，亦名提婆達多，齊言天熱，以其生時，人天心皆忽驚熱，故因爲名。”故知此處“本起經”云者，當爲僧祐補注，後人不察，遂誤作中本起經經文矣。“無性攝論”云者，法苑珠林校注云“出攝大乘論無性釋卷十”，然今檢無性造、玄奘譯攝大乘論釋，亦未見此説，俟考。又，窺基撰妙法蓮華經玄贊卷九提婆達多品：“‘提婆’，天也。‘達多’，授也。佛之黨弟、斛飯王之子，從天乞得，天授與之，故名天授。”

〔二〕入大乘論卷下譏論空品：“問曰：提婆達多於五百身中，常與菩薩而作大怨，云何復言名菩薩耶？答曰：提婆達多非佛怨耶，何以故？若提婆達多是佛怨者，菩薩修善，提婆達多恒造諸惡，云何世世得與菩薩共俱相值？以是義故，提婆達多非菩薩怨。譬如二人各行，一人趣東，一人向西，步步相遠，而常違背，云何爲伴得相值耶？”

〔三〕入大乘論卷下譏論空品：“提婆達多是大賓迦羅菩薩。”

商莫迦　此云“善”〔一〕。西域記云：“舊曰‘睒摩菩薩’，訛。”〔二〕

〔一〕釋迦方志卷上遺跡篇：“商莫迦菩薩，此云‘睒’也。”法苑珠林卷二九感通篇第二十一聖迹部第二：“商莫迦菩薩，舊云‘睒子’是也。”

〔二〕見大唐西域記卷二健馱邏國。又，可洪新集藏經音義隨函録卷二
　　　　六：“睒摩，上失染反，即經中‘睒子菩薩’也。陀羅尼集作‘閃子’
　　　　也。正作‘睒’。”

阿差末　此云“無盡意”〔一〕。天台云：“知一切法性無
盡故，菩薩發心無盡。”〔二〕

〔一〕慧琳一切經音義卷一九：“阿差末，梵語也，此云‘無盡意’，是菩薩
　　　　名也。”

〔二〕見智顗説、灌頂記觀音義疏卷上。

般若拘羅　此云“智積”〔一〕。淨名疏云：“觀於實相，智
慧積聚。”〔二〕

〔一〕慧琳一切經音義卷二八：“般若拘，古譯梵語也，正梵云‘鉢囉二合
　　　　吉孃二合拘’，唐云‘智積’，菩薩名也。”

〔二〕智顗説、湛然略維摩經略疏卷一：“慧積者，觀於實相，具智慧聚。”

跋陁婆羅賒塞迦　下生經曰：“秦言‘善教’。”〔一〕

〔一〕見鳩摩羅什譯佛説彌勒下生成佛經。

那羅延　維摩經那羅延菩薩〔一〕，涅槃疏翻爲“金
剛”〔二〕。

〔一〕見維摩經所説經卷中入不二法門品。注維摩詰經卷七：“肇曰：那
　　　　羅延，天力士名也，端正殊妙，志力雄猛。”

〔二〕灌頂撰、湛然再治大般涅槃經疏卷一三現病品：“那羅延，此翻‘金
　　　　剛’。”又，慧琳一切經音義卷二六：“那羅延，此云‘力士’，或云‘天
　　　　中’、或云‘人中力士’，或云‘金剛力士’也，或云‘堅固力士’。”卷
　　　　四一云：“那羅延，梵語，欲界天名，此天多力，身緣金色八臂，金翅
　　　　鳥王，手持鬪輪及種種器仗，每與阿脩羅王戰争也。”

度五比丘篇第七

法華云：“即趣波羅奈，爲五比丘説。”〔一〕原其由也，太
子入山，父王思念，乃命家族三人：謂阿鞞、跋提、拘利，舅氏
二人：謂陳如、迦葉，尋訪住止，隨侍動静。二人著五欲，太子
初食麻麥〔二〕，遽爾退席。三人著苦行，太子後受乳糜，亦復

遠去〔三〕。泊成佛果,念誰堪度,初思二仙,空言已死。復念
五人,當往先度。故至波羅奈,一夏調根。初爲陳如説四
諦〔四〕得道,次爲阿鞞、跋提説布施生天福樂,同時證果,三
爲迦葉、拘利亦如前説,皆得聖道。是爲三番度五比丘。既
先入道,故首列之〔五〕。

〔一〕見妙法蓮華經卷一方便品。

〔二〕麥:原作"𪋯",據永樂北藏本、嘉興藏本改。

〔三〕子璿集首楞嚴義疏注經卷五:"憍陳那,姓也,此云'火器',其先事
　　火,從此命族。五比丘者,初佛棄國入山修道,淨飯乃命家族三人:
　　一、阿濕婆,二、跋提,三、摩訶男拘利,舅氏二人:一、憍陳那,二、十
　　力迦葉,勅令隨衞。五人銜命,後各捨去。"

〔四〕四諦:即苦諦、集諦、滅諦和道諦,爲佛教的基本教義。曇無讖譯大
　　般涅槃經卷一二:"又有聖行,所謂四聖諦,苦、集、滅、道,是名四聖
　　諦。迦葉! 苦者,逼迫相;集者,能生長相;滅者,寂滅相;道者,大
　　乘相。"

〔五〕湛然述止觀輔行傳弘決卷六之一:"言俱隣五人者,謂陳如、頞鞞、
　　跋提、十力迦葉、拘利太子。佛初成道,欲度二仙,以初出家,於二
　　仙所習世間定,欲報往恩,故欲先度。空聲報曰:二仙已死。次思
　　度五人,往到其所,五人立制,佛到制破,五人恭敬爲敷具等,聞法
　　得道。閻浮提中五人得道,最在一切人天之前,並是有門之力
　　故也。"

阿若憍陳如　　亦名"俱隣"。法華疏云:"阿若,名也,此
翻'已知',或言'無知'。無知者,非無所知,乃是知無
耳。"〔一〕又翻爲"解",楞嚴云"我初稱'解'"〔二〕等,具云
"解本際"〔三〕,孤山云"以第一解法"〔四〕者也。憍陳如,姓
也,此翻"火器",婆羅門種。其先事火,從此命族〔五〕。

〔一〕智顗説妙法蓮華經文句卷一上:"'憍陳如',姓也,此翻'火器',婆
　　羅門種,其先事火,從此命族。火有二義:照也、燒也。照則闇不
　　生,燒則物不生,此以'不生'爲姓。'阿若'者,名也,此翻'已知',
　　或言'無知',無知者,非無所知也,乃是知無耳。若依二諦,即是知
　　真,以無生智爲名也。"吉藏撰法華義疏卷一:"'阿若憍陳如'者,
　　此名有本有末。'憍陳如'者,此云'火器',是其本姓,從姓以立名

也。'阿若'者,後得道時加此名也。'阿'之言無,'若'之言智,以悟無而生智,故名阿若。蓋是道俗雙舉,名姓合題。"

〔 二 〕見大佛頂如來密因修證了義諸菩薩萬行首楞嚴經卷五。

〔 三 〕宋思坦集注楞嚴經集注卷五:"苕溪云:憍陳那,姓也,此翻'火器',其先事火故。阿若多,名也,此云'無知',謂知無生之理故。又翻爲'解',故曰'我初稱解'等,大哀經具云'解本際'。"苕溪,即淨覺法師仁岳,著述甚多。佛祖統紀卷二一諸師雜傳第七淨覺仁岳法師:"於楞嚴用意尤至,會諸説爲會解十卷、熏聞記五卷、釋自造會解。楞嚴文句三卷,張五重玄義則有楞嚴説題,明修證深旨則有楞嚴懺儀。"

〔 四 〕思坦集注楞嚴經集注卷一:"孤山云:憍陳那,此云'解本際',以第一解法,獨得解名。"

〔 五 〕按:永樂北藏本、嘉興藏本此後有"亦名憍陳那"。

頞烏葛鞞 亦"阿説示",此云"馬勝",亦云"馬師"〔一〕。亦名阿輸波踰祇,此云"馬星"〔二〕。

〔 一 〕智顗説妙法蓮華經文句卷一上:"頞鞞,亦云'濕鞞',亦'阿説示',亦'馬星'。"智圓述維摩經略疏垂裕記卷八:"阿説示,即頞鞞也,梵音楚夏耳。"唐波羅頗蜜多羅譯寶星陀羅尼經卷一:"阿説示,唐言'馬勝'。"大唐西域記卷九摩揭陀國下:"阿濕婆恃比丘,唐言'馬勝'。"馬師,即調馬師。佛本行集經卷二五精進苦行品下作"阿奢踰時",注云:"隋言'調馬'。"

〔 二 〕隋闍那崛多譯佛本行集經卷四八舍利目連因緣品下:"阿輸波踰祇多,隋云'馬星'。"

跋提 亦名"婆提"。本行集云:"跋提梨迦,此云'小賢'。"〔一〕文句:"亦名摩訶男。"〔二〕若五分律及本行集,則跋提與摩訶男兩别〔三〕。

〔 一 〕佛本行集經卷三四轉妙法輪品下:"跋提梨迦,隋言'小賢'。"

〔 二 〕智顗説妙法蓮華經文句卷一上:"遣五人追侍,所謂拘隣;頞鞞,亦云'濕鞞',亦'阿説示',亦'馬星';跋提,亦'摩訶男';十力迦葉;拘利太子。"然卷五上云:"即至波羅奈,爲五人説四諦,陳如得法眼淨,頞髀、拔提、十力迦葉、摩訶男拘利未得道,佛重説四諦,四人得法眼淨。佛又説五陰無常、苦、空、非我,五人得阿羅漢。"則"摩訶男"與"拘利"爲一人矣。據窺基撰妙法蓮華經玄贊卷四:"言五人者：一、陳如；二、十力迦葉；三、頞鞞，有云即馬勝比丘；四、跋提；五、摩訶男拘利。”“摩訶男拘利”亦爲一人。

〔三〕按：據佛本行集經卷三四轉妙法輪品下，五比丘分別爲憍陳如、跋提梨迦（隋言“小賢”）、婆沙波（隋言“起氣”）、摩訶那摩（隋言“大名”）、阿奢踰時（隋言“調馬”）；據五分律卷一五，五比丘爲憍陳如、跋提、婆頗、頞鞞和摩訶納。翻梵語卷六雜人名第三十：“摩呵納，應云‘摩訶那摩’，亦云‘摩訶男’，譯曰‘大名’。”又，各經對五比丘的記載，不完全相同，但“摩訶男”多即“拘利”，與“跋提”爲兩人。

十力迦葉　亦名“婆敷”〔一〕。

〔一〕仁岳述楞嚴經熏聞記卷一：“阿若多，如圓通中解。摩訶男，即白飯王子也。頞鞞，或云阿濕婆，亦曰阿説，即馬勝也。婆提，或言跋提，即甘露飯王子。婆敷，或作十力迦也。”

拘利太子　若涅槃疏，則摩訶男與拘利是一〔一〕。

〔一〕灌頂撰、湛然再治大般涅槃經疏卷一六：“初轉法輪爲五比丘，一、陳如，二、十力迦葉，三、跋提，四、頞鞞，五、摩男拘利。”又參前“跋提”條注二、三。

十大弟子篇第八

舍利弗智慧，目犍連神通，大迦葉頭陀，阿那律天眼，須菩提解空，富樓那説法，迦旃延論義，優波離持律，羅睺羅密行，阿難陀多聞。淨名疏云：“今十弟子各執一法者，人以類聚，物以群分，隨其樂欲，各一法門，攝爲眷屬。雖各掌一法，何曾不具十德！”〔一〕自有偏長，故稱第一。又，增一阿含明一百比丘各有偏好，爲善不同〔二〕，例亦如此。

〔一〕見智顗説、湛然略維摩經略疏卷四。

〔二〕詳見增一阿含經卷三弟子品。

舍利弗　大論云：有婆羅論義師，名婆陀羅王云云，婦生一女，眼似舍利鳥眼，即名此女爲舍利云云。衆人以其舍利所生，皆共名之爲舍利弗。弗，秦言子也〔一〕。涅槃云：“如舍利弗，母名舍利，因母立字，故名舍利弗。”〔二〕又翻身子，文

句云："此女好形身，身之所生，故言身子。"〔三〕亦云"鶖子"，母眼明淨如鶖七由鷺來故眼〔四〕。

〔一〕詳見大智度論卷一一。

〔二〕見曇無讖譯大般涅槃經卷二三。

〔三〕智顗説妙法蓮華經文句卷一下："舍利弗，具存應言'舍利弗羅'，此翻'身子'。又翻'舍利'爲'珠'，其母於女人中聰明，聰明相在眼珠，珠之所生，故是珠子；又翻'身'，此女好形身，身之所生，故言身子。時人以子顯母，爲作此號也。父爲作名，名'優波提舍'，或'優波替'，此翻'論義'，論義得妻，因論名子，標父德也。"

〔四〕思坦集注楞嚴經集注卷一："檇李云：具云'舍利弗怛羅'，此翻'身子'，以其母好身形故，以子連母而呼也。亦云'鶖子'，母眼明淨如鶖鷺之眼故。"慧琳一切經音義卷二六："舍利弗，具云'奢唎補怛羅'。'奢唎'，此云'鶖鷺鳥'；'補怛羅'，此云'子'也。由此尊者母眼黑白分明，轉動流利，似鶖鷺眼，故號'奢利'也。尊者因母得名，云'鶖子'也。舊翻爲'身子'者，謬也。梵本呼'身'爲'設利羅'，故知懸別。"

大目犍巨焉連　　什曰："目連，婆羅門姓也，名拘律陀。拘律〔一〕陀，樹名。禱樹神得子，因以爲名。"〔二〕垂裕記："問：大經云：'目犍連即姓也，因姓立名目連。'何故名拘律陀耶？荅：本自有名，但時人多召其姓，故大經云耳。"〔三〕淨名疏云："文殊問經翻'萊音羅茯蒲北根'〔四〕，父母好食，以標子名。真諦三藏云'勿伽羅'，此翻'胡豆'，綠色豆也。上古仙人，好食於此，仍以爲姓。"〔五〕正云"摩訶没特伽羅"，新翻"采菽氏"。菽亦豆也〔六〕。西域記云："没特伽羅，舊曰'目犍連'，訛略也。"〔七〕

〔一〕律：大正藏本作"利"。

〔二〕見僧肇撰注維摩詰經卷二弟子品。

〔三〕見智圓述維摩經略疏垂裕記卷五。"大經云"者，見曇無讖譯大般涅槃經卷二三。

〔四〕梁僧伽婆羅譯文殊師利問經卷上序品："大目捷連，此言'羅茯根'，其父好噉此物，因以爲名。"

〔五〕見智顗説、湛然略維摩經略疏卷四。又，吉藏撰法華義疏卷一："目連者,姓'大目連'也,是其母姓,此云'讚誦',亦云'萊茯根',字俱律陀,父母無兒,禱俱律陀樹神,因生是子,故以樹爲名也。真諦三藏云:應言'勿伽羅'。'勿伽'者,此言'胡豆',即綠色豆。'羅',此云'受'。合而爲言,應言'受胡豆',蓋是其姓。上古有仙人,名勿伽羅,不食一切物,唯食此豆,故名受胡豆。其是仙人種,故以爲名也。"

〔六〕思坦集注楞嚴經集注卷一引橋李云:"摩訶目犍連,正云'摩訶没特迦羅',此翻'采菽氏'。以上古有仙,好食胡豆,尊者是彼苗裔故也。"

〔七〕見大唐西域記卷四秣菟羅國。

摩訶迦葉波　文句:"此翻'大龜氏'。其先代學道,靈龜負仙圖而應,從德命族,故云龜氏。"時人多以姓召之,其實有名,名畢鉢羅。父母禱樹神而生子,故名畢鉢羅。言大者,若約所表,或因智大、德大、心大,故稱大迦葉。若約事釋者,佛弟子中,多名"迦葉",如十力、三迦葉等,於同姓中尊者最長,故標"大"以簡之。迦葉,或翻飲光。文句云:"迦葉身光,亦能映物。真諦翻光波,古仙人身光炎涌,能映餘光。"〔一〕

〔一〕智顗説妙法蓮華經文句卷一下:"摩訶迦葉,此翻'大龜氏'。其先代學道,靈龜負仙圖而應,從德命族,故言龜氏。真諦三藏翻'光波',古仙人身光炎踊,能映餘光使不現,故言'光波'。亦云'飲光',迦葉身光,亦能映物。名'畢鉢羅',或'畢鉢波羅延',或'梯毗犁'。畢鉢羅,樹也,父母禱樹神求得此子,以樹名之。(中略)佛弟子中,多名'迦葉',如十力、三迦葉等,皆是大人。於諸同名中最長,故標'大迦葉'也。"

阿那律　或云"阿那律陀",此云"無滅"。昔〔一〕施食福,人天受樂,于今不滅〔二〕。淨名疏云:"或云'阿泥盧豆',或'阿音遍冤乃侯樓馱唐賀',如楚夏不同耳,此云'如意',或云'無貧'。過去餓世,曾以稗飯施辟支佛,九十一劫天人之中受如意樂,故名如意。爾來無所乏斷,故名無貧。佛之從弟。"〔三〕西域記云:"阿泥律慮〔四〕骨陀,舊曰'阿那律'者,

訛也。”〔五〕

〔一〕昔：大正藏本作“若”。

〔二〕慧琳一切經音義卷七一：“阿泥律陀，舊言‘阿那律’，或云‘阿㝹樓馱’，亦言‘阿泥盧豆’，皆一也。此云‘無滅’，亦云‘如意’。昔施辟支一食，於八十劫人天之中往來受樂，于今不滅，故云‘無滅’。又，所求如意，亦名‘如意’。即甘露飯王之子，佛堂弟是也。”

〔三〕見智顗説、湛然略維摩經略疏卷五。又，僧肇撰注維摩詰經卷三：“什曰：天眼第一也。肇曰：阿那律，秦言如意，刹利種也，弟子中天眼第一。”

〔四〕慮：原作“虛”，據大唐西域記改。

〔五〕見大唐西域記卷六拘尸那揭羅國。

須菩提　淨名疏云：“此云‘善吉’，亦云‘善業’，亦云‘空生’。其生之日，家室皆空，父母驚異，請問相師，相師占云：‘此是吉相。’因名善吉。稟性慈善，不與物諍。及其出家，見空得道，兼修慈心，得無諍三昧，是以常能將護物心，故名善業。以生時家宅皆空，因名空生。家宅皆空，即表其長成解空之相。”〔一〕生曰：“無諍三昧者，解空無致論處爲諍也。”〔二〕西域記云：“蘇部底，唐言‘善現’，舊曰‘須扶提’，或云‘須菩提’，譯曰‘善吉’，皆訛。”〔三〕熏聞云：“應知善相，不唯空物，亦能感物。故譬喻經云：舍衛國長者名鳩留，產子，小字須菩提，有自然福報，食器皆空，所欲皆滿。然則空非斷無，表妙有之不亡也。”〔四〕真諦云：“是東方青龍陀佛。”〔五〕又，增一阿含云：“喜著好衣，行本清淨，所謂天須菩提。”〔六〕是知釋門有二須菩提〔七〕。

〔一〕見智顗説、湛然略維摩經略疏卷四。

〔二〕僧肇撰注維摩詰經卷三：“生曰：須菩提得無諍三昧，人中第一也。無諍三昧者，解空無致論處爲無諍也。維摩詰機辯難當，鮮有敢闚其門者。而須菩提既有此定，又獨能詣之，迹入恃定矣，便有恃定之迹而致詰者，豈不有爲然乎？”

〔三〕見大唐西域記卷四劫比他國。

〔四〕見仁岳述楞嚴經熏聞記卷一。

〔五〕湛然述法華文句記卷一中:“言‘龍陀佛’者,真諦云:‘須菩提是東方青龍陀佛。’”

〔六〕見增一阿含經卷三弟子品。

〔七〕釋迦譜卷一釋迦四部名聞弟子譜第九:“喜著好衣,行本清淨,即天須菩提比丘。”又,“恒樂空定,分別空義,志在空寂,微妙德業,即須菩提比丘。”灌頂撰,湛然再治大般涅槃經疏卷三〇:“彼云天須菩提,非今解空須菩提。”

富樓那弥多羅尼子　文句云:“‘富樓那’,翻‘滿願’;‘弥多羅’,翻‘慈’;‘尼’,女也。父於滿江禱梵天求子,正值江滿,又夢七寶器盛滿中寶入母懷,母懷子,父願獲滿〔一〕。從諸遂願,故言‘滿願’。‘弥多羅尼〔二〕’,翻‘慈行’,亦云‘知識’。四韋陀有此品,其母誦之,以此爲名。”〔三〕或名“弥窒音質子”,翻“善知識”〔四〕。支謙譯度無極經,名滿祝子,謂父於滿江禱梵天而得其子〔五〕。西域記云:“布剌拏梅呾麗衍尼弗呾羅,唐言‘滿慈子’,舊訛略云‘弥多羅尼子’。”〔六〕

〔一〕滿:原無,據妙法蓮華經文句補。

〔二〕弥多羅尼:妙法蓮華經文句作“母名彌多羅尼”。

〔三〕見智顗説妙法蓮華經文句卷二上。

〔四〕慧琳一切經音義卷九:“彌窒,丁結反,‘彌窒耶尼子’,或作‘富樓那彌多羅尼子’,正言‘富囉拏梅低梨夜’。‘富多羅’、‘富囉拏’,此云‘滿’,是其名也。‘梅低梨夜’,此云‘慈’,是其母姓也。‘富多羅’者,子也,兼從母姓爲名故,此云‘滿慈子’,或譯云‘滿願子’,皆一義也。與佛同日而生也。”又,卷四六:“彌窒,古文‘憤’同,丁結、豬栗二反,秦言‘善知識’。依字,窒,塞也。一本作‘彌多羅尼子’,亦是梵言訛轉耳也。”

〔五〕見支謙譯大明度經(即大明度無極經)。又,仁岳述楞嚴經熏聞記卷一:“滿慈子者,從父母兩緣得名。或云滿願子。支謙譯度無極經名滿祝子,謂父於滿江禱梵天而得其子。”

〔六〕見大唐西域記卷四秣菟羅國。

摩訶迦旃延　什曰:“南天竺婆羅門姓也,善解契經者。”〔一〕淨名疏云:“此翻不定,有云‘扇〔二〕繩’,有云‘文

飾’，未知孰正。”〔三〕或曰：“此云‘離有無’，破我
慢心。”〔四〕

〔一〕見僧肇撰注維摩詰經卷三。

〔二〕扇：維摩經略疏作“肩”，參下注。

〔三〕見智顗説、湛然略維摩經略疏卷五。又，窺基撰阿彌陀經疏：“‘摩
訶迦旃延’者，真諦云：此翻‘思勝’，古昔有仙，由聞思勝餘人故，
是彼仙種，故名思勝。舊號‘肩乘’，人云，將應誤，應名‘扇繩’，義
將稍切。其父早亡，唯母孤養，戀不再嫁，如扇繫繩，以此爲號。又
釋，‘迦旃延’者是姓，‘扇繩’是字。”湛然述法華文句記卷二上：
“言‘文飾’者，善讚詠故。言‘扇繩’者，若作‘肩乘’，二字並誤，以
其生時父已去世，此兒礙母不得再嫁，如扇繫繩。亦可言‘好肩’，
好肩胛故。言‘思勝’者，思是慧數，論義功强，得思勝名。”

〔四〕按：法藏述華嚴經探玄記卷二：“若心奥伏，爲説迦旃延經，此云離
有無經，破我慢心也。”據此可知。

鄔安古波離　有翻“化生”，或翻“上首”〔一〕，以其持律，
爲衆紀綱故，名“優波釐”。或翻“近執”，以佛爲太子時，彼
爲親近執事之臣〔二〕。古人云佛之家人，非也。訛云“優波
離”〔三〕。

〔一〕智顗説、湛然略維摩經略疏卷五：“優婆離，此云‘上首’，有翻‘化
生’。”

〔二〕思坦集注楞嚴經集注卷五：“孤山云：優波離，此云‘上首’，以其持
律，爲衆紀綱故。補遺云：綱紀，猶言總攝。或翻‘近執’，以佛爲太
子時，彼爲親近執事之臣故。”

〔三〕窺基撰觀彌勒上生兜率天經贊卷下：“梵言‘優婆離’，此云‘近
執’。佛爲太子，彼爲佛大臣，親近太子，執事之臣。古人云佛之家
人，非也。今云‘優波離’，訛也。”又，窺基撰唯識二十論述記卷
下：“鄔波離者，此云‘近執’，親近於王，執王事也。如世説言朝庭
執事，如阿羅漢持律上首，親近太子，執事之人，名鄔波離矣。”

羅睺羅　什曰：“阿脩羅食月時，名羅睺羅，秦言‘覆
障’，謂障月明也。羅睺羅六年處母胎所覆障故，因以爲
名。”〔一〕西域記云：“羅怙羅，舊曰‘羅睺羅’，又曰‘羅云’，
皆訛略也。”〔二〕此云“執日”〔三〕。淨名疏曰：有翻“宮生”。

太子出家，太妃在宮，何得有娠？佛共淨飯王於後證是太子之子親，是宮之所生，因名“宮生”〔四〕。

〔一〕見僧肇撰注維摩詰經卷三。

〔二〕見大唐西域記卷四秼莬羅國。

〔三〕窺基撰妙法蓮華經玄贊卷二：“羅睺，此云‘執日’。非天與天鬥時，將四天王天先與其戰，日月天子放盛光明，射非天之眼，此爲非天箭鋒，以手執日，障蔽其光，故云‘執日’。”

〔四〕智顗説、湛然略維摩經略疏卷五：“羅睺羅是佛菩薩時子，亦言‘羅云’，此云‘覆障’，以其在胎六年，故名‘覆障’。昔塞鼠穴，今得此報。大論明羅云往昔爲王，期看仙人，王著樂遂忘，仙人六日在外，不得飲食，故六年處胎，因名‘覆障’。有翻‘宮生’，悉達太子將欲踰城出家，以指指其妃腹，語言：却後六年，汝當生男。耶輸因覺有身。國人皆疑：太子出家，太妃在宮，何得有身？將非邪通？佛共淨飯王於後證是太子之子親，是宮之所生，因名‘宮生’。羅云當是從思數入道，故密行第一。”

阿難 大論：“秦言‘歡喜’。佛成道時，斛飯王家使來，白淨飯王言：‘貴弟生男。’王心歡喜，言：‘今日大吉。’語來使言：‘是男當字爲“阿難”。’”〔一〕舉國欣慶，又名“慶喜”〔二〕。亦翻“無染”，雖殘思未盡，隨佛入天、人、龍宮，見女心無染著故〔三〕。玄云持三藏教〔四〕。

〔一〕見大智度論卷三。

〔二〕窺基撰妙法蓮華經玄贊卷一：“梵云‘阿難陀’，此云‘慶喜’。但言‘阿難’，翻爲‘歡喜’，亦訛也。世尊成道，內外咸慶，當喜時生，故名‘慶喜’。”

〔三〕智顗説妙法蓮華經文句卷二上：“阿難，此云‘歡喜’，或‘無染’。（中略）阿難隨佛入天、人、龍宮，見天人龍女，心無染著，雖未盡殘思而能不染，一切天人龍神無不歡喜。”

〔四〕窺基撰妙法蓮華經玄贊卷一：“集法傳云：有三阿難：一、阿難陀，云‘慶喜’，持聲聞藏。二、阿難跋陀，云‘喜賢’，持獨覺藏。三、阿難伽羅，云‘喜海’，持菩薩藏。但是一人，隨德別名。由是阿難多聞、聞持、其聞積集，三慧齊備，文義並持，於三藏教總持自在。”

阿難跋陀 此云“喜賢”，玄云持通教〔一〕。

〔一〕參前“阿難”條注四及後“阿難迦羅”條注一。

阿難迦羅　此云“喜海”。玄云持圓教。付法藏有三：一、阿難，此云“慶喜”，傳聲聞藏。二、阿難跋陀，此云“喜賢”，持緣覺藏。三、阿難迦羅，此云“喜海”，持菩薩藏〔一〕。圓覺略疏云：“略是一人，隨德名別。”〔二〕

〔一〕玄，即窺基撰妙法蓮華經玄贊，參前“阿難”條注四。又，智顗説妙法蓮華經文句卷一上：“約教解釋者，釋論云：‘凡夫三種我，謂見、慢、名字，學人二種，無學一種。’阿難是學人，無邪我、能伏慢我，隨世名字稱我無咎，此用三藏意釋我也。十住毗婆沙云：‘四句稱我皆墮邪見，佛正法中無我誰聞？’此用通教意也。大經云：‘阿難多聞士，知我無我而不二，雙分別我、無我。’此用別教意也。又，阿難知我無我而不二，方便爲侍者，傳持如來無礙智慧，以自在音聲傳權傳實，有何不可？此用圓教釋我也。又，正法念經明三阿難：阿難陀，此云‘歡喜’，持小乘藏；阿難跋陀，此云‘歡喜賢’，受持雜藏；阿難娑伽，此云‘歡喜海’，持佛藏。阿含經有典藏阿難，持菩薩藏。蓋指一人具於四德，傳持四法門，其義自顯。”

〔二〕見宗密述大方廣圓覺經大疏卷上。

惣諸聲聞篇第九

法華〔一〕論明四種聲聞：一、決定聲聞，定入無餘故。二、增上慢聲聞，未證謂證故。三、退菩提聲聞，退大取小故。四、應化聲聞，内祕外現故。論自釋云：後二與記，前兩不記，根鈍未熟故〔二〕。天台加佛道聲聞。準經，以佛道聲令一切聞，約義據新入者。又以決定聲聞及退菩提，名爲住果〔三〕。荆溪據三種逢值，第三但論遇小，不論遇大，名元住小，故聲聞義浩然非一也〔四〕。

〔一〕華：原作“藏”，據大正藏本改。

〔二〕菩提留支共曇林等譯妙法蓮華經優波提舍卷下：“言聲聞人得授記者，聲聞有四種：一者、決定聲聞，二者、增上慢聲聞，三者、退菩提心聲聞，四者、應化聲聞。二種聲聞如來授記，謂應化者、退已還發菩提心者。若決定者、增上慢者二種聲聞，根未熟故，不與授記。

菩薩與授記者,方便令發菩提心故。”

〔三〕智顗説妙法蓮華經文句卷一上:“法華論四種聲聞,今開住果者爲兩:析法住果是三藏聲聞,體法住果是通教聲聞。開應化者爲兩:登地應化別教聲聞,登住應化圓教聲聞。開佛道聲聞亦爲兩:令他次第聞佛道是別教聲聞,令他不次第聞佛道即圓聲聞。聲聞義浩然,云何以證涅槃者判之?”

〔四〕智顗説妙法蓮華經文句卷七下:“逢值有三種,若相逢遇,常受大乘,此輩中間,皆已成就,不至于今;若相逢遇,遇其退大,仍接以小,此輩中間,猶故未盡,今得還聞大乘之教;三、但論遇小,不論遇大,則中間未度,于今亦不盡,方始受大,乃至滅後得道者是也。”湛然述法華文句記卷八之一:“‘逢值有三種’者,前二可知。第三既云‘但論遇小’,中間之言,自望元初結小緣者耳。第三類人未曾聞大,便即流轉,此人即以初聞小時爲初結緣,復於中間唯習於小,今遇王子初且聞小。人見釋迦一代教中一分聲聞未發心者,便即判云永滅無發,是則不知如來長遠之化。”又,卷一下:“‘聲聞義浩然’者,貴人、非論。然用教者云大乘聲聞,未爲通曉,今云應化從本以説,據衆全在小乘中也。言‘浩然’者,藏通八門,門門四種,門門各有佛道應化,迹在前教,復同前數,據本復應地住,地住及行向地,上慢所濫,復同前數,他無約教今昔本迹權實開合等釋,但云住果及方便等,是故責云以證涅槃者。”

賓頭盧　翻“不動”,字也〔一〕。

〔一〕參後“頗羅墮”條注四。

頗羅墮　姓也。真諦云“捷〔一〕疾”,亦云“利根〔二〕”,或“廣語”,本行集翻“重幢〔三〕”,婆羅門凡十八姓,此居其一〔四〕。或云賓度羅跋羅墮闍。感通傳云:“今時有作賓頭盧聖僧像,立房供養,亦是一途。然須别施空座前置椀鉢,至僧食時,令大僧爲受,不得以僧家盤盂設之。以凡聖雖殊,俱不觸僧食器。若是俗家,則隨俗所設。”〔五〕恐僧不知,附此編出。

〔一〕捷:大正藏本作“揵”。

〔二〕根:大正藏本作“相”。

〔三〕幢:大正藏本作“憧”。

〔四〕湛然述法華文句記卷三中："'姓頗羅墮'等者,真諦譯也,婆羅門中之一姓也。本行集翻'重幢',重字平聲。一切諸佛皆不在餘二賤姓故,尚尊貴時則在刹利,尚多聞時在婆羅門。又濁難伏時則在刹利,清易調時在婆羅門。"智圓述阿彌陀經疏："賓頭盧頗羅墮,或云'賓度羅跋羅墮闍',或云'軍屠鉢漢',皆梵音楚夏也。賓頭盧,翻'不動'。頗羅墮,真諦三藏翻'捷疾',或'利根',或'廣語',本行集翻'重幢',婆羅門十八姓中一姓也,尊者是彼種族故。"

〔五〕見道宣撰律相感通傳。

薄拘羅　文句此翻"善容",色皃端正故〔一〕。準賢愚經,應翻"重姓"〔二〕。中阿含:異學又問:汝於八十年起欲想否? 荅:不應作如是問。我八十年未曾起欲想,尚未曾起一念貢高,未曾受居士衣,未曾割截衣,未曾倩他衣,未曾針縫衣,未曾受請,未曾從大家乞食,未曾倚壁,未曾視女人面,未曾入尼房,未曾與尼相問訊,乃至道路亦不共語。八十年坐〔三〕。荆溪云:"弘法之徒,觀斯龜鏡。"〔四〕

〔一〕見智顗説妙法蓮華經文句卷二上。

〔二〕見賢愚經卷五重姓品。

〔三〕詳見中阿含經卷八未曾有法品薄拘羅經第三。按:此處引文,據法華文句記卷九上轉引。又,窺基撰妙法蓮華經玄贊卷一:"梵云'薄矩羅',此云'善容',言'薄俱羅',訛也。毗婆尸佛入涅槃後,有一比丘甚患頭痛,善容時作貧人,持一呵梨勒施病比丘,比丘服訖,病即除愈。由施藥故,九十一劫天上人中受福快樂。今生婆羅門家,其母早亡,遂遇後母方便殺之,經五不死,後求出家,得阿羅漢。出家八十,曾不患頭痛,目不視女人面,亦不入尼寺,不爲女人説一句法。後無憂王巡塔布施,知其少欲,但施一錢,塔踊置地,猶尚不受,方知少欲。"

〔四〕見湛然述法華文句記卷九上。

難陁　文句云:"亦云'放牛難陀',此翻'善歡喜',亦翻'欣樂'。"〔一〕文句記云:"從初慕道爲名,歡喜中勝,故云'善'也。"〔二〕

〔一〕智顗説妙法蓮華經文句卷二上:"難陀,亦云'放牛難陀',此翻'善歡喜'，亦翻'欣樂'。淨飯王偏十萬釋出家，即一人也。有師言：
'是律中跋難陀。'"

〔二〕湛然述法華文句記卷二上："因發心出家，成無學果，從本爲名，故
云'放生'。言'善歡喜'者，從初慕道爲名，歡喜中勝，故云'善'
也。'欣樂'是善喜之別名耳。"

離呂知**婆多**　正言"頡賢結隸伐多"，亦云"離越"，此翻
"星宿"，或"室宿"，從星辰乞子〔一〕。

〔一〕慧琳一切經音義卷二七："離波多，'頡麗筏多'，此云'室星'，北方
星也。祠之得子，因以爲名。有本云'離婆多'，應從'離波多'爲
正。"智顗説妙法蓮華經文句卷二上："離婆多，亦云'離越'，此翻
'星宿'，或'室宿'，或'假和合'。（中略）父母從星辰乞子，既其
感獲，因星作名，雖得出家，猶隨本字。假和合者，有人引釋論，空
亭中宿，見二鬼爭屍，告其分判。設依理、枉理，俱不免害，故隨實
而答。大鬼拔其手足，小鬼取屍補之。食竟，拭口而去。其因煩惱
不測誰身，故言假和合。"

摩訶拘絺丑夷**羅**　大論云："秦言'大膝'。摩陀羅次生
一子，膝骨麁大，故名拘絺羅，舍利弗舅。與姊舍利論義，不
如，俱絺羅思惟念言：'非姊力也，必懷智人，寄言母口，未生
乃尔，及生長大，當如之何！' 故出家作梵志，入南天竺，誓不
剪爪，讀十八種經。"〔一〕

〔一〕見大智度論卷一一。

憍梵鉢提　或云"憍梵波提"、"伽梵婆提"、"笈房鉢
底"，此翻"牛呞"。法華疏云："昔五百世曾爲牛王，牛若食
後，常事虛哨，餘報未夷，時人稱爲牛呞。"〔一〕楞嚴云："於過
去世輕弄沙門，世世生生有牛呞病。"〔二〕爾雅作"齝"，與
"呞"同。郭璞云："食之已久，復出嚼之。"〔三〕亦翻"牛王"，
又翻"牛相"〔四〕。

〔一〕智顗説妙法蓮華經文句卷二上："憍梵波提，此翻'牛呞'，無量壽
稱'牛王'，增一云'牛跡'，昔五百世曾爲牛王，牛若食後，恒事虛
哨，餘報未夷，嗳嗳常嚼，時人稱爲牛呞。"

〔二〕見大佛頂如來密因修證了義諸菩薩萬行首楞嚴經卷五。

〔三〕 見爾雅釋獸郭璞注。

〔四〕 窺基撰妙法蓮華經玄贊卷一:"梵云'笈房鉢底',此云'牛相'。'憍梵波提',訛也。過去因摘一莖禾,數顆墮地,五百生中作牛償他。今雖人身,尚作牛蹄、牛呞之相,因號爲牛相比丘。"梁法雲撰法華經義記卷一:"憍梵波提者,外國名,此間言牛呞比丘。此人雖得羅漢,猶有二事似牛:一者、口中空嚙,二者、其脚跡似牛蹄,常被諸比丘諸譏咲,如來神力接置梵宮,然諸天不咲,故接置天宮,仍説往緣,謂此人昔日五百世常作牛王,是故無量壽經言'尊者牛王',即其人也。"

畢陵伽婆蹉七何切 　此云"餘習"。五百世爲婆羅門,餘氣猶高,過恒水,叱:"小婢駐流!"非彼實心,蓋習氣也〔一〕。或名"畢藺呂進陀筏蹉",此云"餘習"。五百生惡性麤言,今得餘習〔二〕。

〔一〕 智顗説妙法蓮華經文句卷二上:"畢陵伽婆蹉,此翻'餘習'。五百世爲婆羅門,餘氣猶高,過恒水:'咄!小婢駐流。'恒神爲之兩派。神往訴佛,佛令懺謝。即合手:'小婢莫瞋。'大衆笑之,懺而更罵。佛言:'本習如此,實無高心。'"

〔二〕 窺基撰妙法蓮華經玄贊卷一:"梵云'畢藺陀筏蹉',此云'餘習',言'畢陵伽婆蹉',訛也。五百生中爲婆羅門,惡性麤言。今雖得果,餘習尚在,如罵恒河神,故名'餘習'。"

孫陀羅難陀　"孫陀羅",此云"好愛",妻名也。或云"孫陀羅利",此云"善妙"。"難陀",云"歡喜",己號也。簡放牛難陀,故標其妻〔一〕。

〔一〕 吉藏撰法華義疏卷一:"難陀者,此云'歡喜',或云是牧牛難陀,待阿由村人方乃得道。或言猶是釋種,釋種有十萬人出家,難陀爲其一人也。性最輕薄而聰明,音聲絶妙也。孫陀羅難陀者,此是佛弟難陀,是大愛道所生,身長一丈五尺二寸,佛到迦毗羅城二日即度之。'孫陀羅'者,此云'端正',亦云'柔軟',欲異前者,故以婦標名焉。"按:"前者",即放牛難陀。

優樓頻螺迦葉　文句翻云"木瓜林",近此林居故〔一〕。孤山云:此云"木瓜癭音隆",胷前有癭,如木瓜故〔二〕。又云禱此林神而生,故得名也〔三〕。

〔一〕智顗說妙法蓮華經文句卷一下：“優樓頻蠡，亦‘優樓毗’，亦‘優爲’，此翻‘木瓜林’。”又，梁法雲撰法華經義記卷一：“‘優樓頻螺’者，是外國音，此間翻爲‘木蓏林’。明此人昔領徒衆住在木蓏林中，今因本住處爲名也。”

〔二〕參後“伽耶迦葉”條注一。又，窺基撰妙法蓮華經玄贊卷一：“梵云‘鄔盧頻螺’，言‘優樓’，訛也，此云‘木瓜’。當其胸前有一瘤起，猶如木瓜。”

〔三〕仁岳述楞嚴經熏聞記卷三：“木爪瘤，谷響云：亦曰木爪林，近此林居故。又云：禱此林神而生故。”

伽耶迦葉 孤山云：“伽耶，山名，即象頭山也。”〔一〕文句翻“城”，近此山故，家在王舍城南七由旬〔二〕。

〔一〕思坦集注楞嚴經集注卷五：“孤山云：優樓頻螺，此云‘木瓜瘤’，胷前瘤如木瓜故。伽耶，山名，即象頭山也。亦云‘城’，城近此山故。”

〔二〕智顗說妙法蓮華經文句卷一下：“伽耶，亦‘竭夷’，亦‘象’，此翻‘城’，家在王舍城南七由旬。”又，窺基撰妙法蓮華經玄贊卷一：“伽耶，山名，即象頭山。亦云‘城’，城近此山，故名伽耶城。”明弘贊輯四分律名義標釋卷二三：“伽耶迦葉，‘伽耶’，此云‘象’，因住象頭山事火，故得名也。增一經云：觀於諸法，都無所著，所謂象比丘是。其三兄弟，於過去毗婆尸佛時，共樹刹柱，緣是今共爲兄弟也。”

那提迦葉 “那提”，翻“河”。西域記云：“捺地迦葉波，舊曰‘那提迦葉’，訛也。緝諸‘迦葉’，例無‘波’字，此亦略也。”〔一〕毗婆尸佛時，共樹刹柱，緣是爲兄弟〔二〕。

〔一〕見大唐西域記卷八摩揭陀國上。

〔二〕智顗說妙法蓮華經文句卷一下：“‘那提’，此翻‘河’，亦‘江’。（中略）毗婆尸佛時，共樹刹柱，緣是爲兄弟。”弘贊輯四分律名義標釋卷二三：“那提迦葉，‘那提’，此翻爲‘河’，或翻云‘江’。因居河岸事火，故得名也。西域記云：捺地迦葉波，舊曰那提迦葉，謬也。泊諸迦葉，例無‘波’字，略也。增一經云：心意寂然，降伏諸結，所謂江迦葉比丘是。”

劫賓那 此云“房宿音秀”，父母禱房星感子〔一〕。舊云

“金毗羅”,此翻“威如王”〔二〕。

〔一〕智顗説妙法蓮華經文句卷一下:“劫賓那者,此翻‘房宿音秀’,父母禱房星感子故,用房星以名生身也。是比丘初出家未見佛,始向佛所,夜值雨,寄宿陶師房中,以草爲座。晚又一比丘亦寄宿,隨後而來。前比丘即推草與之,在地而坐。中夜相問:‘欲何所之?’答:‘覓佛。’後比丘即爲説法,辭在阿含可撿取,豁然得道。後比丘,即是佛也。共佛房宿音夙,得見法身,從得道處爲名,故言‘劫賓那’。毗沙門持蓋隨賓那後,毗沙門是宿主,主既侍奉,星宿亦然。此比丘善占星宿,明識圖像,從解得名,名‘劫賓那’。增一阿含云:‘我佛法中,善知星宿日月者,劫賓那比丘第一。’”

〔二〕智顗説、灌頂録金光明經文句卷六釋鬼神品:“金毗羅,翻爲‘威如王’。”

諸矩羅　此云“鼠狼山”〔一〕。

〔一〕玄奘譯大阿羅漢難提蜜多羅所説法住記:“佛薄伽梵般涅槃時,以無上法付囑十六大阿羅漢并眷屬等,令其護持,使不滅没,及勅其身與諸施主作真福田,令彼施者得大果報。”諾矩羅,即所説“十六大阿羅漢”之第五尊者。唐道暹述法華經文句輔正記卷一:“諾矩羅漢,此名‘鼠’,即與眷屬八百羅漢多分住於南瞻部洲。”佛祖統紀卷四四:“案西竺書,諾矩羅尊者居震旦東南大海際,山以鳥名,村以華名。唐貫休有讚云:雁蕩經行雲漠漠,龍湫宴坐雨濛濛。祥符中,伐木者始見之,自是著名。”子注云:“山在温州樂清。諾矩羅,十六住世羅漢之一。梵語震旦,此云東方君子之國。”

提婆犀那　西域記云〔一〕:“唐言‘天軍’。”〔二〕

〔一〕云:原無,據永樂北藏本、嘉興藏本補。

〔二〕見大唐西域記卷四秣底補羅國。

憂婆提舍　大論云:“憂婆,秦言‘逐〔一〕’。提舍,星名。即舍利弗父字也。”〔二〕

〔一〕逐:原作“豕”,據大智度論改。按:據大正藏本大智度論校記,宫本大智度論亦作“豕”。可洪新集藏經音義隨函録卷二〇:“憂波提舍,亦云‘憂波鞮舍’,即舍利弗本名也。此云‘逐’,謂逐父母作名也。提舍,星名也,此云‘鬼宿’。”

〔二〕大智度論卷一一:“姊子既生,七日之後,裹以白氎,以示其父。其父思惟:‘我名提舍,逐我名字,字爲憂波提舍。’憂波,秦言‘逐’;提舍,星名。是爲父母作字。”

優波斯那　本行集云：“隋云‘最上征將’。”〔一〕

〔一〕見佛本行集經卷四二優波斯那品。

嗢烏没咀囉　西域記云〔一〕：“唐言‘上’。”〔二〕

〔一〕云：大正藏本無。

〔二〕見大唐西域記卷一〇珠利耶國。此阿羅漢，得六神通，具八解脱。

阿折羅　西域記云：“唐言‘所行’。”〔一〕

〔一〕見大唐西域記卷一〇案達羅國、卷一一摩訶剌侘國。阿折羅，西印度人，爲報母恩，嘗建伽藍。

迦留陀夷　此云“黑光”，亦云“麄黑”，顔色黑光故〔一〕。

〔一〕吉藏撰法華義疏卷九：“‘迦留陀夷’者，迦留，此翻時；陀夷，名之爲起。十八部疏云：迦留者，黑；陀夷者，上。謂悉達太子在宮時師也。”智圓述阿彌陀經疏：“迦留陀夷，云‘黑光’，或‘麄黑’，以其形醜黑故。”

優陀夷　此云“出現”，日出時生故〔一〕。

〔一〕窺基撰妙法蓮華經玄贊卷八：“優陀夷，此云‘出現’。”慧琳一切經音義卷七一：“鄔陀夷，烏古反，人名也。此云‘出現’義是也。”

優波〔一〕尼沙陀　資中〔二〕：此云“塵性”，以觀塵性空而得道故〔三〕。亦名“優波尼殺曇”〔四〕。

〔一〕波：大正藏本作“婆”。

〔二〕資中：即弘沇。宋高僧傳卷六唐京師崇福寺惟愨傳有附：“一説楞嚴經初是荆州度門寺神秀禪師在内時得本，後因館陶沙門慧震於度門寺傳出，愨遇之，著疏解之。後有弘沇法師者，蜀人也，作義章，開釋此經，號資中疏。其中亦引震法師義例，似有今古之説。此岷蜀行之，近亦流江表焉。”資中疏，已佚，爲思坦集注楞嚴經集注引用書目之一。

〔三〕子璿集首楞嚴義疏注經卷一：優波尼沙陀，“此云‘近少’，義翻‘塵性’，觀塵性空而得道故。微塵即是色近少分，隣近虚空是色邊際，故名塵性爲近少也。”

〔四〕子璿集首楞嚴義疏注經卷五：“優波尼沙陀即從座起，頂禮佛足，而白佛言：‘我亦觀佛最初成道，觀不淨相，生大厭離，悟諸色性。亦云‘優波尼殺曇’，此言‘近少’，或云‘塵性’，謂微塵是色之近少分也，因觀不淨白骨微塵，故以爲名。由多貪欲，故作此觀以爲對治。”

周陀　或云“周利”，此云“大路邊生”。佛本行經云：其母是長者之女，隨夫他國，久而有孕，垂產思歸，行至中路，即誕其子。如是二度，凡生二子，乃以大小而區別之，大即周陀，小即莎伽陀〔一〕。

〔一〕窺基撰阿彌陀經疏卷一：“‘周利槃陀伽’者，依佛華嚴入如來智德不思議經，云翻爲‘繼道’，善見律翻爲‘路邊生’。有一長者，止有一女，與奴私通，遂逃他國，久而有孕，垂產思歸，行至中路，即誕其子，因名‘路邊生’。如是二度，凡生兩子，長名槃陀伽，弟名周利槃陀伽，以兄弟相繼於路邊生，兄名路邊，弟名繼道，即周利、槃陀伽也。”“善見律”云者，詳見善見律毗婆沙卷一六。

莎先戈**伽陀**　或云“槃陀伽”，此云“小路邊生”，又翻“繼道”，以其弟生繼於路邊，故名繼道〔一〕。

〔一〕參前“周陀”條及注。

波濕縛　西域記云：“唐言‘脅’，由自誓曰：我若不通三藏理，不斷三界欲、得六神通、具八解脱，終不以脅而至於席，故号脅尊者。”〔一〕

〔一〕見大唐西域記卷二健馱邏國。又，玄應一切經音義卷一五：“脅尊者，虚業反，即付法藏中波奢比丘，常坐者也。此人曾生脅不著地，因以名焉。”

須跋陀羅　此云〔一〕“好賢”。西域記云：“唐言‘善賢’，舊曰‘蘇跋陀羅’，訛也。”〔二〕鳩尸那城梵志，年一百二十〔三〕。泥洹經云：“須跋聰明多智，誦四毗陀經。一切書論，無不通達，爲一切人之所崇敬。聞佛涅槃，方往佛所，聞八聖道，心意開解，遂得初果，從佛出家。又爲廣説四諦，即成羅漢。”〔四〕

〔一〕云：永樂北藏本、嘉興藏本作“翻”。

〔二〕大唐西域記卷六拘尸那揭羅國：“蘇跋陀羅，唐言‘善賢’。舊曰‘須跋陀羅’，訛也。”“善賢者，本梵志師也。年百二十，耆舊多智。”

〔三〕一百二十：永樂北藏本、嘉興藏本作“一百二十歲”。

〔四〕見東晉法顯譯大般涅槃經卷下。灌頂撰、湛然再治大般涅槃經疏
　　　卷三三：“須跋陀羅，此有二翻：一云好賢，二云善賢。雖得五通，未
　　　捨憍慢者。”

迦多演尼子　西域記云：迦陀衍那，佛滅度後三百年出，
造發智論。舊訛云“迦旃延”〔一〕。

〔一〕大唐西域記卷四至那僕底國：“大城東南行五百餘里，至答秣蘇伐
　　　那僧伽藍。（中略）釋迦如來涅槃之後第三百年中，有迦多衍那舊
　　　曰迦旃延，訛也。論師者，於此製發智論焉。”玄應一切經音義卷二四：
　　　“迦多衍尼子，以善反，舊云‘迦旃延子’，此從姓爲名。有言迦多
　　　衍那，聲之轉也。”

末田地　亦名“摩田地”，亦名“摩田提”，此云“中”。阿
難化五百仙人，在河中得戒，故曰“摩田地”〔一〕。西域記云：
“達麗羅川中，大伽藍側有刻木慈氏菩薩像，通高百餘尺。末
田底迦羅漢携引匠人升覩史多天，親觀妙相，往來三返，尔乃
功畢。”〔二〕

〔一〕阿育王傳卷四摩訶迦葉涅槃因緣：“尊者阿難化彼河水，變成金地，
　　　乃至五百仙人出家，皆得羅漢。是諸仙人在恒河中受戒故，即名爲
　　　‘摩田提’。”付法藏因緣傳卷二：“阿難乘船在河中流，王即直進，
　　　稽首白言：‘三界明燈，已棄我去，今相憑仰，願勿涅槃。’阿難默然
　　　而不許可，於時大地六種震動。時雪山中有五百仙人，見斯相已，
　　　咸作是念：‘以何因緣，有此異相？’觀見阿難將欲滅度，即便飛空，
　　　往詣其所，稽首作禮，求哀出家。即化恒河，變成金地，爲諸仙人如
　　　應說法。鬚髮自落，成阿羅漢，咸悉俱時入般涅槃。阿難念曰：‘佛
　　　記罽賓當有比丘名摩田提，於彼國土流布法眼。’即便以法付摩
　　　田提。”

〔二〕見大唐西域記卷三烏仗那國。其中“末田底迦”後子注云：“舊曰
　　　‘末田地’，訛略也。”

優波毱多　或名“優波掘多”，此云“大護”，或云“笈其劫
多”。佛滅百年出，得無學果〔一〕。西域記云：“烏波毱多，唐
言‘近護’。秣音末兔羅國城東五六里，巖間有石室，高二十

餘尺,廣三十餘尺,四寸細籌填積其内。尊者<u>近護</u>説法化導,夫妻俱證羅漢果者,乃下一籌。異室別族,雖證不記。"〔二〕

〔 一 〕<u>雜阿含經</u>卷二五:"世尊告尊者<u>阿難</u>:'此<u>摩偷羅國</u>,將來世當有商人子,名曰<u>掘多</u>,<u>掘多</u>有子,名<u>優波掘多</u>,我滅度後百歲,當作佛事,於教授師中最爲第一。'"<u>仁岳</u>述<u>楞嚴經熏聞記</u>卷四:"梵云'<u>優波毱多</u>',此翻'<u>近護</u>'。佛滅度後百年出世,得阿羅漢果。"無學果,即阿羅漢果。<u>窺基</u>撰<u>妙法蓮華經玄贊</u>卷一:"戒、定、慧三,正爲學體。進趣修習,名爲有學;進趣圓滿,止息修習,名爲無學,唯無漏法爲體。"<u>吉藏</u>撰<u>法華義疏</u>卷九:"若緣真之心更有增進義,是名爲學。緣真之心已滿,不復進求,是名無學。"

〔 二 〕見<u>大唐西域記</u>卷四<u>秣菟羅國</u>。

　　室縷力主**多頻設底俱胝**丁尼切　<u>西域記</u>云:"唐言'<u>聞二百億</u>',舊譯曰'<u>億耳</u>',謬也。長者豪富,晚有繼嗣,時有報者,輒賜金錢二百億,因名其子曰<u>聞二百億</u>。洎乎成立,未曾履地,故其足跖音隻毛長尺餘,光潤細頓。"〔一〕又,<u>西域記</u>云:富一億,財一洛叉〔二〕,便耳著珠墜,人知富也〔三〕。或云耳有珠環,價直一億〔四〕。

〔 一 〕見<u>大唐西域記</u>卷一〇<u>伊爛拏鉢伐多國</u>。

〔 二 〕洛叉:<u>阿毗達磨俱舍論</u>卷二:"十千爲萬,十萬爲洛叉,十洛叉爲度洛叉,十度洛叉爲俱胝。"

〔 三 〕按:<u>大唐西域記</u>中,未見此説,出處俟考。

〔 四 〕<u>十誦律</u>卷二五:"佛在<u>舍衛城</u>。爾時,<u>阿濕摩伽阿槃提國</u>有聚落名<u>王薩婆</u>,中有大富居士,財寳豐盈,種種具足,唯少一事,無有兒息。從諸神祇,池神、家神、交道大神、滿賢大神、高賢大神、大自在天神、那羅延神、韋紐天神下至鉢婆羅神,爲有子故求請乞索,而不能得。有子時到,居士婦乃覺有娠。利根女人有四不共智。何等四?一知男愛、二知男不愛、三知姙娠時、四知所從得。婦自知有娠,語居士言:'我已有娠。'居士聞之,心歡喜踊躍,或當生男,好加供給,洗浴淨潔,以香塗身,隨時將息,令身安隱。若有所至,多人衛從,莫令憂惱。九月已過,挽身生男,耳有金環,是兒端正,見者歡喜。居士聞之,心喜踊躍,集諸知相婆羅門相之,問言:'是兒德力何如?'諸婆羅門言:'居士! 是兒實有福德威力。'居士言:'當爲作字?’是時國法作二種字,若隨宿、若隨吉。諸人言:‘居士!是兒何時生?’答言:‘某日生。’是諸婆羅門算知,語言:‘是兒沙門宿日生,即名沙門。’居士復集婆羅門及諸居士善知金寶相者,以兒耳示之:‘是兒耳環價直幾許?’諸人言:‘居士!是兒耳環,非世所作,不易平價,意想平之,可直純金一億。’兒字沙門,耳環直一億,衆人即字爲沙門億耳。”

摩訶波闍波提　此云“大生主”,又云“大愛道”〔一〕。亦云“憍曇弥”,此翻“衆主〔二〕”。西域記云:“鉢邏闍鉢底,唐言‘生主’,舊云‘波闍波提’者,訛也。”〔三〕

〔一〕玄應一切經音義卷二五:“大生主,舊言‘摩訶波闍’,翻爲‘大愛道’者是也。”佛之姨母。

〔二〕主:大正藏本作“生”。　智顗説妙法蓮華經文句卷二上:“波闍波提,此翻‘大愛道’,亦云‘憍曇彌’,此翻‘衆主’。尼者,天竺女人通名也。”

〔三〕見大唐西域記卷六室羅伐悉底國。

耶輸陀羅　此云“華色”,亦云“名聞”,悉達次妃,天人知識,出家爲尼衆之主〔一〕。

〔一〕智顗説妙法蓮華經文句卷二上:“羅睺羅母耶輸陀羅者,以子標母,此翻‘花色’,亦曰‘名聞’,或云無翻。温良恭儉,德齊太子,然在家爲菩薩之妻,天人知識,出家爲尼衆之主,位居無學。”耶輸陀羅爲悉達太子之夫人,羅睺羅之母。

宗釋論主篇第十

群生昏寢,長夜冥冥。先覺警世,慧日赫赫。故西域記明四日照世:“東有馬鳴,南有提婆,西有龍猛,北有童受。”〔一〕或通宗乎衆典,或别釋於一經。既分照乎四方,乃俱破於群翳。故今此集,列論主焉。

〔一〕大唐西域記卷一二朅盤陀國:“無憂王命世,即其宮中建窣堵波。其王於後遷居宮東北隅,以其故宮爲尊者童受論師建僧伽藍,臺閣高廣,佛像威嚴。尊者呾叉始羅國人也,幼而穎悟,早離俗塵,遊心典籍,棲神玄旨,日誦三萬二千言,兼書三萬二千字。故能學冠時彦,名高當世,立正法,摧邪見,高論清舉,無難不酬,五印度國咸見推高。其所製論，凡數十部，並盛宣行，莫不翫習，即經部本師也。當此之時，東有<u>馬鳴</u>，南有<u>提婆</u>，西有<u>龍猛</u>，北有<u>童受</u>，號爲四日照世。”

阿濕縛寠瞿庚沙　或名“<u>阿濕矩沙</u>”。<u>西域記</u>云：“唐言馬鳴。”〔一〕<u>摩訶衍論</u>曰：“若剋其本，大光明佛。若論其因，第八地内住位菩薩。<u>西天竺</u>誕生，<u>盧伽</u>爲父，<u>瞿那</u>爲母，同生利益。過去世中，有一大王，名曰<u>輪陁</u>。有千白鳥，皆悉好聲。若鳥出聲，大王增德。若不出聲，大王損德。如是諸鳥，若見白馬，則其出聲。若不見時，常不出聲。爾時，大王徧求白馬，終日不得，作如是言：若外道衆，此鳥鳴者，都破佛教，獨尊獨信。若佛弟子，此鳥鳴者，都破外道，獨尊獨信。爾時，菩薩用神通力，現千白馬，鳴千白鳥，紹隆正法，令不斷絶。是故世尊名曰<u>馬鳴</u>。”〔二〕<u>律宗統要鈔</u>〔三〕引緣異此，學者須檢。

〔一〕見<u>大唐西域記</u>卷八<u>摩揭陀國</u>上。
〔二〕見<u>釋摩訶衍論</u>卷一。
〔三〕按：<u>高麗義天</u>撰<u>新編諸宗教藏總録</u>卷二著録有<u>允堪</u>撰<u>佛遺教經統要鈔</u>二卷，或即此<u>律宗統要鈔</u>。<u>允堪</u>，<u>北宋</u>律宗僧人，<u>錢塘</u>人。學無不通，專精律部，<u>釋氏稽古略</u>卷四有傳。又，<u>法藏</u>撰<u>大乘起信論義記</u>卷上：“<u>馬鳴</u>之名，依諸傳記，略有三釋：一、以此菩薩初生之時，感動諸馬悲鳴不息，故立此名也。二、此菩薩善能撫琴，以宣法音，諸馬聞已，咸悉悲鳴，故立此名。三、此菩薩善能説法，能令諸馬悲鳴垂淚，不食七日，因此爲名也。”

那伽是“龍”**曷樹那**義翻爲“猛”　此出<u>龍樹勸誡王頌</u>〔一〕，“彩”字函。<u>西域記</u>云：“那伽閼音遏剌那，此云‘<u>龍猛</u>’，舊曰‘<u>龍樹</u>’，訛也。”〔二〕<u>什</u>曰：“本傳云：其母樹下生之，因字〔三〕‘<u>阿周那</u>’〔四〕。阿周那者，樹名也。以龍成其道，故以龍字，号曰<u>龍樹</u>。”〔五〕<u>輔行</u>云：“<u>樹</u>學廣通，天下無敵，欲謗佛經而自作法，表我無師。龍接入宫，一夏但誦七佛經目，知佛法妙，因而出家。降伏國王，制諸外道。外道現通，化爲花池，坐蓮花上。龍樹爲象,拔蓮華,撲外道,作三種論:一、大悲方便論,明天文地理,作寶作藥,饒益世間。二、大莊嚴論,明修一切功德法門。三、大無畏論,明第一義。中觀論者,是其一品。"〔六〕大乘入楞伽云:"大慧!汝應知善逝涅槃後,未來世當有持於我法者,南天竺國中大名德比丘,厥号爲龍樹,能破有無宗,世間中顯我無上大乘法,得初歡喜地,往生安樂國。"〔七〕

〔一〕義淨譯龍樹菩薩勸誡王頌末云"阿離野那伽曷樹那菩提薩埵蘇頡里蜜離佉了",子注曰:"'阿離野'是聖,'那伽'是龍、是象,'曷樹那'義翻爲猛,'菩提薩埵'謂是覺情,'蘇頡里'即是親密,'離佉'者書也。先云'龍樹'者,訛也。"

〔二〕見大唐西域記卷八摩揭陀國上。

〔三〕字:原作"自",大正藏本作"目",據龍樹菩薩傳改。

〔四〕阿周那:龍樹菩薩傳作"阿周陀那",後同。

〔五〕見鳩摩羅什譯龍樹菩薩傳。

〔六〕見湛然述止觀輔行傳弘決卷一之一。

〔七〕見大乘入楞伽經卷六偈頌品。

提婆　此云"天",龍樹弟子。波吒釐城僧屈外道,經十二年,不擊揵巨寒稚音地。提婆重聲,摧伏異道〔一〕。提婆因入大自在廟,廟金爲像,像高六丈,瑠璃爲眼,大有神驗,求願必得,怒目動睛。提婆語曰:"神則神矣,本以精靈訓物,而假以黃金瑠璃威炫音縣於世,何斯鄙哉!"便登梯鑿神眼。衆人咸云:"神被屈辱!"婆曰:"欲知神智,本無慢心。神知我心,復何屈辱?"夜營厚〔二〕供,明日祭神。神爲肉身而無左眼,臨祭歎曰:"能此施設,真爲希有。而我無眼,何不施眼?"提婆即剜於洹己眼施之。隨剜隨出,凡施萬眼。神大歡喜,問求何願。婆曰:"我辭不假他,但未信受。"神曰:"如願。"即没不現。神理交通,咸皆信伏〔三〕。

〔一〕大唐西域記卷八摩揭陀國上:"(龍猛)有大弟子提婆者,智慧明敏,機神警悟,白其師曰:'波吒釐城諸學人等,辭屈外道,不擊揵

椎，日月驟移，十二年矣。敢欲摧邪見山，然正法炬。’龍猛曰：‘波
吒釐城外道博學，爾非其儔，吾今行矣。’提婆曰：‘欲摧腐草，詎必
傾山？敢承指誨，黜諸異學。大師立外道義，而我隨文破折，詳其
優劣，然後圖行。’龍猛乃扶立外義，提婆隨破其理，七日之後，龍猛
失宗，已而歎曰：‘謬辭易失，邪義難扶。爾其行矣，摧彼必矣！’提
婆菩薩夙擅高名，波吒釐城外道聞之也，即相召集，馳白王曰：‘大
王昔紆聽覽，制諸沙門不擊揵椎。願垂告命，令諸門候，隣境異僧
勿使入城，恐相黨援，輕改先制。’王允其言，嚴加伺候。提婆既至，
不得入城。聞其制令，便易衣服，疊僧加胝，置草束中，褰裳疾驅，
負戴而入。既至城中，棄草披衣，至此伽藍，欲求止息。知人既寡，
莫有相舍，遂宿揵椎臺上。於晨朝時，便大振擊。衆聞伺察，乃客
遊比丘。諸僧伽藍，傳聲響應。王聞究問，莫得其先，至此伽藍，咸
推提婆。提婆曰：‘夫揵椎者，擊以集衆。有而不用，懸之何爲？’王
人報曰：‘先時僧衆論議墮負，制之不擊，已十二年。’提婆曰：‘有
是乎？吾於今日，重聲法鼓。’使報王曰：‘有異沙門，欲雪前恥。’
王乃召集學人而定制曰：‘論失本宗，殺身以謝。’於是外道競陳旗
鼓，誼談異義，各曜辭鋒。提婆菩薩既昇論座，聽其先説，隨義折
破，曾不浹辰，摧諸異道。”

〔二〕厚：大正藏本作“辱”。

〔三〕“提婆因入大自在廟”至此，見湛然述止觀輔行傳弘決卷一之一。

鳩摩羅邏多 西域記翻“童受”〔一〕。

〔一〕見大唐西域記卷三咀叉始羅國，又參本篇序注。

室利邏多 西域記：“唐言‘勝受’。”〔一〕起信論疏明五
日論師，以此論主照北印度〔二〕。

〔一〕大唐西域記卷五阿踰陀國：“昔經部室利邏多唐言勝受。論師於此製
造經部毗婆沙論。”

〔二〕“起信論疏明五日論師”者，俟考。按：唐智周撰成唯識論演秘卷
二：“五天有五論師者，按西域傳，東天馬鳴、南天提婆、西天室利羅
多、北天鳩摩羅多、中天龍樹。”釋氏六帖卷六師徒教戒部第七論
師：“五日論師，宗輪論云：佛滅度後五百年，五印出五論師，爲之五
日重出，爲世除冥。中龍樹、東馬鳴、南提婆、西失利羅多、北鳩摩
羅多。”

訶梨跋摩 宋言“師子鎧苦亥”。佛涅槃後九百年出，中

天竺國婆羅門子。初依薩婆多部出家,造成實論〔一〕。

〔一〕參見出三藏記集卷一一玄暢訶梨跋摩傳序。又,吉藏撰三論玄義:
"成實論者,佛滅度後九百年内有訶梨跋摩,此云師子鎧之所造也。
其人本是薩婆多部鳩摩羅陀弟子,慨其所釋,近在名相,遂徙轍僧
祇,大小兼學,鑽仰九經,澄汰五部,再卷邪霧,重舒慧日。於是道
振罽賓,聲流赤縣。成是能成之文,實謂所成之理。"

　　阿僧伽　西域記:"唐言'無著'。"〔一〕是初地菩薩天親
之兄。佛滅千年,從弥沙塞部出家。三藏傳云:夜升覩史陀
天,於慈氏所受瑜珈師地論、莊嚴大乘論、中邊分別論,晝則
下天爲衆説法〔二〕。

〔一〕見大唐西域記卷五阿踰陀國。

〔二〕詳見大慈恩寺三藏法師傳卷三,又參見大唐西域記卷五阿踰陀國。

　　婆藪蘇后盤豆　西域記云:"伐蘇畔度,唐言'世親',舊
曰'婆藪盤豆',譯曰'天親',訛謬。"〔一〕言天親者,菩薩乃
是毗紐天親〔二〕,故云"天親",於説一切有部出家受業。本
"自北印度至於此也,無著命其門人令往迎候。至此伽
藍〔三〕,遇而會見。無著弟子止戶牖外。夜分之後,誦十地
經。世親聞已,感悟追悔:'甚深妙法,昔所未聞! 毀謗之愆,
源發於舌。舌爲罪本,今宜斷除。'即執銛息廉刀,將自斷舌。
乃見無著住立,告曰:'夫大乘教者,至真之理也。諸佛所讚,
衆聖攸宗。言欲誨汝,爾今自悟,悟其時矣,何善如之! 諸佛
聖教,斷舌非悔。昔以舌毀大乘,今以舌讚大乘,補過自新,
猶爲善矣。杜口絶言,其利安在?'作是語已,忽復不見。世
親承命,遂不斷舌。旦〔四〕詣無著,諮受大乘。於是研精覃
思,製大乘論凡百餘部,並盛宣行"〔五〕。

〔一〕見大唐西域記卷五阿踰陀國。

〔二〕慧琳一切經音義卷二六:"毗紐天,亦作'違紐',此云'遍同',亦云
'遍勝天'也。"又,卷六:"那羅延,梵名,欲界中天名也,一名'毗紐
天',欲求多力者,承事供養,若精誠祈禱,多獲神力也。"

〔三〕"此伽藍"者,大唐西域記卷五阿踰陀國:"無著講堂故基西北四十

餘里,至故伽藍,北臨殑伽河,中有堵窣堵波,高百餘尺,世親菩薩
初發大乘心處。"

〔 四 〕旦:大正藏本作"且"。

〔 五 〕見大唐西域記卷五阿踰陀國。

佛陁僧訶　西域記云:"唐言'師子覺',無著弟子,密行
莫測,高才有聞。二三賢〔一〕哲,每相謂曰:'凡修行業,願覲
慈氏。若先捨壽,得遂宿心,當相報語,以知其至。'其師子覺
先捨壽命,三年不報。世親菩薩尋亦捨壽,時經六月,亦無報
命。時諸異學咸皆譏誚,以爲流轉惡趣,遂無靈鑒。其後無
著菩薩於夜初分,方爲門人教授定法,燈光忽翳,空中大明,
有一天仙乘虛下降,即進堦庭,敬禮無著。無著云:'尔來何
暮? 今至何謂?'對曰:'從此捨壽往覩史多天,慈氏内衆蓮華
中生。蓮華纔開,慈氏讚曰:善來廣慧。旋遶纔周,即來報
命。'無著曰:'師子覺者,今在何處?'曰:'我纔旋遶,時見師
子覺在外衆中躭著五欲,無暇相顧。'無著曰:'慈氏何相? 演
説何法?'曰:'慈氏相好,言不能宣。演説妙法,義不異此。
然菩薩妙音,清暢和雅,聞者忘倦。'"〔二〕

〔 一 〕賢:大正藏本作"實"。

〔 二 〕見大唐西域記卷五阿踰陀國。

陳那　西域記云:"唐言'童授'。"〔一〕妙吉祥菩薩指誨
傳授。如慈恩云:"因明論者,元唯佛説,文廣義散,備在衆
經。故地持論云:'菩薩求法,當於何求? 當於一切五明處
求。'〔二〕求因明者,爲破邪論,安立正道,劫初題目,創標真
似。爰暨世親,再陳軌式,雖紀綱已列,而幽致未分,故使賓
主對揚,猶疑破立之則。有陳那菩薩,是稱命世賢劫千佛之
一也。匿跡巖藪,栖戀〔三〕等持。觀述作之利害,審文義之
繁約。于時巖谷震吼,雲霞變彩,山神捧菩薩足,高數百尺,
唱言:'佛説因明論道,願請重弘。'菩薩乃放神光,照燭機感。
時彼南印土按達羅國王,見放光明,疑入金剛喻定,請證無學

果。菩薩曰：‘入定觀察，將釋深經。心期大覺，非願小果。’王言：‘無學果者，諸聖攸仰，請尊速證。’菩薩撫之，欲遂王請，妙吉祥菩薩因彈指警曰：‘何捨大心，方興小志？爲廣利益者，當轉慈氏所説瑜珈，匡正頹綱，可製因明，重成規矩。’陳那敬受指誨，奉以周旋。於是覃思研精，乃作因明正理門論。”〔四〕又，輔行云：“迦毗羅仙恐身死，往自在天問。天令往頻陀山取餘甘子，食可延壽。食已，於林中化爲石，如〔五〕牀大。有不逮者，書偈問石。後爲陳那菩薩斥之，書偈石裂。”〔六〕

〔一〕見大唐西域記卷一〇案達羅國。
〔二〕見菩薩地持經卷三方便處力種性品。又，“明處者，有五種：一者、内明處，二者、因明處，三者、聲明處，四者、醫方明處，五者、世工業明處。此五明處，菩薩悉求。”
〔三〕戀：大正藏本作“意”。
〔四〕見窺基撰因明入正理論疏卷上。
〔五〕如：原無，據止觀輔行傳弘決補。
〔六〕見湛然述止觀輔行傳弘決卷一〇之一。

賓伽羅　中論序云：“天竺諸國，敢預學者之流，無不翫味斯論以爲喉襟。其染翰申釋者，甚亦不少。今所出者，是天竺梵志，名賓伽羅，秦言青目之所釋也。其人雖信解深法，而辭不〔一〕雅中。其閒乖僻〔二〕繁重者，法師皆裁而裨〔三〕之。”〔四〕

〔一〕不：原作“亦”，據中論序改。
〔二〕僻：中論序作“闕”。
〔三〕裨：大正藏本作“稗”。
〔四〕見僧叡中論序。中論序，見中論卷首，亦見出三藏記集卷一一。

波毗吠伽　西域記：“唐言‘清辯’。”“静而思曰：‘非慈氏成佛，誰決我疑？’遂於觀音菩薩像前，誦隨心陀羅尼。經涉三年，菩薩現身，謂論師曰：‘何所志乎？’對曰：‘願留此身，待見慈氏。’菩薩曰：‘人命難保，宜修勝善，生覩史天，乃見慈氏。’對曰：‘志不可奪也。’菩薩又云：‘若其然者，宜往馱那羯磔國城南山巖執金剛神所，志誠誦持執金剛陀羅尼者，當遂此願。’論師於是往而誦焉。三載之後，神出問云：‘伊何所願？’論師對曰：‘願留此身，待見慈氏。’神又謂曰：‘此巖石内，有修羅宫，如法行請，石壁當開，開即入中，可以見也。’神又謂曰：‘慈氏出世，我當相報矣。’論師受命，專精誦持。又經三載，乃呪芥子，以擊石壁，石壁乃開。論師乃與六人入石壁裏，入已，石壁仍復如故。”〔一〕

〔一〕見大唐西域記卷一〇馱那羯磔迦國。

達磨波羅　西域記云：“唐言‘護法’。”〔一〕神負遠遁，因即出家。清辯論師外示僧佉之服，内弘龍猛之學。聞護法菩薩在菩提樹宣揚法教，乃命門人往問訊曰：“仰德虛心，爲日久矣。然以宿願未果，遂乖〔二〕禮謁。菩提樹者，誓不空見。見當有證，稱天人師。”護法菩薩謂其使曰：“人世如幻，身命若浮，未遑談議。”竟不會見〔三〕。

〔一〕見大唐西域記卷一〇達羅毗荼國。

〔二〕乖：大正藏本作“乘”。

〔三〕見大唐西域記卷一〇馱那羯磔迦國。

瞿拏鉢剌婆　西域記云：“唐言‘德光’，作辯真〔一〕等論凡百餘部。論主本習大乘，未窮玄奥，因覽毗婆沙論，退業而學小乘。作數十部論，破大乘綱紀，成小乘執著。研精雖久，疑情未除。時有提婆犀那羅漢，往來覩史多天。德光願見慈氏，決疑請益。天軍以神通力，接上天宫。既見慈氏，長揖不禮。天軍謂曰：‘慈氏菩薩次紹佛位，何乃自高，敢不致敬？方欲受業，如何不屈？’德光對曰：‘尊者此言，誠爲指誨。然我具戒苾頞必芻丑朱，出家弟子。慈氏菩薩，受天福樂，非出家之侶，而欲作禮，恐非所宜。’菩薩知其我慢心故，非是法器，往來三返，不得請疑。”〔二〕

〔一〕大慈恩寺三藏法師傳卷二：“（三藏）法師又半春一夏就學薩婆多

部怛埵三弟鑠論﹑此言辯真論，二萬五千頌，德光所造。隨發智論等。"

〔 二 〕見大唐西域記卷四秣底補羅國。

達磨俎莊呂**邏**〔一〕**多**　西域記云："唐言'**法救**'，舊曰'**達磨多羅**'，訛也。"〔二〕

〔 一 〕邏：大正藏本作"羅"。

〔 二 〕見大唐西域記卷二健馱邏國。達磨俎邏多，製雜阿毗達磨論之論師。按：俎：西域記作"呾"。

伊濕伐邏　西域記云："唐言'**自在**'。"〔一〕

〔 一 〕見大唐西域記卷二健馱邏國。伊濕伐邏，製阿毗達磨明燈論之論師。

佛地羅　西域記云："唐言'**覺取**'。"〔一〕

〔 一 〕見大唐西域記卷三迦濕彌羅國。佛地羅，製大衆部集真論之論師。

布刺拏　西域記云："唐言'**圓滿**'。"〔一〕

〔 一 〕見大唐西域記卷三迦濕彌羅國。布刺拏，製釋毗婆沙論之論師。

僧伽跋陀羅　西域記云："唐言'**衆賢**'。"〔一〕

〔 一 〕見大唐西域記卷三迦濕彌羅國。僧伽跋陀羅，製順正理論之論師。

佛陀馱娑〔一〕　西域記云："唐言'**覺使**'。"〔二〕

〔 一 〕娑：永樂北藏本、嘉興藏本作"婆"。

〔 二 〕見大唐西域記卷五阿耶穆佉國。佛陀馱娑，製説一切有部大毗婆沙論之論師。

尸羅跋陀羅　西域記云："唐言'**戒賢**'。"〔一〕唐奘三藏親承經論。

〔 一 〕見大唐西域記卷八摩揭陀國上。

瞿那末底　西域記云："唐言'**德慧**'。"〔一〕

〔 一 〕見大唐西域記卷八摩揭陀國上。

跋羅縷支　西域記云："唐言'**賢愛**'。"西印度人。妙極因明，摧大慢婆羅門，生陷地獄〔一〕。

〔 一 〕大唐西域記卷一一摩臘婆國："時西印度有苾芻跋陀羅縷支，唐言'賢愛'。妙極因明，深窮異論，道風淳粹，戒香郁烈，少欲知足，無求於物，聞而歎曰：'惜哉！時無人矣。令彼愚夫，敢行兇德。'於是荷錫遠遊，來至此國，以其宿心，具白於王。王見弊服，心未之敬，然高其志,强爲之禮。遂設論座,告婆羅門。婆羅門聞而笑曰:'彼何人斯,敢懷此志?'命其徒屬,來就論場,數百千衆,前後侍聽。賢愛服弊故衣,敷草而坐。彼婆羅門踞所持座,非斥正法,敷述邪宗。苾芻清辯若流,循環往復。婆羅門久而謝屈。王乃謂曰:'久濫虚名,罔上惑衆,先典有記,論負當戮。'欲以鑪鐵,令其坐上。婆羅門窘迫,乃歸命求救。賢愛愍之,乃請王曰:'大王仁化遠洽,頌聲載途,當布慈育,勿行殘酷,恕其不逮,唯所去就。'王令乘驢,巡告城邑。婆羅門耻其戮辱,發憤歐血。苾芻聞已,往慰之曰:'爾學苞内外,聲聞遐邇,榮辱之事,進退當明。夫名者,何實乎?'婆羅門慎恚,深訾苾芻,謗毁大乘,輕蔑先聖。言聲未静,地便坼裂,生身墜陷,遺迹斯在。"

慎那弗呾羅　西域記云:"唐言'最勝子'。"製瑜珈師地釋論〔一〕。

〔一〕大唐西域記卷一一鉢伐多國:"城側有大伽藍,僧徒百餘人,並學大乘教,即是昔慎那弗呾羅唐言'最勝子'。論師於此製瑜伽師地釋論,亦是賢愛論師、德光論師本出家處。"

末笯乃胡曷利他　西域記云:"唐言'如意'。"即婆沙論師〔一〕。

〔一〕大唐西域記卷二健馱邏國:"世親室南五十餘步,第二重閣,末笯曷剌他唐言'如意'。論師於此製毗婆沙論。論師以佛涅槃之後一千年中利見也。少好學,有才辯,聲問遐被,法俗歸心。"

般若羯羅　奘傳云:"唐言'慧生'。"〔一〕

〔一〕見大慈恩寺三藏法師傳卷二。參後"達摩羯羅"條注。

達摩畢利　奘傳云:"唐云〔一〕'法愛'。"〔二〕

〔一〕云:永樂北藏本、嘉興藏本作"言"。

〔二〕見大慈恩寺三藏法師傳卷二。參後"達摩羯羅"條注。

達摩羯羅　奘傳云:"唐言'法性'。"〔一〕

〔一〕大慈恩寺三藏法師傳卷二:"納縛伽藍有磔迦國小乘三藏名般若羯羅。此言'慧性'。聞縛喝國多有聖跡,故來禮敬。其人聰慧尚學,少而英爽,鑽研九部,游泳四含,義解之聲,周聞印度。其小乘阿毗達磨、迦延、俱舍、六足、阿毗曇等無不曉達。既聞法師遠來求法,相見甚歡。法師因申疑滯,約俱舍、婆沙等問之,其酬對甚精熟。遂停月餘,就讀毗婆沙論。伽藍又有二小乘三藏達摩畢利、_{此言'法}愛'。達摩羯羅,_{此言'法性'。皆彼所宗重。"}

阿黎耶馱娑 奘傳云:"唐言'聖使'。"〔一〕

〔一〕見大慈恩寺三藏法師傳卷二。參後"阿黎斯那"條注。

阿黎斯那 奘傳云:"唐言'聖軍'。"〔一〕

〔一〕大慈恩寺三藏法師傳卷二:"如是漸到梵衍都城,有伽藍十餘所,僧徒數千人,學小乘出世説部。梵衍王出迎,延過宮供養,累日方出。彼有摩訶僧祇部學僧阿梨耶馱娑、_{此言'聖使'}。阿梨耶斯那,_{此言'聖軍'}。並深知法相,見法師,驚歎支那遠國有如是僧,相引處處禮觀,慇懃不已。"

阿黎耶伐摩 奘傳云:"唐言'聖冑'。"〔一〕

〔一〕見大慈恩寺三藏法師傳卷二。參後"秫奴若瞿沙"條注。

秫奴若瞿沙 奘傳云:"唐言'如意聲'。"〔一〕

〔一〕大慈恩寺三藏法師傳卷二:"(迦畢試國)其王輕蓺,唯信重大乘,樂觀講誦,乃屈法師及慧性三藏於一大乘寺法集。彼有大乘三藏名秫奴若瞿沙、_{此言'如意聲'}也。薩婆多阿黎耶伐摩、_{此言'聖冑'}。彌沙塞部僧求那跋陀,_{此言'德賢'}。皆是彼之稱首。然學不兼通,大小各別,雖精一理,終偏有所長。唯法師備諳衆教,隨其來問,各依部答,咸皆愜服。"

達摩鬱多羅 此云"法尚",佛滅八百年出,造雜毗曇〔一〕。

〔一〕湛然述止觀輔行傳弘決卷六之四:"達磨鬱多羅,此云'法尚',佛滅度後八百年出。是阿羅漢於婆沙中取三百偈以爲一部,名雜阿毗曇。"

宗翻譯主篇第十一

彦琮法師云:夫預翻譯,有八備十條:一、誠心受法,志在益人;二、將踐勝場,先牢戒足;三、文詮三藏,義貫五乘;四、傍涉文史,工綴典詞,不過魯拙;五、襟抱平恕,器量虛融,不好專執;六、沉於道術,淡於名利,不欲高衒;七、要識梵言,不墜彼學;八、傳閱蒼、雅,粗諳篆隸,不昧此文。十條者,一、句韻,二、問荅,三、名義,四、經論,五、歌頌,六、呪功,七、品題,

八、專業,九、字部,十、字聲〔一〕。

宋僧傳云:"譯場經館,設官分職,可得聞乎? 曰:此務所司,先宗譯主,即賣葉書之三藏明練顯密二教者是也。次則筆受者,必言通華梵,學綜有空,相問委知,然後下筆。西晉偽秦已來立此員者,即沙門道含、玄賾、姚嵩、聶女涉承遠父子。至于帝王執翰,即興、梁武、太后、中宗,又謂之綴文也〔二〕。次則度語,正云'譯語',亦名'傳語',傳度轉令生解矣,如翻顯識論,沙門戰陁譯語是也。次則證梵本者,求其量果,密以證知,能詮不差,所顯無謬矣〔三〕,如居士伊舍羅證譯毗柰耶梵本是也。至有立證梵義一員,乃明西義得失,貴令華語下不失梵義也。復立證禪義一員,沙門大通曾充之。次則潤文一位,員數不恒〔四〕,令通内外學者充之。良以筆受在其油素,文言豈無俚俗? 儻不失於佛意,何妨刊而正之? 故義淨譯場,李嶠、韋嗣立、盧藏用等二十餘人次文潤色也。次則證義一位,盖證已譯之文所詮之義也。如譯婆沙論,慧嵩、道朗等三百人考證文義,唐復禮累場充其任焉。次有梵唄者,法筵肇啓,梵唄前興,用作先容,令生物善。唐永泰中,方聞此位也。次有校勘清,隋彦琮覆疏文義〔五〕,盖重慎之至也。次有監護大使,後周平高公侯壽爲揔監檢校,唐房梁公爲奘師監護,相次許〔六〕觀、楊慎交、杜行顗等充之。或用僧員,則隋以明穆、曇遷等十人監掌翻譯事,詮定宗旨也。"〔七〕

譯經圖紀云:"惟孝明皇帝永平三年歲次庚申,帝夢金人,項有日光,飛來殿庭。上問群臣,太史傅毅對曰:'臣聞西域有神,号之爲佛。陛下所夢,其必是乎?'至七年,歲次甲子,帝勅郎中蔡愔區淫、中郎將秦景、博士王遵等一十八人,西尋佛法。至印度國,請迦葉摩騰、竺法蘭用白馬馱經,并將畫釋迦佛像,以永平十年歲次丁卯至于洛陽。帝悦,造白馬寺,譯四十二章經。至十四年正月一日,五岳道士褚善信等負情不悅,因朝正之次,表請較試。勅遣尚書令宋庠引入長樂宮。
帝曰:'此月十五日,大集白馬寺南門。'尔日,信等以靈寶諸
經置道東壇上,帝以經像舍利置道西七寶行殿上。信等遶壇
涕泣,啓請天尊,詞情懇切。以栴檀柴等燒經,冀經無損,並
爲灰燼[八]。先時升天、入火、履水、隱形,皆不復能。善禁
呪者,呼策不應。時太傅張衍語信曰:'所試無驗,即是虛妄,
宜就西域真法。'時南岳道士費叔才等慙忸自感而死。時佛
舍利光明五色,直上空中,旋環如蓋,徧覆大衆,映蔽日輪。
摩騰先是阿羅漢,即以神足游空,飛行坐臥,神化自在。時天
雨寶華及奏衆樂,感動人情。摩騰復坐,法蘭説法,時衆咸
喜,得未曾有。時後宮陰夫人、王婕音接好以諸等一百九十人
出家,司空楊城侯劉善峻等二百六十人出家,四岳道士吕慧
通等六百二十人出家,京都張子尚等三百九十一人出家。帝
親與群官爲出家者剃髮,給施供養,經三十日。造寺十
所[九],城外七所安僧,城內三寺安尼,具如漢明法本內
傳。"[一○]道家尹文操斥法本內傳是羅什門僧安造。通慧[一一]辨云:明帝夢
金人事,出後漢紀。此若虛安,豈名信史耶? 又,吳書闞澤對吳主云:褚善信、
費叔才自感而死。豈是羅什門徒所造?

〔 一 〕續高僧傳卷二隋東都上林園翻經館沙門釋彥琮傳:"釋彥琮,俗緣
　　　李氏,趙郡柏人人也。(中略)粗開要例,則有十條:字聲一,句韻
　　　二,問答三,名義四,經論五,歌頌六,咒功七,品題八,專業九,異本
　　　十。各疏其相,廣文如論。(中略)兼而取之,所備者八:誠心愛法,
　　　志願益人,不憚久時,其備一也;將踐覺場,先牢戒足,不染譏惡,其
　　　備二也;荃曉三藏,義貫兩乘,不苦闇滯,其備三也;旁涉墳史,工綴
　　　典詞,不過魯拙,其備四也;襟抱平恕,器量虛融,不好專執,其備五
　　　也;耽於道術,澹於名利,不欲高衒,其備六也;要識梵言,乃閑正
　　　譯,不墜彼學,其備七也;薄閱蒼、雅,粗諳篆隸,不昧此文,其備
　　　八也。"

〔 二 〕"至于帝王執翰,即興、梁武、太后、中宗,又謂之綴文也":宋高僧傳
　　　作"至于帝王,即姚興、梁武、天后、中宗,或躬執翰,又謂爲綴文也"。

〔 三 〕矣:原作"失",據諸校本及宋高僧傳改。

〔四〕恒:原作"煩",據諸校本及宋高僧傳改。

〔五〕"次有校勘清,隋彦琮覆疏文義":宋高僧傳作"次則校勘,讎對已譯之文,隋則彦琮覆疏文義"。

〔六〕許:原無,據宋高僧傳補。

〔七〕見宋高僧傳卷三譯經篇第一之三"論曰"。

〔八〕"冀經無損,並爲灰燼":古今譯經圖紀作"冀經無損,以爲神異,然所燒經,並從灰燼"。

〔九〕十所:原無,據古今譯經圖紀補。

〔一〇〕見唐靖邁撰古今譯經圖紀卷一。又,漢明法本内傳,五卷,是書完本後世無傳,其文散見於廣弘明集卷上、集古今佛道論衡卷一、破邪論卷上、法苑珠林卷一八等書。唐道宣、智昇等認爲它是漢魏時代的作品,但隋以前之文獻,未見著録和引述。從其品目和散見之佚文看,内容主要記述的是漢明帝永平年間佛教傳入及佛道論衡之事。

〔一一〕通慧:即贊寧。釋氏稽古略卷四:"太平興國三年,沙門贊寧隨吳越王入朝,帝賜號'通慧大師'。"

迦葉摩騰 中印度人,婆羅門種,幼而敏悟,兼有風姿。博學多聞,特明經律。思力精拔,探賾鈎深。敷文拆理,義出神表。嘗游西印度,有一小國,請騰講金光明經。俄而隣國興師,來將踐境,輒有事礙,兵不能進。彼國兵衆疑有異術,密遣使覘勅廉,但見君臣安然共聽其所講經明地神王護國之法。於是彼國覩斯神驗,請和求法。時蔡愔等殷請於騰,騰與愔等俱來見帝。終于洛陽〔一〕。

〔一〕參見古今譯經圖紀卷一。又,高僧傳卷一有傳,作"攝摩騰"。開元釋教録卷一著録其譯四十二章經一部。

竺法蘭 中印度人。少而機悟,淹雅博愛。多通禪思,妙窮毗尼,誦經百餘萬言,學徒千餘。居不求安,常懷弘利,戒軌嚴峻,衆莫能窺。遇愔求請,便有輕舉之志,而國主不聽。密與騰同來,間行後至,共譯四十二章。騰卒,自譯五經〔一〕。

〔一〕參見古今譯經圖紀卷一。又,高僧傳卷一有傳。開元釋教録卷一著録竺法蘭譯經四部,然"其本並闕"。

曇摩迦羅　此云"法時",印度人也。幼而才敏,質像魁
公回偉。善四韋陀,妙五明論。圖讖運變,靡所不該,自謂在
世無過於己。嘗入僧坊,遇見法勝毗曇,殷勤尋省,莫知旨
趣,乃深歎曰:"佛法鉤深。"因即出家,誦大小乘。游化許
洛〔一〕。事鈔云:"自漢明夜夢之始,迦、竺傳法已來,迄至曹
魏之初,僧徒極盛,未稟歸戒,止以翦落殊俗,設復齋懺,事同
祀祠。後有中天竺曇摩迦羅誦諸部毗尼,以魏嘉平至雒陽,
立羯磨受法。中夏戒律始也。準用十僧,大行佛法,改先妄
習,出僧祇戒心。又有安息國沙門曇諦,亦善律學,出曇無德
羯磨,即大僧受法之初也。"〔二〕

〔一〕參見古今譯經圖紀卷一。又,高僧傳卷一有傳。按:古今譯經圖
　　紀、高僧傳作"曇柯迦羅"。開元釋教録卷一著録曇柯迦羅譯經一
　　部,闕本。

〔二〕見道宣撰四分律刪繁補闕行事鈔卷中隨戒釋相篇。又,曇諦,高僧
　　傳卷七有傳。

康僧鎧　印度人。廣學群經,義暢幽旨。嘉平四年,於
洛陽白馬寺譯無量壽經〔一〕。

〔一〕參見古今譯經圖紀卷一。又,高僧傳卷一曇柯迦羅傳有附傳。開
　　元釋教録卷一著録其譯經三部。

支謙　月氏國優婆塞也。漢末游洛,該覽經籍及諸伎
藝,善諸國語。細長黑瘦,白眼黃睛。時人語曰:"支郎眼中
黃〔一〕,形軀雖細是智囊。"武烈皇帝以其才慧,拜爲博士。
謙譯經典,深得義旨〔二〕。

〔一〕支郎眼中黃:各校本及出三藏記集、高僧傳、開元釋教録等皆同,然
　　北山録卷四宗師議作"支郎支郎眼中黃",頗爲上口。按:疑"時人
　　語"本作"支郎支郎眼中黃",重"支郎",原本有重文號,傳抄中脱,
　　故有此誤。

〔二〕參見古今譯經圖紀卷一。又,高僧傳卷一康僧會傳有附傳。開元
　　釋教録卷一著録其譯經八十八部,其中五十一部見在,三十七部
　　闕本。

維祇難　此云“障礙”，印度人。學通三藏，妙善四含，游化爲業。武昌譯經〔一〕。

〔一〕參見古今譯經圖紀卷一。又，高僧傳卷一有傳。開元釋教録卷二著録其譯經二部：“法句經二卷見在，阿差末四卷闕本。”

康僧會　康居國大丞相之長子，世居印度。年未齒學，俱喪二親，至性篤孝，服畢入道。屬行清高，弘雅有量，解通三藏，慧貫五明，辯於樞機，頗屬文翰。以吳初染佛法，大化未全，欲使江左興立圖寺，赤烏四年，仗錫建康。楊都譯經〔一〕。

〔一〕參見古今譯經圖紀卷一。又，高僧傳卷一有傳。開元釋教録卷二著録其譯經七部，二部見在，五部闕本。

竺曇摩羅察　此云“法護”，月氏國人。甚有識量，天性純懿，操行精苦，篤志好學。萬里尋師，屆兹未久，博覽六經，游心七籍，解三〔一〕十六種書。詁訓音義，無不備識。日誦萬言，過目咸記〔二〕。先居燉煌，後處青門〔三〕。大周目録云：太康七年譯正法〔四〕華〔五〕。

〔一〕三：原無，據諸校本補。

〔二〕記：原無，據諸校本補。

〔三〕參見古今譯經圖紀卷二。又，高僧傳卷一有傳。開元釋教録卷三著録其譯經一百七十五部，九十一部見在，八十四部闕本。

〔四〕法：原無，據諸校本補。

〔五〕大周刊定衆經目録卷二：“正法華經一部十卷，二百一十紙。右西晉太康七年，沙門竺法護於長安譯。出内典録。”

尸利密多羅　此云“吉友”。西域太子，以國讓弟，遂爲沙門。天姿高朗，風神俊邁，儀兒卓然，出於物表。晉元帝世，來游建康。王公雅重，世號“高座法師”。譯灌頂等經〔一〕。

〔一〕參見古今譯經圖紀卷二。又，高僧傳卷一有傳。開元釋教録卷三著録其譯經三部，一部見在，二部闕本。

瞿曇僧伽提婆　或名“提和”，此云“衆天”，罽賓國人。

風采可範,樞機有彰。沉慮四禪,研心三藏。初於符秦帝國譯阿毗曇、八犍度等[一]。

〔一〕參見古今譯經圖紀卷二。又,高僧傳卷一有傳。開元釋教録卷三著録其譯經五部,四部見在,一部闕本。

卑摩羅叉　此云"無垢眼",罽賓國人。澄静有志,履道苦節,世号"青目律師"。羅什師事。改譯什公十誦[一]。

〔一〕參見古今譯經圖紀卷二。又,高僧傳卷二卑摩羅叉傳:"羅什所譯十誦,本五十八卷,最後一誦,謂明受戒法及諸成善法事,逐其義要,名爲善誦。又後賚往石澗,開爲六十一卷,最後一誦,改爲毗尼誦。故猶二名存焉。"

佛馱跋陀羅　此云"覺賢",大乘三果人,甘露飯王之苗裔。於此與羅什相見,什所有疑,多就咨決。東晉義熙十四年,於謝司空寺譯華嚴六十卷。堂前池内,有二童子,常從池出,捧香散華[一]。

〔一〕參見古今譯經圖紀卷二。又,高僧傳卷二有傳。參見華嚴經傳記卷一傳譯第三。

法顯　姓龔,平陽武陽人。常歎經律舛缺,誓志尋求,以晉安帝隆安三年歲次己亥游歷印度,義熙元年歲次乙巳汎海而還。楊都譯經[一]。

〔一〕參見古今譯經圖紀卷二。又見法顯傳,高僧傳卷三亦有傳。開元釋教録卷三著録其譯經七部,其中五部見在,二部闕本。

曇摩耶舍　此云"法稱",罽賓國人。少而好學,長而弥篤。神爽高雅,該覽經律。陶思八禪,游心七覺。明悟出群,幽鑒物表。欲苦節求果,天神語云:"何不觀方弘化,而獨守小善?"於是歷游諸國。譯差摩等經[一]。

〔一〕參見古今譯經圖紀卷三。又,高僧傳卷一有傳。開元釋教録卷四著録其譯經三部,其中差摩經闕本。

鳩摩羅什婆　此云"童壽",祖印度人,父以聰敏見稱,龜兹王聞,以女妻之,而生於什。什居胎日,母增辯慧。七歲出家,日誦千偈,義旨亦通。至年九歲,與外道論義,辯[一]挫

邪鋒,咸皆愧伏。年十二,有羅漢奇之,謂其母曰:"常守護
之。若年三十五不破戒者,當大興佛法,度無數人。"又習五
明、四韋陀典,陰陽星筭,必窮其妙。後轉習大乘,數破外道,
近遠諸國,咸謂神異。母生什後,亦即出家,聰拔衆尼,得第
三果。什既受具,母謂之曰:"方等深教,應大闡秦都。於汝
自身,無利如何?"什曰:"菩薩之行,利物亡軀。大化必行,鑪
鑊無恨。"從此已後,廣誦大乘,洞其祕奧。西域諸王請什講
説,必長跪座側,命什蹈登。符堅建元九年,太史奏云:"有德
星現外國,當有大德智人入輔中國。"堅曰:"朕聞西域有羅
什,襄陽有道安,將非此耶?"後遣將軍吕光等率兵七萬,西伐
龜兹。光與什同來。什在道數言應變,光盡用之。光據西
涼,亦請什留。至姚秦弘始三年,興滅西吕,方入長安。秦主
興厚加禮之,延入西明閣及逍遥園別館安置,勅僧䂮音略等八
百沙門,諮受什旨。興卑萬乘之心,尊三寶之教,於草堂寺共
三千僧手執舊經而參定之,莫不精究,洞其深旨。時有僧叡,
興甚嘉焉,什所譯經,叡並參正。然什詞喻婉約,出言成章,
神情鑒徹,傲岸出群,應機領會,鮮有其匹。且篤性仁厚,汎
愛爲心,虛己善誘,終日無倦[二]。南山律師嘗問天人陸玄
暢云:"什師一代所翻之經,至今若新,受持轉盛,何耶?"荅
云:"其人聰明,善解大乘。已下諸人,並皆俊义,一代之寶
也! 絶後光前,仰之所不及。故其所譯,以悟達爲先,得佛遺
寄之意也。"又從毗婆尸佛已來譯經。又云:"什師位階三賢,
文殊指授,令其删定。"[三]

〔一〕辯:大正藏本作"辨"。
〔二〕以上參見古今譯經圖紀卷三。又,高僧傳卷二有傳。開元釋教録
　　　卷四著録其譯經七十四部,其中五十二部見在,二十二部闕本。
〔三〕"南山律師嘗問"至此,見道宣撰律相感通傳。

佛馱耶舍　此云"覺明",罽賓國人。操行貞白,戒節堅
固,儀止祥淑,視瞻不凡。五明四韋之論,三藏十二之典,特

悟深致，流辯無滯。以姚秦弘始年達于姑藏，什先師之，勸興往邀。興即勅迎，并有贈遺，笑不受曰：“明旨既降，便應載馳。檀越待士既厚，脱如羅什見處，未敢聞命。”重使敦喻，方至長安。興自出迎，別立新省於逍遥園，四事供養，並皆不受。時至分衛，一食而已。耶舍赤髭，時人號爲“赤髭毗婆沙”。興凡所供給衣服、卧具，滿三間屋，不以關心。興爲貨之造寺〔一〕。

〔一〕參見古今譯經圖紀卷三。又，高僧傳卷二有傳。開元釋教録卷四著録其譯經四部，“其本並在”。

曇摩讖　或“曇無讖”，此云“法豐”，中印度人。日誦萬言，初學小乘五明諸論。後遇白頭禪師，教以大乘，十日交諍，方悟大旨。讖明解呪術，所向皆驗，西域号爲“大神呪師”。以北涼沮渠玄始元年至姑藏，賫涅槃經前分十卷并菩薩戒，止於傳舍。慮失經本，枕之而卧。夜有神人，牽讖墮地，讖謂爲盗。如是三夕，乃聞空中聲曰：“此是如來解脱之藏，何爲枕之？”讖聞慚〔一〕寤，乃安高處。盗者夜捉，提舉不能。明旦讖持，不以爲重。盗謂聖人，悉來拜謝。遂聞讖名，厚遇請譯〔二〕。

〔一〕慚：諸校本作“漸”。

〔二〕參見古今譯經圖紀卷三。又，高僧傳卷二有傳。開元釋教録卷四著録其譯經一十九部，其中一十二部見在，七部闕本。

佛馱斯那　此翻“覺軍”。天才聰朗，誦半億偈經，明了禪法。西方諸國，号爲“人中師子”。口誦梵本，北涼譯經〔一〕。

〔一〕參見古今譯經圖紀卷三。又見高僧傳卷二曇無讖傳。

浮陀跋摩　此云“覺鎧”，西域人。志操明直，聰悟出群。雖復徧集三藏，偏善毗婆沙論。常誦此部，用爲心要〔一〕。

〔一〕參見古今譯經圖紀卷三。又，高僧傳卷三有傳。譯阿毗曇毗婆沙論六十卷。

智猛　雍州人。稟性端肅，明行清白。少襲法服，修業專誠。志度宏邈,情深佛法,西尋靈迹。北涼永和年中,西還翻譯〔一〕。

〔一〕參見古今譯經圖紀卷三。又,高僧傳卷三有傳。開元釋教録卷四著録其譯般泥洹經二十卷,本闕。

曇摩蜜多　此云“法秀”,罽賓國人。生而連眉,沉邃慧鑒。常有善神潛形密護,每之國境,神夢告王,去亦如之。宋文元嘉,建業翻譯〔一〕。

〔一〕參見古今譯經圖紀卷三。又,高僧傳卷三有傳。開元釋教録卷五著録其譯經一十二部,其中七部見在,五部闕本。

畺梁耶舍　此云“時稱”,西域人。性剛直,寡嗜欲。深善三藏,多所諳知,尤工禪思。宋文元嘉元年,鐘山翻譯,僧含筆受〔一〕。

〔一〕參見古今譯經圖紀卷三。又,高僧傳卷三有傳。開元釋教録卷五著録其譯經二部,其本見在。

伊葉波羅　此云“自在”,西域人。善通三藏,解貫四含。宋文元嘉,彭城翻譯〔一〕。

〔一〕參見古今譯經圖紀卷三。開元釋教録卷五著録其譯雜阿毗曇心一部,闕本。

智嚴　涼州人。道化所被,幽顯咸伏。未出家前,曾犯五戒,後受僧具,疑不得戒,遂泛海至印度,咨問羅漢,亦不能決。爲詢弥勒,慈氏荅云:“得戒。”嚴甚喜焉。得經梵本,宋文元嘉,楊都翻譯〔一〕。

〔一〕參見古今譯經圖紀卷三。又,高僧傳卷三有傳。開元釋教録卷五著録其譯經十部,其中四部見在,六部闕本。

求那跋摩　宋云“功德鎧”,罽賓王之少子。洞明九部,博曉四含,深達律品,妙入禪要,誦經百餘萬言。罽賓王薨,衆請紹位,恐爲戒障,遂林栖谷飲,孤行山野,遁跡人世,形儀感物,見者發心。宋文元嘉,達于建業。帝曰:“弟子常欲齋戒不殺,迫以身徇於物,不獲從志,法師何以教之?”對曰:“夫道在心不在事,法由己非由人。且帝王與匹夫,所修各異。

匹夫身賤名劣,言令不威。若不剋己苦躬,將何爲用? 帝王
以四海爲家,兆民爲子。出一嘉言,士女咸悦;布一善政,人
神以和。固當刑不夭命,役無勞力,則使風雨適時,寒暖應
節,百穀滋繁,桑麻鬱茂。如此持齋,齋亦大矣! 如此不殺,
德亦衆矣! 寧在缺半日之飡〔一〕,全一禽之命,然後方爲弘
濟耶?”帝大悦,曰:“法師所言,真謂開悟人心,明達物理,談
盡於人天之際矣。”〔二〕事鈔云:“宋元嘉七年至楊州,譯善戒
等經,爲比丘尼受具初緣。又,後有師子國尼八人來至,云:
‘宋地未經有尼,何得二衆受戒?’摩云:‘尼不作本法者,得
戒得罪。尋佛制意,法出大僧,但使僧法成就,自然得戒。所
以先令作本法者,正欲生其信心,爲受戒方便耳。至於得戒,
在大僧羯磨時生也。’諸尼苦求更受,苔曰:‘善哉。夫戒定慧
品,從微至著。若欲增明,甚相隨喜。’且令西尼學語〔三〕,更
往中國請尼,令足十數。至元嘉十年,有僧伽跋摩者,此云
‘衆鎧’,解律雜心,自涉流沙至楊州。初求那許尼重受,未備
而終。俄而師子國尼鐵索羅等三人至京,足前十數,便請衆
鎧爲師於壇上,爲尼重受。”〔四〕

〔一〕飡:大正藏本作“食”。
〔二〕以上參見古今譯經圖紀卷三。又,高僧傳卷三有傳。開元釋教録
　　　卷五著録其譯經十部,其中八部見在,二部闕本。
〔三〕語:原無,據諸校本補。
〔四〕見道宣撰四分律删繁補闕行事鈔卷中隨戒釋相篇。

　　寶雲　證第二果,西涼州人。自少出家,精勤碩學,志韻
剛潔,不偶世群,求法懇惻,忘身徇道。以晉隆安年初,西尋
靈迹。經羅刹之野,聞天鼓之音,禮釋迦影迹,受羅漢之語。
歷遊西方,善梵書語,印度字音、訓釋詞句,悉皆備解。後來
長安,復至江左〔一〕。

〔一〕參見古今譯經圖紀卷三。又,高僧傳卷三有傳。開元釋教録卷五
　　　著録其譯經四部,其中一部見在,三部闕本。

　　求那跋陀羅　此云“功德賢”,中印度人。幼學五明、四

韋陀論,志性明敏,度量該博。後遇雜心,莫測涯際,方悟佛法崇深,投簪落彩。專精志業,博通三藏,慈和恭恪,事師盡禮。捨小學大,深悟幽旨。宋文勑住祇洹。荊州刺史南譙王劉義宣嘗請講華嚴經。跋陀自愧未善宋言,旦夕禮懺,求觀世音。忽夢有人白服持劍,擎一人頭來,謂陁曰:"何故憂耶?"陀以意對,荅曰:"不須多憂。"即便以劍易於陀首,更安新頭。問曰:"得無痛耶?"荅曰:"不痛。"既寤,心神喜悦,於是就講,辯〔一〕注若流。後還楊都,屬帝宴會,王公畢集。帝欲試其機辯,並解人意不。帝見其白首而謂曰:"師今日不負遠來之意。自外知何,唯有一在?"賢即荅言:"慕化遠來,天子恩遇,垂三十載,今年七十一,唯一死在。"帝大悦〔二〕。

〔一〕辯:大正藏本作"辨",後同。

〔二〕參見古今譯經圖紀卷三。又,高僧傳卷三有傳。開元釋教録卷五著録其譯經五十二部,其中二十六部見在,二十六部闕本。

曇無竭 此云"法勇",亦云"法上",姓李,黃龍人。幼為沙弥,勤修苦行,持戒誦經,為師所重。嘗聞法顯躬踐佛國,慨然有〔一〕忘身之誓,以武帝永初年,招集同志僧猛等二十五人共遊西域,二十餘年,自餘並死,唯竭獨還。於罽賓得梵經本,楊都翻譯〔二〕。

〔一〕有:大正藏本作"在"。

〔二〕參見古今譯經圖紀卷三。又,高僧傳卷三有傳。開元釋教録卷五著録其譯觀世音菩薩受記經一卷。

功德直 西域人。道契既廣,善誘日新。宋大明年到荊州,為釋玄暢翻譯,暢刊正文義,詞旨婉密。舒手出香,掌中流水,莫之測也〔一〕。

〔一〕參見古今譯經圖紀卷三。又見高僧傳卷八釋玄暢傳。開元釋教録卷五著録其譯菩薩念佛三昧經、無量門破魔陀羅尼經二部,"其本並在"。

達摩摩提 此云"法意",西域人。悟物情深,隨方啓喻。齊武永明譯提婆達多品〔一〕。

〔一〕參見古今譯經圖紀卷四。開元釋教録卷六著録其譯妙法蓮華經提
　　　婆達多品第十二、觀世音懺悔除罪呪經二部。前者見在，後者
　　　闕本。

求那毗地　此云"德進"，中印度人。誦大小乘二十萬言，陰陽圖讖，莫不窮究。執錫戒塗，威儀端肅。齊武永明翻譯〔一〕。

〔一〕參見古今譯經圖紀卷四。又，高僧傳卷三有傳。開元釋教録卷六
　　　著録其譯經三部。

曇摩流支　此云"法希"，亦曰"法樂"，南印度人。偏以律藏傳名，弘道爲務，感物而動，遊魏洛陽〔一〕。

〔一〕參見古今譯經圖紀卷四。又，高僧傳卷二有傳。開元釋教録卷六
　　　著録其譯經三部，其中一部見在，二部闕本。

菩提流支　此名"覺希"，北印度人。遍通三藏，妙入惣持。志在弘法，廣流視聽。魏宣武帝洛陽翻譯〔一〕。

〔一〕參見古今譯經圖紀卷四。又，續高僧傳卷一有傳。

勒那摩提　或云"婆提"，此言"寶意"，中印度人。誦一億偈，博贍〔一〕之富，理事兼通，光明禪法。魏宣武帝請講華嚴，詞義開悟。忽於高座見大官執笏云："天帝請師講華嚴。"意曰："今法席未終，經訖從命。然法不獨資，都講香火，維那梵唄，請亦定之。"使如其言。講〔二〕將了，見前使來迎。果與都講等五人俱於座終，道俗咸覩〔三〕。

〔一〕贍：大正藏本作"瞻"。
〔二〕講：大正藏本作"請"。
〔三〕參見古今譯經圖紀卷四。又見續高僧傳卷一菩提流支傳。開元釋
　　　教録卷六著録其譯經三部，其中二部見在，一部闕本。

曼陀羅　此言"弱聲"，亦云"弘弱"，扶南國人。神解超悟，幽明畢觀，無憚夷險，志存弘化。梁武楊都翻譯〔一〕。

〔一〕參見古今譯經圖紀卷四。又見續高僧傳卷一僧伽婆羅傳。開元釋
　　　教録卷六著録其譯經三部，"其本並在"。

波羅末陀　此云"真諦"。亦云"拘那羅陀"，此曰"親依"，西印度優禪尼國人。景行澄明，器宇清肅，風神爽拔，悠

然自遠。群藏廣部,罔不措懷。藝術異解,徧素諳練。<u>梁武</u>
<u>泰清</u>,於<u>寶雲殿</u>譯經。屬<u>侯景</u>紛糺,乃適<u>豫章</u>、<u>始興</u>、<u>南康</u>等。
雖復恓惶,譯業無輟。即汎舶西歸,業風賦命,飄還<u>廣州</u>,住
<u>制止寺</u>翻譯。訖<u>陳泰建</u>,譯五十部〔一〕。

〔一〕參見<u>古今譯經圖紀</u>卷四。又,<u>續高僧傳</u>卷一有傳。<u>開元釋教錄</u>卷
　　　六著錄其譯經十一部,卷七著錄三十八部。

闍那崛多　此言"<u>志德</u>",<u>北印度</u>人,刹帝利種。少懷達
量,長垂清範。遊涉行化,來達茲境。<u>周武帝世</u>,譯<u>普門</u>
<u>重頌</u>〔一〕。

〔一〕參見<u>古今譯經圖紀</u>卷四。又,<u>續高僧傳</u>卷二有傳。<u>開元釋教錄</u>卷
　　　二著錄其譯經四部,其中"二部三卷闕本"。

達摩笈多　<u>隋</u>言"<u>法密</u>",<u>南賢豆國</u>人。<u>開皇</u>十年,來屆
<u>瓜州</u>,<u>文帝</u>延入京寺。義理允正,稱經微旨。然而慈恕立身,
恭和成性,心非道外,行在説前。戒地夷而靜,定水幽而潔。
經洞字原,論探聲意。容儀祥正,懃節高猛。誦響繼昏晨,法
言通内外。好端居而簡務,貴〔一〕寡欲而息求。無倦誨人,
有踰利己。至<u>煬帝定鼎</u>,<u>東都</u>置翻譯館〔二〕。

〔一〕貴:<u>大正藏</u>本作"負"。
〔二〕參見<u>古今譯經圖紀</u>卷四。又,<u>續高僧傳</u>卷二有傳。<u>開元釋教錄</u>卷
　　　七著錄其譯經九部,"其本並在"。

波羅頗迦羅　<u>唐</u>言"<u>作明知識</u>"。或云"<u>波頗</u>",此云"<u>智</u>
<u>光</u>",<u>中印度</u>人,刹帝利種。識度通敏,器宇沖邃,博窮内外,
研精大小。誓傳法化,不憚艱危,遠涉<u>葱河</u>,<u>貞觀</u>届此〔一〕。

〔一〕參見<u>古今譯經圖紀</u>卷四。又,<u>續高僧傳</u>卷三有傳。<u>開元釋教錄</u>卷
　　　八著錄其譯經三部,"其本並在"。

玄奘　<u>河南洛陽</u>人,俗姓<u>陳氏</u>,<u>頴川陳仲弓</u>之後。鳩車
之齡落髮,竹馬之齒通玄。墻仞干霄,風神朗月。<u>京洛</u>名德,
咸用器之。戒具云畢,偏肆毗尼。儀止祥淑,妙式群範。閱
筌蹄乎九丘,探幽旨于八藏。常慨教缺傳匠,理翳譯人,遂使
如意之寶不全,<u>雪山</u>之偈猶半。於是杖錫裹足,履險若夷,既

戻梵境,籌諮無倦。五明、四含之典,三藏十二之筌,七例八
轉之音,三聲六釋之句,皆盡其微,畢究其妙。法師討論一十
七周,遊覽百有餘國。貞觀十九年,迴靶布訝上京,勅弘福寺
翻譯[一]。

已上多出静邁法師譯經圖紀。

〔一〕見古今譯經圖紀卷四。傳亦見續高僧傳卷四、大慈恩寺三藏法師
　　　傳等。開元釋教録卷八著録其譯經七十六部,“其本並在”。

伽梵達摩　智昇續譯經圖紀云:“唐云‘尊法’,西印度
人,譯大悲經。”[一]

〔一〕見續古今譯經圖紀。開元釋教録卷八著録其譯千手千眼觀世音菩
　　　薩廣大圓滿無礙大悲心陀羅尼經一卷,“其本見在”。

阿地瞿多　唐言“無極高”,中印度人。學窮滿字,行潔
圓珠,精練五明,妙通三藏。天皇永徽,長安翻譯[一]。

〔一〕見續古今譯經圖紀。宋高僧傳卷二亦有傳。開元釋教録卷八著録
　　　其譯陀羅尼集經一部十二卷,“其本見在”。

那提　唐言“福生”。具依梵言,則云“布如烏伐耶”,此
但訛略而云“那提”也。本中印度人,慈恩翻譯[一]。

〔一〕見續古今譯經圖紀。開元釋教録卷九著録其譯經三部,其中“一部
　　　一卷本闕”。

地婆訶羅　唐言“日照”,中印度人。洞明八藏,博曉四
含。戒行清高,學業優瞻[一],尤工呪術,兼洞五明。志在利
生,來譯弘福[二]。

〔一〕瞻:永樂北藏本、嘉興藏本作“贍”。
〔二〕見續古今譯經圖紀。宋高僧傳卷二亦有傳。開元釋教録卷九著録
　　　其譯經十九部,“其本並在”。

佛陀多羅　唐云“覺救”,罽賓人也,於白馬寺譯圓
覺經[一]。

〔一〕見續古今譯經圖紀。宋高僧傳卷二亦有傳。開元釋教録卷九亦著
　　　録其譯大方廣圓覺修多羅了義經一卷,“其本見在”。

佛陀波利　唐云“覺護”,罽賓國人。忘身徇道,遍觀靈

跡。聞文殊在清涼山,遠涉流沙,躬來禮謁。天皇儀鳳元年,
杖錫五臺,虔禮聖容。倏見一翁從山出來,作婆羅門語,謂波
利曰:"師何所求?"波利荅曰:"聞文殊隱山,來欲瞻禮。"翁
曰:"師將佛頂尊勝陁羅尼經來不? 此土衆生,多造諸罪,佛
頂呪除罪祕方,若不將經,徒來無益。縱見文殊,何必能識?
可還西國,取經傳此,弟子當示文殊所在。"波利便禮,舉頭不
見老人。遂返本國,取得經來,狀奏天皇。遂令杜行顗及日
照三藏於内共譯。經留在内。波利泣奏:"志在利人,請布流
行。"帝愍專志,遂留所譯之經,還其梵本。波利將向西明,與
僧順貞共譯佛頂尊勝陀羅尼經。所願已畢,持經梵本入於五
臺,于今不出〔一〕。

〔一〕見續古今譯經圖紀。宋高僧傳卷二亦有傳。開元釋教録卷九著録
其譯佛頂尊勝陀羅尼經一卷,"其本見在"。

實叉難陁 唐言"學喜",于闐國人。智度弘曠,利物爲
心。善大小乘,兼異學論。天后明揚佛日,敬重大乘,以華嚴
舊經處會未備,遠聞于闐有斯梵本,發使迎請。實叉與經同
來,赴洛重譯〔一〕。

〔一〕見續古今譯經圖紀。宋高僧傳卷二亦有傳。開元釋教録卷九著録
其譯經十九部,其中"五部五卷闕本"。

義淨 齊州人,俗姓張,字文明。鬌亂之年,辭榮落髮,
徧詢名匠,廣探群籍,内外通曉,今古徧知。年十有五,志遊
西域,徧師名匠,學大小乘。所爲事周,還歸故里。凡所遊
歷,三十餘國。往來問道,出二十年。天后證聖,河洛
翻譯〔一〕。

〔一〕見續古今譯經圖紀。宋高僧傳卷一亦有傳。開元釋教録卷九著録
其譯經六十一部,其中"二部九卷失本"。

達摩流支 唐言"法希"。天后改爲"菩提流志",唐云
"覺愛",南印度人,婆羅門種,姓迦葉氏。聰叡絶倫,風神爽
異。生年十二,外道出家。年登耳順,自謂孤行,撩僧論議,

賙居委以身事。時有耶舍瞿沙，知其根熟，遂與交論。未越幾關，詞理俱屈。始知佛日高明，匪螢燈並照；法海深廣，豈涓淅等潤！投身敬事，專學佛乘，未越五年，通達三藏。天皇遠聞雅譽，遣使往邀。未及使還，白雲遽駕。暨天后御極，赴京翻譯。至和帝龍興，譯寶積經。此經玄奘昔翻數行，乃歎："此土群生，未有緣矣！余氣力衰竭。"因而遂輟。和帝命志續奘餘功，遂譯于世〔一〕。

〔一〕見續古今譯經圖紀。又，見宋高僧傳卷三唐洛京長壽寺菩提流志傳。開元釋教錄卷九著錄其譯經五十三部，其中十二部"尋本未獲"。

般刺蜜帝　唐云"極量"，中印度人。懷道觀方，隨緣濟度。展轉遊化，達我支那，乃於廣州制旨道場譯首楞嚴〔一〕。

自漢至唐，翻譯儒釋惣有二百九十二人，今略編集現行經人，苟欲具知，當披新、舊譯經圖紀。

〔一〕見續古今譯經圖紀。宋高僧傳卷二亦有傳。

釋迦弥多羅　此云"能支"。師子國長壽沙門，三果聖人，唐高宗敬重〔一〕。

〔一〕唐法藏集華嚴經傳記卷四轉讀第八有傳。

彌伽釋迦　説題云"釋迦"，稍訛，正云"鑠佉"，此曰"雲峰"〔一〕。璿云："此云'能降伏'。"〔二〕

〔一〕宋高僧傳卷二唐廣州制止寺極量傳："神龍元年乙巳五月二十三日，於灌頂部中誦出一品，名大佛頂如來密因修證了義諸菩薩萬行首楞嚴經，譯成一部十卷。烏萇國沙門彌伽釋迦'釋迦'稍訛，正云'鑠佉'，此曰'雲峯'。譯語，菩薩戒弟子前正議大夫同中書門下平章事清河房融筆受，循州羅浮山南樓寺沙門懷迪證譯。"

〔二〕見子璿集首楞嚴義疏注經卷一。

七衆弟子篇第十二〔一〕

大論云："佛弟子七衆：一、比丘，二、比丘尼，三、學戒尼，四、沙弥，五、沙弥尼，六、優婆塞，七、優婆夷。"〔二〕然諸經中標四衆者,自古皆以比丘、比丘尼、優婆塞、優婆夷爲四衆。天台乃立發起、當機、影響、結緣以爲四衆〔三〕。是則七衆雖別,四衆咸通,七四共成二十八衆。

〔 一 〕二:原作"一",據諸校本改。

〔 二 〕見大智度論卷一〇。

〔 三 〕智顗説妙法蓮華經文句卷二下:"'四衆'者,舊云出家、在家各二,合爲四衆,此名局意不周,今約一衆,更開爲四:謂發起衆、當機衆、影響衆、結緣衆。發起者,權謀智鑒,知機、知時,擊揚發動,成辦利益,如大象躄樹,使象子得飽,所謂發起令集,發起瑞相,乃至發起問答等,皆名發起衆。當機者,宿植德本,緣合時熟,如癰欲潰,不起于座,聞即得道,此名當機衆。影響者,古往諸佛、法身菩薩,隱其圓極,匡輔法王,如衆星繞月,雖無爲作而有巨益,此名影響衆。結緣者,力無引導擊動之能,德非伏物鎮嚴之用,而過去根淺,覆漏污雜,三慧不生,現世雖見佛、聞法,無四悉檀益,但作未來得度因緣,此名結緣衆。"

　　室灑　舊翻"弟子",新云"所教"〔一〕。南山曰:學在我後名弟,解從師生名子〔二〕。天台云:"師有匠成之能,學者具資稟之德。資則捨父從師,敬師如父。師之謙讓,處資如弟。故夫子云:回也處余如父,余也處回如弟。"〔三〕律云:"和尚於弟子,當生兒想。弟子於和尚,當生父想。"〔四〕司馬彪曰:"徒弟子,謂門徒弟子。"〔五〕老子云:"善人,不善人之師。不善人,善人之資也。"南山云:"佛法增益〔六〕廣大,實由師資相攝,互相敦遇,財法兩濟,日益業深,行久德固,皆賴此矣。比真教陵遲,慧風掩扇,俗懷侮慢,道出非法,並由師無率誘之心,資缺奉行之志,二彼相捨,妄流鄙境,欲令道光,焉可得乎!"〔七〕

〔 一 〕唐義淨撰大唐西域求法高僧傳卷上:"室灑,譯爲'所教',舊云'弟子',非也。"

〔 二 〕道宣撰四分律刪繁補闕行事鈔卷上師資相攝篇:"弟子者,學在我後名之爲弟,解從我生名之爲子。"

〔 三 〕見智顗説、湛然略維摩經略疏卷四弟子品初。又,論語先進:"顏淵

死，門人欲厚葬之。子曰：‘不可。’門人厚葬之。子曰：‘回也視予
猶父也，予不得視猶子也。非我也，夫二三子也。’”

〔四〕四分律卷三三：“和尚看弟子，當如兒意看。弟子看和尚，當如父
意。展轉相敬，重相瞻視。”

〔五〕莊子庚桑楚：“老聃之役，有庚桑楚者。”司馬彪注曰：“役，學徒弟
子也。”

〔六〕增益：原無，大正藏本作“僧之”，據永樂北藏本、嘉興藏本補。

〔七〕見道宣撰四分律刪繁補闕行事鈔卷上師資相攝篇。

比丘　大論云：“比丘名乞士，清淨活命故。”“復次，
‘比’名破，‘丘’名煩惱，能破煩惱故。”“復次，‘比’名怖，
‘丘’名能，能怖魔王及魔人民。”〔一〕淨名疏云：“或言有翻，
或言無翻。言有翻者，翻云‘除饉’。衆生薄福，在因無法，自
資得報，多所饉乏。出家戒行，是良福田，能生物善，除因果
之饉乏也。言無翻者，名含三義：智論云：一、破惡，二、怖魔，
三、乞士。一、破惡者，如初得戒，即言比丘以三羯磨，發善律
儀，破惡律儀，故言破惡。若通就行解，戒防形非，定除心亂，
慧悟想虛，能破見思之惡，故名破惡。二、怖魔者，既能破惡，
魔羅念言：此人非但出我界域，或有傳燈，化我眷屬，空我宮
殿，故生驚怖。通而言之，三魔亦怖。三、名乞士者，乞是乞
求之名，士是清雅之稱。出家之人，内修清雅之德，必須遠離
四邪，淨命自居，福利衆生，破憍慢心，謙下自卑，告求資身，
以成清雅之德，故名乞士。”又云：“此具三義：一、殺賊，從破
惡以得名。二、不生，從怖魔而受稱。三、應供，因乞士以成
德。”〔二〕涅槃説四種比丘：一者、畢竟到〔三〕道，無學。二者、
示道，初二三果。三者、受道，通内外凡。四者、污道，犯四重
者〔四〕。善見論云：善來得戒，三衣及瓦鉢貫著左肩上。鉢
色如青鬱鉢羅華，袈裟鮮明如赤蓮華，針、線、斧子、漉囊
備具〔五〕。

〔一〕見大智度論卷三。比丘，又稱苾芻等，爲出家受具足戒者之通稱。
男曰比丘，女曰比丘尼。僧肇撰注維摩詰經卷一：“肇曰：比丘，秦

言或名淨乞食，或名破煩惱，或名淨持戒，或名能怖魔。天竺一名，該此四義，秦言無一名以譯之，故存義名焉。”法藏述華嚴經探玄記卷一八：“比丘者，梵有三名，或云比呼，或云苾芻，或云比丘，此無正譯，義翻有三，謂怖魔、破惡及乞士。”

〔二〕見智顗説、湛然略維摩經略疏卷一。

〔三〕到：原無，據大般涅槃經補。

〔四〕曇無讖譯大般涅槃經卷三四：“四種比丘，一者畢竟到道、二者示道、三者受道、四者污道，犯四重者，即是污道。”又，梁寶亮等集大般涅槃經集解卷六五：“僧亮曰：受道者，謂八聖道也。此三皆是淨戒。得具無漏名‘到’，世間無漏名‘受’，未至名‘示’。‘即是污道’者，清淨能至涅槃，名爲道也。污者不淨非道。”

〔五〕善見律毗婆沙卷六：“‘善來比丘’者，有白衣來詣佛所，欲求出家，如來即觀其根，因緣具足，應可度者，便喚言：‘善來，比丘。’鬚髮自墮而成比丘。喚者，如來於納衣裹出右手，手黃金色，以梵音聲喚：‘善來，可修梵行，令盡苦源。’佛語未竟，便成比丘，得具足戒，三衣及瓦鉢貫著左肩上，鉢色如青鬱波羅華，袈裟鮮明如赤蓮華，針、線、斧子、漉水囊，皆悉備具，此八種物，是出家人之所常用，自然而有，威儀具足。”

比丘尼

善見云：“尼者，女也。”〔一〕文句云：“通稱女爲尼。”〔二〕智論云：“尼得無量律儀故，應次比丘。佛以儀法不便故，在沙門後。”〔三〕比丘尼稱阿姨、師姨者，通慧指歸〔四〕云：阿，平聲，即無，遏音，蓋阿音轉爲遏也。有人云：以愛道尼是佛姨故，傚喚阿姨〔五〕。今詳：梵云“阿梨夷”，此云“尊者”，或翻“聖者”。今言“阿姨”，略也。僧祇云“阿梨耶僧聽”是也〔六〕。事鈔尼眾篇云：“善見佛初不度女人出家，爲滅正法五百年。後爲説八敬，聽出家，依教行故，還得千年。今時不行，隨處法滅。”〔七〕會正記云：“佛成道後十四年，姨母求出家，佛不許度。阿難爲陳三請，佛令慶喜傳八敬向説：‘若能行者，聽汝出家。’彼云：‘頂戴持。’言八敬者：一者，百歲比丘尼見初受戒比丘，當起迎逆〔八〕，禮拜問訊，請令坐。二者，比丘尼不得罵謗比丘。三者，不得舉比丘罪，説其過

失,比丘得説尼過。四者,式叉摩那已學於戒,應從衆僧求受
大戒。五者,尼犯僧殘,應半月在二部僧中行摩那埵。六者,
尼半月内,當於僧中求教授人。七者,不應在無比丘處夏安
居。八者,夏訖,當詣僧中求自恣人。如此八法,應尊重恭敬
讚歎,盡形不應違。"〔九〕今述頌曰:

　　禮不罵謗不舉過,從僧受戒行摩那,
　　半月僧中求教授,安居近僧請自恣。

〔一〕按:善見律毗婆沙未見此説。然道宣撰四分律删繁補闕行事鈔等
　　　引,皆曰"善見云"。

〔二〕智顗説妙法蓮華經文句卷二上:"尼者,女也,通稱女爲尼。"

〔三〕大智度論卷四:"如比丘尼得無量律儀故,應次比丘後,在沙彌前。
　　　佛以儀法不便故,在沙彌後。"

〔四〕通慧指歸:即贊寧音義指歸。宋惟顯編律宗新學名句卷下載:"杭
　　　州贊寧律師音義指歸三卷。"高麗沙門義天録新編諸宗教藏總録卷
　　　二:"律鈔音義指歸三卷,贊寧述。"又稱四分鈔音義指歸。此書
　　　已佚。

〔五〕道宣撰四分律删繁補闕行事鈔卷下瞻病送終篇:"所以云我依阿姨
　　　者,此學佛召愛道之號,相傳不絶。"

〔六〕唐大覺撰四分律行事鈔批卷一四尼衆別行篇:"有人釋云:以愛道
　　　尼是佛姨母故,還劝世尊,唤言阿姨。今詳:梵音'阿梨夷',此云
　　　'尊者',或翻'聖者'。今言'阿夷'者,略也。僧祇律中,'阿梨耶
　　　僧聽'即其事也。'阿梨夷'者,即女聲呼也。'阿梨耶'者,即男聲
　　　呼也。同翻爲'尊者'、'聖者'。"

〔七〕見道宣撰四分律删繁補闕行事鈔卷下尼衆別行篇。又"善見"云
　　　者,善見律毗婆沙卷一八:"比丘尼犍度,何以佛不聽女人出家? 爲
　　　敬法故,若度女人出家,正法只得五百歲住,由佛制比丘尼八敬,正
　　　法還得千年。"

〔八〕逆:永樂北藏本、嘉興藏本作"送"。

〔九〕會正記:宋允堪撰。佛祖統紀卷二九諸宗立教志第十三南山律學:
　　　"律師允堪,錫號智圓。慶歷間,主錢唐西湖菩提寺,撰會正記,以
　　　釋南山之鈔。厥後照律師出,因争論遶佛左右、衣制短長,遂別撰
　　　資持記。於是會正、資持,遂分二家。"然後代專弘資持,會正記遂

不傳。引文可參見大愛道比丘尼經卷上。又,十誦律卷四七比丘尼八敬法:"何等八? 一者、百歲比丘尼,見新受具戒比丘,應一心謙敬禮足。二者、比丘尼應從比丘僧乞受具戒。三者、若比丘尼犯僧殘罪,應從二部僧乞半月摩那埵法。四者、無比丘住處,比丘尼不得安居。五者、比丘尼安居竟,應從二部僧中自恣求見聞疑罪。六者、比丘尼半月從比丘受八敬法。七者、比丘尼語比丘言:'聽我問修多羅、毗尼、阿毗曇。'比丘聽者應問,若不聽者不得問。八者、比丘尼不得説比丘見聞疑罪。"

式叉摩那　此云"學法女"。四分:"十八童女應二歲學戒。"〔一〕又云:小年曾嫁年十歲者,與六法〔二〕。十誦中,六法練心也〔三〕,能持六法,方與受具。二年者練身也,可知有胎無胎。事鈔云:"式叉尼具學三法:一、學根本,謂四重是。二、學六法,即羯磨。所謂染心相觸、盜人四錢、斷畜生命、小妄語、非時食、飲酒也。三、學行法,謂一切大尼戒行,並須學之。若學法中犯者,更與二年羯磨。"僧祇云:在大尼下沙弥尼上坐〔四〕。今述頌曰:

　　染心相觸盜四錢,斷畜生命小妄語,

　　戒非時食及飲酒,是名式叉學六法。

〔一〕見四分律卷二七。欲受具足戒之沙彌尼,使自十八歲至二十歲滿二年間別學六法,驗胎之有無,且試行之貞固,是爲式叉摩那。唐普光述俱舍論記卷一四:"梵云'式叉摩那',唐言'正學',正謂正學六法。言六法者,謂不婬、不盜、不殺、不虛誑語、不飲諸酒、不非時食。"

〔二〕參見四分律卷二八。"與六法"者,四分律卷四八:"應如是與六法。某甲諦聽,如來、無所著、等正覺説六法:不得犯不淨行行婬欲法,若式叉摩那行婬欲法,非式叉摩那、非釋種女,與染污心男子共身相摩觸犯戒,應更與戒,是中盡形壽不得犯。若能持者答言:'能。'不得偷盜乃至草葉,若式叉摩那取人五錢若過五錢,若自取教人取、若自斫教人斫、若自破教人破、若燒若埋若壞色,非式叉摩那、非釋種女,若取減五錢犯戒,應更與戒,是中盡形壽不得犯。若能者答言:'能。'不得故斷衆生命乃至蟻子,若式叉摩那故自手斷人命,求刀授與、教死勸死讚死,若與人非藥、若墮人胎、厭禱呪術、

自作教人作,非式叉摩那、非<u>釋</u>種女,若斷畜生不能變化者命犯戒,
應更與戒,是中盡形壽不得犯。若能者答言:'能。'不得妄語乃至
戲笑,若式叉摩那不真實無所有,自稱言得上人法,言得禪得解脫
得定得正受,得須陀洹果乃至阿羅漢果,天來、龍來、鬼神來供養
我,此非式叉摩那、非<u>釋</u>種女,若於衆中故作妄語犯戒,應更與戒,
是中盡形壽不得犯。若能者答言:'能。'不得非時食,若式叉摩那
非時食犯戒,應更與戒,是中盡形壽不得犯。若能者答言:'能。'不
得飲酒,若式叉摩那飲酒犯戒應更與戒,是中盡形壽不得犯。若能
者答言:'能。'"

〔三〕參見十誦律卷五七二種毗尼及雜誦等。

〔四〕摩訶僧祇律卷三〇:"是式叉摩尼得二歲學戒已,應隨順行十八事。
何等十八?一切大比丘尼下、一切沙彌尼上;於式叉摩尼不淨、於
大尼淨,於大尼不淨、於式叉摩尼亦不淨;大尼得與式叉摩尼三宿、
式叉摩尼得與沙彌尼三宿;式叉摩尼得與大尼授食,除火淨、五生
種、取金銀及錢;自從沙彌尼受食;尼不得向說波羅夷乃至越毗尼
罪,得語不婬不盜不殺不妄語如是等。"按:本條中引文,均據<u>道宣</u>
撰四分律刪繁補闕行事鈔卷下尼衆別行篇。

沙弥　<u>南山</u>沙弥別行篇云:"此翻'息慈',謂息世染之
情,以慈濟群生也。又云:初入佛法,多存俗情,故須息惡行
慈也。"〔一〕音義云:沙弥二字,古訛略也。<u>唐三藏</u>云"室利摩
拏路迦",此翻"勤策男"〔二〕。寄歸傳云:授十戒已,名室羅
末尼,譯爲求寂〔三〕。最下七歲,至年十三者,皆名驅烏沙
弥。若年十四至十九,名應法沙弥。若年二十已上,皆号名
字沙弥〔四〕。

〔一〕見<u>道宣</u>撰四分律刪繁補闕行事鈔卷下沙彌別行篇。沙彌是男子出
家受十戒者之通稱。

〔二〕按:<u>玄奘</u>譯經、論,多作"勤策男"者,然未見有直云"室利摩拏路
迦,此翻勤策男"者。其弟子<u>釋普光</u>述俱舍論記卷一四:"梵云'室
羅摩拏洛迦',唐言'勤策',謂爲苾芻勤加策勵。洛是男聲。舊云
'沙彌',訛也。"又,<u>大覺</u>撰四分律行事鈔批卷一四沙彌別行篇第
二十八:"要律儀音云:沙彌者,舊譯曰'息慈',亦云'淨養',亦云
'擬淨命'。羯磨疏云:沙彌,梵音,此翻'息慈'也。有人言:息惡

行慈,爲行之始也。有人言:初拔世表,多緣慈戀,故息小慈,用懷大哀,救拔一切也。礪云:沙彌,此云'息慈',息謂離過,慈謂修善,就行彰因,故曰息慈。問:比丘亦有離過修善,應名沙彌;沙彌亦有乞士怖魔之義,應與比丘之稱? 答:如向所問,實通彼此。然沙彌是厭俗之始,就初受稱,故曰沙彌。具戒據受目,故曰比丘也。唐三藏云:沙彌者,梵室羅摩拏洛迦,翻爲勤策男,謂苾芻勤人所策故曰也。室羅摩拏理迦,翻爲勤策女,釋義同上。有云:勤是比丘,策是沙彌,以沙彌被比丘策使也。此亦同三藏意。又云勤策者,勤求策使故也。"音義:當即音義指歸。參前"比丘尼"條注四。

〔三〕義淨撰南海寄歸内法傳卷三受戒軌則:"既受戒已,名室羅末尼羅。譯爲'求寂',言欲求趣涅槃圓寂之處。舊云'沙彌'者,言略而音訛,翻作'息慈',意准而無據也。"

〔四〕摩訶僧祇律卷二九:"佛言:從今日後,出家人食應等與。沙彌法者,沙彌有三品:一者,從七歲至十三,名爲驅烏沙彌;二者,從十四至十九,是名應法沙彌;三者,從二十上至七十,是名名字沙彌。是三品,皆名沙彌。"清弘贊述并注沙彌學戒儀軌頌注:"驅烏沙彌,以其年幼,未堪別務,唯使驅遣烏鳥,免污食厨,亂僧禪定,令生片善,方消信施也。""應法沙彌,謂其於法相應,能執勞侍師,修習戒定慧也。""名字沙彌,謂其年滿二十,應受具戒,而根性暗鈍,或不能頓持諸戒,或出家年晚,由其年越沙彌,歲同比丘,位居十戒,故名名字沙彌。"

沙弥尼　奘三藏云:"室利摩拏理迦,此云'勤策女'。"〔一〕

〔一〕按:玄奘譯經、論,亦多作"勤策女",然未見有直云"室利摩拏理迦,此云勤策女"者。其弟子釋普光述俱舍論記卷一四:"梵云'室羅摩拏理迦',唐言'勤策女',釋名如前,理是女聲。舊云'沙彌尼',訛也。"後唐景霄纂四分律行事鈔簡正記卷四:"沙彌,是古梵語,此云'息慈',謂息世染之情,以慈濟群生故也。初入佛法,多存俗情,故須息惡行慈也。若准新梵,云'喹嚧摩拏路迦',此云'勤策男','喹嚧摩拏里迦',此云'勤策女'。謂此二衆刜入佛法,須假大僧大尼勤人之所策勵故。"參前"沙弥"條注二。

優婆塞　優婆夷　肇曰:"義名'信士男'、'信士女'。"〔一〕淨名疏云:"此云'清淨士'、'清淨女',亦云'善宿

男’、‘善宿女’。雖在居家，持五戒，男女不同宿，故云‘善宿’。此未可定用。”〔二〕<u>荆溪</u>云：“依餘經文，但云近佛得善宿名，不可定云‘男女不同宿’也。”〔三〕<u>涅槃疏</u>云：一日一夜受八戒者，名爲“善宿”〔四〕。<u>優婆塞</u>，<u>西域記</u>云：“鄔波索迦，<u>唐</u>言‘近事男’。舊曰‘伊蒲塞’，又曰‘優婆塞’，皆訛也。鄔波斯迦，<u>唐</u>言‘近事女’。舊‘優婆斯’，又曰‘優婆夷’，皆訛也。”〔五〕言近事者，親近承事諸佛法故〔六〕。<u>後漢書</u>名“伊蒲塞”，注云：“即優婆塞也。<u>中華</u>翻爲‘近住’，言受戒行，堪近僧住也。”〔七〕或名“檀那”者，<u>要覽</u>曰：“梵語‘陀那鉢底’，<u>唐</u>言‘施主’，今稱‘檀那’，訛‘陀’爲‘檀’，去‘鉢底’留‘那’也。攝〔八〕<u>大乘論</u>云：能破慳悋嫉妒及貧窮下賤苦，故稱‘陀’。後得大富及能引福德資粮，故稱‘那’。又稱‘檀越’者，‘檀’即施也。此人行施，越貧窮海。”〔九〕

〔一〕見<u>僧肇</u>撰<u>注維摩詰經</u>卷一。

〔二〕見<u>智顗</u>説、<u>湛然</u>略<u>維摩經略疏</u>卷二。又，<u>法藏</u>述<u>華嚴經探玄記</u>卷一八：“優婆塞者，古翻名善宿男，今譯名近事男，謂親近比丘而承事故。女亦同之。”<u>元照</u>述<u>四分律删補隨機羯磨疏濟緣記</u>卷二之四：“優婆塞者，此方傳於西梵音耳，諸經不同，取聲偏僻，正從本音，云鄔波塞迦，<u>唐</u>翻善宿也。故<u>成論</u>云：此人善能離破戒宿。古録以爲清信士者，清是離過之名，信爲入道之本，士即男子通稱，取意得矣，在言少異。”

〔三〕見<u>湛然</u>述<u>維摩經疏記</u>卷上。

〔四〕<u>智圓</u>述<u>維摩經略疏垂裕記</u>卷二：“‘此未可定用’者，<u>荆溪</u>云：依餘經文，但云近佛得善宿名，不可定云‘男女不同宿’也。<u>涅槃疏</u>以一日一夜受八戒者，名爲‘善宿’。”又，“<u>涅槃疏</u>云”者，<u>寶亮</u>等集<u>大般涅槃經集解</u>卷六五：“若言優婆塞發家不具受得者，此失旨也。夫八戒齋，昨日夜受乃至作二日受、一日受皆得。若單一日一夜，一念一時，此皆名得善，非得八齋齋戒也。<u>記</u>曰：夫齋者，過中不食。一日一夜清素，謂之爲齋。八戒者，爲莊嚴此齋故，謂八戒齋耳。但一念一時受八戒者，非不得也，但齋不成就，故言得善，不名得齋。凡夫不解，謂須一日一夜具受，方得八戒齋法，此爲失也。”

〔 五 〕　見大唐西域記卷九摩揭陀國下。

〔 六 〕　法藏述華嚴經探玄記卷一八:“優婆塞者,古翻名‘善宿男’,今譯
　　　　　名‘近事男’,謂親近比丘而承事故。”又,慧琳一切經音義卷一三:
　　　　　“鄔波索迦,梵語也,古譯云‘優波婆迦’,或云‘優婆塞’,皆訛略
　　　　　也。唐云‘近善男’,有部律‘近事男’,亦云‘近宿男’,爲近三寶而
　　　　　住宿承事也。或言‘清信士’、‘善宿男’者,義譯也。”

〔 七 〕　見後漢書卷四二光武十王列傳楚王英傳注。

〔 八 〕　攝:原作“思”,據諸校本改。

〔 九 〕　見釋氏要覽卷上中食“長食”條。又,“攝大乘論云”者,真諦譯攝
　　　　　大乘論卷中:“能破滅吝惜、嫉妒及貧窮下賤苦,故稱‘陀’。復得
　　　　　爲大富主及能引福德資糧,故稱‘那’。”

釋氏衆名篇第十三

　　古者出家,從師命氏[一]。如帛法祖[二]、竺道生[三]之
流也。東晉安法師[四]受業佛圖澄,乃謂“師莫過佛,宜通稱
釋氏”,後增一阿含流傳此土,經叙佛告諸比丘:“有四姓出家
者,無復本姓,但言沙門釋子。是釋子,非沙門,乃王種也。是沙門,非
釋子,婆羅門也。是沙門,是釋子,乃比丘也。非沙門,非釋子,二賤姓也。所
以然者,生由我生,成由法成,其猶四大河皆從阿耨泉
出。”[五]又,弥沙塞云:“汝等比丘,雜類出家,皆捨本姓,稱
釋子沙門。”[六]又,長阿含云:弥勒弟子,皆稱慈子[七]。自
非大權應迹,豈能立姓與經懸合? 故天神稱爲印手菩
薩[八]。然淨名云:“夫出家者,爲無爲法。”[九]天台釋云:
“若見佛性,出二死家,方真出家。應具四句:一、形心俱不
出。二、形出心不出。三、形不出心出,即是觀行出家。仕曰:
“若發無上道心,心超三界,形雖有繫,乃真出家。”[一〇]四者、形心俱
出。”[一一]故南山云:“真誠出家者,怖四怨之多苦,厭三界之
無常,辝六親之至愛,捨五欲之深著。”[一二]能如是者,名真出
家,則可紹隆三寶,度脱四生,利益甚深,功德無量。其衆名
号,今列翻譯。

〔一〕見北山録卷四宗師議。

〔二〕高僧傳卷一帛遠傳：“帛遠，字法祖，本姓萬氏，河内人。”

〔三〕高僧傳卷七竺道生傳：“竺道生，本姓魏，鉅鹿人。”

〔四〕高僧傳卷五釋道安傳：“釋道安，姓衛氏，常山扶柳人也。（中略）初，魏晉沙門依師爲姓，故姓各不同。安以爲大師之本，莫尊釋迦，乃以‘釋’命氏。後獲增一阿含，果稱四河入海，無復河名，四姓爲沙門，皆稱釋種。既懸與經符，遂爲永式。”

〔五〕增一阿含經卷二一：“爾時，四大河入海已，無復本名字，但名爲海。此亦如是。有四姓。云何爲四？刹利、婆羅門、長者、居士種，於如來所，剃除鬚髮，著三法衣，出家學道，無復本姓，但言沙門釋迦子。所以然者，如來衆者，其猶大海，四諦其如四大河，除去結使，入於無畏涅槃城。”

〔六〕見彌沙塞部和醯五分律卷二八。

〔七〕長阿含經卷六：彌勒“衆弟子有無數千萬，如我今日弟子數百。彼時，人民稱其弟子號曰慈子，如我弟子號曰釋子。”

〔八〕高僧傳卷五釋道安傳：“安生而便左臂有一皮，廣寸許，著臂捋，可得上下之，唯不得出手。又，肘外有方肉，上有通文，時人謂之爲印手菩薩。”

〔九〕見維摩詰所説經卷上佛國品。

〔一〇〕見僧肇撰注維摩詰經卷三。

〔一一〕見智顗説、湛然略維摩經略疏卷五。

〔一二〕見道宣撰四分律删繁補闕行事鈔卷上僧網大綱篇。

僧伽　大論：“秦言‘衆’，多比丘一處和合，是名僧伽。譬如大樹叢聚〔一〕，是名爲林。”〔二〕淨名疏云：“律名四人已上皆名衆。”〔三〕律鈔曰：“此云‘和合衆’。和合有二義：一、理和，謂同證擇滅故。二、事和，別有六義：戒和同修、見和同解、身和同住、利和同均、口和無諍、意和同悦。”〔四〕什師云：“欲令衆和，要由六法：一、以慈心起身業。二、以慈心起口業。三、以慈心起意業。四、若得食時減鉢中飯，供養上座一人、下座一〔五〕人。五、持戒清淨。六、漏盡智慧。”〔六〕肇曰：“非真心無以具六法，非六法無以和群衆。如〔七〕衆不和，非敬順之道也。”〔八〕又，僧名良福田者，報恩〔九〕經云：

“衆僧者,出三界之福田。”〔一〇〕謂比丘具有戒體,戒爲萬善之根,是故世人歸信,供養種福,如沃壤之田,能生嘉苗,故号良福田〔一一〕。大論云:是僧四種:一、有羞僧。持戒不破,身、口清淨,能別好醜,未得道。二、無羞僧。破戒,身、口不淨,無惡不作。三、啞羊僧。雖不破戒,根鈍無慧,不別好醜,不知輕重,不知有罪無罪。若有僧事,二人共諍,不能斷決,默然無言,如白羊,人殺不能作聲。四、實僧。若學、無學,住四果中,行四向道,是名實僧〔一二〕。唐太宗嘗問玄奘三藏:“欲樹功德,何最饒益?”法師對曰:“衆生寢惑,非慧莫啓。慧芽抽植,法爲其資。弘法由人,即度僧爲最。”〔一三〕

〔一〕聚:原作“林”,據大智度論改。

〔二〕見大智度論卷三。

〔三〕智顗説、湛然略維摩經略疏卷一:“梵言‘僧伽’,此翻爲‘衆’。直一比丘,不名爲衆。衆多共集,名爲衆也。律明四人已上,皆名爲衆。如衆樹共聚,乃名爲林。”“律明”者,如四分律卷二二:“大衆者,或四人,或過四人。”

〔四〕律鈔:指道宣撰四分律删繁補闕行事鈔。卷下集僧通局篇有云:“四人已上,能御聖法,辨得前事者,名之爲僧。”然未見此處所引者。釋氏要覽卷上稱謂“僧”條有云:“南山鈔云:四人已上,能御聖法,辨得前事,名之爲僧。僧以和合爲義。言和合者,有二種:一、理和,謂同證擇滅故。二、事和,此別有六義:一、戒和同修,二、見和同解,三、身和同住,四、利和同均,五、口和無諍,六、意和同悦。”或爲此説所本。又,唐宗密述佛説盂蘭盆經疏卷下:“梵語‘僧伽’,此云‘衆和合’,謂若衆而不和,如群商群吏及軍衆等,不名僧寶。若和而不衆,如二人同心之類,亦非僧寶。衆而和合,爲福之因,方名僧寶。和合者,此有六種:謂身和同事、語和同默、意和同忍、戒和同修、見和同解、利和同均也。”

〔五〕一:注維摩詰經作“二”。

〔六〕見僧肇撰注維摩詰經卷四。

〔七〕如:注維摩詰經作“群”。

〔八〕見僧肇撰注維摩詰經卷四。

〔九〕恩:原作“息”,據諸校本改。

〔一〇〕見大方便佛報恩經卷三論議品。

〔一一〕按:"僧名良福田者"至此,見釋氏要覽卷上戒法"比丘稱良
　　　　福田"條。

〔一二〕詳見大智度論卷三。

〔一三〕見大慈恩寺三藏法師傳卷七。

　　沙門　或云"桑門",或名"沙迦懣門字上聲曩",皆訛,正
言"室摩那拏",或"舍羅磨拏",此言"功勞",言修道有多勞
也〔一〕。什師云:"佛法及外道,凡出家者,皆名沙門。"〔二〕
肇云:"出家之都名也。秦言義訓勤行,勤行取涅槃。"〔三〕阿
含經云:"捨離恩愛,出家修道。攝御諸根,不染外欲,慈心一
切,無所傷害。遇樂不忻〔四〕,逢苦不戚,能忍如地,故号沙
門。"〔五〕後漢書郊祀志云:"沙門,漢言息心。削髮去家,絕
情洗欲而歸於無爲也。"〔六〕瑞應云:"息心達本源,故号爲沙
門。"〔七〕或云:具名"沙門那",此云"乏道"。以爲良福田
故,能斷衆生饉乏。以修八正道故,能斷一切邪道。故迦葉
品云:"沙門那者,即八正道。沙門果者,從道畢竟永斷一切
貪嗔癡等。云云。世言'沙門'名乏〔八〕,'那'者名道,如是道
者,斷一切乏,斷一切道〔九〕。以是義故,名八正道,爲沙門
那。從是道中,獲得果故,名沙門果。"〔一〇〕或以沙門翻"勤
息"。垂裕記云:"謂勤行衆善,止息諸惡。息界內惡者,藏通
沙門。次第息界內外惡者,別教沙門。一心徧息內外諸惡
者,圓融沙門。"〔一一〕瑜珈論云:有四沙門:一、勝道沙門,即佛
等。二、說道沙門,謂說正法者。三、活道沙門,謂修諸善品
者。四、汙道沙門,謂諸邪行者〔一二〕。

〔一〕慧琳一切經音義卷二六:"沙門,梵語也,此云'勤勞',內道外道之
　　　總名也,皆據出家爲言耳。古經爲桑門,或爲娑門,羅什法師以言
　　　非便,改爲沙門也。"窺基撰妙法蓮華經玄贊卷二:"沙門,息義。以
　　　得法故,暫爾寧息,亦息惡也。正言'室羅磨拏',或'室摩那拏',
　　　此云'功勞',謂修道有多功勞也。"

〔二〕見僧肇撰注維摩詰經卷四。

〔三〕見僧肇撰注維摩詰經卷二。

〔四〕忻:永樂北藏本、嘉興藏本作"欣"。

〔五〕見長阿含經卷一。

〔六〕見廣弘明集卷一歸正篇後漢書郊祀志四,注曰"出范曄漢書",然范
曄後漢書無郊祀志。

〔七〕按:此說見曇果共康孟詳譯中本起經卷上舍利弗大目犍連來學品。
又,支謙譯太子瑞應本起經卷上:"'何謂沙門?'對曰:'蓋聞,沙門
之爲道也,捨家妻子,捐棄愛欲,斷絶六情,守戒無爲,其道清淨,得
一心者,則萬邪滅矣。一心之道,謂之羅漢。羅漢者真人也,聲色
不能污,榮位不能屈,難動如地,已免憂苦,存亡自在。'"

〔八〕乏:原作"之",據諸校本改。

〔九〕道:諸校本作"邪道"。

〔一〇〕曇無讖譯大般涅槃經卷三六迦葉菩薩品第十二之四:"'善男子,如
汝所問,云何沙門那,云何沙門果者。善男子,沙門那者,即八正
道。沙門果者,從道畢竟永斷一切貪瞋癡等。是名沙門那、沙門
果。'迦葉菩薩言:'世尊,何因緣故,八正道者名沙門那?''善男
子,世言沙門,名之爲乏,那者名道。如是道者,斷一切乏,斷一切
道,以是義故,名八正道爲沙門那,從是道中獲得果故,名沙門果。
善男子,又沙門那者,如世間人有樂静者,亦名沙門。如是道者,亦
復如是。能令行者離身口意惡邪命等得樂寂静,是故名之爲沙門
那。善男子,如世下人能作上人,是名沙門。如是道者,亦復如是,
能令下人作上人故,是故得名爲沙門那。善男子,羅漢人修是道者
得沙門果,是故得名到於彼岸。阿羅漢果者,即是無學。'"

〔一一〕見智圓述維摩經略疏垂裕記卷一。

〔一二〕瑜伽師地論卷二九:"第一沙門,復有四種。何等爲四? 一、勝道沙
門,二、說道沙門,三、活道沙門,四、壞道沙門。當知諸善逝,名勝
道沙門。諸說正法者,名說道沙門。諸修善行者,名活道沙門。諸
行邪行者,名壞道沙門。"

　　苾芻　古師云:含五義:一、體性柔軟,喻出家人能折伏
身語麤獷故。二、引蔓旁布,喻出家人傳法度人,連延不絶
故。三、馨香遠聞,喻出家人戒德芬馥,爲衆所聞。四、能療
疼痛,喻出家人能斷煩惱毒害故。五、不背日光,喻出家人常
向佛日故〔一〕。智論云:"出家多修智慧,智慧是解脱因緣;

俗人多修福德,福德是樂因緣。"〔二〕僧祇云:供養舍利、造塔寺,非我等事。彼國王居士,樂福之人,自當供養。比丘事者,所謂結集三藏,勿令佛法速滅〔三〕。

〔一〕"古師云"者,亦見釋氏要覽卷上稱謂"苾芻"條。

〔二〕大智度論卷五九:"出家人多貪智慧,智慧是解脱因緣故;在家人多貪福德,福德是樂因緣故。"

〔三〕摩訶僧祇律卷三二:"世尊舍利,非我等事,國王、長者、婆羅門、居士衆求福之人自當供養。我等事者,宜應先結集法藏,勿令佛法速滅。"

和尚　或"和闍"。羯磨疏云:"自古翻譯,多雜蕃胡。胡傳天語,不得聲實,故有訛僻。"〔一〕傳云和尚,梵本正名"鄔波遮迦"〔二〕,傳至于闐,翻爲"和尚"。傳到此土,什師翻名"力生"〔三〕。舍利弗問經云:"夫出家者,捨其父母生死之家,入法門中,受微妙法,盖師之力。生長法身,出功德財,養智慧命,功莫大焉。"又,和尚,亦翻"近誦",以弟子年少,不離於師,常逐常近,受經而誦〔四〕。善見云:"和尚,外國語,漢言'知有罪知無罪'也。"〔五〕明了論本云"優波陀訶",翻爲"依學",依此人學戒定慧故,即和尚也〔六〕。義淨云"鄔波陀耶"〔七〕,此云"親教師",由能教離出世業故。故和尚有二種:一、親教,即受業也。二、依止,即稟學也。毗奈耶云:"弟子門人纔見師時,即須起立。若見親教,即捨依止。"〔八〕

〔一〕羯磨疏:又稱業疏,即道宣撰四分律删補隨機羯磨疏。此説見元照述四分律删補隨機羯磨疏濟緣記卷三。

〔二〕按:南海寄歸内法傳卷三師資之道作"鄔波馱耶",注云:"'馱'字,音停駕反,既無正體,借音言之。'鄔波'是其親近,'波'字長唤,中有'阿'字。'阿馱耶',義當教讀,言和尚者,非也。西方汎唤博士皆名'烏社',斯非典語。若依梵本經律之文,皆云'鄔波馱耶',譯爲'親教師'。北方諸國皆唤'和社',致令傳譯習彼訛音。"

〔三〕今檢鳩摩羅什譯經,未見有翻名爲"力生"者。"力生"之説,參注六。

〔四〕玄應一切經音義卷二三:"鄔波抧耶,烏古反,下抧,音徒我反。此云‘親教’，或言‘郁波第耶夜’，亦云‘近誦’，以弟子年小，不離於師，常隨常近，受經而誦也。舊云‘和上’，或云‘和闍’，皆于闐等諸國語訛也。義譯云‘知罪知無罪’爲‘和上’也。”

〔五〕善見律毗婆沙卷一七：“和上者，外國語，漢言‘知罪知無罪’，是名和上。”

〔六〕道宣撰四分律刪繁補闕行事鈔卷上師資相攝篇：“論傳云：和尚者，外國語，此云‘知有罪知無罪’，是名和尚。四分律弟子訶責和尚中亦同。明了論正本云‘優波陀訶’，翻爲‘依學’，依此人學戒定慧故，即和尚是也，方土音異耳。相傳云：和尚爲‘力生’，道力由成。闍梨爲‘正行’，能糾正弟子行。未見經論。雜含中，外道亦號師爲和尚。”明了論，即律二十二明了論。

〔七〕參注二。又，勝友集、唐義淨譯根本薩婆多部律攝卷一三與減年者受近圓學處：“有二種鄔波馱耶：一、初與出家，二、爲受近圓。”

〔八〕唐義淨譯根本説一切有部毗奈耶雜事卷一六：“弟子門人纔見師時，即須起立。若見親教師，依止即捨。”

闍梨　或“阿祇利”〔一〕。寄歸傳云：梵語“阿遮梨耶”，唐言“軌範”，今稱“闍梨”，訛略〔二〕。菩提資粮論云：“阿遮梨夜，隋言‘正行’。”〔三〕南山鈔云：“能糾正弟子行故。”〔四〕四分律明五種阿闍梨：一、出家阿闍梨，所依得出家者。二、受戒阿闍梨，受戒作羯磨者。三、教授阿闍梨，教授威儀者。四、受經阿闍梨，所從受經，若説義乃至四句偈。五、依止阿闍梨，乃至依住一宿者。和尚及依止，多己十夏者爲之。上四師，皆多己五夏者爲之〔五〕。

〔一〕慧琳一切經音義卷一三：“阿遮利耶，梵語也，唐云‘軌範師’，或云‘受教師’，舊曰‘阿闍梨’，訛也。”卷五九：“阿闍梨，經中或作‘阿祇利’，皆訛也，應言‘阿遮利夜’，此云‘正行’。又言‘阿遮利耶’，此云‘軌範’，舊云於善法中教授令知，名‘阿闍梨’也。”

〔二〕南海寄歸內法傳卷三師資之道：阿遮利耶，“譯爲‘軌範師’，是能教弟子法式之義。先云‘阿闍梨’，訛也”。

〔三〕菩提資糧論卷五：“阿遮利夜，隋云‘正行’，舊云‘阿闍梨’者，亦訛。”

〔四〕四分律刪繁補闕行事鈔卷上師資相攝篇：“闍梨爲正行，能糾正弟子行。"

〔五〕詳見四分律卷三九。

頭陀 新云"杜多",此云"抖擻",亦云"修治",亦云"洮汰"〔一〕。垂裕記云:"抖擻煩惱故也。"〔二〕善住意天子經云:頭陀者,抖擻貪欲、嗔恚、愚癡、三界、内外六入。若不取、不捨、不修、不著,我説彼人名爲杜〔三〕多〔四〕。今訛稱"頭陀"。大品云:"須菩提,説法者受十二頭陀:一、作阿蘭若,二、常乞食,三、納衣,四、一坐食,五、節量食,六、中後不飲漿,七、塚間住,八、樹下住〔五〕,九、露地住,十、常坐不臥,十一、次第乞食,十二、但三衣。"〔六〕大論六十七云:"十二頭陀不名爲戒,能行則戒莊嚴,不能行,不犯戒。"〔七〕然論但依經次第廣釋,不分部位,諸文引用多誤,故此點出。南山律鈔:位分爲四:衣二:一、納衣,二、但三衣。食四:一、乞食,二、不作餘食法,三、一坐,四、一揣。徒端切。揣者雜也,一和雜者,不以種種盛貯,名一揣食〔八〕。處五:一、蘭若,二、塚間,三、樹下,四、露坐,五、隨坐。威儀一〔九〕:常坐。此無次第,乞食處加隨坐〔一〇〕。通源記〔一一〕引南山云:季世佛法,崇尚官榮。僥倖之夫,妄生朋翼〔一二〕。庶因斯語,自省厥躬。至若調利養如毛繩,視朱門爲蓬户,尚思曳尾,猶被興嘲。況乎以咳唾爲恩,昕睞成餻!潛通惠好,强事趨馳,縱假寵於一時,終受嗤於羣口。榮不補辱,夫何誤哉!

〔一〕慧琳一切經音義卷三:"杜多,上音'度',梵語也,古譯云'頭陀',或云'斗藪',少欲知足,行十二種行:一、常乞食,二、次第乞,三、一坐食,四、節食,五、中後不飲漿,六、住阿蘭若,七、常坐不臥,八、隨得敷具,九、空地坐,十、樹下坐,十一、唯畜三衣,十二、著糞掃衣。"卷一七:"抖藪,上得口反,下桑厚反。考聲:抖藪者,振衣也。説文上舉振之也,從手斗聲。梵云'杜多',或云'頭陁',唐云'抖藪',沙門釋子,行遠離行,少欲知足,不貪不著,節身苦行也。經文作'揀',非也,從手,形聲字也。"又,卷二七:"頭陀,杜多,云洮汰,言大洒也。或云除棄,或云糾彈,言去其塵穢耳。斗藪一義,非今理也。”

〔二〕見智圓述維摩經略疏垂裕記卷五。

〔三〕杜:原作“社”,據諸校本改。

〔四〕聖善住意天子所問經卷下:“我説彼人,能説頭陀。何以故?天子,若比丘抖擻貪欲,抖擻瞋恚,抖擻愚癡,抖擻三界,抖擻内外六入,我説彼人能説抖擻。如是抖擻,若不取、不捨、不修、不著、非是不著,我説彼人能説頭陀。”

〔五〕住:原無,據摩訶般若波羅蜜經等補。

〔六〕見摩訶般若波羅蜜經卷一四兩過品。

〔七〕見大智度論卷六八。

〔八〕食:原無,據諸校本補。

〔九〕一:原無,據諸校本補。

〔一〇〕四分律删繁補闕行事鈔卷下頭陀行儀篇:“位分爲四,謂衣、食、處及威儀也。先出相生次第,後一一列行各辨方法。初衣服中者,衣是資道之緣,濟身最要,故先就外資以明知足。若於此衣取不得方,廣生罪累,爲惡業所纏縛,在三有障礙出道,即非頭陀。是故教諸比丘於彼外資少欲知足,受取有方,趣得資身長道便罷,即是頭陀。離諸貪著故,衣中立二:一者納衣,二者三衣。雖得衣以障身,内有飢虚等惱,寧堪進業?故就食中,立四頭陀:一者乞食,二、不作餘食法,三、一坐,四、一揣也。然衣食乃具修道義立,若處在憒鬧,心多蕩亂,必托静緣,始成正節,是以於處立五頭陀,謂蘭若、塚間、樹下、露坐、隨坐。上來三種,並是助緣。若繫念思量斬纏,出要者無過坐法,故於威儀,立一常坐。”

〔一一〕通源記:仁岳述,爲注疏四十二章經的著作,已佚。高麗義天録新編諸宗教藏總録卷一有著録。

〔一二〕翼:原作“異”,據諸校本改。　見道宣撰續高僧傳卷一六齊林慮山洪谷寺釋僧達傳。

婆檀陀　大論:“秦言‘大德’。”〔一〕毗奈耶律云:佛言:從今日後,小下苾芻於長宿處,應唤大德〔二〕。

〔一〕見大智度論卷二。

〔二〕根本説一切有部毗奈耶雜事卷三八:“又始從今日,小下苾芻於長宿處,不應唤其氏族姓字,應唤‘大德’,或云‘具壽’。老大苾芻應唤小者爲‘具壽’。”

體毗履　此云"老宿"[一]。他毗利，此云"宿德"[二]。

〔一〕僧伽婆羅譯文殊師利問經卷下分部品："體毗履，此言'老宿'，淳老宿人同會，共出律部也。"

〔二〕歷代三寶紀卷一一："他毗利，齊云'宿德'。"

悉替那　此云"上座"[一]。五分律：佛言：上更無人，名上座[二]。道宣勑爲西明寺上座[三]，列寺主、維那之上。毗尼母云："從無夏至九夏是下座，自十夏至十九夏是中座，自二十夏至四十夏是上座。五十夏已上，一切沙門之所尊敬，名耆宿。"[四]毗婆沙論云：有三上座：一、生年上座，即尊長耆舊，具[五]戒名真生故。二、世俗上座，即知法富貴、大財、大位、大族、大力、大眷屬，雖年二十，皆應和合推爲上座。三、法性上座，即阿羅漢[六]。律云：瓶沙王稱佛弟子爲上人[七]。大品經："佛言：若菩薩一心行阿耨多羅三藐三菩提，心不散亂，是名上人。"[八]瑜珈論云："無自利、利他行者名下士；有自利，無利他名中士；有二利，名上士。"[九]

〔一〕祖庭事苑卷八雜志："首座，即古之上座也。梵語'悉替那'，此云'上座'。此有三焉。集異足毗曇曰：一、生年爲耆年，二、世俗財名與貴族，三、先受戒及證道果。古今立此位，皆取其年德幹局者充之。今禪門所謂首座者，即其人也。必擇其己事已辦，衆所服從，德業兼備者充之。"

〔二〕五分律卷一八："有一住處，布薩日跋難陀爲上座，衆僧請説戒。答言：'誦忘。'諸比丘言：'若忘，何以坐上座處？'以是白佛，佛言：'應上座説戒。若不説，突吉羅。'諸比丘不知齊幾爲上座，以是白佛，佛言：'上無人，皆名爲上座。'"

〔三〕宋高僧傳卷一四釋道宣傳："釋道宣，姓錢氏，丹徒人也，一云長城人，其先出自廣陵太守讓之後。（中略）及西明寺初就，詔宣充上座。"

〔四〕毗尼母經卷六："從無臘乃至九臘，是名下座。從十臘至十九臘，是名中座。從二十臘至四十九臘，是名上座。過五十臘已上，國王長者出家人所重，是名耆舊、長宿。"

〔五〕耆舊具：原作"者具舊"，據釋氏要覽卷上稱謂"上座"條改。

〔六〕阿毗達磨集異門足論卷四："三上座者,謂生年上座、世俗上座、法
　　　性上座。云何生年上座? 答:諸有生年尊長耆舊,是謂生年上座。
　　　云何世俗上座? 答:如有知法富貴長者共立制言,諸有知法大財、
　　　大位、大族、大力、大眷屬、大徒衆,勝我等者,我等皆應推爲上座,
　　　供養恭敬,尊重讃歎。由此因緣,雖年二十或二十五,若能知法得
　　　大財位、大族、大力,有大眷屬、大徒衆者,皆應和合推爲上座,供養
　　　恭敬,尊重讃歎。(中略)云何法性上座? 答:諸受具戒耆舊長宿,
　　　是謂法性上座。有説此亦是生年上座,所以者何? 佛説出家受具
　　　足戒名真生故。若有苾芻,得阿羅漢,諸漏永盡,已作所作,已辦所
　　　辦,棄諸重擔,逮得己利。盡諸有結正智解脱,心善自在此中意説,
　　　如是名爲法性上座。如世尊説上座頌言:心掉多綺語,染意亂思
　　　惟,雖久隱園林,而非真上座,具戒智正念,寂静心解脱,彼於法能
　　　觀,是名真上座。"

〔七〕如十誦律卷一六："佛在王舍城,爾時瓶沙王有三種池水,第一池中
　　　王及夫人洗,第二池中王子大臣洗,第三池中餘人民洗。是王得
　　　道,深心信佛,問諸大臣:'上人洗不?'答言:'亦洗。'王言:'上人
　　　應我池中洗。'爾時,諸比丘常初夜、中夜、後夜數數洗。一時瓶沙
　　　王欲洗,語守池人:'除人令淨,我欲往洗。'即時除卻餘人,但比丘
　　　在。知池人作是念:'王敬比丘,若遣除者,王或當瞋。'便白王言:
　　　'已除諸人,但比丘在。'王言:'大善,令上人先洗。'初夜、中夜、後
　　　夜比丘洗竟便去。"

〔八〕見摩訶般若波羅蜜經卷一七堅固品。

〔九〕見瑜伽師地論卷六一。

摩摩帝　或云"毗呵羅莎弭名婢",此云"寺主"〔一〕。僧
史略云:"詳其寺主,起乎東漢白馬寺也。寺既爰處,人必主
之,于時雖無寺主之名,而有知事之者。東晉以來,此職方
盛。"〔二〕故梁武造光宅寺,召法雲爲寺主,創立僧制〔三〕。

〔一〕大唐西域求法高僧傳卷一："但造寺之人,名爲寺主,梵云'毗訶羅
　　　莎弭'。"翻梵語卷三迦絺那衣法第十八："摩摩帝帝陀羅,本云'知
　　　法人',舊譯曰'寺主',持律者云'知法寺主'。聲論者云正外國
　　　音,應言'摩末底哿彌陀他'。'摩末底'翻爲寺主,'哿彌陀他'翻
　　　爲治,謂治寺主比丘。"

〔二〕見大宋僧史略卷中雜任僧職。又,祖庭事苑卷八雜志:"監寺,僧史

曰：知事三綱者，若網罟之巨繩，提之則百目正矣。梵語‘摩摩帝’，此云‘寺主’，即今之監寺也。詳其寺主，起於東漢白馬也。寺既爰處，人必主之，于時雖無寺主之名，而有知事之者。至東晉以來，此職方盛。今吾禪門有內外知事，以監寺爲首者，蓋相沿襲而然也。”

〔三〕見北山録卷八住持行。續高僧傳卷五梁揚都光宅寺沙門釋法雲傳：“釋法雲，姓周氏，宜興陽羡人，晉平西將軍處之七世也。（中略）至七年，制注大品，朝貴請雲講之，辭疾不赴。帝云：‘弟子既當今日之位，法師是後來名德，流通無寄，不可不自力爲講也。’因從之。尋又下詔，禮爲家僧，資給優厚，勅爲光宅寺主。創立僧制，雅爲後則。”

維那　南山云：“聲論翻爲‘次第’，謂知僧事之次第。”〔一〕寄歸傳云：華梵兼舉也。“維”是綱維，華言也。“那”是梵語，刪去“羯磨陀”三字也〔二〕。僧史略云：“梵語‘羯磨陀那’，譯爲‘事知’，亦云‘悦衆’，謂知其事、悦其衆也。稽其佛世，飲光統衆於靈鷲，身子涖事於竹林。”〔三〕音義指歸云：僧如網，假有德之人爲綱〔四〕繩也。隋智琳，潤州刺史李海游命琳爲斷事綱維〔五〕。迨〔六〕後寺立三綱：上座、維那、典座〔七〕也。

〔一〕見道宣撰四分律刪繁補闕行事鈔卷上集僧通局篇。

〔二〕南海寄歸內法傳卷四灌沐尊儀：“授事者，梵云‘羯磨陀那’。‘陀那’是授，‘羯磨’是事，意道以衆雜事指授於人。舊云‘維那’者，非也。‘維’是周語，意道綱維。‘那’是梵音，略去‘羯磨陀’字也。”祖庭事苑卷八雜志：“維那，寄歸傳云華梵兼舉也。‘維’是綱維，華言也。‘那’是略梵語，刪去‘羯磨陀’三字。此云‘悦衆’也。又，十誦云：以僧坊中無人知時，限唱時至，及打楗椎，又無人塗治掃灑講堂、食處，無人相續鋪牀，衆亂時無人彈指等，佛令立維那。又聲論翻爲次第，謂知事之次第者也。今禪門令掌僧藉及表白等事，必選當材。”

〔三〕見大宋僧史略卷中僧寺綱糾。

〔四〕綱：大正藏本作“網”。

〔五〕續高僧傳卷一〇隋丹陽仁孝道場釋智琳傳：“釋智琳，姓闔丘氏，高平防輦人也。（中略）開皇十六年，潤州刺史李海游屈爲斷事，綱維是寄,允當僉屬。"

〔六〕 迆:大正藏本作"爾"。

〔七〕 大宋僧史略卷中雜任職員:"典座者,謂典主牀座九事,舉座一色以
　　　　攝之,乃通典雜事也。"摩訶僧祇律卷六:"九事者,典次付床座、典
　　　　次差請會、典次分房舍、典次分衣物、典次分花香、典次分果蓏、典
　　　　次知暖水人、典次分雜餅食、典次知隨意舉堪事人。"

鐸曷攞

　寄歸傳云:"唐言'小師'。"〔一〕毗柰耶云:難
陀比丘呼十夏〔二〕比丘爲小師〔三〕。如僧叡謂僧導云:"君
當爲萬人法主,豈可對揚小師乎!"〔四〕

〔一〕 見南海寄歸内法傳卷三受戒軌則。

〔二〕 十夏:根本説一切有部毗柰耶、釋氏要覽卷上師資"小師"條引皆作
　　　　"十七衆"。參下注。

〔三〕 根本説一切有部毗柰耶卷四〇故惱苾芻學處:"佛在室羅伐城逝多
　　　　林給孤獨園。時大目乾連與十七衆出家并受近圓,彼十七衆遂便
　　　　親近六衆苾芻。時鄔陀夷告十七衆作如是語:'具壽,汝等爲我作
　　　　如是如是事。'答曰:'我不能作。豈仁是我阿遮利耶、鄔波馱耶,令
　　　　我執作?'鄔陀夷見是語已,即便驅遣,不許同住。時十七衆遂向餘
　　　　處而爲讀誦。鄔陀夷便詣鄔波難陀處告言:'上座知不? 此諸小師
　　　　不受我語,事欲如何?'鄔波難陀曰:'汝今應可令彼小師各生惱
　　　　悔,廢其習讀。當作是語,廣説惱緣。'"

〔四〕 見高僧傳卷七釋僧導傳。

阿夷恬

　此云"新學",亦云"新發意"〔一〕。

〔一〕 玄應一切經音義卷八:"阿夷恬,徒兼反,梵言也,此譯云'新學',
　　　　亦言'新發意'也。"

翻譯名義集二

姑蘇景德寺普潤大師法雲編

八部篇第十四

一、天，二、龍，三、夜叉，四、乾闥婆，五、阿脩羅，六、迦樓羅，七、緊那羅，八、摩睺羅伽。

原夫佛垂化也，道濟百靈；法傳世也，慈育萬有。出則釋天前引，入乃梵王後隨。左輔大將，由滅惡以成功；右弼_{房密}金剛，用生善而爲德。三乘賢聖，既肅爾以歸投；八部鬼神，故森然而翊衛。今此纂集，宜應編[一]錄。

〔一〕編：永樂北藏本、嘉興藏本作"徧"。

提婆　此云"天"。法華疏云："天者，天然自然勝、樂勝、身勝。"[一]故論云：清淨光潔，最勝最尊，故名爲天。苟非最勝之因，豈生最勝之處？言最勝因者，所謂十善：身三、語四及意三行，由其三業，防止過非，有順理義，即名十善。以兹十善，運出五道，故此十戒，名曰天乘。若單修習上品十善，乃生欲界：一、四天王天，二、忉利天。若修十善，坐未到定，乃生：三、夜摩天，四、兜率天，五、化樂天，六、他化自在天。由禪定力故，使四天皆悉居空，不依于地。言未到定者，亦云未至，由其未入根本定故。如止觀云：若端坐攝身，調和氣息，泯然澄静，身如雲影，虛豁清淨，而猶見有身心之相，是則名爲欲界定也。從此已去，忽然不見欲界定中身首、衣服、牀鋪等事,猶如虛空,同^同户頂安隱。身是事障,事障未來,障去身空,未來得發,如是名爲未到定相^{〔二〕}。是爲欲界六天因果。

若修根本四禪,離欲麁散,則生色界。然此色界,依薩婆多,但十六處。俱舍疏云:"除大梵天,謂梵輔天中有高樓閣,名大梵天,一主所居,更無別地。除無想天,謂廣果天中有高勝處,名無想天,非別有地。"若依經部,立十七天,故頌釋云:"謂大梵王與梵輔等處雖不別,身形壽量皆不等故,別立大梵。"^{〔三〕}若上座部,謂無想、廣果因果別故,立十八天,分爲四禪。初禪三天:一、梵衆,乃所統之民也。二、梵輔,輔弼梵王之臣佐也。三、大梵,得中間禪,爲世界主。劫初先生,劫盡後没,威德既勝,褒^愽美稱大。二禪三天:一、少光,於二禪中,光最少故。二、無量光,光明轉增,無限量故。三、光音,口絕言音,光當語故。梵語"盧安合天",晉云"有光壽",亦云"少光"。梵云"盧波摩那",此云"無量光"。梵語"阿波會",此云"光音"。三禪三天:一、少淨,意地樂受,離喜貪故,少分清淨。二、無量淨,淨勝於前,不可量故。三、徧淨,梵云"首訶既那",樂受最勝,淨周普故。四禪九天:一、無雲,下之三禪,皆依雲住,至此四禪,方在空居。二、福生,具勝福力,方得往生。三、廣果,異生果報,此最勝故,梵云"惟于頗羅"。而此三天,是凡夫住。四、無想天,外道所居,計爲涅槃,但是一期心想不行,故名無想。五、無煩,無於見思煩惱雜故。六、無熱,意樂調柔,離熱惱故。七、善見,梵語"須豒於計天",定障漸微,見極明徹。八、善現,形色轉勝,善能變現。九、色究竟,色法最極,是究竟處。無煩等天,那含所居,呼此五天名五那含。

若厭色籠,修四空定,生四空天,名無色界:一、空處。禪門云:"此定最初離三種色,心緣虛空,既與無色相應故,名虛空定。"二、識處。禪門云:"捨空緣識,以識爲處,正從所緣處受名。”三、無所有處。禪門:“名不用處,修此定時,不用一切内外境界,外境名空,内境名心。捨此二境,因初修時,故言不用處。”四、非有想非無想。禪門云:“有解云:前觀識處是有想,不用處是無想,今雙除上二想。亦有解言:約凡夫説,言非有想。約佛法中説,言非無想。合而論之,故言非有想非無想。”〔四〕

　　然此四空,大小乘教論其無色,其義碩異。且小乘教,如俱舍云:“無色無身,依同分命根,轉令心相續。”〔五〕不相應行,有二十四種:一、得,二、命根,三、衆同分〔六〕。疏釋曰:“獲成就者,名之爲得。第八識種,令色心不斷,名爲命根。或種實命,假業爲命,類相似故,名衆同分。”〔七〕又,世品云:“無色界都無處所,以非色法無方所故。”〔八〕謂於是處得彼定者,命終即於是處生故。又,成實論云:色是無教,不至無色〔九〕。今謂若云都無處所,華嚴安云“菩薩鼻根,聞無色界宮殿之香”〔一〇〕? 若大衆部,乃云但無麁色,非無細色〔一一〕,故阿含説舍利弗入涅槃時,無色界天空中淚下如春細雨〔一二〕,故知無色非無細色,此是小乘宗計兩殊。

　　若大乘教,如楞嚴云:“是四空天,身心滅盡,定性現前,無業果色也。”〔一三〕孤山釋云:“非業果色者,顯有定果色也。”〔一四〕俱舍纂〔一五〕云:無業果色,非異熟身。如輔行云:“曾聞有一比丘,得無色定,定起摸空。人問何求,荅:‘覓我身。’旁人語言:‘身在床上。’於此得定,尚不見身。”〔一六〕驗知四空無業果色而言顯有定果色者,顯揚論名定自在所生色〔一七〕,謂勝定力故,於一切色皆得自在,即以定變起五塵境故。論云:變身萬億,共立毛端,空量地界〔一八〕。中陰經云:“無色諸天,禮拜世尊。”〔一九〕楞嚴亦云:“無色稽首。”〔二〇〕仁王經説:“無色界天,雨諸香華,香如須弥,華如車輪。”〔二一〕然涅槃云:“非想等天若無色者,云何得有去來、進止如是之義? 諸佛境界,非聲聞、緣覺所知。”〔二二〕以聲聞經説所證空,遂謂極處悉皆無色。大乘實説界外尚受法性之色，豈此四天唯空空然？故斥二乘，非所知也。

　　淨名疏云："若不了義教，明無色界無色。若了義教，明無色界有色。"〔二三〕然大論云："諸天命欲終時，五死相現：一、華冠萎，二、腋下汗出，三、蠅來著身，四、見更有天坐己生處，五、自不樂本座。諸天見是死相，念惜天樂，見當生惡處，心即憂毒。"〔二四〕又，俱舍論明其五衰，有小大異："小五衰者：一、衣服嚴具，出非愛聲。二、自身光明，忽然昧劣。三、於沐浴位，水滴著身。四、本性嚚許嬌馳，今滯一境。五、眼本凝寂，今數瞬舒閏動。此五相現，非定命終，遇勝善緣，猶可轉故。復有五種大衰相現：一、衣染塵埃，二、華鬘萎悴，三、兩腋〔二五〕汗出，四、臭氣入身，五、不樂本座。此五相現，必定當死。"〔二六〕又，大論明天通，辨四種："一、名天，二、生天，三、淨天，四、淨生天。一、名天者，如今國王名天子。二、生天者，從四天王至非有想非無想天。三、淨天者，人中生諸聖人。四、淨生天者，三界天中生諸聖。"〔二七〕又，涅槃亦明四天："一者、世間天，如諸國王。二者、生天，從四天王至非非想。三者、淨天，謂四果支佛。四者、義天，謂十住菩薩，以見一切法是空義故。"〔二八〕如是諸天，名廣義豐，當區別矣。

〔一〕見智顗説妙法蓮華經文句卷四下。

〔二〕詳見智顗説、灌頂記摩訶止觀卷九上。

〔三〕"俱舍疏云"至此之引文，見唐圓暉述俱舍論頌疏論本卷八。

〔四〕"禪門云"至此之引文，見智顗説釋禪波羅蜜次第法門卷六。

〔五〕見阿毗達磨俱舍論卷八。

〔六〕玄奘譯大乘百法明門論："心不相應行法，略有二十四種：一、得，二、命根，三、眾同分，四、異生性，五、無想定，六、滅盡定，七、無想報，八、名身，九、句身，十、文身，十一、生，十二、老，十三、住，十四、無常，十五、流轉，十六、定異，十七、相應，十八、勢速，十九、次第，二十、方，二十一、時，二十二、數，二十三、和合性，二十四、不和合性。"

〔七〕見唐義忠述大乘百法明門論疏卷下。

〔八〕見圓暉述俱舍論頌疏論本卷八。

〔九〕出處俟考。窺基撰妙法蓮華經玄贊卷四亦引,云:"成論人云:色是無教法,不至無色。"成論人,即成實宗之論師。

〔一〇〕見唐澄觀述大方廣佛華嚴經隨疏演義鈔卷六九。

〔一一〕阿毗達磨大毗婆沙論卷三八:"彼經説無色界出離色者,出離麁色,非無細色。如説色界出離諸欲,而色界中猶許有色。説無色界出離諸色,無色界中應許有色。彼不應作是説,不説色界出離色故,可猶有色;説無色界出離色故,應定無色。又如色界説出離欲,細欲亦無。説無色界出離色故,亦無細色。"

〔一二〕增一阿含經卷一八:"時,舍利弗已取滅度,諸天皆在空中,悲號啼哭,不能自勝,虛空之中,欲天、色天、無色天,悉共墮淚,亦如春月細雨和暢。"

〔一三〕見大佛頂如來密因修證了義諸菩薩萬行首楞嚴經卷九。

〔一四〕見思坦集注楞嚴經集注卷九。

〔一五〕俱舍纂:俟考。

〔一六〕見湛然述止觀輔行傳弘決卷六之一。

〔一七〕見顯揚聖教論卷一。

〔一八〕瑜伽師地論卷五四:"由勝定者,勝定力故先起大種,然後造色變異而生。當知是名由勝定故,大種變異,因此造色變異而生。""心自在轉微細性者,謂色、無色二界諸色,如經説有等心諸天,曾於人中如是如是資熏磨瑩其心。隨此修力,住一毛端,空量地處。展轉更互,不相妨礙。"唐良賁仁王護國般若波羅蜜多經疏卷上二引,文字與名義集引相同。

〔一九〕見中陰經卷下。

〔二〇〕見大佛頂如來密因修證了義諸菩薩萬行首楞嚴經卷七。

〔二一〕見仁王護國般若波羅蜜多經卷上序品。

〔二二〕見曇無讖譯大般涅槃經卷五。

〔二三〕見智顗説、湛然略維摩經略疏卷八。

〔二四〕見大智度論卷五八。

〔二五〕腋:原作"液",據永樂北藏本、嘉興藏本改。

〔二六〕見阿毗達磨俱舍論卷一〇。

〔二七〕見大智度論卷二二。

〔二八〕見曇無讖譯大般涅槃經卷二二。

提多羅咤陟駕切　大論云：“秦言‘治國’，主乾闥婆及毗舍闍。”〔一〕光明疏云：“上升之元首，下界之初天，居半須彌。東黃金埵王，名提頭賴吒，此云‘持國’。”〔二〕又翻“安民”〔三〕。

〔一〕見大智度論卷五四。

〔二〕見智顗説、灌頂録金光明經文句卷五釋四天王品。

〔三〕智顗説妙法蓮華經文句卷二下：“‘四大天王’者，帝釋外臣，如武將也，居四寶山，高半須彌，廣二十四萬里。東提頭賴吒，此云‘持國’，亦言‘安民’，居黃金山，領二鬼：捷闥婆、富單那。南毗留勒叉，此云‘增長’，亦云‘免離’，居瑠璃山，領二鬼：薛荔多、鳩槃茶。西毗留博叉，此云‘非好報’，亦云‘惡眼’，亦云‘雜語’，居白銀山，領二鬼：毒龍、毗舍闍。北毗沙門，此云‘種種聞’，亦云‘多聞’，居水精山，領二鬼：羅刹、夜叉。各領二鬼不令惱人，故稱護世。”

毗流離　大論云：“秦言‘增長’，主弓槃茶〔一〕及薛荔多。”〔二〕光明疏云：“南瑠璃埵王，名毗留勒叉。”〔三〕亦翻“免離”。

〔一〕茶：大正藏本作“荼”。按：荼，徐鉉曰：“此即今之‘茶’字。”顧炎武唐韻正下平聲卷之四：“荼荈之‘荼’與苦荼之‘荼’，本是一字。古時未分麻韻，荼荈字亦只讀爲徒。漢魏以下，乃音宅加反，而加字音居何反，猶在歌、戈韻。梁以下始有今音，又妄減一畫，爲‘茶’字。愚游泰山岱嶽，觀覽唐碑題名，見大曆十四年刻‘茶藥’字，貞元十四年刻‘茶宴’字，皆作茶。又，李邕婆羅樹碑、徐浩不空和尚碑、吳通微楚金禪師碑‘茶毗’字、崔琪靈運禪師碑‘茶椀’字，亦作茶。其時字體尚未變，至會昌元年柳公權書玄秘塔碑銘、大中九年裴休書圭峰禪師碑，‘茶毗’字俱減此一畫，則此字變於中唐以下也。”日知録卷七“茶”條，亦曰：“‘茶’字自中唐始作‘茶’。”本書各處底本與諸校本中，茶、荼多有不同者。後皆以底本爲是，不一一説明。

〔二〕見大智度論卷五四。

〔三〕見智顗説、灌頂録金光明經文句卷五釋四天王品。

毗流波叉　大論云：“秦言‘雜語’，主諸龍及富樓多那。”〔一〕光明疏云：“西白銀埵王，名毗留愽叉。”〔二〕又翻“非好報”，又翻“惡眼”，亦翻“廣目”。

〔一〕見大智度論卷五四。

〔二〕見智顗説、灌頂録金光明經文句卷五釋四天王品。

鞞部迷沙門　　大論云：“秦言‘多聞’，主夜叉及羅刹。”〔一〕光明疏云：“北水精埵王，名毗沙門。”〔二〕索隱〔三〕云：“福德之名聞四方故，亦翻普聞。佛令掌擎古佛舍利塔。”僧史略云：“唐天寶元年，西蕃五國來寇安西。二月十一日，奏請兵解援。發師萬里，累月方到。近臣奏：‘且詔不空三藏入內持念。’玄宗秉香爐，不空誦仁王護國陁羅尼。方二七遍，帝忽見神人五百員，帶甲荷戈在殿前。帝問不空，對曰：‘此毗沙門天王第二子獨健副陛下心，往救安西。’其年四月奏：‘二月十一日巳時後，城東北三十里雲霧冥晦，中有神，可長丈餘，皆被金甲。至酉時，皷角大鳴，地動山搖。經二日，蕃寇奔潰。斯須，城樓上有光明天王現形。謹圖樣隨表進呈。’因勑諸道州府，於西北隅，各置天王形像。”〔四〕此四天王，居須弥腹，故俱舍云：“妙高層有四，相去各十千，傍出十六千，八、四、二千量，堅首及持鬘，常憍大王衆，如次居四級，亦住餘七山。”〔五〕此四名曰四王八部。或標二十八部者，一云一方有四部，六方則成二十四部，四維各一，合爲二十八部。一云一方有五部，謂地、水、火、風、空，四方成二〔六〕十部，并四王所領八部，爲二十八部〔七〕。感通傳：“天人費氏云：一王之下有八將軍，四王三十二將，周四天下往還，護助諸出家人。四天下中，北天一洲少有佛法。餘三天下，佛法大弘。然出家人，多犯禁戒，少有如法。東、西天下，少有黠慧，煩惱難化。南方一洲，雖多犯罪，化令從善，心易調伏。佛臨涅槃，親受付囑，並令守護，不使魔撓。若不守護，如是破戒，誰有行我之法教者？故佛垂誡，不敢不行，雖見毀禁，愍而護之。見行一善，萬過不咎，事等忘瑕，不存往失。韋將軍,三十二將之中,最存弘護,多有魔子、魔女輕弄比丘,道力微者,並爲惑亂,將軍恓惶奔赴,應機除剪。故有事至,須往四王所,時王見皆起,爲韋將軍修童真行,護正法故。”〔八〕

〔一〕見大智度論卷五四。

〔二〕見智顗說、灌頂録金光明經文句卷五釋四天王品。

〔三〕索隱:即金光明經文句索隱記,四卷,簡稱索隱記,爲孤山智圓進一步解釋金光明經文句的著作,全書已佚。智圓閑居編卷五,收有金光明經文句索隱記序:“予養疾于錢唐郡西湖之孤山,忝訓人以三觀學。其或病之間,晦之隙,則好把筆以銷日。由是智者之所說,荊溪之未記者,悉得記之。兹疏荊溪之未記者也,而辭語高遠,旨意纖密,往者之闕疑,來者之未喻,亦多矣。予不揆無似,因爲之記,凡四卷,庶有裨於吾道也,而以‘索隱’命題焉。索者,求也,求幽隱以伸之也。其有求之不盡者,竢後賢以求之。噫,雖四海之廣,百世之遠,與吾同道者,則知吾志與? 神宋天禧二年歲次戊午十月八日於瑪瑙坡負暄亭序。”

〔四〕見大宋僧史略卷下城闉天王。

〔五〕見阿毗達磨俱舍論卷一一。又,阿毗達磨俱舍釋論卷八:“須彌婁山從水際取初層,中間相去十千由旬,乃至第四層,相去亦爾。由此四層山王半量,層層所圍繞。此四層次第出,復有幾量?(中略)初層從須彌婁傍出十六千由旬,第二八千,第三四千,第四二千由旬出。何衆生得住此中?(中略)有夜叉神,名俱盧多波尼,住初層。復有諸天神,名持鬘,住第二層。復有天神,名恒醉,住第三層。如此等,皆是四大王天軍衆。四天王自身及餘眷屬住第四層。如於四層中,四大王天眷屬住。(中略)於由乾陀羅等七山小大國土,大天王所餘眷屬住皆遍滿。是故四天王天衆皆依地住,三十三天住須彌婁頂。”

〔六〕二:原作“一”,據永樂北藏本、嘉興藏本改。

〔七〕“一方有四部”至此,見智顗說、灌頂録金光明經文句卷五釋散脂鬼神品。

〔八〕見道宣律師感通録。

忉利 應法師云:“梵音訛略,正言‘多羅夜登陵舍’,此云‘三十三’。”〔一〕俱舍頌云:“妙高頂八万,三十三天居。

四角有四峰,金剛手所住。中宮名善現,周萬踰繕那,高一半金城,中有殊勝殿,周千踰繕那。”〔二〕

〔 一 〕見玄應一切經音義卷二。

〔 二 〕見阿毗達磨俱舍論卷一一。踰繕那,又稱“由旬”,帝王一日行軍之里程。或云四十里,或云二十里。詳見本書卷三數量篇第三十六“踰繕那”條。

釋提桓因　大論云:“釋迦,秦言‘能’;提婆,秦言‘天’;因提,秦言‘主’。合而言之,云‘釋提婆那民’。”〔一〕或云“釋迦提婆因陀羅”,今略云“帝釋”,蓋華梵雙舉也〔二〕。雜阿含云:有一比丘,問佛:“何故名釋提桓因?”答:“本爲人時,行於頓施,堪能作主,故名釋提桓因。”〔三〕瓔珞經云:“汝今天帝釋,功德衆行至。千佛兄弟過,無復賢劫名,中間永曠絶,二十四中劫,後乃有佛出,刹土名普忍。彼佛壽七劫,遺法亦七劫,其法已没盡,曠絶經五劫。汝於彼刹土,當紹如來位,号名無著尊。”〔四〕淨名疏云:“若此間帝釋,是昔迦葉佛滅,有一女人,發心修塔。復有三十二人,發心助修。修塔功德,爲忉利天主。其助修者,而作輔臣。君臣合之,名三十三天。”〔五〕

〔 一 〕見大智度論卷五四。

〔 二 〕慧琳一切經音義卷二五:“釋提洹因,具云‘釋迦提婆因陀羅’。‘釋迦’云‘能仁’也,‘提婆’云‘天’也,‘因陀羅’此云‘主’。”又,卷二七:“釋提桓因,釋迦提婆因達羅。‘釋迦’,刹帝利姓,此云能也。‘提婆’,天也。‘因達羅’,帝也。即釋中天帝也。”

〔 三 〕雜阿含經卷四〇:“時,有異比丘來詣佛所,稽首佛足,退住一面,白佛言:‘世尊! 何因、何緣釋提桓因名釋提桓因?’佛告比丘:‘釋提桓因本爲人時,行於頓施,沙門、婆羅門、貧窮、困苦、求生行路乞,施以飲食、錢財、穀、帛、華香、嚴具、床臥、燈明,以堪能故,名釋提桓因。’”按:此處引文,當據智顗説妙法蓮華經文句卷二下。頓施,謂恭敬布施。頓,不怠慢。

〔 四 〕見菩薩瓔珞經卷九無著品。

〔 五 〕見智顗説、湛然略維摩經略疏卷二。又,吉藏撰法華義疏卷一:“釋提桓因者,具足外國語應云'釋迦提桓因陀羅','釋迦'爲能、'提桓'爲天、'因陀羅'爲主,以其在善法堂治化稱會天心,故稱爲能天主。而云'三十三天'者,三十二爲臣,四廂各八臣,故三十二也;而一天爲主,故云三十三天。"

須夜摩 此云"善時分",又翻"妙善"〔一〕。新云"須燄摩",此云"時分",時時唱快樂故。或云受五欲境,知時分故〔二〕。

〔 一 〕玄應一切經音義卷三:"須炎,或作'須夜摩天',此云'妙善天'。又,'炎摩',此云'時分'。'須炎摩',此言'善時分',即天主也。"慧苑新譯大方廣佛華嚴經音義卷上:"須夜摩,'須',善也;'夜摩',時也。言彼諸天,光明赫奕,晝夜不別,但看花開合以分其時。既非明暗之時,故曰'善時天'。"

〔 二 〕佛地經論卷五:"夜摩天者,謂此天中隨時受樂,故名'時分'。"唐法寶撰俱舍論疏卷八:"夜摩天者,此云'時分',受五欲境,知時分故。"

兜率陀 此云"妙足"。新云"覩史陀",此云"知足"〔一〕。西域記云:"覩史多,舊曰'兜率陀'、'兜術陀',訛也。"〔二〕於五欲知止足,故佛地論名"憙足",謂後身菩薩於中教化,多修憙足故〔三〕。

〔 一 〕慧琳一切經音義卷一二:"覩史多,梵語也,欲界中空居天名也。舊云'兜率陀',或云'兜術',或云'兜馱多',皆梵語訛略不正也。唐云'知足',或云'妙足'。凡聖界地章云:下天多放逸,上天多闇鈍,故云'知足'。一生補處菩薩多作此天王。雖復萬行齊功,十度之中而偏修精進。婆沙論及正法念經等說彼天以寶雲爲地,下去大海三十二萬瑜繕那。人間四百年,爲彼天中一晝夜,壽命四千歲,身形長二里。"

〔 二 〕見大唐西域記卷三烏仗那國。

〔 三 〕佛地經論卷五:"覩史多天,後身菩薩於中教化,多修喜足,故名'喜足'。"

須涅密〔一〕**陀** 或"尼摩羅"〔二〕。大論云:"秦言'化自樂'。"〔三〕"自化五塵而自娛樂,故言化自樂。"〔四〕楞嚴名"樂變化天"〔五〕。

〔一〕密：永樂北藏本、嘉興藏本作“蜜”。

〔二〕玄應一切經音義卷三：“尼摩羅天，或云‘須蜜陀天’，此云‘化樂天’，亦云‘樂變化天’是也。”

〔三〕大智度論卷五四：“須涅蜜陀，秦言‘化樂’。”

〔四〕見大智度論卷九。

〔五〕大佛頂如來密因修證了義諸菩薩萬行首楞嚴經卷八：“我無欲心應汝行事，於橫陳時味如嚼蠟，命終之後生越化地，如是一類，名樂變化天。”

婆舍跋提　　或“波羅尼密”〔一〕。大論云：“秦言‘他化自在’。”〔二〕“此天奪他所化而自娛樂，故言他化自在。”〔三〕亦名“化應聲天”。別行疏云：“是欲界頂天，假他所作，以成己樂，即魔王也。”〔四〕

〔一〕密：永樂北藏本、嘉興藏本作“蜜”。　　玄應一切經音義卷三：“波羅尼蜜天，或云‘婆舍跋提天’，此云‘他化自在天’是也。”

〔二〕見大智度論卷五四。

〔三〕見大智度論卷九。

〔四〕智顗説、灌頂記觀音義疏卷下：“自在天，是欲界頂，具云‘婆舍跋提’，此云‘他化自在’。假他所作，以成己樂，即是魔主也。”按：觀音義疏，又稱普門品疏、別行義疏等。

大梵　　經音義：“梵迦夷，此言‘淨身’，初禪梵天。”〔一〕淨名疏云：“‘梵’是西音，此云‘離欲’，或云‘淨行’。”〔二〕法華疏云：“除下地繫，上升色界，故名‘離欲’，亦稱‘高淨’。”〔三〕淨名疏云：“梵王是娑婆世界主，住初禪中間。”〔四〕“即中間禪也，在初禪、二禪兩楹之中。”〔五〕“毗曇云：二禪已上，無言語法，故不立王法。瓔珞禪禪皆有梵王。今謂但加修無量心，報勝爲王，無統御也。初禪有覺觀言語，則有主領，故作世主。”〔六〕次第禪門云：“佛於仁王經，説十八梵，亦應有民主〔七〕之異。又云四禪中，有大靜王。而佛於三藏中，但説初禪有大梵天王者，以初禪内有覺觀心，則有語言法，主領下地衆生爲便。”〔八〕證真云：“劫初成時，梵王先生，獨住一劫，未有梵侶。後起念云：願諸有情來生此處。

作是念已，梵子即生。外道不測，便執梵王是常，梵子無常。"〔九〕

〔一〕玄應一切經音義卷三："梵迦夷天，此言'淨身天'也。梵，淨也，即初禪梵天也。"

〔二〕見智顗説、湛然略維摩經略疏卷二。

〔三〕智顗説妙法蓮華經文句卷二下："'梵'者，此翻'離欲'，除下地繫，上升色界，故名'離欲'，亦稱'高淨'。"

〔四〕見智顗説、湛然略維摩經略疏卷二。娑婆世界：忍土，爲釋迦牟尼佛所教化的世界，也即此方人類居住的世界。智顗説妙法蓮華經文句卷二下："娑婆，此翻'忍'，其土衆生安於十惡，不肯出離，從人名土，故稱爲忍。悲花經云：'云何名娑婆？是諸衆生忍受三毒及諸煩惱，故名忍土。'亦名'雜'，雜九道共居云云。"

〔五〕智圓述維摩經略疏垂裕記卷二："此云離者，已離欲染故。或云淨行者，離染故淨。住初禪中間者，即中間禪也，在初禪二禪兩楹之中。"

〔六〕見智顗説、湛然略維摩經略疏卷二。

〔七〕民主：釋禪波羅蜜次第法門作"王民"。

〔八〕見智顗説釋禪波羅蜜次第法門卷六。按：釋禪波羅蜜次第法門，簡稱次第禪門。

〔九〕證真：即洪敏證真鈔，已佚。此段文字，仁岳述楞嚴經熏聞記卷五有引。

尸棄 大論云："秦言'火'。"〔一〕或翻"火首"〔二〕。法華疏云："外國喚火爲樹提尸棄，此王本修火定，破欲界惑，從德立名。"〔三〕又云："經標'梵王'，復舉'尸棄'，似如兩人。依大論〔四〕，正以尸棄爲王，今舉位顯名，恐目一人耳。"〔五〕肇曰："尸棄，梵王名，秦言'頂髻'。"〔六〕

〔一〕見大智度論卷九、卷五四。

〔二〕智顗説、湛然略維摩經略疏卷二："尸棄者，此云'火'，或云'火首'。又言'蠱髻'，肉髻似蠱故也。"

〔三〕見智顗説妙法蓮華經文句卷二下，參注五。又，吉藏撰法華義疏卷一："尸棄者，此云'火'。有人言：此梵天王入火光定，頂有火光，故言火也。有人言：餘梵天皆爲火災所燒，獨此天火災不燒，故云火也。又翻爲‘頂髻’。有人言：頂上有火如髻，故云頂髻也。”

〔四〕 大論：妙法蓮華經文句作“釋論”。

〔五〕 智顗説妙法蓮華經文句卷二下：“尸棄者，此翻爲‘頂髻’。又，外國喚火爲樹提尸棄，此王本修火光定，破欲界惑，從德立名。然經標‘梵王’，復舉‘尸棄’，似如兩人，依釋論，正以尸棄爲王，今經舉位顯名，恐目一人耳。住禪中間，内有覺觀，外有言説，得主領爲王，單修禪爲梵民，加四無量心爲王也。”

〔六〕 見僧肇撰注維摩詰經卷一。

梵富樓　此云“前益天”，在梵前行，恒思梵天利益。亦名“梵輔”〔一〕。

〔一〕 慧琳一切經音義卷七二：“梵富樓，初禪第二天也。此云‘梵前思益天’，在梵前行，恒思梵天利益，因以名也。舊言‘梵先行天’，亦言‘梵輔天’也，先行輔梵王也。”

首陁婆　大論云：“秦言‘淨居天’。”〔一〕通五淨居〔二〕。

〔一〕 見大智度論卷五四。

〔二〕 玄應一切經音義卷一九：“首陀婆娑，或云‘私陁婆娑’，‘私陁’、‘首陀’，此云淨；‘婆娑’，此云宫，亦言舍，或言處，即五淨居天是也。”

阿迦尼吒竹稼切　正名“阿迦抧女几瑟摅勑佳”，或云“阿迦尼沙”，此云“質礙究竟”，即色究竟天〔一〕。

〔一〕 慧苑新譯大方廣佛華嚴經音義卷上：“阿迦尼吒天，具云‘阿迦尼瑟吒’。言‘阿迦’者，色也；‘尼瑟吒’，究竟也。言其色界十八天中，此最終極也。又云‘阿’，無也；‘迦尼瑟吒’，小也。謂色界十八天中，最下一天，唯小無大，餘十六天，上下互望，亦大亦小，此之一天，唯大無小，故以名也。”又，窺基撰妙法蓮華經玄贊卷二：“梵云‘阿迦抧瑟掃’，此云‘質礙究竟’。‘阿迦’，質礙義。‘抧瑟掃’，究竟義。‘阿迦尼’，訛也。色究竟天，有形之頂，光可至處，不照無色，彼無處故。”

摩醯首羅　大論：“此云‘大自在’，正名‘摩訶莫醯伊濕伐羅’，八臂，三眼，騎白牛。”〔一〕普門疏云：“樓炭稱爲阿迦尼吒，華嚴稱爲色究竟，或有人以爲第六天，而諸經論多稱大自在，是色界頂。釋論云：過淨居天，有十住菩薩，號大自

在〔二〕,大千界主。十住經云:大自在天光明勝一切衆
生〔三〕。涅槃獻供,大自在天最勝〔四〕,故非第六天
也。”〔五〕灌頂云:“字威靈帝。”〔六〕

〔一〕見大智度論卷二。又,慧琳一切經音義卷二一:“摩醯首羅,正云
　　　‘摩醯濕伐羅’。言‘摩醯’者,此云大也;‘濕伐羅’者,自在也。謂
　　　此大王於大千界中,得自在故。”

〔二〕大智度論卷九:“第四禪有八種:五種是阿那含住處,是名淨居;三
　　　種,凡夫、聖人共住。過是八處,有十住菩薩住處,亦名淨居,號大
　　　自在天王。”

〔三〕十住經卷四法雲地第十:“佛子!大自在天王光明一切生處,衆生
　　　光明所不能及,能令衆生身心涼冷。”

〔四〕曇無讖譯大般涅槃經卷一:“爾時,大自在天王與其眷屬無量無邊
　　　及諸天衆所設供具,悉覆梵釋、護世四王、人天八部及非人等所有
　　　供具。梵釋所設,猶如聚墨在珂貝邊,悉不復現。”

〔五〕見智顗説、灌頂記觀音義疏卷下。

〔六〕見東晉帛尸梨蜜多羅譯佛説灌頂經卷四。

　　摩利支　　此云“陽炎”,在日前行〔一〕。

〔一〕末利支提婆華鬘經:“有天名‘末利支’,常在日前行。”又,“陽炎”
　　　者,玄應一切經音義卷三:“野馬,猶陽炎也。案,莊子所謂‘塵埃
　　　也,生物之以息相吹’者,注云:鵬之所憑而飛者,乃是遊氣耳。大
　　　論云:飢渴悶極,見熱氣,謂爲水是也。”又作“陽焰”,慧琳一切經
　　　音義卷七:“陽焰,熱時遥望,地上、屋上陽氣也,似焰非焰,故名陽
　　　焰,如幻如化。”

　　散脂修摩　　此云〔一〕“密”,謂名、行、理、智四皆密故。
天台釋天大將軍,乃云:“金光明以‘散脂’爲大將。大經云
八臂健提,天中力士。大論又稱‘鳩摩羅伽’,此云‘童子’,
騎孔雀,擎鷄,持鐸,捉赤幡。復有韋紐,此云‘徧〔二〕聞’,四
臂,捉貝持輪,持金翅鳥,皆是諸天大將。未知此大將軍,定
是何等。”〔三〕光明疏云:“二十八部巡游世間,賞善罰惡,皆
爲散脂所管。”〔四〕

〔一〕云:永樂北藏本、嘉興藏本作“翻”。

〔二〕徧:大正藏本作“編”。

〔三〕智顗説、灌頂記觀音義疏卷下:"天大將軍者,如金光明即以'散脂'爲大將。大經云'八健提',天中力士。釋論稱'魔醯首羅',如前。又稱'鳩摩伽',此云'童子',騎孔雀,擎雞,持鐸,捉赤旛。韋紐,此稱'遍聞',四臂,捉貝持輪,騎金翅烏,皆是諸天大將。未知此大將軍,定是何等。""釋論"云者,見大智度論卷二。

〔四〕智顗説、灌頂録金光明經文句卷五釋散脂鬼神品:"具存梵音,應言'散脂修摩',此翻爲'密'。密有四義,謂名密、行密、智密、理密,云云。蓋北方天王大將。餘三方各有:東方名樂欲,南方名檀帝,西方名善現。各有五百眷屬,管領二十八部。孔雀王經云:一方有四部,六方則二十四部,四維各一部,合爲二十八部。又説者云:一方有五部,謂地、水、火、風、空。四方有二十部,足四王所領八部,是爲二十八部。巡遊世間,賞善罰惡,皆以散脂所管。聞經歡喜,發誓護於説者、聽者。從能護人受名,故言'散脂'。云云。"

跋闍羅波膩　梁云"金剛"〔一〕。應法師云:"'跋闍羅',此云'金剛';'波膩',此云'手'。謂手執金剛杵以立名。"〔二〕正法念云:昔有國王夫人,生千子,欲試當來成佛之次第故,俱留孫探得第一籌,釋迦當第四籌,乃至樓至當千籌。第二夫人生二子,一願爲梵王,請千兄轉法輪;次願爲密跡金剛神,應法師云:"梵語'散那',譯云'密主',知佛三密功德故也。梵本都無'迹'義,以示迹爲神,譯者義立,故云'密迹'。"〔三〕護千兄教法。世傳樓至化身,非也,乃法意王子。據經唯一人,今狀於伽藍之門而爲二像。夫應變無方,多亦無咎〔四〕。出索隱記〔五〕。

〔一〕見關中創立戒壇圖經。

〔二〕應法師:當即玄應。玄應一切經音義卷三:"和夷羅洹閲叉,即執金剛神也,手執金剛杵,因以名焉。"然未見其有釋"跋闍羅波膩"者。

〔三〕玄應一切經音義卷一:"密迹,梵言'散那',此譯云'密主'。密是名,以知佛三密功德故也;主者,夜叉主也。案,梵本都無'迹'義,當以示迹爲神,故譯經者義立名耳。"

〔四〕按:"正法念云"至此,亦見宋知禮述金光明經文句記卷五。又,宋智聰述圓覺經心鏡卷六賢善首菩薩章:"金剛,梵語'跋闍羅波膩',此云'金剛手','波膩'翻手。謂手執金剛杵以立名。正法念經云:昔有國王,有二夫人,一生千子,欲試千子當來成佛次第故,俱留孫探得第一籌,釋迦第四籌,乃至樓至第千籌。第二夫人生二子,一願爲梵王,請千兄轉法輪。次願爲密跡金剛神,護千兄教法。依經,僧寺三門,只合一身金剛,一身梵王。今爲對故,塑二金剛,非也。楞嚴云十恒河沙金剛密跡,此八萬亦未爲多。"

〔五〕索隱記:已佚。見前"鞞沙門"條注。

訶利帝南 光明云"訶利帝南",此標梵〔一〕語;"鬼子母等",此顯涼言〔二〕。名雖有二,人祇是一。故律中明"鬼子母"後惣結云:時王舍人衆,皆稱爲訶離帝母神〔三〕。寄歸傳云:"西方施主,請僧齋日,初置聖僧供,次行衆僧食,後於行末安一盤,以供訶利帝母。"〔四〕

〔一〕梵:大正藏本作"禁"。

〔二〕金光明經卷三鬼神品:"訶利帝南鬼子母等,及五百神,常來擁護,聽是經者,若睡若寤。"宗曉述金光明經照解卷下問答釋疑:"問:鬼神品曰:訶利帝南鬼子母等懺儀,因之亦列二句。由此二句,故塑繪者帝南作男相,鬼母作女相。如此所作,還應名實否?釋曰:此不諳聖教者妄造也。當知經列二句,其實只目一人,但是華梵兼舉耳,故譯梵曰:梵語'訶利帝南',梁言'鬼子母'是也。此兼舉義,經論多之,如云'懺摩',此翻'悔過',今言'懺悔',亦兼稱也。"

〔三〕參見根本説一切有部毗奈耶雜事卷三一。

〔四〕見南海寄歸内法傳卷一受齋軌則。

毗首羯磨 正理論音云:"'毗濕縛羯磨',此云'種種工業'。西土工巧者,多祭此天。"〔一〕

〔一〕玄應一切經音義卷二五:"毗濕縛羯磨天,此云'種種工業'。案,西國工巧者,多祭此天也。"按:此卷音義,爲阿毗達磨順正理論音義。

别他那 梁言"圍"〔一〕。亦云"吠率怒天"〔二〕。

〔一〕出梁僧伽婆羅譯孔雀王呪經卷下。

〔二〕金光明最勝王經疏卷五大辯才天女品第十五之二:"吠率怒,此云'多手',那羅延天之别名。"慧琳一切經音義卷六:"那羅延,梵名,欲界中天名也,一名'毗紐天',欲求多力者,承事供養,若精誠祈禱,多獲神力也。"又,卷二六:"毗紐天,亦作'違紐',此云'遍同',

亦云‘遍勝天’也。”

耆婆天　長水云：“耆婆，此云‘命’。西國風俗，皆事長命天神。”〔一〕此説未知所出。準法華疏云：“耆域，此翻‘固〔二〕活’，生忉利天。目連弟子病，乘通往問，值諸天出園游戲，耆域乘車不下，但合掌而已。目連駐之，域云：‘諸天受樂忽遽，不暇相看，尊者欲何所求？’具説來意。荅云：‘斷食爲要。’目連放之，車乃得去。”〔三〕據此，耆婆天即是醫師耆域也。

〔一〕子璿集首楞嚴義疏注經卷二：“耆婆，此云‘命’。西國風俗，皆事長命天神。子生三歲，即謁彼廟，謝求得也。”

〔二〕固：原作“故”，據妙法蓮華經文句改。

〔三〕見智顗説妙法蓮華經文句卷一下。

蘇利耶　或“蘇棃耶”，或“修利”，此云“日神”〔一〕。日者，説文云：“實也，太陽之精。”〔二〕起世經云：“日天宮殿，縱廣正等五十一由旬，上下亦尔。”〔三〕

〔一〕慧苑新譯大方廣佛華嚴經音義卷上：“蘇利耶，此云‘日’也。”

〔二〕見説文卷七日部。

〔三〕見隋闍那崛多等譯起世經卷一〇。

蘇摩上上聲　此云“月神”。釋名云：“月者，缺也，言滿而復缺。”〔一〕淮南子云：月者，太陰之精〔二〕。起世經云：“月天宮殿，縱廣正等四十九由旬。”〔三〕問：何故月輪初後時缺？荅：如涅槃云：月性常圓，實無增減，因須彌山故有盈虧〔四〕。又，俱舍云：近日自影覆，故見月輪缺。世施設足論云：以月宮殿行近日輪，光所侵照，餘邊發影，自覆月輪故，於尔時見不圓滿〔五〕。然一日月普照四洲者，長阿含云：“閻浮提日中，弗婆提日没，瞿耶尼日出，鬱單越夜半。”經文次第四方徧説〔六〕。

此二名，出大孔雀呪王經〔七〕。

〔一〕見釋名卷一釋天。

〔二〕淮南子天文訓：“積陰之寒氣爲水，水氣之精者爲月。”此説見説文卷七月部:“月者,闕也,太陰之精。”

〔三〕見起世經卷一〇。

〔四〕曇無讖譯大般涅槃經卷九:“譬如有人,見月不現,皆言月没,而作没想,而此月性,實無没也;轉現他方,彼處衆生,復謂月出,而此月性,實無出也。何以故?以須彌山障故不現,其月常生,性無出没。(中略)如此滿月,餘方見半;此方半月,餘方見滿。閻浮提人若見月初,皆謂一日,起初月想。見月盛滿,謂十五日,生盛滿想。而此月性,實無虧盈,因須彌山而有增減。(中略)如是衆生所見不同,或見半月,或見滿月,或見月蝕,而此月性實無增減、蝕噉之者,常是滿月。”

〔五〕見阿毗達磨俱舍論卷一一。

〔六〕長阿含經卷二二:“此閻浮提日中時,弗于逮日没,拘耶尼日出,鬱單越夜半;拘耶尼日中,閻浮提日没,鬱單越日出,弗于逮夜半;鬱單越日中,拘耶尼日没,弗于逮日出,閻浮提夜半;若弗于逮日中,鬱單越日没,閻浮提日出,拘耶尼夜半。閻浮提東方,弗于逮爲西方;閻浮提爲西方,拘耶尼爲東方;拘耶尼爲西方,鬱單越爲東方;鬱單越爲西方,弗于逮爲東方。”

〔七〕佛説大孔雀呪王經卷中:“阿難陀有四藥叉大將,住在空中,擁護所有空居衆生,令離憂苦,其名曰:蘇利耶,日神。蘇摩,月神。惡祁尼,火神。婆庾,風神。彼亦以此大孔雀呪王,擁護我某甲并諸眷屬,壽命百年。”

　　那伽　此云“龍”。別行疏云:“龍有四種:一、守天宫殿,持令不落人間,屋上作龍像之爾。二、興雲致雨,益人間者。三、地龍,決江開瀆。四、伏藏,守轉輪王、大福人藏也。”〔一〕龍有四生,俱舍云:卵生金翅鳥,能食四生龍〔二〕。罵意經云:“墮龍中有四因緣:一、多布施,二、嗔恚,三、輕傷以豉人,四、自貢高。”〔三〕華嚴云:“龍王降雨,不從身出,不從心出,無有積集,而非不見,但以龍王心念力故,霈然洪霔,周徧天下。如是境界,不可思議。”〔四〕

〔一〕見智顗説、灌頂記觀音義疏卷下。

〔二〕俱舍論未見此説。四生者,胎生、卵生、濕生、化生也。吉藏撰法華義疏卷一:“佛法中明有四生龍:一者、卵生金翅鳥能食卵生龍,二者、胎生金翅鳥能食胎、卵二龍，三者、濕生金翅鳥能食三龍，四者、化生金翅鳥具能食四生龍也。”據此，“能食四生龍”者，當爲化生金翅鳥。起世經卷五諸龍金翅鳥品：“彼卵生金翅鳥王，若欲搏取卵生龍時，便即飛往居吒奢摩離大樹東枝之上，觀大海已，乃更飛下，以其兩翅扇大海水，令水自開二百由旬，即於其中，銜卵生龍，將出海外，隨意而食。諸比丘！卵生金翅鳥王，唯能取得卵生龍等隨意食之，則不能取胎生、濕生、化生龍等。”又，參後“迦樓羅”條注一。

〔三〕見後漢安世高譯佛説罵意經。

〔四〕見實叉難陀譯大方廣佛華嚴經卷七九。

難陀　跋難陀　文句云：“難陀，此云‘歡喜’。跋，此翻‘善’。兄弟常護摩竭提國，雨澤以時，國無飢年。瓶沙王年爲一會，百姓聞皆歡喜，從此得名。”〔一〕慈恩云：“第一名喜，次名賢喜。此二兄弟，善應人心，風不鳴條，雨不破塊，初令人喜，後性復賢，令喜又賢，故以爲名。”〔二〕大論云：“有龍王兄弟，一名姞巨乙利，二名阿伽和羅，降雨以時。”〔三〕

〔一〕見智顗説妙法蓮華經文句卷二下。

〔二〕見窺基撰妙法蓮華經玄贊卷二。按：“初令人喜，後性復賢，令喜又賢，故以爲名”，玄贊作“初能令人喜，後性賢令喜，故以爲名”。

〔三〕見大智度論卷一一。

娑伽羅　從海標名。如下所出〔一〕。

〔一〕智顗説妙法蓮華經文句卷二下：“娑伽羅，從居海受名。”窺基撰妙法蓮華經玄贊卷二：“‘娑伽羅’者，即醎海之龍。”“如下所出”者，見本書卷三諸水篇第三十。

和修吉　此云“多頭”〔一〕。

〔一〕智顗説妙法蓮華經文句卷二下：“和修吉，此云‘多頭’，亦云‘寶稱’，居於水中。本住普現色身三昧，迹示多頭也。”窺基撰妙法蓮華經玄贊卷二：“‘和修吉’者，此云‘九頭’，繞妙高，食細龍之類也。”

德叉迦　此云“現毒”，亦云“多舌”〔一〕。

〔一〕智顗説妙法蓮華經文句卷二下：“德叉迦，此云‘現毒’，亦云‘多舌’，或云‘兩舌’，本住樂説無礙辯法門，迹示多舌也。”窺基撰妙法蓮華經玄贊卷二：“‘德叉迦’者，此云‘多舌’，舌有多故；或由嗜語故，名‘多舌’。”

阿那婆達多　此云“無熱”，從池得名，池中有<u>五柱堂</u>〔一〕。

〔一〕智顗説妙法蓮華經文句卷二下：“阿那婆達多，從池得名，此云‘無熱’。<u>無熱池</u>，長阿含十八云：‘<u>雪山頂有池，名阿耨達池</u>，中有<u>五柱堂</u>，從池爲名，龍王常處其中。<u>閻浮提</u>諸龍有三患：一、熱風、熱沙著身，燒皮肉及骨髓以爲苦惱；二、惡風暴起，吹其宮殿，失寶飾衣等，龍身自現以爲苦惱；三、諸龍娛樂時，金翅鳥入宮，搏撮始生龍子食之，怖懼熱惱。此池無三患，若鳥起心欲往，即便命終，故名<u>無熱惱池</u>也。’本住清涼，常樂我淨，迹處涼池。”<u>窺基</u>撰妙法蓮華經玄贊卷二：“‘阿那婆達多’者，此云‘無熱惱’，無熱惱池之龍，離三熱惱故：一、非火沙所爍，二、無風吹衣露形，三、無妙翅鳥所食。無此三種所生火惱，名無熱惱。<u>華嚴經</u>云：‘大地菩薩爲此池龍，興大悲雲，蔭覆一切衆生，離苦法門而得自在。於鱗甲中，流出諸水，日夜無竭，濟<u>瞻部洲</u>諸有情類。’”

摩那斯　此云“大身”，或云“大意”，或云“大力”〔一〕。

〔一〕智顗説妙法蓮華經文句卷二下：“摩那斯，此云‘大身’，或‘大意’、‘大力’等。修羅排海淹<u>喜見城</u>，此龍縈身以遏海水。本住無邊身法門，迹爲大體。”

漚鉢羅　亦云“優鉢”，亦云“優波陀”，此云“黛色蓮華”，又“青蓮華”。龍依此住，從池得名〔一〕。

〔一〕智顗説妙法蓮華經文句卷二下：“漚鉢羅，此云‘黛色蓮華池’，龍依住，從池得名。本住法華三昧，迹居此池。”

伊羅鉢　闡義鈔云：“亦云‘伊羅跋羅’。‘伊羅’，樹名，此云‘臭氣’。‘跋羅’，此云‘極’。謂此龍往昔由損此極臭樹葉故，致頭上生此臭樹，因即爲名。”〔一〕

〔一〕見宋智圓述請觀音經疏闡義鈔卷四。

迦棃迦　又名“加羅加”，此云“黑龍”〔一〕。

〔一〕玄應一切經音義卷三：“迦棃迦龍，又云‘迦羅迦龍’，此譯云‘黑龍’也。”

夜叉　此云“勇健”，亦云“暴惡”，舊云“閱叉”〔一〕。西域記云:"藥叉,舊訛曰'夜叉'。"〔二〕能飛騰空中〔三〕。仕曰:"秦言'貴人',亦言'輕健〔四〕'。有三種:一、在地,二、在虛空,三、天夜叉。地夜叉但以財施,故不能飛空。天夜叉以車馬施,故能飛行。"肇曰:"天夜叉居下二天,守天城池門閣。"〔五〕

〔一〕玄應一切經音義卷二一:"藥叉,舊言'夜叉',亦云'閱叉',皆一也。此云'能噉',謂食噉人也。或云'傷者',謂傷害人也。"慧琳一切經音義卷二七:"夜叉,藥叉,此云'勇健',即飛行者也,亦含攝地行之類諸羅剎婆。羅剎婆,此云'暴惡',亦云'可畏'也。"

〔二〕大唐西域記卷三烏仗那國:"藥叉,舊曰'夜叉',訛也。"

〔三〕智圓述請觀音經疏闡義鈔卷四:"夜叉,新云'藥叉',此翻'勇健',能飛騰空中。舊翻'捷疾鬼',致令國人病惱者,即是鬼爲病緣,由鬼氣外陵五根,入傷五藏,五藏成病,還應五根。"

〔四〕健:注維摩詰經作"捷"。

〔五〕"仕曰"至此,見僧肇撰注維摩詰經卷一。

和夷羅洹閱叉　即執金剛神〔一〕。

〔一〕玄應一切經音義卷三:"和夷羅洹閱叉,即執金剛神也,謂手執金剛杵,因以名焉。"

羅剎　此云"速疾鬼",又云"可畏",亦云"暴惡"〔一〕。或"羅叉娑",此云"護士"。若女,則名"囉叉斯"〔二〕。

〔一〕慧琳一切經音義卷二五:"羅剎,此云'惡鬼'也,食人血肉,或飛空,或地行,捷疾可畏也。"參前"夜叉"條注一。

〔二〕慧琳一切經音義卷七:"羅剎娑,梵語也,古云'羅剎',訛也。'羅'字上聲呼兼彈舌引聲,即正。此乃暴惡鬼名也。男即極醜,女即甚姝美,並皆食啖於人。"又,卷七○:"羅剎娑,或言'阿落剎娑',是惡鬼之通名也。又云'囉叉娑',此云'護者'。若女,即名'羅叉私'。舊云'羅剎',訛略。"

跋陀波羅賒塞迦　下生經云:秦言"善教",此護彌勒城夜叉〔一〕。

〔一〕彌勒下生成佛經:"有大夜叉神,名'跋陀波羅賒塞迦',秦言'善教'。常護此城,掃除清淨。"按:此條亦見卷一菩薩別名篇第六。

乾闥婆　或"犍〔一〕陀羅"。淨名疏:"此云'香陰',此亦〔二〕陵空之神,不噉酒肉,唯香資陰,是天主幢倒樂神,在須弥南金剛窟住。"〔三〕什曰:"天樂神也,處地十寶山中。天欲作樂時,此神身有異相出,然後上天。"〔四〕新云"尋香行"〔五〕。應法師云"齅香"〔六〕。

〔一〕 犍:永樂北藏本、嘉興藏本作"捷"。

〔二〕 此亦:永樂北藏本、嘉興藏本作"亦云"。

〔三〕 見智顗説、湛然略維摩經略疏卷二。又,智顗説妙法蓮華經文句卷二下:"乾闥婆,此云'嗅香',以香爲食,亦云'香陰',其身出香,此是天帝俗樂之神也。樂者,幢倒伎也。"

〔四〕 見僧肇撰注維摩詰經卷一。

〔五〕 慧琳一切經音義卷二七:"乾闥婆,健達縛,此云'尋香行',作樂神也。海中亦有,屬於天也。"

〔六〕 玄應一切經音義卷二三:"健達縛,梵語,渠建反,此云'齅香',亦云'食香'。一云'樂神',經中作'香音神'是也。舊云'乾闥婆',訛也。"

童籠磨 大論:秦言"樹",是乾闥婆名〔一〕。

〔一〕 大智度論卷一〇:"是捷闥婆王,名童籠磨。"子注曰:"秦言'樹'。"又,可洪新集藏經音義隨函録卷五:"仛真,上徒門反。智度論云'屯崙摩',亦云'童籠摩',秦言'樹',謂天伎樂神也,即乾達婆王名也。樹者,即大樹緊那羅經,是此經同本異譯也。"按:"此經"者,指仛真陁羅所問經。大智度論卷一〇:"如屯崙摩甄陀羅王、捷闥婆王至佛所,彈琴讚佛,三千世界皆爲震動,乃至摩訶迦葉不安其坐。"

阿脩羅 舊翻"無端正",男醜女端正。新翻"非天",淨名疏云:"此神果報最勝,鄰次諸天而非天也。"〔一〕新婆沙〔二〕論云:"梵本正音名'素洛'。'素洛'是天,彼非天故,名阿素洛。又,'素洛'名端正,彼非端正,名阿素洛。"〔三〕西域記云:"阿素洛,舊曰'阿脩羅'、'阿須倫'、'阿須羅',皆訛也。"〔四〕什曰:"秦言'不飲酒'。不飲酒因緣,出雜寶藏。"〔五〕法華疏云:"阿脩羅採四天下華,醞於大海,龍魚業力,其味不變,嗔妬誓斷,故言無酒。"〔六〕大論云:"佛去久遠,經法流傳,五百年後,多有別異,或言五道,或言六道。觀諸經義,應有六道:以善有上、中、下故,有三善道;惡有上、中、下故,有三惡道。若不尔者,惡有三果報而善二果報,是事相違。若有六道,於義無違。"〔七〕故此脩羅在因之時,懷猜忌心,雖行五常,欲勝他故,作下品十善,感此道身。華嚴云:"如羅睺阿脩羅王,本身長七百由旬,化形長十六萬八千由旬。於大海中,出其半身,與須弥山而正齊等。"〔八〕楞嚴經云:"復有四種阿脩羅類:若於鬼道,以護法力成通入空,此阿脩羅從卵而生,鬼趣所攝;若於天中降德貶方歕墜,其所卜居鄰於日月,此阿脩羅從胎而出,人趣所攝;有阿脩羅執持世界力洞無畏,能與梵王及天帝釋、四天爭權,此阿脩羅因變化有,天趣所攝;別有一分下劣修羅,生大海心沈水穴口,旦遊虛空,暮歸水宿,此阿脩羅因濕氣有,畜生趣攝。"〔九〕淨覺〔一〇〕問:此四阿脩羅,既爲四趣所攝,應無別報同分之處耶? 荅:雖屬四趣,非無別報。今云卜居鄰於日月等,即同分之處也。又,長阿含云:"南洲有金剛山,中有脩羅宮,所治六千由旬,欄楯、行樹等。然一日一夜,三時受苦,苦具來入其宮中。"〔一一〕起世經云:脩羅所居宮殿、城郭、器用,降地居天一等,"亦有婚姻,男女法式,略如人間"〔一二〕。正法念經云:"阿脩羅略有二種:一者、鬼道所攝,魔身餓鬼,有神通力。二者、畜生所攝,住大海底須弥山側。"〔一三〕問:法華所列四種脩羅,與楞嚴四爲同爲異? 荅:資中云同。淨覺云:"彼四祇可攝在此四之中,不可次第分屬其類。"荊溪師云:"法華四種,皆與帝釋鬥戰。一往觀之,但同今經第三類耳。"〔一四〕

〔一〕智顗説、湛然略維摩經略疏卷二:"阿修羅,舊云'無酒',或云'身大'。採四天下華,於海釀酒不成,故言無酒。又云'非天',此神果報最勝,隣次諸天而非天也。又云'不端正',唯生女舍脂端正絶倫,眷屬皆醜,故云不端正也。又云男醜女端正,往昔嫉妒惱他故,恒多怖畏。"

〔二〕沙:諸校本作"娑"。

〔三〕見阿毗達摩大毗婆沙論卷一七二。

〔四〕見大唐西域記卷九摩揭陀國下。

〔五〕見僧肇撰注維摩詰經卷一。

〔六〕智顗說妙法蓮華經文句卷二下:"'阿修羅'者,此云'無酒',四天下採花醞於大海,魚龍業力,其味不變,瞋妬誓斷,故言'無酒神'。亦云'不端',彌天安師云'質諒'。質諒,直信也。此神諂曲,不與名相稱。有二種:鬼道攝者,居大海邊;畜生道攝者,居大海底。"

〔七〕見大智度論卷三〇。

〔八〕見實叉難陀譯大方廣佛華嚴經卷四〇。

〔九〕見大佛頂如來密因修證了義諸菩薩萬行首楞嚴經卷九。

〔一〇〕淨覺:即仁岳,參注一四。

〔一一〕按:長阿含經卷一九作"閻羅王宮",此處所引當據思坦集注楞嚴經集注卷九,參注一四。

〔一二〕見起世經卷七。又,前文"脩羅所居宮殿、城郭、器用,降地居天一等"云者,是據起世經卷五、卷六等的概述。

〔一三〕見正法念處經卷一八。

〔一四〕思坦集注楞嚴經集注卷九:"苕溪云:俱舍四生頌但云'鬼通胎、化二',今卵生修羅鬼趣所攝,則世親之言,似未詳矣。問:法華所列四種修羅,與今四種爲同爲異? 答:彼四祇可攝在此四之中,不可次第分屬其類。荊溪云:法華四種,皆與帝釋鬥戰,一往觀之,但同今經第三類耳。問:此四修羅既爲四趣所攝,應無別報同分之處耳? 答:雖屬四趣,非無別報。今云卜居鄰於日月等,即同分之處也。又,長阿含云:南州有金剛山,中有修羅宮,所治六千由旬,欄楯、行樹等。然一日一夜,三時受苦,苦具自來入其宮中。是知此趣,且取一分善報,謂之人天。若論受苦,實在人趣之下。故正法念經唯以鬼畜二種收之,良由於此。"按:苕溪,即淨覺仁岳。荊溪,即湛然。資中,即弘沇。宋高僧傳卷六唐京師崇福寺惟慤傳:"一說楞嚴經初是荊州度門寺神秀禪師在內時得本,後因館陶沙門慧震於度門寺傳出,慤遇之,著疏解之。後有弘沇法師者,蜀人也,作義章,開釋此經,號資中疏。其中亦引震法師義例,似有今古之説。此岷蜀行之,近亦流江表焉。"

婆稚　正名"跋稚迦",此云"團圓"〔一〕。今誤譯云"被縛”，或云“五處被縛”，或云“五惡物”，繫頸不得脫，爲帝釋所縛〔二〕。經音義云：“居修羅前鋒，爲帝釋所縛，因誓得脫，故以名焉。”〔三〕

〔一〕 窺基撰妙法蓮華經玄贊卷二：“婆稚者，舊云‘被縛’，非天前軍，爲天所縛。正云‘跋稚迦’，此云‘團圓’。”

〔二〕 智顗説妙法蓮華經文句卷二下：“‘婆稚’者，此云‘被縛’，或云‘五處被縛’，或云‘五惡物’，繫頸不得脫，故云‘被縛’。亦云‘有縛’，爲帝釋所縛。本能五繫，繫魔外道，迹爲此像耳。”

〔三〕 慧琳一切經音義卷一四：“跋墀，上蒲未反，下音遲，舊云‘婆雉’，皆梵語訛略不切也，此即阿修羅王名也。正梵音云‘𪇊挭’，‘𪇊’，音無割反；‘挭’，音尼里反。此無正翻，故存梵語。舊譯云‘縛’，常居修羅軍衆之前，因戰敗惡，爲帝釋所縛，因誓得脫，故以爲名。”

佉羅騫駄　文句：“此云‘廣肩胛〔一〕’，亦云‘惡陰’，湧海水者。”〔二〕

〔一〕 胛：永樂北藏本、嘉興藏本作“脾”。

〔二〕 智顗説妙法蓮華經文句卷二下：“佉羅騫駄，此云‘廣肩胛’，亦云‘惡陰’，涌海水者。正本云‘寶錦’。本住權、實二智，慈荷衆生故，迹爲廣肩胛。”

毗摩質多　文句：“此云‘淨心’，亦云‘種種疑’，即舍脂父也。”〔一〕

〔一〕 智顗説妙法蓮華經文句卷二下：“毗摩質多，此云‘淨心’，亦云‘種種疑’，波海水出聲，名毗摩質多，即舍脂父也。觀佛三昧云：光音天生此地，地使有欲，入海洗不淨，墮泥變爲卵，八千歲生一女，千頭少一，二十四手。此女戲于水，水精入身，八千歲生一男，二十四頭，千手少一，海水波音名爲毗摩質多。索乾闥婆女，生舍脂，帝釋業力令其父居七寶殿，納爲妻，後譏其父，遂交兵，脚波海水、手攻喜見，帝釋以般若呪力，不能爲害。正本云‘燕居’。本者色心本淨，迹爲此名。”

羅睺　文句：“此云‘障持’，化身長八萬四千由旬，舉手掌障日月。世言日月蝕。”〔一〕釋名云：“日月虧曰蝕，稍小侵虧，如蟲食草木之葉也。”〔二〕京房易傳云：“日月赤黃爲薄。或曰：不交而食曰薄。”〔三〕韋昭云：“氣往薄之爲薄，虧毀曰食。”〔四〕成論云“譬如天日月，其性本明淨，烟雲塵霧等，五翳則不現”〔五〕等，取脩羅故。佛誡云：脩羅，脩羅，汝莫吞月！月能破暗，能除衆熱〔六〕。

〔一〕智顗説妙法蓮華經文句卷二下：“羅睺羅，此云‘障持’，障持日月者也，是畜生種，身長八萬四千由旬，口廣千由旬，寶珠嚴身，觀天女天園林，若四天下人，孝養父母、供養沙門者，諸天有威力，上空雨刀。若不爾，諸天入宫不出。又日放光照其眼，不能得見，舉手掌障日，世人咸言日蝕怪險，種種邪説。掩月亦如是。或作大聲，世人言天獸吼，險亂王衰，種種邪説。怖日月時，倍大其身氣呵日月，日月失光。來訴佛，佛告羅睺：‘莫吞日月。’羅睺支節戰動，身流白汗，即放日月，日月力、衆生力、佛力，衆因緣故不能爲害。昔有婆羅門聰明廣施，四千車載食，於曠野施。有一佛塔，惡人所燒，即以四千車載水滅火救塔，歡喜發願，願得大身，欲界第一。既無正信、好鬥愛戰、喜施，故生光明城，作羅睺羅修羅主也。”

〔二〕見釋名卷一釋天。

〔三〕見京房易傳卷二。

〔四〕漢書天文志：“慧孛飛流，日月薄食。”孟康曰：“日月無光曰薄。京房易傳曰：日月赤黄爲薄。或曰不交而食曰薄。”韋昭曰：“氣往迫之爲薄，虧毀曰食也。”

〔五〕見成實論卷一發聚中佛寶論初具足品。

〔六〕大智度論卷一〇：“一時，羅睺羅阿修羅王欲噉月，月天子怖，疾到佛所，説偈言：‘大智成就佛世尊，我今歸命稽首禮。是羅睺羅惱亂我，願佛憐愍見救護！’佛與羅睺羅而説偈言：‘月能照闇而清涼，是虚空中大燈明，其色白淨有千光，汝莫吞月疾放去！’是時，羅睺羅怖懅流汗，即疾放月。”

迦樓羅　文句：“此云‘金翅’，翅翮金色，兩翅相去三百三十六萬里。頸有如意珠，以龍爲食。”〔一〕肇曰：“金翅鳥神。”〔二〕

〔一〕見智顗説妙法蓮華經文句卷二下。又，唐般若力譯迦樓羅及諸天密言經：“迦樓羅者，天竺方言，唐云‘金翅鳥’，蓋非敵體之名，乃會意而譯也。然古今經論，傳之久矣。夫龍德隱微，變化無極，忤之者禍至，奉之者福招。窮其受生，具胎、卵、濕、化。無復他患，唯苦迦樓羅。龍有四生,鳥亦四種。化生之鳥,力制其餘。濕生之龍,不具胎鳥屈伏之勢。"

〔二〕見僧肇撰注維摩詰經卷一。

緊那羅　文句:"亦名'真陀羅',此云'疑神'。"〔一〕仕曰:"秦言'人非人'。似人而頭上有角,人見之,言:'人耶?非人耶?'因以名之。亦天伎神也。小不及乾闥婆。"〔二〕新云"歌神",是諸天絲竹之神〔三〕。

〔一〕智顗説妙法蓮華經文句卷二下:"緊那羅,亦云'真陀羅',此云'疑神',似人而有一角,故號'人非人'。天帝法樂神,居十寶山,身有異相,即上奏樂。"

〔二〕見僧肇撰注維摩詰經卷一。

〔三〕慧琳一切經音義卷一:"緊捺洛,梵語,亦樂天名也。正梵音云'緊娜囉',歌神也。其音清美,人身馬首,女則姝麗,天女相比,善能歌舞,多與乾闥婆天以爲妻室。"又,卷二五:"緊那羅,或云'真陀羅',此云'歌神',其聲美妙,正法花云'和音天子'是也。亦云'疑神'也,以頭上有角,亦名'人非人'也。"

摩睺羅伽　亦云"摩呼羅伽",此云"大腹行"〔一〕。仕曰:"是地龍而腹行也。"〔二〕肇曰:"大蟒神,腹行也。"〔三〕淨名疏云:"即世間廟神,受人酒肉,悉入蟒腹,毀戒邪諂,多嗔少施,貪嗜酒肉。戒緩,墮鬼神。多嗔,蟲入其身而唼食之。"〔四〕亦名"莫呼洛"。諸經云"人非人"者,天台云:"此乃結八部數尔。"〔五〕

〔一〕慧琳一切經音義卷一二:"莫呼洛伽,或作'牟呼洛',並訛略不正也,此云'大腹行',即大蟒神也。有業通力,能化爲人也。"

〔二〕見僧肇撰注維摩詰經卷一。

〔三〕僧肇撰注維摩詰經卷一:"肇曰:魔睺羅伽,大蟒神也。"智顗説、灌頂記觀音義疏卷下引肇師云:"是大蟒,腹行也。"

〔四〕見智顗説、湛然略維摩經略疏卷二。

〔五〕智顗説、灌頂記觀音義疏卷下:"緊那羅者,天帝絲竹樂神,小不如乾闥婆,形似人而頭有角,亦呼爲疑神,亦爲人非人。今不取'人非人'釋'緊那羅',此乃是結八部數爾。摩睺者,仕師云:是地龍。肇師云:是大蟒,腹行也。八部皆能變本形在座聽法也。"

四魔篇第十五

大論云："魔有四種:煩惱魔、五衆魔、死魔、天子魔。煩惱魔者,所謂百八煩惱等,分別八萬四千諸煩惱。五衆魔者,是煩惱業和合因緣,得是身:四大及四大造色,眼根等,是名色衆;百八煩惱等諸受和合,名爲受衆;小、大、無量、無所有想,分別和合,名爲想衆;因好醜心發,能起貪欲、嗔恚等,心相應、不相應法,名爲行衆;六情、六塵和合,故生六識,是六識分別和合無量無邊心,是名識衆。死魔者,無常因緣故,破相續五衆壽命,盡離三法,識、斷、壽故,名爲死魔。天子魔者,欲界主深著世間樂,用有所得,故生邪見,憎嫉一切賢聖涅槃道法,是名天子魔。"〔一〕瑜珈論云:"由蘊魔徧一切隨逐義,天魔障礙義,死魔、煩惱魔能與生死衆生作苦器故。"〔二〕今謂煩惱魔是生死因也,五陰魔、死魔是生死果也,天魔是生死緣也。又,罵意經有五魔:一、天魔,二、罪魔,三、行魔,四、惱魔,五、死魔〔三〕。輔行云:苦、空、無常、無我四,是界外魔;煩惱、五陰、死、天子四,是界内魔〔四〕。淨名疏云:"降魔即破愛論,摧外即破見論,但愛見有二:界内即波旬六師之徒,界外即二乘及通菩薩。"〔五〕大品云:"須菩提,菩薩摩訶薩成就二法,魔不能壞。何等爲二? 觀一切法空,不捨一切衆生。須菩提,菩薩成就此二法,魔不能壞。"〔六〕大經四依品,四依驅逐魔云:"天魔波旬,若更來者,當以五繫繫縛於汝!"〔七〕章安疏云:"繫有二種:一者、五屍繫,二者、繫五處。五屍繫者,如不淨觀,治於愛魔。五處如理,治於見魔。"〔八〕五屍表五種不淨觀,五繫表五觀門。

〔一〕見大智度論卷六八。

〔二〕見瑜伽師地論卷八九。

〔三〕佛説罵意經:"有五魔生亂人意,令人不得道:一者,天魔;二者,罪魔;三者,行魔;四者,惱魔;五者,死魔。道人行道,當覺是五魔。"

〔四〕詳見湛然述止觀輔行傳弘決卷八之三。

〔五〕見智顗說、湛然略維摩經略疏卷五。

〔六〕見摩訶般若波羅蜜經卷一九度空品。

〔七〕見南本大般涅槃經卷六四依品。

〔八〕見灌頂撰、湛然再治大般涅槃經疏卷一〇。章安，即灌頂。續高僧傳卷一九唐天台山國清寺釋灌頂傳：“釋灌頂，字法雲，俗姓吳氏，常州義興人也。祖世避地東甌，因而不返，今爲臨海之章安焉。”

魔羅 大論云：“秦言‘能奪命’，死魔實能奪命，餘者能作奪命因緣，亦能奪智慧命，是故名殺者。”〔一〕又翻爲“障”，能爲修道作障礙故。或言“惡者”，多愛欲故〔二〕。垂裕云：“能殺害出世善根，第六天上，別有魔羅所居天，他化天攝。”〔三〕輔行云：“古譯經論，魔字從石。自梁武來，謂魔能惱人，字宜從鬼。”〔四〕

〔一〕見大智度論卷六八。

〔二〕智圓述請觀音經疏闡義鈔卷三：“梵言‘魔羅’，此翻‘障’，能爲修道作障礙故。亦言‘殺者’，常行放逸斷慧命故。或言‘惡者’，多愛欲故。”又，玄應一切經音義卷二三：“天魔，梵言‘魔羅’，此譯云‘障’，能爲修道作障礙也。亦名‘煞者’。論中釋斷慧命故名爲魔，常行放逸而自害身故名魔。魔是位處，即第六天主也，名曰‘波旬’，此云‘惡愛’，即釋迦牟尼佛出世時魔王名也。諸佛出世，魔各不同，如迦葉佛時，魔名‘頭師’，此云‘惡瞋’等者也。”

〔三〕見智圓述維摩經略疏垂裕記卷二。

〔四〕見湛然述止觀輔行傳弘決卷五之一。

波旬 訛也，正言“波卑夜”，此云“惡”，釋迦出世魔王名也〔一〕。什曰：“秦言‘殺者’，常欲斷人慧命故。亦名‘惡中惡’，惡有三種：一曰惡，若以惡加己，還以惡報，是名爲惡。二曰大惡，若人不侵己，無故加害，是名大惡。三曰惡中惡，若人來供養恭敬，不念報恩而反害之，是名惡中惡。魔王最甚也。諸佛常欲令眾生安隱而反壞亂，故言甚也。”肇曰：“秦言或名‘殺者’，或云‘極惡’。斷人善因名殺者。違佛亂僧，罪莫之大，故名極惡也。”〔二〕涅槃疏云：“依於佛法而得善

利,不念報恩,反欲加毀,故云"極惡。"〔三〕亦名"波旬踰",此
云"惡"也。常有惡意,成惡法故〔四〕。

〔一〕玄應一切經音義卷六:"言'波旬'者,訛也,正言'波卑夜',是其名
　　　也。此云'惡'者,常有惡意,成就惡法,成就惡惠,故名'波旬'。
　　　經中作'魔波旬'者,存二音也。"
〔二〕"什曰"至此,見僧肇撰注維摩詰經卷四。
〔三〕見隋慧遠述大般涅槃經義記卷一。
〔四〕阿毗曇毗婆沙論卷二九:"應言波旬踰。所以者何? 從波旬踰生彼
　　　中故。波旬,秦言"惡",踰名"國"。"

　　鴦妻瞿庾**利魔羅**　西域記云:"唐言'指鬘',舊曰'央掘
摩羅',訛也。殺人取指,冠首爲鬘。"〔一〕鴦崛摩鬘經云:"師
教殺人,限至于百,各貫一指,以鬘其頭。"〔二〕又翻"一切世
間現"〔三〕。

〔一〕見大唐西域記卷六室羅伐悉底國。
〔二〕見西晉竺法護譯佛説鴦掘摩經。
〔三〕見劉宋求跋陀羅譯央掘魔羅經卷一。

　　魔登伽　長水云:義翻本性,楞嚴云性比丘尼是也。又,
過去爲婆羅門女,名爲本性。今從昔号,故曰性比丘尼〔一〕。
孤山云:"以初見性淨明體,乃立嘉名。"〔二〕淨覺云:"名爲
'本性',出摩登伽經。據摩鄧女經,女之母名摩鄧耳。又云
'摩登',皆梵音奢切。"應法師云:"摩登伽,具云'阿徒〔三〕
多摩登祇旃陀羅'。'摩登祇',女之惣名。'阿徒多',女之
別名。此女卑賤,常掃市爲業,用給衣食。"〔四〕

〔一〕長水子璿集首楞嚴義疏注經卷四:"如摩登伽,宿爲婬女,由神呪
　　　力,消其愛欲,法中今名性比丘尼,與羅睺母耶輸陀羅同悟宿因,知
　　　歷世因貪愛爲苦,一念熏修無漏善故,或得出纏,或蒙授記。過去
　　　爲婆羅門女,名爲本性,今從昔號,名性比丘尼。""楞嚴云"者,見
　　　大佛頂如來密因修證了義諸菩薩萬行首楞嚴經卷四。
〔二〕見淨覺仁岳述楞嚴經熏聞記卷三引。
〔三〕徒:原作"徙",據大正藏本及楞嚴經熏聞記(參下注)改,後同。
〔四〕"淨覺云"至此,皆見淨覺仁岳楞嚴經熏聞記卷一:"女之母名摩鄧

者，‘摩鄧’、‘摩登’，梵音奢切也。準吴本，云摩登伽是旃陀羅種，又名此女爲旃陀羅女。又云時復有人於路遊行，其車破壞，因便修治，名摩登伽。孤山云：據彼所説，乃是工巧之姓。今準中阿含明四姓，謂刹利、梵志、居士、工師，驗摩登伽實工師之姓也。又，應法師云：‘摩登伽’，具云‘阿徒多摩登祇旃荼羅’。‘摩登祇’，女之總名；‘阿徒多’，女之别名。此女卑賤，常掃市爲業，用給衣食。”

頭師　此云“惡瞋”，迦葉佛時魔名〔一〕。

〔一〕參前“魔羅”條注二。

室利毱多　西域記云：唐言“勝密”，以火坑、毒飲，請佛欲害〔一〕。

〔一〕大唐西域記卷九摩揭陀國下：“舍利子證果北不遠，有大深坑，傍建窣堵波，是室利毱多唐言‘勝密’。以火坑、毒飯欲害佛處。勝密者，崇信外道，深著邪見。諸梵志曰：‘喬答摩國人尊敬，遂令我徒無所恃賴，汝今可請至家飯會，門穿大坑，滿中縱火，棧以朽木，覆以燥土，凡諸飲食，皆雜毒藥，若免火坑，當遭毒食。’勝密承命，便設毒會。城中之人皆知勝密於世尊所起惡害心，咸皆勸請，願佛勿往。世尊告曰：‘無得懷憂。如來之身，物莫能害。’於是受請而往。足履門閫，火坑成池，清瀾澄鑒，蓮花彌漫。勝密見已，憂惶無措，謂其徒曰：‘以術免火，尚有毒食。’世尊飯食已訖，爲説妙法，勝密聞已，謝咎歸依。”

仙趣篇第十六

楞嚴云：“復有從人不依正覺修三摩地，别修妄念存想固形，游於山林人不及處，有十種仙。”〔一〕梵語“茂泥”，此云“仙”〔二〕。釋名云：“老而不死曰仙。仙，遷也，遷入山也，故制字人傍山也。”〔三〕莊子云：“千歲厭世，去而上僊。”〔四〕抱朴子云：“求仙者，要當以忠孝、和順、仁信爲本。若德不修而但務方術，終不得長生也。”〔五〕高僧傳云：“純陀，西域人，年六百歲不衰。唐代宗從之求留年之道，陀曰：‘心神好静，今爲塵境汨之，何從冥寂乎？若離簡静外，欲望留年，如登木采芙蓉，其可得耶？陛下欲長年，由簡潔安神。神安則壽永，寡

欲則身安。術斯已往,貧道所不知也。"〔六〕而言趣者,婆沙、
毘曇皆云趣者到義〔七〕,乃仙人所到之處也。

〔一〕見大佛頂如來密因修證了義諸菩薩萬行首楞嚴經卷八。

〔二〕玄應一切經音義卷一八:"牟尼,經中或作'文尼',舊譯言'仁'。
　　　應云'茂泥',此云'仙',仙通内外,謂久在山林,修心學道者也。"

〔三〕見釋名卷三釋長幼。

〔四〕見莊子天地。

〔五〕見抱朴子對俗。

〔六〕見宋高僧傳卷二九唐京兆鎮國寺純陀傳。

〔七〕阿毘達磨大毘婆沙論卷一七二:"問:何故名趣? 趣是何義? 答:所
　　　往義是趣義,是諸有情所應往、所應生結生處,故名趣。"

　　阿斯陁　或云"阿夷",此翻"無比",又翻"端正"〔一〕。
大論云:"阿私陀仙白淨飯王言:'我以天耳聞諸天鬼神説,淨
飯王生子,有佛身相,故來請見。'王大歡喜,勑諸侍人將太子
出。侍人荅王:'太子小睡。'時阿私陀言:'聖王常警一切施
以甘露,不應睡也。'即從座起,詣太子所,抱著臂上,上下相
之。相已涕零,不能自勝。王大不悅,問相師曰:'有何不祥,
涕泣如是?'仙人荅言:'假使天雨金剛大山,不能動其一毛,
豈有不祥! 太子必當作佛。我今年暮,當生無色天上,不得
見佛,不聞其法,故自悲傷耳。"〔二〕

〔一〕知禮述金光明經文句記卷三:"阿夷,亦'阿私陀',此云'無比',仙
　　　人名也。"慧琳一切經音義卷二六:"阿私陀仙,古音'不白'。玄奘
　　　云'無比仙',亦名'端嚴'也。"此仙爲釋迦牟尼生於淨飯王宮中時
　　　之相師。

〔二〕見大智度論卷二九。

　　羼提　此云"忍辱仙"〔一〕。西域記云:"瞢羯釐城東,有
大窣堵波,是忍辱仙被歌利王割截之處。"〔二〕發軫:問:輔行
引此明三藏忍度滿相,金剛所説,其義云何? 荅:割截是同,
但隨藏衍,説忍爲異。藏謂伏惑,正修事忍;衍謂斷惑,達事
即空。亦猶儒童見燃燈佛,通於四教行因之相〔三〕。

〔一〕賢愚經卷二羼提婆梨品:"此閻浮提有一大國,名波羅㮈,當時國王

名爲迦梨。爾時國中有一大仙士，名羼提婆梨，與五百弟子處於山林，修行忍辱。于時國王與諸群臣夫人婇女，入山遊觀。王時疲懈，因臥休息。諸婇女輩，捨王遊行，觀諸花林，見羼提婆梨端坐思惟，敬心内生，即以衆花而散其上，因坐其前，聽所説法。王覺顧望，不見諸女，與四大臣行共求之。見諸女輩，坐仙人前，尋即問曰：‘汝於四空定，爲悉得未？’答言：‘未得。’又復問曰：‘四無量心，汝復得未？’答言：‘未得。’王又問曰：‘於四禪事，汝爲得未？’猶答：‘未得。’王即怒曰：‘於爾所功德，皆言未有，汝是凡夫，獨與諸女在此屏處，云何可信？’又復問曰：‘汝常在此，爲是何人？修設何事？’仙人答曰：‘修行忍辱。’王即拔劍而語之言：‘若當忍辱，我欲試汝，知能忍不？’即割其兩手，而問仙人，猶言‘忍辱’。復斷其兩脚，復問之言，故言‘忍辱’。次截其耳鼻，顏色不變，猶稱‘忍辱’。（中略）王乃驚愕，復更問言：‘汝云忍辱，以何爲證？’仙人答曰：‘我若實忍，至誠不虛，血當爲乳，身當還復。’其言已訖，血尋成乳，平完如故。（中略）佛告比丘：‘欲知爾時羼提婆梨者，則我身是。’”忍辱仙人，即是釋迦牟尼前身。

〔二〕見大唐西域記卷三烏仗那國。窣堵波：塔。慧琳一切經音義卷五：“窣堵波，梵語，上蘇骨反，下音覩，此云高顯，即浮圖、塔等是也。”

〔三〕發軫：即仁岳發軫鈔，已佚。“輔行引此明三藏忍度滿相”者，參見湛然述止觀輔行傳弘決卷三之三。

阿羅羅迦摩羅　亦名“羅勒迦藍”〔一〕。

〔一〕按：增一阿含經即作“羅勒迦藍”。弘贊輯四分律名義標釋卷二一：“阿藍迦藍，或云‘羅勒迦藍’，此人已度識處定，得無所有處定。”

鬱陀羅羅摩子　亦云“鬱頭藍弗〔一〕”，此云“猛喜”，又云“極喜”。中阿含羅摩經云：“我爲童子時，年二十九，往阿羅羅迦摩羅所，問言：‘依汝法行梵行，可不？’荅言：‘無不可。’云：‘何此法自知證？’仙言：‘我度識處，得無所有處，即往〔二〕遠離處。’修證得已，更往仙所，述己所得，仙問：‘汝已證無所有處耶？我之所得，汝亦得耶？即共領衆。’又自念：‘此法不趣智慧，不趣涅槃，寧可更求安隱處耶？’是故更往鬱陀羅羅摩子所，云：‘我欲於汝法中學。’彼荅：‘無不可。’問曰：‘自知證耶？’荅：‘我度無所有處得非想定，我久證得。

便修得之,乃至領衆等。'復念言:'此法不至涅槃。'即往象頭山鞞羅梵志村尼連禪河邊,誓不起座,即得無上安隱涅槃。"〔三〕

〔一〕增一阿含經即作"鬱頭藍弗"。慧琳一切經音義卷二六:"鬱頭藍弗,此云'獺戲子坐',得非想定,獲五神通,飛入王宮,遂失通定,途步歸山。"

〔二〕往:大正藏本作"住"。

〔三〕詳見中阿含經卷五六晡利多品羅摩經。按:此段引文,據湛然述法華文句記卷一轉引。

婆藪思苟切　方等陀羅尼經云:爾時,婆藪從地獄出,將九十二億罪人來詣娑婆世界。十方亦然。于時文殊師利語舍利弗:此諸罪人,佛未出時造不善行,經於地獄,因於華聚,放大光明,承光而出。云云。"婆"者言天,"藪"言慧,云何天慧之人,地獄受苦? 又,"婆"言廣,"藪"言通;又,"婆"言高,"藪"言妙;又,"婆"言斷,"藪"言智;又,"婆"言剛,"藪"言柔;又,"婆"言慈,"藪"言悲〔一〕。

〔一〕詳見大方等陀羅尼經卷一。又,"婆藪",北涼法衆譯大方等陀羅尼經作"婆蔥"。按:此段文字,據湛然述法華玄義釋籤卷九轉引。"云云"者,據法華玄義釋籤卷九,省略部分爲:"承光從於阿鼻獄出。舍利弗言:久聞佛説此婆藪仙作不善行入於地獄,云何今説出於地獄,得值如來? 佛言:爲欲破一切衆生計定受果報故。善男子! 勿謂婆藪是地獄人。"

佉盧虱音瑟吒　隋言"驢脣",此乃大仙人名〔一〕。

〔一〕大方等大集經卷四一:"有一天子,名大三摩多,端正少雙,才智聰明,正法行化,常樂寂静,不著世榮,爲諸人民之所宗仰,恭敬禮拜而侍衞之。彼三摩多,清淨慈悲,愍念衆生,猶如赤子,不樂愛染,常自潔身。王有夫人,多貪色欲,王既不幸,無處遂心,曾於一時遊戲園苑,獨在林下止息自娛,見驢命群根相出現,慾心發動,脱衣就之。驢見即交,遂成胎藏,月滿生子,頭、耳、口、眼悉皆似驢,唯身類人,而復麁澁,鬆毛被體,與畜無殊。夫人見之,心驚怖畏,即便委棄,投於屏中,以福力故,處空不墜。時有羅刹婦,名曰驢神,見兒不污,念言:'福子。'遂於空中接取洗持,將往雪山,乳哺畜養,猶如己子,等無有異。及至長成,教服仙藥,與天童子日夜共遊。復有大天,亦來愛護。此兒飲食甘果、藥草,身體轉異,福德莊嚴,大光照耀,如是天衆,同共稱美,號爲佉盧虱吒_{隋言'驢脣'}。大仙聖人。以是因緣,彼雪山中并及餘處,悉皆化生種種好華,種種好果,種種好藥,種種好香,種種清流,種種和鳥,在所行住,並皆豐盈,以此藥果資益因緣,其餘形容麁相悉轉身體端正,唯脣似驢,是故名爲驢脣仙人。"

殊致阿羅娑〔一〕　隋言"光味"〔二〕。

般若燈論云:聲聞菩薩等亦名仙,佛於中最尊上故,已有一切波羅蜜多功德善根彼岸故,名大仙〔三〕。

〔一〕娑:永樂北藏本、嘉興藏本作"婆"。

〔二〕大方等大集經卷四一:"時彼山頂有六聖人:第一名蘇尸摩、第二名那籌、第三名阿收求多、第四名毗梨呵、第五名婆揭蒱、第六名殊致阿羅娑。""殊致阿羅娑"後子注曰:"隋言'光味'。"

〔三〕唐波羅頗蜜多羅譯般若燈論釋卷一〇:"釋曰:云何名大仙? 聲聞、辟支佛、諸菩薩等亦名爲仙,佛於其中最尊上故,名爲大仙。已到一切諸波羅蜜功德善根彼岸故,名爲大仙。"

人倫篇第十七

天界著樂,四趣沉苦,故此五道非成佛器,由是諸佛唯出人間。如智論云:"若菩薩行般若者,從初發心,終不墮三惡道,常作轉輪聖王,多生欲界。何以故? 以無色界無色故,不可教化;色界中多味著禪定樂,無厭惡心故;亦不生欲天,妙五欲多故。在人中,世世以四事攝衆生等。"〔一〕故論誠曰:"三惡道衆生,不得修道業,既得此人身,當勉自利益。"〔二〕覽此集者,宜警覺焉。

〔一〕見大智度論卷九一。

〔二〕見大智度論卷二一。

摩菟舍喃_{女函切}　大論:"此云'人'。"〔一〕法苑云:人者,忍也,於世違順,情能安忍〔二〕。孔子曰:"人者仁也。"〔三〕禮記曰:"人者,天地之心,五行之端。"〔四〕周書云:"惟人,萬物之靈。"〔五〕<u>孔安國</u>云:"天地所生,惟人爲貴。"〔六〕今謂若無善因,奚感美報? 言善因者,謂五戒也:一、不殺戒。常念有情,皆惜身命,恕己愍彼,以慎傷暴。二、不盜戒。不與私取,是爲偷盜,義既非宜,故止<u>攘汝陽竊</u>。三、不邪婬。女有三護,法亦禁約,守禮自防,故止<u>羅欲</u>。四、不妄語。覆實言虛,誑他欺自,端心質直,所説誠實。五、不飲酒。昏神亂性,酒毒頗甚。增長愚癡,故令〔七〕絶飲。原佛五戒,本化人倫,與儒五常,其義不異:不殺即仁,不盜即義,不婬即禮,不妄語即信,不飲酒即智。故<u>梵摩喻經</u>曰:"爲清信士,守仁不殺,知足不盜,貞潔不婬,執信不欺,盡孝不醉。"〔八〕當以意解,勿執名別。又,<u>四分律</u>明受五戒,分四種異:但受三歸,名無分優婆塞;或受一戒,名少分優婆塞;受二三四,名多分優婆塞;具受五戒,名滿分優婆塞〔九〕。其如五戒全缺,則人間之路,終不復生,以此五戒是大小乘尸羅根本故。經云:"五戒者,天下大禁忌。若犯五戒,在天違五星,在地違五岳,在方違五帝,在身違五藏。"〔一〇〕故佛成道,未轉法輪,先爲<u>提謂</u>授五戒法,号曰人乘,居五乘首。由兹五戒,超出三塗,取運載義,以立乘名。

　　古師通漫,稱人天教。<u>天台</u>謂無詮理破惑之功,不得名爲教矣〔一一〕。<u>嵩輔教</u>編罔究名義,立二種教:一曰世教,二出世教〔一二〕。指人天乘名曰世教,斯恣臆臆而戾祖教。今謂三教立名,義意各異。且儒宗名教者,<u>元命包</u>云:"教之爲言,傚也。上行之,下傚之。"〔一三〕此以下所法傚名教。道家名教者,<u>老子</u>云:"處無爲之事,行不言之教。"〔一四〕此寄教名而顯無爲。<u>釋氏</u>名教者,<u>四教義</u>云:"説能詮理,化轉物心,故言教也。化轉有三義:一、轉惡爲善,二、轉迷成解,三、轉凡成聖。"〔一五〕所言詮理者,藏、通二教,詮真諦理;別、圓二教,詮中道理。良以如來依理而立言,遂令群生修行而證理。故佛聖教,是出世法,不可妄立世教之名。 問:所詮中道,爲指何法？荅：如輔教云："夫大理者，固[一六]常道之至。"[一七]謂此大理，是本、始二覺也。今評本、始二覺，雖理智圓融，既名爲覺，正從智立，所以經云"本覺明妙"[一八]。又，本、始二覺[一九]，分別言之，屬生滅門。故起信云："是心生滅因緣相，能示摩訶衍自體相用故。"所詮之理，屬真如門。故起信云："是心真如相，即示摩訶衍體故。"[二〇]此乃對事揀理。若約即事説理，理性無體，全依無明。無明無體，全依法性。就此相即之義，則指無明爲所詮理。由兹教理，是吾宗之綱紀，故寄人乘，辨梗㮣也。

〔一　〕見大智度論卷二。

〔二　〕法苑珠林卷五六道篇第四人道部會名部第二："人名止息意，故名爲人。謂六趣之中，能止息意，故名爲人。謂於六趣之中，能止息煩惱惡亂之意，莫過於人，故稱止息意也。又人者，忍也。謂於世間違順，情能安忍，故名爲忍。"

〔三　〕見禮記中庸。

〔四　〕見禮記禮運。

〔五　〕見尚書泰誓上。

〔六　〕見尚書泰誓上"惟人，萬物之靈"孔安國傳。

〔七　〕令：永樂北藏本、嘉興藏本作"今"。

〔八　〕見吳支謙譯梵摩喻經。

〔九　〕曇無讖譯優婆塞戒經卷三攝取品："如來正覺説優婆塞戒，或有一分，或有半分，或有無分，或有多分，或有滿分。若優婆塞受三歸已，不受五戒，名優婆塞。若受三歸，受持一戒，是名一分；受三歸已，受持二戒，是名少分；若受三歸，持二戒已，若破一戒，是名無分；若受三歸，受持三、四戒，是名多分；若受三歸，受持五戒，是名滿分。"灌頂撰、湛然再治大般涅槃經疏卷二："復次直三歸者，名無分優婆塞。若一若二名少分，若三若四名多分，若具持五名滿分。"四分律未見有"受五戒分四種異"者。

〔一〇〕智顗撰法界次第初門卷上五戒次第第十四引，亦曰"經云"，疑出提謂波利經或提謂經。

〔一一〕智顗説妙法蓮華經玄義卷一〇上："若言提謂説五戒十善者，彼經但明五戒，不明十善，唯是人教，則非天教。縱以此爲人天教者，諸

經皆明戒善,亦應是人天教耶? 又,彼經云:'五戒爲諸佛之母,欲
求佛道,讀是經;欲求阿羅漢,讀是經。' 又云:'欲得不死地,當佩長
生之符,服不死之藥,持長樂之印。' 長生符者,即三乘法是。長樂
印者,即泥洹道是。云何獨言是人天教耶? 又云:五戒天地之根、
衆靈之源,天持之和陰陽,地持之萬物生,萬物之母,萬神之父,大
道之元,泥洹之本。又四事本,五陰、六衰本,四事即四大,四事本
淨,五陰本淨,六衰本淨,如此等意,窮元極妙之説,云何獨是人天
教耶? 又提謂長者得不起法忍,三百人得信忍,二百人得須陀洹,
四天王得柔順法忍,龍王得信根,阿須輪衆皆發無上正真道意,觀
此得道,豈是人天教耶?"

〔一二〕參宋契嵩撰鐔津文集卷二輔教編中廣原教。此爲文意之概述,非
　　　契嵩輔教編原文。

〔一三〕太平御覽卷三六〇人事部一叙人引春秋元命苞:"天人同度,正法
　　　相授。天垂文象,人行其事謂之教。教之爲言,傚也。上爲下傚,
　　　道之始也。"

〔一四〕見老子。

〔一五〕見智顗撰四教義卷一。

〔一六〕固:大正藏本作"因"。

〔一七〕見鐔津文集卷一輔教編上勸書第一。

〔一八〕見大佛頂如來密因修證了義諸菩薩萬行首楞嚴經卷四。

〔一九〕真諦譯大乘起信論:"心生滅者,依如來藏故有生滅心,所謂不生不
　　　滅與生滅和合,非一非異,名爲阿梨耶識。此識有二種義,能攝一
　　　切法、生一切法。云何爲二? 一者、覺義,二者、不覺義。所言覺義
　　　者,謂心體離念。離念相者,等虛空界,無所不遍。法界一相,即是
　　　如來平等法身。依此法身,説名本覺。何以故? 本覺義者,對始覺
　　　義説,以始覺者即同本覺。始覺義者,依本覺故而有不覺,依不覺
　　　故説有始覺。又以覺心源故,名究竟覺,不覺心源故,非究竟覺。
　　　此義云何? 如凡夫人覺知前念起惡故,能止後念,令其不起,雖復
　　　名覺,即是不覺故。"

〔二〇〕見真諦譯大乘起信論。

摩菟賖　文句:"此云'意'。昔頂生王初化,諸有所作,
當善思惟、善憶念。即如王教,諸有所作,先思惟憶念,故名
爲意。又,人能息意、能修道得達分。又,人名慢,五道中多

慢。"〔一〕毗曇論云："何故人道名摩㝹沙？此有八義：一、聰
明，二、爲勝，三、意微細，四、正覺，五、智慧增上，六、能別虚
實，七、聖道正器，八、聰明業所生故。"〔二〕

〔一〕見智顗説妙法蓮華經文句卷四下。又，阿毗曇毗婆沙論卷七："摩
㝹奢，秦言'意'。昔有王名頂生，化四天下，告諸衆生：'諸有所作
意，當善思，當善籌量，當善憶念。'時諸衆生即如王教，諸有所作，
思量憶念，然後便自有工巧作業種種差別。以人所作先意思故，是
故名人，爲意如人。(中略)復有説者，慢偏多故，五道之中慢心多
者，莫若於人，是故此趣名爲人趣。復有説者，此趣能止息意故，五
道之中能止息意，莫若人趣。所以者何？人能得解脱分善根、達分
善根，能親近善知識等四法，亦能修行親近善知識等四法，是故此
趣名人。"

〔二〕見佛説立世阿毗曇論卷六。

補特伽羅　或"福伽羅"，或"富特伽羅"，此云"數取
趣"，謂諸有情起惑造業，即爲能取當來五趣，名之爲趣〔一〕。
古譯爲"趣向"，中陰有情，趣往前生故。俱舍云："未至應至
處。"〔二〕應至處即六趣也。又，論云："死生二有中，五藴名
中有。"〔三〕故謂爲趣。涅槃云："中有五陰，非肉眼見，天眼
所見。"〔四〕瑜珈論説八種人執，第六名補特伽羅，謂數數取
諸趣故，或死於此，能生於彼。正能生者，即是人執。又翻有
情，又翻人〔五〕。大毗婆沙論："佛言：有二補特伽羅，能住持
正法，謂説者、行者。若持教者相續不滅，能令世俗正法久
住。若持證者相續不滅，能令勝義正法久住。持正法人有
二：一、持教法者，謂讀誦解説經、律、論等。二、持正法者，謂
能修證無漏聖道。"〔六〕

〔一〕玄應一切經音義卷二二："補特伽羅，案，梵本'補'，此云'數'；'特
伽'，此云'趣'；'羅'，此名'取'。云'數取趣'，謂數數往來諸趣
也。舊亦作'弗伽羅'，翻名爲'人'，言捨天陰入人陰，捨人陰入畜
生陰，近是也。經中作'福伽羅'，或言'富伽羅'，又作'富特伽
耶'，梵音轉也。譯者皆翻爲人，言六趣通名人也。斯謬甚矣！人
者亦言有意，似多思義，有智慧故，名爲人也。鬼、畜無此，何名人？

斯皆譯者之失也。”

〔二〕見阿毗達磨俱舍論卷八。

〔三〕見阿毗達磨俱舍論卷八。又有云：“於死有後，在生有前，即彼中間，有自體起，爲至生處，故起此身，二趣中間，故名中有。”

〔四〕見曇無讖譯大般涅槃經卷二九。

〔五〕瑜伽師地論卷八三：“我者，謂於五取蘊、我、我所見現前行故。言有情者，謂諸賢聖如實了知唯有此法，更無餘故，又復於彼有愛著故。言意生者，謂此是意種類性故。摩納縛迦者，謂依止於意，或高或下故。言養育者，謂能增長後有業故，能作一切士夫用故。補特伽羅者，謂能數數往取諸趣，無厭足故。言命者者，謂壽和合現存活故。言生者者，謂具生等所有法故。”

〔六〕見阿毗達磨大毗婆沙論卷一八三。

僕呼繕那　或“薩多婆”，或“禪是戰豆”，或“禪兜”，此云“衆生”〔一〕。摩訶衍云：“謂意及意識，一切衆染合集而生，故名衆生。而別自體，唯依心爲體。”〔二〕同性經：“佛言：衆生者，衆緣和合，名曰衆生，所謂地、水、火、風、空、識，名色，六入，因緣生。楞伽王言：世尊，彼衆生者，以何爲本？依何而住？以何爲因？佛言：此衆生者，無明爲本，依愛而住，以業爲因。楞伽王言：世尊，業有幾種？佛言：業有三種。何等爲三？謂身、口、意業。”〔三〕又，釋論明衆生有三聚：“一者、正定，必入涅槃。二者、邪定，必入惡道。三者、不定。”〔四〕“能破顛倒者名正定；不能破顛倒者名邪定；得因緣能破，不得則不能破，是名不定。”〔五〕漢書中，衆生去呼，釋氏相承平呼也。

〔一〕玄應一切經音義卷一：“禪頭，是戰反，梵音‘禪豆’，或言‘繕都’，此譯云‘衆生’也。”子璿金剛經纂要刊定記卷四：“梵語‘僕呼繕那’，此云‘衆生’。智度論云：‘五蘊和合中生，故云衆生。’”隋達摩笈多譯起世因本經卷一〇：“薩多婆者，隋言‘衆生’。”

〔二〕見釋摩訶衍論卷四。

〔三〕見大乘同性經卷上。

〔四〕見大智度論卷四五。

〔五〕見大智度論卷八四。

逋博孤沙　或“富樓沙”，正言“富盧沙”，此云“丈夫”〔一〕。大戴禮云：“丈者，長也。夫者，扶也。言長制萬物，以道扶接也。”〔二〕孟子曰：“富貴不能淫，貧賤不能戚，威武不能屈，此之謂大丈夫。”〔三〕又翻“士夫”。傳云：通古今，辨然否，謂之士。數始於一，終於十，孔子曰：推一合十爲士〔四〕。詩傳云：“士，事也。”〔五〕白虎通曰：“士者，任事之稱也。”〔六〕周禮：“天子有元士、中士、下士。”〔七〕涅槃云：“是大乘典有丈夫相，所謂佛性。若人不知是佛性者，則無男相，皆名女人。”〔八〕

〔一〕玄應一切經音義卷八：“晡沙，布胡反，經中或作‘逋沙’，又作‘補沙’，又亦作‘富樓沙’，皆訛也。正言‘富盧沙’，云‘士夫’，亦言‘丈夫’。”

〔二〕見大戴禮記本命。

〔三〕見孟子滕文公下。按：戚，孟子作“移”。

〔四〕說文卷一士部：“士，事也。數始於一，終於十。從一從十。孔子曰：推十合一爲士。”

〔五〕詩周頌敬之：“陟降厥士。”毛傳：“士，事也。”

〔六〕白虎通爵：“大夫之爲言大扶，扶進人者也。故傳曰：進賢達能，謂之卿大夫。王制曰：上大夫卿。士者，事也，任事之稱也。”

〔七〕禮記王制：“天子之三公之田視公侯，天子之卿視伯，天子之大夫視子男，天子之元士視附庸。”孔穎達正義曰：“元，善也。（中略）善士謂命士，則上、中、下之士皆稱元士也。天子之士所以稱元者，異於諸侯之士也。周禮：公侯伯之士雖一命，不得稱元士。”白虎通爵：“天子之士獨稱元士何？士賤不得體君之尊，故加元以別於諸侯之士也。”

〔八〕見曇無讖譯大般涅槃經卷九。

迦羅越　大品經中居士是也〔一〕。楞嚴云：“愛談名言，清淨自居。”〔二〕普門疏：“以多積財貨，居業豐盈，謂之居士。”〔三〕鄭康成云：“道藝處士。”〔四〕

〔一〕玄應一切經音義卷三：“迦羅越，大品經中居士是也。”大品經，即摩訶般若波羅蜜經。

〔 二 〕 大佛頂如來密因修證了義諸菩薩萬行首楞嚴經卷六：“若諸衆生愛
談名言，清淨其居，我於彼前現居士身而爲説法，令其成就。”窺基
撰妙法蓮華經玄贊卷一〇：“守道自恬，寡欲蘊德，名爲居士。”

〔 三 〕 見智顗説、灌頂記觀音義疏卷下。又，吉藏撰法華義疏卷一二：“居
士有二種：一、居舍之士，故名居士；二、居財一億，故名居士。”

〔 四 〕 禮記玉藻：“居士錦帶。”鄭玄注曰：“居士，道藝處士也。”

婆羅　隋言“毛道”〔 一 〕，謂行心不定，猶如輕毛，隨風東
西〔 二 〕。魏金剛云：“毛道凡夫。”〔 三 〕應法師云：梵語“嚩
羅”，此云“毛”。“婆羅”，此云“愚”。梵音相近，譯人致謬。
正言“婆羅必栗託仡那”，此翻“愚異生”，愚癡闇冥，無有智
慧，但起我見，不生無漏。亦名“嬰愚凡夫”。凡夫者，義譯
也。梵言“婆羅必利他伽闍那”，此云“小兒別生”，以癡如小
兒，不同聖生也〔 四 〕。

〔 一 〕 隋闍那崛多譯大威德陀羅尼經卷九：“梵云‘婆羅’，隋云‘毛道’。”
毛道，即凡夫。慧琳一切經音義卷一〇：“毛道，此言譯者誤也。
案，梵云‘嚩囉’，此云‘毛’；‘婆羅’，此云‘愚’。以‘毛’與‘愚’梵
音相濫，故誤譯此爲‘毛’，義翻爲‘毛道’，或云‘毛頭’，皆非也，此
譯者之失矣。正梵音云‘婆羅必哩他仡那’，‘婆羅’，此云‘愚’；
‘必栗託’，此云‘異’；‘仡那’，此云‘生’。唐云‘愚生’是也。言
‘毛道凡夫’者，義不明也。”

〔 二 〕 釋氏要覽卷中界趣“凡夫”條：“大威德陀羅尼經云：於生死迷惑流
轉，住不正道，故名凡夫。梵云‘婆羅’，隋言‘毛道’。謂行心不
定，猶如輕毛，隨風東西故。”

〔 三 〕 見元魏菩提流支譯金剛般若波羅蜜經。

〔 四 〕 玄應一切經音義卷二三：“異生性，梵言‘婆羅必栗託仡那’。‘婆
羅’，此云‘愚’；‘必栗託’，此言‘異’；‘仡那’，此名‘生’。應作
‘愚異生’，言愚癡闇冥，無有智慧，但起我見，不生無漏故也。亦言
‘小兒別生’，以癡如小兒，不同聖生故。論中作‘小兒凡夫’是也。
又名‘嬰癡凡夫’，亦云‘嬰兒凡夫’。凡夫者，義譯也。廣雅云：凡，
輕也，輕微之稱也。舊經中或言‘毛道凡夫’，或云‘毛頭凡夫’。
案，梵本‘毛’名‘縛羅’，‘愚’名‘婆羅’，當由‘嚩’‘婆’聲之相近，

致斯訛謬,譯人之失也。"

鄔安古**波弟鑠**　此云"父母"。楊子云:"父母,子之天地
與? 無天何以生? 無地何以形?"〔一〕擭華〔二〕云:天懸象,
地載形,父受氣,母化成。詩曰:"哀哀父母,生我劬勞。無父
何怙? 無母何恃? 出則銜恤,入則靡至。父兮生我,母兮鞠
我。撫我育我,長我畜我,顧我復我,出入復我。欲報之恩,
昊天罔極。"〔三〕梵網經云:"孝順父母、師僧、三寶。"〔四〕

〔一〕見揚雄法言孝至。

〔二〕擭華:即智圓擭華鈔。參卷一諸佛別名篇第二"提洹竭"條注六。

〔三〕見詩小雅蓼莪。

〔四〕見梵網經卷下。

阿摩　此云〔一〕"女母"〔二〕。

〔一〕云:永樂北藏本、嘉興藏本作"翻"。

〔二〕善見律毗婆沙卷六:"漢言'阿摩'是母也。"

蘇弗窒竹栗利　此云"善女"〔一〕。

〔一〕佛本行集經卷五二優陀夷因緣品第五十四上:"善子烏王有妻,名
曰蘇弗窒利。隋言'善女'。"

波帝　此云"夫主"〔一〕。大論云:"一切女身,無所繫
屬,則受惡名。女人之體,幼則從父母,少則從夫,老則
從子。"〔二〕

〔一〕達摩笈多譯起世因本經卷一〇:"梵語'波帝',隋言'夫主'。"

〔二〕見大智度論卷九九。

婆梨耶　此云"婦"〔一〕。說文:"婦,與己齊者。"〔二〕
"婦,服也。從女,持帚洒掃也。"〔三〕或稱命婦者,夫尊於朝,
妻榮於室〔四〕。

〔一〕達摩笈多譯起世因本經卷一〇:"梵語'婆梨耶',隋言'婦'。"

〔二〕說文卷一二女部:"妻,婦,與夫齊者也。"按:徐鍇說文解字繫傳作:
"妻,婦,與己齊者也。"說文句讀:"妻,婦,與己齊者也。以婦釋
妻,謂一人兩名也。"

〔三〕見說文卷一二女部。

〔四〕白虎通爵:"故夫尊於朝,妻榮於室,隨夫之行。故禮郊特牲曰:'婦

人無爵,坐以夫之齒。'"

阿那他　此云"非正伎人"〔一〕。帝王略論曰:"習與正人居,不能無正,猶生長齊地,不能不齊言也;習與不正人居,不能無不正,猶生長楚地,不能不楚言也。"〔二〕易曰:"君子以常德行,習教事。"〔三〕譙子〔四〕曰:夫交人之道,猶素之白也,染之以朱則赤,染之以藍則青。大戴禮曰:"與君子游,苾乎〔五〕如入蘭芷之室,久而不聞其香,則與之化矣。與不善人居,貸乎〔六〕如入鮑魚之肆,久而不知其臭,與之變矣。"〔七〕

〔一〕大威德陀羅尼經卷一四:阿那他,"隋云'非正伎人'。"

〔二〕帝王略論,五卷,虞世南撰,已佚,現有陳虎輯本(中華書局,二〇〇八年)。此段引文,出漢書卷四八賈誼傳引賈誼陳政事疏:"夫習與正人居之,不能毋正,猶生長於齊,不能不齊言也;習與不正人居之,不能毋不正,猶生長於楚之地,不能不楚言也。"

〔三〕見易坎象。

〔四〕譙子:譙周。隋書經籍志著録譙周撰譙子法訓八卷,已佚。

〔五〕苾乎:永樂北藏本、嘉興藏本無。

〔六〕貸乎:原作"乎",永樂北藏本、嘉興藏本無,據大戴禮記校補。

〔七〕見大戴禮記曾子疾病。

鳩那羅　此云"惡人",亦云"不好人"〔一〕。蜀先主臨終謂太子曰:"勿以惡小而爲之,勿以善小而不爲。"〔二〕孔子云:"見善如不及,見惡如探湯。"〔三〕尚書曰:"彰善癉徒丹惡,樹之風聲。"〔四〕曾子云:"人之好善,福雖未至,去禍遠矣。人之爲惡,凶雖未至,去福近矣。"〔五〕辨魔書云:"見善養育,如雨露之被草木;遇惡勦絶,若鷹鸇之逐鳥雀。"〔六〕罵意經云:"人所作善惡,有四神知之:一者地神,二者天神,三者旁人,四者自意。"〔七〕涅槃經明十六種惡:"一、爲利餧食羔羊,肥已轉賣。二、爲利買已屠殺。三、爲利餧養猪豚,肥已轉賣。四、爲利買已屠殺。五、爲利餧養牛犢,肥已轉賣。六、爲利買已屠殺。七、爲利養鷄令肥,肥已轉賣。八、爲利買已

屠殺。九、釣魚。十、獵師。十一、劫奪。十二、魁膾。十三、
網捕飛鳥。十四、兩舌。十五、獄卒。十六、呪龍。"〔八〕

〔一〕玄應一切經音義卷四："鳩那羅,此譯云'惡人',亦言'不好
人'也。"

〔二〕見三國志蜀志先主傳裴松之注引。

〔三〕見論語季氏。

〔四〕見尚書畢命。

〔五〕出中論修本。按："去福近矣"之"福",疑當作"禍"。

〔六〕出處俟考。辨魔書,不詳。廣弘明集卷九辨惑篇笑道論："昔行父
之爲人也,見有禮於其君者,敬之如孝子之養父母;見無禮於其君
者,惡之如鷹鸇之逐鳥雀。"

〔七〕見佛説罵意經。

〔八〕見曇無讖譯大般涅槃經卷二九。

究磨羅浮多　應法師云："是彼八歲已上乃至未娶之者
惣名。"〔一〕

〔一〕玄應一切經音義卷三："鳩摩,正言'究磨羅浮多'。'究磨羅'者,
是彼八歲以上乃至未娶者之總名也,舊名童子。'浮多'者,舊云
'真',言童真地也。經順俗名,以童標八地以上菩薩也。或云法王
子者,別號也。"

拘摩羅　西域記云："唐言'童子'。"〔一〕釋名云："十五
曰童,故禮有陽童。牛羊之無角曰童,山無草木曰童,言人未
冠者似之云耳。"〔二〕

〔一〕見大唐西域記卷一〇迦摩縷波國。

〔二〕見釋名卷二釋長幼。陽童:未成年而死的庶子。禮記雜記上："稱
'陽童某甫',不名神也。"鄭玄注："陽童,謂庶殤也,宗子則曰陰
童。童,未成人之稱也。"

般吒　應言"般茶迦",此云"黃門"〔一〕。

〔一〕玄應一切經音義卷一七："般吒,此訛略也,應言'般茶迦',此云
'黃門'。其類有五:一、般茶迦,總名,謂具男根而不生子;二、伊利
沙般茶迦,'伊利沙',此云'妬',謂見他共婬,即發情欲,不見不
發;三、扇茶般茶迦,謂本來男根不滿,故不能生子。四、博叉般茶
迦,謂半月作男,半月作女。'博叉',此云'助',謂兩半月助成一

滿月也。五、留拏般荼迦,謂被刑男根。'留拏',此云割也。"四分律卷三五:"是中黃門者,生黃門、犍黃門、妒黃門、變黃門、半月黃門。生者,生已來黃門。犍者,生已都截去作黃門。妒者,見他行婬,已有婬心起。變者,與他行婬時,失男根變爲黃門。半月者,半月能男,半月不能男。"

扇搋 𠡠皆切　或"扇茶",此云"生天然",生者男根不滿〔一〕。

〔一〕參前"般吒"條注。

留拏　此云"犍居言切",或作"劇",以刀去勢也〔一〕。

〔一〕參前"般吒"條注。

伊棃沙掌拏　此云"妒",因見他婬,方有妒心婬起〔一〕。

〔一〕參前"般吒"條注。

半擇迦　此云"變",今生變作〔一〕。

〔一〕參前"般吒"條注。

博叉　此云"半月能男,半月不能男"。此依四分律出〔一〕。

〔一〕參前"般吒"條注。

扇提羅　此云"石女",無男女根故〔一〕。

〔一〕蕭齊曇景譯佛說未曾有因緣經卷上:"扇提羅者,漢言'石女',無男女根,故名石女。"

槃大子　此出楞伽〔一〕。若大乘入楞伽,則云"石女兒"〔二〕。

〔一〕楞伽阿跋多羅寶經卷二:"如虛空兔角,及與槃大子,無而有言說,如是性妄想。"楞伽阿跋多羅寶經注解卷二:"言槃大子者,即石女兒也。"

〔二〕大乘入楞伽經卷一羅婆那王勸請品:"復有非法,所謂兔角、石女兒等,皆無性相,不可分別,但隨世俗,說有名字。"

馱索迦　此云"奴"。說文云:"男入罪曰奴,女入罪曰婢。"〔一〕風俗通云:"古制無奴婢,即犯事,贓則郎者,被贓罪,没入官爲奴婢;獲者,逃亡獲得爲奴婢。"〔二〕

〔一〕說文卷一二女部:"奴、婢,皆古之辠人也。周禮曰:其奴,男子入於皋隸,女子入於舂藁。"

〔二〕藝文類聚卷三五引應劭風俗通云:"古制本無奴婢,犯事者原之。臧者,被罪没入爲官奴;獲者,逃亡復得爲婢。"

旃陀羅　此云"屠者",正言"旃荼_{音途}羅",此云"嚴幟^{〔一〕}",謂惡業自嚴,行時搖鈴持竹爲幖_{音標}幟_{尺志切}。通俗文^{〔二〕}云:徽号曰幖,私記曰幟。謂以絳帛書著背上曰徽。廣雅云:"旛也。"^{〔三〕}故若不尔者,王必罪之^{〔四〕}。法顯傳云:名爲惡人,與人別居。入城市則擊竹自異,人則避之。或帶之,人皆怖畏^{〔五〕}。

〔一〕幟:原作"熾",據文意改,參下注。

〔二〕通俗文:已佚。隋書經籍志題云東漢服虔撰。慧琳一切經音義卷一三:"幖幟,必遥反。通俗文云:徽號曰幖。説文:幖,幟也。桂苑珠叢:幟即幡旗之類也,從巾票聲也。(中略)下叱志反。廣雅:幟,幡也。史記曰:人持赤幟幡也。考聲:幟頭上記也。通俗文云:私記曰幟。説文同廣雅從巾戠聲也。"

〔三〕見廣雅釋器。

〔四〕窺基撰妙法蓮華經玄贊卷九:"旃陀羅,云'屠者',不律儀也。正言'旃荼羅',此云'嚴幟',惡業自嚴,行持標幟,搖鈴持竹爲自標故。"慧琳一切經音義卷一:"旃荼羅,梵語也,上之然反,次宅加反,正梵音云奴雅反,經文作'荼',音不切也。古云'旃陀羅',皆訛略也。西域記云屠膾,主殺守獄之人也。彼國常法,制勒此類,行則關於路左,執持破竹,或復搖鈴打擊爲聲,標顯自身,恐惧觸突淨行之人。若不如此,國有嚴刑,王則治罰此人,彰淨穢有異。"又,卷二六:"旃陀羅,亦名'旃荼羅',此云'嚴幟',謂以惡業自嚴,行持標幟也。其人若行,必搖鈴自標。若不爾者,必獲重罪。時人謂殺人膾子屠也,獵擔糞人也。"

〔五〕法顯傳中天竺西天竺記遊:"旃荼羅,名爲惡人,與人別居。若入城市,則擊木以自異,人則識而避之,不相唐突。"

樓由　此云"愛",力士名也^{〔一〕}。

〔一〕慧琳一切經音義卷一一:"樓由,亦名'樓至',皆梵語訛也,即賢劫中菩薩最後成佛者是也。經自解云:'樓由',晉言'涕泣'。即密迹金剛也。"又,卷五五:"樓由,力士名也,此謂云'愛',或言

‘欲’也。”

譚徒紺**婆**　此云“食狗肉人”[一]。

〔一〕玄應一切經音義卷七：“譚婆，徒南反，今借爲徒紺反，謂西國食狗
肉人也。”

羯恥那　此云“煑狗人”[一]。

〔一〕玄應一切經音義卷二三：“羯恥那，居謁反，此謂煑狗人也。”窺基撰
瑜伽師地論略纂卷七：“羯恥那者，謂典獄之類。”唐遁倫集撰瑜伽
論記卷五：“執惡家更作極惡，名‘羯恥那’。如屠兒名執惡，執惡
執刀杖等名‘羯恥那’，此即典獄之類。”

薩拘盧楴徒帝切　此云“賣姓”也[一]。

〔一〕玄應一切經音義卷七：“盧掃，徒帝、勑細二反，或作‘薩俱盧楴’，
人名也，此譯云‘賣姓’。”又，卷一三：“賣姓，謨稗反，梵言‘薩俱
盧’也，一本作‘薄’。經文作‘㲧’，誤也。”薄俱盧，參卷一惣諸聲
聞篇第九“薄拘羅”條。

犍坻　翻“續”[一]。

〔一〕大智度論卷八：“祇洹中奴，字犍抵。‘揵抵’，秦言‘續’也，是波斯
匿王兄子。端正勇健，心性和善。王大夫人見之心著，即微呼之，
欲令從己。犍抵不從，夫人大怒，向王讒之，反被其罪。王聞，即節
節解之，棄於塚間。命未絶頃，其夜，虎、狼、羅刹來欲食之。是時
佛到其邊，光明照之，身即平復，其心大喜。佛爲説法，即得三道。
佛牽其手，將至祇洹，是人言：我身已破、已棄，佛續我身，今當盡此
形壽，以身布施佛及比丘僧。”

那羅　翻“上伎戲”[一]。

〔一〕智顗説妙法蓮華經文句卷八下：“‘那羅延’者，‘上伎戲’，亦云‘綵
畫’，其身作變異，又云緣幢擲倒之屬也。”按：“緣幢擲倒之屬”，清
道霈法華經文句纂要卷六：“近兜戲者，恐散逸故。那羅，此云
‘力’，即是捔力戲，亦是設筋力戲也。”

長者篇第十八

　　西土之豪族也，富商大賈，積財鉅萬，咸稱長者[一]。此
方則不然，蓋有德之稱也。風俗通云：“春秋末，鄭有賢人，著
一篇，號鄭長者，謂年耆德艾，事長於人，以之爲長者。”[二]

韓子云:"重厚自居曰長者。"[三]天台文句云:"長者十德:
一、姓貴,姓則三皇五帝之裔,左貂都寮右插之家。二、位高,
位則輔弼丞相,鹽梅阿衡。三、大富,富則銅陵金谷,豐饒侈
靡。四、威猛,威則嚴霜隆重,不肅而成。五、智深,智則胷如
武庫,權奇超拔。六、年耆,年則蒼蒼稜稜,物儀所伏。七、行
淨,行則白珪無玷,所行如言。八、禮備,禮則節度庠序,世所
式瞻。九、上歎,上則一人所敬。十、下歸,下則四海所
歸。"[四]淨名疏云:"國內勝人,稱爲長者,必是貴族。雖是
貴族,爵位卑微,不稱姓望。雖是高位,貧無財德,世所不重。
雖財充積,無寵不威,物不敬畏。雖有大勢,神用暗短,智人
所輕。雖有神解明鑒,而年在幼,物情不揖。雖年耆貌皓,内
行廝音斯惡,人所鄙怪。雖操行無瑕,而外缺禮儀,無可瞻愛。
雖進止容與,若上人不睦,名不徹遠。雖豪貴歌詠,無恩及
下,物所不崇。故具十德,方稱長者。"[五]

〔一〕窺基撰妙法蓮華經玄贊卷一〇:"心平性直,語實行敦,齒邁財盈,
名爲長者。"

〔二〕慧苑新譯大方廣佛華嚴經音義卷下:"長者,風俗通曰:春秋之末,
鄭有賢人,著書一篇,號鄭長者。謂年長德艾,事長於人,以之爲長
者故也。"王利器風俗通義校注佚文部分據翻譯名義集二、慧苑音
義下、淨土音義一輯錄此條,案語曰:"韓非子外儲右上,兩引鄭長
者言,又難二引鄭長者言,漢書藝文志道家:'鄭長者一篇。'本注:
'六國時,先韓子,韓子稱之。'師古曰:'別錄云:鄭人,不知
姓名。'"

〔三〕韓非子詭使:"重厚自尊,謂之長者。"

〔四〕見智顗説妙法蓮華經文句卷五上。

〔五〕見智顗説、湛然略維摩經略疏卷三。

須達多　亦云"修達多",或"婆須達多"[一]。西域記
云:"唐言'善施',或名'樂施',舊曰'須達',訛也。"[二]正
名"蘇達多",勝軍王大臣。仁而聰敏,積而能散,賑乏濟貧,
哀孤卹老。時美其德,号給孤獨[三]。孟子曰:"老而無妻曰

鰥^{古頑},老而無夫曰寡,老而無子曰獨,幼而無父曰孤。此四者,天下之窮民而無告者。"〔四〕今此長者給濟孤獨之人,名給孤獨。

〔一〕慧苑新譯大方廣佛華嚴經音義卷下:"須達多,此云'善給施無依怙者',舊云'給孤獨者'是也。""婆須達多,此云'財施',或云'有善施行'也。"

〔二〕大唐西域記卷六室羅伐悉底國:"蘇達多,唐言'善施',舊曰'須達',訛也。"

〔三〕窺基撰阿彌陀經通贊疏卷上:"給孤獨者,是蘇達多長者,此云'善施'。善施仁而且叡,積而能散,極濟貧乏,哀恤孤老,時人美其德,號爲'給孤獨'。是鉢剌犀那恃恃王,舊云波斯匿王是也,此名勝軍,蘇達多是彼王之大臣也。"

〔四〕見孟子梁惠王下。

邠^{彼貧}坻^{直尼切}　正云"阿那他擯茶陀揭利呵跛底"。"阿那他",云"無依",亦名"孤獨";"擯茶陀",此云"團施"。好施孤獨,因以爲名〔一〕。

〔一〕唐定賓作四分律疏飾宗義記卷八:"阿難賓坻,直飢反,此是梵言訛略也,正云'阿那他賓茶揭利呵跛底'。'阿那他',此云'無依',亦名'孤獨';'賓茶揭利呵跛底',此云'團施'。言此長者團食以施無依孤獨人也,因此時人號爲給孤獨長者也。本名須達多。"

耆婆　或云"耆域",或名"時縛迦"〔一〕,此云"能活",又云"故活"。影堅王之子,善見庶兄,柰〔二〕女所生。出胎即持針筒藥囊,其母惡之,即以白衣裹之,棄于巷中。時無畏王乘車遥見,乃問之,有人荅曰:"此小兒也。"又問:"死活耶?"荅云:"故活。"王即勅人乳而養之,後還其母〔三〕。四分律云:耆婆初詣得叉尸羅國,姓阿提梨,字賓迦羅,而學醫道。經于七年,其師即便以一籠器及掘草之具,令其於得叉尸羅國面一由旬,求覓諸草,有不是藥者持來。耆婆如教,即於國内面一由旬,周竟求覓。所見草木,盡皆分別,無有草木非是藥者。師言:"汝今可去,醫道已成。我若死後,次即有汝。"〔四〕耆婆經云:"耆婆童子於貨柴人所大柴束中,見有一

木,光明徹照,名爲藥王,倚病人身,照見身中一切
諸病。"〔五〕

〔一〕 大唐西域記卷九摩揭陀國下:"時縛迦大醫,舊曰'耆婆',訛也。"
唐普光述俱舍論記卷五:"時縛迦,此云'活命',善療衆病,能活命
故。舊云'耆婆',或云'耆域',訛也。"

〔二〕 奈:大正藏本作"奈"。

〔三〕 詳參佛説㮈女祇域因緣經。

〔四〕 詳見四分律卷三九。

〔五〕 見佛説㮈女耆婆經。

瞿史羅 此云"守護心"〔一〕。舊曰"瞿師羅",此譯"美
音"〔二〕。

〔一〕 慧苑新譯大方廣佛華嚴經音義卷下:"長者子瞿波羅。案西方訓
字,'瞿'有九義,此中但取地白義;'波羅',此云'守護'也。謂守
護心地,或守護白法也。"

〔二〕 大慈恩寺三藏法師傳卷三:"瞿史羅,舊曰'瞿師羅',訛。"中本起
經卷下須達品:"路由一國,名拘藍尼,國有長者,字瞿師羅,晉言
'美音'。"

郁伽 此云"威德"〔一〕。

〔一〕 慧琳一切經音義卷二六:"郁伽長者,此云'功德',亦云'威德'。"

珊檀那 此云"護弥"〔一〕。

〔一〕 灌頂撰、湛然再治大般涅槃經疏卷二六:"珊檀那者,是王舍城人,
此翻'護彌'。"

外道篇第十九

俱舍玄義〔一〕云:學乖諦理,隨自妄情,不返內覺,稱爲
外道。均聖論云:"蔽理之徒,封著外教。"〔二〕辯正論曰:"九
十五種騰鶩之庶於西戎,三十六部淆亂於東國。"〔三〕垂裕云:
"準九十六道經〔四〕,於中一道是正,即佛也,九十五皆邪。
華嚴、大論九十六皆邪者,以大斥小。故百論云:順聲聞道
者,皆悉是邪。"〔五〕

〔一〕 俱舍玄義:不詳。

〔二〕見廣弘明集卷五辯惑篇沈約撰均聖論。

〔三〕見唐法琳撰辯正論卷六内九箴篇第六内異方同制指。九十五種：指佛陀出世前後出現於印度的各種外道。三十六部：指道教典籍。

〔四〕九十六道經：原作“九十六外道經”，後既有云“一道是正”，故知總稱“外道”者非，故據垂裕記改。按：唐湛然述法華文句記卷六、止觀輔行傳弘決卷三等諸書引，皆作“九十六道經”。止觀輔行傳弘決卷三之四云：“彼經兩卷，一一釋出所計相貌。”垂裕記卷二，亦云“彼經二卷，委明相狀”。開元釋教録卷一八著録“九十六種道經一卷”，子注曰：“法經録云‘九十五種道經’，仁壽録云二卷，具題云：‘除去九十五種邪道雜類神呪經’。”

〔五〕見智圓述維摩經略疏垂裕記卷二。“華嚴、大論九十六皆邪者”，如佛馱跋陀羅譯大方廣佛華嚴經卷一六：“令一切衆生常樂如來正教之法，除滅一切九十六種外道邪見。”大智度論卷七：“佛亦如是，於九十六種道中，一切降伏無畏故，名人師子。”又，湛然述止觀輔行傳弘決卷三之四：“九十五種者，通舉諸道，意且出邪。準九十六道經，彼經兩卷，一一釋出所計相貌，於諸道中，一道是正，即佛道也。故大論二十五云：九十六道中，實者是佛。今文但云九十五者，論邪道故。九十五中，二名似正，謂修多羅及阿毗曇。餘九十三，名體俱邪。尋經識之，甚補正智。問：華嚴云：九十六道，悉皆是邪。此云何通？答：華嚴斥小，故皆云邪。故百論云：順聲聞道者，皆悉是邪。故論二十五又云：九十六道，並不能得諸法實相。又，四十一云：九十六道，不說意生。信是小乘灰斷之説，故五十三、五十六、七十三並同華嚴，斥云是邪。”

婆羅門　普門疏云：“此云‘淨行’。劫初種族，山野自閑，故人以淨行稱之。”〔一〕肇曰：“秦言‘外意’。其種別有經書，世世相承，以道學爲業。或在家，或出家。多恃己道術，我慢人也。”〔二〕應法師云：“此訛略也。具云‘婆羅賀磨拏’，義云‘承習梵天法者’。其人種類，自云從梵天口生。四姓中勝，獨取梵名，唯五天竺有，餘國即無。諸經中‘梵志’，即同此名，正翻‘淨裔’，稱是梵天苗裔也。”〔三〕

〔一〕見智顗説、灌頂記觀音義疏卷下。

〔二〕見僧肇撰注維摩詰經卷二。

〔三〕見玄應一切經音義卷一八。

一闡提 大眾所問品:"純陀問佛:一闡提者,其義云何?佛告純陀:若有比丘及比丘尼、優婆塞、優婆夷,發麁惡言,誹謗正法,造是重業,永不改悔,心無慚愧,如是等人,名爲趣向一闡提道。若犯四重〔一〕、作五逆罪〔二〕,自知定犯如是重事,而心初無怖畏慚愧,不肯發露,於佛正法無護惜建立之心,毀呰輕賤,言多過咎,如是等人,亦名趣向一闡提道。若復説言無佛、法、眾,如是等人,亦名趣向一闡提道。"〔三〕梵行品云:"一闡提者,不信因果,無有慚愧,不信業報,不見現在及未來世,不親善友,不隨諸佛所説教誡,如是之人,名一闡提。"〔四〕德王品云:"'一闡'名信,'提'名不具。信不具故,名一闡提。"〔五〕入楞伽經曰:"一闡提有二種:一者、焚燒一切善根,二者、憐愍一切眾生,作盡一切眾生界願。大慧,云何焚燒一切善根?謂謗菩薩藏,作如是言:彼非隨順修多羅、毗尼解脱説。捨諸善根,是故不得涅槃。大慧,憐愍眾生,作盡眾生界願者,是爲菩薩。菩薩方便作願,若諸眾生不入涅槃者,我亦不入涅槃。"〔六〕又,梵語"闡底迦",此云"多貪"。"阿闡底迦",此云"無欲"〔七〕。"阿顛底迦",此云"極惡"〔八〕。唯識樞要云:"一名一闡底迦,是樂欲義,樂生死故;二名阿闡底迦,是不樂欲義,不樂涅槃故;三名阿顛底迦,名爲畢竟,以畢竟無涅槃性故。"〔九〕他謂一闡底迦,即焚燒一切善根;二阿闡底迦,即菩薩大悲;三阿顛底迦,即無性闡提。故樞要云:瑜珈〔一〇〕、唯識,説於無性一種闡提〔一一〕。又云:"無種性者,現當畢竟,二俱不成。"〔一二〕此依相宗。

〔一〕四重:又稱四禁、性重戒,即婬、盜、殺、妄。犯四重,即破四重戒。

〔二〕五逆罪:即殺父、殺母、殺阿羅漢、破和合僧、出佛身血。

〔三〕見曇無讖譯大般涅槃經卷一〇一切大眾所問品。

〔四〕見曇無讖譯大般涅槃經卷一九梵行品。

〔五〕見曇無讖譯大般涅槃經卷二六光明遍照高貴德王菩薩品。

〔六〕見菩提留支譯入楞伽經卷二。

〔七〕玄應一切經音義卷二三:“阿闡底迦,此云‘無欲’,謂不樂欲涅槃。亦言‘一闡底柯’,此云‘多貪’,謂貪樂生死,不求出離,故不信樂正法。舊言‘阿闡提’,譯云‘隨意作’也。”

〔八〕玄應一切經音義卷二三:“阿顛底迦,此云‘畢竟’,謂畢竟無有善心也。”

〔九〕見窺基撰成唯識論掌中樞要卷上。

〔一〇〕珈:永樂北藏本、嘉興藏本作“伽”。

〔一一〕詳見成唯識論掌中樞要卷上。此爲概述,非直引。

〔一二〕見成唯識論掌中樞要卷上。

娑毗迦羅 亦云“劫毗羅”,此云“金頭”,或云“黃髮”,食米臍〔一〕外道〔二〕。應法師云:“舊言‘食米屑’也。外道修苦行,合手大指及第三指,以物縛之,往至人家春穀簁補過米處,以彼縛指,拾取米屑,聚至掌中。隨得多少,去以爲食。若全粒者,即不取之。亦名‘鶖音浮鳩行’,外道拾米,如鶖鳩行也。”〔三〕

〔一〕臍:佛教諸論疏中,又作“齊”、“齋”、“濟”等,恐皆爲“齏”字之訛。齏,碎屑。米齏,即米屑。參注三。

〔二〕子璿集首楞嚴義疏注經卷一:“娑毗迦羅,亦云‘劫毗羅’,此言‘金頭’,或云‘黃髮’,食米齊外道也。師事梵天而得此呪。呪是梵天先説,外道施行,世人諷習以爲幻術。”

〔三〕玄應一切經音義卷二三:“食米齊宗,舊云‘食屑’,此外道修行苦行,合手大指及第二指,以物縛之,往至人家春穀簁米處,以彼縛指,拾取米屑,聚置掌中。隨得少多,去以爲食。若全粒者,即不取之。恐多所取,縛兩指耳。亦名‘鶖鳩行’,外道拾米,如鶖鳩行也。”

瞿伽離 亦名“瞿波利”,或名“俱迦利”,此云“惡時者”〔一〕,調達弟子。因謗身子、目連,梵王與佛訶之不受,身瘡即死,入大地獄。緣出大論十三〔二〕。

〔一〕大寶積經卷二:“俱迦利比丘,唐言‘惡時者’。”

〔二〕大智度論卷一三:“如提婆達多弟子俱伽離,常求舍利弗、目揵連過失。(中略)爾時,俱迦離到佛所,頭面禮佛足,却住一面。佛告俱

伽離：'舍利弗、目揵連心淨柔軟，汝莫謗之而長夜受苦！'俱伽離
白佛言：'我於佛語不敢不信，但自目見了了，定知二人實行不
淨。'佛如是三呵，俱伽離亦三不受，即從坐起而去。還其房中，舉
身生瘡，始如芥子，漸大如豆、如棗、如奈，轉大如苽，翕然爛壞，如
大火燒，叫唤號咷，其夜即死，入大蓮華地獄。"

蘇氣怛羅　此云"善星"〔一〕，羅云庶兄，佛之堂弟庶兒，
故説爲子。佛與迦葉往善星所，善星遥見，生惡邪心，生身陷
入至阿鼻獄〔二〕。

〔一〕大寶積經卷二："蘇氣怛羅比丘，唐言'善星'。"

〔二〕曇無讖譯大般涅槃經卷三三迦葉菩薩品："善星比丘雖復讀誦十二
　　　部經，獲得四禪，乃至不解一偈、一句、一字之義，親近惡友，退失四
　　　禪。失四禪已，生惡邪見，作如是説：'無佛、無法、無有涅槃。沙門
　　　瞿曇善知相法，是故能得知他人心。'（中略）爾時如來即與迦葉往
　　　善星所，善星比丘遥見如來，見已即生惡邪之心，以惡心故，生身陷
　　　入墮阿鼻獄。"

離車　翻爲"皮薄"，又云"同皮"〔一〕。或名"弥戾車"，
此翻"仙族王"〔二〕。又云"邊地主"，又云"傳集國政"，其國
義讓，五百長者遞爲國主，故云"傳集國政"，出外爲邊地
主〔三〕。又云"邊夷無所知者"〔四〕。西記云：名栗呫昌栗婆
子，舊訛云"離車"〔五〕。

〔一〕善見律毗婆沙卷一〇："道士號兒名爲離車子。"子注曰："漢言'皮
　　　薄'，亦言'同皮'。"

〔二〕玄應一切經音義卷三："隨耶利，或云'隨舍利'，或云'隨舍種'，或
　　　言'栗唱'，或言'離昌'，或作'梨昌'，或作'離車'，或作'律車'，
　　　皆梵言訛轉也，正言'栗呫婆'，此云'仙族王種'。呫，音昌葉反。"

〔三〕灌頂撰、湛然再治大般涅槃經疏卷二："離車，亦'黎昌'，亦'彌
　　　離'，楚夏不同。此云'邊地主'，或云'傳集國政'。觀師云：其國
　　　義讓，五百長者遞爲國主，故言傳集國政。罷政，即出外爲邊地主。
　　　云云。"

〔四〕玄應一切經音義卷一八："彌離車，或作'彌戾車'，皆訛也，正言
　　　'蔑戾車'，謂邊夷無所知者也。"

〔五〕見大唐西域記卷七吠舍釐國。按："西記"，應爲"西域記"。

彌戾車 興福〔一〕曰:"惡見也。"資中曰:"應是邊邪不正見,死墮邊地下賤也。"〔二〕長水曰:"此樂垢穢人。"〔三〕亦名"蔑戾車"、"弥離車"〔四〕。

〔一〕興福:即惟慤,傳見宋高僧傳卷六唐京師崇福寺惟慤傳。據思坦集注楞嚴經集注,此説當出惟慤撰楞嚴經玄贊。

〔二〕資中:即弘沇。思坦集注楞嚴經集注徵引其楞嚴經疏。又,仁岳述楞嚴經熏聞記卷一:"'彌戾車,惡見也'者,此依興福所解。資中云:應是邊邪不正之見。以不正見,死墮邊地下賤也。孤山云:惡見據因,下賤據果。欲使闡提墮現在惡因,毀未來惡果。"

〔三〕見長水子璿集首楞嚴義疏注經卷一。

〔四〕慧琳一切經音義卷一六:"卑栗蹉,倉何反,梵語,邪見不信正法人也。舊譯云'彌戾車',不切,當訛略也。"玄應一切經音義卷二二:"蔑戾車,莫結反,下力計反,舊言'彌戾車',此云'樂垢穢人',此等全不識佛法也。"

演若達多 此云"祠授"。證真曰:"此人從神祠乞得,故名'祠授'。"〔一〕

〔一〕證真:即證真鈔。仁岳述楞嚴經熏聞記卷三曰:"此言'祠授'。證真云:亦如提婆達多從天乞得,故名'天授'。此人從神祠乞得,故名'祠授'。"大佛頂如來密因修證了義諸菩薩萬行首楞嚴經卷四:"室羅城中演若達多,忽於晨朝以鏡照面,愛鏡中頭,眉目可見,瞋責己頭,不見面目,以爲魑魅,無狀狂走。"

迦毗羅 梁言"青色"〔一〕。亦名"劫畢羅",翻"黄色"〔二〕。輔行曰:"此云'黄頭',頭如金色。又云頭面俱如金色。"〔三〕造僧佉論,具如下出〔四〕。

〔一〕見梁僧伽提婆譯二十八夜叉軍王名號。

〔二〕見大孔雀呪王經卷中。

〔三〕見湛然述止觀輔行傳弘決卷一○之一。

〔四〕"具如下出"者,見卷五半滿書籍篇第五十四。又,智顗説妙法蓮華經文句卷九上:"迦毗羅,此翻'黄頭',亦云'龜種',造論名僧佉。'僧佉',此云'無頂'。因人名論,故言迦毗羅,説二十五諦。"仁岳述楞嚴經熏聞記卷二:"谷響云:外道迦毗羅,此云'黄頭',頭如金色故。説經有十萬偈,名僧佉論,此云數術。用二十五諦,明因中有果,計一爲宗。"

跋闍 此云"避"〔一〕。善見律云:毗舍離王及夫人未登位時,共牧牛兒出門游戲,乃以脚蹋〔二〕牧牛人兒。其兒泣,向父母説云:"此無父母子,脚蹋我等。"父母荅云:"汝等各自避去。"因此戲處,名爲"跋闍",故翻爲"避"〔三〕。滅後百年,跋闍比丘擅行十事,舍那迦那白於七百,往毗舍離重結毗尼,舉跋闍過〔四〕。

〔一〕善見律毗婆沙卷一〇:"跋闍者,漢言'避'也。"

〔二〕蹋:原作"蹈",據宋從義撰法華經三大部補注改。

〔三〕詳見善見律毗婆沙卷一〇。

〔四〕參見善見律毗婆沙卷一跋闍子品第二集法藏,"擅行十事"者:"世尊涅槃已,一百歲時,毗舍離跋闍子比丘,毗舍離中十非法起。何謂爲十?一者、鹽淨,二者、二指淨,三者、聚落間淨,四者、住處淨,五者、隨意淨,六者、久住淨,七者、生和合淨,八者、水淨,九者、不益縷尼師壇淨,十者、金銀淨。"

薩遮尼乾 此云"離繫",自餓外道。"尼乾",亦翻"不繫",拔髮露形,無所貯蓄〔一〕。

〔一〕慧苑新譯大方廣佛華嚴經音義卷下:"薩遮尼乾,'薩遮',此云有也。'尼乾'者,具云'尼乾連陀',言'尼'者,不也;'乾連陀',繫也。謂此類外道,裸形自餓,以爲少欲,不爲衣食所繫故也。"

先尼 亦云"西你迦",此翻"有軍",外道〔一〕。

〔一〕玄應一切經音義卷二三:"西儞迦,女履反,此云'有軍',外道名也。舊云'先尼',訛也。"

六師篇第二十

什師云:"三種六師,合十八部。"〔一〕第一,自稱一切智。四教義云:"邪心見理,發於邪智,辯才無礙。"第二,得五神通。四教義云:"得世間禪,發五神通。亦有慈悲忍力,刀割香塗,心無憎愛。"第三,誦四韋陀經。四教義云:"博學多聞,通四韋陀十八大經。世間吉凶,天文地理,醫方卜相,無所不知。”〔二〕淨名疏:“將此三種約六師,一師有三,三六十八種外道師也。”〔三〕輔行云:“六師元祖,是迦毗羅。支流分異,遂爲六宗。”〔四〕故今此集,列六師焉。

〔一〕見僧肇撰注維摩詰經卷三。

〔二〕以上“四教義云”者,見智顗撰四教義卷四。

〔三〕見智顗説、湛然略維摩經略疏卷四。

〔四〕見湛然述止觀輔行傳弘決卷一〇之一。隋慧遠述大般涅槃經義記卷六:“其六師者,一、富蘭那迦葉,空見外道;二、末伽離,常見外道;三、删闍那,一因見外道;四、阿耆多翅舍,自然見外道;五、伽羅鳩駄迦旃延,自在天因見外道;六、尼乾陀,不須修道外道。”吉藏維摩經義疏卷三:“富蘭那迦葉,‘迦葉’,母姓也;‘富蘭那’,字也。此是邪見外道,撥無萬法。末伽梨拘賒梨子,‘末伽梨’,字也;‘拘賒梨’,其母名也。其人計衆生苦樂,不由因得,自然而有。删闍夜毗羅胝子,‘删闍夜’,字也;‘毗羅胝’,其母名也。其人謂道不須求,逕生死劫數,苦盡自得。如轉縷丸於高山,縷盡自止,何假求耶?阿耆多翅舍欽婆羅,‘阿耆多’,字也;‘翅舍欽婆羅’,麁弊衣名也。其人著弊衣,拔髮,五熱炙身,以苦行爲道。謂今身受苦,後身常樂也。迦羅鳩駄迦旃延,姓‘迦旃延’,字‘迦羅鳩駄’。其人應物起見,人問有耶答言有,人問無耶答言無,故執諸法,亦有亦無。尼犍陀若提子等,‘尼犍陀’,其出家總名也,如佛法出家名沙門;‘若提子’,母名也。其人謂罪福苦樂,本有定因,要必須受,非行道所能斷也。”

富蘭那迦葉　什曰:“‘迦葉’,母姓也;‘富蘭那’,字也。其人起邪見,謂一切法無所有如虚空,不生滅也。”肇曰:“其人起邪見,謂一切法斷滅性空,無君臣父子忠孝之道也。”〔一〕事鈔云:“色空外道,以外道用色破欲有,以空破色有,謂空至極。”〔二〕

〔一〕“什曰”至此,見僧肇撰注維摩詰經卷三。

〔二〕見道宣撰四分律删繁補闕行事鈔卷下沙彌別行篇。

末伽黎拘賒黎　“末伽黎”,此云“不見道”。什曰:“末伽黎,字也;拘賒黎,是其母也。”肇曰:“其人起見,謂衆生苦樂,不因行得,皆自然耳。”〔一〕淨覺謂計自然者,亦是斷滅自然。然,是也;自,如是也〔二〕。婆沙云:“法應尔,不可改易,不可徵詰,是法尔義。”〔三〕自然與法尔同。

〔一〕 “仕曰”至此,見僧肇撰注維摩詰經卷三。

〔二〕 此説或據淨覺仁岳楞嚴經熏聞記卷二概言之,或據其撰述他書徵引。

〔三〕 見阿毗達磨大毗婆沙論卷一九一。

删闍夜毗羅胝竹尼切　　“删闍夜”,此云“正勝”;“毗羅胝”,此云“不作”〔一〕。仕曰:“删闍夜,字也;毗羅胝,母名也。其人起見,謂要久逕生死,弥歷劫數,然後自盡苦際也。”肇曰:“其人謂道不須求,逕生死劫數,苦盡自得,如轉纐力主圓於高山,纐盡自止,何假求也?”〔二〕疏又云:“八萬劫滿,自然得道。”〔三〕

〔一〕 慧琳一切經音義卷二六:“珊闍耶,此云‘等勝’;毗羅胘,母名。此是不須修外道也。經八萬劫,自盡生死故,如轉纐丸也。”

〔二〕 “仕曰”至此,見僧肇撰注維摩詰經卷三。

〔三〕 見智顗説、湛然略維摩經略疏卷四。

阿耆多翅舍欽婆羅　　仕曰:“阿耆多翅舍,字也;欽婆羅,麁衣也。其人起計,非因計因,著麁皮衣及拔髮、煙熏鼻等,以諸苦行爲道也。”肇曰:“翅舍欽婆羅,麁弊衣名也。其人著弊衣,自拔髮,五熱炙身,以苦行爲道。謂今身併受苦,後身常樂。”〔一〕

〔一〕 “仕曰”至此,見僧肇撰注維摩詰經卷三。

迦羅鳩馱迦旃延　　“迦羅鳩馱”,此云“牛領”;“迦旃延”,此云“剪髮”〔一〕。肇曰:“姓迦旃延,字迦羅鳩馱。其人謂諸法亦有相,亦無相。”〔二〕

〔一〕 慧琳一切經音義卷二六:“迦羅鳩馱,名也,此云‘黑領’。迦旃,姓也。此外道應物而起,人若問有,答有,問無,答無也。”

〔二〕 見僧肇撰注維摩詰經卷三。“亦有相亦無相”者,注維摩詰經卷三引鳩摩羅什曰:“其人應物起見,若人問言有耶,答言有,問言無耶,答言無也。”

尼犍陀若提子等　　“尼犍”,此翻“離繫”。肇曰:“‘尼犍陀’,其出家惣名也,如佛法出家名沙門。‘若提’,母名也。其人謂罪福苦樂,本自有定因,要當必受,非行道所能斷也。”〔一〕輔行引仕、肇注與涅槃經,以辨同異,後學詳覽〔二〕。

天台四念處云:“阿毗曇中,明三種念處:謂性、共、緣,對破此三外道。有人釋性念處,謂觀無生淺名,爲相深細。觀無生,見細法,皆生死苦諦,名性念處。有人專用慧,數緣無生空理,發真斷結,得慧解脱羅漢,對破邪因緣、無因緣、顛倒執性、一切智外道也。共念處者,以禪定助道,正助合修。亦名事理共觀,發得無漏三明六通,成俱解脱羅漢,對破根本愛慢,得五神通外道也。緣念處者,緣佛三藏十二部文言及一切世間名字,所緣處廣,非如支佛出無佛世,不稟聲教,但以神通以悦衆生,不能説法。緣念處人,了達根性,善知四辯,堪集法藏,成無礙大羅漢,對破世間韋陀外道。”〔三〕

〔一〕見僧肇撰注維摩詰經卷三。又,慧琳一切經音義卷二六:“尼乾陀,此云‘無繼’,是外道總名也。若提,云‘親友’,是母名。此計苦未有定因,要必須受,非道能斷也。”

〔二〕詳見湛然述止觀輔行傳弘決卷一〇。

〔三〕見智顗説、灌頂記四念處卷一。

鬼神篇第二十一

鄭玄云:“聖人之精氣謂之神,賢人之精氣謂之鬼。”〔一〕尸子〔二〕云:天神曰靈,地神曰祇,人神曰鬼。鬼者,歸也,故古人以死人爲歸人。婆沙云:鬼者,畏也,謂虚怯多畏。又,威也,能令他畏其威也。又,希求名鬼,謂彼餓鬼,恒從他人希求飲食,以活性命〔三〕。光明疏云:“神者,能也,大力者能移山填海,小力者能隱顯變化。”〔四〕肇師云:“神受善惡雜報,見形勝人劣天,身輕微難見。”〔五〕淨名疏云:“皆鬼道也。”〔六〕正理論説鬼有三種:一、無財鬼,亦無福德,不得食故。二、少財鬼,少得淨妙飲食故。三、多財鬼,多得淨妙飲食故。此三種中,復各有三。初無財三者:一、炬口鬼,謂火炬炎熾,常從口出。二、針咽鬼,腹大如山,咽如針孔。三、臭口鬼,口中腐臭,自惡受苦。少財三者:一、針毛鬼,毛利如針,行便自刺。二、臭毛鬼,毛利而臭。三、大癭^{於郢}鬼,咽垂大癭,自決噉膿。多財三者:一、得棄鬼,常得祭祀所棄食故。二、得失鬼,常得巷陌所遺食故。三、勢力鬼,夜叉、羅刹、毗舍闍等,所受富樂,類於人天〔七〕。正理論云:“諸鬼本處琰魔王界,從此展轉散趣餘方。”〔八〕長阿含云:“一切人民所居舍宅,一切街巷、四衢道中,屠兒市肆及丘塚間,皆有鬼神,無有空者。凡諸鬼神,皆隨所依,即以爲名。依人名人,依村名村”,乃至〔九〕“依河名河,一切樹木極小如車軸者,皆有鬼神依止”〔一〇〕。世品云:“鬼以人間一月爲一日,乘此成月歲,彼壽五百年。”〔一一〕由諂誑心,作下品五逆十惡,感此道身。

〔 一 〕見禮記樂記鄭玄注。

〔 二 〕尸子:原書已佚。今本尸子,爲清人之輯本。

〔 三 〕阿毗曇毗婆沙論卷一二:“有説鬼趣多有如是業故,謂造此業者,多生鬼趣故;有説鬼趣於人常希求故;有説鬼趣飢渴所逼,於一切處常有希望,是故偏説。”智顗説、灌頂録金光明經文句卷六釋鬼神品:“鬼字訓歸。又云畏也,報多怖畏,如阿修羅云云。又云威也,能令他畏其威也。”法苑珠林卷六六道篇鬼神部會名部第二:“鬼神者,婆沙論中云:鬼者,畏也,謂虛怯多畏,故名爲鬼。又,希求名鬼,謂彼餓鬼恒從他人希求飲食,以活性命,故名希求也。”

〔 四 〕見智顗説、灌頂録金光明經文句卷六釋鬼神品。

〔 五 〕見僧肇撰注維摩詰經卷一。

〔 六 〕見智顗説、湛然略維摩經略疏卷二。

〔 七 〕詳見阿毗達磨順正理論卷三一。

〔 八 〕見阿毗達磨順正理論卷三一。

〔 九 〕乃至:表示引文中間有删略。

〔一〇〕見長阿含經卷二〇。

〔一一〕見阿毗達磨俱舍論卷一一分別世品。

琰以冉魔 或云“琰羅”，此翻“静息”，以能静息造惡者不善業故。或翻“遮”，謂遮令不造惡故。或“閻磨羅”。經音義：“應云‘夜磨盧迦’，此云‘雙世’。”〔一〕鬼官之惣司也。亦云“閻羅琰魔”，聲之轉也。亦云“閻魔羅社”，此云“雙王”，兄及妹皆作地獄主，兄治男事，妹治女事，故曰“雙王”。或翻“苦樂並受”，故云雙也〔二〕。婆沙、顯揚并正法念皆言鬼趣所收，瑜珈地獄趣收。又，瑜珈〔三〕論：“問：琰摩王爲能損害、爲能饒益，名法王？苔：由饒益衆生故，若諸衆生執到王所，令憶念故，遂爲現彼相似之身。告言：汝等自作，當受其果。由感那落迦，新業更不積集，故業盡已，脱那落迦。是故琰摩由能饒益諸衆生，故名法王。”〔四〕論云：“此瞻部洲下過五百踰繕那，有琰魔王國，縱廣亦爾。”〔五〕

〔一〕玄應一切經音義卷一三：“閻羅，或名‘閻磨羅’，應言‘夜磨盧迦’，此譯云‘雙世’也。竊謂苦樂並受，號之爲雙也。”

〔二〕玄應一切經音義卷二四：“琰摩，以冉反，或作‘閻摩羅’，或言‘閻羅’，亦作‘閻摩羅社’，又言‘夜磨盧迦’，皆是梵音楚夏，聲訛轉也，此譯云‘縛’。或言‘雙世’，竊謂苦樂並受，故以名焉。又云‘縛閻摩’，此云‘雙羅社’，此言王兄及妹皆作地獄王，兄治男事，妹治女事，故曰雙王。”

〔三〕珈：永樂北藏本、嘉興藏本作“伽”。

〔四〕見瑜伽師地論卷五八。

〔五〕見阿毗達磨俱舍論卷一一，亦見阿毗達磨大毗婆沙論卷一七二等。

閃多 此云“鬼”。立世論云：“鬼道名‘閃多’，爲閻摩羅王名‘閃多’故，其生與王同類，故名閃多。”〔一〕

〔一〕見佛説立世阿毗曇論卷六云何品。

闍黎哆 此云“祖父”。文句云：“衆生最初生彼道名祖父，後生者亦名祖父。”〔一〕妙樂云：“亦是後生者之祖父也。”〔二〕

〔一〕智顗説妙法蓮華經文句卷四下：“鬼者，胡言‘闍梨多’，秦言‘祖父’，衆生最初生彼道名祖父，後生者亦名祖父。”

〔二〕湛然述法華文句記卷五下:"'後生云祖父'者,從初受名,二者後
　　　生亦是後生之祖父也。"妙樂,即法華文句記。

薛荔多　應法師云:"正言'閉麗多',此云'祖父鬼',或
言'餓鬼',餓鬼劣者。"〔一〕孔雀經作"俾卑寐禮多"〔二〕。

〔一〕玄應一切經音義卷一:"薛荔,浦細反,下力計反,正言'閉麗多',
　　　此譯云'祖父',或言'餓鬼',是餓鬼中最劣者也。"

〔二〕僧伽婆羅譯孔雀王呪經卷下:"俾禮多,梁言'餓鬼'。"

富單那　此云"臭餓鬼",主熱病鬼也。亦名"富多
羅"〔一〕。

〔一〕慧琳一切經音義卷一二:"布單那,梵語鬼名也,或名'富單那',或
　　　云'富陀那',皆訛略不正也。此言'臭穢',雖身形臭穢,是餓鬼中
　　　福之最勝者。"智顗説妙法蓮華經文句卷一〇下釋陀羅尼品:"富
　　　單那,熱病鬼。"

迦吒富單那　此云〔一〕"奇臭餓鬼"〔二〕。

〔一〕云:永樂北藏本、嘉興藏本作"翻"。

〔二〕玄應一切經音義卷二一:"羯吒布怛那,舊言'竭吒富旦那',此云
　　　'短臭鬼',或言'奇臭鬼'。"

鳩槃荼　亦云"槃查",亦云"俱槃荼",此云"甕形",舊
云"冬瓜"。此神陰如冬瓜,行置肩上,坐便踞之,即厭魅
鬼〔一〕。梵語"烏蘇慢",此云"厭"。字苑云:"厭,眠内不祥
也。"蒼頡篇云:"伏合人心曰厭。"〔二〕論衡曰:"卧厭,不寤
者也。"〔三〕字本作"厭",後人加鬼。

〔一〕慧琳一切經音義卷一三:"究槃荼,梵語鬼名也,或云'恭畔荼',又
　　　作'弓槃荼',皆一也。此譯爲形面似冬瓜。此鬼陰囊長大,常於髆
　　　上擔行。"

〔二〕修行本起經卷下出家品:"烏蘇慢,漢名'厭神'。"玄應一切經音義
　　　卷一:"厭人,於冉反,鬼名也。梵言'烏蘇慢',此譯言'厭'。字苑
　　　云:'厭,眠内不祥也。'蒼頡篇云:'伏合人心曰厭。'字從厂,厂音
　　　呼旱反,厭聲,山東音於葉反。"

〔三〕見論衡卷九問孔。

毗舍闍　亦云"毗舍遮",又云"畢舍遮",又云"毗舍

支”，又“臂舍柘”，此云“啖精氣”，啖人及五穀之精氣〔一〕。梁言“顛鬼”〔二〕。

〔一〕慧苑新譯大方廣佛華嚴經音義卷下：“毗舍闍，此云‘啖人精氣鬼’也。”玄應一切經音義卷二四：“畢舍遮，舊經中名‘毗舍闍’，亦言‘臂舍柘’，鬼名也，餓鬼中勝者也。”

〔二〕僧伽婆羅譯孔雀王呪經卷下：“毗舍闍，梁言‘顛鬼’。”

毗舍佉 或“鼻奢佉”，此云“別枝”，即是氐宿，以生日所值宿爲名〔一〕。

〔一〕玄應一切經音義卷一八：“毗舍佉，或云‘鼻奢佉’，此譯云‘別枝’，即是氐宿，以生日所值宿爲名也。案，西國多以此爲名。”

弥栗頭韋陀羅 此云“妙善”，主厭禱鬼〔一〕。

〔一〕佛説灌頂經卷三：“彌栗頭韋陀羅，漢言‘善妙’，主厭禱。”

弥栗頭虔伽他 此云“善品”，主蠱毒也〔一〕。左傳云：“皿蟲爲蠱。”〔二〕説文云：“腹中蟲也。”〔三〕

〔一〕佛説灌頂經卷三：“彌栗頭虔伽地，漢言‘善品’，主蠱毒。”

〔二〕見左傳昭公元年。

〔三〕説文卷一三蟲部：“蠱，腹中蟲也。”

遮文荼 舊云“嫉妬女”，又曰“怒神”，即役使鬼也〔一〕。

〔一〕仁岳述楞嚴經熏聞記卷五：“遮文荼，舊云‘嫉妬女’，又曰‘怒神’，即役使鬼也。”

烏芻瑟摩 資中：此云“火頭”。此力士觀火性得道，故以名也〔一〕。

〔一〕子璿集首楞嚴義疏注經卷五：“烏芻瑟摩，此云‘火頭’。因多貪欲，聞教修觀，從此獲悟。”資中弘沇此説，思坦集注楞嚴經集注卷五亦有引。

頻那夜迦 舊云“頻那”是豬頭，“夜迦”是象鼻，此〔一〕二使者〔二〕。

〔一〕此：原作“比”，據永樂北藏本、嘉興藏本及楞嚴經熏聞記等改。

〔二〕仁岳述楞嚴經熏聞記卷四：“頻那夜迦，舊云‘頻那’是豬頭，‘夜迦’是象鼻，此二使者也。”楞嚴經集注卷七引王安石楞嚴經解曰：

“頻那夜迦,障礙神也。蘇悉地經云:一切魔族頻那夜迦,自帝釋、四王皆護法。”又,宋希麟集續一切經音義卷一〇:“毗那夜迦,梵語也,舊云‘頻那夜迦’,或‘毗那夜但迦’,或云‘吠那野迦’。吠,借音,微一反。此云‘鄣礙神’,謂人形象頭,能與一切作障礙故。”

惡祁尼　或名“些蘇計吉利多耶尼”,此云“火神”[一]。書云:“燥萬物者,莫熯乎火。”[二]然蘊木中,古者不知,至燧人氏鑽木作火以教天下,變生爲熟。

〔一〕玄應一切經音義卷一:“些吉,蘇計、桑餓二反,此火天也,姓‘些吉利多邪尼’也。”參後“婆庚”條注三。

〔二〕見易説卦。

婆庚　此云“風神”。書云:“撓萬物者,莫疾乎風。”[一]俱舍云:“安立器世間,風輪最居下。”[二]則知世界依風而住。

此二神名,出孔雀經[三]。

〔一〕見易説卦。

〔二〕見阿毗達磨俱舍論卷一一。

〔三〕僧伽婆羅譯孔雀王呪經卷下:“惡祁尼,梁言‘火’。婆牖,梁言‘風’。”義淨譯大孔雀呪王經卷中:“惡祁尼,火神。婆庚,風神。”

諾健那　此云“露形神”,即執金剛力士也[一]。

〔一〕玄應一切經音義卷二四:“諾健那,謂‘露形’,有大力神名也。”

鉢健提　此云“堅固”[一]。

〔一〕灌頂撰、湛然再治大般涅槃經疏卷一三:“鉢建提,此翻‘堅固’。”慧琳一切經音義卷二六:“鉢建提,此云‘跳躑’,此中力士,甚勇健捷疾也。”湛然述止觀輔行傳弘決卷一之五:“人中大力士,名爲鉢健提。”

婆里旱　梁云“力士”[一]。又,梵云“末羅”,此云“力”[二]。言力士者,梵本無文,譯人義立。

〔一〕道宣撰關中創立戒壇圖經:“婆里旱,河但反,梁言‘力士’。”

〔二〕翻梵語卷二比丘名第十一:“摩離,亦云‘末羅’,譯曰‘力’也。”

那羅延　翻“鉤鎖力士”[一]。或翻“堅固”[二]。

〔一〕慧琳一切經音義卷二:“骨瑣,蘇果反,廣雅云:瑣,連也。字書:連,環也。案,言骨瑣者,菩薩身骨也。佛本行集經云:凡夫骨節,纔得相柱一夫之力也,菩薩節皆相鉤連,如馬銜連瑣相似,遂成就廣大那羅延力。”又,卷三〇:“那羅延,晉言‘鉤鎖力士’。”

〔 二 〕慧苑新譯大方廣佛華嚴經音義卷上:“那羅延,此云‘堅固’。”又,慧琳一切經音義卷二六:“那羅延,此云‘力士’,或云‘天中’,或云‘人中力士’,或云‘金剛力士’也,或云‘堅固力士’。”

摩尼跋陀　　翻“威伏行”〔 一 〕。

〔 一 〕慧琳一切經音義卷二六:“摩尼跋陀,摩尼,此云‘滿’,或名‘如意’。跋陀,此云‘賢’也。”參後“醯摩跋陀”條注。

富那跋陁　　翻“集至成”〔 一 〕。

〔 一 〕參後“醯摩跋陀”條注。

金毗羅　　翻“威如王”〔 一 〕。

〔 一 〕參後“醯摩跋陀”條注。

賓頭盧伽　　翻“立不動”〔 一 〕。

〔 一 〕參後“醯摩跋陀”條注。

車鉢羅婆　　翻“忍得脱”〔 一 〕。

〔 一 〕參後“醯摩跋陀”條注。

曇摩跋羅　　翻“學帝王”〔 一 〕。

〔 一 〕參後“醯摩跋陀”條注。

摩竭羅婆　　翻“除曲心”〔 一 〕。

〔 一 〕羅婆:或當作“婆羅”。參後“醯摩跋陀”條注。

繡利蜜多　　翻“有功勳”〔 一 〕。

〔 一 〕參後“醯摩跋陀”條注。

勒那翅奢　　翻“調和平”〔 一 〕。

〔 一 〕參後“醯摩跋陀”條注。又,平:大正藏本作“中”。

劍摩舍帝　　翻“伏衆根”〔 一 〕。

〔 一 〕參後“醯摩跋陀”條注。

奢羅蜜帝　　翻“獨處快”〔 一 〕。

〔 一 〕參後“醯摩跋陀”條注。

薩多琦棃　　翻“大力天”〔 一 〕。

〔 一 〕參後“醯摩跋陀”條注。

波利羅睺 翻“勇猛進”〔一〕。

〔一〕參後“醯摩跋陀”條注。

毗摩質多 此云“高遠”〔一〕。

〔一〕參後“醯摩跋陀”條注。

睒^{失冉}摩利子 翻“英雄德”〔一〕。

〔一〕參後“醯摩跋陀”條注。

波訶梨子 翻“威武盛”〔一〕。

〔一〕參後“醯摩跋陀”條注。

佉羅騫馱 翻“吼如雷”〔一〕。

〔一〕參後“醯摩跋陀”條注。

鳩羅檀提 翻“戰無敵”〔一〕。

〔一〕參後“醯摩跋陀”條注。

醯摩跋陀 翻“應舍主”〔一〕。

〔一〕智顗説、灌頂録金光明經文句卷六釋鬼神品：“摩尼跋陀，翻爲‘威伏行’。富那跋陀，翻爲‘集至成’。金毗羅，翻爲‘威如王’。賓頭盧伽，翻爲‘立不動’。車鉢羅婆，翻爲‘忍得脱’。曇摩跋羅，翻爲‘學帝王’。摩竭婆羅，翻爲‘除曲心’。繡利蜜多，翻爲‘有功勳’。勒那翅奢，翻爲‘調和平’。劍摩舍帝，翻爲‘伏衆根’。奢羅蜜帝，翻爲‘獨處快’。醯摩跋陀，翻‘應舍主’。薩多琦梨，翻‘大力天’。波利羅睺，翻‘勇猛進’。毗摩質多，翻爲‘高遠’。睒摩利子，翻‘英雄德’。波訶梨子，翻‘威武盛’。佉羅騫馱，翻‘吼如雷’。鳩羅檀提，翻‘戰無敵’。”帛尸梨蜜多羅譯佛説灌頂經卷四：“神名摩醯首羅，字威靈帝；神名摩尼跋陀，字威伏行；神名富那跋陀，字集至誠；神名金毗羅陀，字威如王；神名質多斯那，字知敬上；神名賓頭盧伽，字立不動；神名車鉢羅婆，字忍德脱。是七神王，當以己之威力，共擁護某，除不吉祥，鳥鳴、惡夢、野獸、變怪因衰嬈人者，不得害某。帶持結願神名字故，獲福如是。神名曇摩跋羅，字學帝王；神名摩竭波羅，字除曲心；神名繡利密多，字有功勳；神名勒那翅奢，字調和平；神名劍摩舍帝，字伏衆根；神名奢羅密帝，字獨處快；神名醯摩跋陀，字應念至。是七神王，當以威神之力，爲某作護。若入江、海、湖、池、溪、谷水中，雜毒蛟龍之屬懷惡心者，風波起時，以某帶持結願神名，自然安隱，過度厄難，所到安寧，吉祥度岸。神

名薩多琦梨,字大力天;神名波利羅睺,字勇猛進;神名毗摩質多,
字響高遠;神名睒摩利子,字英雄德;神名波阿梨子,字威武盛;神
名佉羅騫陀,字吼如雷;神名鳩羅檀提,字戰無敵。是七神王,當以
威德在所作護,若入異道聚會之中,飲食有毒蠱道所中,食其飲食,
自然消化,毒爲不行。帶持結願神王力故,現世獲福,其報如是。”

地珂　梁云“長”〔一〕。義淨譯本云“地嘌伽”,此云“長
大”〔二〕。

〔一〕僧伽婆羅譯孔雀王呪經卷下:“地珂,梁言‘長’。”

〔二〕參後“修涅多羅”條注二。

修涅多羅　梁言“善眼”〔一〕。亦云“蘇泥怛羅”,此云
“妙目”〔二〕。

〔一〕僧伽婆羅譯孔雀王呪經卷下:“修涅多羅,梁言‘善眼’。”

〔二〕義淨譯大孔雀呪王經卷中,作“蘇泥怛羅”:“有四藥叉大將,住在
東面,擁護東方所有衆生,令離憂苦。其名曰:地嘌伽、長大。蘇泥
怛羅、妙目。晡拏、圓滿。却畢羅。黃色。”

分那柯　梁言“滿”〔一〕。

〔一〕僧伽婆羅譯孔雀王呪經卷下:“分那柯,梁言‘滿’。”

設覩魯　或名“爍覩嚧”,此云“怨家”〔一〕。

〔一〕可洪新集藏經音義隨函録卷七:“爍覩嚧,上書若反,下鹿胡反,正
作‘嚧’。或云‘設覩魯’,此云‘怨家’。”

償起羅　亦云“商企羅”,此云“螺”〔一〕。

〔一〕僧伽婆羅譯孔雀王呪經卷下:“償起羅,梁言‘螺’。”按:義淨譯大
孔雀呪王經,作“商企羅”。

訶利　亦云“噏里”,此云“師子”〔一〕。

〔一〕參後“波羅赴”條注。

訶利枳舍　亦云“噏里鷄舍”,此云“師子髮”〔一〕。

〔一〕參後“波羅赴”條注。

波羅赴　亦云“鉢唎部”,此翻“自在”〔一〕。

〔一〕義淨譯大孔雀呪王經卷中:“阿難陀有四藥叉大將,住在西面,擁護
西方所有衆生,令離憂苦。其名曰:噏里、師子。噏里鷄舍、師子髮。
鉢唎部、自在。水伽羅。青色。”

陀羅那　梁言“持”。亦云“喇拏”,此云“能持”〔一〕。

〔一〕參後“鬱庚伽波羅”條注。

舜若多　沇音兗疏云：“未見誠釋，應是主空神。”〔一〕入楞伽云：“刹尼迦者，名之爲空。”〔二〕或“咗丘庶提”，秦云“虛空”〔三〕。纂要云：但無麁相之身，亦有微妙之色，故云“如來光中映令暫現”〔四〕。又，涅槃明虛空喻，乃立三義：一、無變易。亘古騰今，時移俗化，唯此虛空常無變易，故南本三十三云：“虛空無故，非三世攝。佛性常故，非三世攝。善男子，如來已得三菩提，所有佛性、一切佛法常無變易。以是義故，非三世攝。”〔五〕二、無邊際。物分表裏，空無內外，故無邊際。三十二云：“我爲衆生得開解故，説言佛性非內非外。何以故？凡夫衆生，或言佛性住五陰中，如器中有果；或言離陰而有，猶如虛空。是故如來説於中道。衆生佛性，非內六入，非外六入，內外合故，名爲中道。”〔六〕三、無罣礙。物體質礙，空性虛通故。三十三云：“如世間中，無罣礙處名爲虛空。如來得三菩提已，於一切法無有罣礙，故言佛性猶如虛空。”〔七〕無著云：“喻虛空者，有三因緣：一、徧一切處，謂於住、不住相中福生故。二、寬廣高大，殊勝故。三、無盡，究竟不窮故。”〔八〕淨覺云：“應以徧喻於假，寬喻於空，無盡喻中。”〔九〕又，楞嚴云：“縱令虛空，亦有名兒。”〔一○〕虛空是名，顯色是貌。孤山釋曰：“如涅槃説空有四名，謂虛空、無所有、不動、無礙也。貌謂體貌，如雜集論説空一顯色。”〔一一〕沇疏釋曰：“小乘以明暗爲體，大乘以空一顯色及極迥色爲體。上見空名顯色，下見空名迥色。”〔一二〕維摩疏：“問：此虛空譬，豈有但空不可得空之殊？答：空尚不一，何得有二？若約緣盡相顯，非不有殊。如大乘經論，有破虛空之義，即可以譬，但空顯不可得空。”〔一三〕記釋：“緣盡等者，謂雲霧暗緣盡，虛空明相顯時，或見万象，或但見空，可以喻但不但二種真也。”〔一四〕

今問：虛空、空界二名同異？答：顯宗論云：“內外竅隙名空界。光暗竅隙，顯色差別，名虛空界。經言‘虛空無色、無見、無對’，當何所依？然藉光明顯了。又説於色得離染時斷虛空界。”〔一五〕俱舍云：“竅隙名空界”〔一六〕，謂人身中諸骨節間、腹藏諸孔穴之空也。成實論云：“四大圍空，有識在中，故名爲人。”〔一七〕此以能依身中空名空界，所依境内空名虛空。問：虛空無邊，徧一切處，光明安云“虛空分界，尚可盡邊”〔一八〕？答：如楞嚴云：“當知虛空生汝心内，猶如片雲點太清裏。”〔一九〕是則衆生計乎妄想，太虛絶於靈照。既迷妄以成空，故背覺而有限。如天親説：有分別及無分別，皆名爲識〔二〇〕。有分別名識識，無分別名似塵識。如楞嚴“想澄成國土”〔二一〕，即似塵識，“知覺乃衆生”〔二二〕，即是識識。今述頌曰：

虛空生我心，我心廣無際。

咄哉迷中人，云何自拘繋？

〔一〕沇疏：即弘沇資中疏，參卷一惣諸聲聞篇第九“優波尼沙陀”條注二。仁岳述楞嚴經熏聞記卷六：“舜若多神者，沇疏云：未見誠釋，應是主空神。”

〔二〕見入楞伽經卷八刹那品。

〔三〕玄應一切經音義卷九：“咈提，又作‘故’，同，丘庶反，秦言‘虛空’也。”

〔四〕纂要：不詳。大佛頂如來密因修證了義諸菩薩萬行首楞嚴經卷四：“舜若多神無身覺觸，如來光中映令暫現。”仁岳述楞嚴經熏聞記卷三：“‘無身覺觸’者，纂要云：但無麤相之身，而有微細之色，故云‘如來光中映令暫現’也。”

〔五〕見南本大般涅槃經卷三三。

〔六〕見南本大般涅槃經卷三二。

〔七〕見南本大般涅槃經卷三三。

〔八〕見無著造、隋達磨笈多譯金剛般若論卷上。

〔九〕此説未見徵引，出處俟考。

〔一〇〕見大佛頂如來密因修證了義諸菩薩萬行首楞嚴經卷一。

〔一一〕見思坦集注楞嚴經集注卷一。“涅槃説空”云者，見南本大般涅槃經卷四；“雜集論説空”云者，見大乘阿毗達磨雜集論卷一。

〔一二〕仁岳述楞嚴經熏聞記卷二引曰："資中云：虛空與色，二俱是假，亦相因有，體不離色。故小乘以明暗爲體，大乘以空一顯色及極迥色爲體。上見空明顯色，下見空明迥色。"

〔一三〕見智顗説、湛然略維摩經略疏卷八。

〔一四〕見智圓述維摩經略疏垂裕記卷九。

〔一五〕見阿毗達磨藏顯宗論卷三。"經言"者，見大般若波羅蜜多經卷五九六。

〔一六〕見阿毗達磨俱舍論卷一。

〔一七〕見成實論卷二。

〔一八〕見金光明經卷一壽量品。

〔一九〕見大佛頂如來密因修證了義諸菩薩萬行首楞嚴經卷九。

〔二〇〕世親釋、真諦譯攝大乘論釋卷四："解相有二種：一、無分別，二、有分別。無分別即是五識。意識或有分別或無分別，若無分別，六識同是證知；若有分別，別則是比知。"

〔二一〕見大佛頂如來密因修證了義諸菩薩萬行首楞嚴經卷六。

〔二二〕見大佛頂如來密因修證了義諸菩薩萬行首楞嚴經卷六。

阿羅難陀 梁言"歡喜"〔一〕。

〔一〕僧伽婆羅譯孔雀王呪經卷下："陀羅難陀，梁言'歡喜'。"

鬱庾伽波羅 梁言"勤守"〔一〕。亦云"温獨伽波羅"，此云"勇進勤護"〔二〕。

〔一〕僧伽婆羅譯孔雀王呪經卷下："鬱庾伽波羅，梁言'勤守'。"

〔二〕義淨譯大孔雀呪王經卷二，作"温獨伽波羅"："阿難陀有四藥叉大將，住在北面，擁護北方所有衆生，令離憂苦。其名曰：違喇挈、能持。違喇難陀、持喜。温獨勇進。伽波羅、勤護。吷率怒。天名。"

吉蔗 或名"吉遮"，正言"訖栗著"，此云"所作"〔一〕。文句云："起尸鬼，若人若夜叉，俱有此鬼。"〔二〕

〔一〕玄應一切經音義卷六："吉遮，止奢反，正言'訖栗著'，譯云'所作'。"

〔二〕見智顗説妙法蓮華經文句卷一〇釋陀羅尼品。

伅徒損真 此云"神人"〔一〕。

〔一〕玄應一切經音義卷七："伅真，豚損反，字又作'屯'，徒門反，此譯云'神人'也，王名，如意生王也。"

畜生篇第二十二[一]

切以久蘊愚情,夭沉慧性,資種植於田野,受驅策於邊疆。錦臆翠毛,飛騰碧漢;金鱗頳尾,游泳清波。形分萬殊,類徧五道,今示旁生,令修正行[二]。

〔一〕二:原誤作"一",據諸校本改。

〔二〕湛然述止觀輔行傳弘決卷二之二:"畜生者,褚究、許六、向究三反,並通。若作褚六音,即六畜也,謂牛、馬、雞、豕、犬、羊,則攝趣不盡。今通論此道,不局六也。婆沙云:旁生形旁、行旁,故云旁生。或云遍有,遍五道中有之故也。無明多者,不過畜生。又,大論以三類攝之,謂晝行、夜行、晝夜行。又,三謂水、陸、空,長含廣明。"

底栗車 此云"畜生"。畜褚六切,即六畜也。禮記注云:"牛、馬、羊、犬、豕、雞。"[一]輔行云:攝趣不盡,以五道[二]中皆徧有故[三]。又翻"畜許六生"。婆沙云:"畜謂畜養,謂彼橫生,稟性愚癡,不能自立,爲他畜養,故名畜生。"[四]

〔一〕周禮夏官職方氏:"河南曰豫州,(中略)其畜宜六擾。"鄭玄注曰:"六擾,馬、牛、羊、豕、犬、雞。"

〔二〕道:大正藏本作"逆"。

〔三〕詳見湛然述止觀輔行傳弘決卷二之二。參本篇序注二。

〔四〕見阿毗曇毗婆沙論卷七。

帝利耶瞿榆泥伽 此云"旁行"[一],此道衆生多覆身行。婆沙云:"其形旁故,其行亦旁。"[二]刊正云:行行不正,受果報旁,負天而行,故云旁行。

〔一〕玄應一切經音義卷二一:"傍生,梵言'吉利藥住尼',亦云'帝利耶瞿榆泥伽',此云'傍行'。舊翻爲'畜生',或言'禽獸'者,分得,仍未總該也。"

〔二〕見阿毗達磨大毗婆沙論卷一七二。

那伽 秦云"龍"。説文云:"龍,鱗蟲之長。能幽能明,能小能大[一],能長能短。春分而登天,秋分而入地。"[二]順也。廣雅云:"有鱗曰蛟龍,有翼曰應龍,有角曰虬龍,無角曰螭龍,未升天曰蟠龍。"[三]本行集經稱佛爲龍者,謂世間有愛,皆遠離之,繫縛解脱,諸漏已盡,故名爲龍〔四〕。故曰:"那伽常在定,無有不定時。"智論云:"如菩薩本身曾爲大力毒龍。若衆生在前,身力弱者,眼視便死。身力强者,氣噓乃死。此龍受一日一夜戒,出家求静,入林樹間,思惟坐久,疲怠而卧。龍法若睡,形狀如蛇。身有文章,七寶雜色。獵者見之,便驚喜言:'如此希有難得之皮,獻上國王,以爲莊飾,不亦宜乎!'便以杖按其頭,以刀剥皮。龍自思惟:'我力如意,傾覆此國,其如反掌。此人小物,豈能困我!我今以持戒故,不計此身,當從佛語。'於是自忍,眠目不視,閉氣絶息。憐愍此人,一心受剥,不生悔意。既失其皮,赤肉在地,時日大熱,踠轉土中。欲趣大水,見諸小蟲來食其身,爲護戒故,復不敢動,自思惟言:'我今此身,以施諸蟲,爲佛道故。今以肉施,用充其身。後成佛時,當以法施,以益其心。'如是誓已,身乾命終,生忉利天。尔時毒龍,釋迦文佛是。是時獵師,今調達等六師是也。諸小蟲者,初轉法輪八萬諸天得道者是。"〔五〕

〔一〕能小能大:永樂北藏本、嘉興藏本作"能大能小"。按:説文作"能細能巨"。

〔二〕説文卷一一龍部:"龍,鱗蟲之長。能幽能明,能細能巨,能短能長。春分而登天,秋分而潛淵。"

〔三〕見廣雅釋魚。

〔四〕佛本行集經卷三九娑毗耶出家品下:"世間有愛皆遠之,繫縛解脱皆悉斷,諸漏已盡無復刺,如是體者名爲龍。"

〔五〕見大智度論卷一四。

宮毗羅　此云"蛟",有鱗曰"蛟龍"。抱朴子曰:"母龍曰蛟,子曰虬。"〔一〕山海經:"蛟似蛇而四脚,小頭細頸。"〔二〕

〔一〕按:今檢抱朴子中,未見此説,或爲佚文。

〔二〕山海經中山經:"荆山之首,曰翼望之山。(中略)虎水出焉,東南流注于漢,其中多蛟。"郭璞注:"似蛇而四脚,小頭細頸,有白癭。

大者十數圍,卵如一二石甕。能吞人。”玄應一切經音義卷五:“蛟龍,梵語云‘宫毗羅’,音交。有鱗曰蛟龍。抱朴子曰:‘母龍曰蛟龍,子曰虯。其狀魚身如蛇尾,皮有珠。’郭璞注山海經云:‘蛟似蛇而四脚,小頭細頸,頸有白嬰。大者數十圍,卵生,子如一二斛甖,能吞人也。’”

叔叔邏　此云“虯”。符瑞圖云:“黄帝時有虯龍,黑身,無鱗甲,背有名字。”〔一〕

〔一〕玄應一切經音義卷一:“黿虬,魚袁反,下渠周反。黿,大龜也。廣雅:有角曰虯龍。熊氏瑞應圖曰:虯龍,黑身,無鱗甲。淮南云:女媧之時,服應龍,驂青虯是也。”

僧伽彼　或“呬詞孕多”,此云“師子”。大論云:“如師子王,清淨種中生,深山大谷中住。方頰大骨,身肉肥滿,頭大眼長,光澤明淨,眉高而廣,牙利白淨,口鼻方大,厚實堅滿〔一〕,齒密齊利,吐赤白舌,雙耳高上,髦髮光潤,上身廣大,膚肉堅著,脩脊細腰,其腹不現,長尾利爪,其足安立,以身大力,從住處出,優脊噸申,以口扣地,現大威勢。食不過時,顯晨朝相,表師子王力。”〔二〕又,大論明佛説本事,有師子至,佛言:“是師子,鞞婆尸佛時作婆羅門師,見佛説法,來至佛所。爾時,大衆以聽法故,無共語者。即生惡念,發惡罵言:‘此諸禿輩,畜生何異! 不别好人,不知言語!’以是業故,從毗婆尸佛至今九十一劫,常墮畜生中。此人爾時即應得道,以愚癡故,自作生死長久。今於佛所心清淨故,當得解脱。”〔三〕新華嚴云:“譬如大師子吼,小師子聞,悉皆勇健,一切禽獸,遠避竄伏。佛師子吼,諸菩薩等若聞,讚歡菩提心聲,長養法身,妄見衆生,慚伏退散。”〔四〕法界次第云:“師子奮迅者,借譬以顯法也。如世師子奮迅,爲二事故:一、爲奮却塵土,二、能前走却走,捷疾異於諸獸。此三昧亦爾:一則奮除障定微細無知之惑,二能入出捷疾無間。”〔五〕廣雅:“奮,振也。”〔六〕又,梵云“嘶先奚”字,如師子形相也〔七〕。

〔一〕滿:原無,據大智度論補。

〔　二　〕見大智度論卷二五。

〔　三　〕見大智度論卷三三。

〔　四　〕見佛馱跋陀羅譯大方廣佛華嚴經卷五九。

〔　五　〕見智顗撰法界次第初門卷中師子奮迅三昧初門。

〔　六　〕見廣雅釋言。

〔　七　〕十地經論卷一：“書者是字相，如‘嘶’字，師子形相等。”

鄔波僧訶　或〔一〕“優婆僧伽”，梁云“小師子”〔二〕。又云“狻猊”，尔雅曰：“狻猊如虦在奻猫，食虎豹。”注云：“即師子，出西域。”〔三〕大論：“問：何以名師子座？荅：是号名師子，非實師子。佛爲人中師子，佛所坐處，若牀若地，皆名師子座。”〔四〕

〔　一　〕或：永樂北藏本、嘉興藏本後有“云”字。

〔　二　〕二十八夜叉大軍王名號：“阿難，南方復有四夜叉，住在南方，常守護南方。其名如是：僧伽、梁言‘師子’。優婆僧伽、梁言‘師子子’。賞起羅、梁言‘螺’。旃陀那。梁言‘栴檀’。”“優婆僧伽”，大孔雀呪王經作“鄔波僧訶”，子注云“小師子”。

〔　三　〕見尔雅釋獸。

〔　四　〕見大智度論卷七。

伽耶　或“那伽”，或“那先”，此云“象”〔一〕。異物誌：“象之爲獸，形體特詭過委，身陪數牛，目不踰豕，鼻爲口役，望頭若尾，馴良承教，聽言則跪渠委。素牙玉潔，載籍所美，服重致遠。”〔二〕唐奘三藏傳云：“西域有伽藍，以沙彌知寺任。相傳昔有苾芻，招命同學，遠來禮拜，見野象銜花，安置塔前。復以牙芟音衫草，以鼻灑水，衆見感歎。有一苾芻，便捨大戒，願留供養，謂衆人曰：‘象是畜生，猶知敬塔。我居人類，豈覩荒殘而不供事！’遂結宇疏地，種花殖果。雖涉寒暑，不以爲勞。隣國聞之，共建伽藍，即屈知僧務，乃爲故事。”〔三〕大論云：“如象王視，若欲回身觀時，舉身俱轉。大人相者，身心專一。若有所觀，身心俱迴。”〔四〕

〔　一　〕玄應一切經音義卷三：“那伽，此譯云‘龍’，或云‘象’，言其大力，故以喻焉。”又，卷二三：“那伽，有三義：一云‘龍’，二云‘象’，三云

'不來'。孔雀經名佛爲'那伽',由佛不更來生死故也。"

〔二〕按:宗曉述金光明經照解卷下引此條,云"南州異物誌曰"。南州異
　　　物誌,三國時萬震撰,已佚。

〔三〕見大慈恩寺三藏法師傳卷三。

〔四〕見大智度論卷三四。

埃羅那　此云"香葉",帝釋象王名,身長九由旬,高三由旬〔一〕。

〔一〕玄應一切經音義卷一一作"埃羅",釋曰:"帝釋象王名也。經中或
　　　名'埃那婆那',或言'伊羅鉢多羅',此譯云'香葉'。身長九由旬,
　　　高三由旬,其形相稱也。埃,烏賢反。"

瞿摩帝　此云"牛"。易曰:"服牛乘馬,引重致遠。"〔一〕注云:"稼穡之資。"〔二〕垂裕記:"暹云:大論曰:放牛難陀問佛:有幾法成熟,能令牛群蕃息?有幾法不成熟,令牛群不增,不得安隱?佛荅:牧牛有十一事,頌曰:解色與相應,二。摩刷覆瘡痍,二。放煙並茂草,二。安隱及度處,二。時宜留取餘,二。將護於大牛。一。比丘亦如是:知四大造色,一。善別愚智相,一。摩刷六情根,一。善覆十善相,一。傳所誦爲煙,一。四意止茂草,一。十二部安處,一。八聖道度處,一。莫受輕賤請,名曰知時宜,一。知足爲留餘,一。敬護是將護。一。此十一事,即小乘附事觀心。"〔三〕譬喻經云:"昔二兄弟,志念各異。兄謂弟曰:'卿貪家事,以財爲貴。吾好經道,以慧爲珍。今欲捨家,歸命福田。'兄遂出家,夙夜精進,得成道果。弟貪家事,命終墮牛,肥盛甚大。客買運鹽,往還羸頓,不能復前。兄游虛空,遙見其牛,即以威神,令弟自知,遂爲牛主説其本末。賈客聞之,捨牛入寺。兄常將養,死生忉利。"〔四〕

〔一〕見易繫辭下。

〔二〕王弼周易注卷六旅:"牛,稼穡之資。"

〔三〕見智圓述維摩經略疏垂裕記卷二。"大論曰"者,見大智度論卷二。

〔四〕見後漢支婁迦讖譯雜譬喻經。

羯去謁伽　此云"犀牛"〔一〕。爾雅云："南方之美者,梁山之犀象。"注曰："犀牛皮角,象牙骨。"〔二〕又曰："犀似豕。"注云："形似水牛。"〔三〕

〔一〕玄應一切經音義卷一七："渴伽,月藏經作'佉伽',皆訛也。正言'羯伽',羯,音去謁反。此譯云'犀牛'。"

〔二〕見爾雅釋地。

〔三〕見爾雅釋獸。

阿濕婆　此云"馬"〔一〕。漢書西域傳云："大宛國有高山,其上有馬,不可得。因取五色母馬置其下,與集,生駒,皆汗血,因号天馬。"〔二〕李伯樂,字孫陽,行至虞之山坂,遇鹽車至。有一龍馬,而人不識,用駕鹽車,遥見伯樂,乃嘶。伯樂以坐下馬易之,日行千里。淮南子云："秦穆公與伯樂曰:'子有使求馬者乎?'荅曰:'馬不在形容,筋骨相也。天下之馬,若滅若没。臣之子,皆下材可告。天下之馬,有擔纏束薪者,九方堙其於馬,非臣之下也。'求馬三月而返,曰:'得馬矣,在沙丘,牡莫后而黃。'及馬至,則牝牦忍而驪。公謂伯樂曰:'子所求馬者,毛色牝牡不知販矣。'伯樂太息曰:'一至此乎! 堙之所覩者,天機也。得其精而忘其麁,見其内而忘其外。'果千里馬也。"〔三〕阿含："佛告比丘:有四馬:一、見鞭影即便驚悚,二、觸毛乃驚,三、觸肉始驚,四、徹骨方覺。初合聞他聚落無常即驚,二如聞己聚落無常生厭,三如聞己親無常生猒,四如己身病苦方厭。"〔四〕涅槃四馬喻生、老、病、死〔五〕。或名"婆訶羅",此云"長毛"〔六〕。

〔一〕大方等大集經卷五〇:"'阿濕婆'者,齊云'馬'也。"

〔二〕見漢書西域傳"宛別邑七十餘城,多善馬。馬汗血,言其先天馬子也"孟康注。

〔三〕見淮南子道應訓。

〔四〕見別譯雜阿含經卷八。

〔五〕曇無讖譯大般涅槃經卷一八:"復次,善男子! 如御馬者,凡有四種:一者觸毛,二者觸皮,三者觸肉,四者觸骨。隨其所觸,稱御者意。

如來亦爾,以四種法,調伏衆生:一爲説生,令受佛語,如觸其毛,隨御者意。二説生老,便受佛語,如觸毛皮,隨御者意。三者説生及以老病,便受佛語,如觸毛皮肉,隨御者意。四者説生及老病死,便受佛語,如觸毛皮肉骨,隨御者意。"

〔六〕起世經卷二轉輪聖王品:"婆訶羅,隋言'長毛'。"

蜜利伽羅　此云"鹿"。

磨多　此云"母"。

跋羅娑〔一〕**馱**　此云"堂"〔二〕。

〔一〕娑:大正藏本作"婆"。

〔二〕玄應一切經音義卷一八:"鹿子母,梵言'蜜利伽羅',此云'鹿'。'磨多',此云'母'。'跋羅娑馱',此云'堂',亦言'殿'也。舊云'磨伽羅母堂'者,訛略也。"

悉伽羅　此云"野_{音夜}干"。似狐而小,形色青黄,如狗群行,夜鳴如狼。<u>郭璞</u>云:"射_{音夜}干,能緣木。"<u>廣志</u>云:"巢於絶巖高木也。"〔一〕<u>大論</u>云:"譬如野干,夜半逾城,深入人舍,求肉不得,僻處睡息,不覺夜竟,惶怖無計,慮不自免,住則畏死,便自定心,詐死在地。衆人來見,有一人云:'我須其耳。'言已截去。野干自念:'截耳雖痛,但令身在。'次有人言:'我須其尾。'便復截去。復有人云:'須野干牙。'野干自念:'取者轉多,或取我頭,則無活路。'即從地起,奮其智力,絶踊間關,遂得自濟。行者之心,求脱苦難,亦復如是。生不修行,如失其耳。老不修行,如失其尾。病不修行,如失其牙。至死不修,如失其頭。"〔二〕<u>輔行記</u>云:"狐是獸,一名野干,多疑善聽。"〔三〕<u>顏師古</u>注漢書曰:"狐之爲獸,其性多疑,每渡河冰,且聽且渡,故言疑者而稱狐疑。"〔四〕<u>述征記</u>云:"北風勁,河冰合,要須狐行。此物善聽,冰下無聲,然後過河。"〔五〕<u>説文</u>云:"狐,妖獸也,鬼所乘。有三德,其色中和,小前大後,死則首丘。"〔六〕<u>郭氏玄中記</u>曰:"千歲之狐爲婬婦,百歲之狐爲美女。"〔七〕然法華云:"狐狼野干"〔八〕,似如三別。<u>祖庭事苑</u>云:"野干形小尾大,狐即形大。"〔九〕禪經云:“見一野狐,又見野干。”〔一〇〕故知異也。

〔 一 〕玄應一切經音義卷二四:“野干,梵語‘悉伽羅’,形色青黃,如狗羣行。夜鳴,聲如狼也。字又作‘射干’。案,子虛賦云:‘騰遠射干。’司馬彪、郭璞等注,並云:‘射干似狐而小,能緣木。射,音夜。’廣志云:‘巢於危巖高木也。’禪經云‘見一野狐,又見野干’是也。”文選子虛賦:“騰遠射干。”張揖注:“野干,似狐,能緣木。”廣志,晉郭義恭撰,已佚。清黃奭有輯本。

〔 二 〕見大智度論卷一四。

〔 三 〕見湛然述止觀輔行傳弘決卷四之四。

〔 四 〕見漢書文帝紀“方大臣誅諸呂迎朕,朕狐疑”句顏師古注。

〔 五 〕述征記:二卷,郭緣生撰,已佚。此説初學記卷二九獸部狐事對有引。

〔 六 〕見説文卷一〇犬部。

〔 七 〕郭氏玄中記:已佚,現所見爲清人之輯本。此説見初學記卷二九獸部狐叙事引。

〔 八 〕見妙法蓮華經卷二譬喻品。

〔 九 〕祖庭事苑卷七:“梵云‘悉迦羅’,此言‘野干’,亦名‘夜干’,或‘射干’。色青黃,如狗群行。夜鳴,其聲如狼。又,野干形小尾大,能上樹,疑枯枝不登。狐即形大,疑冰不渡,不能上樹。”

〔一〇〕劉宋沮渠京聲譯治禪病祕要法卷上:“或見一野狐及一野干,有百千尾,一一尾端無量諸蟲、種種雜惡。”

摩斯吒 或“麼上聲迦吒”,或“末迦吒”,此云“獼猴”〔一〕。本行經云:我念往昔,海中有一大虬。其婦懷妊,思獼猴心食。夫言:“此事甚難! 我居於海,獼猴在山,汝且容忍,我當求之!”時虬出岸,見猴在樹,善言慰問,結爲交友:“我當將汝度海,彼岸別有大林,花果豐饒。汝可下來,騎我背上。”猴依虬言,俱下於水。虬即報言:“我婦懷妊,思食汝心,故將汝來。”猴即誑言:“何不預説! 我心適留娑羅樹上,不持將行。善友還回,放我取心,得已却來。”虬即復岸,獼猴努力跳上大樹。其虬久停,告言速下。猴説偈言:“汝虬計校雖能寬,而心智慮甚狹劣。汝但審諦自思忖,一切衆類誰無心。”〔二〕六度經將“虬”作“鼇”〔三〕。

〔一〕玄應一切經音義卷一：“麼迦吒，莫可反，此云‘獼猴’。”

〔二〕詳見佛本行集經卷三一昔與魔競品。

〔三〕見六度集經卷四戒度無極章。

舍舍迦　此云“兔”〔一〕。韓子曰：“宋人耕，田中有株，兔走觸株，折頸而死。因釋耕守株，冀復得之。路人笑矣。”〔二〕西域記言：“劫初時，有狐、兔、猿，異類相悅。時天帝釋欲驗修菩薩行者，降迹應化爲一老夫，謂三獸曰：‘二三子善安隱乎？無驚懼耶？’曰：‘涉豐草，游茂林，異類同歡，既安且樂。’老夫曰：‘聞二三子情厚意密，忘其老獘，故此遠尋。今正飢乏，何以饋渠位食？’曰：‘幸少留此，我躬馳訪。’於是同心虛己，分路營求。狐沿水濱，銜一鮮鯉。猿於林野，采異花果。俱來至止，同進老夫。唯兔空還，游躍左右。老夫謂曰：‘以吾觀之，尔曹未和。狐、猿同志，各能役心。唯兔空還，獨無相饋。以此言之，誠可知也。’兔聞譏議，謂狐、猿曰：‘多聚樵蘇，方有所作。’猿、狐競馳，銜草曳木。既已蘊崇，猛燄將熾，兔曰：‘仁者，我身卑劣，所求難遂。敢以微軀，充此一湌。’辭畢入火，尋即致死。是時老夫復帝釋身，除燼收骸，傷歎良久，謂狐、猿曰：‘一何至此！吾感其心，不泯其跡，寄之月輪，傳于後世。’”〔三〕

〔一〕見大威德陀羅尼經卷七。

〔二〕見韓非子五蠹。

〔三〕見大唐西域記卷七婆羅痆斯國。

曷利拏　揔言麖、鹿等類〔一〕。

〔一〕玄應一切經音義卷一：“阿履那，此云‘山羊’，正言‘曷利拏’，總言麖、鹿等名也。”

迦陵頻伽　此云“妙聲鳥”〔一〕。大論云：“如迦羅頻伽鳥在㲉口角中未出，發聲微妙，勝於餘鳥。”〔二〕正法念經云：山名〔三〕曠野，其中多有迦陵頻伽，出妙音聲。如是美音，若天、若人、緊那羅等，無能及者，唯除如來音聲〔四〕。

〔一〕慧琳一切經音義卷四："羯羅頻迦,梵語鳥名也,亦云'迦陵頻伽',此譯爲'美妙聲',出大雪山,卵㲉之中即能鳴,其聲和雅,聽者樂聞。"

〔二〕見大智度論卷二八。

〔三〕名:永樂北藏本、嘉興藏本作"谷"。按:作"名"是,參下注。

〔四〕正法念處經卷六八："有一大山,名曰曠野,縱廣一百由旬。於此山中,多有白象及迦陵頻伽鳥,出妙音聲。如是美音,若天、若人、若緊那羅、若阿修羅,無能及者,唯除如來。"

迦蘭陀　此云"好聲鳥",形如鵲,群棲竹林〔一〕。或言鼠名,具如下出〔二〕。

〔一〕慧琳一切經音義卷二五："迦蘭陀鳥,此云'好聲鳥'。"又,玄應一切經音義卷五："迦蘭陀,或言'迦蘭駄',或言'羯蘭鐸迦',鳥名也,其形似鵲。'鞞紐婆那',此云'竹林',謂大竹也,此鳥多栖此林。昔有國王於此睡息,蛇來欲螫,鳥鳴覺之。王荷其恩,散食養鳥,林主居士,遂從此鳥爲名,名'迦蘭駄迦'。舊安外道,後奉如來。"

〔二〕"具如下出"者,見卷七寺塔壇幢篇第五十九。又,慧琳一切經音義卷二六："迦蘭陀竹林,古音云'迦蘭陀',此名'好鳥',是鳥名,亦是山鼠名,亦是國名。"

拘耆羅　或"拘翅羅",此云"好聲鳥",聲好而形醜〔一〕。又云"鵾鷗"〔二〕。

〔一〕玄應一切經音義卷一〇："拘耆羅,或作'拘翅羅',梵言轉也,譯云'好聲鳥'。此鳥聲好而形醜,從聲爲名。"

〔二〕鵾鷗:原作"鶆鷗",未見他處,據意改。大威德陀羅尼經卷七"拘翅羅",子注曰"鵾鷗鳥"。玄應一切經音義卷一七："瞿翅羅鳥,經中或作'拘抧羅鳥',或作'俱翅羅鳥',同一種也。此譯云'鵾鷗',好聲鳥也。此鳥形醜聲好,從聲爲名,共命鳥。"

嘶那夜　此云"鷹"。爾雅云："鷹隼醜,其飛也翬音揮。"注曰："鼓翅翬翬然疾。"〔一〕孔氏志怪〔二〕曰："楚文王少時,雅好田獵,天下快狗、名鷹畢聚焉。有人獻鷹,曰:'非王鷹之儔。'俄而雲際有一物凝翔,飄颻鮮白而不辨其形。鷹見,於是竦翮下革而升,蠢若飛電。須臾,羽墮如雪,血灑如雨。良久,有一大鳥墮地而死。度其兩翅,廣數十里,喙_{許穢}邊有黄,衆莫能知。時博物君子曰:此大鵬雛也。始飛焉,故爲鷹所制。<u>文王</u>乃厚賞獻者。”又言隼者,<u>易</u>曰:“王用射_{是亦}隼于高墉之上。”<u>孔穎達</u>云:“隼者,貪殘之鳥,鶪鶹之屬。”〔三〕玉篇云:“祝鳩也。”〔四〕<u>顔師古</u>云:“隼,鷙鳥,即今之鶻_{胡骨}也。”〔五〕<u>劉向</u>以爲隼近黑祥,貪暴類也〔六〕。

〔一〕見<u>爾雅釋鳥</u>及<u>郭璞</u>注。

〔二〕<u>孔氏志怪</u>:原書已佚。<u>魯迅古小説鉤沉</u>有輯録。

〔三〕見<u>易解卦</u>及<u>孔穎達</u>疏。

〔四〕見<u>大廣益會玉篇</u>卷二四佳部第三百九十一。又,<u>玄應一切經音義</u>卷五:“鷹隼,又作‘鶽’,同,思尹反。<u>詩</u>云:鴥彼飛鶽。箋云:鶽,急疾之鳥也。<u>説文</u>:鶽,祝鳩也。”

〔五〕<u>漢書貨殖傳</u>:“鷹隼未擊。”<u>顔師古</u>注:“隼亦鷙鳥,即今所呼爲鶻者也。”

〔六〕見<u>漢書五行志</u>。

臊_{蘇勞}陁 或“叔迦婆嘻”,此云“鸚鵡”〔一〕。<u>説文</u>云:“能言鳥也。”〔二〕<u>山海經</u>曰:“黄山及數歷山有鳥焉,其狀如鴞_{五各},青羽赤喙,人舌能言,名鸚鵡。”〔三〕<u>曲禮</u>云:“鸚鵡能言,不離飛鳥。猩猩能言,不離禽獸。人而無禮,不亦禽獸之心乎?”〔四〕<u>雜寶藏經</u>云:“過去雪山有一鸚鵡,父母都盲,常取華果先奉父母。時有田主,初種穀時,願與衆生而共噉食。鸚鵡於田,常采其穀。田主案行,見撅_{子踐}穀穗,便設羅網,捕得鸚鵡。鳥告主言:‘先有施心,故敢來采。如何今者而見網捕?’田主問鳥:‘取穀與誰?’荅言:‘有盲父母,願以奉之。’田主報曰:‘今後常取,勿復疑難。’云云。佛言:‘尒時鸚鵡,我身是也。時田主者,<u>舍利弗</u>是。’”〔五〕

〔一〕<u>玄應一切經音義</u>卷二:“鸚鵡,於莖反,鵡,或作鵡,同亡甫反,梵言‘叔迦’。婆嘻,欣基反,依字,嘻嘻和樂聲也。”<u>弘贊輯四分律名義標釋</u>卷四:“鸚鵡,<u>梵</u>云‘叔迦婆嘻’,或云‘臊陀’,此云‘鸚鵡’,能言鳥也。其狀如鴞,青羽赤喙,舌似小兒。有白者,有赤者,有五色者。凡鳥四指，三指向前，一指向後，此鳥兩指向後。"

〔二〕見説文卷四鳥部。

〔三〕見山海經卷二。

〔四〕見禮記曲禮上。

〔五〕見雜寶藏經卷一鸚鵡子供養盲父母緣。

　　僧斯贈娑　或"亘娑"，唐云"鴈"〔一〕。禮記云："季秋之月，鴻鴈來賓。"〔二〕詩傳云："大曰鴻，小曰鴈。"〔三〕成公賦曰："上揮翮於丹霞，下濯足於清泉。"〔四〕西域記云："昔此伽藍，習翫小乘漸教，故開三淨之食〔五〕，而此伽藍遵而不墜。其後三淨求不時獲，有苾芻經行，忽見群鴈飛翔，戲曰：'今日衆僧食不充，摩訶薩埵宜知是時。'言聲未絶，一鴈退飛，當其僧前，投身自殪於計。苾芻見已，具白衆僧。聞者悲感，咸相謂曰：'如來設法，導誘隨機，我等守愚，遵行漸教。大乘者，正理也，宜改先執，務從聖旨。此雁垂誡，爲誠明導。宜旌厚德，建窣覩波，以瘞鴈焉。'"〔六〕或名鳧鴈者，尔雅云："鳧鴈醜，其足蹼音卜。"注云："脚指間有幕蹼屬相著。"〔七〕古今注云："鳧鴈常在海邊沙上餐沙石。"〔八〕此非隨陽鴈也。李巡曰："野曰鳧，家曰鶩音木。"〔九〕

〔一〕大唐西域記卷九摩揭陀國下："亘許贈反娑。唐言'雁'。"大慈恩寺三藏法師傳卷三："僧斯贈反娑。唐言'雁'也。"

〔二〕見禮記月令。

〔三〕見詩小雅鴻雁"鴻雁于飛"句毛傳。

〔四〕見成公綏鴻雁賦，藝文類聚卷九〇鳥部、初學記卷三〇鳥部引。

〔五〕三淨之食：十誦律卷二六："三種淨肉聽噉。何等三？若眼不見、耳不聞、心不疑。云何不見？自眼不見是生故爲我奪命，如是不見。云何不聞？可信優婆塞人邊，不聞是生故爲我奪命，如是不聞。云何不疑？心中無有緣生疑，是中有屠兒家有自死者，是主人善，不故爲我奪命，如是不疑。"大唐西域記卷一阿耆尼國："戒行律儀，潔清勤勵。然食雜三淨，滯於漸教矣。"

〔六〕見大唐西域記卷九摩揭陀國下。

〔七〕見尔雅釋鳥及郭璞注。

〔八〕見古今注卷上鳥獸第四。

〔九〕爾雅釋鳥：“舒鳧，鶩。”郭璞注：“鴨也。”邢昺疏引李巡曰：“野曰鳧，家曰鶩。”

迦頻闍羅　此云“雉”。尔雅云：“雉絕有力奮。”“最健鬥。”〔一〕類分六種，四方名異。晉武庫閉甚密，中忽聞雉雊。張華曰：“必是蛇化。”開視，側有蛇蛻焉〔二〕。大論云：“有時閻浮提人，不知禮敬宿舊有德。是時菩薩作迦頻闍羅鳥，有二親友，象與獼猴，共居畢鉢羅樹下。自相問言：‘我等不知誰應爲大？’象言：‘我昔見樹在我腹下。’獼猴言：‘我曾蹲地手捉樹頭。’鳥言：‘我於畢鉢羅林食此樹果，子隨糞出，此樹得生。先生宿德，禮應供養。’即時大象背負獼猴，鳥在猴上，周徧游行。禽獸人類，見皆行敬。”〔三〕斯乃聖人知道德仁義，非禮不成，故敬事長，爲天下之至順也。

〔一〕爾雅釋鳥：“雉絕有力奮。”郭璞注：“最健鬥。”

〔二〕事見晉書卷三六張華傳。

〔三〕見大智度論卷一二。

究居求**究羅**　此是“鷄聲”。鳩鳩吒，此云“鷄”〔一〕。易林曰：“巽爲鷄。鷄鳴節時，家樂無憂。”〔二〕西京雜記云：“成帝時，交趾越裳國獻長鳴鷄。以刻漏驗之，與晷度無差。”〔三〕“田饒夫曰：‘夫雞戴冠，文也；足特距，武也；敵鬥，勇也；得食相呼，義也；鳴不失時，信也。鷄有五德，君猶烹而食之。其所由來近也！’”〔四〕楞嚴云：“如鷄後鳴，瞻顧東方，已有精色。”〔五〕長水釋曰：“鷄第二鳴，天將曉也。”〔六〕孤山釋云：“三德涅槃，名曰義天。前受想盡，似證尚遥。如鷄先鳴，天色猶昧。今行陰盡，唯識陰在。明悟非久，如鷄後鳴，天有精色。”〔七〕齊顏之推云：“梁時有人常以鷄卵白和沐，使髮光黑。每沐，輒破二三十枚。臨終，但聞髮中啾啾數千鷄雛之聲。”〔八〕

〔一〕慧琳一切經音義卷二六：“究究羅，九求反，此雞聲也；鳩鳩吒，此云雞也。”

〔二〕見初學記卷三〇鳥部雞第三叙事引。

〔三〕見西京雜記卷四。

〔四〕見劉向新序雜事第五。

〔五〕見大佛頂如來密因修證了義諸菩薩萬行首楞嚴經卷一〇。

〔六〕見長水子璿首楞嚴義疏注經卷一〇:“涅槃名爲第一義天,得無生忍名大明悟。明悟在近,故名曰將。將,當也,欲也。如雞後鳴者,雞第二鳴,天將曉也。五陰在,如全夜。陰都盡,如大明。色、受二陰破,如雞初鳴,天全未變。今想、行又除,唯有識陰,明悟在近,即如雞後鳴,天有精色。”

〔七〕按:孤山此説,楞嚴經義海卷二九亦有引。

〔八〕見顏氏家訓卷五歸心。

斫迦邏婆　此云“鴛鴦”,匹鳥也,止則相耦〔一〕,飛則相雙〔二〕。鳥喻品云:一者、迦鄰提,二者、鴛鴦。游止共俱,不相捨離〔三〕。今師釋曰:以雄喻常,雌喻無常。生死有性善,故無常即常,如二鳥在下。涅槃有性惡,故常即無常,如二鳥高飛。是則在高在下,雌雄共俱,雙游並息,其義皆成〔四〕。

〔一〕耦:永樂北藏本、嘉興藏本作“偶”。

〔二〕慧琳一切經音義卷四:“鴛鴦,上於袁反,下於董反。毛詩曰:‘鴛鴦于飛。’傳曰:鴛鴦,疋鳥也。言其止爲疋偶,飛則雙飛也。”

〔三〕南本大般涅槃經卷八鳥喻品:“善男子! 佛法猶如鴛鴦共行。是迦隣提及鴛鴦鳥,盛夏水漲,選擇高原,安處其子,爲長養故,然後隨本,安隱而遊。如來出世,亦復如是,化無量衆生,令住正法,如彼鴛鴦、迦隣提鳥,選擇高原,安置其子。如來亦爾,令諸衆生所作辦已,即便入於大般涅槃。”

〔四〕智圓述維摩經略疏垂裕記卷六:“二鳥雙遊者,鳥喻品云:一者迦隣提,二者鴛鴦,遊止共俱,不相捨離。古人多解,委如彼疏。今師以雄喻常,雌喻無常。生死有性善,故無常即常,如二鳥在下。涅槃有性惡,故常即無常,如二鳥飛高。是則在高在下,雌雄共俱,雙遊並息,其義皆成。”

耆婆耆婆〔一〕**迦**　此翻“生”,勝天王云“生生”。或翻“命”,法華云“命命”〔二〕。雜寶藏經云:“雪山有鳥,名爲共

命,一身二頭,識神各異,同共報命,故曰命命。"〔三〕佛本行
經:佛言:往昔雪山有二頭鳥,一頭名迦嘍茶,一頭名憂波迦
嘍茶。其憂波迦嘍茶頭一時睡眠,近彼窹頭有摩頭迦樹,風
吹花落,至彼窹頭。其頭自念:"雖獨食花,若入腹時,俱得色
力。"不令彼窹,遂默食花。其睡頭窹,覺腹飽滿,欼噦氣出。
問言:"何處得此美食?"窹頭具荅,睡頭懷恨。後時游行,遇
毒樹花,念食此花,令二頭死。時憂波迦嘍茶頭語迦嘍茶頭
言:"汝今睡眠,我當窹住。"彼頭纔睡,即食毒花。其迦嘍茶
窹,覺毒氣,問:"何惡食令我不安?"憂波頭言:"食此毒華,
願俱取死。"於是彼頭即説偈言:"汝於昔日睡眠時,我食妙花
甘美味。其花風吹在我邊,汝返生此大嗔恚。凡是癡人莫願
見,亦莫願與癡共居。與癡共居無利益,自損及以損他身。"
佛言:"迦嘍茶鳥,即我身是。憂波鳥者,提婆達是。"〔四〕

〔一〕婆:大正藏本作"波"。

〔二〕慧琳一切經音義卷四:"命命鳥,梵音'耆婆耆婆鳥',此云'命命'。
　　　據此即是從聲立名,鳴即自呼'耆婆耆婆'也。"智圓述阿彌陀經
　　　疏:"共命之鳥者,兩首一身,異神識,同報命,故名共命。法華云
　　　'命命',天王云'生',涅槃云'耆婆耆婆',悉此鳥耳。耆婆,梵語,
　　　此翻'活',或翻'生',或翻'命',故知。""法華云"者,見妙法蓮華
　　　經卷六。

〔三〕見雜寶藏經卷三共命鳥緣。

〔四〕詳見佛本行集經卷五九婆提唎迦等因緣品。

　　舍利　　此云"春鸎"、"黄鸝"也〔一〕。詩曰:"出自幽谷,
遷于喬木。"〔二〕又翻"鷺鷥"。鷥,七由切,玉篇云:"水鳥
也。"〔三〕詩云:"有鷺在梁。"〔四〕鷺來故,爾雅注云:"白鷺也,
頭翅背上皆有長翰毛。"〔五〕詩云:"振鷺于飛。"〔六〕

〔一〕窺基撰阿彌陀經通贊疏卷上:"梵云'奢利弗呾羅',此云'春鸎',
　　　亦云'鷺鳥'。'弗呾羅'云子,訛略故,云'舍利弗'。母未懷此子,
　　　言詞賽訥,與兄俱絺羅論義,常劣於兄。自懷子後,言詞辨捷,論勝
　　　兄。母多辨故,故曰春鸎。春鸎,即今百舌鳥也。是彼所生,故復

稱子,亦云'鶵子'也。"宋元照述阿彌陀經義疏:"舍利者,此云'春
鶯',或翻'鶖鷺'。"

〔 二 〕 出詩小雅伐木。

〔 三 〕 見大廣益會玉篇卷二四鳥部第三百九十。

〔 四 〕 出詩小雅白華。

〔 五 〕 見爾雅釋鳥"鷺,春鉏"郭璞注。

〔 六 〕 出詩周頌振鷺。又,"振鷺于飛",原作"振振鷺于飛",據意刪一
　　　　"振"字。

舍羅　此云"百舌鳥"〔 一 〕。

〔 一 〕 玄應一切經音義卷二一:"舍羅,此云'百舌鳥',雄鳥也。若言舍
　　　　利,雌鳥也。"

迦布德迦　或"迦逋",唐言"鴿"〔 一 〕。西域記云:"昔
佛於此爲衆説法,羅者於林網捕羽族,經日不獲。來至佛所,
揚言唱曰:'今日如來在此説法,令我網〔 二 〕捕都無所獲,妻
孥飢餓,其計安在?'如來告曰:'汝今熅火,當與汝食。'如來
是時,化作大鴿,投火而死。羅者持歸,妻孥共食。其後重往
佛所,如來方便攝化。羅者聞法,悔過自新,捨家修學,便證
聖果,因名所建号'鴿伽藍'。"〔 三 〕

〔 一 〕 大唐西域記卷九摩揭陀國下:"迦布德迦,唐言'鴿'。"

〔 二 〕 網:大正藏本作"納"。

〔 三 〕 見大唐西域記卷九摩揭陀國下。

摩由邏　此云"孔雀文",孔雀綷〔 一 〕羽而翶翔〔 二 〕。俱
舍云:"於一孔雀倫〔 三 〕,一切種因相,非餘智境界,唯一切智
知。"〔 四 〕證真釋云:"有情無始熏,造一切界趣種子。在本識
中,唯佛能了。且舉孔雀一類,尚已難知。"〔 五 〕

〔 一 〕 綷:五色相雜。

〔 二 〕 大威德陀羅尼經卷七:"摩由邏,孔雀鳥。"

〔 三 〕 倫:俱舍論作"輪"。

〔 四 〕 見阿毗達磨俱舍論卷三〇。

〔 五 〕 見思坦集注楞嚴經集注卷四引。

阿梨耶　此云"鷗",亦作"鶂",同,充尸切。尔雅云:

“狂、茅鴟。”舍人曰：“狂，一名茅鴟。喜食鼠，大目也。”郭璞
云：“今鵃胡官鴟也，似鷹而白。”〔一〕

〔一〕慧琳一切經音義卷二七：“鴟梟，上充尸反，梵云‘阿利耶’，此云
　　　‘鵄’，古文‘鴟’、‘鶔’二形，同。爾雅：狂、茅鴟。舍人曰：狂，一名
　　　‘鴟’，喜食鼠，大目也。郭璞：鵃鴟也，又云‘怪鴟’也。”

姑栗陀　此云“鷲”。或“揭羅闍”，此云“雕鷲”。山海
經曰：“景山多鷲。”説文：“鷲，鳥，黑色，多子。師曠云：南山
有鳥，名曰羌鷲，黃頭赤咽，五色皆備。”西域多此鳥，蒼黃目
赤，食死屍〔一〕。

〔一〕玄應一切經音義卷六：“鵰鷲，籀文作‘雕’，同，丁堯反。穆天子傳
　　　云：爰有白梟青鵰，執犬羊，食豕鹿。郭璞曰：今之鵰，亦能食麕鹿
　　　耳。鷲，音就。梵云‘姑栗陀’，或言‘揭梨闍’，此云‘鵰’。案山海
　　　經：景山多鷲。説文：鷲，鳥，黑色，多子。師曠：南方有鳥，名曰羌
　　　鷲，黃頭赤咽，五色皆備是也。西域多此鳥，色蒼黃，目赤，食死屍
　　　也。”“山海經曰”者，參見山海經卷五。“説文”者，見説文卷四
　　　鳥部。

毗囉挐羯車婆　此云“龜”。尔雅明十種之龜〔一〕。莊
子曰：“宋元君夢人被髮曰：‘予爲清江使者河伯，被漁者預且
得予。’元君使人占之，曰：‘此神龜也。’乃召預且。預且釣
得白龜五尺，使獻之，乃刳音枯之以卜，七十鑽而無遺策。仲
尼曰：‘龜能夢於元君，不能避預且之綱。智能七十鑽而無遺
策，不能避刳腸之患。如是則智有以神，智有所不及
也。’”〔二〕法句經云：“昔有道人，河邊學道，但念六塵，心無
寧息。龜從河出，水狗將嗷龜，龜縮頭尾四脚，藏於甲中，不
能得便。狗去還出，便得入水。道人因悟：‘我不及龜，放恣
六情，不知死至。’”〔三〕

〔一〕爾雅釋魚：“一曰神龜，二曰靈龜，三曰攝龜，四曰寶龜，五曰文龜，
　　　六曰筮龜，七曰贍龜，八曰澤龜，九曰水龜，十曰火龜。”

〔二〕見莊子外物。

〔三〕見法句譬喻經卷一心意品。

摩竭　或“摩伽羅”，此云“鯨魚”〔一〕。雄曰鯨，雌曰

鯢,大者長十餘里。大論云:五百賈客入海採寶,值摩竭魚王
開口,舩去甚疾。舩師問樓上人:"何所見耶?"荅曰:"見三
日及大白山,水流奔趣,如入大坑。"舩師云:"三日者,一是實
日,二是魚目,白山是魚齒,水奔是入魚口,我曹死矣。"時舩
中人,各稱所事,都無所驗。中有優婆塞,語衆人言:"吾等當
共稱佛名字,佛爲無上救苦厄者。"衆人一心共稱南無佛。是
魚先世曾受五戒,得宿命智,聞佛名字,即自悔責,魚便合口,
衆人命存〔二〕。莊子云:吞舟之魚失水,則螻蟻而能
制之〔三〕。

〔一〕玄應一切經音義卷一:"摩伽羅魚,亦云'摩竭魚',正言'麼迦羅
魚',此云'鯨魚',謂魚之王也。"卷一九:"鯨鯢,又作'鱷',同,渠
京反。許叔重注淮南子云:鯨,魚之王也。異物志云:鯨魚數里,或
死沙中。云得之者皆無目,俗云其目化爲明月珠也。鯢,鯨之雌者
也。左傳:鯨鯢,大魚也。"

〔二〕詳見大智度論卷七。此處引文,據湛然述止觀輔行傳弘決卷八
之一。

〔三〕莊子庚桑楚:"吞舟之魚,碭而失水,則蟻能苦之。"按:白孔六帖卷
九八引莊子,與此處所引文字相同。

坻弥　具云"帝弥祇羅",此云"大身魚"。其類有四,此
最小者〔一〕。京房易傳云:"海數所角見巨魚,邪人進,賢
人疎。"〔二〕

〔一〕慧琳一切經音義卷二六:"坻彌魚,上音低,迷羅,謂大身魚。其類
有四,此最小者。法炬經中'低迷宜羅',即第三魚,皆次互相
吞噉。"

〔二〕按:此説漢書卷二七五行志有引。

失收或作守**摩羅**　善見云"鰐魚"〔一〕。長二丈餘,有四
足,似鼍,齒至利。禽鹿入水,齧腰即斷。又翻"殺子魚"。廣
州有之〔二〕。

〔一〕善見律毗婆沙卷一七:"失守摩羅者,鰐魚也,廣州土境有。"

〔二〕玄應一切經音義卷二四:"室獸摩羅,形如象也。舊經律中,或作
'失收摩羅',或作'失守摩羅',梵音轉耳,譯云'殺子魚'也。善見

律云‘鰐魚’也。長二丈餘，有四足，似鼉，齒至利。有禽鹿入水，齧腰即斷。廣州出土地有之。”

臂卑履也 此云“蟻子”。晉書：“殷仲堪父患耳聰，聞牀下蟻動，謂之牛闘。”〔一〕賢愚經云：長者須達共舍利弗往圖精舍，須達自手捉繩一頭，舍利弗自捉一頭，共經精舍。時舍利弗欣然含笑。須達問言：“尊者何笑?”荅言：“汝始於此經地，六欲天中，宮殿已成。”即借道眼，悉見六天嚴淨宮殿。云云。復更徙〔二〕繩，時舍利弗慘然憂色，即問：“尊者何故憂色?”荅言：“汝今見此地中蟻子耶?”對曰：“已見。”舍利弗言：“汝於過去毗婆尸佛，亦於此地起立精舍，而此蟻子在此中生。乃至七佛已來，汝皆爲佛，起立精舍，而此蟻子亦在中生。至今九十一劫，受一種身，不得解脫，生死長遠，唯福爲要，不可不種。”〔三〕

尔雅云：“有足謂之蟲，無足謂之豸。”〔四〕“二足而羽謂之禽，四足而毛謂之獸。”〔五〕蟲、魚、鳥、獸，種類何窮？山、水、空、陸，境界無際。循環荏如枕苒音染，展轉也，逐物狂愚。一念如明，萬類俱息。宜照本性，勿起異意也。

〔一〕見晉書卷八四殷仲堪傳。
〔二〕徙：大正藏本作“徒”，賢愚經作“從”。按：法苑珠林卷三九引作“徙”，經律異相卷三引作“捉”。
〔三〕詳見賢愚經卷一〇須達起精舍品。
〔四〕見爾雅釋蟲。
〔五〕見爾雅釋鳥。

地獄篇第二十三

輔行云：“地獄從義立名，謂地下之獄，名爲地獄。”〔一〕故婆沙云：“贍部洲下，過五百踰繕那，乃有其獄。”〔二〕然此地獄，有大有小，如大論云：言八大獄者，一、活，二、黑繩，三、合會，四、叫喚，五、大叫喚，六、熱，七、大熱，八、阿鼻地獄，如是等種種八大地獄。復有十六小地獄爲眷屬：八寒冰，八炎火。言八炎火地獄者,一名炭坑,二名沸屎,三名燒林,四名劍林,五名刀道,六名鐵刺林,七名鹹河,八名銅橛。八寒冰獄者,一名頞浮陀,少多有孔;二名尼羅浮陀,無孔;三名呵羅羅,寒顫聲也;四名阿婆婆,亦患寒聲;五名睺睺,亦是患寒聲;六名漚波羅,此地獄外壁〔三〕作青蓮華色;七名波頭摩,紅蓮華色,罪人生中受苦也;八摩訶波頭摩〔四〕。其中受苦,隨其作業,各有輕重,其最重處,作上品五逆十惡者,感此道身。

〔一〕 見湛然述止觀輔行傳弘決卷二之二。

〔二〕 按:此説恐出阿毗達磨俱舍論卷一一:“於此贍部洲下,過五百踰繕那,有琰魔王國。”阿毗達磨大毗婆沙論卷一七二則云:“於此贍部洲下,大地獄受。”

〔三〕 外壁:原作“外逼”,大正藏本作“冰逼”,據大智度論改。

〔四〕 詳見大智度論卷一六。

那落迦 此翻“惡者”。“那落”是“者”義,“迦”是“惡”義。造惡之者生彼處故,此標正報也〔一〕。

〔一〕 玄應一切經音義卷二三:“那落迦,梵語也,亦言‘那羅柯’,亦云‘泥羅夜’,舊言‘泥羅耶斯’,梵言楚夏耳。此譯有四義:一、不可樂,二、不可救濟,三、闇冥,四、地獄。經中言地獄者,一義也,所以仍置本名。或言非行,謂非法行處。”

㮈落迦 或“那落迦”,此云“不可樂”,亦云“苦具”,亦云“苦器”,此標依報也〔一〕。

〔一〕 玄應一切經音義卷二四:“㮈落迦,奴葛反,受苦處也。或言‘那落迦’,受罪人也。此云‘不可樂’,亦云‘非行’,謂非法行處也。或在山間,或大海邊,非止地下。言地獄者,一義翻也。”慧琳一切經音義卷二七:“地獄,梵云‘㮈落迦’,此云‘苦器’,亦云‘不可樂’,亦云‘非行’,非法行處也。或在山間、曠野、空中,今言地獄者,在大地之下也。”

泥犁耶 文句云:“地獄,此方名,梵稱‘泥犁’,秦言‘無有’,無有喜樂、無氣味、無歡、無利,故云無有。或言卑下,或言墮落,中陰倒懸,諸根皆毀壞故。或言無者,更無

救處。"〔一〕

〔一〕見智顗説妙法蓮華經文句卷四下。

　　阿鼻　此云"無間"。觀佛三昧經云:"'阿'言'無',
'鼻'言'救'。"〔一〕成論明五無間:一、趣果無間,捨身生報
故;二、受苦無間,中無樂故;三、時無間,定一劫故;四、命無
間,中不絶故;五、形無間,如阿鼻相,縱廣八萬由旬,一人多
人,皆徧滿故〔二〕。

〔一〕佛説觀佛三昧海經卷五:"云何名阿鼻地獄?'阿'言'無','鼻'言
　　　'遮';'阿'言'無','鼻'言'救';'阿'言'無間','鼻'言'無動';
　　　'阿'言'極熱','鼻'言'極惱';'阿'言'不閑','鼻'言'不住',
　　　不閑不住,名阿鼻地獄;'阿'言'大火','鼻'言'猛熱',猛火入
　　　心,名阿鼻地獄。"

〔二〕成實論卷八五逆品:"次身受報,故名無間。"然未見有具體言此處
　　　五無間者。慧遠撰大乘義章卷七:"此五何故名無間業?釋有四
　　　義:一、趣果無間,故曰無間。故成實言:捨此身已,次身即受,故名
　　　無間。二、受苦無間。五逆之罪,生阿鼻獄,一劫之中,苦苦相續,
　　　無有樂間。因從果稱,名無間業。三、壽命無間。五逆之罪,生阿
　　　鼻獄,一劫之中,壽命無絶。因從果因,名爲無間。四、身形無間。
　　　五逆之罪,生阿鼻獄。阿鼻地獄,縱曠八萬四千由旬,一人入中,身
　　　亦遍滿。一切人入,身亦遍滿,不相障礙。因從果號,名曰無間。"
　　　或爲此處所本。

　　頞部陀　俱舍云"疱"。寒觸身分,皆悉生疱〔一〕。

〔一〕唐普光述俱舍論記卷一一:"頞部曇,此云'疱'。嚴寒逼身,其身
　　　疱也。"窺基撰妙法蓮華經玄贊卷六:"疱那落迦,受生有情,極重
　　　廣大寒觸所觸,一切身分悉皆卷縮,猶如瘡疱。"

　　尼刺部陀　此云"疱裂"。嚴寒所逼,身疱裂也〔一〕。
此二從相〔二〕。

〔一〕普光述俱舍論記卷一一:"尼刺部陀,此云'疱裂',嚴寒逼身,身疱
　　　裂也。"窺基撰妙法蓮華經玄贊卷六:"疱裂那落迦,猶如疱潰,膿
　　　血流出,其瘡卷縮。"

〔二〕唐法寶撰俱舍論疏卷一一:"頞部陀者,此云'疱',嚴寒逼身,生其
　　　疱也。尼刺部陀,此云'疱裂',嚴寒過前,身疱裂也。已上從身疱

及皰裂得名。"

頞哳吒　嚯嚯婆　虎虎婆　義府云：以寒增甚，口不得開，但得動舌作哳吒之聲〔一〕。此三約受苦聲以立名〔二〕。

〔一〕義府：疑即俱舍論頌疏義府鈔。高麗義天錄新編諸宗教藏總錄卷三"俱舍論"下著錄："頌疏義府鈔二十卷。"子注："或十卷。乾廣述，或云崇廣，待勘。"乾廣，不詳。崇廣，宋高僧傳卷五唐中大雲寺圓暉傳："後有崇廣，著金華鈔十卷以解焉。光、寶二師之後，暉公間出，兩河間、二京道、江表、燕、齊、楚、蜀盛行暉疏焉。""解焉"，即解圓暉俱舍論頌疏。金華鈔，或即義府鈔。又，宋高僧傳卷七唐絳州龍興寺木塔院玄約傳："釋玄約，姓張氏，正平人也。（中略）以戒德之選而預臨壇，講律并俱舍共四十餘徧，淵静其性，研覈靡虧。著俱舍論金華鈔二十卷，爲時所貴。"玄約俱舍論金華鈔二十卷亦佚，不知與崇廣金華鈔十卷是否相關。新編諸宗教藏總錄云"頌疏義府鈔二十卷，或十卷"，不知是否即此兩種金華鈔。按，法寶撰俱舍論疏卷一一："頞哳吒，是忍寒聲。寒增故，口不得開，但得動舌作哳吒聲。嚯嚯婆者，寒轉增故，舌不得動，但得作嚯嚯聲。虎虎婆者，寒增故，不得開口，但得作虎虎聲。"應係義府此説所本。

〔二〕參後"摩訶鉢特摩"條注。

嗢鉢羅　此云"青蓮華"。

鉢特摩　此云"紅蓮華"。

摩訶鉢特摩　此云"大紅蓮華"。

此等皆是寒逼其身，乃作青、紅等色〔一〕。

〔一〕普光述俱舍論記卷一一："嗢鉢羅，此云'青蓮花'，嚴寒逼切，身變拆裂如青蓮花；鉢特摩，此云'紅蓮花'，嚴寒逼切，身變拆裂如紅蓮花；摩訶鉢特摩，此云'大紅蓮花'，嚴寒逼切，身變拆裂如大紅蓮花。"又，窺基撰妙法蓮華經玄贊卷六："八寒相者：一、皰那落迦，受生有情極重廣大寒觸所觸，一切身分悉皆卷縮，猶如瘡皰。二、皰裂那落迦，猶如皰潰，膿血流出，其瘡卷縮。三、嗽哳沽，四、郝郝凡，五、虎虎凡，此三那落迦，受罪有情苦音差別以立其名。六、青蓮華那落迦，由重廣大寒苦觸所觸，一切身分悉皆青瘀，皮膚破裂，或五或六。七、紅蓮那落迦，過此青已色變紅赤，皮膚分裂，或十或多。八、大紅蓮那落迦，謂彼身分極大紅赤，皮膚分裂，或百或多。"

賓吒羅　　此云“集欲”。適入尋出，雖復在中而無痛苦〔一〕。

〔一〕文殊師利普超三昧經卷下：“王阿闍世所入地獄，名賓吒羅。晉曰集欲。適入尋出，其身不遭苦惱之患。”

阿波那伽低　　經音義：“此云‘惡趣’。”〔一〕有三惡趣，亦名三塗。言三塗者，摭華云：“塗，道也。”〔二〕論語云：“遇諸塗。”〔三〕按四解脫經〔四〕云：地獄名火塗道，餓鬼名刀塗道，畜生名血塗道。塗有二義：一、取殘害義，塗謂塗炭。如尚書曰：“民墜塗炭。”〔五〕二、取所趣義，塗謂塗道。如易云：“同歸而殊塗。”〔六〕然春秋言“四岳三塗”，應法師云：“春秋有三塗危險之處，借此爲名。”〔七〕通慧〔八〕云：“有本作‘途’，非也。須作‘塗泥’之‘塗’。後人妄云畜生、餓鬼、地獄名三塗，當知此單指地獄也。”然此指歸之説，非但違於吾教四解脫經刀、血、火三之文，又復誣其應師音義。後學尋檢，自見妄立。又，諸教典明八難者，三惡道爲三，四、北洲，五、長壽天，六、佛前佛後，七、世智辯聰，八、諸根不具〔九〕。今述頌曰：三塗、北洲、長壽天，諸根不具並世智，佛前佛後共八難。受此果，不得聖化，故名難處。或以世智辯聰，名爲生邪見家。淨名疏明二種八難：“一者、凡夫住事八難，二者、二乘住理八難。”〔一〇〕事即界内八難，理乃界外八難。荆溪云：“若欲略明，則有餘中三十心人，爲三惡道，住無我法，名爲北洲。地前法愛，如長壽天。未有初地十種六根，名諸根不具。地前智淺，如世智辯聰。不窮中理，如佛前後。若實報中，位位相望，節節作之，此並障於中道理也。”〔一一〕“成論明菩薩説四輪摧八難：一、生中國輪，能摧五難，謂三塗、北洲及長壽天。二、修正願輪，摧世智辯聰。三、植善因輪，摧聾盲瘖瘂。四、近善人輪，摧佛前佛後。”〔一二〕欲摧八難，當習四輪。故今示之，令思修耳。

〔一〕玄應一切經音義卷四：“三塗者，俗書春秋有三塗危險之處，借此爲名。塗,猶道也,非謂塗炭之義。若依梵本,則云'阿波那伽低',此云'惡趣',不名惡道。道是因義,由履而行。趣是果名,已到之處。故不名惡道也。"左傳昭公四年:"四嶽、三塗、陽城、大室、荊山、中南,九州之險也,是不一姓。"杜預注:三塗,"在河南陸渾縣南"。孔穎達正義曰:"服虔云:三塗,大行、轘轅、殽澠也。謂三塗爲三處道也。(中略)皆非也。是杜據彼十七年傳文,知三塗是山,非三道也。"

〔 二 〕撝華:即智圓撝華鈔,已佚。參卷一諸佛別名篇第二"提洹竭"條注六。

〔 三 〕見論語陽貨篇。

〔 四 〕四解脫經:或即四事解脫經,一卷,或云四事解脫度人經,開元釋教錄卷一八僞妄亂真錄著錄,且曰:"今列意謂非佛經者如右,以示將來學士,共知鄙倍焉。"

〔 五 〕見尚書仲虺之誥。

〔 六 〕見易繫辭下。

〔 七 〕參注一。

〔 八 〕通慧:即贊寧。其音義指歸,參見卷一七眾弟子篇第十二"比丘尼"條注四。

〔 九 〕按:"八難"之具體含義,參見增一阿含經卷三六八難品。圓測撰仁王經疏卷下(本):"增一阿含經八難品云:比丘當知,有八不聞之節。何等爲八? 一、地獄;二、畜生;三、餓鬼;四、長壽天;五、生在邊地,誹謗賢聖,造諸惡業;六、生中國,六情不具,不別善惡;七、雖生中國,六情具足,心識邪見;八、生中國,六情具,佛不出世,亦不説法。"

〔一〇〕見智顗説、湛然略維摩經略疏卷四。

〔一一〕見湛然述維摩經疏記卷上。

〔一二〕智圓述維摩經略疏垂裕記卷三引云"遄曰"。據維摩經略疏垂裕記序,"有道遄法師者,乃荊溪之門人,亦嘗撰記"。"成論明菩薩説四輪摧八難"者,詳見成實論卷一四後五定具品。

時分篇第二十四

西域記云:"時極短者,謂刹那也。百二十刹那爲一呾刹那,六十呾刹那爲一臘縛,三十臘縛爲一牟呼栗多,五十牟呼栗多爲一時。六時合成一日一夜,夜三晝三。居俗日,夜分爲八時,晝四夜四。月盈至滿,謂之白分。月虧至晦,謂之黑分。或十四日,或十五日,月有大小故也。黑前白後,合爲一月。六月合爲一行。日游在内,北行也。日游在外,南行也。惣此二行,合爲一歲。又分一歲以爲六時:正月十六日至三月十五日,漸熱也;三月十六日至五月十五日,盛熱也;五月十六日至七月十五日,雨時也;七月十六日至九月十五日,茂時也;九月十六日至十一月十五日,漸寒也;十一月十六日至正月十五日,盛寒也。如來聖教,歲爲三時:正月十六日至五月十五日,熱時也;五月十六日至九月十五日,雨時也;九月十六日至正月十五日,寒時也。或爲四時,春、夏、秋、冬也。春三月,謂制怛邏月、吠舍佉月、逝瑟吒月,當此從正月十六〔一〕日至四月十五日。夏三月,謂頞沙荼月、室羅伐拏月、婆達羅鉢陀月,當此從四月十六日至七月十五日。秋三月,謂頞濕縛庾闍月、迦剌底迦月、末伽始羅月,當此從七月十六日至十月十五日。冬三謂報月、磨祛月、頗勒寠拏月,當此從十月十六日至正月十五日。"〔二〕又,東夏明時,如尔雅云:"夏曰歲,商曰祀,周曰年,唐虞曰載。"注曰:"歲取歲星行一次,祀取四時祭祀一訖,年取年穀一熟,載取物終更始也。"〔三〕尚書大傳云:"夏以十三月爲正,色尚黑,以平旦爲朔。殷以十二月爲正,色尚白,以雞鳴爲朔。周以十一月爲正,色尚赤,以夜半爲朔。"〔四〕白虎通曰:"正朔有三者,本天有三統,謂三微之月也。三微者,陽氣始施黃泉,萬物微動而未著也。十一月之時,陽氣始養根株黃泉之下,萬物皆赤。赤者,盛陽之氣,故周爲天正,色尚赤也。十二月之時,萬物始芽而白。白者,陰陽氣〔五〕,故殷爲地正,色尚白也。十三月之時,萬物始建〔六〕,孚甲而出,皆黑,人得加功,故夏爲人正,色尚黑也。"〔七〕

〔一〕十六:原作"十五",據永樂北藏本、嘉興藏本及大唐西域記改。

〔二〕見大唐西域記卷二印度總述。

〔三〕見爾雅釋天。

〔四〕見白虎通三正引。按：尚書大傳原書已佚，今所見者，爲後人之輯本。

〔五〕陰陽氣：白虎通作"陰氣"。

〔六〕建：白虎通作"達"。

〔七〕見白虎通三正。

颰陀劫簸　"劫簸"，大論："秦言'分別時節'。"颰陀"，秦言'善'。有千萬劫過去，空無有佛。是一劫中，有千佛興，淨居諸天歡喜，故名善劫。"〔一〕此一劫内，有四中劫：成、住、壞、空。義如余撰劫波圖〔二〕出。大論："問曰：'菩薩幾時能種三十二相？'答：'極遲百劫，極疾九十一劫。'"此約大劫也。然種相好，須明四義：一、種相處。準大論云："在欲界中，非色、無色；於欲界五道，在人道中；於四天下，閻浮提中；於男子身，非女人種；佛出世時種，佛滅不種；緣佛身種，餘不得種。"二、種相業。準大論云："用意業種，非身、口業。何以故？意業利故。問：意業有六識，爲是何識？答：是意識，非五識，五識不能分別故。"三、種相初。有言"足安立相先種"，有言"紺青眼相初種"，大論云："雖有是語，不必尔也。若相因緣和合時，便言初種。"〔三〕四、種相福。一切人破正見，一人能教令得淨戒、正見，如是等爲一福。具足百福，乃成一相〔四〕。

〔一〕見大智度論卷三八。又，法苑珠林卷一劫量篇第一疫病部第二："依智度論，云何名爲劫？答曰：依西梵正音，名爲劫簸颰陀。劫簸者。亦名劫波，秦言分別時節。颰陀者。秦言善，有二名爲賢。以多賢人出世，故名賢劫也。""分別時節"者，通常年月日時之外的較長時節。祖庭事苑卷四："過量劫，梵云'劫波'，此言'時分'。又云：日月歲數謂之時，成住壞空謂之劫。過量，謂過等數之量。"

〔二〕劫波圖：餘處未見著録。

〔三〕"大論：問曰"至此之引文，皆見大智度論卷四。

〔四〕大智度論卷四："如三千大千世界一切衆生皆盲無目，有一人能治令差,是爲一福。一切人皆被毒藥,一人能治令差;一切人應死,一人能捄之令脱;一切人破戒、破正見,一人能教令得淨戒、正見:如是等爲一福。”

刹那　楞伽云:“刹那時不住,名爲刹那。”〔一〕俱舍云:“壯士一彈指頃,六十五刹那。”〔二〕仁王云:“一念中有九十刹那,一刹那經九百生滅。”〔三〕毗曇翻爲“一念”。日藏云:“我今復説刹那之數,一千六百刹那名一迦羅,六十迦羅名模呼律多,三十模呼律多爲一日夜。”〔四〕俱舍云:時之極少名刹那,時之極長名爲劫〔五〕。通明極少,凡有三種,俱舍頌曰:“極微字刹那,色、名、時極少。”釋曰:“分析諸色,至一極微,爲色極少。分析諸名及時,至一字一刹那,爲名極少、時極少。”〔六〕

〔一〕見楞伽阿跋多羅寶經卷四。

〔二〕見阿毗達磨俱舍論卷一二。

〔三〕見仁王護國般若波羅蜜多經卷一觀如來品。

〔四〕見大方等大集經卷四二日藏分中星宿品第八之二。按:日藏即大方等大集日藏經,隋那連提黎耶舍譯。開皇六年,僧就“合二讖、羅什、耶舍四家大集四本爲一部作六十卷”(大唐内典録卷五)。

〔五〕按:俱舍論中,未見此説。唐法寶撰俱舍論疏卷一二:“時之極少,名一刹那。是數量時之名,即是極少名一刹那,極多名劫等。”又,子璿集首楞嚴義疏注經卷二亦云:“言刹那者,時之極少也。俱舍論説時之極少,名曰刹那;時之極長,名之爲劫。”或爲此説之所本。

〔六〕見阿毗達磨俱舍論卷一二。

怛刹那　毗曇翻“一瞬”。僧祇云:“二十念爲一瞬,二十瞬名一彈指。”〔一〕

〔一〕參後“摩睺羅”條注二。

摩睺羅　毗曇翻爲“須臾”。一日一夜共有三十須臾〔一〕。僧祇云:“二十羅預,名一須臾。”〔二〕頌云:“百二十刹那,爲怛刹那量,臘縛此六十,此三十須臾,此三十晝夜,三十晝夜月,十二月爲年,於中減半夜。”〔三〕

〔一〕慧琳一切經音義卷二五:“須臾,玉篇曰:須臾,俄頃也。按俱舍論、本行集等云:時中最少,名一刹那。一百二十刹那,名一怛刹那。六十怛刹那,名一羅婆。三十羅婆,名一牟呼栗多。三十牟呼栗多,名一晝夜。准大集經,一日一夜有三十須臾,即牟呼栗多是也。經云從日出看人影,長九十六尺爲第一須臾云云也。”

〔二〕摩訶僧祇律卷一七:“須臾者,二十念名一瞬頃,二十瞬名一彈指,二十彈指名一羅豫,二十羅豫名一須臾。日極長時有十八須臾,夜極短時有十二須臾,夜極長時有十八須臾,日極短時有十二須臾。”

〔三〕阿毗達磨俱舍論卷一二:“頌曰:百二十刹那,爲怛刹那量,臘縛此六十,此三十須臾,此三十晝夜,三十晝夜月,十二月爲年,於中半減夜。論曰:刹那百二十爲一怛刹那,六十怛刹那爲一臘縛,三十臘縛爲一牟呼栗多,三十牟呼栗多爲一晝夜。此晝夜有時增,有時減,有時等。三十晝夜爲一月,總十二月爲一年。於一年中,分爲三際,謂寒、熱、雨,各有四月。十二月中,六月減夜,以一年内夜總減六。”法苑珠林卷一劫量篇大三災時節部:“毗曇論合有十二重:一名刹那,二名怛刹那,三名羅婆,四名摩睺羅,五名日夜,六名半月,七名一月,八名時,九名行,十名年,十一名雙,十二名劫。一刹那者,翻爲一念。百二十刹那,爲一怛刹那,翻爲一瞬。六十怛刹那爲一息,一息爲一羅婆。三十羅婆爲一摩睺羅,翻爲一須臾。三十摩睺羅爲一日夜,計有六百三十八萬刹那。”

迦羅　刊正記云:即實時。謂毗尼中,誠内弟子聽時食,遮非時食,則實有其時也〔一〕。故大論云:毗尼結戒,是世界中實,非第一義中實〔二〕。論又問云:“若非時食、時藥、時衣,皆迦羅,何以不說三摩耶? 荅:此毗尼中説,白衣不得聞,外道何由得聞而生邪見! 餘經通皆得聞,是故説三摩耶,令其不生邪見。”〔三〕

〔一〕隋吉藏撰百論疏卷下破常品:“依智度論,有假、實二時:一、迦羅時,謂實法時,多是小乘律中所用,以制時食、時衣,必須明實有時,則結戒義成,佛法久住。二、三摩耶,是假名時,是經中所用。經既通化道俗,若明實有時,外道聞之,則生邪見,故説假名時。此義難明,若爲結戒故明實時者,爲結殺戒,應明實有衆生;爲結處戒,應實有方也。”

〔二〕大智度論卷一:“毗尼中結戒法,是世界中實,非第一實法相。”

〔三〕見大智度論卷一。

三摩耶　刊正記云：名假時，亦名短時長時〔一〕。論云：“除邪見故，説三摩耶，不言迦羅。復次，有人言：一切天地好醜，皆以時爲因。”〔二〕論中廣約三世無相，是故時法無實，是故説三摩耶，令其不生邪見。三摩耶，詭名時，亦是假名時，亦名長時短時者，不同外人定執，蓋是假説長短而無其實故。若短若長，悉名三摩耶。見陰、界、入生滅，假名爲時〔三〕。

〔一〕參前“迦羅”條注一。大明三藏法數卷四：“梵語三摩耶，華言假時，亦名短時長時。論中廣約三世無相，時法無實，故名假時。亦名短時長時者，謂不同外道定執，蓋是假設長短而無其實故，若短若長，悉名三摩耶。”

〔二〕見大智度論卷一。智顗説觀無量壽佛經疏：“時者有二種：一、迦羅，即短時，亦名實時。二、三摩耶，名長時，亦名假時。今不論長、短、假、實，説此經竟，總云一時。”

〔三〕大智度論卷一：“如泥丸是現在時，土塵是過去時，瓶是未來時。時相常故，過去時不作未來時。汝經書法，時是一物，以是故，過去世不作未來世，亦不作現在世，雜過故。過去世中，亦無未來世，以是故無未來世，現在世亦如是。問曰：汝受過去土塵時，若有過去時，必應有未來時，以是故實有時法。答曰：汝不聞我先説，未來世瓶，過去世土塵。未來世不作過去世，墮未來世相中是未來世相時，云何名過去時？以是故，過去時亦無。問曰：何以無時？必應有時。現在有現在相，過去有過去相，未來有未來相。答曰：若令一切三世時有自相，應盡是現在世，無過去、未來時。若今有未來，不名未來，應當名現在。以是故，是語不然。問曰：過去時、未來時非現在相中行，過去時過去世中行，未來世未來時中行。以是故，各各法相有時。答曰：若過去復過去，則破過去相；若過去不過去，則無過去相。何以故？自相捨故。未來世亦如是。以是故，時法無實，云何能生天地好醜及華果等諸物？如是等種種除邪見故，不説迦羅時，説三摩耶。見陰、界、入生滅，假名爲時，無別時。”

阿留那　或“阿樓那”，或云“薩埵”，漢言“明相”〔一〕。明了論云：“東方已赤。”〔二〕通慧指歸云：此方約日未出前二刻爲曉，此爲明相也，以觀見掌文爲限，是四分明。又，別宗

名地了時^{〔三〕},謂見地色分了故。又云:日出映閻浮樹色名
明相^{〔四〕}。虛空藏經云:"是初行菩薩,明星出時,從座而起,
向於明星,説如是言:南無阿嘍那成就大悲,今者初出閻浮
提,願以大悲覆護我,以言説白大悲虛空藏菩薩,於夜夢中,
示我方便。以是緣故,得悔所犯根本重罪。"^{〔五〕}

〔一〕善見律毗婆沙卷一四:"阿留那出時,漢言'明相',得罪。"

〔二〕見律二十二明了論。翻梵語卷一外道法名:"阿樓那,譯曰曉也。"
即日出前之相。

〔三〕按:十誦律中,即名之爲"地了時"。

〔四〕薩婆多毗尼毗婆沙卷四不離衣宿:"明相者,有種種異名。有三種
色,若日照閻浮提樹則有黑色,若照樹葉則有青色,若過樹照閻浮
提界則有白色。於三色中,白色爲正。離衣宿至明相出,尼薩耆波
逸提。"

〔五〕見虛空藏菩薩神咒經。

翻譯名義集三

姑蘇景德寺普潤大師法雲編

帝王篇第二十五

　　帝王略論曰:"夫帝王者,必立德立功,可大可久,經之以仁義,緯之以文武,深根固蔕,貽厥子孫,一言一行,以爲軌範,垂之萬代,爲不可易。"所以域中四大,王居其一,帝力可以鎮萬邦,王威可以伏兆庶。故金口之遺囑,鶴林之顧命,慮四衆以微弱,恐三寶而衰墜,託國之威風,藉王之勢力,故委寄於帝王,仗〔一〕勅以流通也。

　　〔一〕仗:大正藏本作"伏"。

　　因陀羅　此云"帝"〔一〕,正翻"天主",以帝代之。謚法曰:"德象天地稱帝,仁義所生稱王。"〔二〕"漢制:天子稱皇帝,其嫡嗣稱皇太子,諸侯王之嫡嗣稱世子。"〔三〕白虎通曰:"皇者,天之惣,美大之稱也,煌煌人莫違也。不煩一夫,不擾一士,故爲皇。太昊伏羲氏、炎帝神農氏、黃帝有熊氏,此号三皇。少昊金天氏、顓頊高陽氏、帝嚳高辛氏、帝堯陶唐氏、帝舜有虞氏,此名五帝。"〔四〕桓子曰:"三皇以道治,五帝爲德化,三王由仁義,五霸用權智。"〔五〕王肅云:"王者雖号稱帝,而不得稱天帝,而曰天子,乃天之子。子之與父,尊卑相去遠矣。"〔六〕金光明經云:"以天護故,復稱天子。"〔七〕莊子云："夫帝王之德,以天地爲宗,以道德爲主,以無爲爲常。"〔八〕逸士傳曰："帝堯之時,有老人擊壤於路,曰:吾日出而作,日入而息,鑿井而飲,耕田而食。帝何力於我哉?"〔九〕

〔一〕慧琳一切經音義卷一五:"因陀羅,梵語也,帝釋異名。"卷二六:"因陀羅,此云帝主也。"

〔二〕見禮記謚法。

〔三〕按:引文見初學記卷一〇儲宮部皇太子部第三引白虎通。白虎通疏證卷一爵:"舊本有'或曰諸侯之子稱代子,則傳曰晉有太子申生,鄭有太子華,齊有太子光。由是觀之,周制太子、代子亦不定也。漢制,天子稱皇帝,其嫡嗣稱皇太子,諸侯王之嫡稱太子,後代咸因之。'共六十九字,見初學記。盧以爲徐堅説,故避唐諱,非白虎通正文也。從之。"

〔四〕見白虎通號。

〔五〕見桓譚新論王霸。

〔六〕見孔子家語卷六五帝篇王肅注。

〔七〕見金光明經卷三正論品。

〔八〕見莊子天道。

〔九〕逸士傳:皇甫謐撰,已佚。引文見太平御覽卷五七二樂部歌三、卷七五五工藝部擊壤引。

遮閱那 或云"曷囉闍",此云"王"〔一〕。薩遮經云:"王者民之父母,以法攝護衆生,令安樂故。"〔二〕白虎通曰:"王者往也,天下所歸往。"〔三〕洪範曰:"無偏無黨,王道蕩蕩。無黨無偏,王道平平。"孔氏傳曰:"辯,治也。"〔四〕吳楚之君,借号稱王,仲尼正名,以周天子爲天王,故春秋云:"天王狩于河陽。"〔五〕韓詩外傳曰:"君者,群也,能羣天下萬物而除其害者,謂之君也。"〔六〕班固曰:"其君天下也,炎之如日,威之如神,涵之如海,養之如春,譬猶草木之植山林,鳥魚之毓川澤,參天地而施化,豈云人事之厚薄哉!"〔七〕釋氏以自在名王,妙玄云:轉輪聖王,四域自在〔八〕。

〔一〕智顗説、灌頂録金光明經文句卷上:"遮閱那,此言'王'。"起世經卷一〇:"曷囉闍,隋言'王'也。"

〔二〕　見大薩遮尼乾子所説經卷三。

〔三〕　見白虎通號。

〔四〕　見尚書洪範及孔氏傳。

〔五〕　見春秋僖公二十八年。

〔六〕　見韓詩外傳卷五。

〔七〕　見班固答賓戲。

〔八〕　智顗説妙法蓮華經玄義卷一上："輪王於四域自在，釋王於三十三天自在，大梵於三界自在。"

斫迦羅伐辢底曷羅闍　或"遮迦越羅"，此云"轉輪王"〔一〕。俱舍云："從此洲人壽無量歲乃至八萬歲，有轉輪王生。減八萬時，有情富樂，壽量損減，衆惡漸盛，非大人器，故無輪王。由輪旋轉應導，威伏一切，名轉輪王。施設足説有四種，金、銀、銅、鐵輪，應別如其次第，勝上、中、下，逆次能王，領一二三四洲云云。契經從勝，但説金輪，故契經言：若王生在刹帝利種，紹灌頂位，於十五日受齋戒時，沐浴首身，受勝齋戒。升高臺殿，臣僚輔翼。東方忽有金輪寶現，其輪千輻，具足轂輞，衆相圓淨，如巧匠成。舒妙光明，來應王所。此王定是轉金輪王。轉餘輪王，應知亦爾。四種輪王，威定諸方，亦有差別。謂金輪者，諸小國王各自來迎，作如是説：我等國土，寬廣豐饒，安穩富樂，多諸人衆，惟願天尊親垂教勑，我等皆是天尊翼從。若銀輪王，自往彼土，威嚴近至，彼方臣伏。若銅輪王，至彼國已，宣威競德，彼方推勝。若鐵輪王，亦至彼國，現威列陣，剋勝便止。一切輪王，皆無傷害，令伏得勝，各安其所，勸化令修十善業道。故輪王死，定得生天。"〔二〕慈恩云："金輪望風順化，銀輪遣使方降，銅輪震威乃服，鐵輪奮戈始定。"〔三〕

〔一〕　玄應一切經音義卷三："遮迦越羅，正言'斫迦羅伐辢底遏羅闍'，此云'轉輪王'。"又，卷四："遮迦越羅，此譯云'轉輪聖王'，正言'斫迦羅'，此言'輪'，'伐剌底'，此云'轉'。名轉輪王，順此方語也。"此王即位時，由天感得輪寶，轉其輪寶能降伏四方，故曰轉輪王。具三十二相。在增劫,人壽至二萬歲以上則出世。在減劫,人壽自無量歲至八萬歲時出世。其輪寶有金、銀、銅、鐵四種。金輪王領四洲,銀輪王領東西南三洲,銅輪王領東南二洲,鐵輪王領南閻浮提一洲。

〔二〕見阿毗達磨俱舍論卷一二。

〔三〕見窺基撰妙法蓮華經玄贊卷九。

摩訶三摩曷羅闍　　此云"大平等王",劫初民主〔一〕。

〔一〕起世因本經卷一○:"'曷羅闍'者,隋言'王'也。""'摩訶三摩多'者,隋言'大衆平等王'也。"佛本行集經卷八從園還城品第七上:"往昔劫初有剎利種,名摩訶三摩多,從天而下,然不得作轉輪聖王。"

首圖馱那　　或名"閲頭檀",此云"淨飯",或翻"真淨",或云"白淨"〔一〕。

〔一〕玄應一切經音義卷四:"閲頭檀,以拙反,此譯云'白淨王'也,或言'淨飯王'也。"又:"輸頭檀王,此言訛也,正言'首圖馱那王',此譯云'淨飯'。或言'白飯',非也。"佛所行讚卷一生品第二:"甘蔗之苗裔,釋迦無勝王,淨財德純備,故名曰淨飯,群生樂瞻仰,猶如初生月。"佛祖統紀卷二教主釋迦牟尼佛本紀第一之二成佛道:"白淨,或云'淨飯',梵云'首圖馱那'。本行經云,謂財德純備。然諸經未見'白淨'、'淨飯'其義何謂。"淨飯王,即迦毗羅衛國國王,爲釋迦牟尼之父。參後"途盧檀那"條注。

途盧檀那　　此云"斛飯"〔一〕。

〔一〕佛本行集經卷五賢劫王種品下:"時甘蔗王三子歿後,唯一子在,名尼拘羅。隋言'別成'。爲王,住在迦毗羅城,治化人民,受於福樂。其尼拘羅王生於一子,名曰拘盧,還在父王迦毗羅城治化而住。其拘盧王復生一子,名瞿拘盧,亦在父城,爲王治化。其瞿拘盧王復生一子,名師子頰,還在父城治化人民。師子頰王生於四子:第一名曰閲頭檀王,隋言'淨飯'。第二名爲輸拘盧檀那,隋言'白飯'。第三名爲途盧檀那,隋言'斛飯'。第四名爲阿彌都檀那,隋言'甘露飯'。復有一女,名甘露味。師子頰王最初長子閲頭檀者,次紹王位,還在父城治化人民,受於福樂。"隋慧遠撰維摩義記卷二:"如來父叔合有四人,各有二子。佛父最大,名曰淨飯,有其二子,長名悉達多,此云成利,如來身是,小名難陀。其第二叔,名曰斛飯,亦有二子,長名提婆達多,亦曰調達,小名阿難。其第三叔,名曰白飯,亦有二子,長名阿那律,小名摩呵男。其第四叔,名曰甘露飯,亦有二子,長名跋提,小名提沙。佛有一阿姑,名甘露味,唯有一子,名尸陀羅。"

薩縛達　西域記云:唐言"一切施",是如來昔修菩薩行時号。避敵棄國,潛行至此摩訶伐那伽藍,唐言"大林"。遇貧婆羅門方來乞丐,遂令羈縛,擒往敵王,冀以賞財,回爲惠施〔一〕。

〔一〕大唐西域記卷三烏仗那國:"摩訶伐那唐言'大林'。伽藍,是如來昔修菩薩行,號薩縛達多王,唐言'一切施'。避敵棄國,潛行至此,遇貧婆羅門方來乞勾。既失國位,無以爲施,遂令羈縛,擒往敵王,冀以賞財,迴爲惠施。"

尸毗迦　西域記云:"唐言'與',舊曰'尸毗',略也。"〔一〕

〔一〕大唐西域記卷三烏仗那國:"摩愉伽藍西六七十里,至窣堵波,無憂王之所建也。是如來昔修菩薩行,號尸毗迦王,唐言'與',舊曰'尸毗王',訛。爲求佛果,於此割身,從鷹代鴿。"

歌利　或名"迦利",或名"迦藍浮",此云"惡世",又云"惡生",又云"無道"〔一〕。西域記云:"羯利王,唐言'鬬諍',舊云'歌利',訛也。"〔二〕

〔一〕玄應一切經音義卷三:"歌利王,亦梵語也,或言'迦利王'。論中作'迦藍浮王',皆訛也。正言'羯利王',此譯云'鬬諍王'。西域記云,在烏仗那國瞢揭釐城東四五里,是其處也。舊云'惡世'、'無道王',即波羅奈國王也。"

〔二〕大唐西域記卷三烏仗那國:"瞢揭釐城東四五里,有大窣堵波,極多靈瑞,是佛在昔作忍辱仙,於此爲羯利王唐言'鬬諍',舊云'哥利',訛也。割截支體。"

頻婆娑羅　或名"瓶沙王",此云"摸實",身摸充實〔一〕。又翻"形牢",亦云"影堅",影謂形影,皆取體分强壯之義。"頻婆",或云"頻毗",此翻"顏色"。"娑羅",此云"端正"。或翻"色像殊妙王"〔二〕。

〔一〕阿育王經卷二:"頻毗娑羅,翻'摸實'。"智顗説觀無量壽佛經疏:
"頻婆娑羅,此云'摸實',亦曰'影堅'。"頻婆娑羅王,佛在世時摩
竭陀國王,爲逆子阿闍世王幽囚,證阿那含果而死。

〔二〕玄應一切經音義卷一四:"瓶沙王,此言訛也,正言'頻婆娑羅',此
云'形牢',是摩伽陀國王也。"又,卷二四:"頻毗娑羅,或言'頻婆
娑羅',亦云'莘沙王',一也。此云'顏色端正',或云'色像殊妙'。
又,'頻婆',是刻木彩畫等形像也。"又參後"阿育"條注。

波斯匿　或名"不黎先尼",此云"和悦"〔一〕。西域記
云:"正名'鉢邏斯那恃多',唐言'勝軍'。"〔二〕仁王經云:
"是波斯匿王,已於過去十千劫龍光王佛法中爲四地
菩薩。"〔三〕

〔一〕慧琳一切經音義卷二六:"波斯匿王,此云'勝軍王',或名'和悦'。
依仁王經云,月光王也。"卷一〇:"波斯匿王,梵語也,唐云'月光
王',此王准經説,已證無生法忍菩薩也。助佛弘化,請問護身、護
國菩薩行乃至護佛果等甚深法要也。"波斯匿王,舍衛國之王。

〔二〕大唐西域記卷六室羅伐悉底國:"此則如來在世之時,鉢邏犀那恃
多王唐言'勝軍',舊曰'波斯匿',訛略也。所治國都也。"吉藏撰勝鬘寶
窟卷上:"波斯匿王者,此翻爲'和悦',以其情用弘和,故云'和
悦'。又以德接民,能令萬性和悦。又翻爲'月光',如仁王經云月
光王,三藏云性月。而言光者,聞法解悟,得法光明,故言光也。有
人言波斯匿王與佛同日生,佛號日光,國人言佛既號日光,當號大
王爲月光也,因國人號稱爲月光。若依父母所立名者,字爲勝軍。
以其闘戰無敵不勝,故云'勝軍'。"

〔三〕見仁王護國般若波羅蜜多經卷上菩薩行品。

優填　西域記云:"訛也,正名'鄔陀衍那王',唐言'出
愛'。"〔一〕

〔一〕愛:原作"受",據大唐西域記、大慈恩寺三藏法師傳等改。　見大
唐西域記卷五憍賞彌國。慧琳一切經音義卷一五:"拘睒彌,上音
俱,次商染反。此句梵語,不求字義,中印度國名也。佛在時,此國
有王名陽陀衍那,唐言'出愛',古譯或云'優陀延',或名'優填
王',皆訛略也。"

毗盧釋迦　西域記云:"舊曰'毗流離王',訛也。"〔一〕

〔一〕見大唐西域記卷六室羅伐悉底國。毗盧釋迦王,爲波斯匿王之子。

鞞羅羡那 秦言“勇軍”〔一〕。

〔一〕佛説出家功德經:“時毗舍離城中,有一梨車,名鞞羅羡那。秦言‘勇軍’。”梨車,即貴族公子。

阿闍世 此云“未生怨”。妙樂云:“母懷之日,已有惡心於瓶沙王。未生已惡,故因爲名。”或呼“婆羅留支”,此云“無指”。妙樂云:“初生相者云凶,王令升樓,撲之不死,但損一指,故爲名也。内人將護,呼爲善見。”〔一〕

〔一〕湛然述法華文句記卷二下:“言‘未生怨’者,母懷之日,已常有惡心於餅沙王。未生已惡,故因爲名。‘無指’者,初生相者云凶,王令升樓,撲之不死,但損一指,故爲名也。”又,智顗説妙法蓮華經文句卷二下:“‘阿闍世’者,‘未生怨’。或呼爲‘婆留支’,此云‘無指’。内人將護,呼爲善見。善見之名,本也。無指之稱,表迹。大經云:‘阿闍名不生,世者名怨。’以不生佛性故,則煩惱怨生;煩惱怨生故,不見佛性。不生煩惱,即見佛性。又‘阿闍’者名不生,‘世’名世法,以世八法所不污故,故名阿闍世,此是本義也。”阿闍世王,釋迦牟尼時中印度摩揭陀國頻婆娑羅王之子。曾弑父害母,後向佛懺悔,皈依佛法,成爲佛教大護法。

阿育 或“阿輸迦”,或“阿輸柯”,此云“無憂王”〔一〕。

〔一〕大唐西域記卷八摩揭陀國上:“釋迦如來涅槃之後第一百年,有阿輸迦唐言‘無憂’,舊曰‘阿育’,訛也。王者,頻毗娑羅唐言‘影堅’,舊曰‘頻婆娑羅’,訛也。王之曾孫也。”

補剌拏伐摩 西域記云:“唐言‘滿胄’,無憂王末孫。”〔一〕

〔一〕見大唐西域記卷八摩揭陀國上。道宣釋迦方志卷下亦云:“補剌拏伐摩王,此言‘滿胄’,即無憂王之玄孫也。”

尸羅阿迭多 西域記云:“唐言‘戒日’。愛育四生,興崇三寶。象馬飲水,漉而後飼。在位五十餘年,野獸狎人。”〔一〕

〔一〕見大唐西域記卷一一摩臘婆國。

儴汝陽佉王 亦云“霜佉”,此云“貝”,乃珂貝耳〔一〕。

〔一〕<u>慧琳一切經音義</u>卷一三:"<u>商佉</u>,梵語也,古譯云'<u>霜佉</u>',或云'<u>傷</u><u>佉</u>',或作'<u>儴佉</u>',皆梵音訛轉也。唐云'<u>嬴貝</u>',或曰'<u>珂</u>',皆異名也。"<u>吉藏金剛般若疏</u>卷一:"<u>須達爾</u>時爲<u>儴佉王</u>。<u>儴佉王</u>,此云'<u>螺王</u>',其色白如螺也。出家得成羅漢。"

邏闍伐彈那　　<u>西域記</u>云:"唐言'<u>王增</u>'。"〔一〕

〔一〕<u>大唐西域記</u>卷五<u>羯若鞠闍國</u>:"今王本吠奢種也,字<u>曷利沙伐彈那</u>,唐言'<u>喜增</u>'。君臨有土,二世三王。父字<u>波羅羯羅伐彈那</u>,唐言'<u>光增</u>'。兄字<u>曷邏闍伐彈那</u>,唐言'<u>王增</u>'。<u>王增</u>以長嗣位,以德治政。"

摩訶因陀羅　　<u>西域記</u>云:唐言"<u>大帝</u>",<u>無憂王</u>弟。寬刑六日,獲果出家〔一〕。

〔一〕<u>大唐西域記</u>卷八<u>摩揭陀國</u>上:"初,<u>無憂王</u>有同母弟,名<u>摩醯因陀羅</u>,唐言'<u>大帝</u>'。生自貴族,服僭王制,奢侈縱暴,衆庶懷怨。國輔老臣進諫<u>王</u>曰:'(中略)願存國典,收付執法。'<u>無憂王</u>泣謂弟曰:'吾承基緒,覆燾生靈,況爾同胞,豈忘惠愛! 不先匡導,已陷刑法。上懼先靈,下迫衆議。'<u>摩醯因陀羅</u>稽首謝曰:'不自謹行,敢干國憲,願賜再生,更寬七日。'於是置諸幽室,嚴加守衛,珍羞上饌,進奉無虧。守者唱曰:'已過一日,餘有六日。'至第六日已,既深憂懼,更勵身心,便獲果證,昇虛空,示神迹,尋出塵俗,遠棲巖谷。"

祇陁　　或云"<u>祇洹</u>",此云"<u>戰勝</u>",生時父<u>波斯匿</u>戰勝外國〔一〕。<u>西域記</u>云:"<u>逝多</u>,<u>唐</u>言'<u>勝林</u>',舊曰'<u>祇陁</u>',訛也。"諸經言"<u>祇樹</u>"者,<u>西域記</u>云:"時<u>給孤獨</u>願建精舍,佛命<u>舍利子</u>隨瞻揆焉。唯太子<u>逝多</u>園地爽塏,咳〔二〕尋詣太子,具以情告。太子戲言:'金徧乃賣。'<u>善施</u>聞之,心豁如也。即出金藏,隨言布地。有少未滿,太子請留,曰:'佛誠良田,宜植善種。'即於空地建立精舍。世尊即告<u>阿難</u>曰:'自今已來,應謂此地爲<u>逝多樹給孤獨園</u>。'"〔三〕

〔一〕<u>玄應一切經音義</u>卷二五:"<u>逝多</u>,時制反,此云'<u>戰勝</u>',是<u>俱薩羅國</u><u>波斯匿王</u>之子也。太子誕生之日,王破賊軍。内宫聞奏,因以名也。舊云'<u>祇陁</u>',或'<u>栘多</u>',亦言'<u>祇洹</u>',皆訛也。栘,音是奚反。"

〔二〕咳:據<u>大唐西域記</u>,疑爲衍文。

〔三〕見<u>大唐西域記</u>卷六<u>室羅伐悉底國</u>。

提黎挐太子　大論：“秦言‘好愛’。”〔一〕西域記云：“蘇達挐，唐言‘善牙’。”〔二〕亦云“善與”〔三〕。

〔一〕見大智度論卷一二。按：大智度論各本作“須提挐太子”、“須提犁挐太子”。

〔二〕見大唐西域記卷二健馱邏國。

〔三〕玄應一切經音義卷五：“須大挐，女加反，或言‘須達挐’，或云‘蘇陀沙挐’，此譯云‘善與’，亦言‘善施’。”

闡釋迦　西域記云：“舊曰‘車匿’，訛也。”〔一〕亦釋種。太子出家，令車匿牽捷陟。捷〔二〕陟，馬名，正云“建他歌”，譯云“納”。經音義云：“車匿本是守馬奴名。”〔三〕淨名疏云：“其自恃王種，輕諸比丘。僧法事時，輕笑言：如似落葉旋風所吹，聚在一處，何所評論？佛去世後，猶自不改。佛令作梵壇，謂默擯也。亦云：彼梵天治罪法，別立一壇，其犯法者，令入此壇，諸梵不得共語。”〔四〕

〔一〕見大唐西域記卷六藍摩國。

〔二〕捷：原作“犍”，據前文改。玄應一切經音義卷一三：“捷陟，巨焉反，馬名也。應云‘建他歌’，譯云‘納’也。”慧琳一切經音義卷一五：“捷陟，上音乾，下知力反，太子所乘朱鬛白馬名也。皆梵語也。”

〔三〕慧琳一切經音義卷六二：“闡鐸迦，上昌演反，次唐洛反，梵語也，如來僕使之名，古云車匿也。”又，卷三三：“鞬德，或言‘健陟’，正言‘建他歌’，譯云‘納’也。”明智旭輯繹重治毗尼事義集要卷四：“闡陀，舊云車匿，佛踰城出家時，令其牽馬，即是守馬奴名。或云闡釋迦。”

〔四〕見智顗説、湛然略維摩經略疏卷一。

皇后篇第二十六

周禮云：“天子后立六宮。”鄭氏注云：“前一宮，後五宮也。五者，后一宮，三夫人一宮，九嬪一宮，二十七世婦一宮，八十一御妻一宮。后正位宮闈，體同天座。”〔一〕毛詩云：“關關雎〔二〕鳩，在河之洲。窈窕淑女，君子好仇。”〔三〕作此關

雎之詩,蓋興<u>文王</u>后妃之德也。后妃有關雎之德,是幽閑貞
專之女,宜爲君子之好匹也〔四〕。

〔一〕<u>禮記昏義</u>:"古者天子后立六宮,三夫人,九嬪,二十七世婦,八十一
　　御妻,以聽天下之内治,以明章婦順,故天下内和而家理。"<u>周禮天
　　官内宰</u>:"以陰禮教六宮。"<u>鄭玄</u>注:"<u>鄭司農</u>云:陰禮,婦人之禮。
　　六宮,後五前一。王之妃百二十人,后一人,夫人三人,嬪九人,世
　　婦二十七人,女御八十一人。<u>玄</u>謂六宮謂后也。婦人稱寢曰宮。
　　宮,隱蔽之言。后象王,立六宮而居之,亦正寢一,燕寢五。教者,
　　不敢斥言之,謂之六宮,若今稱皇后爲中宮矣。"按:"<u>周禮</u>云"至
　　此,見<u>初學記</u>卷一〇中宮部嬪妃第二叙事引。
〔二〕雎:原作"睢",據<u>詩周南關雎</u>改,後同。
〔三〕仇:<u>永樂北藏本</u>、<u>嘉興藏本</u>作"逑"。　見<u>詩周南關雎</u>。
〔四〕<u>詩周南關雎</u>"窈窕淑女,君子好逑"句<u>毛傳</u>:"言后妃有關雎之德,
　　是幽閒貞專之善女,宜爲君子之好匹也。"

摩訶摩耶　<u>西域記</u>云:"唐言'<u>大術</u>'。"〔一〕或云"<u>大
幻</u>"。晉<u>華嚴</u>:"<u>摩耶</u>夫人荅<u>善財</u>言:我已成就大願智幻法門,
得此法門故,爲<u>盧舍那</u>如來母。於閻浮提迦毗羅城淨飯王
宮,從右脅生悉達太子,顯現不可思議自在神力。"〔二〕本行
經云:"爾時太子誕生,適滿七日,其太子母<u>摩耶</u>夫人遂便命
終。"〔三〕因果經云:"太子姨母<u>摩訶波闍波提</u>乳養太子,如母
無異。"〔四〕

〔一〕見<u>大唐西域記</u>卷六劫比羅伐窣堵國。
〔二〕見<u>佛馱跋陀羅</u>譯<u>大方廣佛華嚴經</u>卷五七。
〔三〕見<u>佛本行集經</u>卷一一姨母養育品。
〔四〕見<u>過去現在因果經</u>卷一。

瞿夷　此云"<u>明女</u>"〔一〕。<u>五夢經</u>云:"是舍夷長者女。
長者名<u>水光</u>,其婦名<u>餘明</u>。婦居近城,生女之時,日將欲没,
餘明照其家内皆明,因立字云'<u>瞿夷</u>',即是太子第一妃也。
第二妃生<u>羅云</u>,名<u>耶檀</u>,亦名<u>耶輸</u>,其父名<u>移施</u>長者。第三妃
名<u>鹿野</u>,其父名<u>釋</u>長者。太子以三妃故,白淨飯王,爲立三時
殿。"〔二〕大論云:"<u>釋迦文</u>菩薩有二夫人:一名<u>瞿毗耶</u>,二名

耶輸陁羅,羅睺羅母也。瞿毗耶是寶女,故不孕子。"〔三〕

〔一〕慧琳一切經音義卷二〇:"瞿夷,或言'憍曇彌',正言'喬答彌',此云'明女'。"

〔二〕五夢經:二譯,一爲安世高譯太子夢經一卷,一爲竺法護譯佛爲菩薩五夢經一卷,皆佚。此段法苑珠林卷一〇千佛篇第五納妃部第九疑謗部第四有引。亦見佛説十二遊經。

〔三〕見大智度論卷一七。

韋提希　此云"思惟"。觀經云:"惟願世尊教我思惟,教我正受。"〔一〕

〔一〕見觀無量壽佛經。韋提希,頻婆娑羅王大夫人,阿闍世之母。

摩利　或云"末利",此云"鬘",匿王之后〔一〕。西域記譯爲"柰",因施柰得報也。女名勝鬘,爲踰闍王妃〔二〕。

〔一〕可洪新集藏經音義隨函録卷一三:"摩利,亦云'末利',亦云'魔羅',此云'鬘',即勝鬘夫人也。"

〔二〕知禮述觀無量壽佛經疏妙宗鈔卷四:"(勝鬘夫人)即舍衛國波斯匿王女。末利夫人所生,爲踰闍國妃。"

半迦尸〔一〕　此女〔二〕,十誦云:有好善容,評堪直半迦尸國。爲人欲抄斷故,令遣使僧中代受戒〔三〕。

〔一〕迦尸:原作"尸迦",據十誦律、五分律、善見律毗婆沙、釋禪波羅蜜次第法門等改,後同。按:十誦律卷四一:"佛在舍衛國。爾時,迦尸國有婆羅門生一女,端正姝好,價直半迦尸國。"據此,"半尸迦"當作"半迦尸"。慧苑新譯大方廣佛華嚴經音義卷上:"迦尸國,'迦尸'者,西域竹名也。其竹堪爲箭幹,然以其國多出此竹,故立斯名。其國即在中天竺境憍薩羅國之北隣,乃是十六大國之一數也。"

〔二〕此女:永樂北藏本、嘉興藏本作"此云女"。

〔三〕"爲人欲抄斷故,令遣使僧中代受戒"者,詳見十誦律卷四一。此引文,或據智顗説釋禪波羅蜜次第法門卷二:"遣使得戒,即半迦尸女,有好善容,評堪半迦尸國。爲人欲抄斷故,令遣使僧中代受戒。後還尼寺,爲其受戒。"

世界篇第二十七

楞嚴云:"世爲遷流,界爲方位。汝今當知東、西、南、北,東南、西南、東北、西北，上、下爲界。過去、未來、現在爲世。”
世界有二種：一、衆生世界，是正報。二、器世界，是依報。故
楞嚴云：“由此無始衆生世界，生纏縛故，於器世間不能超
越。”〔一〕大論明三種世間：一者五衆〔二〕，二者衆生，三者國
土〔三〕。間之與界，名異義同。間是隔别間差，界是界畔分
齊。界有二種：一者十界，二者三界。言十界者，所謂地獄、
餓鬼、畜生、修羅、人、天，此名六凡，聲聞、緣覺、菩薩、佛，此
名四聖。指月鈔〔四〕：問：十界之名，有何顯據？答：大論云：
衆生九道中受記，所謂三乘道、六趣道，是知九道即九界也。
受記作佛，十界明矣。二、三界者：一、欲界。欲有三種：一、
飲食，二、睡眠，三、婬欲。於此三事，希須名欲。若有情界，
從他化天至無間獄，若器世界，乃至風輪，皆欲界攝。二、色
界者，形質清淨，身相殊勝，未出色籠，故名色界。三、無色界
者，於彼界中，色非有故。又，此三界，惣舉則六道，别分乃二
十五有。荆溪頌曰：“四洲四惡趣，六欲并梵天，四禪四空處，
無想五那含。”〔五〕又，此三界，通有三種：謂小千、中千、大千
也。如俱舍云：“四大洲日月，須彌盧欲天，梵世各一千，此名
小千界。此小千千倍，説名一中千，此千倍大千，皆同一成
壞。”〔六〕昔南山尊者問韋天將軍曰：“余聞一佛化境，三千國
土，日月歲數，或言百億，或言千百億。”答曰：“如師問百億千
百億者，經文分明，千百億化身釋迦牟尼佛，一佛化一日月
下，何得百分祇言其一？但時語訛惑，略致斯爾。惣要言之，
萬億日月爲一大千。”〔七〕熏聞云：“恐西天數，億有大小，應
以一百小億爲一大億，乃成百億日月。”〔八〕如是大千，皆是
釋尊所化之境。如法華云：“如來亦復如是，則爲一切世間之
父。而生三界朽故火宅，爲度衆生生老病死，憂悲、苦惱、愚
癡、暗蔽、三毒之火，教化令得阿耨多羅三藐三菩提。”〔九〕

〔一〕“楞嚴云”者，見大佛頂如來密因修證了義諸菩薩萬行首楞嚴經
　　卷四。

〔二〕 衆:大正藏本作"陰"。按:五衆,即五陰,又稱五蘊,指色、受、想、
行、識。

〔三〕 見大智度論卷七〇。

〔四〕 指月鈔:即谷響鈔。智圓閑居編卷五首楞嚴經疏谷響鈔序:"谷響
鈔者,況言説之本空也,一名指月鈔。"

〔五〕 見智圓述維摩經略疏垂裕記卷二引。

〔六〕 見阿毗達磨俱舍論卷一一。

〔七〕 此説未見他處記載。錢謙益楞嚴經疏解蒙鈔卷六引此説,云"感通
傳云",然道宣律相感通傳未見有與此説相近者。

〔八〕 見仁岳述楞嚴經熏聞記卷四。

〔九〕 見妙法蓮華經卷二譬喻品。

他那　此云"處"。真諦云:住處有二:一、境界處,游歷
之境,爲化在俗之流。二、依止處,爲統出家之衆,此即祇園。
婆沙云:舉舍衛,令遠人知國,是惣也。舉祇園,令近人知園,
是別也〔一〕。

〔一〕 按:"真諦云"、"婆沙云"者,俟考。宗密述佛説盂蘭盆經疏卷下:
"真諦記云:住處有二:一、境界處,謂化在俗之流。二、依止處,謂
統出家之衆。初即舍衛,後即祇園。婆沙論云:舉舍衛者,令遠人
知。舉祇園者,令近人知。"子璿録金剛經纂要刊定記卷二亦引宗
密此説。據大唐内典録卷四等,真諦撰述中名曰"記"者有九識義
記二卷、轉法輪義記一卷,皆佚。又,本書卷七沙門服相篇第六十
一"袈裟"條引真諦雜記,未知是否即此書。

須摩題　大論云:"此云'妙意'。"〔一〕亦"好智",亦"好
意"〔二〕。弥陀經云:"阿彌陁佛所居國土,名須摩題。"〔三〕

〔一〕 見大智度論卷三〇。又,窺基撰阿彌陀經疏:"須摩提者,應是梵
語;安樂、極樂,應是漢音。"智旭阿彌陀經要解:"言極樂者,梵語須
摩提,此翻極樂,亦翻安養,亦翻安樂,亦翻清泰,乃永離衆苦第一
安隱之謂。"是佛教所謂西方極樂世界,阿彌陀佛的淨土。

〔二〕 翻梵語卷六雜人名第三十:"須摩提,應云'須摩耶',譯曰'好意',
亦云'好智'。"

〔三〕 見佛説阿彌陀三耶三佛薩樓佛檀過度人道經卷上。

索訶　西域記云:"索訶世界三千大千國土,爲一佛之化

攝也。舊曰‘娑婆’，又曰‘娑訶’，皆訛。”〔一〕楞伽翻“能忍”〔二〕。悲華云：“何名娑婆？是諸衆生忍受三毒及諸煩惱，能忍斯惡，故名忍土。”〔三〕如來獨證自誓三昧經云：“沙訶，漢言忍界。”真諦三藏云：“劫初梵王名忍，梵王是世界主，故名忍土。”〔四〕一云“雜會世界”〔五〕。長水云：“大千界之都名。”〔六〕感通傳云：“娑婆則大千惣号。”〔七〕孤山云：“舉其通名，非指大千也。”〔八〕

〔一〕見大唐西域記卷一序論。索訶即此世界、人間界，乃釋迦牟尼佛所教化之世界。此界衆生安於十惡，忍受諸煩惱，故稱此土爲索訶。

〔二〕楞伽阿跋多羅寶經卷四：“娑訶，譯言‘能忍’。”

〔三〕見悲華經卷五。

〔四〕出處俟考。

〔五〕玄應一切經音義卷三：“娑訶，又云‘娑訶樓陀’，或云‘娑婆’，皆訛也。正言‘索訶’，此云‘能忍’，或言‘堪忍’，一言‘雜會世界’也。”

〔六〕子璿集首楞嚴義疏注經卷二：“娑婆，此云‘堪忍’，大千界之都名。”

〔七〕見道宣律師感通録。

〔八〕孤山智圓現存著述中未見此語。思坦集注楞嚴經集注卷二：“補遺云：准諸文，小羅漢見小千。今阿難見初禪，乃小千之分齊，初果而能見者，佛之力也。若只單見一初禪，自力可辦也。那律見大千，而云閻浮，以大千中皆有閻浮，舉別攝總耳。下文阿難只觀四天王一天，而云徧娑婆國，舉其通名，非指大千。”楞嚴經集注首楞嚴經釋題北峰印法師引用文目：“法界菴主法師諱可觀。補注。雲間補遺。”據此，補遺之作者爲雲間。清通理述楞嚴經指掌疏懸示疑補遺即補注、雲間即可觀：“法界庵主神智諱可觀補注。雲間竹庵補遺。此二本，灌頂疏別開。按蒙鈔云：南渡已後，稟學台宗者，竹庵可觀得法於車溪，大慧稱爲教海老龍。據此則竹庵、可觀，似是一人，而補注、補遺，或亦一書。”明錢謙益楞嚴經疏解蒙鈔亦稱可觀注楞嚴爲“竹庵補遺”。然北峰印法師爲可觀法嗣，其引“法界菴主補注”、“雲間補遺”視爲兩書，應不會有誤。補遺作者雲間是否即爲可觀，仍俟考。

東弗于逮　西域記云：“海中可居者，大略有四焉：東毗提訶洲，舊曰‘弗婆提’，又曰‘弗于逮’，訛也。”〔一〕此云“勝”，勝南洲故。又云“前”，一在諸方之前也。又翻爲“初”，謂日初出處也〔二〕。俱舍云：“東毗提訶洲，其相如半月。身長八肘，壽二百五十。”〔三〕

〔一〕見大唐西域記卷一序論。

〔二〕慧苑新譯大方廣佛華嚴經音義卷上：“弗婆提，具正云‘布嚕婆毗提訶’。言‘布嚕婆’者，此云‘初’，謂日初出處，此翻爲東也。‘毗’，勝也。‘提訶’，身也。”玄應一切經音義卷二三：“東毗提訶，或云‘弗婆提’，或云‘弗于逮’，皆梵音訛轉也，此云‘前’，在諸方之前也。”

〔三〕見阿毗達磨俱舍論卷一一。慧琳一切經音義卷一：“東勝身洲，古云‘弗于逮’，或云‘弗婆提’，或云‘毗提呵’，皆梵語輕重不同也。正梵音云‘補囉嚩尾禰賀’，義譯爲‘身勝’。毗曇云：以彼洲人身形殊勝，體無諸疾，量長八肘，故以爲名也。”

閻浮提　訛云“剡浮”，此云“勝金”〔一〕。大論云：“‘閻浮’，樹名，其林茂盛，此樹於林中最大。‘提’名爲洲，此洲上有此樹林，林中有河，底有金砂，名閻浮檀金。以閻浮樹故，名爲閻浮洲。此洲有五百小洲圍繞，通名閻浮提。”〔二〕刊正云：“此則河因樹立稱，金因河得名。”長水云：“或云閻浮果汁，點物成金。因流入河，染石爲金，其色赤黃，兼帶紫焰。”〔三〕西域記云：“南贍〔四〕部洲，舊曰‘閻浮提洲’，又曰‘剡以冉浮洲’，訛也。”〔五〕藏鈔〔六〕云：贍部，此土無相當，故不翻。唯西域記音中，翻爲“穢樹”。南贍部洲，北廣南狹，三邊量等，其相如車〔七〕。俱舍云：“贍部洲人，身多長三肘半，人壽無定限。”〔八〕

〔一〕新羅太賢集梵網經古迹記卷上：“梵云‘贍部’，此云‘勝金’。如阿含經閻浮提品。閻浮樹下有金，厚四十由旬，號曰勝金，金中勝故，即閻浮檀金也。”舊稱閻浮提、琰浮洲，新稱贍部洲，須彌山之南的大洲名，就是我們現在所住的娑婆世界。

〔二〕見大智度論卷三五。

〔三〕見長水子璿集首楞嚴義疏注經卷一。

〔四〕瞻:大正藏本作"瞻",後同。

〔五〕見大唐西域記卷一序論。

〔六〕藏鈔:俟考。遁麟述俱舍論頌疏記卷八:"瞻部州者,此土無相當,
　　　故不翻名。言南方有樹者,准下器世間中云,無熱池邊有此樹。昔
　　　云'閻浮提',或云'剡浮'者,並訛也。"

〔七〕起世因本經卷一閻浮洲品:"須彌山王南面有洲,名閻浮提,其地縱
　　　廣七千由旬,北廣南狹,狀如車箱。其中人面,還似地形。"吉藏彌
　　　勒經遊意:"閻浮提地,此云'穢樹'。穢樹洲口高四千萬里,地廣
　　　長二十八萬里,地形北廣南狹。"玄應一切經音義卷一七:"剡浮,
　　　以漸反,或云'閻浮',或作'譫浮',皆訛也。正言'瞻部',因樹爲
　　　名。舊譯云'穢樹域'。譫,音之含反。瞻,音時焰反。"

〔八〕見阿毗達磨俱舍論卷一一。

西瞿耶尼　此云"牛貨",亦翻"取與"。藏疏云:"以彼
多牛,以牛爲貨。"〔一〕俱舍鈔云:劫初時,因高樹下有一寶
牛,爲貨易故〔二〕。西域記云:"西瞿陀尼洲,舊曰'瞿那尼',
又云'劬伽尼',訛。"〔三〕俱舍云:"西牛貨洲,壽五百歲,相
圓無缺,長十六肘。"〔四〕

〔一〕藏疏:指法藏述華嚴經探玄記。華嚴經探玄記卷四如來光明覺品:
　　　"拘伽尼,此云'牛貨',以彼以牛爲貨易故。"慧琳一切經音義卷
　　　一:"西牛貨洲,古云'瞿伽尼',或云'俱耶尼',或云'瞿陀尼',皆
　　　梵音楚夏不同也。正梵云'過嚩捉',此義翻爲'牛貨'。毗曇論
　　　説:以彼多牛,用牛貨易,故以爲名。"又,卷四七:"西瞿陀尼,梵言
　　　或云'俱耶尼',或作'瞿伽尼'。'瞿',此云牛。'陀尼',此云取
　　　與。以彼多牛,用牛市易,如此間用錢帛等也。"

〔二〕遁麟述俱舍論頌疏記卷八:"西州梵名'瞿陀尼',此云'牛貨',因
　　　高樹下有一寶牛,爲貨易處,故以名焉。昔云'瞿耶尼',或云'劬
　　　伽尼',並訛也。"

〔三〕見大唐西域記卷一序論。

〔四〕見阿毗達磨俱舍論卷一一。

北鬱單越　或"鬱怛越",此云"勝處",亦云"勝生"。於
四洲中,有情處貨,皆最勝故。亦云"高上",出餘三方故。形
如方座,四面量等,長三十二肘,壽滿一千歲〔一〕。故俱舍

云："諸處有中夭,除北俱盧洲。"〔二〕以壽定故,以樂極故,以執堅故,聖人不生,八難中一。若論值佛聞法,南洲最上。故大論云："南洲三事,尚勝諸天,況北洲乎? 一、能斷婬,二、識念力,三、能精進。"〔三〕所以諸佛唯出南洲。西域記云："北拘盧洲,舊曰'鬱丹越',又曰'鳩樓',訛也。金輪王乃化被四天下,銀輪王則政隔北拘盧,銅輪王則除北拘盧及西瞿陀尼,鐵輪王則唯贍部洲。夫輪王者,將即大位,隨福所感,有大輪寶浮空來應,感有金、銀、銅、鐵之異。"〔四〕

〔一〕慧琳一切經音義卷二五："北鬱單越,此云'勝所作',謂彼人所作,皆無我所,勝餘三洲也。"卷五三："鬱單越,或名'鬱怛羅越',或言'鬱拘樓',或言'郁多羅鳩留',正言'鬱怛羅究瑠',此譯云'高上作',謂高上於餘方。亦言'勝'。"卷七〇："俱盧洲,此云'上勝',亦云'勝生'。舊經中作'鬱單越',或云'鬱怛羅越',亦言'鬱多羅拘樓',皆梵音輕重也。"

〔二〕見阿毗達磨俱舍論卷一一。

〔三〕見大智度論卷六五。

〔四〕見大唐西域記卷一序論。

諸國篇第二十八

古之王者,建國居民,度天地之所合,定陰陽之所和。仁王經云："此贍部洲,十六大國,五百中國,十萬小國。"〔一〕楞嚴經云："此閻浮提,大國凡有二千三百。"〔二〕金光明云："此閻浮提,八萬四千城邑聚落。"〔三〕然法身無像,豈假地以居之? 應物有形,故隨國而化矣。所以佛生迦維衛,成道摩竭提,説法波羅奈,入滅俱尸那,故此四處建窣堵波。智度論云："以報生地恩故,多住舍婆提。一切衆生,皆念生地。如偈説:一切論議師,自愛所知法,如人念生地,雖出家猶諍。以報法身地恩故,多住王舍城。諸佛皆愛法身,如偈説:過去、未來、現在諸佛,皆供養法,師敬尊重。"〔四〕

〔一〕見仁王護國般若波羅蜜多經卷下奉持品。

〔二〕見大佛頂如來密因修證了義諸菩薩萬行首楞嚴經卷二。

〔三〕見金光明經卷二四天王品。

〔四〕見大智度論卷三。

印度　西域記云：“天竺之稱，異議糾紛。舊云‘身篤’，或曰‘賢豆’，今從正音，宜云‘印度’。云云。‘印度’者，唐言‘月’，月有多名，斯其一稱。云云。良以其土聖賢繼軌，導凡御物，如月照臨，由是義故，謂之印度。云云。五印度之境，周九萬餘里，三垂大海，北背雪山，北廣南狹，形如半月。劃野區分，七十餘國。時特暑熱，地多泉濕。”〔一〕成光子曰：中天竺國東至震旦，五萬八千里。南至金地國，西至阿拘遮國，北至小香山阿耨達，亦各五萬八千里。則知彼爲中國矣〔二〕。梁傳云：“何承天以博物著名，乃問慧嚴曰：佛國將用何曆？云：天竺夏至之日，日正中時，竪晷無影，所謂天中。於五行土德，色尚黃，數尚五，八寸爲尺，十兩當此土十二兩。建辰之月爲歲首。及討覈分至，推校薄蝕，顧步光景，其法甚詳。宿度章紀，咸有條例。承天無所措難。後婆利國人來，果同嚴說。”〔三〕

〔一〕見大唐西域記卷二印度總述。

〔二〕道宣釋迦方志卷上中邊篇：“成光子云：中天竺國東至振旦國五萬八千里，振旦即神州之號也，彼人目之。南至金地國五萬八千里，西至阿拘遮國五萬八千里，北至小香山阿耨達池五萬八千里。觀此通攝，取其迢邈，齊致以定厥中，其理易顯。”卷下遊履篇：“後漢獻帝建安十年，秦州刺史遣成光子從鳥鼠山度鐵橋而入，窮於達嚫。旋歸之日，還踐前途，自出別傳。”此說或即從其“別傳”出。

〔三〕梁傳：指慧皎撰高僧傳。此說見高僧傳卷七釋慧嚴傳。婆利國，梁書卷五四諸夷婆利國傳：“婆利國，在廣州東南海中洲上。”

婆羅疤女黠斯國　西域記云：“舊曰‘波羅奈’，訛也。中印度境。”〔一〕婆沙云：“有河名波羅奈，去其不遠，造立王城。”〔二〕或翻“江遶城”，亦云“鹿苑”〔三〕。

〔一〕見大唐西域記卷六拘尸那揭羅國。

〔二〕見阿毗曇毗婆沙論卷二二。

〔三〕玄應一切經音義卷二二："婆羅疢斯，女黠反，或云'婆羅奈斯'，又作'婆羅奈'，同一也。舊譯云'江遶城'。"北山錄卷四宗師議慧寶注"奈苑"曰："波羅奈國之苑也，亦云婆羅疢斯國，此云'江遶城'。以江遶城，種於花木，有苑號'鹿野'。"

迦毗羅旛窣都　"迦毗羅"，此云"黃色"；"旛窣都"，此云"所依處"。上古有仙曰黃頭，依此修道〔一〕。西域記云："劫比羅伐窣堵，舊曰'迦毗羅衛'，訛也。"〔二〕或名"迦維衛"，或名"迦夷"，此云"赤澤"〔三〕。或名"婆兜釋翅搜"，此云"能仁住處"〔四〕，音訛也。竺法蘭對漢明云："迦毗羅衛者，大千之中也。"〔五〕宋沙門慧嚴與南蠻校尉何承天共論華梵中邊之義，乃引周公測景之法，謂此土夏至之日，猶有餘陰，天竺則無也〔六〕。言測景者，周公攝政四年，欲求地中而營王城，故以土圭測景，得潁川陽城，於是建都。土圭長尺有五寸〔七〕，夏至日，晝漏半，立八尺之表，表北得景尺有五寸，景與土圭等，此爲地中。鄭司農云："凡日景於地，千里而差一寸。"〔八〕當知陽城蓋就此土，自爲中耳。既有表景，豈非餘陰耶？況此土東垂大海，三方且非。由是觀之，邊義彰矣。

〔一〕慧苑新譯大方廣佛華嚴經音義卷下："迦毗羅城，具云'迦比羅旛窣都'。言'迦比羅'者，此云'黃色'也；'旛窣都'者，'所依處'也。謂上古有黃頭仙人，依此處修道，故因名耳。"

〔二〕見大唐西域記卷六室羅伐悉底國。

〔三〕吉藏百論序疏："迦夷羅者，云赤澤國也。"

〔四〕翻梵語卷八城名第四十四："婆兜釋翅搜城，譯曰：'婆兜'者，住處；'釋翅搜'者，能。"

〔五〕集古今佛道論衡卷一漢明帝感夢金人騰蘭入雒諸道士等請求角試事一引漢法本內傳有云："騰曰：迦毗羅衛者，三千大千世界百億日月之中心。"則"對漢明云"者，攝摩騰是也，非竺法蘭。

〔六〕參見高僧傳卷七釋慧嚴傳、釋迦方志卷上中邊篇。

〔七〕寸：原作"十"，據諸校本改。

〔八〕見周禮地官大司徒鄭玄注。按：此爲鄭玄注之説，非鄭司農（鄭衆)説。

舍婆提　西域記云:"室羅筏悉底,舊訛云'舍衛'。"〔一〕此云"聞物",寶物多出此城〔二〕。亦翻"豐德":一、具財寶,二、妙五欲,三、饒多聞,四、豐解脱〔三〕。義淨譯金剛云"名稱大城"〔四〕。摭華云:"但得聞義而缺物義,此乃憍薩羅國都城之號。"檇李證真鈔云:"爲簡南憍薩娑國,故廢國名而標城號。"〔五〕發軫:問:諸經中説佛生迦毗羅國,何以論云生舍婆提耶? 答:迦毗羅與舍婆提相隣,同是中印土境,故此言之。

〔一〕見大唐西域記卷五鞞索迦國。

〔二〕宗密述佛説盂蘭盆經疏卷下:"舍衛,此云'聞物',謂具足財寶之物,多聞解脱之人,遠聞諸國故。義淨三藏譯金剛經云'名稱大城'。"

〔三〕窺基撰阿彌陀經通贊疏卷上:"梵云'室利羅筏悉底',言'舍衛'者,音訛略也。此中印度境憍薩羅國之都城名,爲別布憍薩羅故,以都城爲國之稱。金剛般若經云:在舍婆提城兄弟二人,於此習僊而後得果,城遂因此號爲舍婆提。今新解云,應云豐德城:一、具財物;二、好欲境;三、饒多聞;四、豐解脱。國豐四德,故以爲名焉。"

〔四〕義淨譯能斷金剛般若波羅蜜多經:"一時,薄伽梵在名稱大城戰勝林施孤獨園,與大苾芻衆千二百五十人俱,及大菩薩衆。"

〔五〕仁岳述楞嚴經熏聞記卷一:"'憍薩羅國都城之號'者,檇李證真鈔云:爲簡南憍薩羅國故,廢國名而標城號。"

摩竭提　此云"善勝",又云"無惱"〔一〕。西域記云:"摩竭陀,舊曰'摩伽陀',又曰'摩竭提',皆訛也,中印度境。"〔二〕文句記云:"此云'不害',劫初已來無刑害故。至阿闍世,截指爲刑。後自齧指痛,復息此刑。佛當生其地,故吉兆預彰,所以先置不害之名。"〔三〕亦名"無害"。文句曰:"此云'天羅'。'天羅'者,王名,以王名國,城名王舍。"〔四〕

〔一〕唐圓測撰仁王經疏卷上:"國名摩竭提,或云'摩竭陀',亦言'嘿偈陀',又作'摩伽陀',皆梵音訛轉也。正言'摩竭陀',此云'善勝國',或云'無惱害國'。一云,'摩伽'星名,此云'不惡','陀'者處也,名爲'不惡處國',亦名'星處國'。"

〔二〕見大唐西域記卷七尼波羅國。

〔三〕見湛然述法華文句記卷一中。

〔四〕見智顗説妙法蓮華經文句卷一上。

羅閲祇伽羅　西域記:"名曷羅闍姞利呬火利,此云王舍城。"〔一〕應法師云:"'羅閲',義是'料理',以王代之,摩伽陁國中城名也。"〔二〕大論云:"昔有須陁須摩王,是王精進持戒,常依實語。晨朝乘車,將諸婇女入園游戲。出城門時,一婆羅門來乞而語王言:'王是大福德人,我身貧窮,當見愍念,賜自少多。'王言:'敬如來告,當相布施,須我出還。'作此語已,入園澡浴嬉戲。時兩翅〔三〕王,名曰鹿足,空中飛來,於婇女中捉王將去。諸女啼哭,號慟一園,驚城内外,搔擾悲惶。鹿足負王,騰躍虛空,至所住處,置九十九王中。須陀須摩王言:'我不畏死,自恨失信。我從生來,初不妄語。今日晨朝出門時,一婆羅門來從我乞,我時許言:還當布施。不慮無常,辜負彼心,自招欺罪,是故啼耳。'鹿足王言:'汝意欲尔,畏此妄語,聽汝還去七日,布施婆羅門訖,當便來還。若過七日,有我翅力,取汝不難。'須陀須摩王得還本國,恣意布施,立太子爲王,大會人民,懺謝之言:'我智不周,初治多不如法,當見忠恕。如我今日,身非己有,正尔還去。'舉國人民及諸親戚叩頭留之:'願王留意,慈蔭此國,勿以鹿足鬼王爲慮! 當設鐵舍、奇兵,鹿足雖神,不畏之也。'王言:'不得。'而説偈言:'實語第一戒,實語升天梯,實語爲大人,妄語入地獄。我今守實語,寧棄身壽命,心無有悔恨。'如是思惟已,王即發去,到鹿足所。鹿足遥見,歡喜而言:'汝是實語人,不失信要。一切人皆惜身命,汝從死得脱,還來赴信,汝是大人。'云云。鹿足又言:'汝好説此,今相放捨。九百九十九王,亦布施汝,隨意各還本國。'由此千王共居,故名王舍。"〔四〕

〔一〕見大唐西域記卷九摩揭陁國下。

〔 二 〕玄應一切經音義卷一四:"羅閱,以拙反。十二遊經云:此言王舍城,應云'羅閣',義是'料理',以王代之,謂能料理人民也。揭梨醯,此云'舍中'也,在摩伽國中城名也。"

〔 三 〕翅:大正藏本作"翄"。

〔 四 〕見大智度論卷四。

拘尸那　此云"角城"。輔行云:"其城三角,故云'角'也。"〔 一 〕

〔 一 〕湛然述止觀輔行傳弘決卷一之一:"拘尸那城,此云'角城'。其城三角,故云'角'也。"

毗耶離　亦名"維耶離"、"鞞舍隸"、"吠舍離",此云"廣嚴"〔 一 〕。西域記云:"吠舍釐國,舊訛曰'毗舍離'。"〔 二 〕什師云:"'毗'言稻,土之所宜也。'離耶'言廣嚴,其地平正莊嚴。"〔 三 〕淨名略疏云:"此云'廣博嚴淨'。其國寬平,名爲'廣博',城邑華麗,故名'嚴淨'。有師翻爲'好稻',出好粳粮,勝於餘國故也。有言'好道國',有道砥直。砥,音旨,平直也。有言'好道',其國人民好樂正道,自敦仁義,不須君主,五百長者共行道法,率土人民,莫不歸悅。"〔 四 〕

〔 一 〕慧琳一切經音義卷六:"吠舍釐國,釐,音离,古名'毗舍離',亦名'毗耶離',皆訛也。此國有維摩詰居士故宅及説法處、方丈室,靈跡頗多,及鹿女千子神迹、七百羅漢結集聖教處等。"

〔 二 〕見大唐西域記卷七戰主國。

〔 三 〕見僧肇撰注維摩詰經卷一。

〔 四 〕見智顗説、湛然略維摩經略疏卷一。

伽耶　此云"山城",去菩提道場約二十里。西域記云:"城甚險固,城西南五六里,至伽耶山。谿谷杳冥,峰巒危嶮,印度國俗稱曰靈山。自昔君王馭宇承統,化洽遠大,德隆前代,莫不登封而告成功。"〔 一 〕

〔 一 〕見大唐西域記卷八摩揭陀國上。弘贊輯四分律名義標釋卷二三:"象頭山,西域記云:摩揭陀國伽耶城西南五六里,至伽耶山。溪谷杳冥,峰巖危嶮,印度國俗稱曰靈山。自昔君王馭宇承統,化洽遠人,德隆前代,莫不登封而告成功。山頂有大石塔,高百餘尺,靈鑒潛被,神光時燭,昔如來於此演說寶雲等經。山東南有塔,是迦葉本生邑也。其南有二塔,則伽耶、捺地迦葉事火處也。”又,唐普光述俱舍論記卷一八:“羯闍尸利沙山,此云‘象頭山’。山頂如象頭,故以名焉。去鷲峯山北可三、四里,同一界内。天授住彼而破僧故,非對大師。舊云伽耶山者,訛也。以‘羯闍’之與‘伽耶’音相近故,故謬傳爾。然西方別有伽耶山,去鷲峯山一百五十餘里,非同一界,非破僧處。”

矩奢揭[一]羅補羅城　西域記云:“唐言‘上茅宫城’,多出勝上吉祥香茅。摩竭陁國之正中,古先君王之所都。”[二]

〔一〕揭:原作“碣”,據大唐西域記等改。

〔二〕見大唐西域記卷九摩揭陀國下。

拘蘇摩捕羅城　西域記云:“唐言‘香花宫城’。”[一]穀梁曰:“城以保民爲之。”[二]華嚴寶眼城天告善財言:“應守護心城,離生死故。”[三]

〔一〕見大唐西域記卷八摩揭陀國上。

〔二〕見穀梁傳隱公七年。

〔三〕見佛馱跋陀羅譯大方廣佛華嚴經卷五七。

羯若鞠闍　西域記云:“唐言‘曲女城’,中印度境。”[一]“大樹仙人棲神入定,經數萬歲,從定而起,見王百女,詣宫求[二]請,唯幼稚女而充給使。仙人懷怒,便惡呪曰:‘九十九女,一時腰曲。’從是之後,名曲女城。”[三]

〔一〕見大唐西域記卷四劫比他國。

〔二〕求:永樂北藏本、嘉興藏本作“來”。

〔三〕見大唐西域記卷五羯若鞠闍國。

蘇伐剌拏瞿呾羅　西域記云:“唐言‘金氏’,出上黄金。世以女爲王,因以女爲國。”[一]

〔一〕見大唐西域記卷四婆羅吸摩補羅國。

烏仗那　奘傳:“唐言‘苑’,昔阿輸迦王之苑囿也。舊曰‘烏場’,或曰‘烏荼’,皆訛。北印度境。”[一]

〔一〕見大慈恩寺三藏法師傳卷二,又參見大唐西域記卷三烏仗那國。希麟集續一切經音義卷二:“烏長國,正云‘烏仗那’,梵語。西域記云:國周五千餘里,崇重佛法,敬信大乘。舊有伽藍一千四百所,僧徒一萬八千人,竝學大乘寂定爲業,善誦其文,戒行清潔,特閑禁呪也。"阿輸迦王,即阿育王。

憍賞彌　西域記云:"舊云'拘睒弥',訛也。中印度境。"〔一〕

〔一〕見大唐西域記卷五鉢羅耶伽國。

罽賓　此云"賤種"。西域記云:"迦濕弥羅,舊曰'罽賓',訛也。北印度境。"〔一〕"末田底迦既得其地,立五百伽藍,於諸異國買鬻賤人,以充役使,用供衆僧。末田底迦入寂滅後,彼諸賤人自立君長,鄰境諸國,鄙其賤種,莫與交親。謂之'訖利多',唐言'買得'。"〔二〕

〔一〕見大唐西域記卷三烏刺尸國。

〔二〕見大唐西域記卷三迦濕彌羅國。

劫布呾〔一〕**那**　西域記云:"曹國。"〔二〕

〔一〕呾,原作"咀",據大唐西域記校改。

〔二〕見大唐西域記卷一弭秣賀國。

赭時　西域記云:"唐言'石國'。"〔一〕

〔一〕見大唐西域記卷一笯赤建國。

颯秣音末建　西域記云:"唐言'康國'。"〔一〕

〔一〕見大唐西域記卷一窣堵利瑟那國。

弭秣賀　西域記云:"唐言'米國'。"〔一〕

〔一〕見大唐西域記卷一颯秣建國。

屈霜去呼你迦　西域記云:"唐言'何國'。"〔一〕

〔一〕見大唐西域記卷一劫布呾那國。

阿踰弋朱**闍**　此云"不可戰國"〔一〕。

〔一〕玄應一切經音義卷五:"阿踰闍,弋朱反,此譯云'不可戰國'。"金剛仙論卷一:"唯阿踰闍城,因事爲名,魏云'不可降伏城'也。"

喝捍　西域記云:"唐言'東安國'。"〔一〕

〔一〕見大唐西域記卷一屈霜爾迦國。

捕喝〔一〕　或名"捕捍"〔二〕。西域記云:"唐言'中安國'。"〔三〕

〔一〕喝:原作"哺",據大唐西域記、大慈恩寺三藏法師傳等改。

〔二〕捍:原作"揭",據釋迦方志改。釋迦方志卷上:"捕捍國,中安
　　　　國也。"

〔三〕見大唐西域記卷一喝捍國。

　　　伐^{〔一〕}地　西域記云:"唐言'西安國'。"^{〔二〕}

〔一〕伐:原作"戈",據大唐西域記、大慈恩寺三藏法師傳等改。

〔二〕見大唐西域記卷一捕喝國。

　　　羯霜那　西域記云:"唐言'史國'。"^{〔一〕}

〔一〕見大唐西域記卷一貨利習彌伽國。

　　　阿耆尼　西域記云:"舊曰'烏耆',訛也。"^{〔一〕}

〔一〕見大唐西域記卷一序論。慧琳一切經音義卷八二:"阿耆尼國,兩
　　　　磧之西第一國也。耆,音祇。古曰'嬰夷',或曰'烏夷',或曰'烏
　　　　耆',即安西鎮之中是其一鎮,西去安西七百里。漢時樓蘭、善善、
　　　　危頒、尉犁等城,皆此地也。或遷都改邑,或居此城,或住彼域,或
　　　　隨主立名,或互相吞滅,故有多名,皆相隣近,今成丘墟。"

　　　屈^{居物}支　西域記云:"舊曰'龜茲'。"^{〔一〕}又,音
丘慈^{〔二〕}。

〔一〕見大唐西域記卷一阿耆尼國。慧琳一切經音義卷八二:"屈支國,
　　　　上君物反,古名'月支',或名'月氏',或曰'屈茨',或名'烏孫',
　　　　或名'烏纍'。案,蕃國多因所亡之王立名,或隨地隨城立稱,即今
　　　　龜茲國也,安西之地是也。如上多名,並不離安西境内。"

〔二〕玄應一切經音義卷四:"丘慈,或言'龜茲',正言'屈支'也。屈,音
　　　　居勿反,多出龍馬,左傳云'屈産之乘'也。"

　　　健馱邏　西域記云:"舊曰'乾陁衛',訛也。"^{〔一〕}隋云
"香行國"^{〔二〕}。

〔一〕見大唐西域記卷二那揭羅曷國。

〔二〕續高僧傳卷二隋西京大興善寺北賢豆沙門闍那崛多傳:"(闍那崛
　　　　多)犍馱邏國人也,隋云香行國焉。"

　　　曷部多　西域記云:"唐言'奇特'。"^{〔一〕}

〔一〕見大唐西域記卷三烏仗那國。曷,西域記作"遏"。

　　　佉沙　西域記云:"舊謂'疏勒'者,乃稱其城号,言猶訛
也,正音云'室利訖栗多底'。"^{〔一〕}

〔一〕見大唐西域記卷一二烏鎩國。慧苑新譯大方廣佛華嚴經音義卷下:"疏勒國,正名'佉路數怛勒',古來此方存略,呼爲'疏勒',又訛'數'音爲'疏'。然此名乃是彼國一山之號,因立其稱。又或翻爲'惡性國',以其國人性多獷戾故也。"

至那僕底

西域記云:唐言"漢封"。河西蕃維質音致子所居,因爲國号〔一〕。

〔一〕大唐西域記卷四至那僕底國:"昔迦膩色迦王之御宇也,聲振鄰國,威被殊俗,河西蕃維畏威送質。迦膩色迦王既得質子,賞遇隆厚,三時易館,四兵警衛。此國則冬所居也,故曰至那僕底。唐言'漢封'。質子所居,因爲國號。"

瞿薩怛那

西域記云:"唐言'地乳'。"〔一〕"王未有胤羊晉,禱毗沙門像,額上剖出嬰兒,不飲人乳,神前之地,忽然隆起,其狀如乳,神童飲吮,遂至成立。"〔二〕"即其俗之雅言也。俗語謂之'渙那國',匈奴謂之'于遁',諸胡謂之'豁旦',印度謂之'屈丹',舊曰'于闐',訛也。"〔三〕

〔一〕見大唐西域記卷一二斫句迦國。

〔二〕見大唐西域記卷一二瞿薩旦那國。

〔三〕見大唐西域記卷一二斫句迦國。又,玄應一切經音義卷四:"于闐,徒見反,凶奴謂之'于遁',諸胡謂之'豁旦',俗語言'渙那',梵言'瞿薩旦那',此譯云'地乳國'。其地忽然隆起,其狀如乳,神童飲吮,因以名焉。"

薄佉羅

應是月支,在雪山西北。或云"月氏"〔一〕。

〔一〕玄應一切經音義卷四:"月支,薄佉羅國應是也,在雪山西北。或云'月氏'。"又,參前"屈支"條注一。

僧伽羅

西域記:"唐言'執師子',非印度境。"〔一〕是南海路。其祖擒執師子父,殺應王募〔二〕。王畏暴逆,重賞遠放。舩漂寶渚,遂立此國〔三〕。

〔一〕見大唐西域記卷一○秣羅矩吒國。

〔二〕募:原作"慕",參大唐西域記從大正藏本校勘記改。此段內容刪略過甚,語意不明,參下注。

〔三〕大唐西域記卷一一僧伽羅國:"其後南印度有一國王,女娉鄰國,吉日送歸,路逢師子,侍衛之徒棄女逃難。女居轝中,心甘喪命。時師子王負女而去，入深山，處幽谷，捕鹿採菓，以時資給，既積歲月，遂孕男女，形貌同人，性種畜也。男漸長大，力格猛獸。年方弱冠，人智斯發，謂其母曰：‘我何謂乎？父則野獸，母乃是人，既非族類，如何配偶？’母乃述昔事以告其子，子曰：‘人畜殊途，宜速逃逝。’母曰：‘我先已逃，不能自濟。’其子於後逐師子父，登山踰嶺，察其遊止，可以逃難。伺父去已，遂擔負母妹，下趨人里。母曰：‘宜各慎密，勿説事源，人或知聞，輕鄙我等。’於是至父本國，國非家族，宗祀已滅。投寄邑人，人謂之曰：‘爾曹何國人也？’曰：‘我本此國，流離異域，子母相携，來歸故里。’人皆哀愍，更共資給。其師子王還無所見，追戀男女，憤恚既發，便出山谷，往來村邑，咆哮震吼，暴害人物，殘毒生類。邑人輒出，遂取而殺。擊鼓吹貝，負弩持矛，群從成旅，然後免害。其王懼仁化之不洽也，乃縱獵者，期於擒獲。王躬率四兵，衆以萬計，掩薄林藪，彌跨山谷。師子震吼，人畜僻易。既不擒獲，尋復招募：其有擒執師子除國患者，當酬重賞，式旌茂績。其子聞王之令，乃謂母曰：‘飢寒已甚，宜可應募，或有所得，以相撫育。’母曰：‘言不可若是！彼雖畜也，猶謂父焉。豈以艱辛而興逆害？’子曰：‘人畜異類，禮義安在？既以違阻，此心何冀？’乃袖小刀，出應招募。是時千衆萬騎，雲屯霧合，師子踞在林中，人莫敢近。子即其前，父遂馴伏，於是乎親愛忘怒，乃剚刃於腹中，尚懷慈愛，猶無忿毒，乃至刳腹，含苦而死。王曰：‘斯何人哉，若此之異也？’誘之以福利，震之以威禍，然後具陳始末，備述情事。王曰：‘逆哉！父而尚害，況非親乎！畜種難馴，兇情易動。除民之害，其功大矣；斷父之命，其心逆矣。重賞以酬其功，遠放以誅其逆。則國典不虧，王言不二。’於是裝二大船，多儲糧糗。母留在國，周給賞功，子女各從一舟，隨波飄蕩。其男船泛海至此寶渚，見豐珍玉，便於中止。其後商人採寶，復至渚中，乃殺其商主，留其子女。如是繁息，子孫衆多，遂立君臣，以位上下，建都築邑，據有疆域，以其先祖擒執師子，因舉元功，而爲國號。其女船者，泛至波剌斯西，神鬼所魅，産育群女，故今西大女國是也。故師子國人形貌卑黑，方頤大顙，情性獷烈，安忍鴆毒，斯亦猛獸遺種，故其人多勇健。”

震旦　或曰“真丹”、“旃丹〔一〕”。琳法師云：“東方屬震，是日出之方，故云‘震旦’。”〔二〕華嚴音義翻爲“漢地”〔三〕，此不善華言。樓炭經云：“蔥河以東，名爲震旦。以

日初出，耀於東隅，故得名也。"〔四〕

〔一〕 斿丹：永樂北藏本、嘉興藏本作"或云斿丹"。

〔二〕 湛然述止觀輔行傳弘決卷四之二："琳法師釋云：'東方屬震，是日出之方，故云'震旦'。'新婆沙云'脂那'，西域記云'至那'，此聲並與'震旦'、'真丹'相近故，故知並屬梵音。"

〔三〕 智圓述維摩經略疏垂裕記卷一："振旦者，或'真丹'、'斿丹'、'指難'，皆梵音奢切也。若準華嚴，翻爲'漢地'。又，婆沙中有二音：一云'指那'，此云'文物國'，即讚美此方是衣冠文物之地也。二云'指難'，此云'邊鄙'，即貶挫此方非中國也。西域記翻'摩訶支那'爲'大漢國'。或謂日出東隅，其色如丹故。云'震旦'、'真丹'者，此皆訛説。"

〔四〕 出處俟考。廣弘明集卷一三十喻篇上答李道士十異論引，亦云"樓炭經云"。樓炭經，凡六譯，開元釋教録卷一三有譯有本録中聲聞三藏録第二小乘經重單合譯著録闍那崛多等譯起世經十卷、達摩岌多譯起世因本經十卷、釋法立共法炬譯樓炭經六卷，并云此"三經出長阿含經第十八至二十二卷，與第四分起世經同本異譯。"卷一五別録中有譯無本録之二小乘經重譯闕本著録竺法護譯樓炭經六卷、釋法炬譯樓炭經八卷，云："兼長阿含第四分中記世經，前後六譯，四存二闕。"

脂那 婆沙二音：一云"支那"，此云"文物國"，即讚美此方是衣冠文物之地也；二云"指難"，此云"邊鄙"，即貶挫此方非中國也〔一〕。西域記云：摩訶至那，此曰"大唐"〔二〕。

〔一〕 參前"震旦"條注三。

〔二〕 大唐西域記卷五羯若鞠闍國："王曰：'大唐國在何方？經途所亘，去斯遠近？'對曰：'當此東北數萬餘里，印度所謂摩訶至那國是也。'"

伊沙那 清涼疏云："此云'長直'，謂里巷徑永。表知三際，故言'長'；表知勝義，故言'直'。"〔一〕

〔一〕 見澄觀撰大方廣佛華嚴經疏卷五六。又，慧苑新譯大方廣佛華嚴經音義卷下："聚落名伊沙那。'伊沙那'者，此云'長直'也。"

蔑戾車 奘傳："唐言'邊地'，北印度北境，皆号'蔑戾車'。"〔一〕

〔一〕見大慈恩寺三藏法師傳卷二。

乾闥婆城　大論云:"日初出時,見城門、樓櫓、宮殿、行人出入,日轉高轉滅,但可眼見而無有實,名'揵闥婆城'。"〔一〕靜苑華嚴音義云:西域名樂人爲"乾闥婆"。彼樂人多幻作城郭,須臾如故,因〔二〕即謂龍蜃所現〔三〕。輔行云:"乾城,俗云'蜃氣'。蜃,大蛤也。朝起海洲,遠視似有,近看即無。"〔四〕

〔一〕見大智度論卷六。

〔二〕因:大正藏本作"固"。

〔三〕靜苑:即慧苑。慧苑曾住靜法寺,或有此稱。慧苑新譯大方廣佛華嚴經音義卷下:"乾闥婆城,此云'尋香城'也。謂十寶山閒有音樂神,名乾闥婆,忉利諸天須音樂時,此神身有異相,即知天意,往彼娛樂。因以此事,西域謂諸樂兒亦曰'乾闥婆'。然西域樂兒多爲幻,彼幻作城郭,須臾如故,因即謂龍所現城郭爲乾闥婆城也。"智圓述請觀音經疏闡義鈔卷四引,亦云"靜苑法師華嚴音義云"。

〔四〕近看即無:原無,據諸校本補。　見湛然述止觀輔行傳弘決卷一之四。

衆山篇第二十九

五岳鎮地,支那之書備焉;七金環山〔一〕,天竺之典載矣。或作天龍窟宅,或爲賢聖道場,翻譯既傳,名義當集。

〔一〕瑜伽師地論卷二:"諸有清淨第一最勝精妙性者,成蘇迷盧山。此山成已,四寶爲體,所謂金、銀、頗胝、琉璃。若中品性者,成七金山,謂持雙山、毗那矺迦山、馬耳山、善見山、朅達洛迦山、持軸山、尼民達羅山。如是諸山,其峯布列,各由形狀差別爲名,繞蘇迷盧次第而住。蘇迷盧量高八萬踰繕那,廣亦如之,下入水際,量亦復爾。又,持雙山等彼之半,從此次第,餘六金山,其量漸減,各等其半。"

勢 羅　西域記:唐言"山"。鄔波世羅,翻爲"小山"〔一〕。廣雅云:"山,產也。"〔二〕能產萬物。高者名岳,小者名丘。

〔一〕按:大唐西域記卷一〇馱那羯磔迦國:"弗婆勢羅,唐言'東山'。" "阿伐羅勢羅,唐言'西山'。"然未見此説。普光述俱舍論記卷八: "世羅,唐言'山'。鄔波世羅,唐言'小山'。"

〔二〕見廣雅釋山。

蘇迷盧　西域記云:"唐言'妙高',舊曰'須弥',又曰 '須弥樓',皆訛。四寶合成,在大海中,據金輪上,日月之所 迴泊,諸天之所游舍。七山七海,環峙環列。"〔一〕四面各有 一色:東黃金,南琉璃,西白銀,北頗梨。隨其方面,水同山 色〔二〕。毗曇、俱舍云:妙高七寶所成,故名"妙";出七金山, 故名"高"〔三〕。觀經疏云:"舉高三百三十六萬里,縱廣 亦爾。"〔四〕

〔一〕見大唐西域記卷一序論。

〔二〕慧琳一切經音義卷一:"蘇迷盧山,梵語寶山名,或云須彌山,或云 彌樓山,皆是梵音聲轉不正也。正梵音云'蘇迷嚧','嚧'字轉舌, 唐妙高山。俱舍論云:四寶所成,東面白銀,北面黃金,西面頗梨, 南面青琉璃。大論:四寶所成曰'妙',出過眾山曰'高'。或名 妙光山,以四色寶光明,各異照世,故名'妙光'也。"湛然述止觀輔 行傳弘決卷二之四:"毗曇、俱舍,並云妙高四面各有一色:東黃金, 南瑠璃,西白銀,北玻瓈。隨其方面,水同山色。眾生入中,盡同 水色。"

〔三〕出處俟考。阿毗達磨俱舍論卷一一:"於金輪上有九大山,妙高山 王處中而住,餘八周匝繞妙高山。於八山中,前七名内,第七山外 有大洲等。此外復有鐵輪圍山,周匝如輪,圍一世界。持雙等七, 唯金所成。妙高山王四寶爲體,謂如次四面北、東、南、西,金、銀、 吠琉璃、頗胝迦寶,隨寶威德,色顯於空。"慧苑述續華嚴略疏刊定 記卷五昇須彌山頂品:"言'妙高'者,'妙'謂體以四寶所成,'高' 即相出七金山等。"

〔四〕見智顗説觀無量壽佛經疏。

彌樓　有人謂"弥樓",此云"光明",七金山也,金色光 明故。若準第一義法勝經云"須弥樓山"〔一〕,則"弥樓"是 "須弥山"舊譯〔二〕。俱舍"須弥"亦云"弥樓",是則梵音有 異〔三〕。若據法華云"内外弥樓山、須弥及鐵圍"〔四〕,是則山體亦異。

〔一〕第一義法勝經:"須彌樓山高大乃至阿迦尼吒,我寧如是無邊劫中在彼山上念念自墮,投身在地。"

〔二〕玄應一切經音義卷二四:"蘇迷盧,此云'妙高山',亦言'好光山'。舊言'須彌',或云'須彌樓',皆訛也。"

〔三〕慧琳一切經音義卷一五:"彌樓山,即須彌盧山也,皆梵語訛轉也。唐云妙高山,或云妙光山。"參前"蘇彌盧"條注二。

〔四〕見妙法蓮華經卷六法師功德品。

柘之夜迦羅　或云"灼羯羅",又云"斫迦羅"〔一〕。應法師云:"此云'輪山',舊云'鐵圍','圍'即輪義,譯人義立。"〔二〕

〔一〕慧琳一切經音義卷二二:"斫迦羅山,具云'杓羯羅',此曰'輪圍'也。"

〔二〕見玄應一切經音義卷二三。

耆闍崛　大論云:"'耆闍'名鷲,'崛'名頭,是山頂似鷲。"〔一〕增一:佛告諸比丘:此山久遠,同名靈鷲〔二〕。觀經疏云:"諸聖仙靈,依之而住。"〔三〕西域記云:"宮城東北行三四里,至姞㗚乙栗陁羅矩吒,此云'鷲峰',亦云'鷲臺'。舊云'耆闍崛',訛也。既棲鷲鳥,又類高臺。"〔四〕應法師云:"案,梵本無靈義,此鳥有靈,知人死活,故号靈鷲。"〔五〕婆沙云:"其山三峯,如仰鷄足。"〔六〕似狼之迹,亦名狼迹〔七〕。又名普賢山、白墡山、仙人山、負重山〔八〕。

〔一〕見大智度論卷三。

〔二〕詳見增一阿含經卷三二,參注八。此處引文,同湛然述止觀輔行傳弘決卷一之一引。

〔三〕見智顗説觀無量壽佛經疏。

〔四〕見大唐西域記卷九摩揭陀國下。

〔五〕玄應一切經音義卷六:"或言'伊沙崛山',或言'揭梨馱羅鳩山',皆訛也。正言'姞栗陁羅矩吒山',此譯云'鷲臺',又云'鷲峯',言此山既栖鷲鳥,又類高臺也。舊譯云'鷲頭',或云'靈鷲'者,一義也。又言'靈'者,仙靈也。案,梵本无靈義,依別記云:此鳥有靈,

知人死活，人欲死時，則群翔彼家，待其送林，則飛下而食，以能懸
知，故号靈鷲也。”

〔六〕見阿毗達磨大毗婆沙論卷一三五：“山有三峰，如仰雞足。”

〔七〕智顗説妙法蓮華經文句卷一上：“‘耆闍崛山’者，此翻‘靈鷲’，亦
云‘鷲頭’，亦云‘狼跡’。（中略）又解，山峯似鷲，將峯名山。又
云，山南有尸陀林，鷲食尸竟棲其山，時人呼爲鷲山。又解，前佛今
佛皆居此山，若佛滅後羅漢住，法滅支佛住，無支佛鬼神住。既是
聖靈所居，總有三事，因呼爲靈鷲山。”湛然述止觀輔行傳弘決卷一
之一：“多聖靈所居，故名‘靈鷲’。亦名‘雞足’，亦名‘狼迹’。”

〔八〕增一阿含經卷三二：“爾時，世尊告諸比丘：‘汝等見此靈鷲山乎？’
諸比丘對曰：‘唯然，見之。’‘卿等當知，過去久遠世時，此山更有
異名。汝等復見此廣普山乎？’諸比丘對曰：‘唯然，見之。’‘汝等
當知，過去久遠，此山更有異名，不與今同。汝等見此白善山乎？’諸
比丘對曰：‘唯然，見之。’‘過去久遠，此山更有異名，不與今同。
汝等頗見此負重山乎？’諸比丘對曰：‘唯然，見之。’‘汝等頗見此
仙人窟山乎？’諸比丘對曰：‘唯然，見之。’”

目真隣陁　　或云“目脂隣陁”，此云“石山”〔一〕。

〔一〕慧琳一切經音義卷一三：“目脂隣陀，梵語山名也。此有大、小二
別，古‘目真隣陀’，皆虜質也，正梵音云‘母止隣上聲那’，此云
‘脱’。此山有龍，亦同此名也。”

鉢羅笈菩提　　淨名疏云：“此云‘安明’。”〔一〕垂裕云：
“入水最深故名‘安’，出諸山上故曰‘明’。”〔二〕西域記云：
“唐言‘前正覺山’，如來將證正覺，先登此山。”〔三〕

〔一〕見智顗説、湛然略維摩經略疏卷二。

〔二〕見智圓述維摩經略疏垂裕記卷二。

〔三〕見大唐西域記卷八摩揭陀國上。

屈屈吒播陁　　西域記云：“唐言‘雞足山’。亦名‘窶盧
播陁’，唐言‘尊足’。峻起三峰，迦葉既入，三峰斂覆。三會
説法之後，餘有無量憍慢衆生，慈氏將登此山，彈指峰開，迦
葉授衣，火化入滅。”〔一〕

〔一〕見大唐西域記卷九摩揭陀國下。又，玄應一切經音義卷八：“狼跡
山，案梵本言‘屈吒播陁山’，此云‘雞足山’，又云‘尊足山’，今迦

葉居中者,在菩提樹東也。”

因阤羅埶羅窶訶　西域記云:“唐言‘帝釋窟’。西峰南巖間有大石室,廣而不高,佛常中止。時天帝釋以四十二疑事書石請問,佛爲演釋,其迹猶在。”〔一〕

〔一〕見大唐西域記卷九摩揭陀國下。

駿勒鄧迦　西域記云:“僧伽羅國東南隅有駿迦山,巖谷幽峻,神鬼游舍。昔佛於此説駿迦經,舊曰‘楞伽經’,訛也。”〔一〕

〔一〕見大唐西域記卷一一僧伽羅國。

補陀落迦　或云“補涅洛迦”,此云“海島”,又云“小白花”〔一〕。西域記云:“有呾落迦山,南海有石天宫,觀自在菩薩游舍。”〔二〕

〔一〕慧苑新譯大方廣佛華嚴經音義卷下:“山名補呾洛迦,此翻爲‘小花樹山’,謂此山中多有小白花樹,其花甚香,香氣遠及也。”

〔二〕見大唐西域記卷一〇秩羅矩吒國。千手千眼觀世音菩薩廣大圓滿無礙大悲心陀羅尼經:“釋迦牟尼佛在補陀落迦山觀世音宫殿寶莊嚴道場中,坐寶師子座。”

優留曼陁　亦云“優留曼荼”,此云“大醍醐”〔一〕。

〔一〕阿育王經卷七:“於摩偷羅國有山名優流漫陀,翻‘大醍醐’。”

軻^{苦賀}地羅　此譯“軻”,空也;“地羅”者,破也,名“破空山”〔一〕。

〔一〕玄應一切經音義卷一:“軻梨,尸佐反,應云‘軻地羅’,此譯云:‘軻’者,空也;‘地羅’者,破也,名‘空破山’也。”佛馱跋陀羅譯大方廣佛華嚴經卷二七:“大地有十大山王,何等爲十?所謂雪山王、香山王、軻梨羅山王、仙聖山王、由乾陀山王、馬耳山王、尼民陀羅山王、斫迦羅山王、宿慧山王、須彌山王。”“軻梨羅山王,但以寶成,集諸妙華,取不可盡。”

比羅娑落　西域記云:“唐言‘象堅’,山神作象形,故曰‘象堅’。”〔一〕

〔一〕見大唐西域記卷一迦畢試國。

彈多落迦　西域記云:“舊曰‘檀特山’,訛也。”〔一〕

〔一〕見大唐西域記卷二健馱邏國。玄應一切經音義卷五：“檀特山，或言‘單多囉迦山’，或云‘檀陁山’，此譯云‘蔭山’。”彈多落迦山，位於北印度健馱邏國，是須大拏太子修苦行時所住的山。

逾健達羅　此云“雙迹”。此山之峰，有二隴道，似車迹故〔一〕。

〔一〕普光述俱舍論記卷一一：“踰健達羅，此云‘持雙’。此山頂上有二道，猶如車跡。山持二跡，故名‘持雙’。”此爲須彌山周圍七重金山之一。遁倫集撰瑜伽論記卷一：“七金山者，一、踰健馱羅，此云‘持雙’，山頂有兩稜故。二、毗那砳迦，此云‘障礙’，有神住中障善法故。又解：有神王人身象頭，作魔事能障行者，此山形彼神頭，故名障難也。三、頞濕縛羯拏，此云‘馬耳’，似馬耳故。四、蘇達梨舍那，‘蘇’者善義，‘達梨舍那’見義，即善見山，見此山形善多生故。五、朅達洛迦，此云‘擔木’，往阿修羅以此木擔須彌山，山有擔木，故以爲名。六、伊沙馱羅，此云‘持軸’，山峯似軸故。七、尼民達羅，海中魚名，此無所翻，山峯似之，故以爲稱。”

由乾陀羅〔一〕　由乾，此譯云“雙”；陀羅，此云“持”。名“雙持山”〔二〕。

〔一〕按：“由乾”、“陀羅”原分爲兩個詞條，今據文意合爲一，並於前補“由乾陀羅”四字。

〔二〕玄應一切經音義卷一：“由乾，巨焉反，大論作‘揵陀羅山’。此譯云‘由揵’者，雙；‘陀羅’者，持。名雙持山也。”又，卷二四：“喻健達羅，舊言‘由乾陀羅山’，此云‘持雙山’，言此山峯有二隴道，因以名之也。”

伊沙馱羅　此云“持軸”，形如車軸故〔一〕。

〔一〕玄應一切經音義卷二四：“伊沙馱羅，舊云‘伊沙陀羅’，此云‘自在持’，亦言‘持軸’，言此山多有諸峯，形如車軸，故以名之。”參前“逾健達羅”條注。

朅地洛迦　此云“檐木”，山本樹名也〔一〕。

〔一〕玄應一切經音義卷二四：“朅地洛迦，祛謁反，此云‘檐山’，言此山寶樹，形若檐山木，遂以名之。”普光述俱舍論記卷一一：“朅地洛迦，印度樹名。此方南邊亦有此樹，稱爲檐木。山上寶樹，其形似彼，從樹爲名。舊云‘佉陀羅木’，訛也。”參前“逾健達羅”條注。

蘇達梨舍那　此云"善見",見者稱善[一]。

〔一〕玄應一切經音義卷二四:"蘇達梨舍,此云'善見',言此山端嚴繡
麗,見之稱生善,則以名焉也。"普光述俱舍論記卷一一:"蘇達梨
舍那,此云'善見'。莊嚴殊妙,見者稱善,故名善見。"參前"逾健
達羅"條注。

頞温縛擎　此云"馬耳",山狀如彼故[一]。

〔一〕玄應一切經音義卷二四:"頞濕縛羯擎,烏葛反,此云'馬耳'。言
此山峯,形似馬耳,因則名之。"普光述俱舍論記卷一一:"頞濕縛
羯擎,此云'馬耳',山峯似馬耳也。"參前"逾健達羅"條注。

毗摩恒迦　此云"有障礙神山"[一]。

〔一〕玄應一切經音義卷二四:"毗那怛迦,都達反,此云'障礙神'。有
一鬼神,人形象頭,凡見他事,皆爲障礙。此之山峯,似彼神頭,故
以名也。"普光述俱舍論記卷一一:"毗那怛迦,此云'象鼻',印度
神名。山形似彼象鼻,故以名焉。"參前"逾健達羅"條注。

尼民達羅　此云"地持山",形似海中魚故[一]。

〔一〕玄應一切經音義卷二四:"尼民達羅,舊言'尼民陀羅',此云'地持
山'。又魚名也,言海中有魚,名'尼民達羅',此山峯形似彼魚頭,
故以名之。"普光述俱舍論記卷一一:"尼民達羅,此是魚名。其魚
嘴尖,山峰似彼魚嘴,故以名焉。"參前"逾健達羅"條注。

摩黎　或云"摩羅耶"。在南天竺,多出栴檀[一]。

〔一〕慧苑新譯大方廣佛華嚴經音義卷下:"摩羅耶山,具云'摩利伽羅
耶',其山在南天竺境摩利伽耶國南界,而因國以立山名。其山中
多出白㫼檀木。"

尼民陁　此云"持邊",七金外邊護持圍繞餘六
山故[一]。

〔一〕慧苑新譯大方廣佛華嚴經音義卷下:"尼民陀羅山,此翻爲'持
邊',以彼山是七重金山中最外邊故,然即院繞護持餘內六山,故名
'持邊'。"

諸水篇第三十

潤萬物者,莫過乎[一]水,形爲四大,氣冠五行。禪源詮
云:"水舉名,濕指體。澄之則清,混之則濁,堰之即止,決之

即流。"〔二〕今佛教中明水源流,故具列之,令甄別耳。

〔一〕乎:永樂北藏本、嘉興藏本作"於"。

〔二〕見宗密述禪源諸詮集都序卷二。

阿伽　此云"水"。釋名云:"水,準也,準平物也。"〔一〕稱讚淨土佛攝受經明八功德水:一、澄淨,二、清冷,三、甘美,四、輕軟,五、潤澤,六、安和,七、飲時除飢渴等一切過患,八、飲已定能長養諸根四大〔二〕。淨覺云:"清是色入,不臭是香入,輕、冷、軟是觸入,美是味入,調適是法入。"〔三〕

〔一〕見釋名卷一釋天。

〔二〕玄奘譯稱讚淨土佛攝受經:"極樂世界淨佛土中,處處皆有七妙寶池,八功德水彌滿其中。何等名爲八功德水?一者、澄淨,二者、清冷,三者、甘美,四者、輕軟,五者、潤澤,六者、安和,七者、飲時除飢渴等無量過患,八者、飲已定能長養諸根四大,增益種種殊勝善根,多福衆生常樂受用。"

〔三〕按:此説出現較早,未見於淨覺仁岳現存著述。智顗説觀無量壽佛經疏:"八功德者,輕、清、冷、軟、美、不臭、飲時調適、飲已無患。清是色入,不臭香入,輕、冷、軟是觸入,美是味入,調適、無患是法入。"又,成實論卷三四大假名品:"佛説八功德水,輕、冷、軟、美、清淨、不臭、飲時調適、飲已無患。是中若輕、冷、軟皆是觸入,美是味入,清是色入,不臭是香入,調適、無患是其勢力。此八和合,總名爲水。"

阿耨達　西域記云:"贍部洲之中地者,阿那婆荅多池,唐言'無熱惱',舊曰'阿耨達',訛也。在香山之南,大雪山北,周八百里,金、銀、銅、鐵、琉璃、頗胝飾其岸焉,金沙彌漫,清波皎鏡。大地菩薩以願力故,化爲龍王,於中潛宅,出清冷水。是以池東面銀牛口流出殑伽〔一〕河,繞池一迊,入東南海。池南面金象口流出信度河,繞池一迊,入西南海。池西面琉璃馬口流出縛芻河,繞池一迊,入西北海。池北面頗胝師子口流出徙多河,繞池一迊,入東北海,或曰潛流地下,出積石山,即徙多河之流,爲中國之河源。"〔二〕孝經援〔三〕神契曰:"河者,水之伯。"〔四〕

〔一〕伽:原作"如",據諸校本改。

〔二〕見大唐西域記卷一序論。慧琳一切經音義卷一:"阿耨達,奴禄反,正梵音云'阿那婆達多',唐云'無熱惱池'。此池在五印度北,大雪山北、香山南,二山中間,有此龍池。謹案起世因本經及立世阿毗曇論,皆云大雪山北有此大池,縱廣五十踰繕那,計而方一千五百里。於池四面出四大河,皆共旋流遶池一匝,流入四海。東面出者名私多河,古譯名斯陀河。南面者名殑伽河,古名恒河。西面出者名信度河,古名辛頭河。北面出者名縛芻河,古名博叉河。此國黄河,即東面私多河之末也。此方言'無熱惱'者,龍王福德之稱也。一切諸龍,皆受熱砂等苦,此池龍王,獨無此苦,故以爲名也。"

〔三〕援:原作"緩",據大正藏本改。

〔四〕孝經援神契:兩漢之交出現的緯書。按:此條見酈道元水經注卷一河水一、初學記卷六等引。

信度 舊云"辛頭",此云"驗河"〔一〕。

〔一〕玄應一切經音義卷二四:"信度河,舊言'辛頭河',此云'驗河',從池南面銀牛口中流出,還入南海也。"

殑(巨升)**伽** 此云"天堂來",見從高處來故〔一〕。又云河神之名,以爲河名〔二〕。西域記:"舊曰'恒河',又曰'恒沙',訛也。"〔三〕章安云:"諸經多以恒河沙爲量者,有四義故:一、人多識之,二、入者得福,三、八河中大,四、是佛生處,此即四悉檀也。"〔四〕

〔一〕玄應一切經音義卷二二:"殑伽,其升反,云'天堂來',以彼外書見高處出,謂從天來也。案佛經而此河從無熱惱池東面象口出,流入東海。舊云'恒河',亦言'伽河',或作'恒迦河',皆訛也。"

〔二〕慧琳一切經音義卷三:"殑伽,梵語也,上凝等反,下魚佉反,西國河神名也。涅槃經云恒河女神是也。"

〔三〕見大唐西域記卷一序論。

〔四〕見灌頂撰、湛然再治大般涅槃經疏卷一。四悉檀:大智度論卷一:"有四種悉檀:一者、世界悉檀,二者、各各爲人悉檀,三者、對治悉檀,四者、第一義悉檀。四悉檀中,一切十二部經,八萬四千法藏,皆是實,無相違背。"慧遠撰大乘義章卷二四悉檀義四門分別:"言悉檀者,是中國語,此方義翻,其名不一,如楞伽中子注釋言,或名爲宗，或名爲成，或云理也。所言宗者，釋有兩義：一、對法辨宗，法門無量，宗要在斯，故説爲宗。二、對教辨宗，教別雖衆，宗歸顯於世界等四，故名爲宗。”

縛芻　此云“青河”。西域記云：“舊曰‘博叉’，訛也。”〔一〕

〔一〕見大唐西域記卷一序論。又，玄應一切經音義卷二四：“縛蒭河，舊言‘博叉’，或作‘薄叉’，亦云‘婆叉河’，皆一也，此云‘青河’，從池北面頗梨師子口中流出。”

徙多　此云“冷河”。西域記云：“舊曰‘私陀’，訛也。”〔一〕

〔一〕玄應一切經音義卷二四：“徙多河，斯爾反，或言‘私多’，或云‘悉陀’，亦言‘私陀’，皆梵音之差也，此云‘冷河’。從無熱惱池西面瑠璃馬口而出，流入西海，即是此國大河之源，其派流之小河也。”

阿恃多伐底河　西域記云：“唐言‘無勝’，舊曰‘阿利羅跋提河’，訛也。典言‘旷許梨剌力葛拏伐底河’，譯曰‘有金河’。”〔一〕是産閻浮金處。梁宗法師云：“佛來此河邊入滅，有意河流奔注，若生死遄速；金砂不動，喻佛性常住。又因地在此捨身故，今至彼入滅。”〔二〕章安云：“相傳熙連秖是跋提，今言不尒。跋提大，熙連小。或言廣四丈，或八丈，在城北。跋提量在城南，相去百里，佛居其間。熙連禪尼，此云‘不樂着河’。”〔三〕度一切諸佛境界經：“佛言四流：欲流、有流、見流、無明流。”〔四〕涅槃經説六河，謂生死河、涅槃河、煩惱河、佛性河、善法河、惡法河〔五〕。

〔一〕見大唐西域記卷六拘尸那揭羅國。
〔二〕宗法師：指僧宗。高僧傳卷八釋僧宗傳：“釋僧宗，姓嚴，本雍州憑翊人。（中略）年九歲，爲瑗公弟子，諮承慧業。晚又受道於斌、濟二法師，善大涅槃及勝鬘、維摩等。”然僧宗“建武三年卒於所住，春秋五十有九”，此云“梁”，恐不確。梁寶亮等集大涅槃經集解卷二：“僧宗曰：此言金沙，河流奔浚，以譬生死；金沙不動，以譬佛性，寄顯生死之中有佛性也。在邊者，寄明涅槃在彼岸也。又釋應身無常，喻彼水流。法身常住，若彼金沙也。”

〔三〕見灌頂撰、湛然再治大般涅槃經疏卷二。

〔四〕見度一切諸佛境界智嚴經。

〔五〕灌頂撰、湛然再治大般涅槃經疏卷二七：“此經前後凡説六河，謂生死、涅槃河，煩惱、佛性河，善法、惡法河，兩兩相對。”

娑竭羅　或“娑伽羅”，此云“鹹海”。書曰：“江漢朝宗于海。”〔一〕莊子曰：“溟海者，天池〔二〕也。”〔三〕淮南子曰：“海不讓水，積以成其大。”〔四〕孫卿子曰：“不積細流，無以成海。”〔五〕老子曰：“江海所以能爲百谷王者，其善下也。”潮有朝夕之期，故吳都有朝夕之池〔六〕。新華嚴云：“譬如大海，以十種相，得大海名，不可移奪：一、次第漸深；二、不受死屍；三、餘水入中，皆失本名；四、普同一味；五、無量珍寶；六、無能至底；七、廣大無量；八、大身所居；九、潮不過限；十、普受大雨，無有盈溢。”〔七〕金剛三昧不壞不滅經云：“以沃燋山，大海不增。以金剛輪故，大海不減。此金剛輪隨時轉故，令大海水同一鹹味。”〔八〕華嚴云：“其娑竭羅龍王宮殿中，水涌出入海，復倍於前。其所出水，紺琉璃色。涌出有時，是故大海潮不失時。”〔九〕大集云：“如閻浮提一切衆生身及與外色大海中，皆有印象，故名海印。菩薩亦爾。得大海印三昧已，能分別一切衆生心行，於一切法門皆得慧明。”〔一〇〕華嚴云：“海有奇特殊勝法，能爲一切平等印，衆生寶物及川流，普能包容無所拒，無盡禪定解脱者，爲平等印亦如是，福德智慧諸妙行，一切並修無厭足。”〔一一〕

〔一〕見尚書禹貢。

〔二〕池：原作“地”，據諸校本改。

〔三〕見莊子逍遙遊。

〔四〕見淮南子泰族訓。

〔五〕見荀子勸學篇。

〔六〕文選左思吳都賦：“帶朝夕之濬池，佩長洲之茂苑。”呂延濟注：“濬，深也。吳有朝夕池，謂潮水朝盈夕虛，因爲名焉。”

〔七〕見實叉難陀譯大方廣佛華嚴經卷三九。

〔八〕見佛説金剛三昧本性清淨不壞不滅經。

〔九〕見實叉難陀譯大方廣佛華嚴經卷五二。

〔一〇〕見大方等大集經卷一五。

〔一一〕見實叉難陀譯大方廣佛華嚴經卷一五。

賀邏馱　此云“池”，停水曰池。廣雅曰：“沼也。”〔一〕

〔一〕廣雅釋地：“沼，池也。”玄應一切經音義卷一：“池沼，之遶反，説文：沼，池也。梵言‘賀邏馱’，總言池水也。”

提　大論翻“洲”〔一〕。爾雅：“水中可止曰洲。”〔二〕大品云：“須菩提，若江河大海，四邊水斷是爲洲。須菩提，色亦如是，前後際斷。”〔三〕大論云：“世間洲者，如洲四邊無地。色等法亦如是，前、後皆不可得，中間亦如。”〔四〕或言洲潬徒亶者爾雅謂水內沙堆也。渚者，爾雅：小洲。曰渚〔五〕。大涅槃云：“譬如商人，欲至寶渚，不知道路。有人示之，即至寶渚，乃獲諸珍。”〔六〕大般涅槃喻之爲寶。

〔一〕大智度論卷三五：“‘提’名爲洲。”

〔二〕見爾雅釋水。

〔三〕見摩訶般若波羅蜜經卷一五知識品。

〔四〕見大智度論卷七一。

〔五〕慧琳一切經音義卷四二：“洲潬，徒亶反。爾雅：潬，沙出水，謂水內沙堆也。”

〔六〕見曇無讖譯大般涅槃經卷二五。

林木篇第三十一

毗藍名苑，母摘花而降生；菩提覺場，佛觀樹而行道。居鹿園以説法，住鶴林而涅槃。既皆依於脩林，故宜編乎異木。

婆那　正言“飯那”，此云“林”，叢木曰林〔一〕。雜阿含：“佛告阿難：‘汝遥見彼青色叢林否？’‘唯然，已見。’‘是處名曰優留曼茶山。如來滅後百歲，有商人子，名曰優波掘多，當作佛事，教授師中最爲第一。’”〔二〕

〔一〕玄應一切經音義卷一九：“嵐毗，力含反，或言‘流毗尼’，或言‘林微尼’，正言‘藍鞞尼’，此言‘監’，即上古守園婢名也，因以名園。

‘飯那’，此云‘林’，或譯云‘解脱處’，亦云‘滅’，亦名‘斷’。搴，音扶晚也。"

〔二〕見雜阿含經卷二五。

菩提樹 西域記云："即畢鉢羅樹也。昔佛在世，高數百尺，屢經殘伐，猶高四五丈。佛坐其下，成等正覺，因而謂之菩提樹焉。莖幹黃白，枝葉青翠，冬夏不凋，光鮮無變。每至涅槃之日，葉皆凋落，頃之復故。"〔一〕法苑云釋迦道樹名阿沛多羅〔二〕。

〔一〕見大唐西域記卷八摩揭陀國上。

〔二〕法苑珠林卷八千佛篇第五七佛部第一道樹部第五："今我作釋迦牟尼佛時，於阿沛多羅樹下。"

娑羅 此云"堅固"。北遠云："冬夏不改，故名堅固。"〔一〕西域記云："其樹類斛而皮青白，葉甚光潤，四樹特高。"〔二〕華嚴音義翻爲"高遠"，其林森聳，出於餘林也〔三〕。後分云："娑羅林間，縱廣十二由旬。天人大衆，皆悉徧滿。尖頭針峰，受無邊衆。間無空缺，不相障蔽。"〔四〕大經云：東方雙者，喻常、無常。南方雙者，喻樂、無樂。西方雙者，喻我、無我。北方雙者，喻淨、不淨。四方各雙，故名雙樹，方面皆悉一枯一榮〔五〕。後分云："東方一雙，在於佛後。西方一雙，在於佛前。南方一雙，在於佛足。北方一雙，在於佛首。入涅槃已，東西二雙合爲一樹，南北二雙亦合爲一，二合皆悉垂覆如來，其樹慘然，皆悉變白。"〔六〕

〔一〕北遠：指隋釋慧遠，續高僧傳卷八有傳。此說見其大般涅槃經義記卷一。

〔二〕見大唐西域記卷六拘尸那揭羅國。

〔三〕慧苑新譯大方廣佛華嚴經音義卷下："‘娑羅林’，‘娑羅’者，此云‘高遠’，以其林木森竦，出於餘林之上也。舊翻云‘堅固’者，誤由‘娑囉’之与‘娑羅’聲勢相近。若呼‘堅固’，即轉舌言之。若呼‘高遠’，直之耳。"

〔四〕見大般涅槃經後分卷上應盡還源品。

〔五〕曇無讖譯大般涅槃經卷三〇："善男子！以是因緣故，我於此娑羅雙樹大師子吼。師子吼者,名大涅槃。善男子! 東方雙者,破於無常,獲得於常。乃至北方雙者破於不淨,而得於淨。善男子! 此中衆生爲雙樹故,護娑羅林,不令外人取其枝葉,斫截破壞。我亦如是,爲四法故,令諸弟子護持佛法。何等名四? 常、樂、我、淨。此四雙樹,四王典掌,我爲四王護持我法,是故於中而般涅槃。善男子! 娑羅雙樹花果常茂,常能利益無量衆生。我亦如是,常能利益聲聞緣覺。花者喻我,果者喻樂,以是義故,我於此間娑羅雙樹入大寂定。大寂定者,名大涅槃。"湛然述止觀輔行傳弘決卷七之一: "大經云:東方雙者,喻常、無常。南方雙者,喻樂、無樂。西方雙者,喻我、無我。北方雙者,喻淨、不淨。四方各雙,故名雙樹,方面皆悉一枯一榮。榮喻於常等,枯喻無常等。"

〔六〕見大般涅槃經後分卷上應盡還源品。

畢利叉 亦名"畢落叉",此云"高顯"。佛於下降誕,則爲高勝,名顯天人,故曰"高顯"〔一〕。本行經云:"是時摩耶夫人立地,以手執波羅叉樹枝,即生菩薩。"〔二〕

〔一〕慧苑新譯大方廣佛華嚴經音義卷下:"畢洛叉樹,或曰'畢利叉',此云'高顯',謂佛於下降誕,則謂高勝,名顯人天,故曰'高顯'也。或有處云:佛於阿戌迦樹下生者也。"又,法藏述華嚴經探玄記卷二〇:"畢利叉者,具云'鉢剌叉',義翻云'高顯樹'也。有處名'阿輸迦樹',此云'無憂樹'也。又'阿説他樹',此云'無罪樹',謂遶三匝能滅罪障。此是菩提樹,非是生處樹也。又名'畢鉢羅樹',此云'櫩樹',在嶺南亦有此類可知。"

〔二〕見佛本行集經卷七樹下誕生品。

阿輸迦 或名"阿輸柯"〔一〕,大論翻"無憂花樹"〔二〕。因果經云:"二月八日,夫人往毗藍尼園,見無憂花,舉右手摘,從右脇出。"〔三〕後漢法本内傳〔四〕云:"明帝問摩騰法師曰:佛生日月可知否? 騰曰:昭王二十四年甲寅之歲,四月八日,於毗嵐園内波羅樹下右脇而誕。"故普耀云:"普放大光,照三千界。"〔五〕即周書異記〔六〕云:"昭王二十四年甲寅之歲四月八日,江河泉池,忽然泛漲,并〔七〕皆溢出。宮殿、人舍、山川、大地,咸悉震動。其夜,即有五色氣入貫太微,徧於西方,盡作青紅之色。昭王即問太史蘇由:是何祥耶?蘇由曰:有大聖人,生於西方,故現此瑞。昭王曰:於天下何如?蘇由曰:即時無他。至千年外,聲教被此。昭王即遣鐫石記之,埋在南郊天祠前。"周弟〔八〕六主穆王滿五十二年壬申之歲二月十五日,佛年七十九,方始滅度。故涅槃經云:二月十五日臨涅槃時,出種種光,大地震動,聲至有頂,光徧三千〔九〕。即周書異記云:"穆王即位五十二年壬申之歲二月十五日旦,暴風忽起,發損人舍,傷折樹木,山川、大地,皆悉震動。午後天陰雲黑,西方有白虹十二道,南北通貫,連夜不滅。穆王問太史扈音户多曰:是何徵也?扈多對云:西方有大聖人滅度,衰相現耳。"魏曇謨最及唐法琳、北山神清、法上荅高麗問,朝代並同〔一○〕。荆溪輔行亦云:"當此周昭王甲寅之歲。"〔一一〕

　　第二,齊王簡栖述頭陀寺記云:"周魯二莊,親昭夜景之鑒。"〔一二〕洎隋翻經學士費長房撰開皇三寶錄,佛以周莊王他十年,即春秋左傳云魯莊公七年歲次甲午四月八日也〔一三〕。生相既顯,故普耀云:"普放大光,照三千界。"即左傳説:"恒星不現,夜明也。"〔一四〕瑞應經云:"沸星下現,侍太子生。"〔一五〕故左傳云:"星隕如雨。"〔一六〕本行經説:虛空無雲,自然而雨〔一七〕。左傳又稱"與雨偕也"〔一八〕。又云成道即當第十八主惠王十九年癸亥也,示滅即第二十一主匡王五年癸丑二月十五日也,時年八十矣。孤山注四十二章〔一九〕、淨覺造通源記〔二○〕依此。費氏朝代,由淨名疏云"周時佛興,星隕如雨"〔二一〕故也。法琳評曰:"但據恒星爲驗而云佛生,未悟恒星別由他事。案文殊師利般涅槃云:佛滅度後二百五十年,文殊至雪山,化五百仙人訖,還歸本土,放大光明,徧照世界,入於涅槃。恒星之瑞,即其時也。又,長房言佛以周惠王十九年癸亥成道者,亦有大過。何者?案劉向古、舊二錄云:周惠王時,已漸佛教。一百五十年後,老子方説五千文。若

以惠王之時始成佛者，不應經教已傳洛矣。”〔二二〕

第三，後周道安法師述二教論云：“慧光遐照，莊王因覿夜明。靈液方津，明帝以之神夢。”注云：“春秋左傳云：魯莊公七年歲次甲午四月辛卯夜，恒星不現，星隕如雨。即周之莊王十年也。莊王別傳曰：遂即易筮之云：西域銅色人出也，所以夜明，非中夏之災也。又依什法師年紀及石柱銘，並與春秋符同。如來周桓王五年歲次乙丑生，佛襄王十五年歲在甲申而滅度。”〔二三〕法琳評曰：“安之爲論，據羅什記。羅什記者，承安世高。安世高者，以漢桓帝時在洛陽翻譯。信執筆者，據桓帝時。但羅什秦時始來，世高漢朝先至，二師相去垂三百年，信彼相承，依而爲記，非是安論造次繆陳，並由當時傳者之過。”〔二四〕又法顯傳云聖出殷世武乙二十六年甲午時生者〔二五〕，辨正評曰：“雖外游諸國，傳未可依。年月時乖殊俗，實爲河漢。”〔二六〕又，像正記〔二七〕定平王時戊午歲，法琳評曰：“依像正記，罕見依憑。”〔二八〕案通慧鷲嶺聖賢録〔二九〕，説佛生時，凡有八別：一、夏桀時；二、商末武乙時；三、西周昭王時；四、穆王時；五、東周〔三〇〕平王時；六、桓王時；七、莊王時；八、趙伯休梁大周元年，於廬山遇弘度律師，得佛滅後衆聖點〔三一〕記〔三二〕，推當前周二十九主貞定王亮二年甲戌。前後所指，時既紛雜，故唐貞觀十三年，勅遣刑部尚書劉德威等問法琳法師：“何故傳述乖紊，無的可依？”由是琳師先列其真，後陳其妄，遂定周昭丙寅歲生，周穆壬申世尊示滅。從此起筭，至今紹興十三年歲次癸亥，惣計二千九十四年〔三三〕。此依賾禪師清規集筭〔三四〕。若依文律師年譜〔三五〕，少十三年。西域記云：“自佛涅槃，諸部異議，或云已過九百，未滿千年。或云一千二百餘年，或云一千三百餘年，或云一千五百餘年。”〔三六〕然既古今綿遠，東西杳邈，不宜確執，是一非諸。故南山律師問天人云：“此土常傳佛是殷時、周昭、魯莊等，互説不同，如何定指？荅曰：皆有所以。弟子夏桀時生天，具見佛之垂化。

且佛有三身,法報二身,則非人見,並化登地已上。唯有化身,普被三千百億天下,故有百億釋迦,隨人所感,前後不定,或在殷末,或在魯莊,俱在大千之中。前後咸傳一化,感見隨機前後,法報常自湛然,不足疑也。"〔三七〕辨朝代竟。

　　若論月分,如浴佛經云:"一切佛皆四月八日生也。"〔三八〕瑞應亦云四月八生〔三九〕。薩婆多云二月八生〔四〇〕。費長房云:"仲春二月八夜生。"〔四一〕神清云:"二月八日,大聖誕于迦維。"〔四二〕洎乎示滅之辰,涅槃經曰:"二月十五日,臨涅槃時。"〔四三〕然此諸文出有異者,蓋西域以寅月十六爲歲首,以寅月十五爲歲終。彼分三際之殊,此立四時之別。加復震旦立正,三代有異,夏正建寅,殷正建丑,周正建子。佛之生滅,既準周書,日月之數,當依姬世。三寶紀定四月爲二月,故北山云:"周之二月,今十二月也。而大聖在乎周年,故得以十一月言正,異今之世也。是月也,天地否閉,龍蛇斯蟄,微陽潛布於下泉,勾萌未達於上土。以兹而生者,應氣運而來。以兹而滅者,應代謝而去。"〔四四〕然考二月涅槃,屬十二月,此盡美矣。其定誕生,亦十二月,未盡善也。故二教論云:"周以十一月爲正。春秋四月,即夏之二月也。依天竺用正,與夏同。"〔四五〕又,僧史略云:"江表以今四月八日爲佛生日者,依瑞應經也。如用周正,合是今二月八日。今用建巳,乃周之六月也。詳此濫用建巳月者,由聞聲便用,不撼實求時也。"〔四六〕又,二教論云:"杜預用晉曆,筭辛卯二月五日。安共董供奉用魯曆,筭即二月七日。用前周曆,即二月八日也。"〔四七〕又,今北地尚臘八浴佛,乃屬成道之節。故周書異記云:"周穆王二年癸未二月八日,佛年三十成道,正當今之臘八也。"西域記云:"菩薩以吠舍佉月後半八日,當此三月八日。上座部則以吠舍佉月後半十五日,當此三月十五日。"〔四八〕"聞諸先記曰:佛以生年八十吠舍佉月後半十五日入涅槃,當此三月十五日也。說一切有部則佛以迦剌底迦月

後半八日入涅槃,當此九月八日也。"〔四九〕今詳西域,如奘師
云建寅爲歲首,二月則當建卯,四月乃屬建巳,況涅槃、瑞應
翻傳到此,適當漢魏之後,皆遵夏曆,所以天下相傳以卯月爲
涅槃,以巳月爲降生者,殊有由也。諸文所載,年月日異,故
附此集,録示後世。

〔一〕慧琳一切經音義卷七三:"阿輸柯,下音哥,梵語不切,聲轉輕重耳,
　　　與'迦'字同,董佉反。亦曰'阿迦王',古云'阿育',即無憂王之
　　　梵名。"

〔二〕大智度論卷一〇:"阿輸迦,無憂花樹。"

〔三〕見過去現在因果經卷一。

〔四〕漢法本內傳:凡五卷,第一卷明帝得夢求法品、第二卷請法師立寺
　　　功德品、第三卷與諸道士比校度脱品、第四卷明帝大臣等稱揚品、
　　　第五卷廣通流布品。是書完本後世未傳,其文散見於廣弘明集卷
　　　一、集古今佛道論衡卷一、破邪論卷上、法苑珠林卷一八、續集古今
　　　佛道論衡等。唐道宣、智昇等認爲是漢魏時代之作品,然隋以前之
　　　文獻未見著録。從品目及散見之佚文來看,其內容主要記述後漢
　　　明帝永平年間佛教傳入及佛道論衡之事。

〔五〕普曜經卷七梵天勸助説法品:"於時世尊放身光焰,其明普照三千
　　　大千諸佛世界,靡不周遍。"

〔六〕周書異記:唐前佛教徒爲與道教徒争高下而編撰的著作。學術界
　　　多認爲出現於北魏時期:"元魏佛道之争,自太武帝以後當極劇烈。
　　　所謂老子開天經,乃上接寇謙之謂浮屠爲四十二天(按:中華書局
　　　點校本魏書釋老志校改爲"三十二天")延真宫主之説。而佛徒假
　　　造周書異記及漢法本內傳以駁道説,亦當作於北魏中葉。"(湯用
　　　彤漢魏兩晉南北朝佛教史)唐、宋釋門著述中,多有引用。已佚。

〔七〕并:諸校本作"井"。

〔八〕弟:諸校本作"第"。按:弟,通"第"。

〔九〕詳見曇無讖譯大般涅槃經卷一。

〔一〇〕曇謨最説,見廣弘明集卷一元魏孝明述佛先後;法琳之説,見破邪
　　　論卷上等;神清之説,見北山録卷一聖人生;法上答高麗問,見續高
　　　僧傳卷八齊大統合水寺釋法上傳:"(高句麗國大丞相王高德)莫
　　　測法教始末緣由、西徂東壤年世帝代,故具録事條,遣僧向鄴,啓所
　　　未聞。事叙略云:釋迦文佛入涅槃來,至今幾年? 又於天竺幾年方

到漢地？初到何帝？年號是何？又齊陳佛法，誰先傳告？從爾至今，歷幾年帝？遠請具注。并問十地、智論等人法所傳。上答略云：佛以姬周昭王二十四年甲寅歲生，十九出家，三十成道。當穆王二十四年癸未之歲，穆王聞西方有化人出，便即西入，而竟不還。以此爲驗，四十九年在世。滅度已來，至今齊代武平七年丙申，凡經一千四百六十五年。後漢明帝永平十年，經法初來，魏晉相傳，至今流布。上廣答緣緒，文極指訂，今略舉梗概，以示所傳。"

〔一一〕見湛然述止觀輔行傳弘決卷五之六。

〔一二〕見文選卷五九王屮頭陀寺碑文。

〔一三〕歷代三寶紀卷一一著録道安二教論，有云："其論中云：春秋左傳曰，魯莊公七年歲次甲午四月辛卯夜，恒星不見，星隕如雨。即周莊王十年也。"道安二教論，見廣弘明集卷八。

〔一四〕見左傳莊公七年。

〔一五〕見太子瑞應本起經卷上。

〔一六〕見左傳莊公七年。

〔一七〕佛本行集經卷一〇私陀問瑞品："童子生時，虛空無雲，而下細雨，清淨妙水，八味具足。"

〔一八〕見左傳莊公七年。

〔一九〕按：孤山智圓撰有四十二章經注一卷、四十二章經正義一卷，皆佚。閑居編卷一，有注四十二章經序。

〔二〇〕通源記：仁岳述，爲注疏四十二章經的著作，已佚。高麗義天録新編諸宗教藏總録卷一有著録。

〔二一〕見智顗説、湛然略維摩經略疏卷二。

〔二二〕見唐護法沙門法琳別傳卷中。

〔二三〕見廣弘明集卷八二教論教指通局。

〔二四〕見唐護法沙門法琳別傳卷中。

〔二五〕按：法顯傳師子國記遊："成佛在世四十五年，説法教化，令不安者安，不度者度。衆生緣盡，乃般泥洹。泥洹已來一千四百九十七年，世間眼滅，衆生長悲。"故"依法顯傳推，佛生時則當殷世武乙二十六年甲午"（見歷代三寶紀卷一）。

〔二六〕辯正：指法琳辯正論。其卷五佛道先後篇，分析佛道之先後，然未見有"評曰"之所及者。此説見唐護法沙門法琳別傳卷中。

〔二七〕像正記：隋法經等撰衆經目録卷六佛涅槃後傳記録第八此方諸德

傳記著録,一卷。

〔二八〕見唐護法沙門法琳別傳卷中。

〔二九〕贊寧著鷲嶺聖賢録一百卷,已佚。

〔三〇〕周:原無,據大正藏本補。

〔三一〕點:原作“默”,據永樂北藏本、嘉興藏本改。

〔三二〕衆聖點記:是記載佛陀入滅時間的一種方式,由持善見毗婆沙律之諸師相傳。歷代三寶紀卷一一“善見毗婆娑律”條:“武帝世,外國沙門僧伽跋陀羅,齊言僧賢,師資相傳云:佛涅槃後,優波離既結集律藏訖,即於其年七月十五日受自恣竟,以香華供養律藏,便下一點,置律藏前,年年如是。優波離欲涅槃,持付弟子陀寫俱。陀寫俱欲涅槃,付弟子須俱。須俱欲涅槃,付弟子悉伽婆。悉伽婆欲涅槃,付弟子目揵連子帝須。目揵連子帝須欲涅槃,付弟子旃陀跋闍。如是師師相付,至今三藏法師。三藏法師將律藏至廣州,臨上舶,反還去,以律藏付弟子僧伽跋陀羅。羅以永明六年,共沙門僧猗於廣州竹林寺譯出此善見毗婆沙。因共安居,以永明七年庚午歲七月半,夜受自恣竟,如前師法,以香華供養律藏訖,即下一點。當其年,計得九百七十五點。點是一年。趙伯休,梁大同元年,於廬山值苦行律師弘度,得此佛涅槃後衆聖點記年月,訖齊永明七年。伯休語弘度云:自永明七年以後,云何不復見點?弘度答云:自此已前,皆是得道聖人手自下點。貧道凡夫,止可奉持頂戴而已,不敢輒點。伯休因此舊點,下推至梁大同九年癸亥歲,合得一千二十八年。房依伯休所推,從大同九年至今開皇十七年丁巳歲,合得一千八十二年。若然,則是如來滅度始出千年,去聖尚邇,深可慶歡! 願共勵誠,同宣遺法。”

〔三三〕見唐護法沙門法琳別傳卷中。

〔三四〕宋宗賾集禪苑清規卷二念誦:“如來大師入般涅槃,至今皇宋元符二年,已得二千四十七年。以後隨年增之。”

〔三五〕文律師年譜:俟考。按:高僧傳卷一一釋法穎傳:“時天保寺又有慧文律師,亦善諸部毗尼,爲瑯琊王奐所事云。”又據續高僧傳卷二二陳楊都奉誠寺大律都釋智文傳,智文亦爲律學高僧;據宋高僧傳卷一六唐會稽開元寺允文傳,允文亦爲律學高僧;宋高僧傳卷一六唐越州開元寺丹甫傳有亙文律師。然皆不見有年譜者。

〔三六〕見大唐西域記卷六拘尸那揭羅國。

〔三七〕見道宣律師感通録。

〔三八〕佛説灌佛經：“佛告諸天人民：十方諸佛皆用四月八日夜半時生，十方諸佛皆用四月八日夜半時出家入山學道，十方諸佛皆用四月八日夜半時成佛，十方諸佛皆用四月八日夜半時而般涅槃。”

〔三九〕佛説太子瑞應本起經卷上：“自夫人懷姙，天爲獻飲食，自然日至，夫人得而享之，不知所從來，不復饗王厨，以爲苦且辛。到四月八日夜明星出時，化從右脇生墮地，即行七步，舉右手住而言：‘天上天下，唯我爲尊。三界皆苦，何可樂者？’”

〔四〇〕薩婆多毗尼毗婆沙卷二七種得戒法：“佛以二月八日弗星現時，初成等正覺。亦以二月八日弗星出時生。”

〔四一〕見歷代三寶紀卷一。

〔四二〕見北山録卷一聖人生。

〔四三〕見曇無讖譯大般涅槃經卷一。

〔四四〕見北山録卷一聖人生。

〔四五〕見廣弘明集卷八二教論教指通局。

〔四六〕見大宋僧史略卷上佛降生年代。

〔四七〕見廣弘明集卷八二教論教指通局。

〔四八〕見大唐西域記卷六劫比羅伐窣堵國。

〔四九〕見大唐西域記卷六拘尸那揭羅國。

尼拘律陀　又云“尼拘盧陀”，此云“無節”，又云“縱廣”〔一〕。葉如此方梯葉，其果名多勒，如五升瓶大，食除熱痰。擴華云：義翻楊柳，以樹大子小，似此方楊柳，故以翻之〔二〕。宋僧傳云：“譯之言易也，謂以所有，譯其所無。如拘律陀樹，即東夏楊柳，名雖不同，樹體是一。”〔三〕

〔一〕玄應一切經音義卷一〇：“尼拘陀，應云‘尼拘盧陀’，此譯云‘無節’，亦云‘縱廣樹’也。”慧琳一切經音義卷二六：“尼拘陀，舊音云‘無節樹’，花嚴音云：其葉如柿子，葉子似枇杷，子有蒂，性耐老，樹中最高大也。”

〔二〕擴華：即智圓擴華鈔。參卷一諸佛別名篇第二“提洹竭”條注六。慧琳一切經音義卷一五：“尼拘陀，梵語西國中名也。此樹端直無節，圓滿可愛，去地三丈餘，方有枝葉，其子微細如柳花子。唐國無此樹，言是柳樹者，非也。”

〔三〕見宋高僧傳卷一釋義淨傳。

多羅　舊名"貝多"，此翻"岸"，形如此方椶櫚，直而且高，極高長八九十尺，花如黄米，子大如鉢〔一〕。有人云：一多羅樹高七仞，七尺曰仞，是則樹高四十九尺〔二〕。西域記云："南印建那補羅國北不遠有多羅樹林，三十餘里，其葉長廣，其色光潤。諸國書寫，莫不采用。"〔三〕

〔一〕大如鉢：原無，據慧琳一切經音義補，參下注。

〔二〕慧琳一切經音義卷二七："多羅樹，此方无之，古相傳樹高七仞，一仞七尺，理實，樹形如椶櫚，極高長七八十尺。花如黄米，子大如鉢，人多食之也。"又，卷二三釋"辛頭波羅香"，有云："波羅，此云'岸'也。"又，卷一〇："貝多，西國樹名也。其葉可以裁爲梵夾，書寫墳籍。此葉麁厚，鞭而難用。若書，多以刀畫爲文，然後實墨，爲葉厚故也。不如多羅樹葉，薄軟光滑，白淨細好，全勝貝多。其多羅樹最高，出衆樹表，若斷其苗，決定不生，所以諸經多引爲喻。此等形狀，叵似椶櫚。五天皆有，不及南印度者爲上。西域記中，具説其梵夾葉數種不同，隨方國土，或用赤樺木皮，或以紙作，或以獸皮，或以金、銀、銅葉，良爲諸土無紙故也。"

〔三〕見大唐西域記卷一一恭建那補羅國。

尸陀　正云"尸多婆那"，此翻"寒林"，其林幽邃而寒也〔一〕。僧祇云："此林多死屍，人入寒畏也。"〔二〕法顯傳名"'尸摩賒那'，漢言'棄死人墓田'"〔三〕。四分名"恐畏林"〔四〕。多論名"安陀林"，亦名"晝暗林"〔五〕。

〔一〕玄應一切經音義卷七："尸陀林，正言'尸多婆那'，此名'寒林'，其林幽邃而寒，因以名也。在王舍城側，死人多送其中。今總指棄死之處名'尸陀林'者，取彼名也。"

〔二〕智圓述請觀音經疏闡義鈔卷四："經寒林者，即尸陀林。僧祇律云：此林多死屍，人入如寒可畏也。"然僧祇律中，似無此説。

〔三〕見法顯傳東天竺西天竺記遊。

〔四〕四分律卷一："若有人未離欲，入彼林中身毛皆竪，故名'恐畏林'。"

〔五〕薩婆多毗尼毗婆沙卷五："安陀林者，名'晝闇林'，是林廣大繁茂，林下日所不照。又林主長者名曰'安陀'，故因此爲名。"

曳移結**瑟知林**　西域記:"唐言'杖林'。其林脩勁,被滿山谷。先有婆羅門,聞釋迦佛身長丈六,常懷疑惑,未之信也。乃以丈六竹杖,欲量佛身。恒於丈端出過丈六,如是增高,莫能窮實。遂投杖而去,因植根焉。"〔一〕

〔一〕見大唐西域記卷九摩揭陀國下。

鞞鐸佉　西域記云:"象堅窣堵波北山巖下有一龍泉,是如來受神飯已,及阿羅漢於中漱口嚼楊枝,因即植根,今爲茂林。後人於此建立伽藍,名'鞞鐸佉',唐言'嚼楊枝'。"〔一〕毗奈耶云:嚼楊枝有五利:一、口不臭,二、口不苦,三、除風,四、除熱,五、除痰癊〔二〕。四分:"不嚼楊枝,有五過:口氣臭、不善別味、熱癊不消、不引食、眼不明。"〔三〕

〔一〕見大唐西域記卷一迦畢試國。

〔二〕毗奈耶:又作"鼻那夜"、"毗那耶",又云"毗尼"、"鞞尼迦"等,佛教三藏之一,指佛所説之戒律。十誦律卷四○:"佛言:聽嚼楊枝,有五利益:一者口不苦,二者口不臭,三者除風,四者除熱病,五者除痰癊。復有五利益:一者除風,二者除熱,三者口滋味,四者能食,五者眼明。"

〔三〕見四分律卷五三,亦見卷五九。

彈多扔尼倚**瑟擄**五皆　"彈多",此云齒;"擄",此云木,謂齒木也。長者十二指,短者六指,多用竭陀羅木,此方無故,多用楊枝〔一〕。寄歸傳云:大如小指,一頭緩嚼,淨刷牙關,用罷擘〔二〕破,屈而刮舌〔三〕。五分:"嚼已,應淨洗棄,以蟲食死故。"〔四〕

〔一〕玄應一切經音義卷一五:"齒木,案梵本云'彈多扔瑟擄'。'彈多',此云齒;'扔瑟櫨',此云木。謂齒木也。長者十二指,短者六指也,多用竭陀羅木作之,今此多用楊枝,爲無此木。"竭陀羅,或作"朅地羅",慧琳一切經音義卷六○:"朅地羅木,寒葛反,梵語,西方堅硬木名也。古譯曰'佉陀羅',堪爲橛釘也。"

〔二〕擘:大正藏本作"辟"。

〔三〕南海寄歸內法傳卷一朝嚼齒木:"每日旦朝,須嚼齒木,揩齒刮舌,務令如法,盥漱清淨,方行敬禮。若其不然,受禮禮他,悉皆得罪。

其齒木者,梵云'憚哆家瑟詫','憚哆'譯之爲齒,'家瑟詫'即是其木。長十二指,短不減八指,大如小指,一頭緩,須熟嚼,良久淨刷牙關。若也逼近尊人,宜將左手掩口。用罷擘破,屈而刮舌。或可別用銅鐵作刮舌之篦。或取竹木薄片如小指面許,一頭纖細以剔斷牙,屈而刮舌,勿令傷損。亦既用罷,即可俱洗,棄之屛處。凡棄齒木,若口中吐水及以洟唾,皆須彈指經三、或時謦咳過兩,如不爾者,棄便有罪。或可大木破用,或可小條截爲。"

〔四〕五分律卷二七:"有諸比丘用楊枝竟不洗,虫食而死。佛言:不應爾!用竟淨洗乃棄。"道宣撰四分律刪繁補闕行事鈔卷下諸雜要行篇:"五分:嚼已,應淨洗棄,以蟲食死故。"

波吒釐 西域記云:"舊云'巴連弗邑',訛也。"〔一〕謂女楉樹也〔二〕。

〔一〕見大唐西域記卷八摩揭陀國上。玄應一切經音義卷二五:"波吒釐,力之反,亦云'波吒梨耶',舊言'巴連弗',訛也。是一花樹名,因此花樹,以目城也。"

〔二〕澄觀述大方廣佛華嚴經隨疏演義鈔卷七七:"波吒釐樹,謂女婿樹也。"

阿梨 或云此方無,故不翻。其樹似蘭,枝若落時,必爲七分〔一〕。義淨譯孔雀經:"頭破作七分,猶如蘭香蕱。"復自解曰:"梵云'頞杜迦曼折利'。'頞杜迦',蘭香也。'曼折利',蕱頭也。舊云'阿梨樹枝',既不善本音,復不識其事,故致久迷。然問西方,元無阿梨樹也。"〔二〕

〔一〕慧琳一切經音義卷三五:"蘭香蕱,霜交反,正體作'梢',從木肖聲,此即如來譬喻説也。凡蘭香花出時,梢頭花子分爲七分。罪人善神碎其頭,破作七分,如彼蘭香梢頭。古譯云'阿梨樹枝'者,謬也,本無阿梨樹。"

〔二〕見義淨譯佛説大孔雀呪王經卷上。

尸利沙 或云"尸利灑",即此間合昏樹。有二種:名尸利沙者,葉實俱大;名尸利駛者,葉實俱小〔一〕。又"舍離沙",此云"合歡"〔二〕。

〔一〕玄應一切經音義卷三:"尸利沙,即是此間合昏樹也。其樹種類有二:若名尸利沙者,葉果則大;若名尸利駛者,葉果則小。此樹時生人間,關東下里家誤名娑羅樹是也。"

〔二〕陀羅尼集經卷一〇功德天像法:"舍離沙,此云'合歡'。"

荃提 "荃"謂荃草,出崑崙山;"提"謂可遷徙提挈也。見經音義〔一〕。

〔一〕玄應一切經音義卷一九:"荃提,或言'遷提',謂可遷徙提挈也;或作"荃提",言以荃草爲之也。非此方物,出崑崙中也。"

伊蘭 觀佛三昧海經云:"譬如伊蘭,與㫋檀生末利山中,牛頭㫋檀生伊蘭叢中。未及長大,在地下時,牙莖枝葉,如閻浮提竹笋。衆人不知,言此山中純是伊蘭,無有㫋檀。而伊蘭臭,臭若胖屍,熏四十由旬。其華紅色,甚可愛樂。若有食者,發狂而死。牛頭㫋檀雖生此林,未成就故,不能發香。仲秋月滿,卒從地生,成㫋檀樹。衆人皆聞牛頭㫋檀上妙之香,永無伊蘭臭惡之氣。"〔一〕

〔一〕見佛說觀佛三昧海經卷一六譬品。又,慧琳一切經音義卷二五:"伊蘭,具足應云'伊那拔羅',此云'極臭木'也。"又,卷二七:"㫋檀,'㫋檀那',謂牛頭㫋檀等。赤即紫檀之類,白謂白檀之屬。"

五果篇第三十二

律明五果:一、核果,如棗、杏等。二、膚果,如梨、柰,是皮膚之果。三、殼果,如椰子、胡桃、石榴等。四、檜果。字書:空外反。麤穅皮謂之檜,如松柏子。五、角果,如大、小豆等。

頗羅 此云"果"〔一〕。

〔一〕大智度論卷四八:"頗羅,秦言'果'。"

菴羅 正云"菴没羅",或"菴羅婆利"。肇注:"此云柰也。"〔一〕柰女經云:"維耶梨國梵志園中,植此柰樹,樹生此女,梵志收養。至年十五,顏色端正,宣聞遠國,七王爭聘。梵志大懼,乃置女高樓,謂七王曰:'此非我女,乃樹所生。設與一王,六王必怒。今在樓上,請王平議。應得者取之,非我制也。'其夜,瓶沙王從伏竇中入,登樓共宿,謂女曰:'若生男,當還我.'即脱手金鐶之印,付女爲信,便出語群臣言:'我已得女.'瓶沙軍皆稱萬歲。六王罷去。後女生故活,至年[二]八歲,持環印見瓶沙王,王以爲太子。至二年,會闍王生,因讓曰:'王今嫡子生矣,應襲尊嗣.'遂退其位。"[三]肇師注云:"其果似桃而非桃。"[四]略疏云:"似柰[五],定非柰也。又翻爲'難分別',其果似桃而非桃,似柰而非柰。此與大經意同。經云:'如庵羅果,生熟難分.'具有四句,釋難分別:一、内外俱生。二、外熟内生。三、外生内熟。四、内外俱熟。"[六]纂要云:"舊譯爲柰,誤也。此果多華,子甚少,其葉似柳而長一尺,廣三指。果形似梨而底鈎曲,生熟難知,可以療疾。彼國名爲王樹,謂在王城種之。"[七]

〔 一 〕僧肇撰注維摩詰經卷一:"肇曰:菴羅,果樹名也。其果似桃而非桃。先言柰氏,失。事在他經。"

〔 二 〕年:原作"十",據諸校本及佛説㮈女祇域因緣經改。

〔 三 〕見佛説㮈女祇域因緣經。

〔 四 〕見僧肇撰注維摩詰經卷一,參注一。

〔 五 〕似柰:原作"柰樹",據維摩經略疏改。

〔 六 〕見智顗説、湛然略維摩經略疏卷一。"經云"者,經中多見,如大莊嚴論經卷一二、大般涅槃經卷六等。賢愚經卷五沙門守戒自殺品:"沙門四種,好惡難明,如菴羅果,生熟難知。或有比丘,威儀庠序,徐行諦視,而内具足貪欲、恚癡、破戒、非法,如菴羅果外熟内生。或有比丘,外行麤踈,不慎儀式,而内具足沙門德行、禪定、智慧,如菴羅果内熟外生。或有比丘,威儀麤獷,破戒造惡,内亦具有貪欲、恚癡、慳貪、嫉妬,如菴羅果内外俱生。或有比丘,威儀庠審,持戒自守,而内具足沙門德行、戒定、慧解,如菴羅果内外俱熟。"

〔 七 〕纂要:不詳。玄應一切經音義卷八:"菴羅,或言'菴婆羅',果名也。案,此果花多而結子甚少,其葉似柳而長一尺餘,廣三指許,果形似梨而底鈎曲,彼國名爲上樹,謂在王城種之也。經中生熟難知者,即此也。舊譯云'柰',應誤也,正言'菴没羅'。"

菴摩勒 肇曰:"形似檳榔,食之除風,冷時手執此果故,即以爲喻。"[一]西域記云:"菴没羅果而有兩種:小者生青熟

黄,大者始終青色。"〔二〕

〔一〕見僧肇撰注維摩詰經卷三。

〔二〕見大唐西域記卷四秣菟羅國。

阿摩勒　樹葉似棗,華白而小,果如胡桃,味酸甜,可入藥〔一〕。

〔一〕慧琳一切經音義卷一三:"阿末羅果,滿鉢反,舊曰'菴磨羅果',亦名'阿磨勒果',其葉似棗,其花白小,果如胡桃,其味酸而且甜,可入藥用。經中言'如觀掌中菴摩勒果'是。"又,卷二五:"阿摩勒,此云'無垢'。南本經作'呵黎勒',誤也。此方其識。淨三藏云:菴摩勒迦,此云'苦澁藥',形如小柰。若云'菴摩羅'、'菴没羅',狀如木㮈,大如鶩子,甘美。或生如熟,或熟如生,故經云'生熟難分'者也。鞞醯勒者,狀如甘子,味酸。並無正翻也。"

訶梨勒　新云"訶梨怛雞",此云"天主持來"。此果爲藥,功用至多,無所不入〔一〕。

〔一〕玄應一切經音義卷二四:"訶梨怛雞,舊言'呵梨勒',翻爲'天主持來',此果堪爲藥分,功用極多,如此土人參、石斛等也。"

頻婆　此云"相思果",色丹且潤〔一〕。

〔一〕玄應一切經音義卷三:"頻婆果,此譯云'相思'。"慧琳一切經音義卷二七:"頻婆果,色丹且潤之果,此方無之也。"

阿摩落迦　西域記云:"印度藥果之名也。"〔一〕

〔一〕見大唐西域記卷八摩揭陀國上。善見律毗婆沙卷一:"復有雪山鬼神獻藥果,名阿摩勒呵羅勒,此果色如黄金,香味希有。"

播囉師　此云"胡桃"〔一〕。

〔一〕牟利曼陀羅呪經:"播囉師木,云'胡桃'。"即核桃。弘贊輯四分律名義標釋卷一八律藏卷第二十一:"胡桃,梵云'播囉師',此云'胡桃'。漢張騫使西域,還至羌胡,持其種歸,植之秦中,後漸生東土,故曰'胡桃'。其樹株大,厚葉多陰,結實有房。秋冬熟時,收採碎殼,取肉食之。頻食健身生髮,多食動風生痰。實上外包青皮,染髮及帛皆黑,樹皮染褐色甚奇。"

鎮頭迦　此云"柿"〔一〕。

〔一〕牟利曼陀羅呪經:"鎮頭迦木,云'柿木'。"慧琳一切經音義卷二五:"鎮頭迦果,古譯云'狀',同此方柿子之類也。"

篤迦 此云"栗"〔一〕。

〔一〕牟利曼陀羅呪經:"篤迦木,云'栗木'。"

居崚音陵迦 此云"李"〔一〕。

〔一〕牟利曼陀羅呪經:"居迦,云'李子木'。"

曷迦樹 此云"鬱勃"〔一〕。

〔一〕曷迦樹:原作"曷樹迦",據牟利曼陀羅呪經等改。牟利曼陀羅呪
經:"曷迦樹,云'鬱勃'。"或作"過迦樹"。可洪新集藏經音義隨函
錄卷九:"曷迦,上烏割反,正作'過'。"

惡叉聚 資中曰:此云"縱貫珠"。無始無明,熏習成種,
種必有果,子子相生,熏習不斷〔一〕。真際〔二〕云:惡叉,樹
名,其子似没食〔三〕子,生必三顆同蒂,喻惑業苦三,同時具
足。言惑業苦者,惑乃煩惱道,業即業道,苦謂苦道。而此三
道,通於三土。故輔行云:"分段三道,謂見思惑爲煩惱道,煩
惱潤業爲業道,感界內生爲苦道。方便三道,謂塵沙惑爲煩
惱道,以無漏業名爲業道,變易生死名爲苦道。實報三道,謂
無明惑爲煩惱道,非漏非無漏業爲業道,彼土變易名爲
苦道。"〔四〕

〔一〕思坦集注楞嚴經集注卷一引資中弘沇楞嚴經疏:"梵語'惡叉聚',
此云'縱貫珠'。無始無明,熏習成種,種必有果。縱貫珠,其子似
没石子,生必三顆同蒂,以喻惑業苦三,同時具足。經云:'諸法於
識藏,藏於法亦然,更互爲果性,亦常爲因性。'"子璿集首楞嚴義
疏注經卷一:"無始無明,熏習成種,種必有果,子子相生,熏習不
斷。如線貫珠,次第相連,名惡叉聚。惡叉,梵語,此云'線貫珠'。
經云:'諸法於識藏,藏於法亦然,更互爲果性,亦常爲因性。'應法
師云:惡叉,樹名,其子形如没食子,彼國多聚以賣之,如此間杏仁,
故以爲喻,喻惑業苦也。"

〔二〕真際:據楞嚴經集注,"法師諱崇節",撰有楞嚴經刪補疏。

〔三〕食:原作"石",據意改。玄應一切經音義卷八:"惡叉聚,惡叉,樹
名,其子形如無食子,彼國多聚以賣之,如此間杏人,故以喻也。"窺
基撰成唯識論述記卷二:"其惡叉,形如無食子,落在地時,多爲聚,
故以爲喻也。"

〔四〕見湛然述止觀輔行傳弘決卷三之一。

摩那陀 此云“醉果”〔一〕。

〔一〕玄應一切經音義卷三:“摩那陀果,此譯云‘醉果’。”或作“摩陀那”。玄應一切經音義卷二三:“末達那果,或云‘摩陀那’,又言‘摩陀羅’,此云‘醉果’,甚堪服食,能令人醉,故以名焉。”慧琳一切經音義卷一八:“末達那果,梵語,西國果名也,此國無。其果大如檳榔,食之令人醉悶。亦名‘醉人果’,堪入藥用也。”

百華篇第三十三

十輪〔一〕云:供養有三:一、利益,以四事等;二、敬心,將華表情;三、修行,若有持說,即為供養〔二〕。大品云:“釋提桓因及三千大千世界中諸天,化作華,散佛、菩薩摩訶薩、比丘僧及須菩提上,亦供養般若波羅蜜。是時,三千大千世界華悉周徧於虛空中,化成華臺,端嚴殊妙。須菩提心念:‘是天子所散華,天上未曾見如是華。華是化華,非樹生華。是諸天子所散華,從心樹生,非樹生華。’釋提桓因知須菩提心所念,語須菩提言:‘大德!是華非生華,亦非意樹生。’須菩提語釋提桓因言:‘憍尸迦!是華若非生法,不名為華。’釋提桓因語須菩提言:‘大德!但是華不生,色亦不生,受、想、行、識亦不生。’須菩提言:‘憍尸迦!非但是花不生,色亦不生,若不生,是不名為色。受、想、行、識亦不生,若不生,是不名為受、想、行、識。’”〔三〕以如是華,供如是佛,顯能所以不二,彰依正以無殊,号不思議法供養也。

〔一〕十輪:永樂北藏本、嘉興藏本作“十輪經”。

〔二〕十地經論卷三:“一切供養者,有三種供養:一者、利養供養,謂衣服、臥具等;二者、恭敬供養,謂香花幡蓋等;三者、行供養,謂修行信戒行等。”四事,衣服、臥具、飲食、湯藥。佛本行集經卷一發心供養品:“四事具足,所謂衣服、飲食、臥具、湯藥。”增一阿含經卷一三:“國土人民四事供養:衣被、飲食、床臥具、病瘦醫藥,無所渴乏。”

〔三〕見摩訶般若波羅蜜經卷八散花品。

布瑟波　此云"華"〔一〕。

〔一〕<u>唐金剛智</u>譯金剛頂瑜伽中略出念誦經卷三："補瑟波,花。"

弗把提　此云"天華"〔一〕。

〔一〕經律異相卷一八華天先世採花供養今天雨其花："弗把提,<u>梁</u>言'花天'。"

須曼那　或云"須末那",又云"蘇摩那",此云"善攝意",又云"稱意華"〔一〕。其色黃白而極香,樹不至大,高三四尺,下垂如蓋。<u>須曼女</u>生於須曼花中〔二〕。

〔一〕<u>慧琳</u>一切經音義卷二六："須曼那花,亦云'蘇摩那',此云'好意花'也。"又,卷二三："蘇摩那花,此云'悅意花',其花形色俱媚,令見者心悅,故名也。"

〔二〕佛說㮈女耆婆經："須曼女者,生於須曼華中,國有<u>迦羅越</u>家,常笮須曼,以爲香膏,笮膏石邊,忽作瘤節,大如彈丸,日日長大,至如手拳,石便爆破,見石節之中,耿耿如螢火,光射出墮地。三日而生須曼,又三日成華,華舒中有小女兒,<u>迦羅越</u>取養之,名曰<u>須曼女</u>。"

末利　亦云"摩利",此云"㮈"〔一〕。又云"鬘",華堪作鬘故〔二〕。<u>善見律</u>云:"<u>廣州</u>有,其華藤生。"〔三〕

〔一〕<u>玄應</u>一切經音義卷五："末利,謨鉢反,案西域記,此譯云'㮈',因㮈而得報者也。"

〔二〕<u>慧琳</u>一切經音義卷二七："末利花,鬘,花堪作鬘。"

〔三〕見善見律毗婆沙卷一五。

闍提　此云"金錢華"〔一〕。

〔一〕<u>慧琳</u>一切經音義卷二七："闍提,金錢花。"大陀羅尼末法中一字心咒經:"闍提花香,似梔子花香。"

波羅羅　此云"重生華"〔一〕。

〔一〕<u>吉藏</u>撰法華義疏卷一一："波羅羅華,此云'重佇龍切'。"<u>唐智度</u>述法華經疏義纘卷六法師功德品:"'波羅羅華'者,此云'重生華'。重字平聲。"

婆利師迦　亦云"婆師迦",又云"婆使迦",此云"夏生華"。又翻"雨華",雨時方生,故曰"雨華"〔一〕。

〔一〕<u>慧琳</u>一切經音義卷二一："婆利師迦,此云'雨時生者花',即以此花和合爲香故,還立此名。案梵語云'婆利師',此云'雨'也;'迦'者,'時'也。其花要至雨時方生,故名也。"又,卷二三:"婆師迦花,具云'婆利史迦'。言'婆利史'者,此云'雨'也;'迦'謂'迦羅',此云'時'也。西域呼夏爲雨,其花生於夏時,故名也。"

那婆　此云"雜華"[一]。

〔一〕翻梵語卷一雜法名第六:"那婆摩利油燈,譯曰:'那婆'者,雜;'摩利'者,花。"

優曇鉢羅　此云"瑞應"[一]。般泥洹經云:"閻浮提内,有尊樹王,名優曇鉢,有實無華。優曇鉢樹有金華者,世乃有佛。"[二]施設論云:繞贍部洲,有輪王路,廣一踰繕那。無輪王時,海水所覆,無能見者。若轉輪王出現于世,大海水減一踰繕那,此輪王路尒乃出現,金沙弥布,衆寶莊嚴,旃檀香水以灑其上。轉輪聖王巡幸洲渚,與四種兵俱游此路,此華方生[三]。新云"烏曇鉢羅"[四]。

〔一〕慧琳一切經音義卷一二:"優曇鉢羅,或云'烏曇跋羅',或但云'優曇',皆梵語訛略也。"又,卷八:"優曇花,梵語,古譯訛略也,梵語正云'烏曇跋羅',此云'祥瑞雲異天花'也。世間無此花,若如來下生,金輪王出現世間,以大福德力故,感得此花出現。"卷二五:"優曇華,此云'希有花',亦名'應瑞'也。"卷一三:"烏曇跋羅,梵語花名,舊云'優曇波羅花',或云'優曇婆羅花'。葉似梨,果大如拳,其味甜,無花而結子,亦有花而難值,故經中以喻希有者也。"

〔二〕見佛般泥洹經卷下。

〔三〕阿毗達磨大毗婆沙論卷一二九:"如施設論説:贍部洲邊繞大海際,有轉輪王路,廣一踰繕那。諸轉輪王若不出世,水所覆没,無能遊履。若出世時,海水周減一踰繕那,此路乃現。平飾清淨,底布金砂,栴檀香水自然灑潤。輪王每欲巡此洲時,導從四軍而遊此路。"

〔四〕希麟續一切經音義卷六:"優曇鉢羅,次徒含反,梵語也,舊云'優曇',正云'烏曇鉢羅',此云'祥瑞雲奇異天花'也。世間無此花,若如來下生,金輪出現,以大福德力故,感得此花出現也。"

分陁利　此云"白蓮華"[一]。叡師云:"未敷名屈摩羅,將落名迦摩羅,處中盛時名分陀利。"[二]體逐時遷,名隨色變,故有三名[三]。

〔一〕慧琳一切經音義卷三:"奔荼利迦花,古云'芬陀利',正梵音云'本拏哩迦花',唐云'白蓮花'。其花如雪如銀,光奪人目,甚香,亦大,多出彼池(按:即無熱惱池),人間無有。拏,音奴雅反。"

〔二〕叡師:釋僧叡,高僧傳卷六有傳。此説見僧叡妙法蓮華經後序:"諸華之中,蓮華最勝,華尚未敷名屈摩羅,敷而將落名迦摩羅,處中盛時名芬陀利。"

〔三〕智顗説妙法蓮華經玄義卷七下:"遠師云:分陀利伽,是蓮華開喻。然體逐時遷,名隨色變,故有三名也。"

優鉢羅　或"漚鉢羅",或"嗢鉢羅",此云"青蓮華"〔一〕。優鉢羅盤那女生青蓮華中〔二〕。

〔一〕慧琳一切經音義卷五:"嗢鉢羅花,上烏骨反,梵語也,細葉青色蓮花也。古云'漚鉢羅',或名'優鉢羅',皆訛也。此花最香最大,人間絶無,雪山無熱惱池有。"又,卷一二:"殟鉢羅花,上温骨反,此即梵語,唐云'青蓮花'也。其花青色,葉細狹長,香氣遠聞,人間難有。或名'優鉢羅'也。"卷二一:"優鉢羅花,具正云'尼羅烏鉢羅'。'尼羅'者,此云青;'烏鉢羅'者,花號也。其葉狹長,近下小圓,向上漸尖,佛眼似之,經多爲喻。其花莖似藕,梢有刺也。"

〔二〕佛説奈女耆婆經:"時又有梵志家,浴池中自然生青蓮華,華特加大,日日益長,如五斗瓶。華舒,見中有女兒,梵志取養之,名波曇女。"波曇女,大智度論等作"優鉢羅盤那女"。

鉢特摩　此云"紅蓮華"〔一〕。

〔一〕慧琳一切經音義卷三:"鉢特摩花,古云'鉢頭摩',或云'鉢弩摩',正梵音云'鉢納摩',此人間紅蓮華之上者。或云赤黃色花。"

摩訶鉢特摩　此云"大紅蓮華"。大論:"問:諸牀可坐,何必蓮華?答:牀爲世間白衣坐法。又以蓮華軟淨,欲現神力,能坐其上,令不壞故。又以莊嚴妙法座故。云云。又如此華華臺,嚴淨香妙可坐。"〔一〕

〔一〕見大智度論卷八。

拘勿投　亦云"拘勿頭",此云"地喜花"〔一〕。亦云"拘某陀",此云"黃蓮華"〔二〕。

〔一〕玄應一切經音義卷三:"文羅,又作'拘勿阤',又作'拘牟頭',或作'拘勿頭',此云'拘'者地,'勿阤'者喜,名'地喜花'也。"

〔二〕慧琳一切經音義卷三:"拘某陀花,古云'拘勿頭',正梵音'拘牟
那',此即赤蓮花。深朱色,人間亦無,唯彼池(按:即無熱惱池)
有,甚香,亦大也。"

曼殊沙　此云"柔軟",又云"赤華"〔一〕。

〔一〕參後"曼陁羅"條注。

阿〔一〕**羅歌**　或"阿迦",此云"白花"〔二〕。

〔一〕阿:原作"何",據慧琳一切經音義改,參下注。

〔二〕慧琳一切經音義卷四五:"阿迦花,應云'阿羅歌花',此云'白
花'。"

曼陁羅　此云"適意",又云"白花"〔一〕。

〔一〕慧琳一切經音義卷二一:"曼陀羅,此云'悦意花',又曰'雜色花',
亦云'柔軟聲',亦云'天妙花'也。"又,卷二五:"曼陀羅花,此云
'圓花'也。摩訶曼陀,'大圓花'也。亦名'適意'、'大適意'也。"
又,吉藏撰法華義疏卷二:"'曼陀羅華'者,河西道朗云:'天華名
也。中國亦有之,其色似赤而黄,如青而紫,如緑而紅。''曼殊沙
華'者,亦天華名也。其色鮮白,無白能爲喻。注經云'如意華,隨
諸天意出生,故以爲名'也。'大曼陀羅華'者,大如意華,此出正
法華經也。道行翻云'成意華'也。'曼殊沙華'者,是圓華也。次
是大圓華也。"窺基撰阿彌陀經疏:"稱讚淨土經云:見此華者,心
雖適悦而不貪著,更增衆生殊勝功德。曼陀羅者,此云'赤圓蓮
華',亦云'如意華',正法華經名'適意華'、'大適意華'。曼殊沙
華,名爲'柔軟華'。大品經中帝釋雨曼陀羅華供養般若波羅蜜,
須菩提言:此華從心樹生,即如心所欲而雨。"

阿提目多伽　舊云"善思夷華",此云"苣蕂子"。苣勤似
蕂音勝,胡麻也。又云此方無,故不翻〔一〕。或翻"龍舐花",
其草形如大麻,赤花青葉,子堪爲油,亦堪爲香〔二〕。

〔一〕慧琳一切經音義卷二六:"阿提目多伽花,古音云'樂脱'。樂,音
雅孝反。"翻梵語卷二比丘名第十一:"阿提目多,應云'阿提目多
伽',譯曰'解脱',亦云'愛樂'。"

〔二〕湛然述法華文句記卷一〇釋分別功德品:"阿提目多伽,有人云:此
云'龍舐華',其草形如大麻,赤華青葉,子堪爲油,亦堪爲香。"

婆訶迦羅　大論云:"赤華樹。"〔一〕

〔一〕見大智度論卷一〇。

阿樓那　或“阿盧那”，此云“紅赤色香華”，如日出前紅赤相，梵呼彼相爲阿樓那〔一〕。

〔一〕慧琳一切經音義卷二二：“阿樓那香，紅赤色香，其色一如日欲出前之紅赤相，即梵語中呼彼赤相爲阿樓那也。”又，卷二一：“阿盧那花，此云日欲出時紅赤之相。其花色似彼，故用彼名之謂，即紅蓮花也。”

育坻直尸切　此云“相應花”〔一〕。

〔一〕玄應一切經音義卷一：“育坻花，坻，音直尸反，此譯云‘相應花’也。”

波羅奢華　章安云：“此是樹名，其葉青色，華有三色：日未出時則黑色，日正照時華赤色，日没時華黄色。今取赤色，如血義耳。”〔一〕經音義云：“此華樹汁，其色甚赤，用染皮氎，名曰紫礦古猛切。”〔二〕

〔一〕灌頂撰大般涅槃經疏卷一：“波羅奢是樹名，葉青，華有三色：日未照則黑；日照則赤，赤脈皆現；日没則黄。表未奉召三善不生如黑，奉召悲哀如赤，無佛如黄。”

〔二〕玄應一切經音義卷五：“紫礦，古猛反，波羅奢樹汁也。其色甚赤，用染皮氎等是也。”又，卷二三：“波羅奢樹，此云‘赤花樹’，樹汁淬極赤，用之爲染，今紫礦是也。”

俱蘭吒　此云“紅色華”〔一〕。大論云：一、人間蓮華十餘葉，二、天華百葉，三、菩薩華千葉〔二〕。

〔一〕玄應一切經音義卷一：“俱蘭吒花，或云‘拘蘭茶花’，此譯云‘紅色花’也。”

〔二〕大智度論卷一〇：“蓮華有三種：一者、人華，二者、天華，三者、菩薩華。人華，大蓮華十餘葉；天華百葉；菩薩華千葉。”

眾香篇第三十四

淨名疏云：“香是離穢之名，而有宣芬、散馥、騰馨之用。”〔一〕感通傳：“天人費氏云：人中臭氣，上熏於空四十萬里。諸天清淨，無不厭之。但以受佛付囑，令護於法。佛尚

與人同止,諸天不敢不來。"〔二〕故佛法中,香爲佛事。如大
論云:"天竺國熱,又以身臭,故以香塗身,供養諸佛及
僧。"〔三〕戒德香經:"阿難白佛:世有三種香:一曰根香,二曰
枝香,三曰華香。此三品香,唯能隨風,不能逆風。"〔四〕故今
所列,並此三也。

〔一〕見智顗説、湛然略維摩經略疏卷一〇。

〔二〕見道宣律相感通傳。

〔三〕見大智度論卷九三。

〔四〕見曇無蘭譯佛説戒德香經。

乾陁羅耶　正言"健達",此云"香"〔一〕。張華博物志
云:"有西國使獻香者,漢制,不滿斤不得受。使乃私去,著香
如大豆許在宮門上,香聞長安四面十里,經月乃歇。"〔二〕華
嚴云:"善法天中有香,名淨莊嚴。若燒一圓而以熏之,普使
諸天心念於佛。"〔三〕

〔一〕慧琳一切經音義卷九:"揵沓和,又云'揵陀羅',或作'乾沓婆',或
云'揵達婆',或云'乾闥婆',舊名也。今正言'犍達嚩',皆國音之
不同也。此云'齅香',亦云'樂神',一云'食香'。舊云'香神',
亦近也。經中亦作'香音神'也。義譯云'尋香神',此譯爲正也。"

〔二〕見博物志卷二異産。

〔三〕見實叉難陀譯大方廣佛華嚴經卷六七。

多阿摩羅跋陁羅　"多",此云"性";"阿摩羅",此云"無
垢";"跋陀羅",此云"賢"〔一〕。或云"藿葉香"〔二〕,或云
"赤銅葉"〔三〕。

〔一〕窺基撰妙法蓮華經玄贊卷七:"'多摩羅跋斾檀香'者:'多'是性
義;'阿摩羅'者,無垢義,聲勢合故,遂略去'阿'字;'跋馳(按:當
爲"陁"字之誤)羅'是賢義,略但云'跋'。"

〔二〕翻梵語卷一佛名第二:"多摩羅跋栴檀香,譯曰'藿葉香'也。"慧琳
一切經音義卷二六:"多摩羅跋香,此云'藿葉香'也。"

〔三〕波羅頗蜜多羅譯般若燈論釋卷一五:"多摩羅跋者,唐言'赤銅
葉'。"

牛頭栴〔一〕**檀**　或云此方無,故不翻。或云義翻"與

藥”，能除病故〔二〕。慈恩傳云：“樹類白楊，其質涼冷，蛇多附之。”〔三〕華嚴云：“摩羅耶山出旃檀香，名曰牛頭。若以塗身，設入火坑，火不能燒。”〔四〕正法念經云：“此洲有山，名曰高山。高山之峰，多有牛頭栴檀。若諸天與修羅戰時，爲刀所傷，以牛頭栴檀塗之即愈。以此山峯狀如牛頭，於此峯中生旃檀樹，故名牛頭。”〔五〕大論云：“除摩梨山，無出旃檀。”〔六〕白檀治熱病，赤檀去風腫。摩梨山，此云“離垢”，在南天竺國。

〔一〕栴：大正藏本作“旃”，後同。
〔二〕窺基撰妙法蓮華經玄贊卷二：“旃檀者，赤謂牛頭栴檀，黑謂紫檀之類，白謂白檀之屬。”慧苑新譯大方廣佛華嚴經音義卷上：“栴檀，此云‘與樂’，謂白檀能治熱病，赤檀能去風腫，皆是除疾身安之藥，故名‘與樂’。”又，慧琳一切經音義卷二九：“栴檀，梵語香木名也，唐無正譯，即白檀香是也，微赤色者爲上。”
〔三〕見大慈恩寺三藏法師傳卷四。按：此指栴檀儞婆樹而言。慈恩傳原是爲説明栴檀儞婆樹與白檀樹不同。大唐西域記卷一〇秣羅矩吒國亦云：“栴檀你婆樹，樹類白檀，不可以別，唯於盛夏，登高遠瞻，其有大蛇縈者，於是知之。猶其木性涼冷，故蛇盤也。”
〔四〕見實叉難陀譯大方廣佛華嚴經卷六七。
〔五〕見正法念處經卷六九。
〔六〕見大智度論卷二。

瞻蔔 或“詹波”，正云“瞻〔一〕博迦”〔二〕。大論翻“黃華樹”〔三〕，形高大。新云“苦末羅”，此云“金色”。西域近海岸樹，金翅鳥來，即居其上〔四〕。

〔一〕瞻：永樂北藏本、嘉興藏本作“瞻”。
〔二〕慧琳一切經音義卷一三：“瞻博迦，舊曰‘旃簸迦’，或作‘詹波’，亦曰‘瞻蔔’，又作‘占波花’，皆方夏言音之差耳，此云‘金色花’。大論云‘黃花樹’，形高大，花亦甚香，其氣逐風甚遠。”
〔三〕見大智度論卷一〇。
〔四〕慧苑新譯大方廣佛華嚴經音義卷上：“苦末羅，西域近海岸邊樹名，此翻爲‘黃雜色’。金翅鳥若來，即居其上也。”

　　多伽羅　或云“多伽留”，此云“根香”〔一〕。大論云：
“多伽樓木，香樹也。”〔二〕

〔一〕玄應一切經音義卷一：“多伽羅，此云‘根香’。”又，卷二〇：“多伽
　　　留香，又作‘多伽樓’，譯云‘木香樹’也。一云‘不没香’。”

〔二〕見大智度論卷一〇。

　　波利質多羅　此云“圓生”〔一〕。大經云：三十三天有波
利質多羅樹，其根入地深五由旬，高百由旬，枝葉四布五十由
旬。其華開敷，香氣周徧五十由旬〔二〕。又翻“間錯莊嚴”，
衆雜色華周匝莊嚴〔三〕。法華文句指此爲天樹王也〔四〕。

〔一〕慧琳一切經音義卷二三：“波利質多羅樹，具云‘波利耶怛羅拘毗陀
　　　羅’，此云‘香遍樹’，謂此樹根、莖、枝、葉、花、實皆香，普能遍熏忉
　　　利天宫。”卷二七：“波利質多羅，圓生樹香也。”

〔二〕曇無讖譯大般涅槃經卷二九：“三十三天有波利質多樹，其根入地
　　　深五由延，高百由延，枝葉四布五十由延，葉熟則黄。諸天見已，心
　　　生歡喜，是葉不久必當墮落。其葉既落，復生歡喜，是枝不久必當
　　　變色。枝既變色，復生歡喜，是色不久必當生疱。見已復喜，是疱
　　　不久必當生嘴。見已復喜，是嘴不久必當開剖。開剖之時，香氣周
　　　遍五十由延，光明遠照八十由延。爾時，諸天夏三月時在下受樂。”

〔三〕慧琳一切經音義卷二三：“波利質多羅樹：‘波利’，此云‘遍’也。
　　　亦曰‘周匝’；‘質多羅’，云‘間錯莊嚴’也。言此樹衆雜色花周匝
　　　嚴飾。或曰‘圓妙莊嚴’也。”

〔四〕湛然述法華文句記卷三中：“經云‘天樹王’者，即忉利天波利質多
　　　羅樹。”

　　拘鞞陀羅　此云“大游戲地樹香”也〔一〕。

〔一〕唐澄觀述華嚴經行願品疏卷九：“拘鞞陀羅，即波利質多羅樹，梵音
　　　具云‘利耶咀羅拘鞞陀羅’，此云‘香遍樹’。”唐栖復集法華經玄贊
　　　要集卷三四：“經言‘拘鞞陀羅樹香’者，此云‘大遊戲樹’，亦云‘圓
　　　生樹香’也。樹高五百由旬，香氣逆風五十由旬，順風百踰繕那，即
　　　忉利天大集樹也。”

　　阿伽樓　大論云：“蜜香樹。”〔一〕

〔一〕大智度論卷一〇：“香樹者，名阿伽樓、蜜香樹。多伽樓、木香樹。栴
　　　檀，如是等種種香樹。華樹名占匐、黄華樹。阿輪迦、無憂花樹。婆呵

迦羅，_{赤華樹。}如是等種種華樹。”

兜樓婆　出鬼神國，此方無，故不翻〔一〕。或翻“香草”，舊云“白茅香”〔二〕。

〔一〕吉藏撰法華義疏卷一一：“‘兜樓波、畢力迦’者，羅什云‘出龍神國，此土所無，故不翻也’。”玄應一切經音義卷二二：“窣堵魯迦香，蘇骨反，下都古反，舊經中‘兜樓婆香’是。”遁倫集撰瑜伽論記卷一：“‘窣堵魯迦香’者，則舊云‘斗樓婆香’，地持云‘求求羅香’。”玄應一切經音義卷一〇：“求求羅香，此譯云‘安息香’也。”

〔二〕仁岳述楞嚴經熏聞記卷四：“兜樓婆香，舊云‘白茅香’也。”

迦筭_{方尓切}　此云“霍呼郭香”〔一〕。

〔一〕玄應一切經音義卷一二：“迦筭，方爾反，此名霍香也。霍，音呼郭反。”

畢力迦　或云即丁香〔一〕。

〔一〕慧琳一切經音義卷一二：“畢力迦，梵語香名也。”弘贊輯四分律名義標釋卷二八：“畢陵祇，或云‘畢陵迦’，又云‘畢力迦’，即丁香是也。”

咄嚕瑟劍　此云“蘇合”。琦鈔引續漢書云：“出大秦國。合諸香煎，其汁謂之蘇合。”廣志亦云：“出大秦國，或云蘇合國。國人采之，笮其汁以爲香膏，乃賣其滓。或云：合諸香草，煎爲蘇合，非一物也。”〔一〕

〔一〕仁岳述楞嚴經熏聞記卷四：“琦鈔引續漢書云：蘇合，出大秦國。合諸香煎，其汁謂之蘇合。廣志亦云：出大秦國，或云蘇合國。國人採之，笮其汁以爲香膏，乃賣其滓。或云合諸香草，煎爲蘇合，非一物也。精異記云：宋時有賢士死，滿棺實以蘇合香。賊發其冢，經年，林中香氣不輟。”“續漢書云”者，見後漢書卷一一八西域傳。“廣志亦云”者，法苑珠林卷三六華香篇、太平御覽卷九八二等有引。

杜嚕　此云“熏陸”。南洲異物志云：“狀如桃膠。”〔一〕西域記云：“南印度阿吒釐國熏陸香樹，葉似棠梨，亦出胡椒樹，樹葉若蜀椒也。”〔二〕南方草木狀曰：“出大秦國，樹生沙中。盛夏，樹膠流沙上。”〔三〕

〔一〕南洲異物志:三國時萬震撰,已佚。此條法苑珠林卷三六華香篇、太平御覽卷九八二有引。

〔二〕見大唐西域記卷一一阿吒釐國。

〔三〕南方草木狀:東晉至劉宋初徐衷撰,已佚。石聲漢有輯徐衷南方草物狀。此條法苑珠林卷三六華香篇、太平御覽卷九八二有引。法苑珠林卷三六華香篇:"薰陸香,魏略曰:大秦出薰陸。南方草木狀曰:薰陸香出大秦國。云在海邊,自有大樹生於沙中,盛夏時樹膠流涉沙上,夷人採取賣與人。南州異物志同,其異者唯云:狀如桃膠。典術又同,唯云:如陶松脂法,長飲食之,令通神靈。俞益期牋曰:衆香共是一木,木膠爲薰陸。"弘贊輯四分律名義標釋卷一四:"樹膠香,梵云'杜嚕',此云'熏陸'。南洲異物志云:狀如桃膠。西域記云:南印度阿吒釐國,有熏陸香樹,葉似棠梨。本草云:出天竺、邯鄲。南方草物狀曰:出大秦國,樹生海邊沙中。盛夏,樹膠流沙上,形似白膠,類如松脂,黃白色。天竺者,色白。邯鄲者,夾綠色,香不甚。又云'乳香',亦其類也。凡是樹脂作香者,皆名膠香也。大秦國,是西天竺境。"

突婆　此云"茅香"〔一〕。

〔一〕陀羅尼集經卷五:"突婆香,唐云'茅香'。"

嗢尸羅　此云"茅根香〔一〕"。

〔一〕茅根香:原作"茅香根",據金光明最勝王經改。金光明最勝王經卷七大辯才天女品:"茅根香,嗢尸羅。"弘贊輯四分律名義標釋卷一二:"憂尸羅,或云'嗢尸羅',此云'茅根香'。正法念處經云:是冷藥草名。善見云:憂尸羅者,香荂也。音孚。根本律云:香附子。嗢、憂二字,梵音是一也。"

先陀婆　此云"石鹽",其香似之,因以爲名〔一〕。華嚴云:"兜率天中有香,名先陀婆。於一生所繫菩薩座前燒其一圓,興大香雲,徧覆法界。"〔二〕涅槃云:鹽、水、器、馬,一名四實,智臣善知。謂洗時奉水,食時奉鹽,飲時奉器,游時奉馬,皆但云"先陀婆來"〔三〕。章安云:"此之四義,亦與四教、四門、四句意同,皆應次第對鹽等四。"〔四〕

〔一〕慧琳一切經音義卷二三:"先陀婆,此云'石鹽',其香似之,故以名耳。"又,卷二五:"先陀婆,淨三藏云:是石鹽也。出在信度河邊,故以河爲名。”

〔二〕見實叉難陀譯大方廣佛華嚴經卷六七。

〔三〕曇無讖譯大般涅槃經卷九:“如來密語,甚深難解。譬如大王告諸
　　　群臣:‘先陀婆來。’先陀婆者,一名四實:一者、鹽,二者、器,三者、
　　　水,四者、馬。如是四法,皆同此名。有智之臣,善知此名。若王洗
　　　時索先陀婆,即便奉水。若王食時索先陀婆,即便奉鹽。若王食已
　　　將欲飲漿索先陀婆,即便奉器。若王欲遊索先陀婆,即便奉馬。”

〔四〕見湛然述止觀輔行傳弘決卷二引灌頂語,當係據灌頂撰、湛然再治
　　　大般涅槃經疏卷一二概述。

羯布羅　此云“龍腦香”。羯,或作“劫”〔一〕。三藏傳
云:“松身異葉,華果亦殊。初采木濕,未有香。乾則順理析
之,中有香,狀如雲母,白如冰雪。”〔二〕

〔一〕玄應一切經音義卷四:“龍腦,案西域記云,羯布羅香樹松身異葉,
　　　花果亦別。初採既濕,尚未有香。木乾之後,循理而析,其中有香,
　　　狀若雲母,色如冰雪,此謂龍腦香者也。”“西域記云”者,見大唐西
　　　域記卷一〇秣羅矩吒國。

〔二〕見大慈恩寺三藏法師傳卷四。

莫訶婆伽　此云“麝”〔一〕。

〔一〕金光明最勝王經卷七:“麝香,莫訶婆伽。”慧琳一切經音義卷一九:
　　　“麝香,時夜反,郭注山海經云:麝香,獸也,似麞而處深山險徑中。
　　　雄者口有牙,臍中有香;雌者無牙,亦無香。”

多揭羅　此云“零陵”〔一〕。南越志云:“土人謂之鷰草
芸香。”〔二〕説文云:“芸,草,似苜莫六蓿叔。淮南云:芸可以
死而復生。”〔三〕

〔一〕慧琳一切經音義卷三:“多揭羅,梵語香名也。揭,音羯。梵音訛
　　　也,正云‘多蘗囉’,即‘零陵香’也。囉字轉舌。”弘贊輯四分律名
　　　義標釋卷二八:“零香,梵云‘多揭羅’,此云‘零陵香’。本草云:一
　　　名薰草,主治明目,止痰,療泄精,去臭氣,治血氣、腹脹。”

〔二〕南越志:南朝宋沈懷遠撰,已佚。按:此條法苑珠林卷三六華香篇、
　　　太平御覽卷九八二引。

〔三〕説文卷一下:“芸,草也,似苜蓿,从草云聲。淮南王説:芸草可以死
　　　復生。”段玉裁注曰:“淮南王,劉安也。可以死復生,謂可以使死者

復生,蓋出萬畢術、鴻寶等書,今失其傳矣。”

阿伽嚧　或云“惡揭嚕”,此云“沉香”〔一〕。華嚴云:“阿那婆達多池邊出沉水香,名蓮華藏。其香一圓,如麻子大。若以燒之,香氣普熏閻浮提界。”〔二〕異物誌云:“出日南國。欲取,當先斫樹壞,著地積久,外朽爛,其心堅者,置水則沉,曰沉香。其次在心白之間,不甚精堅者,置之水中,不沉不浮,與水平者,名曰棧香。”〔三〕

〔一〕金光明最勝王經卷七:“沉香,惡揭嚕。”弘贊輯四分律名義標釋卷二八:“沉水,梵云‘惡揭嚕’,此云‘沉香’。其體堅黑,置水即沉,故曰沉水。震旦惟瓊州出也。”

〔二〕見實叉難陀譯大方廣佛華嚴經卷六七。

〔三〕按:法苑珠林卷三六華香篇、太平御覽卷九八二引,“異物誌”,作“南州異物誌”。

拙〔一〕**具羅**　或“宴具羅”,或“求求羅”,此云“安息”〔二〕。

〔一〕拙:大正藏本作“掘”。

〔二〕玄應一切經音義卷一〇:“求求羅香,此譯云‘安息香’也。”參前“兜樓婆”條注一。

茶矩磨　此云“鬱金”〔一〕。周禮春官:“鬱人采取以鬯酒。”説文云:“鬱,金草之花,遠方所貢芳物,鬱人合而釀之以降神也,宗廟用之。”〔二〕

〔一〕金光明最勝王經卷七:“鬱金,茶矩麼。”

〔二〕見説文卷五下。

鷄舌　五馬洲出〔一〕。南洲異物誌曰:“是草萎,可合香。”〔二〕箋:“外國胡人説,衆香共是一木,華爲鷄舌香。”〔三〕

〔一〕法苑珠林卷三六華香篇、太平御覽卷九八一引吳時外國傳:“五馬州出鷄舌香。”

〔二〕按:法苑珠林卷三六華香篇引云:“南州異物志曰:鷄舌香出杜薄州,云是草萎,可含香口。”又,太平御覽卷九八一引,作“南洲異物志曰:鷄舌出蘇州,云是草花,可含香口。”

〔三〕 "箋"者,法苑珠林卷三六華香篇引,作:"俞益期牋曰:外國老胡
説,衆香共是一大木,木華爲雞舌香也。"太平御覽卷九八一引,作:
"俞益期牋曰:外國老胡説,衆香共是一木,木花爲雞舌香。"俞益
期牋,即俞益期撰交州箋,是俞益期寫給韓康伯的一封書信,講述
其在交州的所見所聞,已佚。

七寶篇第三十五

佛教七寶,凡有二種:一者、七種珍寶,二者、七種王寶。
七種珍寶,略引四文:佛地論云:"一、金;二、銀;三、吠琉璃;
四、頗胝迦;五、牟呼婆羯洛婆,當硨磲也;六、遏濕摩揭婆,當
瑪瑙;七、赤真〔一〕珠。"〔二〕無量壽經云:金、銀、琉璃、頗梨、
珊瑚、碼磠、硨磲〔三〕。恒水經云:金、銀、珊瑚、真珠、硨磲、
明月珠、摩尼珠〔四〕。大論云:"有七種寶:金、銀、毗瑠璃、頗
梨、硨磲、碼磠、赤真珠。"〔五〕二、七種王寶者,晉譯華嚴經
云:"王得道時,於其正殿,婇女圍繞,七寶自至:一、金輪寶,
名勝自在;二、象寶,名曰青山;三、紺馬寶,名曰勇疾風;四、
神珠寶,名光藏雲;五、主藏臣寶,名曰大財;六、玉女寶,名淨
妙德;七、主兵臣寶,名離垢眼。得是七寶,於閻浮提作轉
輪王。"〔六〕

〔一〕 真:永樂北藏本、嘉興藏本作"珍"。
〔二〕 見佛地經論卷一。
〔三〕 康僧鎧譯佛説無量壽經卷上:"其佛國土自然七寶:金、銀、琉璃、珊
瑚、琥珀、車磲、瑪瑙,合成爲地。"又,"又其國土,七寶諸樹周滿世
界,金樹、銀樹、琉璃樹、頗梨樹、珊瑚樹、瑪瑙樹、車磲樹。"
〔四〕 恒水經:"海中有七寶。何謂七寶?一者白銀,二者黄金,三者珊
瑚,四者白珠,五者車渠,六者明月珠,七者摩尼珠,是爲海中
七寶。"
〔五〕 見大智度論卷一〇。
〔六〕 見佛馱跋陀羅譯大方廣佛華嚴經卷五六。

蘇伐羅 或云"修跋拏",此云"金"。大論云:"金出山
石沙赤銅中。"〔一〕許慎云:"金有五色,黄金爲長,久埋不變,

百陶不輕。”〔二〕真諦釋金四義:“一、色無變,二、體無染,三、轉作無礙,四、令人富。以譬法身常、淨、我、樂四德耳。”〔三〕

〔 一 〕見大智度論卷一○。

〔 二 〕見説文卷一四金部。

〔 三 〕按:此説見智顗説、灌頂録金光明經玄義卷上引。

跋折羅 亦云“斫迦羅”〔一〕。大論云“越闍”〔二〕,新云“縛左羅”〔三〕。西域記云:“伐闍羅〔四〕,此云‘金剛’。”〔五〕起居注云:“晉武帝十三年,燉煌有人獻金剛寶,生於金中,色如紫石英,狀如蕎麥〔六〕。百鍊不消,可以切玉如泥。”〔七〕什師云:“如有方寸金剛,數十里内,石壁之表,所有形色,悉於是現。”〔八〕大經云:“如金剛寶置之日中,色則不定。金剛三昧,亦復如是,若在大衆,色則不定。”〔九〕大論云:“金剛寶者,帝釋所執,與脩羅戰,碎落閻浮。”〔一○〕薩遮尼乾經云:“帝釋金剛寶,能滅阿脩羅,智碎煩惱山,能壞亦如是。”〔一一〕無常經云:“金剛智杵碎邪山,永斷無始相纏縛。”

〔 一 〕希麟集續一切經音義卷五:“跋折羅,上盤末反,次職列反,梵語也。舊云‘伐闍羅’,皆訛也。正云‘嚩音無滿反日羅’,此云‘金剛’也。”

〔 二 〕大智度論卷一○:“越闍,金剛。”

〔 三 〕子璿金剛經纂要刊定記卷二:“(梵語跋折羅)新云‘縛左羅’,力士所執者。”

〔 四 〕伐闍羅:原作“伐羅闍”,據大唐西域記改。

〔 五 〕大唐西域記卷九摩揭陁國下:“伐闍羅,唐言‘金剛’。”

〔 六 〕麥:原作“麦”,據諸校本改。

〔 七 〕按:子璿金剛經纂要刊定記卷二引,云“晉武帝起居注云”。晉武帝起居注,已佚。

〔 八 〕見僧肇撰注維摩詰經卷六。

〔 九 〕見曇無讖譯大般涅槃經卷二四。

〔一○〕見大智度論卷五九。

〔一一〕見大薩遮尼乾子所説經卷二。

爍迦羅 乃堅固義,此同金剛〔一〕。

〔 一 〕思坦集注楞嚴經集注卷三引真際云:“爍迦羅,堅固義,類拔折羅,此云‘金剛’。”祖庭事苑卷二：“爍迦羅，此云‘金剛’，又云‘堅固’。”

阿路巴　或“惹多”，此云“銀”。大論云：“銀出燒石中。”〔一〕爾雅云：“白金謂之銀，其美者謂之鐐。”〔二〕

〔一〕見大智度論卷一〇。

〔二〕見爾雅釋器。

瑠璃　或作“琉”，此云“青色寶”〔一〕。亦翻“不遠”，謂西域有山，去波羅奈城不遠，山出此寶，因以名焉〔二〕。應法師云：或加“吠”字，或加“毗”字，或言“毗頭梨”。從山爲名，乃遠山寶也。遠山，即須弥山也。此寶青色，一切寶皆不可壞，亦非煙焰所能鎔鑄，唯鬼神有通力者能破壞。又言金翅鳥卵殼，鬼神得之，出賣與人〔三〕。或名“紺瑠璃”，釋名云：“紺，含也，青而含赤色也。”〔四〕古字但作“流離”，左太沖吳都賦云：“致流離與珂玳。皆寶名。”〔五〕後人方加其玉。

〔一〕慧琳一切經音義卷一八：“瑠璃，上音留，下音离，青色寶也。有假有真。真者難得，出外國。假者即此國鍊石作之，染爲五色也。”

〔二〕慧琳一切經音義卷二一：“瑠璃，梵語具云‘吠瑠耶’，此名‘不遠山’，謂西域有山，去波羅奈城不遠，此寶出彼，故以名之。”

〔三〕玄應一切經音義卷二三：“瑠璃，‘吠璃瑠’也，亦云‘毗瑠璃’，又言‘鞞頭梨’，從山爲名，謂遠山寶。遠山，即須彌山也。此寶青色，一切寶皆不可壞，亦非煙焰所能鎔鑄，唯鬼神有通力者能破之爲物。或云是金翅鳥卵殼，鬼神破之此寶，以賣與人也。”

〔四〕見釋名釋彩帛。

〔五〕文選卷五左思吳都賦：“果布輻輳而常然，致遠流離與珂玳。”

珊蘇干**瑚**音胡　梵語“鉢攞娑福羅”〔一〕。外國傳曰：“大秦西南漲海中，可七八百里，到珊瑚洲。洲底盤〔二〕石，珊瑚生其上，人以鐵網取之。”〔三〕任昉述異記曰：“珊瑚樹碧色，生海底，一株數十枝，枝間無葉。大者高五六尺，小者尺餘。”〔四〕應法師云：“初一年青色，次年黃色，三年蟲食敗也。”〔五〕大論云：“珊瑚出海中石樹。”〔六〕

〔一〕慧琳一切經音義卷二二：“珊瑚，梵本正云‘鉢攞娑褐羅’，謂寶樹

之名。其樹身幹、枝條、葉皆紅赤色。又案説文云：珊瑚色赤，生之
於海，或出山中也。”

〔二〕　盤：永樂北藏本、嘉興藏本作“磐”。

〔三〕　外國傳，或即三國時康泰撰吳時外國傳，爲其出訪南海諸國的見聞
　　　　録，已佚。此條初學記卷六地部中引，作“外國雜傳云”。

〔四〕　見梁任昉述異記卷上。

〔五〕　出處俟考。應法師，即玄應。

〔六〕　見大智度論卷一〇。

阿濕摩揭婆　此云“虎[一]珀”[二]，其色紅瑩。博物誌
云：“松脂入地千年化爲茯苓，茯苓千年化爲虎珀。”[三]廣誌
云：“生地中，其上及傍不生草木，深者八九尺，大如斛，削去
上皮，中是琥珀。”[四]

〔一〕　虎：大正藏本作“琥”，後同。

〔二〕　玄應一切經音義卷二二：“阿濕摩揭婆，渠謁反，或作‘阿含磨揭
　　　　婆’，此云‘石藏’，或是‘虎魄’。”

〔三〕　見張華撰博物志卷四。

〔四〕　廣誌：晉郭義恭撰，已佚。後漢書卷八六南蠻西南夷列傳李賢注引
　　　　廣誌曰：“虎魄生地中，其上及旁不生草，深者八九尺，大如斛，削去
　　　　皮，成虎魄如斗，初時如桃膠，凝堅乃成。”窺基撰妙法蓮華經玄贊
　　　　卷六末：“廣志曰：此物生處，其上及傍不生草木。深者八九尺，大
　　　　如斛，削去上皮，中成虎魄，有汁。初如桃膠，凝堅乃成其器。西方
　　　　人用以爲盌。”

牟婆洛揭拉婆　或“牟呼婆羯落婆”，此云“青白色寶”，
今名“車渠”[一]。尚書大傳云：大貝如車之渠。渠謂車輞，
其狀類之，故名車渠[二]。渠，魁也，後人字加玉石。

〔一〕　車渠：大正藏本作“硨磲”。　慧琳一切經音義卷三二：“牟娑洛揭
　　　　拉婆，梵語，或言‘目娑囉伽羅婆’，唐言‘馬腦’，論中或云“車渠”
　　　　也。”湛然述法華文句記卷五中：“玻瓈多紅色，硨磲青白色，碼碯
　　　　或白或青。”

〔二〕　元照撰四分律行事鈔資持記卷中釋十三僧殘：“車渠，尚書大傳云：
　　　　大貝如大車之渠。渠，即車輞。”智圓述阿彌陀經疏：“車渠，梵云
　　　　‘牟娑洛揭拉婆’，此云‘青白色寶’。尚書大傳曰：大貝如大車之

渠。渠謂車輞。"按:尚書大傳原書已佚,今所見者,爲後人之輯本。

摩羅伽隸 此云"碼〔一〕磃"。此寶色如馬之腦,因以爲名。赤白色,琢成器,有文如纏絲焉。梵名"謨薩羅揭婆"。"謨薩羅",此云杵;"揭婆",此云藏。或言胎者,取馬腦堅實爲名也〔二〕。

〔一〕碼:永樂北藏本、嘉興藏本作"瑪"。

〔二〕窺基撰妙法蓮華經玄贊卷二:"馬瑙,梵云'遏濕摩揭婆',此云'杵藏',或言'胎藏'者,堅實故也。色如馬腦,故從彼名作'馬腦'字。以是寶類,故字從玉。或如石類,字或從石。"玄應一切經音義卷六:"馬腦,梵言'謨薩羅揭婆謨'。'謨薩羅',此譯云杵;'揭婆',此言藏。或言胎者,取其堅實也。舊云'摩娑羅伽隸',或言'目薩羅伽羅婆',譯云'馬腦'。案,此寶或色如馬腦,因以爲名。但諸字書,旁皆安'石'作'碼磃'二字,謂石之類也。"慧琳一切經音義卷二七:"馬瑙,遏濕摩揭婆,此云'杵藏'。'遏濕摩',杵義;'揭婆',藏義。或言胎,取其堅實。言'馬瑙'者,色如馬腦故也。"

頗梨 或云"塞頗胝迦",此云"水玉",即蒼玉也。或云"水精",又云"白珠"〔一〕。刊正記云:"正名'窣坡致迦',其狀似此方水精,然有赤有白。"〔二〕大論云:"譬如過千歲冰,化爲頗梨。"〔三〕

〔一〕玄應一切經音義卷二:"頗梨,力私反,又作'黎',力奚反,西國寶名也。梵言'塞頗胝迦',亦言'頗黎',此云'水玉',或云'白珠'。大論云:此寶出山石窟中,過千年冰化爲頗黎珠,此或有也。案西域暑熱無冰,仍多饒此寶,非冰所化,但石之類耳。胝,音竹尸反。"

〔二〕刊正記:孤山智圓著,已佚。慧苑新譯大方廣佛華嚴經音義卷上:"頗梨色,正云'窣堵致迦',其狀少似此方水精,然有赤有白者也。"

〔三〕見大智度論卷一〇。

釋迦毗楞伽 此云"能勝"〔一〕。

〔一〕智顗説觀無量壽佛經疏:"釋迦毗楞伽,翻'能聖'。"大法炬陀羅尼經卷五:"所言毗楞伽寶者,純真金色,善根所生,自然彫瑩,乃能出過須彌山頂、切利天處、夜摩天處、兜率天處,住於梵宮。菩薩從閻浮提生兜率已,善根力故,此寶自然生於篋中,作降魔事。"

摩尼 或云“踰摩”。<u>應法師</u>云:“正云‘末尼’,即珠之惣名也。”〔一〕此云“離垢”,此寶光淨,不爲垢穢所染。或加“梵”字,顯其淨也。又翻“增長”,有此寶處,增長威德〔二〕。<u>大品</u>云:“如摩尼寶,若在水中,隨作一色,以青物裹水色即青,若黄、赤、白、紅、縹物裹,隨作黄、赤、白、紅、縹色。”又<u>大品</u>:“<u>阿難</u>問<u>憍尸迦</u>:是摩尼寶,爲是天上寶?爲是閻浮提寶?<u>釋提桓因</u>言:是天上寶。閻浮提人,亦有是寶,但功德相少不具足。”〔三〕<u>大論</u>云:“有人言:此寶珠從龍王腦中出,人得此珠,毒不能害,入火不燒。”〔四〕<u>輔行</u>曰:“亦云‘如意’,似如<u>唐梵</u>不同。<u>大論</u>、<u>華嚴</u>云‘如意摩尼’,似如並列二名。若<u>法華</u>云‘摩尼珠’等,似如體别。”〔五〕<u>大莊嚴論</u>:有摩尼珠,大如膝盖〔六〕。<u>大論</u>云“如意珠”,狀如芥粟,又云“如意珠出自佛舍利。若法没盡時,諸舍利皆變爲如意珠”〔七〕。<u>觀經</u>指如意爲摩尼,<u>天台</u>云:“摩尼者,如意也。”〔八〕

〔一〕<u>玄應一切經音義</u>卷一:“踰摩,字書作‘逾’,同,庾俱反。<u>字林</u>:踰,越也。<u>廣雅</u>:度也。言摩尼者,訛也,正言‘末尼’,謂珠之總名者也。”

〔二〕<u>慧琳一切經音義</u>卷二一:“摩尼,正云‘末尼’。‘末’謂‘末羅’,此云‘垢’也;‘尼’云‘離’也。言此寶光淨,不爲垢穢所染也。又云‘摩尼’,此云‘增長’,謂有此寶處,必增其威德。舊翻爲‘如意’、‘隨意’等,逐義譯也。”

〔三〕見<u>摩訶般若波羅蜜經</u>卷一〇<u>法稱品</u>。

〔四〕見<u>大智度論</u>卷五九。

〔五〕見<u>湛然述止觀輔行傳弘決</u>卷一之二。

〔六〕<u>大莊嚴論經</u>卷二:“爾時,有人得摩尼寶,大如人膝,其珠殊妙,世所希有。”

〔七〕見<u>大智度論</u>卷一〇。“狀如芥粟”者,見<u>智顗説</u>、<u>灌頂記摩訶止觀</u>卷五上:“如如意珠,天上勝寶,狀如芥粟。”

〔八〕<u>智顗説觀無量壽佛經疏</u>:“摩尼者,如意珠也。”

摩羅伽陀 <u>大論</u>云:“此珠金翅鳥口邊出,緑色,能辟一切毒。”〔一〕

〔一〕見大智度論卷一〇。

因陁尼羅　大論:"此云'天赤珠'。"〔一〕

〔一〕按:赤,大正藏本大智度論卷一〇作"青",校勘稱宫本作"赤"。翻梵語卷一〇寶名:"因陀尼羅,論曰'青珠'也,譯曰'天主黛珠'。"元魏般若流支譯佛説一切法高王經中有"因陀尼羅大青寶珠"。故或作"青"是。

鉢摩羅伽　大論:"此云'赤光珠'。"〔一〕佛地論云:赤蟲所出,或珠體赤〔二〕,名爲赤珠〔三〕。智論云:"真珠出魚腹中、蛇腦中。"〔四〕漢書云:珠,蚌中陰精,隨月陰盈虚〔五〕。

〔一〕見大智度論卷一〇。

〔二〕赤:原無,據佛地經論補,參下注。

〔三〕佛地經論卷一:"赤真珠,謂赤蟲所出,名赤真珠。或珠體赤,名赤真珠。"

〔四〕見大智度論卷一〇。

〔五〕按:漢書中,未見此説。初學記卷二七寶器部珠第三叙事:"後漢書曰:珠,蚌中陰精也。"宋有嚴箋法華經文句記箋難卷二:"赤珠,佛地論言赤珠者,或珠體赤,因名焉。漢書云:珠,蚌中陰精,隨月虚盈。智論云:真珠出魚腹中,或竹中,或蛇腦中。"

甄叔迦　此云"赤色寶"〔一〕。西域傳有甄叔迦樹,其華色赤,形大如手。此寶色似此華,因名之〔二〕。慈恩上生經疏云:"甄叔迦狀如延珪,似赤琉璃。"〔三〕

〔一〕慧琳一切經音義卷二七:"甄叔迦,赤色寶也。甄,字林:己仙反。西域記云:印度多有甄叔迦樹,其花赤色,形大如手。此寶色似彼花,因以爲名。"

〔二〕按:慧琳一切經音義卷一一:"甄叔迦樹,上經延反,下薑佉反,梵語,不求字義,西國花樹名也,此方無此樹。大唐西域記云:印度多有甄叔迦樹,其花赤色,形如人手。一説云:亦名'阿叔迦',亦名'無憂樹',其花亦赤色。此説正也。"今檢大唐西域記,未有此説。知禮述觀無量壽佛經疏妙宗鈔卷四:"甄叔迦者,此云'赤色'。西域有甄叔迦樹,其華赤色,形大如手。此寶色似此華,因以名焉。"

〔三〕見窺基撰觀彌勒上生兜率天經贊卷下。宋守千集彌勒上生經瑞應鈔卷下:"'狀如延珪'者,此方之寶,但取狀同,非是翻譯。若翻於彼,應爲鸚鵡,取譬赤似鸚鵡觜。天子所執,謂之延珪,延年故也。又云圓珪,形狀圓也。"

摩訶尼羅　大論云:"此翻'大青珠'。"〔一〕

〔一〕見大智度論卷一〇。

金銀生像　沙弥十戒,第九不捉金銀生像〔一〕。南山云"胡漢二彰"〔二〕,謂胡言"生像",此翻"金銀"也。善見云生色、似色〔三〕,似即像也,謂金則生是黄色,銀則可染似金,故云"生像"。指歸云:况于闐語,與五印度語不同。若四分到于闐,自經一番翻了,經本到唐,則爲重也〔四〕。

〔一〕善見律毗婆沙卷一六:"受十戒有二種:一者、别受,二者、總受。云何别受? 我受不殺,我受不殺,我受不殺竟,如是次第亦如是説,是名别受。云何總受? 我受一、不殺生;二、不偷盗;三、不婬;四、不妄語;五、不飲酒;六、不過中食;七、不歌舞作唱嚴飾樂器,亦不故往觀聽,乃至鬭諍悉不得看;八、不著香花瓔珞以香塗身;九、不高廣大床上坐卧;十、不得捉持生像。生像者,此是金與銀,及一切寶,皆不得捉。"智顗説觀無量壽佛經疏:"十戒者,即前八戒,更足不捉金銀生像及不過中食,爲十戒也。"八戒者,不殺、不盗、不婬、不妄語、不飲酒、不著華香、不觀聽伎樂、不上高床。又,弘贊輯四分律名義標釋卷一九:"生像,外國唤金爲生,稱銀名像。謂金生色本自黄,故云生;像者,似也,謂銀可以染色似金,故云像。"

〔二〕道宣撰四分律删繁補闕行事鈔卷下沙彌别行篇:"生像者,僧祇、善見云生色、似色,即像也。生金像銀,胡漢二彰。"

〔三〕按:善見律毗婆沙中未見此説。摩訶僧祇律卷一〇:"佛語難陀:汝等云何手自捉生色、似色? 從今日不聽手自持生色、似色。"

〔四〕指歸:即贊寧撰音義指歸,已佚。知禮述觀無量壽佛經疏妙宗鈔卷六:"'金銀生像'者,南山云:'胡漢二彰。'謂胡言'生像',此翻'金銀'也。善見云生色、似色,似即像也。此謂金則生是黄色,銀則可染似金,故云'生像'。若爾,生像此方之言,何謂胡語邪? 答:謂五竺之北胡地,言音有涉漢者,故謂生像,胡人重譯,又却入漢,故存胡音。"

吉由羅　或"枳由邏",此云"瓔珞"〔一〕。

〔一〕玄應一切經音義卷一：“吉由羅，應云‘枳由邏寶’，此云‘纓絡’。”

彌呵羅　此云“金帶”〔一〕。

〔一〕玄應一切經音義卷一：“彌呵羅，應云‘彌珂羅’，此云‘金帶’。”

曷剌怛那揭婆　此云“寶臺”，亦云“寶藏”〔一〕。

〔一〕玄應一切經音義卷三：“剌那，盧割反，光讚經作‘羅鄰那竭菩薩’，此譯云‘寶積’。舊維摩經漢言‘寶事’，放光經作‘寶來’。案梵本云‘曷剌怛那揭婆’，此云‘寶臺’，或云‘寶藏’，皆一義也。經文有作‘廚’，居例反，非也。”按：“舊維摩經”者，指漢支謙譯佛説維摩經。

數量篇第三十六

理非數量，如虛空無丈尺。事有法度，猶丈尺約虛空。故大品：“須菩提白佛：無數、無量、無邊，有何等異？佛言：無數者，名不墮數中，若有爲性中、無爲性中。無量者，量不可得，若過去、若未來、若現在。無邊者，諸法邊不可得。”〔一〕雖性非籌數所知，而相有分齊之量。今附此集，編出數量。

俱舍論五十二數，皆從一增至十也，謂一、十、百、千、萬、洛叉、億也。度洛叉、兆也。俱胝、京也。末陀、秭也。阿庾多、垓也。大阿庾多、壤也。那庾多、溝也。大那庾多、澗也。鉢羅庾多、正也。大鉢羅庾多、載也。矜羯羅、或甄迦羅。大矜羯羅、頻婆羅、或頻跋羅。大頻婆羅、阿閦婆、或阿芻婆。大阿閦婆、毗婆訶、大毗婆訶、嗢蹭伽、大嗢蹭伽、婆喝那、大婆喝那、地致婆、大地致婆〔二〕、醯都、大醯都、羯臘縛、大羯臘縛、印達羅、大印達羅、三磨鉢躭、大三磨鉢躭、揭底、大揭底、枯筏羅闍、大枯筏羅闍、姥達羅、大姥達羅、跋藍、大跋藍、珊若、大珊若、毗步多、大毗步多、跋羅攙、大跋羅攙、阿僧企耶〔三〕。籌經：黃帝爲數，法有十等：億、兆、京、秭、垓、壤、溝、澗、正、載。風俗通云：千生萬，萬生億，億生兆，兆生京，京生秭，秭生垓，垓生壤，壤生溝，溝生澗，澗生正，正生載，載地不能載也。億分四等：一、以十萬爲億，二、以百萬爲億，三、以千萬爲億，四、以万万爲億。虞書曰:“自伏犧畫八卦,由數起。”律歷志引書曰:“‘先其算命’,本起於黄鍾之數,始於一而三之,三三〔四〕積之,歷十二辰之數,十有七万七千一百四十七,而五數備矣。孟康曰:初以子一乘丑三〔五〕。餘則轉因其成數以三乘之,歷十二辰,得是積數也。五行陰陽之數備矣。其算法用竹,徑一分,長〔六〕六寸,二百七十一枚而成六觚,爲一握。六觚,六角也。度角至角,其度一寸,面容一分。其數以易大衍之數五十,其用四十九,成陽六爻,得周流六虚之象也。”〔七〕論語:周衰官失,孔子陳後王之法,曰:謹權量、權衡嘉量。審法度、修廢官、舉逸民,四方之政行矣〔八〕。漢書:“衡權者,衡,平也;權,重也。衡所以任權而均物平輕重也。其道如底,師古曰:底,平也。以見準之正,繩之直,左旋見規,右折見矩。其在天也,佐助琁璣,斟酌見指,以齊七政,師古曰:月、五星、日也。故曰玉衡。”“權者,銖、兩、斤、鈞、石也。所以稱物平施,知輕重也。本起於黄鍾之重,一龠容千二百黍,重十二銖,兩之爲兩。二十四銖爲兩,十六兩爲斤,三十斤爲鈞,四鈞爲石。忖爲十八,易十有八變之象也。”孟康曰:“忖,度也,度其義有十八也。黄鍾、龠、銖、兩、鈞、斤、石,凡七,與下十一象爲十八也。”〔九〕

〔一〕見摩訶般若波羅蜜經卷一七深奧品。

〔二〕大地致婆:原作“大致地婆”,據阿毗達磨俱舍論改。

〔三〕詳見阿毗達磨俱舍論卷一二。

〔四〕三:原無,據漢書補。

〔五〕一乘丑三:原作“十乘三三”,據漢書改。

〔六〕長:原無,據漢書補。

〔七〕見漢書卷二一律歷志上。

〔八〕見論語堯曰。

〔九〕見漢書卷二一律歷志上。按:以上“師古曰”、“孟康曰”者,皆見顏師古注引。

洛叉 或“落沙”,此云“十万”〔一〕。

〔一〕慧琳一切經音義卷四七:“洛叉,梵語亦言‘洛沙’,此當十萬。一百洛沙爲一俱胝也。”

俱胝 或“拘致”,此云“百億”[一]。

〔一〕慧琳一切經音義卷一:“俱胝,音知,天竺國數法名也。案花嚴經阿僧祇品云:十萬爲一洛叉,此國以數一億,一百洛叉爲一俱胝。俱胝三等數法之中,此即中數之名也。”澄觀撰大方廣佛華嚴經疏卷一三:“此方黄帝算法,數有三等,謂上、中、下。下等數法十十變之,中等百百變之,上等倍倍變之。(中略)測公深密記第六云:俱胝相傳釋有三種:一者十萬,二者百萬,三者千萬。”唐圓測撰解深密經疏卷六:“言拘胝者,此云‘億’也。(中略)拘胝傳釋有三:一者十萬,二者百萬,三者千萬。”

那由他 或“阿庾多”,或“術那”,或“那術”,此云“万億”[一]。

〔一〕玄應一切經音義卷三:“那術,經又作‘述’,同,食聿反。或言‘那由他’,當中國十萬也,光讚經云‘億那術劫’是也。案,佛本行經云:‘一百百千,是名俱致,此當千萬;百俱致名阿由多,此當千億;百阿由多名那由他,此當萬億。’此應上算也。”

阿僧祇 或“阿僧企耶”,此云“無央數”[一]。楚詞云:“時猶未央。”王逸曰:“央,盡也。”[二]大論云:“僧祇,秦言‘數’。阿,秦言‘無’。”[三]“問:幾時名阿僧祇?答:天人中能知算數者,極數不能知,是名一阿僧祇。如一一名二,二二名四,三三名九,十十名百,十百名千,十千名万,十萬名億,千万億名那由他,千万那由他名頻婆,千万頻婆名迦他,過迦他名阿僧祇。”[四]菩薩地持經云:“一者日月晝夜歲數無量名阿僧祇,二者大劫無量名阿僧祇。”[五]

〔一〕慧琳一切經音義卷二五:“阿僧祇,此云‘無央數’也。按華嚴經僧祇品大數總有一百二十從百千百千名一拘胝。如是倍倍相承,百重已外方是阿僧祇。”卷四七:“阿僧企耶,梵語,丘致反,此云‘無央數’。舊言‘阿僧祇’,訛略也。”

〔二〕楚辭離騷:“及年歲之未晏兮,時亦猶其未央。”王逸章句:“央,盡也。”

〔三〕見大智度論卷五一。

〔四〕見大智度論卷四。

〔五〕見菩薩地持經卷九。

優波尼沙陀　清涼疏云：此云“近少”，謂微塵是色之近少分也。亦翻“近對”，謂少分相近比對之分〔一〕。應法師云：“論中義，言因果不相似也。以珍寶等，但得三界果報，無漏善法，得佛果也。”〔二〕

〔一〕澄觀撰大方廣佛華嚴經疏卷一九：“優波尼沙陀者，此云‘近少’，謂少許相近比類之分也。”又，澄觀述大方廣佛華嚴經隨疏演義鈔卷四〇：“塢波尼殺曇，‘塢波’，近也；‘尼殺曇’，少也。或云‘近對’，謂相近比對，或謂極少也。”慧苑新譯大方廣佛華嚴經音義卷上：“優波尼沙陀分，正云‘塢波尼煞曇’。言‘塢波’者，近也；‘尼煞曇’者，少也。謂少許相近比類之分也。或曰‘優波’，此云近也；‘尼沙陀’，隨也。謂相近比對分也。或云極也，謂數中之極。此中經意，無限善根，多少俱無比對，設少許亦無限極也。”

〔二〕見玄應一切經音義卷三。“論”者，見天親造、元魏菩提流支譯金剛般若波羅蜜經論卷下。又，金剛仙論卷九：“優波尼沙陀分者，論中義翻云‘因勝’，明因果不相似。珍寶有漏善法，但得三界報，因果俱是不如。無漏善法，乃遠得佛果，因果俱勝，故名因果不相似也。”

歌羅分　經音義云：“如以一毛析爲百分，一分名歌羅分。論以義翻，名爲‘力勝’，以無漏善法勝有漏也。”〔一〕

〔一〕見玄應一切經音義卷三。金剛仙論卷九：“歌羅分不及一者，論云‘力勝’，歌羅者，西國正音，如析一毛以爲百分，一分名一歌羅。此義翻爲力勝，以無漏善法功德勢力勝於有漏善法，故名爲力勝也。”天親造、菩提流支譯金剛般若波羅蜜經論卷下：“云何爲勝？一者數勝，二者力勝，三者不相似勝，四者因勝。”

迦羅　清涼疏：“此云‘豎’，析人身一毛以爲百分。”〔一〕

〔一〕澄觀撰大方廣佛華嚴經疏卷一九：“歌羅者，此云‘豎’，析人身上毛爲百分中之一分也。或曰‘十六分中之一分’，義譯爲‘校量分’。”慧琳一切經音義卷二二：“哥羅分，正云‘迦羅’，此云‘豎’，析人身上一毛爲百分中之一分也。或曰‘十六分中之一分’，或義譯爲‘校量分’。迦，音罝佉反。”

褒羅那地邪　此云“舊第二”[一]。

[一]　玄應一切經音義卷一四：“故二，梵本云‘褒羅那地耶’，譯言‘舊第二’。雜心論云‘衆具及第二’是也。”雜阿毗曇心論卷八：“二十説欲界者，謂八大地獄、畜生、餓鬼、四天下、六欲天，此二十説欲界。此諸衆生以欲受身衆具及第二，是故説欲界。”弘贊輯四分律名義標釋卷三：“故二，故者，舊也。梵音‘褒羅那地邪’，此云‘舊第二’，或云‘本二’，即舊妻也。謂捨俗出家，無復妻名，以其本在俗時，妻居次故，因名爲故二也。”此條收入數量篇，疑誤。

佉盧　十佉盧爲一佉梨[一]。

[一]　樂瓔珞莊嚴方便品經：“如摩伽陀國，十佉盧爲一佉利，千佉利爲一車。”

佉梨　此云“斛”[一]。律歷志云：“量者，龠音藥、合音閤、升、斗、斛也，所以量多少也。本起於黄鐘之龠，用度數審其容，以子穀秬黍中者千有二百實其龠，以井水準其槩。孟康曰：槩欲其直，故以水平之。井水清，清則平也。合龠爲合，十合爲升，十升爲斗，十斗爲斛，而五量嘉矣。”“量多少者，不失圭撮。應劭[二]云：圭，自然之形，陰陽之始也。四圭曰撮，三指撮之也。”[三]

[一]　玄應一切經音義卷二四：“佉梨，此云‘一斛’，謂十斗也。”

[二]　劭：原作“邵”，據永樂北藏本、嘉興藏本改。

[三]　見漢書卷二一律歷志上。“孟康曰”、“應劭云”者，見顔師古注引。

婆訶　此云“篅音垂”，盛穀圓笔也。篅受二十斛[一]。俱舍云：“頻部陀壽量，如一婆訶麻，百年除一盡。”[二]此言一篅二十斛麻。百年之間，除去一升，除盡麻時，頻部壽滿也[三]。

[一]　法寶撰俱舍論疏卷一一：“佉梨者，受一斛器名，如此間計升、斛等名。婆訶者，此云‘篅’，受二十斛。即是二十佉梨一麻婆訶量。篅盛麻，故名麻篅也。”

[二]　見阿毗達磨俱舍論卷一一。

[三]　阿毗達磨俱舍論卷一一：“如此人間佉梨二十，成摩揭陀國一麻婆訶量，有置巨勝，平滿其中。設復有能百年除一，如是巨勝，易有盡期，生頻部陀壽量難盡。”

迦利沙鉢拏　八十枚貝珠爲一鉢拏,十六鉢拏爲迦利沙
鉢拏〔一〕。

〔一〕玄應一切經音義卷一六:"羯利,數名也,正言'迦利沙鉢拏'。案,
八十枚貝珠爲一鉢拏,十六鉢拏爲一迦利沙鉢拏。"又,卷二五:
"迦栗沙鉢拏,又作'迦理沙般拏'。拏,音女家反。鉢拏,此云'銅
錢'。十六鉢拏爲一迦利沙鉢拏。"

踰繕那　此云"限量",又云"合應"〔一〕。計應合尔許度量。
業疏云:"此無正翻,乃是輪王巡狩一停之舍,猶如此方館
驛。"〔二〕西域記云:"夫數量之稱踰繕那者,舊曰'由旬',又
曰'踰闍〔三〕那',又曰'由延',皆訛略也。踰繕那者,自古
聖王一日軍行。舊傳一踰繕那四十里,印度國俗乃三十里,
聖教所裁〔四〕唯十六里。"〔五〕大論云:"由旬三別,大者八十
里,中者六十里,下者四十里。謂中邊山川不同,致行里不
等。"〔六〕"窮微之數,分一踰繕那爲八拘盧舍,分一拘盧舍爲
五百弓,分一弓爲四肘,分一肘爲二十四指,分一指節爲七宿
麥〔七〕,乃至虱、蟣、隙塵、牛毛、羊毛、兔毫、銅〔八〕水,次第
七分,以至細塵,細塵七分爲極細塵。極細塵者,不可復柝,
柝即歸空,故曰極微也。"〔九〕俱舍頌曰:"極微微金〔一〇〕水,
兔羊毛隙塵,蟣虱麥指節,後後增七倍〔一一〕,二十四指肘,四
肘爲弓量,五百俱盧舍,此八踰繕那。"〔一二〕

〔一〕仁岳述楞嚴經熏聞記卷四:"'由旬'者,正言'踰繕那',此云'合
應',計合爾許度量也。或云此無正翻,乃是輪王巡狩一停之舍,猶
如此方館驛。然彼由旬,數有大小,或四十里,或二十里。諸經論
中,多用小數耳。"

〔二〕業疏:又稱羯磨疏,即道宣四分律刪補隨機羯磨疏。元照述四分
律刪補隨機羯磨疏濟緣記卷二:"由旬,乃是中梵量名,正音'踰
繕那',此無正翻,乃是輪王巡狩一停之舍也,猶此古亭。"又參
注一。

〔三〕闍:原作"闇",據永樂北藏本、嘉興藏本改。

〔四〕裁:永樂北藏本、嘉興藏本作"載"。

〔五〕見大唐西域記卷二印度總述。

〔六〕按:大智度論中未見。道宣撰四分律刪繁補闕行事鈔卷上結界方
　　　法篇云:“智論由旬三別,大者八十里,中者六十里,下者四十里,此
　　　謂中邊山川不同,致行李不等。”或爲此説所本。

〔七〕麥:原作“夌”,據永樂北藏本、嘉興藏本改,後同。

〔八〕銅:原作“同”,大正藏本作“金”,據大唐西域記校注改。

〔九〕見大唐西域記卷二印度總述。

〔一〇〕金:原作“至”,據大正藏本及阿毗達磨俱舍論本頌等改。

〔一一〕倍:原作“陪”,據諸校本改。

〔一二〕見阿毗達磨俱舍論本頌分別世界品。

　　一箭道　嘉祥云二里〔一〕。或云取射垛一百五十步,或
云百三十步,或云百二十步〔二〕。漢書律歷志曰:“度長短
者,不失毫釐。孟康曰:‘毫,兔毫也。十毫曰釐。’”又曰:“度者,分、
寸、丈、尺、引也,所以度大各長短也。本起黃鐘之長。以子穀
秬黍中者,師古曰:‘子穀,猶言穀子耳。秬〔三〕,即黑黍,先〔四〕取北方
爲号。’一黍之廣,度之九十分〔五〕,中者,不大不小。言黑黍穀子大小
中者,率爲分寸。黃鐘之長。一爲一分,十分爲寸,十寸爲尺,十
尺爲丈,十丈爲引,而五度審矣。”〔六〕

〔一〕嘉祥:即隋吉藏,金陵人,“遊會稽,止嘉祥寺。講演法華,自著章
　　　疏”(見佛祖統紀卷一〇章安旁出世家)。吉藏撰法華義疏卷一一
　　　藥王菩薩本事品:“一箭道者,二里也。”

〔二〕栖復法華經玄贊要集卷三四:“相去一箭道,如射垛遠近,一百二十
　　　步,計六百尺來,此爲正。嘉祥云二里,應非。”宋從義撰法華經三
　　　大部補注:“嘉祥云:二里也。有人云:地取射垛一百二十步,或云
　　　一百三十步、一百五十步也。”

〔三〕秬:原作“相”,據諸校本改。

〔四〕先:漢書顏師古注作“無”。

〔五〕“一黍之廣,度之九十分”:原爲子注小字,據漢書改正文。

〔六〕見漢書卷二一律歷志上。

　　一磔手　通俗文云:“張申曰磔。”〔一〕周尺,人一尺,佛
二尺。唐於周一寸上增二分,一尺上增二寸。蓋周尺,八寸
也。賈逵曰:“八寸曰咫。”〔二〕言膚寸者,四指曰膚,兩指曰

寸。言一指者,佛指闊二寸。

〔一〕通俗文:已佚。慧琳一切經音義卷四三:“磔手,上知格反,廣雅云:
磔,張也,開也。案,一磔手者,開掌布地,以頭指中指爲量也。説
文從石桀聲,亦作𢷍。經本作搩者,非也。”按:道宣撰四分律删繁
補闕行事鈔卷下二衣總別篇曰:“搩,吒革反,謂展大母指與中指相
去也。此字應法。搩字扌邊桀也。足邊桀者,此磔字也,癡革反,
謂足一舉爲磔,二舉爲步。二義各別。”丁福保佛學大詞典“一搩”
條云:“‘磔’、‘搩’二字可通用。”

〔二〕見國語晉語“吾不能行也咫”賈逵注。

　　一肘　人一尺八寸,佛三尺六寸。言一圍者,莊子音云:
“徑尺曰圍。”〔一〕言一仞者,説文云:“仞,謂申臂一尋
也。”〔二〕史記并鄭玄皆云“七尺曰仞”〔三〕。小雅:“四尺謂
之仞,倍謂之尋。尋,舒兩肱。或曰:五尺曰尋,倍尋
曰常。”〔四〕

〔一〕莊子人間世:“絜之百圍。”經典釋文曰:“李云:徑尺爲圍,蓋十
丈也。”

〔二〕見説文卷八人部。

〔三〕按:史記穰侯列傳:“以三十萬之衆守梁七仞之城。”裴駰集解:“爾
雅曰:四尺謂之仞,倍仞謂之尋。”未見史記及三家注有言“七尺曰
仞”者。鄭玄云者,見尚書旅獒“爲山九仞”鄭玄注。

〔四〕見小爾雅廣度。

　　拘盧舍　此云“五百弓”,亦云“一牛吼地”,謂大牛鳴聲
所極聞〔一〕。或云“一皷聲”〔二〕,俱舍云“二里”〔三〕,雜寶
藏云“五里”〔四〕。

〔一〕玄應一切經音義卷一八:“拘屢,或作‘句盧舍’,或云‘拘樓賖’,此
云‘五百弓’,應言‘俱嚧舍’,嚧,音舉俱反,謂大牛鳴音聲聞五里。
八俱嚧舍爲一踰繕那,即四十里,古者聖王一日所行也。”

〔二〕道宣撰四分律删繁補闕行事鈔卷下頭陀行儀篇:“一拘盧舍,此云
‘一鼓聲’。”

〔三〕阿毗達磨俱舍論卷一二:“二十四指橫布爲肘,竪積四肘爲弓,謂
尋。竪積五百弓爲一俱盧舍,一俱盧舍許是從村至阿練若中間道
量,説八俱盧舍爲一踰繕那。”圓暉述俱舍論頌疏論本卷一二:“解

云:計一肘有一尺八寸,一弓有七尺二寸,乃至一俱盧舍計有二里,
一踰繕那有十六里。"

〔四〕雜寶藏經卷一鹿女夫人緣:"一拘屢者,秦言'五里'。"

槃陀 此云"二十八肘"〔一〕。

華嚴大數增至百二十五,見阿僧祇品〔二〕。

〔一〕善見律毗婆沙卷一七:"一盤陀羅,二十八肘。"

〔二〕阿僧祇品:即實叉難陀譯大方廣佛華嚴經卷四五阿僧祇品。

什物篇第三十七

經音義云:"什者,十也,聚也,雜也。亦會數之名也,謂
資生之物。"〔一〕莊子:"關尹曰:凡有貌象聲色者,皆物
也。"〔二〕易曰:"天地絪緼,萬物化醇。"〔三〕玉篇云:"凡生天
地之間,皆謂物也,事也,類也。"〔四〕

〔一〕見玄應一切經音義卷二。

〔二〕見莊子達生。

〔三〕見易繫辭。

〔四〕見大廣益會玉篇卷二三牛部第三百五十八。

佉啁竹交羅 此云"小長牀"〔一〕。

〔一〕玄應一切經音義卷一五:"佉啁羅牀,此譯云'小長牀'。啁,音竹
交反。"

興渠 訛也。應法師:"此云'少',正云'興宜',出烏荼
婆他那國,彼人常所食也。此方相傳爲'芸薹'者,非也。此
是樹汁,似桃膠,西國取之以置食中,今阿魏是也。"〔一〕慈愍
三藏云:根如蘿蔔,出土辛臭。慈愍冬到彼土,不見其
苗〔二〕。蒼頡篇:"葷,辛菜也。凡物辛臭者皆曰葷。"〔三〕

〔一〕見玄應一切經音義卷五、卷一七。

〔二〕宋高僧傳卷二九唐洛陽罔極寺慧日傳:"釋慧日,俗姓辛氏,東萊人
也。(中略)賜號曰慈愍三藏。生常勤修淨土之業,著往生淨土集
行于世。其道與善導、少康異時同化也。又以僧徒多迷五辛中'興
渠'。興渠,人多說不同,或云蕓薹胡荽,或云阿魏,唯淨土集中別
行書出云:'五辛,此土唯有四:一、蒜,二、韭,三、葱,四、薤,闕於興

渠。梵語稍訛,正云形具,餘國不見。迴至于闐,方得見也。根麁
如細蔓,菁根而白,其臭如蒜,彼國人種取根食也。于時冬天到彼,
不見枝葉。薹葖非五辛,所食無罪。'曰親見爲驗歟?"其所著往生
淨土集等,已佚。

〔三〕蒼頡篇:古字書,已佚。清以來有各種輯本。智圓述請觀音經疏闡
　　義鈔卷四:"五辛辣者,慈閔三藏云:葱、蒜、韭、薤、興渠五也。興渠
　　者,應法師云:梵音訛也,應云興宜。慈閔云:根形如蘿蔔,出土辛
　　臭。慈閔冬到彼土,不見其苗。此五物辛而復葷故。經云:五辛能
　　葷,有辛而不葷者,如薑芥之屬,則非所制。蒼頡篇云:葷,辛菜也。
　　凡物辛臭者皆曰葷。"

摩偷又云"窣唎",翻"酒"　大論:"酒有三種:一者穀酒。二
者果酒,蒲萄、阿梨咤樹果,如是等種種,名爲果酒。三者藥
酒,種種藥草,合和米麴、甘蔗汁中,能變成酒。同跡畜乳酒,
一切乳熱者,可中作酒。"〔一〕漢書:"酒者,天之美禄,所以頤
養天下,享祀祈福,扶衰養疾。"〔二〕陶侃嘗曰:"少時有酒失,
亡親見約,故不敢多飲。"〔三〕或云醅者,釀也,蒼頡篇云:酒
母也。或云醪カ刀,蒼頡篇謂有滓酒。大莊嚴論云:"佛說身
口意,三業之惡行,唯酒爲根本,復墮惡行中。"〔四〕

〔一〕見大智度論卷一三。

〔二〕見漢書食貨志下。

〔三〕世說新語賢媛劉孝標注引陶侃別傳:"昔年少,曾有酒失,二親見
　　約,故不敢逾限。"

〔四〕見大莊嚴論經卷一五。

蔡　指歸云:那爛陀僧吉祥月云:西域立表量影。影,梵
云"蔡",此云"影"。朝蔡倒西去,便以脚足前後步之,數足
步影也。新毗奈耶云:佛言:應作商矩法。取細籌長二尺許,
折一頭四指,竪至日中,度影長短,是謂商矩〔一〕。一說,商
矩二尺,屈折頭轉,如人脚影,故人濫用。

〔一〕唐義淨譯根本說一切有部百一羯磨卷一:"苾芻足度,其影便過,佛
　　言:應作商矩度之。彼皆不解何謂商矩。佛言:可取細籌長二尺
　　許,折一頭四指,竪置日中,度影長短,是謂商矩。——商矩所量之

影,皆悉名爲一人,此影纔長齊四指時,看自身影與身相似。若有增減,准此應思。"

毗嵐　亦云"隨藍",此云"迅猛風"〔一〕。大論云:"八方風不能動須弥山,隨嵐風至,碎如腐草。"〔二〕佛地論明八風:"得可意事名利,失可意事名〔三〕衰,不現誹撥名毁,不現讚美名譽,現前讚美名稱,現前誹撥名譏,逼惱身心名苦,適悦身心名樂。"〔四〕淨名疏云:"行堅固慈者,則心如金剛,成真慈心,不爲界内外八風之所毁損。"〔五〕荆溪云:"外無八相,祇是違順,真中不同,故與内别。"〔六〕

〔一〕玄應一切經音義卷一:"毗嵐,力含反,或作'毗藍婆風',或作'鞞嵐婆',或云'吠藍婆',或作'隨藍',或言'旋藍',皆是梵言,此譯云'迅猛風'也。"

〔二〕見大智度論卷一七。

〔三〕名:原作"明",據永樂北藏本、嘉興藏本改。

〔四〕見佛地經論卷五。

〔五〕見智顗説、湛然略維摩經略疏卷八。

〔六〕見湛然述維摩經疏記卷下。

差羅波尼　或"讖〔一〕羅半尼",此云"灰水"〔二〕。

〔一〕讖:原作"纖",據一切經音義等改。

〔二〕玄應一切經音義卷一四:"差羅波尼,或作'叉羅波膩',或云'讖羅半尼',此譯云'灰水'。"

朱利草　大論云:"秦言'賊'。"〔一〕

〔一〕大智度論卷一二:"不實名,如有一草名朱利,朱利,秦言'賊'也。草亦不盜不劫,實非賊而名爲賊。"

阿伽陀　此云"普去",能去衆病〔一〕。又翻"圓藥"〔二〕。華嚴云:"阿伽陀藥,衆生見者,衆病悉除。"〔三〕律鈔云:"報命支持,勿過於藥。藥名乃通,要分爲四:一、時藥者,從旦至中,聖教聽服,事順法應,不生罪累;二、非時藥者,諸雜漿等,對病而設,時外開服,限分無違;三、七日藥者,約能就法,盡其分齊,從以日限,用療深益;四、盡形藥者,勢力既微,故聽久服,方能除患。形有三種:一、盡藥形,二、盡病

形,三、盡報形。”〔四〕

〔一〕慧琳一切經音義卷二六:“阿伽陀藥,此云‘無病’,或云‘不死藥’,有翻爲‘普除去’,謂衆病悉除去也。”慧苑新譯大方廣佛華嚴經音義卷上:“阿伽陀藥,‘阿’,此云普也;‘揭陁’,云去也。言服此藥者,身中諸病皆除去也。又云‘阿’,无也;‘揭陁’,病也。服此藥已,更無有病,故名之耳。”

〔二〕玄應一切經音義卷二三:“阿揭陀藥,梵語,亦言‘阿竭陁’,或云‘阿伽陁’,梵言訛轉也,此言‘丸藥’也。”

〔三〕見佛馱跋陀羅譯大方廣佛華嚴經卷一〇明法品。

〔四〕見道宣撰四分律删繁補闕行事鈔卷下四藥受淨篇。

薩哀煞地　西域記云:“唐言‘虵藥’。佛昔爲帝釋時,遭飢歲,疾疫流行,醫療無功,道殣渠吝切。左傳:路死人也〔一〕。相屬。帝釋悲愍,思所救濟,乃變其形爲大蟒身,殭屍川谷,死不朽也。空中徧告,聞者感慶,相率奔赴,隨割隨生,療飢療疾。”〔二〕

〔一〕左傳昭公二年:“道殣相望。”杜預注:“餓死爲殣。”

〔二〕見大唐西域記卷三烏仗那國。

優檀那　妙玄云:“此云‘印’,亦翻‘宗’。印是楷定,不可改易。”〔一〕釋名云:“印,信也,所以封〔二〕物爲驗也。”〔三〕説文云:“執政所持信。”〔四〕

〔一〕見智顗説妙法蓮華經玄義卷一下。

〔二〕封:原作“對”,據釋名改。

〔三〕見釋名卷三釋書契。

〔四〕見説文卷九印部。

婆利　或“盎句奢”,翻“曲鈎”〔一〕。

〔一〕慧苑新譯大方廣佛華嚴經音義卷上:“盎句奢,此曰‘曲鈎’。”

㲉縛屣　或名“革屣”,此云“靴”。佛昔於阿奪茶國,聽著㲉縛屣所綺〔一〕。説文:“皮作曰履,麻作曰屨音句。”〔二〕

〔一〕大唐西域記卷一一阿奪茶國:“城東北不遠,大竹林中,伽藍餘趾,是如來昔於此處聽諸苾芻著㲉縛屣。唐言‘靴’。”可洪新集藏經音義隨函録卷四:“革屣,上古厄反,下所綺反,梵言‘㲉縛屣’,唐言

‘靴’也。”

〔二〕按：説文無此説。祖庭事苑卷八：“説文云：皮作曰履，麻作曰屨。黄帝臣於則製。屝，所綺切。屨，音句。”或爲此説所本。又，宋允堪述四分律隨機羯磨疏正源記卷五：“靴，釋名云：本胡服，趙武靈王所服屨居芋反。字書云：麻曰屨，皮曰屝，黄帝臣於則所造。”

富羅　正言“腹羅”，譯云“短勒靴”〔一〕。

〔一〕玄應一切經音義卷一六：“腹羅，或作‘福羅’，或云‘富羅’，正言‘布羅’，此云‘短勒靴’也。”

舍樓伽　此云〔一〕“藕根”是也〔二〕。

〔一〕此云：原無，據諸校本補。

〔二〕善見律毗婆沙卷一七：“舍樓伽者，此是優鉢羅、拘物頭花根，春取汁，澄使清，是名舍樓伽漿。”按：優鉢羅、拘物頭，指蓮華。參本卷百華篇第三十三“優鉢羅”“拘勿投”條。

葷辛　葷而非辛，阿魏是也；辛而非葷，薑芥是也；是葷復是辛，五辛是也。梵網云：“不得食五辛。言五辛者，一、葱，二、薤，三、韭，四、蒜，五、興蕖。”〔一〕準楞嚴經，食有五失：一、生過，二、天遠，三、鬼近，四、福消，五、魔集。一、生過者，經云：“是五種辛，熟食發婬，生啖增恚。”二、天遠者，經云：“食辛之人，縱能宣説十二部經，十方天仙嫌其臭穢，咸皆遠離。”三、鬼近者，經云：“諸餓鬼等因彼食次，舐其唇吻，常與鬼住。”四、福消者，經云：“福德日消，長無利益。”五、魔集者，經云：“是食辛人修三摩地，菩薩、天仙、十方善神不來守護。大力魔王得其方便，現作佛身來爲説法，非毀禁戒，讚〔二〕婬怒癡。命終，自爲魔王眷屬，受魔福盡，墮無間獄。”〔三〕又，楞伽經：“大慧問曰：彼諸菩薩等，志求佛道者，酒肉及與葱，飲食爲云何？惟願無上尊，哀愍爲演説。佛告大慧：有無量因緣，不應食肉，然我今當爲汝略説。謂：一切衆生從本已來，展轉因緣，常爲六親，以親想故，不應食肉；驢、騾、駱駝、狐、狗、牛、馬、人、獸等肉，屠者雜賣故，不應食肉；不淨氣分所生長故，不應食肉；衆生聞氣，悉生恐怖，如旃

陁羅及譚婆等,狗見憎惡,驚怖羣吠故,不應食肉;又令修行
者慈心不生故,不應食肉;凡愚所嗜臭穢不淨,無善名稱故,
不應食肉;令諸呪術不成就故,不應食肉;以殺生者,見形起
識,深味著故,不應食肉;彼食肉者,諸天所棄故,不應食肉;
令口氣臭故,不應食肉;多惡夢故,不應食肉;空閑林中,虎狼
聞香故,不應食肉;又令飲食無節量故,不應食肉;令修行者
不生厭離故,不應食肉。我常説言,凡所飲食,作食子肉想,
作服藥想故,不應食肉。聽食肉者,無有是處。復次,<u>大慧</u>,
過去有王,名<u>師子蘇陁婆</u>,食種種肉,遂至食人,臣民不堪,即
便謀反,斷其俸禄。以食肉者,有如是過故,不應食肉。一切
肉與葱,及諸韭蒜等,種種放逸酒,修行常遠離。"〔四〕<u>善見論</u>
云:"食大蒜,咽咽得提,餘細薤葱不犯。"〔五〕<u>西域記</u>云:"菜
則有薑、芥、苽、瓠、葷陀菜等,葱、蒜雖少,噉食亦希,家有食
者,驅令出郭。"〔六〕佛設漸化,通食三種淨肉,所謂一不見殺,二不聞殺,
三不疑殺。或言五淨,加自死肉及鳥殘肉。<u>楞伽</u>、<u>梵網</u>,並皆斷制。

〔 一 〕見<u>梵網經</u>卷下。

〔 二 〕讚:<u>大正藏</u>本作"護"。

〔 三 〕見<u>大佛頂如來密因修證了義諸菩薩萬行首楞嚴經</u>卷八。

〔 四 〕見<u>楞伽阿跋多羅寶經</u>卷四。

〔 五 〕見<u>善見律毗婆沙</u>卷一七。又,"善見論云"四字,原爲小字,今據<u>永</u>
　　　　<u>樂北藏</u>本、<u>嘉興藏</u>本改。

〔 六 〕見<u>大唐西域記</u>卷二印度總述。又,"西域記云"四字,原爲小字,今
　　　　據<u>永樂北藏</u>本、<u>嘉興藏</u>本改。

　　印　　<u>大論</u>云:"佛法印三種:一者、一切有爲法,念念生滅
皆無常;二者、一切法無我;三者、寂滅涅槃。行者知三界皆
是有爲生、滅作法,先有今無,今有後無,念念生滅,相續相似
生故,可得見知;如流水、燈焰、長風,相似相續故,人以爲一。
衆生於無常法中,常顛倒故,謂去者常住,是名一切作法無常
印。一切法無我,諸法内無主、無作者、無知、無見、無生者、
無造業者,一切法皆屬因緣。屬因緣故不自在,不自在故無

我,我相不可得故,如破我品中説,是名無我印。云云。寂滅者是涅槃,三毒、三衰火滅故,名爲寂滅印。問曰:寂滅印中,何以但一法,不多説? 荅曰:初印中説五衆,二印中説一切法皆無我,第三印中説二印果,是名寂滅印。一切作法無常,則破我所外五欲等。若説無我,破内我法。我、我所破故,是寂滅涅槃。"論又:"問曰:摩訶衍中,説諸法不生不滅,一相所謂無相,此中云何説一切有爲作法無常,名爲法印? 二法云何不相違? 荅曰:觀無常,即是觀空因緣。如觀色念念無常,即知爲空。過去色滅壞,不可見故,無色相。未來色不生,無作無用,不可見故,無色相。現在色亦無住,不可見不可分別知故,無色相。無色相即是空,空即是無生無滅,無生無滅及生滅其實是一,説有廣略。問曰:過去、未來色不可見,故無色相。現在色住時可見,云何言無色相? 荅曰:現在色亦無住時,如四念處中説:若法後見壞相,當知初生時壞相,以隨逐微細故不識。如人著屐,若初日新而無故,後應常新,不應有故。若無故應是常,常故無罪無福,無罪無福故則道俗法亂。復次,生滅相常隨作法,無有住時,若有住時,則無生滅。以是故,現在色無有住。"〔一〕

〔一〕見大智度論卷二二。

顯色篇第三十八

阿毗曇明三種色:一者、可見有對色,即色塵一法,爲眼所見,假極微所成,名爲有對。二者、不可見有對色,謂眼等五根,此勝義根也,聲等四塵,此之九法,非眼所見,皆假極微所成。三者、不可見無對色,即無表色〔一〕。唯識宗明第八識變三種色:一、唯麤非細,即山河大地等。二、亦麤亦細,内身浮塵色,對山河等色即細,比内身中五根即麤。三、唯細非麤,即内五根,此即大乘勝義五根,以能造八法,不可見有對淨色而爲體性也。瑜珈論及五蘊論明三種色,謂顯色、形色、表色。開顯色爲十三,謂青、黃、赤、白、光、影、明、暗、煙、雲、塵、霧、空。一顯色,開形爲十,謂長、短、方、圓、麁、細、高、下、若正、不正。開表爲八,謂取、捨、屈、伸、行、住、坐、卧〔二〕。俱舍出無表色者,謂無所表彰也〔三〕。涅槃出無作色者,謂無所作爲也〔四〕。薩婆多出無教色者,謂無所教示也〔五〕。事鈔釋云:"教者,作也,不可教示於他。"〔六〕業疏云:"此明業體,一發續現,不假緣辨,無由教示,方有成用,即體任運,能酬來世,故云無教。"〔七〕大論明四種色:"受色、受戒時得律儀。止色、惡不善業止也。用色、如衆僧受用檀越所施之物也。不用色。餘無用之色也。"〔八〕資持云:"四分二非爲體,體從心發。然限在小宗,曲從權意,別立異名,退非是小,進不成大,密使行人,心希實道。多方之義,其在兹焉。"〔九〕

〔一〕 大智度論卷二〇:"佛說三種色:有色可見有對,有色不可見有對,有色不可見無對。"舍利弗阿毗曇論卷三:"云何可見有對色? 色入,是名可見有對色。云何不可見有對色? 眼、耳、鼻、舌、身、聲、香、味、觸入,是名不可見有對色。云何不可見無對色? 身口非戒無教,有漏身口戒無教,有漏身進、有漏身除,正語、正業、正命、正身進、正身除,是名不可見無對色。"

〔二〕 詳見瑜伽師地論卷一、大乘廣五蘊論。

〔三〕 阿毗達磨俱舍論卷一:"無表雖以色業爲性如有表業,而非表示令他了知,故名無表。"

〔四〕 見曇無讖譯大般涅槃經卷三四。

〔五〕 見薩婆多毗尼毗婆沙卷一。

〔六〕 見道宣撰四分律删繁補闕行事鈔卷中隨戒釋相篇。

〔七〕 見元照述四分律删補隨機羯磨疏濟緣記卷二。

〔八〕 見大智度論卷三六。

〔九〕 見元照撰四分律行事鈔資持記卷上釋序文。又,"小進不成大"至"其在兹焉",原爲大字,據意校改。

俱蘭吒　此云"色"〔一〕。質礙曰色〔二〕。

〔一〕 玄應一切經音義卷一:"俱蘭吒花,或云'拘蘭荼花',此譯云'紅色花'也。"

〔 二 〕圓測撰<u>仁王經疏</u>卷下:"色是色蘊,即質礙義。"<u>良賁</u>述<u>仁王護國般</u>
　　　　<u>若波羅蜜多經疏</u>卷上:"色謂質礙,變礙爲性。"

伊尼延　或"伊泥延",此云"金色",正言"翳烏奚尼
延"〔一〕。<u>大論</u>明三十二相,第八名伊泥延鹿膊相,隨次
備纖〔二〕。

〔 一 〕<u>玄應</u>一切經音義卷一:"伊尼延,或云'哑尼延',皆訛也,正言'翳
　　　　尼延',此鹿王名也。哑,音烏賢反。翳,烏奚反。"

〔 二 〕詳見<u>大智度論</u>卷四。<u>慧苑</u>新譯<u>大方廣佛華嚴經音義</u>卷下:"伊尼延
　　　　鹿王腨,伊尼延者,鹿名也。其毛色多黑,腨形膊纖,長短得所。其
　　　　鹿王最勝,故取爲喻。腨字,又作蹲。"<u>慧琳</u>一切經音義卷一四:"備
　　　　纖。丑龍反。考聲:上下均也。韻英:直也。説文:均直也。從人
　　　　庸聲。經從月作膊,俗字也。下相闇反。廣雅:纖微也。説文:細
　　　　也。從糸韱聲也。或從女作孅。韱,音尖。經從截,非也。"

蘇樓波　此云"妙色"〔一〕。經云:"妙色湛然常安住,不
爲生老病死遷。"〔二〕

〔 一 〕<u>勝天王般若波羅蜜經</u>卷七讚嘆品:"蘇樓波,陳云'妙色'。"

〔 二 〕<u>東晉法顯</u>譯<u>大般泥洹經</u>卷一長者純陀品:"妙色湛然常安隱,不爲
　　　　衰老所磨滅。"此處引文,同維摩經略疏卷一所引。

尼羅　此云"青色"。東方甲乙,歲星屬木〔一〕。

〔 一 〕<u>唐李通玄</u>撰<u>新華嚴經論</u>卷三四:"尼羅者,青色。"<u>澄觀</u>述<u>大方廣佛</u>
　　　　<u>華嚴經隨疏演義鈔</u>卷一九:"五方有五帝:東方甲乙木,其色青故,
　　　　東方爲青帝;南方丙丁火,其色赤,爲赤帝;西方庚辛金,其色白,爲
　　　　白帝;北方壬癸水,其色黑,爲黑帝;中央戊己土,其色黃,爲黃帝。"

阿盧那　此云"赤色"。南方丙丁,熒惑屬火〔一〕。

〔 一 〕<u>慧苑</u>新譯<u>大方廣佛華嚴經音義</u>卷下:"阿盧那者,此云'赤色'。"

盧醯呾迦　<u>西域記</u>云:"唐言'赤色'。"〔一〕

〔 一 〕見<u>大唐西域記</u>卷三烏仗那國。

迦沙野　此云"赤色"〔一〕。

<u>梵</u>音呼異,今具録之。

〔 一 〕<u>可洪</u>新集藏經音義隨函録卷一七:"梵云'加沙野',此譯爲'赤色'
　　　　是也。"

叔離　此云"白色"。西方庚辛,太白屬金〔一〕。

〔一〕賢愚經卷五貧人夫婦氎施得現報品:"叔離,秦言'白'也。"

訖里瑟拏　此云"黑色"。北方壬癸,辰星屬水〔一〕。

〔一〕根本説一切有部毗奈耶雜事卷四〇:"黑色,梵云'訖里瑟拏'。"

迦荼　或"迦羅",此云"黑色"〔一〕。

〔一〕佛本行集經卷二六向菩提樹品中:"迦荼,隋言'黑色'。"

捷陁羅　或"劫賓那",此云"黃色"。中央戊己,鎮星屬土〔一〕。

〔一〕李通玄撰新華嚴經論卷三三:"劫賓那,此云'黃色'。"

羅差　或名"勒叉",此云"紫色"〔一〕。

〔一〕玄應一切經音義卷一:"羅差,或言'洛沙',訛也,應云'勒叉',此譯云'紫色'也。"

冰伽羅　梁言"蒼色"〔一〕。

〔一〕僧伽婆羅譯孔雀王呪經卷下:"冰伽羅,梁言'蒼色'。"

凡夫沉迷,爲物所轉,聽不出聲,見不超色。今列經論,令透聲色。如智論:"問:心、心數法無形故,可言無邊。色是有形、可見,云何無邊? 荅:無處不有色,不可得籌量遠近輕重。如佛説:四大無處不有,故名爲大。不可以五情得其限,不可以斛秤量其多少輕重,是故言色無邊。復次,是色過去時,初始不可得。未來世中,無有恒河沙劫數限當盡,是故無後邊。初後邊無故,中亦無。復次〔一〕,邊名色相。是色分別破散,邊不可得,無有本相。"〔二〕

又,摩訶衍寶嚴經云:"譬如畫師作鬼神像,即自恐懼。如是迦葉,諸凡夫人自造色聲香味細滑之法,輪轉生死,亦復如是。"

又,智論云:"大歡喜菩薩作是念:衆生易度耳。所以者何? 衆生所著,皆是虛誑無實故。譬如人有一子,喜不淨中戲,聚土爲穀,以草木爲鳥獸,而生愛著。人有奪者,嗔恚啼哭。其父知已,此子今雖愛著,此事易離耳,長大自休。何以故? 此物非真故。菩薩亦如是,觀衆愛著不淨臭穢身及五欲是無常,種種苦因。如是衆生得信等五根成就時,即能捨離。

若小兒所著,實是真物,雖復年至百歲,著之轉深,亦不能離。以諸法皆空、虛誑不實故,得無漏清淨智慧眼時,即能遠離所著,大自慚愧。譬如狂病,所作非法,醒悟之後,羞慚無顔。"〔三〕

傾〔四〕望後賢觀色如幻,於内外境無取著焉。

翻譯名義集三

〔一〕復次:原作"無復",據大智度論改。

〔二〕見大智度論卷五二。

〔三〕見大智度論卷九二。

〔四〕傾:大正藏本作"仰"。按:傾望、仰望,皆熱切期盼之義,兩者皆通。

翻譯名義集四

揔明三藏篇第三十九

一、經藏，二、律藏，三、論藏。經藏則刊定因果，窮究性相。律藏則垂範四儀，嚴制三業。論藏則研真顯正，覈僞摧邪。同出一音，異隨四悉〔一〕，用顯圓明之理，式開解脫之門，致立三藏之教也。

〔一〕四悉：即四悉檀。大智度論卷一："有四種悉檀。一者、世界悉檀，二者、各各爲人悉檀，三者、對治悉檀，四者、第一義悉檀。"

修多羅　或"修單蘭"，或"修妬路"。西域記："名'素怛覽'，舊曰'修多羅'，訛也。"〔一〕或言無翻，含五義故。攃華〔二〕云：義味無盡，故喻涌泉；能生妙善，故号出生；揩定邪正，故譬繩墨；能示正理，故名顯示；貫穿諸法，故曰〔三〕結鬘。含此五義，故不可翻。出雜心論〔四〕。或言有翻。妙玄明有五譯：一、翻經，二、翻論，三、翻法本，四、翻線，五、翻善語教〔五〕。天台定云："今且據一名，以爲正翻，亦不使二家有怨。何者？從古及今，譯梵爲漢，皆題爲經。若餘翻是正，何不改作線契？若傳譯僉然，則經正明矣。"〔六〕以此方周孔之教名爲五經，故以經字翻修多羅。然其衆典，雖單題經，諸論所指，皆曰契經，所謂契理、契機，名契經也。攃華云：契理則合於二諦，契機則符彼三根。經者，訓常、訓法。妙玄云：天魔外道不能改壞，名爲教常。真正不雜，無能踰過，名爲行

常。湛然不動,決無異趣,名爲理常。又訓法者,法可軌,行
可軌,理可軌〔七〕。佛地論云:經者,貫攝爲義。貫穿所應知
義,攝持所化衆生〔八〕。慈恩云:"爲常爲法,是攝是貫,常則
道軌百王,法乃德模万葉〔九〕,攝乃集斯妙義,貫乃御彼庸
生,庶令同出苦津,終歸覺岸。"〔一○〕

〔 一 〕見大唐西域記卷三迦濕彌羅國。
〔 二 〕摭華:即智圓摭華鈔。參卷一諸佛別名篇第二"提洹竭"條注六。
〔 三 〕曰:永樂北藏本、嘉興藏本作"名"。
〔 四 〕見雜阿毗曇心論卷八。
〔 五 〕詳見注七。
〔 六 〕見智顗説妙法蓮華經玄義卷八上。
〔 七 〕智顗説妙法蓮華經玄義卷八上:"脩多羅,或云'脩單蘭',或云'脩
妒路'。彼方楚夏,此土翻譯不同,或言無翻,或言有翻。(中略)
言無翻者,彼語多含,此語單淺,不可以單翻複,應留本音。而言
'經'者,開善云:非正翻也,但以此代彼耳。此間聖説爲經,賢説子
史;彼聖稱經,菩薩稱論。既不可翻,宜以此代彼,故稱經也。既不
可翻而含五義:一、法本,亦云出生;二云微發,亦云顯示;三云涌
泉;四云繩墨;五云結鬘。(中略)言法本者,一切皆不可説,以四悉
檀因緣則有言説:世界悉檀説,則爲教本;爲人、對治,則爲行本;第
一義悉檀,則爲義本。(中略)二、含微發者,佛以四悉檀説,言辭巧
妙,次第詮量初、中、後善,圓滿具足,如大海水漸漸轉深。(中略)
三、含涌泉者,從譬爲名也。佛以四悉檀説法,文義無盡,法流不
絕。(中略)四、含繩墨者,佛以四悉檀説。初聞世界,裁愛見之邪
教,不爲邪風倒惑,得入正轍,即教繩墨也;若聞爲人、對治,遠離非
道,入好正濟道品之路,即行繩墨也;若聞第一義,裁愛見此岸,得
至彼岸,不保生死,亦不住無爲,即義繩墨。(中略)五、含結鬘者,
結教行理,如結華鬘,令不零落。(中略)舊云:經含五義,今則經含
十五義,豈可單漢翻胡,名含之釋如此。云云。訓者訓常,今釋其
訓。天魔外道,不能改壞,名爲教常。真正無雜,無能踰過,名爲行
常。湛然不動,決無異趣,名爲理常。又訓法者,法可軌,行可軌,
理可軌。今直釋訓,已含六義,況胡言重複,而可單翻耶? 二、言有
翻者,亦爲五:一、翻爲經,經由爲義,由聖人心口故。今亦隨而釋
之,謂教由、行由、理由。一切脩多羅、一切通別論、一切疏記等,皆

由聖人心口,是名教由。一切契理行、一切相似行、一切信行法行,皆由聖人心口,故以行爲由。一切世間義、一切出世義、一切方便義、一切究竟義,皆由聖人心口,故以義爲由。教由世界,行由爲人、對治,義由第一義悉檀。又言經者緯義,如世絹經,以緯織之,龍鳳文章成。佛以世界悉檀説經,菩薩以世界緯織,經緯合故,賢聖文章成。又約行論經緯,慧行爲經,行行爲緯,經緯合故,八正文章成。又約理論經緯者,詮真爲經,詮俗爲緯,經緯合故,二諦文章成。二、翻爲契者,契緣、契事、契義。世界説是契緣;隨宜説是契生善,隨對治説是契破惡,是爲契事;隨第一義説,是契義。三、翻法本者,即教、行、理本,如前釋。云云。四、翻線者,線貫持教、行、理,令不零落,嚴身等義如前釋。又線能縫義,縫教使章句次第,堪可説法。如支佛不值十二部線,不能説法。世智辯聰亦不得經線,正語不成。又線能縫行,依經則行正,違經則行邪。又縫理者,理所不印,墮六十二邪;理所印者,會一究竟道也。五、翻善語教,亦是善行教,亦是善理教。世界悉檀説即善語教;爲人、對治即善行教;第一義説即善理教。是名脩多羅有五種翻也。”

〔 八 〕佛地經論卷一:“能貫能攝,故名爲經,以佛聖教貫穿攝持,所應説義所化生故。”

〔 九 〕葉:永樂北藏本、嘉興藏本作“乘”。

〔一〇〕窺基撰妙法蓮華經玄贊卷一:“經者,爲常爲法,是攝是貫,常則道軌百王,法乃德模千葉,攝則集斯妙理,貫又御彼庸生,庶令畢離苦津,終登覺岸。”

毗奈耶　或“毗尼”〔 一 〕。**什師**云:“毗尼,**秦**言‘善治’,謂自治婬怒癡,亦能治眾生惡也。”〔 二 〕圓覺鈔云:“此云‘調伏’,謂調練三業,制伏過非,調練通於止作,制伏唯明止惡。就所詮之行,彰名調伏之藏。”〔 三 〕四教義云:“此翻‘滅’,謂佛説作無作戒,能滅身口之惡,是故云滅。”〔 四 〕圓覺略鈔云:“滅有三義:一、滅業非,論第一云:滅惡故,名曰毗尼。二、滅煩惱,律云:世尊謂調伏貪、嗔、癡令盡故,制增上戒學。〔 五 〕三、得滅果。戒經云:‘戒淨有智慧,便得第一道。’”〔 六 〕南山云:“毗尼翻‘滅’,從功能爲名,非正譯也,正翻爲‘律’。律者,法也,從教爲名。”〔 七 〕斷割重輕,開遮持犯,非法不定。俗有九流,法流居一,故世律法,皆約刑科。道與俗違,刑名乃異,至於處斷,必依常法。谷響云:"以此方法律之名,翻彼土奈耶之語。律者,詮也,詮量輕重、犯不犯等。風俗通曰:'皋陶謨:虞造律。'律訓詮、訓法。尚書大傳曰:'丕天之大律。'注云:'奉天之大法。'法亦律也。"〔八〕此方律名,起於舜世。漢蕭何以爲九章,漸分輕重委悉也〔九〕。西域記云:"毗奈耶藏,舊訛云'毗那耶'。"〔一〇〕

〔一〕慧苑新譯大方廣佛華嚴經音義卷上:"毗尼,正云'毗奈耶',此曰'調伏',謂調身、語七種非故;或調三業,令不造惡。"

〔二〕見僧肇撰注維摩詰經卷三。

〔三〕見宗密圓覺經略疏鈔卷三。

〔四〕見智顗撰四教義卷一。

〔五〕增上戒學:雜阿含經卷二九:"世尊告諸比丘:有三學。何等爲三?謂增上戒學、增上意學、謂增上慧學。(中略)何等爲增上戒學?若比丘住於戒波羅提木叉律儀,威儀行處具足,見微細罪則生怖畏,受持學戒。(中略)何等爲增上戒學?謂比丘重於戒,戒增上,不重於定,定不增上,不重於慧,慧不增上;於彼彼分細微戒,犯則隨悔。所以者何?我不説彼不堪能,若彼戒隨順梵行、饒益梵行、久住梵行,如是比丘戒堅固、戒師常住、戒常隨順生,受持而學。如是知、如是見,斷三結,謂身見、戒取、疑。斷此三結,得須陀洹,不墮惡趣法,決定正趣三菩提,七有天人往生,究竟苦邊,是名學增上戒。"

〔六〕見宗密圓覺經略疏鈔卷三。"律云"者,見四分律卷五八;"戒經云"者,見四分律比丘戒本。

〔七〕見道宣撰四分律刪繁補闕行事鈔卷中隨戒釋相篇。

〔八〕谷響:即智圓谷響鈔。"風俗通曰"者,佚文。此段引文,仁岳述楞嚴經熏聞記卷四、思坦集注楞嚴經集注卷六有引。唐律疏議名例:"堯舜時,理官則謂之爲士,而皋陶爲之。其法略存,而往往概見,則風俗通所云'皋陶謨:虞造律'是也。律者,訓銓,訓法也。易曰:'理財正辭,禁人爲非曰義。'故銓量輕重,依義制律。尚書大傳曰:'丕天之大律。'注云:'奉天之大法。'法亦律也,故謂之爲律。"

〔九〕漢書卷二三刑法志:"漢興,高祖初入關,約法三章,(中略)其後四夷未附,兵革未息,三章之法不足以禦姦,於是相國蕭何攈摭秦法,取其宜於時者，作律九章。”

〔一〇〕見大唐西域記卷三迦濕彌羅國。

阿毗曇　或云“阿毗達磨”，此云“無比法”，謂無漏法慧爲最勝故〔一〕。四教義曰：“無比法，聖人智慧，分別法義也。”〔二〕新云“阿毗達摩”，此云“對法”，對有二種：一者對向，謂向涅槃，以乘無漏聖道之因，感趣涅槃圓極之果。二者對觀，對觀四諦，謂以淨慧之心，觀察四諦之法，故名對也。法有二種：一者勝義法，謂擇滅涅槃；云云。二、法相法，即通四聖諦。云云。問：若據此義，合云對法藏，今隱對法之名，但云慧論者，如何？答：此乃隨方之聲也。梵語“奢薩怛羅”，此云“論”；梵語“摩怛理迦”，此云“本母”。本母能生妙慧，妙慧因論而生，故展轉翻爲論也〔三〕。瑜珈論云：“問荅決擇諸法性相，故名論。”〔四〕奘師傳云：“舊曰‘優波提舍’，訛也，正云‘鄔波弟鑠’。”〔五〕後分經云“摩達磨”〔六〕。

〔一〕玄應一切經音義卷一七：“或言‘阿毗達磨’，或云‘阿鼻達磨’，皆梵言轉也，此譯云‘勝法’，或言‘無比法’，以詮慧故也。或云‘向法’，以因向果。或名‘對法’，以智對境也。”

〔二〕見智顗撰四教義卷一。

〔三〕澄觀撰大方廣佛華嚴經疏卷一：“‘阿毗’名對，‘達磨’云法。法有二種：一、勝義法，謂即涅槃，是善是常，故名爲勝。二、法相法，通四聖諦。相者性也，狀也，二俱名相。法既有二，對亦二義：一者、對向，謂向前涅槃。二者、對觀，觀前四諦。其能對者，皆無漏淨慧及相應心所等，由對果對境，分二對名故。慧但是對而非是法，非所對故。言對法者，法之對故，故對法藏特名慧論。舊譯爲‘無比法’，以詮慧勝故。世親攝論云：阿毗達磨有四義，謂對故，數故，伏故，通故。對義同前。數者，於一一法，數數宣説，訓釋言辭，自共相等無量差別故。伏者，由此具足論處所等能勝伏地論故。通者，此能通釋素怛纜義故。亦名優婆提舍，此云論義。亦云磨怛理迦，此云本母，謂以教與義爲本爲母。亦云依藏生解，藏爲解母，本即是母。亦名摩夷，此云行母，依藏成形故，行之母故。”

〔四〕見瑜伽師地論釋。

〔五〕見大慈恩寺三藏法師傳卷二。
〔六〕見大般涅槃經後分卷上遺教品。按："摩達磨"，大正藏本大般涅槃
　　　經後分作"阿毗達磨"，校勘記云宋、元、明、宮本作"摩達磨"。

俱舍　或云"比吒"，或云"摘迦"，此翻爲"藏"，即包含攝持之義，非藏無以積錢財、非藏無以蘊文義〔一〕。故攝論云："何名爲藏？答：由能攝故，謂攝一切所應知義。"〔二〕無令分散，故名爲藏。四教義云："今言三名，各含一切文理，故名藏也。阿含即定藏，毗尼即戒藏，阿毗曇即慧藏。"〔三〕今問：經云"貪著小乘，三藏學者"〔四〕，且三藏之名，既通大小二教，何故法華判局小乘？答曰：三藏屬小，凡有二義：一者、小乘三藏，皆佛所說。如出耀〔五〕經云：佛在波羅奈仙人鹿野苑中，告五比丘：此苦原本，本所未聞，本所未見。廣說此法，爲契經藏。佛在羅閱城時，迦蘭陀子名須陳那，出家學道，最初犯律，故說戒藏。佛在毗舍離，見跋耆子本末因緣，告諸比丘：諸無五畏恚恨之心者，便不墮惡趣，亦復不生入地獄中，廣說如阿毗曇〔六〕。是知小乘俱是佛說，斯異大乘論藏，自屬菩薩之所造也。二者、小乘三藏，部帙〔七〕各別。大乘經律，二藏混同。是故法華判其三藏屬小乘也。又，大論處處以摩訶衍斥三藏法非大菩薩，先德妄破天台立教，此由失究經論所以。問：法華既云"三藏學者"，大論安云"佛在世時，無三藏名"〔八〕？答：佛滅度後，阿難結集修多羅藏，優波離結集毗奈耶藏，迦葉結集阿毗曇藏，是則法華梵本恐無此名，多是譯師加三藏名，顯小乘教，如今經自餘諸品，皆是結集者所置也。問：今列三藏，依何詮次？答：四教義云："說時非行時，教起之次，阿含爲先；修行之初，木叉爲首。"〔九〕故出耀經說教次第，先經次律，而後論也。四教儀以論居中者，以經是所解，論是能釋，故先經而次論。然觀諸文，前後非一，亦各隨人，不可確執。苟以義局，徒自矛盾。或標四藏者，大論四名雜藏〔一〇〕。或言五藏者，西域記云：四名雜集

藏，五名禁呪藏。以上座部唯結三藏，若大衆部，別爲五
藏[一]。又，經音義列八藏：一、胎化藏，二、中陰藏，三、摩訶
衍方等藏，四、戒律藏，五、十住菩薩藏，六、雜藏，七、金剛藏，
八、佛藏[一二]。

〔一〕景霄纂四分律行事鈔簡正記卷一："梵云'比摘迦'，或'比吒迦'
　　　（按："或比吒迦"，卍續藏本作"惑吒迦"，此據意改），此翻'藏'
　　　也，謂取包攝持業義故，猶如庫櫃等，能包含攝持及所依故。又，攝
　　　論云：何緣名藏？猶能攝持一切所應知義，不令散失。"

〔二〕見世親造、玄奘譯攝大乘論釋卷一總標綱要分第一。

〔三〕見智顗撰四教義卷一。

〔四〕見妙法蓮華經卷五安樂行品。

〔五〕耀：永樂北藏本、嘉興藏本作"曜"，後同。

〔六〕詳見出曜經卷一。

〔七〕帙：原作"怢"，據諸校本改。

〔八〕見大智度論卷一〇〇。

〔九〕見智顗撰四教義卷一。

〔一〇〕大智度論卷一一："以四種法藏教人：一、修妬路藏，二、毗尼藏，三、
　　　阿毗曇藏，四、雜藏，是爲法施。"雜藏者，窺基大乘法苑義林章卷
　　　二："錄諸異法、合集衆雜復爲一藏，名爲雜藏。"又，"素呾纜等三
　　　藏之外，別立雜藏。謂但詮定，名素呾纜；若但詮戒，名毗奈耶；若
　　　但詮慧，名爲對法。若合二詮，或合三詮，名爲雜藏。分別功德經
　　　中，廣解四別。集藏傳說，一經、二律、三者大法、四者雜藏。迦栴
　　　延造竟，持用呈佛，佛言上法，故名大法。於中破癡，益於世間，此
　　　衆經明，故名大法。如是更有二復次解，不能煩引。佛說宿緣，羅
　　　漢亦說天魔外道，故名雜藏。中多偈頌問十二緣，此各異入，是名
　　　雜藏。""分別功德經"云者，見分別功德論卷一。

〔一一〕大唐西域記卷九摩揭陁國下："於是迦葉揚言曰：'念哉諦聽！阿難
　　　聞持，如來稱讚，集素呾纜舊曰修多羅，訛也。藏。優波釐持律明究，
　　　衆所知識，集毗奈耶舊曰毗那耶，訛也。藏。我迦葉波集阿毗達磨
　　　藏。'雨三月盡，集三藏訖。以大迦葉僧中上座，因而謂之上座部
　　　焉。（中略）於是凡聖咸會，賢智畢萃，復集素呾纜藏、毗奈耶藏、阿
　　　毗達磨藏、雜集藏、禁呪藏，別爲五藏。而此結集，凡聖同會，因而
　　　謂之大衆部。"

〔一二〕<u>玄應一切經音義</u>卷四:"八藏,在浪反,一、胎化藏,二、中陰藏,三、摩訶衍方等藏,四、戒律藏,五、十住菩薩藏,六、雜藏,七、金剛藏,八、佛藏。<u>梵</u>本名篋,以藏替之也。"此説本<u>菩薩處胎經</u>卷七出經品第三十八:"最初出經,胎化藏爲第一,中陰藏第二,摩訶衍方等藏第三,戒律藏第四,十住菩薩藏第五,雜藏第六,金剛藏第七,佛藏第八,是爲<u>釋迦文佛</u>經法具足矣。"胎化藏,即説佛在胎中化現之經;中陰藏,即説佛從入滅至次生間中有(中陰)之經;摩訶衍方等藏,即大乘經;戒律藏,即律典;十住菩薩藏,即説菩薩修因證果之大乘經;雜藏,即雜説三乘及人天修因證果等之大小乘經;金剛藏,即説等覺菩薩修因證果之經;佛藏,即説諸佛所説法、神通變現以化度衆生之大乘經。

十二分教篇第四十別明經藏,附出衆題。

竊以理超四句,教攝群機,散華貫華之殊,應頌孤頌之別,或有請以敷演,或無問而自陳。本事本生,談理談喻,牢籠妄識,統會真源。病有萬殊,藥無一準,故教部類開十二分。<u>發軫</u>曰:"長行、重頌并授記,孤起、無問而自説,因緣、譬喻及本事,本生、方廣、未曾有,論義共成十二名,廣出<u>大論</u>三十三。"〔一〕

〔一〕<u>發軫</u>:即<u>仁岳發軫鈔</u>,已佚。此説亦見<u>仁岳</u>述<u>楞嚴經熏聞記</u>卷三。"廣出<u>大論</u>三十三"者,見<u>大智度論</u>卷三三。

修多羅 此云"契經",有通有別。通則修多羅,聖教之都名。別則<u>妙玄</u>云:"直説法相者,是別修多羅。"〔一〕如説四諦等也。所言別者,<u>雜集論</u>云:"謂以〔二〕長行綴葺略説所應説義。"〔三〕

〔一〕見<u>智顗</u>説<u>妙法蓮華經玄義</u>卷六上。

〔二〕以:原無,據<u>大乘阿毗達磨雜集論</u>補。

〔三〕見<u>大乘阿毗達磨雜集論</u>卷一一。

祇夜 此云"重頌"。<u>妙玄</u>云:"重頌上直説修多羅也。"〔一〕亦曰"應頌",頌長行也〔二〕。

〔一〕<u>智顗</u>説<u>妙法蓮華經玄義</u>卷六上:"祇夜者,名爲'重頌'。頌有三種:一、頌意,二、頌事,三、頌言。頌意者,頌聖意所念法相及事。若頌心所念法相,則名偈陀經。若頌心所念授記等事,則隨事別爲異經。頌事,謂授記等事,亦隨所頌事,別爲異經。頌言者,若頌隨事之言,隨事別爲異經。若頌直説脩多羅者,名爲重頌祇夜經也。"

〔 二 〕顯揚聖教論卷六:"應頌者,謂諸經中,或於中間,或於最後,以頌重顯,及諸經中不了義説,是爲應頌。"

和伽那 此云"授記",達磨鬱多羅云:"聖言説與名授,果爲心期名記。"〔一〕妙玄云:"説九道劫數,當得作佛。"〔二〕首楞嚴經明四種記〔三〕:一、未發心記。或有流轉六道,往於人間,好樂佛法,過百千萬億劫,當發心過百千萬億阿僧祇劫,行菩薩道,供佛化人,皆若干劫,當得菩提。淨名疏云:"雖未發心而與記也,如佛祇洹林邊,爲鴿雀授記。"〔四〕又云:約四教位者,雖是具縛凡夫,及二乘方便,若有四教大乘機,雖未發心而記〔五〕。二、適發心與記。是人久種善根,好樂大法,有慈悲心,住不退地,故發心與記。淨名疏云:現前即内凡適發心與記〔六〕。三、密爲記。有菩薩未得記而行六度,功德滿足,天龍八部皆作是念:此菩薩幾時當得菩提? 劫國弟子衆數如何? 佛斷此疑,即與授記,舉衆皆知,此菩薩獨不知。淨名疏:"問:何故密記? 荅:有菩薩心行未熟,若聞授記,心則放逸,不得現前受記。"〔七〕又云:密記即三教外凡位〔八〕。四、無生現前記。於大衆中,現前得無生,顯露與記。淨名疏云:"無生,取三教見真位。"〔九〕

〔 一 〕湛然述止觀輔行傳弘決卷六之四:"達磨鬱多羅,此云'法尚',佛滅度後八百年出。是阿羅漢於婆沙中取三百偈以爲一部,名雜阿毗曇。"智顗説妙法蓮華經玄義卷六上:"授記者,果爲心期名記,聖言説與名授。授記有二種:若與諸菩薩授佛記莂,是大乘中授記。若記近因、近果,是小乘中記也。"顯揚聖教論卷六:"記別者,謂諸經中記諸弟子命終之後生處差別,及諸經中顯了義説,是爲記別。"

〔 二 〕見智顗説妙法蓮華經玄義卷六上。

〔 三 〕佛説首楞嚴三昧經卷下:"菩薩授記,凡有四種。何謂爲四? 有未發心而與授記、有適發心而與授記、有密授記、有得無生法忍現前授記,是謂爲四。"

〔 四 〕 見智顗撰維摩經文疏卷一六,又見智顗説、湛然略維摩經略疏
卷五。

〔 五 〕 見智顗説、湛然略維摩經略疏卷五。按:兩"四教",維摩經略疏皆
作"三教"。

〔 六 〕 參見維摩經文疏卷一六。

〔 七 〕 見智顗説、湛然略維摩經略疏卷五。

〔 八 〕 維摩經文疏卷一六:"密受記者,爲假名菩薩外凡夫,伏忍菩薩多爲
密受記。"

〔 九 〕 見智顗説、湛然略維摩經略疏卷五。按:"一、未發心記"至末尾
"顯露與記",見湛然述止觀輔行傳弘決卷五之三。

伽陀 此云"孤起"。妙玄云:"不重頌者名孤起。"〔一〕
亦曰"諷頌"〔二〕。西域記云:"舊曰'偈',梵本略也。或曰
'偈他',梵音訛也。今從正音,宜云'伽陀',唐言
'頌'。"〔三〕

〔 一 〕 見妙法蓮華經玄義卷六上,又曰:"伽陀者,如龍女獻珠,喜見説偈,
孤然特起。此偈明於刹那頃便成正覺,稱歎於佛成菩提事。喜見
孤起,歎佛容顔甚奇妙,故知孤起伽陀妙也。"

〔 二 〕 慧琳一切經音義卷二二:"伽陀,此云'諷誦'。"玄應一切經音義卷
二四:"諷頌,不鳳反,下辭用反。諷謂詠讀也,又以聲節之曰諷;
頌,讚詠也。"顯揚聖教論卷六:"諷頌者,謂諸經中非長行直説,然
以句結成,或二句、或三句、或四句、或五句、或六句,是爲諷頌。"

〔 三 〕 見大唐西域記卷三烏仗那國。

優陀那 此云"無問自説"〔一〕。妙玄云:"如佛在舍婆
提、毗舍佉堂上,陰地經行,自説優陀那,所謂'無我、無我所,
是事善哉'。"〔二〕

〔 一 〕 慧琳一切經音義卷二二:"優陀那,此云'無問自説'。"顯揚聖教論
卷六:"自説者,謂諸經中不列請者姓名,爲令正法久住故,及爲聖
教久住故,自然宣説,是爲自説。"

〔 二 〕 見智顗説妙法蓮華經玄義卷六上。又,大智度論卷三三:"優陀那
者,名有法佛必應説而無有問者,佛略開問端。"

尼陀那 此云"因緣"〔一〕。妙玄云:"修多羅中,有人問

故,爲説是事。毗尼中,有人犯是事故,結是戒。一切佛語緣起事,皆名因緣。"〔二〕

〔一〕 慧琳一切經音義卷二二:"尼陀那,此云'因緣'。然有三類:一、因請而説,二、因犯制戒,三、因事説法。"顯揚聖教論卷六:"因緣者,謂諸經中列請者姓名已而爲宣説,及諸所有毗柰耶攝有因緣教別解脱戒經等,是爲因緣。"

〔二〕 見智顗説妙法蓮華經玄義卷六上。

阿波陀那 此云"譬喻"〔一〕。止觀云:"月隱重山,舉扇喻之。風息太虛,動樹訓之。"〔二〕

〔一〕 顯揚聖教論卷六:"譬喻者,謂諸經中有譬喻説。由譬喻故,本義明白,是爲譬喻。"

〔二〕 見智顗説、灌頂記摩訶止觀卷一上。又,智顗維摩經玄疏卷一:"若人不解世界之相,如以車乳等爲譬喻者,即是阿波陀那經。"

伊帝目多伽 此云"本事"。妙玄云:"此説他事,如佛將淨飯五百人歸國,説三因緣之偈也。"〔一〕

〔一〕 見智顗説妙法蓮華經玄義卷六上。按:目,或作"曰"、"越"等。成實論卷一十二部經品:"伊帝曰多伽者,是經因緣及經次第。若此二經在過去世名伊帝曰多伽,秦言此事過去如是。"經次第,指阿波陀那。

闍陀伽 此云"本生",此説菩薩行因本曾爲事也。顯揚論云:本事者,謂如來説聖弟子前世等事。本生,謂如來説菩薩本所修行相應等事〔一〕。

〔一〕 顯揚聖教論卷六:"本事者,謂宣説前世諸相應事,是爲本事。本生者,謂諸經中宣説如來於過去世處種種生死行菩薩行,是爲本生。"

毗佛略 此云"方廣"〔一〕。妙玄云:"此從所表爲名。方廣之理,正理爲方,包富名廣。"〔二〕

〔一〕 顯揚聖教論卷六:"方廣者,謂諸經中宣説能證無上菩提諸菩薩道,令彼證得十力無障智等。"

〔二〕 見智顗説妙法蓮華經玄義卷六上。

阿浮達摩 此云"未曾有"〔一〕。妙玄云:"佛現種種神力,衆生怪未曾有。"〔二〕

〔一〕顯揚聖教論卷六：“未曾有法者，謂諸經中宣說諸佛及諸弟子、比丘、比丘尼、式叉摩那、沙彌、沙彌尼、鄔波索迦、鄔波私迦等共不共功德，及餘最勝殊特驚異甚深之法，是爲未曾有法。”

〔二〕見智顗説妙法蓮華經玄義卷六上。

優波提舍　此云“逐分別所説”，義翻“論義”〔一〕。妙玄云：“荅其問者，釋其所以。”〔二〕西域記云：“鄔波弟燦，舊訛云‘優波提舍’。”〔三〕

今問：如法華云：“我此九部法，隨順衆生説，入大乘爲本。”〔四〕何故小教唯九部耶？荅：此以大教而形小宗，則奪小乘義唯九部。故妙玄云：“小乘灰斷，無如意珠身，故無方廣。小乘根鈍，説必假緣，非天皷任鳴，少無問自説。雖有授記，記作佛少。”別論雖無，通説亦有。故妙玄云：“小有記荊六道因果，阿含亦授弥勒佛記，亦有自唱善哉，無問自説。聲聞經以法空爲大空。斯乃小乘，亦通十二。”復次，若以小教而顯大乘，則彰大乘義亦唯九，以無因緣、譬喻、論義三部。故妙玄云：“有人云：大乘根利，不假此三。斯亦別論。通語大乘，何得無此三經？”然此十二分經，舊名十二部者，妙玄云：“部別各有類從也。”〔五〕新譯恐濫部帙〔六〕，改名爲分。二教論云：“窮理盡性之格言，出世入真之軌轍，論其文則部分十二，語其旨則四種悉檀。理妙域中，固非名号所及。化擅繫表，又非情智所尋。至於遣累亡筌，陶神盡照，近超生死，遠證涅槃。播闡五乘，接群機之深淺；該明六道，辨善惡之升沉。夐休正期出世而法無不周，迩比王化而事無不盡，能博能要，不質不文，自非天下之至慮，孰能與於斯教哉！”〔七〕

〔一〕顯揚聖教論卷六：“論議者，謂一切摩怛履迦阿毗達磨，研究解釋諸經中義，是爲論議。”

〔二〕見智顗説妙法蓮華經玄義卷六上。

〔三〕見大唐西域記卷三迦濕彌羅國。

〔四〕見妙法蓮華經卷一方便品。

〔五〕以上“妙玄云”者，見智顗説妙法蓮華經玄義卷六上。

〔六〕帙，原作“怢”，據文意從諸校本改。

〔七〕見廣弘明集卷八二教論歸宗顯本第一。

附録：

　　智顗説妙法蓮華經玄義卷六上：“制名三者，脩多羅、祇夜、伽陀，三部就字句爲名，不就所表。授記等八部，不就所表，又不就字句，從事立稱。方廣一部，名從所表。何者？脩多羅等三部，直説法相，可即名以顯所表。如苦集滅道，依名即顯所表，故就名以爲名也。授記等經所表之法，不可但以言説，要寄事方乃得顯。如授記經，從事爲名，止明行因得果道理，理託事彰，事以言辨。如法華中，與聲聞授記，彰一切皆當得成佛。寄授記以彰所顯，故名授記經。無問自説經者，聖人説法皆待請問，然亦爲衆生作不請之師，故無問自説。又佛法難知，人無能問，若不自説，衆則不知。爲説不説，又復不知爲説何法，故無問自説，乃所以彰所説甚深唯證，是以寄無問自説，以彰所顯也。因緣經者，欲明戒法，必因犯彰過，過相彰現，方得立制，此亦託因緣以明所顯也。譬喻經者，法相微隱，要假近以喻遠，故以言借況，寄況以彰理也。本事、本生經者，本事説他事，本生説自生。因現事以説往事，託本生以彰所表，名本事經，託本生以彰所行，名本生經也。未曾有經者，説希奇事，由來未有者，未曾有也。示法有大力，有大利益，託未曾有事，以彰所表也。論義經者，諸部中言義隱覆，往復分別得明所顯，寄論義以明理也。故授記等八經，從事立稱。方廣一部從所表爲名者，方廣之理，雖以名説，而妙出名言，雖寄事以彰，然不可如事而取，故不就名不就事，就所表以爲名也。”

　　又，隋慧遠述大般涅槃經義記卷五：“言祇夜者，此翻名爲重頌之偈。故仁王中，就此説空，名重頌偈，如以偈重頌修多羅中所説法義，名曰祇夜。言授記者，外國名爲和伽羅那。行因得果，名之爲記。聖説示人，目之爲授。言伽陀者，此翻名爲不重頌偈。故仁王中，就此説空名不重頌，如直以偈辭宣諸法，名曰伽陀。優陀那者，此翻名爲無問自説。不因諮啓而自宣唱，名無問自説。尼陀那者，此翻名爲因緣經也。藉現事緣而有宣唱，名因緣經。阿波陀那，此名譬喻。立喻顯法，名譬喻經。伊帝曰多伽者，此云本事。宣説他人往古之事，名本事經。闍陀伽者，此名本生。自説己身往昔之事，名本生經。毗佛略者，此名方廣。理正曰方，包富曰廣。教從理目，名方廣經。阿浮陀達磨者，此翻名爲未曾有經。青牛行鉢、白狗聽法、諸天身量、大地動等曠古希奇，名未曾有。辯説斯事，名未曾有經。優波提舍者，此名論義。問答辯法，名論義經。”

　　阿含　正云"阿笈多"，此云"教"〔一〕。妙樂云："此云'無比法'，即言教也。"〔二〕唯識論云："謂諸如來所說之教。"〔三〕長〔四〕阿含序云："阿含者，秦言'法歸'，所謂萬法之淵府，惣持之林苑也。"〔五〕法華論解其智慧門，爲説阿含義甚深〔六〕。涉法師〔七〕云：阿含，此云"傳"，所説義。是則大小二教，通号"阿含"。而小乘中，別開四部。謂增一阿含明人天因果，二、長阿含破邪見，三、中阿含明諸深義，四、雜阿含明諸禪法〔八〕。以四阿含爲轉法輪設教之首，別得其名。嵩輔教編〔九〕由昧通別，猶豫不決，其詞則枝。

〔一〕玄應一切經音義卷二三："阿笈摩，渠業反，亦言'阿伽摩'，此云'教法'。或言'傳'，謂展轉傳來，以法相教授也。舊言'阿含'，訛略也。"普光述俱舍論記卷二八："阿笈摩，此云'傳'，謂三世諸佛所傳説故。舊云'阿含'，訛也。"

〔二〕見湛然述法華文句記卷四上。

〔三〕見後魏般若流支譯唯識論。

〔四〕長：原衍作"長長"，據諸校本改。

〔五〕見釋僧肇述長阿含經序。

〔六〕詳見元魏勒那摩提、僧朗等譯妙法蓮華經論優波提舍。

〔七〕涉法師：當即釋利涉。宋高僧傳卷一七唐京兆大安國寺利涉傳："釋利涉者，本西域人也，即大梵婆羅門之種姓。（中略）欲遊震旦，結侶東征，至金梭嶺，遇玄奘三藏，行次相逢，禮求奘度。既而羣經衆論，鑿竅通幽，特爾遠塵，歸乎正道，非奘難其移轉矣。奘門賢哲輻湊，涉季孟於光、寶之間。（中略）涉才業優長，帝王器重，復多著述。大曆中，西明寺翻經沙門圓照撰涉傳，成一十卷，足知言行之多也矣。"

〔八〕智顗説妙法蓮華經玄義卷一〇上："若説四阿含，增一明人天因果，中明真寂深義，雜明諸禪定，長破外道，而通説無常，知苦、斷集、證滅、修道，不明如來曲巧施小之意。若諸方等折小彈偏，歎大褒圓，慈悲行願，事理殊絶，不明並對訶讚之意。"

〔九〕輔教編：契嵩撰，見鐔津文集卷一、卷二。

　　首楞嚴　大論："秦言'健相'，分別知諸三昧行相、多少、深淺，如大將知諸兵力多少也。菩薩得是三昧，諸煩惱魔及魔人無能壞故。譬如轉輪聖王,主兵寶將所住至處,無能壞伏。"〔一〕故名健相三昧也。大經云:"'首楞'者,一切事竟;'嚴'名堅固。一切畢竟而得堅固,名首楞嚴。是故首楞嚴定,名爲佛性。"〔二〕慈恩翻爲"金剛藏"。此諸菩薩證此定故,以是爲名〔三〕。

〔一〕見大智度論卷四七。按:"無能壞伏",大智度論作"無不降伏"。又,佛説首楞嚴三昧經卷上:"菩薩得首楞嚴三昧,能以三千大千世界入芥子中,令諸山河、日月、星宿悉現如故,而不迫迮,示諸衆生。堅意! 首楞嚴三昧不可思議勢力如是。"

〔二〕見曇無讖譯大般涅槃經卷二七。

〔三〕仁岳述楞嚴經熏聞記卷四:"金剛藏王者,慈恩翻'首楞嚴'爲'金剛藏'。然則此諸菩薩證此定故,以是爲名。"

楞伽　正言"駿力鄧迦"。佛住南海濱,入楞伽國摩羅耶山而説此經。梵語"楞伽",此云"不可往",唯神通人方能到也。阿跋多羅,此云"入",謂入此山中而説此寶〔一〕。或翻"無上",謂此經法是無上寶〔二〕。

〔一〕玄應一切經音義卷七:"楞伽,山名也,正言'駿迦'。駿,音力鄧反。阿跋多羅寶,此云'入'。謂入此山中而住,説此經也。"

〔二〕澄觀撰大方廣佛華嚴經疏卷五六:"楞伽,梵言,此云'難往'。又含四義:一、種種寶性所成莊嚴殊妙故,二、有大光明映日月故,三、高顯寬廣故,四、伽王等居,佛復於此開化群生,作勝益事故。然體即是寶,具斯四義,名無上寶,存以梵音。此山居海之中,四面無門,非得通者莫往,故云'難往'。"

薩達磨芬陀利　此云"妙法蓮華"。天台云:"妙名不可思議;法謂十界、十如、權實之法;蓮華者,喻權實之法也。"〔一〕慈恩云:"藻宏綱之極唱,旌一部之都名。法含軌持,縮群祥以稱妙;華兼秀發,惣衆美而彰蓮。"〔二〕

〔一〕見智顗説妙法蓮華經玄義卷首灌頂述法華私記緣起序王。

〔二〕見窺基撰妙法蓮華經玄贊卷一。

般舟　此云"佛立",亦名"十方現在佛悉在前立定經"〔一〕。經云:"持佛威神於三昧中立者,有三事:持佛威神

力、持佛三昧力、持本功德力。用是三事,故得見佛。"〔二〕

〔一〕開元釋教録卷一:"般舟三昧經三卷,一名十方現在佛悉在前立定經。"知禮述金光明經文句記卷三上:"般舟,此云'佛立'。三昧成時,見十方佛在虛空中立,故名佛立也。"

〔二〕見般舟三昧經卷上行品第二。

摩訶袒持　止觀:"翻'大祕要',遮惡持善,祕要秖是實相。"〔一〕輔行云:"顯非偏小,故名爲大。一切法即一法,故名祕。一法攝一切法,故名要。"〔二〕

〔一〕見智顗説、灌頂記摩訶止觀卷二上。

〔二〕見湛然述止觀輔行傳弘決卷二之二。

盂蘭盆　盂蘭,西域之語轉,此翻"倒懸"。盆,是此方貯食之器。三藏云:盆羅百味,式貢三尊,仰大衆之恩光,救倒懸之窘急。義當救倒懸器〔一〕。如孟子云:"當今之時,萬乘之國行仁政,民之悦之,如解倒懸。"〔二〕應法師云:"盂蘭言訛,正云'烏藍婆拏',此云'救倒懸'。"〔三〕

〔一〕宗密述佛説盂蘭盆經疏卷下:"(義淨三藏云)'盂蘭'是西域之語,此云'倒懸'。'盆'乃東夏之音,仍爲救器。若隨方俗,應曰'救倒懸盆'。斯緣尊者之親魂沈闇道,載飢且渴,命似倒懸,縱聖子之威靈,無以拯其塗炭。佛令盆羅百味,式貢三尊,仰大衆之恩光,救倒懸之窘急。即從此義,以立經名。"

〔二〕見孟子公孫丑上。

〔三〕玄應一切經音義卷一三:"盂蘭盆,此言訛也,正言'烏藍婆拏',此譯云'倒懸'。案西國法,至於衆僧自恣之日,盛設供具,奉施佛僧,以救先亡倒懸之苦。以彼外書云:先亡有罪,家復絶嗣,無人祭神,則於鬼趣受倒懸之苦。佛雖順俗,亦設祭儀,乃教於三寶田中,深起功德。舊云盂蘭盆是貯食之器,此言誤也。"

修跋拏此言"金"**婆頗婆**此言"光"**鬱多摩**此言"明"　天台言:"法性之法,可尊可貴,名法性爲金;此法性寂而常照,名爲光;此法性大悲,能多利益,名爲明。"〔一〕此三字題,玄義別釋,乃立五科〔二〕。文雖明著,人自固迷。或言從法而立號,或曰單譬以爲題,或文義以兩存,欲利鈍而霑濟。宫商各奏,

丹素競舒。既惑異端,孰能一貫? 余因臨講,遂輒議之。觀
此題之旨也,依文正意,唯在於法,就名旁通,乃該於喻。所
謂佛入禪那,妙契原寂,遂唱真號,以赴利機。欲令安住於其
中,故從當體而立稱。是以依文,唯在於法,雖義推譬喻,無
有一文。而名通世象,似與喻同,無妨鈍根而作譬解。是故
就名旁通於喻,雖利鈍兼攝,法喻咸通,佛元意故,文之旨故,
七種立題,當單法也。問:搜玄錄〔三〕據玄義云:“若利根人,
即法作譬。”〔四〕既云作譬,豈是單法? 此之一難,詎可通乎?
荅曰:根鈍者,以金光明爲物象之號。根利者,以金光明是法
性之名。此則即用顯體,金寶是真如,乃知全性成相,真如爲
金寶,故云即法作譬。既解即法作譬,則了全事是理,所以利
人不假譬喻。故妙玄曰:“利根即名解理,不假譬喻,但作法
華而解。”〔五〕兹意幽深,逐語奚曉。問:迩來匠者,解此經
題,分文、義之二途,定法、喻之兩向,人既僉允,獨何不從?
荅:文是能顯,義是所詮。能詮之文,必召所詮之義。所詮之
義,必應能詮之文。今若抗分,則成水火。余不用者,由過在
斯。問:先達立隨機之義,以伸此題。待人問云:法耶? 喻
耶? 乃應之曰:爲問利根? 爲問鈍根? 若問利根,即是單法。
若問鈍根,即是單譬。此義通方,何藉重釋? 荅:隨機雖爾,
其如佛唱此名,爲依法立,爲作喻陳。是則祇圖荅問縱橫,不
顧釋名淆混。問:四明記文,據經定題,言從法立。及乎釋
義,云被二根〔六〕。淨覺〔七〕謂自語相違,前後矛楯。未知
此斥,義實然乎? 荅曰:此不可也。何哉? 言從法立者,依文
之正意也。云被二根者,就名之旁通也。祇由題旨含蘊,遂
致釋義通方。其有瑕者,但不合云順古作譬,不知其喻,出自
題名。由是輒伸管見,粗述大綱,欲以塵霧之微,少益山海之
廣,遂附此集,流布四方,冀觀覽者,塞世情焉。

〔一〕見智顗説、灌頂録金光明經玄義卷上。
〔二〕智顗説、灌頂録金光明經玄義卷上:“釋題爲五,一、是名,二、辨體,

三、明宗，四、論用，五、教相。"

〔 三 〕 搜玄録：唐志鴻撰述，今殘存三卷。卷首有云："雖廣尋批記，而疑
阻由多，須覽羯磨戒心，理相符契。今搜彼玄義，通會此文，或事未
明，覆尋所引。古人文句，節義當而具書；先得釋文，顯理圓而必
録。搜玄之目，因此輒題。十卷成文，解其三軸，庶體會宗伯，鑒余
行藏之意焉。"宋高僧傳卷一五唐吳郡雙林寺志鴻傳："釋志鴻，俗
姓錢氏，湖州長城下若人。本名儼，志鴻字也。（中略）慊先德釋南
山鈔商略不均，否臧無准，捕蟬忘後，補袞不完，囊括大慈、靈崿已
下四十餘師記鈔之玄，勒成二十卷，號搜玄録。大曆中，華嚴疏主
澄觀披尋，乃爲序冠于首。然其解判不無所長，其如科節繁碎，是
其短也。"

〔 四 〕 見智顗説、灌頂録金光明經玄義卷下。

〔 五 〕 見智顗説妙法蓮華經玄義卷七下。

〔 六 〕 詳見知禮述金光明經文句記卷一上。

〔 七 〕 淨覺：即仁岳。參卷一通別三身篇第三"盧舍那"條注二。

樓炭　此翻"成敗"〔 一 〕。

〔 一 〕 可洪撰新集藏經音義隨函録卷一三："樓炭，他憚反，樓炭者，梵語
也，此合翻爲'成敗'也。"

律分五部篇第四十一

世尊成道三十八年，赴王舍城國王食訖，令羅云洗滌，失
手攙鉢以爲五片。是日，有多比丘皆白佛言："鉢破五片。"佛
言："表我滅後初五百年，諸惡比丘分毗尼藏爲五部也。"〔 一 〕
故迦葉、阿難、末田、和修、毱多五師體權通道，故不分教。毱
多有五弟子，各執一見，遂分如來一大律藏爲五部焉。

〔 一 〕 法苑珠林卷九八法滅篇第九八佛鉢部第五："我持此鉢來，經三十
八年，未曾損失。我入王舍城受彼國王請。我既食訖，即命羅睺先
將我鉢，還於彼龍池洗之。羅睺洗鉢，便損破爲五片。我即以鉛錫
綴彼破鉢。此非羅睺過失，欲表示未來世諸惡比丘、比丘尼等輕毀
法器，於初五百年分我毗尼藏遂有五部，分我修多羅爲十八部。"

曇無德　亦名曇摩毱多，此云"法密"，隱覆即密義。又
翻"法藏"〔 一 〕。大集云："我涅槃後，我諸弟子受持如來十二

部經,書寫讀誦,顚倒宣説。以倒説故,隱覆法藏,人名曇摩毱多。"〔二〕法名<u>四分</u>,天音"<u>折埵理</u>"〔三〕。

〔一〕<u>元照</u>撰<u>四分律行事鈔資持記</u>卷上<u>釋序文</u>:"曇無德,亦云'曇摩毱多',此翻'法正',亦云'法護'、'法鏡'、'法密'。"

〔二〕見<u>大方等大集經</u>卷二二。

〔三〕<u>景霄</u>纂<u>四分律行事鈔簡正記</u>卷二:"初言四分者,梵語'折埵理',或云'只埵理',此云'四分'。四者,數也;分者,段也,因也。因部主支離大藏毗尼以爲四段,故云'四分'。即<u>大僧戒本</u>二十卷爲初分,<u>尼律</u>下十五卷爲第二分,<u>安居</u>下一十四卷爲第三分,<u>房舍</u>下一十一卷爲第四分。"<u>出三藏記集</u>卷三<u>新集律來漢地四部記録第七</u>:"曇無德者,<u>梁</u>言法鏡,一音曇摩毱多。如來涅槃後,有諸弟子顚倒解義,覆隱法藏。以覆法故,名曇摩毱多,是爲<u>四分律</u>。蓋<u>罽賓</u>三藏法師<u>佛陀耶舍</u>所出也。"

薩婆多　此云"一切有",此部計三世有實三性,悉得受戒〔一〕。<u>大集</u>云:"而復讀誦書寫外典,受有三世及以内外,破壞外道,善能論義,説一切性,悉得受戒。凡所問難,悉能荅對,是故名爲薩婆多。"〔二〕法名<u>十誦</u>〔三〕。

〔一〕<u>元照</u>撰<u>四分律行事鈔資持記</u>卷上<u>釋序文</u>:"薩婆多,或云'薩婆諦婆',此云'有',亦云'一切有',從計爲名。"

〔二〕見<u>大方等大集經</u>卷二二。

〔三〕<u>出三藏記集</u>卷三<u>新集律來漢地四部記録第七</u>:"薩婆多部者,<u>梁</u>言一切有也。所説諸法,一切有相,學内外典,好破異道,所集經書,説無有我所,受難能答,以此爲號。昔<u>大迦葉</u>具持法藏,次傳<u>阿難</u>,至于第五師<u>優波掘</u>。本有八十誦,<u>優波掘</u>以後世鈍根,不能具受,故删爲十誦。以誦爲名,謂法應誦持也。"

迦葉遺　此云"重空觀"〔一〕。<u>大集</u>云:"説無有我及以受者,轉諸煩惱,猶如死屍,是故名爲迦葉遺。"〔二〕法名解脱。此有戒本,相同<u>五分</u>〔三〕。

〔一〕<u>元照</u>撰<u>四分律行事鈔資持記</u>卷上<u>釋序文</u>:"迦葉遺,亦云'迦葉毗',此云'重空觀'。"

〔二〕見<u>大方等大集經</u>卷二二。

〔三〕<u>出三藏記集</u>卷三<u>新集律來漢地四部記録第七</u>:"迦葉維者,一音迦葉毗。佛諸弟子受持十二部經,説無有我及以受者,輕諸煩惱,猶如死屍,是故名爲迦葉毗。此一部律不來梁地。昔先師獻正遠適西域,誓尋斯文,勝心所感,多值靈瑞。而葱嶺險絶,弗果茲典。故知此律於梁土衆僧,未有其緣也。”

弥沙塞　此云“不著有無觀”〔一〕。大集云:“不作地相,水、火、風相,虚空識相,名弥沙塞。”〔二〕法名五分〔三〕。

〔一〕元照撰四分律行事鈔資持記卷上釋序文:“彌沙塞,此云‘不著有無觀’。”

〔二〕見大方等大集經卷二二。

〔三〕出三藏記集卷三新集律來漢地四部記録第七:“彌沙塞者,佛諸弟子受持十二部經,不作地相,水、火、風相,虚空識相,是故名爲彌沙塞部。此名爲五分律,比丘釋法顯於師子國所得者也。”

婆蹉翻“犢”**富羅**翻“子”　上古有仙,染犢生子,自後種姓皆名犢子〔一〕。此部計我,非是即蘊,亦不離蘊,而有實我。律本不來。大集云:“皆説有我,不説空相,猶如小兒,是故名爲婆蹉富羅。”〔二〕

〔一〕玄應一切經音義卷二三:“犢子部,梵言‘跋私弗多羅’,此云‘可住子部’,舊言‘犢子’者,猶不了梵音長短故也。長音呼‘跋私’,則是‘可住’。若短音呼,則言‘犢’。從上座部中一切有部出也。”

〔二〕見大方等大集經卷二二。又,出三藏記集卷三新集律來漢地四部記録第七:“婆麁富羅者,受持經典,皆説有我,不説空相,猶如小兒,故名爲婆麁富羅,此一名僧祇律。律後記云:中天竺昔時暫有惡王御世,三藏比丘及諸沙門皆遠避四奔。惡王既死,善王更立,還請沙門歸國供養。時巴連弗邑有五百僧欲斷事,既無律師,又闕律文,莫知承案。即遣使到祇洹精舍,寫此律文,衆共奉行。其後五部傳集,諸律師執義不同,各以相承爲是,爭論紛然。于時阿育王言:‘我今何以測其是非?’於是問僧:‘佛法斷事云何?’皆言:‘法應從多。’王言:‘若爾,當行籌知何衆多。’既而行籌,婆麁富羅衆籌甚多。以衆多故,改名摩訶僧祇。摩訶僧祇者,言大衆也。沙門釋法顯遊西域,於摩竭提巴連弗邑阿育王塔天王精舍寫得梵本,齎還京都。以晉義熙十二年,歲次壽星,十一月,共天竺禪師佛馱跋陀於道場寺譯出,至十四年二月末乃訖。”

摩訶僧祇　此云“大衆”〔一〕。大集云：“廣博徧覽五部經書，是故名爲摩訶僧祇。”〔二〕此有律本。首疏〔三〕云：惣別六部，僧祇是總，前五是別。此僧祇部衆，行解虛通，不生偏執，徧順五見，以通行故，故知是總。

遺教三昧下卷經云：“佛在世時，衆僧唯著死人雜衣。因羅旬喩分衛空還，佛知其宿行，使衆僧分律爲五部，服色亦五種，令其日隨一部中行。遂制儀則，各舉所長，名其服色。曇無屈多迦部通達理味，開導利益，表發殊勝，應著赤色衣，非南方之赤。薩婆多部博通敏達，導以法化，應著皂衣，非北方之黑。迦葉遺部精勤勇猛，快攝衆生，應著木蘭色衣。弥沙塞部思入玄微，究暢幽密，應著青色衣，非東方之青。摩訶僧祇部勤學衆經，宣講真義，以處本居中，應著黃色衣，非中方之色。自尒之後，便得大食。”〔四〕斯以五色之衣，用彰五部之相。

〔一〕翻梵語卷一法名第四：“摩訶僧祇，譯曰‘大衆’。”湛然述止觀輔行傳弘決卷六之二：“一、曇無德部，法名四分。二、薩婆多部，法名十誦。三、彌沙塞部，法名五分。四、婆麁富羅部，律本未來。五、迦葉遺部，法名解脫。僧祇爲根本部，分出前五。”

〔二〕見大方廣大集經卷二二。

〔三〕首疏：“首”，即智首。續高僧傳卷二三唐京師弘福寺釋智首傳：“釋智首，姓皇甫氏。（中略）自律部東闡，六百許年，傳度歸戒，多迷體相。五部混而未分，二見紛其交雜，海內受戒，並誦法正之文，至於行護，隨相多委，師資相襲，緩急任其取捨，輕重互而裁斷。首乃衒慨披括，往往發蒙，商略古今，具陳人世，著五部區分鈔二十一卷，所謂高墉崇映，天網遐張，再敞殊文，統疏異術。群律見翻四百餘卷，因循講解，由來一亂，今並括其同異，定其廢立。本疏雲師所撰，今續兩倍過之，故得諸部方駕於唐衢，七衆同睋於貞觀者，首之力矣。但關中專尚，素奉僧祇，洪遵律師創開四分，而兼經通誨，道俗奔隨，至於傳文律儀，蓋莀如也。首乃播此幽求，便即對開兩設，沉文伏義，亘通古而未弘，碩難巨疑，抑衆師之不解，皆標宗控會，釋然大觀。是由理思淹融，故能統詳決矣。使夫持律之賓日塡堂

宇,遵亦親於法座命衆師之,相成之道不忘,弘讚之功靡替。遂得
知歸秦土,莫不宗猷法鏡。"佛祖統紀卷二九諸宗立教志南山律學:
"八祖弘福智首律師稟戒之前,於古佛塔前預祈顯驗,蒙佛摩頂,身
心泰然,方知感戒。及尋律部,多會其文。從洪受學,撰疏二
十卷。"

〔 四 〕 遺教三昧經:已佚,開元釋教録卷一五小乘律闕本著録。此段引
文,亦見經律異相卷一六羅旬踰乞食難得佛爲分律以爲五部八引。

論開八聚篇第四十二別明論藏,附出衆題。

揵度 正音"婆揵圖",此云"法聚"〔 一 〕。如八揵度,以
分一部爲八聚故,以氣類相從之法,聚爲一段:一、業揵度,明
三業;二、使揵度,明百八煩惱;三、智,明十智;四、定,明八
定;五、根,明根性;六、大,明四大;七、見,破六十二見;八、
雜,謂小乘法。大論:問:八揵度誰造? 六分阿毗曇從何處
出? 答:佛在無失。滅後百年,阿輸柯王會諸論師,因生別
部。有利根者,盡讀三藏,欲解佛經,作八揵度。後諸弟子爲
後人不能全解,作略毗曇。其初造者,即迦旃延〔 二 〕。

〔 一 〕 玄應一切經音義卷一七:"揵度,巨焉反,此言訛略也,應云'婆揵
圖'。揵,音居言反,此云'聚'。中阿含經云'揵度'者,此言'積
木',義亦一也。"弘贊輯四分律名義標釋卷一八:"揵度,或云'乾
度',或云'婆揵圖',此云'法聚',謂以氣類相從之法,聚爲一段
也。今此一部律藏中,義類相從者,分爲二十聚。初從受戒聚,乃
至雜聚。僧祇律云'跋渠'。跋渠,此翻'品'。品者,法也,類也。
亦謂其法義相同者,聚在一處,名爲品也。"

〔 二 〕 詳見大智度論卷二。又,湛然述法華文句記卷一上:"揵度,西音,
此云'法聚',以分一部爲八聚故,謂業、使、智、定、根、大、見、雜。
(中略)大論:'問:八揵度誰造? 六分阿毗曇從何處出? 答:佛在
無失。滅後百年,阿輸柯王會諸論師,因生別部。有利根者,盡讀
三藏,欲解佛經,作八揵度。後諸弟子爲後代人不能全解,作略阿
毗曇。其初造者,即迦旃延。'"

瑜伽師地 此云"相應",謂一切乘境、行、果等所有諸

法,皆曰"相應"。師謂三乘行者,由聞思等,次第習行,如是
瑜伽一十七地〔一〕。

〔一〕玄應一切經音義卷二二:"瑜伽,羊朱反,此譯云'相應',謂一切乘
境、行、果等所有諸法,皆名'相應'。境謂一切所緣境,此境與心相
應故,名境相應;行謂一切行,此行與理相應故,名行相應;果謂三
乘聖果,此果位中諸功德法更相符順故,名果相應。"又,卷二一:
"瑜伽師地,以朱反,此云'相應',謂一切乘境、行、果等所有諸法,
皆名相應;師謂觀行人地,即十七地也。"慧琳一切經音義卷四八:
"師地,師謂三乘行者,由聞此等次第,習行如是瑜伽,隨分滿足,展
轉調化諸衆生,故名瑜伽師。師謂教人以道者之稱也,舊經中言觀
行人者是也。地謂境界,所依、所行或所攝義。是瑜伽師所行境
界,故名爲地,地即十七地也。"瑜伽師地論卷一:"一者、五識身相
應地,二者、意地,三者、有尋有伺地,四者、無尋唯伺地,五者、無尋
無伺地,六者、三摩呬多地,七者、非三摩呬多地,八者、有心地,九
者、無心地,十者、聞所成地,十一者、思所成地,十二者、修所成地,
十三者、聲聞地,十四者、獨覺地,十五者、菩薩地,十六者、有餘依
地,十七者、無餘依地。如是略説十七,名爲瑜伽師地。"諸地具體
含義,詳見瑜伽師地論卷一。

　　毗婆沙　此云"廣解"。正云"鼻婆沙",此云"種種説",
又云"分分説"〔一〕。惣有三義:廣説、勝説、異説。

〔一〕玄應一切經音義卷一七:"毗婆沙,隨相論作'毗頗沙',此云'廣
解'。應言'鼻婆沙',此譯云'種種説',或言'分分説',或言'廣
説',同一義也。"

　　昆〔一〕**勒**　此云"篋藏"。大論云:"昆勒有三百二〔二〕
十萬言,佛在世時,大迦旃延之所造。佛滅度後,人壽轉減,
憶識力少,不能廣誦,諸得道人撰爲三十八萬四千言。"〔三〕
論未到此〔四〕。

〔一〕昆:永樂北藏本、嘉興藏本作"毗",後同。按:大智度論作"蜫"。
大智度論卷二:"摩訶迦旃延,佛在時,解佛語作蜫勒,蜫勒,秦言"篋
藏"。乃至今行於南天竺。"

〔二〕二:大正藏本作"一"。

〔三〕見大智度論卷一八。

〔四〕 此:永樂北藏本、嘉興藏本作"此土"。

毗婆闍婆提　此云"分別論"〔一〕。

〔一〕 翻梵語卷一法名第四:"毗婆耆婆提,應云'毗婆闍婆提',論曰'分別論'也。"

育多婆提　此云"相應論"〔一〕。

〔一〕 阿毗曇毗婆沙論卷一五:"育多婆提,秦言'相應論'。"育多婆提,論師名,論名相應論。雜阿毗曇心論卷四:"毗婆闍婆提欲令不相應,育多婆提欲令相應,於此有疑。"

摩得勒伽　此云"智母",以生智故〔一〕。菩薩入此三昧,作論申經。儒家以枝理精微名論。釋氏申通辨論宗旨,收束所説,立爲十支:一、略陳名數支,即百法論。二、粗釋體義支,即五蘊論。此二天親所造。三、惣包衆義支,即顯揚論。四、惣攝大乘義支,即攝大乘論。皆無著造。五、分別名數支,即雜集論。六、離僻處中支,即辨中邊論。七、摧〔二〕破邪山支,即二十唯識論。八、高建法幢〔三〕支,即三十唯識論。九、莊嚴體義支,即大莊嚴論。十、攝散歸觀支,即瑜伽論。以兹十義,疎條諸論,各有流類,斷可見矣。是以宗極絕於稱謂,賢聖以之沖默,玄旨非言不傳。釋迦以之致教,約身口防之以律禁,明善惡導之以契經,演幽微辨之以法相,此即明戒、定、慧之三學也。

〔一〕 玄應一切經音義卷一六:"摩得勒伽,或言'摩佷黎迦',或言'摩怛履迦',此譯云'母',以生智故也。"

〔二〕 摧:原作"攉",據諸校本改。

〔三〕 幢:原作"憧",據諸校本改。

示三學法篇第四十三

安法師云:"世尊立教,法有三焉:一者、戒律,二者、禪定,三者、智慧。斯之三者,至道之由户,泥洹之關要。戒乃斷三惡之干將也,禪乃絕分散之利器也,慧乃濟藥病之妙醫也。"〔一〕今謂防非止惡曰戒,息慮静緣曰定,破惑證真曰慧。

什法師云："持戒能折伏煩惱,令其勢微。禪定能遮煩惱,如石山斷流。智慧能滅煩惱,畢竟無餘。"〔二〕故遺教云："依因此戒,得生諸禪定及滅苦智慧。"〔三〕南山云："但身口所發,事在戒防。三毒勃興,要由心使。今先以戒捉,次以定縛,後以慧殺,理次然乎。"〔四〕通言學者,所以疏神達思,怡情治性,聖人之上務。學猶飾也,器不餙則無以爲美觀,人不學則無以有懿德〔五〕。若夫爲學日益,爲道日損〔六〕。損之則道業踰高,益之則學功踰遠。故形將俗人而永隔,心與世情而懸反,所服唯是三衣,所飡未曾再飯。從師則千里命駕,慕法則六時精懇。濯慮於八解之池,怡神於七華之苑。至如道安、道昱〔七〕、慧遠、慧持、赤髭法主、青眼律師〔八〕,弘經辯論,講易談詩。開神悦耳,析滯去疑。揚名後代,擅步當時。或與秦王〔九〕而共輦〔一〇〕,乍將晉帝而同幰〔一一〕,遂使桓玄再拜而弗暇〔一二〕,郗超千斛而無詞〔一三〕。爾乃行因已正,方享餘慶,四梵争邀,六天俱騁,封畿顯敞,國土華淨。寶樹瓊枝,金蓮玉柄。風含梵響,泉流雅詠。池皎若銀,地平如鏡。妙香芬馥,名華交映。近感樂身,遠招常命〔一四〕。所以修學三法之因,得證五分之果。故五分法身〔一五〕,前三從因而顯德,後二就果以彰能。盡智正習俱斷,名解脱身;無生智了了覺照,名曰知見。若欲正辯〔一六〕三學,應以七科道品點歸三法,以廣雖三十七品,略但戒定慧三。當知六度乃惣舉,三學是別説,例如四禪八定之類也。以菩薩急於化他故,六度加施忍進。由聲聞求於自度,致三學唯戒定慧。故大論以六度是爲衆生法,三學是爲涅槃法。又,大論以六度是略説,三十七品是廣説,以解六波羅蜜〔一七〕。好學之士,如理思之。

〔一〕安法師:釋道安。出三藏記集卷一一釋道安比丘大戒序:"世尊立教,法有三焉:一者戒律也,二者禪定也,三者智慧也。斯三者,至道之由户,泥洹之關要也。戒者,斷三惡之干將也;禪者,絶分散之利器也;慧者,齊藥病之妙醫也。"

〔二〕見僧肇撰注維摩詰經卷三。

〔三〕見天親著、陳真諦譯遺教經論。

〔四〕見道宣撰四分律刪繁補闕行事鈔卷中篇聚名報篇。

〔五〕徐幹中論卷上治學:"昔之君子,成德立行,身没而名不朽。其故何哉? 學也。學也者,所以疏神達思,怡情理性,聖人之上務也。(中略)學猶飾也,器不飾則無以爲美觀,人不學則無以有懿德。"

〔六〕老子:"爲學日益,爲道日損。損之又損,以至於無爲。"

〔七〕道昱:大正藏本廣弘明集作"道立"。按:道昱,無傳。道立,爲道安弟子,傳見高僧傳卷五。

〔八〕道安:高僧傳卷五有傳。慧遠、慧持:高僧傳卷六有傳。赤髭法主:即佛陀耶舍,高僧傳卷二有傳。青眼律師:即卑摩羅叉,高僧傳卷二有傳。

〔九〕王:永樂北藏本、嘉興藏本作"主"。

〔一〇〕高僧傳卷五釋道安傳:"釋道安,姓衛氏,常山扶柳人也。(中略)會堅出東苑,命安升輦同載。僕射權翼諫曰:'臣聞天子法駕,侍中陪乘。道安毀形,寧可參廁?'堅勃然作色曰:'安公道德可尊,朕以天下不易,輿輦之榮,未稱其德!'即勅僕射扶安登輦。"

〔一一〕幝:據大正藏本廣弘明集校勘記,明本廣弘明集作"輿"。

〔一二〕高僧傳卷六釋慧遠傳:"後桓玄征殷仲堪,軍經廬山,要遠出虎溪。遠稱疾不堪,玄自入山。左右謂玄曰:'昔殷仲堪入山禮遠,願公勿敬之。'玄答:'何有此理? 仲堪本死人耳!'及至見遠,不覺致敬。"

〔一三〕高僧傳卷五釋道安傳:"高平郗超遺使遺米千斛,修書累紙,深致慇懃。安答書云:'捐米千斛,彌覺有待之爲煩。'"

〔一四〕按:"若夫爲學日益"至此,出釋真觀夢賦,見廣弘明集卷二九。

〔一五〕五分法身:謂以五種功德法成就之佛身。竺佛念譯菩薩瓔珞經卷三識界品"戒身、定身、慧身、解脱身、解脱知見身,是謂如來五分法身。"吉藏撰法華玄論卷九:"問:經有種種説,或言虛空法身,或言實相法身,或言感應法身,或言法性生身,或言功德法身,有何等異耶? 答:言其大網則彌綸太虛,故言虛空法身;語其妙則無相無爲,故云實相法身;辨其能應則無感不形,故云感應法身;説其生則本之法性,故云法性生身;明其體則衆德所成,故云功德法身。約其義異故,有衆名不同,考而論之,一法身也。"

〔一六〕辯:大正藏本作"辨"。

〔一七〕按："以六度是略説"，詳見大智度論卷一八；"三十七品是廣説"，
　　　詳見大智度論卷一九。

波羅提木叉　戒疏云："此翻'解脱'。如論所引，道戒
名解脱也，事戒名別脱也，隨分果德寄以明之。道性虛通，舉
法類遣，不隨緣別，但名解脱。事戒不尔，緣別而生。緣通萬
境，行亦隨徧。據行凌犯，即名得脱。餘非未行，不名解
脱。"〔一〕又："律云木叉者，戒也。據能克果，用目本因，因實
是戒，非木叉也。故經云：'戒是正順解脱之本，故名波羅提
木叉。'明知是果，故五分説分別名句。木叉者，舉果目教
也。"〔二〕記云："道戒名解脱者，即七支無表思也，由斷惑得
名故。若事戒〔三〕名解脱者，則僧尼受戒，隨對殺等事不作，
別別無因，別別無果，故名別別解脱。"〔四〕摭華曰："此云別
解脱，謂三業七支，各各防非，別別解脱故。"

〔一〕戒疏：即唐道宣撰四分律含注戒本疏。引文見宋元照述四分律含
　　　注戒本疏行宗記卷一。
〔二〕出道宣四分律含注戒本疏。引文見元照述四分律含注戒本疏行宗
　　　記卷一。"經云"者，見佛垂般涅槃略説教誡經。
〔三〕事戒：原作"戒事"，據意從釋氏要覽等改。
〔四〕出處俟考。釋氏要覽卷上戒法"波羅提木叉"條引，亦云"記曰"。
　　　七支，北山録卷二法籍興第三慧寶注："七支，身三業：殺、盜、婬，口
　　　四業：惡口、兩舌、妄言、綺語，共爲七支也。"無表思，釋氏要覽卷上
　　　戒法"戒體"條："無表思，思即是第六識相應善思也，又名無表色。
　　　有止惡防非功能，故云'護'。"

三昧　此云"調直定"〔一〕，又云"正定"，亦云"正受"。
圭峰疏云："不受諸受，名爲正受。"〔二〕遠法師云："夫稱三昧
者何？專思寂想之謂也。思專則志一不分，想寂則氣虛神
朗；氣虛則智恬其照，神朗則無幽不徹。斯二乃是自然之玄
符，用一而致用也。是故靖恭閑宇，而感物通靈，御心惟正，
動必入微。此假修以凝神，積功以移性。云云。"〔三〕又諸三
昧，名質甚多，功高易進，念佛爲先。故天台止觀略明四種：

“一、常坐，二、常行，三、半行半坐，四、非行非坐。一、常坐者，出文殊説、文殊問兩般若，名爲一行三昧。身開常坐，遮行住臥。或可處衆，獨居彌善，居一静室，安一繩床，九十日爲一期，結加正坐。二、常行，出般舟三昧。唯專行旋，九十日爲期。三、半行半坐。方等云：旋百二十市，却坐思惟。法華云：其人若行、若立，讀誦此經。是人若坐，思惟此經。四、非行非坐，實通行坐，南岳呼爲隨自意。就此爲四：一、約諸經，二、約諸善，三、約諸惡，四、約諸無記。”〔四〕輔行云：“所言常坐乃至非行非坐者，約身儀爲名。若從法爲名者，常坐名一行，常行名佛立，半行半坐名方等法華，非行非坐名隨自意等。”〔五〕然此四種三昧，先達以事、理二觀，分四三昧，義亦殊途。四明法師因奉先清師〔六〕謂“光明玄十種三法，純明理觀，不須附事而觀”，法智破曰：“荆溪云：如常坐等，或唯觀理，隨自意從末從事。既云純明理觀，乃是三種三昧。專令於識陰，修十乘也。”〔七〕此文則顯四明以上三三昧爲理觀。又，指要云：“隨自意中，修唯識觀。觀於起心，即約變造事用而説。”〔八〕此文則四明以第四三昧修事觀也。

問：準妙宗云：“常坐一種，縱直觀理，餘三三昧，豈不兼事？”〔九〕據此，則顯四明以餘三三昧修事觀耶？今謂此文，非是正分。占察事、理二觀，盖爲孤山定義例，三種觀法，皆是理觀。十六觀法，乃是事觀。遂不以義例三種，收十六觀。四明遂約四種三昧，無不歷事觀三諦理，乃顯從行。觀中尚有歷事之相，此非占察事觀也。

問：如妙宗云：“若常坐等，直於三道之事而觀三諦，不兼修善及縱惡事，故受理名。”〔一〇〕據此，莫顯四明唯許常坐爲理觀耶？今謂餘三三昧，歷外境事，故受事名。非占察事觀。常坐三昧，唯觀内心，故受理名。非占察理觀。問：第四三昧，橫開四科，一諸經行法，此須具收占察二觀，何故四明定隨自意，唯修事觀？答：占察事、理二觀，前三三昧既修理觀，是故第四唯修事觀。或云常坐是理,餘三是事,謂常行歷念佛事,方等歷持呪事,隨自意歷三性事。或云上三三昧並諸經行法通理通事,唯縱任三性,專修事觀。準荆溪云:"如常坐等,或唯觀理。"〔一〕則顯上三三昧通修事觀,此乃由昧二觀之相,遂迷四種之行。

或問:止觀、正宗、法華,何故行相,却通衆經? 答:別明行相,雖通衆典,行者造修,開歸法華。故義例云:"是知四種三昧,皆依實相。實相是安樂之法,四緣是安樂之行。證實相已,所獲依報,名爲大果。起教,只是爲令衆生開示悟入;指歸,祇是歸於三軌妙法秘藏。所以始末皆依法華,即法華三昧之妙行也。"〔一二〕

〔一〕智顗説妙法蓮華經玄義卷四上:"三昧者,調直定也。真諦以空無漏爲調直,出假以稱機爲調直,中道遮二邊爲調直。故皆具三諦,則通稱三昧。"吉藏撰法華義疏卷二:"'三昧'者,此云'正心行處',又云'調直定'也。"

〔二〕宗密述大方廣圓覺修多羅了義經略疏卷上:"三昧正受,唐梵雙彰也。安住藏中,不受諸受,名爲正受。又,三昧,此云'正思',謂在定時,於所緣境審正思察故。"

〔三〕見廣弘明集卷三〇慧遠念佛三昧詩集序。

〔四〕見智顗説、灌頂記摩訶止觀卷二上。"方等云"者,大方等陀羅尼經卷一:"若欲行時,七日長齋,日三時洗浴,著淨潔衣。座佛形像,作五色蓋,誦此章句百二十遍,遶百二十匝。如是作已,却坐思惟。""法華云"者,妙法蓮華經卷七普賢菩薩勸發品:"是人若行、若立,讀誦此經。"

〔五〕見湛然述止觀輔行傳弘決卷二之一。

〔六〕四明法師:知禮,四明人。清師:指奉先源清法師。據佛祖統紀卷二五山家教典志,奉先清師撰有釋光明玄略本之發揮記、釋十不二門之示珠指。

〔七〕見宋知禮撰四明十義書卷上。知禮號法智。

〔八〕見知禮述十不二門指要鈔卷上。

〔九〕見知禮述觀無量壽佛經疏妙宗鈔卷四。

〔一〇〕見知禮述觀無量壽佛經疏妙宗鈔卷四。

〔一一〕見湛然述止觀輔行傳弘決卷二之三。

〔一二〕見湛然述止觀義例卷上。又，智顗撰四教義卷一一："四種三昧者，
　　　　一、常坐三昧，如文殊般若經説；二、常行三昧，如般舟經説；三、半
　　　　行半坐三昧，如方等經、法華經説；四、非行非坐三昧，即是諸大乘
　　　　經所説種種行法。"摩訶止觀卷二上："行法衆多，略言其四：一、常
　　　　坐，二、常行，三、半行半坐，四、非行非坐。通稱三昧者，調直定也。
　　　　大論云：'善心一處住不動，是名三昧。'法界是一處，正觀能住不
　　　　動。四行爲緣，觀心藉緣調直，故稱三昧也。"詳參摩訶止觀卷
　　　　二上。

末底　秦言"慧"〔一〕。

〔一〕慧琳一切經音義卷二二："末底，慧也。"

若那〔一〕　秦言"智"。智與於慧，有異有同。言其異
者，如肇師云："決定審理謂之智，造心分別謂之慧。"〔二〕分
別則從因立名，決定乃從果立号。故大論以道慧、道種慧是
因中惣別，一切智、一切種智是果上惣別〔三〕。輔行云："言
惣別者，直語道慧、一切智故，故名爲惣。各加種故，故名爲
別。"〔四〕天台云："善入佛法名慧，巧用佛法名智。"〔五〕肇論
鈔云：智則知也，慧則見也〔六〕。此約義異。若通途説，智秖
是慧，俱通權實，及以因果，故梵語"般若"，此翻"智
慧"〔七〕，合爲一名，不分二別。今就義異，以明慧學。然宗
鏡云："我法俱空，唯從識變。第一心法，能變有三：一、第八
異熟識變，二、第七思量識變，三、第六了別識變。以迷人空
故，起我見之愚，受妄生死。以迷法空故，違現量之境，障淨
菩提。既唯識變，我法皆虛，因此二空，契會玄旨。以我空
故，煩惱障斷。以法空故，所知障消。煩惱障斷故，證真解
脱。所知障斷故，獲大菩提。行滿因門，心冥果海，境識俱
寂，唯一真空。"〔八〕

〔一〕按："若那"條原在"末底"條中，今據諸校本改爲獨立條目。

〔二〕見僧肇撰注維摩詰經卷四。

〔三〕參見大智度論卷二七、卷三五等。又，摩訶止觀卷三下："四智者，
　　　如大品明，道慧、道種慧、一切智、一切種智，釋論解此有多種：或因

中但有理體,名爲道慧、道種慧,果上事、理皆滿,名一切智、一切種智;或言因中權實,故言道慧、道種慧,入空爲實慧,入假爲權慧;或言果上權實,故言一切智、一切種智,直緣中道名一切智,雙照二諦名一切種智;或言因中總別,果上總別;或言道慧、道種慧是單明權實,一切智、一切種智是複明權實。"

〔四〕見湛然述止觀輔行傳弘決卷三之三。

〔五〕見智顗説妙法蓮華經文句卷二上。

〔六〕僧肇作肇論般若無知論:"真諦,則般若之緣也。以緣求智,智則知矣。"宋延壽集宗鏡録卷三六:"般若者,智慧也。智則知也,慧則見也。"

〔七〕慧苑新譯大方廣佛華嚴經音義卷上:"般若,此云'慧'也。西域慧有二名:一名般若,二名末底。智唯一名,謂之諾那,即是第十智度名也。"遁倫集撰瑜伽論記卷一〇慧品:"梵云'般若',此名爲'慧',當知第六度。梵云'若那',此名爲'智',當第十度。"

〔八〕見延壽集宗鏡録卷四一。

辨六度法篇第四十四

　　如法華云:"爲求菩薩道者,説應六波羅蜜。"〔一〕是以行施乃盡命傾財,持戒則防遮護性,忍辱乃猶刀割水,正〔二〕精進則如救頭然,禪那乃四儀湛寂,智慧則一念圓明。大願之心普被,無作之道徧施,度生死流,登涅槃岸,故曰六度也。

〔一〕見妙法蓮華經卷一序品。六波羅蜜:即六度,布施、持戒、忍辱、精進、禪定和智慧。詳參後諸條。

〔二〕正:原作"精",據永樂北藏本、嘉興藏本改。智顗撰法界次第初門卷中三十七品初門:"八正道分:一、正見,二、正思惟,三、正語,四、正業,五、正命,六、正精進,七、正念,八、正定。""以無漏智慧相應勤精進修涅槃道,是爲正精進。"

　　檀那　法界次第云:"秦言'布施'。若内有信心,外有福田、有財物,三事和合,心生捨法,能破慳貪,是爲檀那。布施有二種:一者財施,二者法施。財施者,所謂飲食、衣服、田宅、六畜、奴婢、珍寶、一切己之所有資身之具,及妻子乃至身命屬他,爲他財物,故云捨身,猶屬財施。有所須者,悉能施

與,皆名財施也。法施者,若從諸佛及善知識,聞説世間、出
世間善法,若從經論中聞,若自以觀行故知,以清淨心爲人演
説,皆名法施。"〔一〕

〔一〕見智顗撰法界次第初門卷下六波羅蜜初門。

　　尸羅　此云"清涼"〔一〕。大論云:"秦言'性善',好行
善道,不自放逸,是名尸羅。"〔二〕經音義云:"此義譯也,正翻
'止得',謂止惡得善也。"〔三〕又,古師翻"戒","戒以防止爲
義,能防惡律儀無作之〔四〕非,止三業所起之惡,故名防
止"〔五〕。大論曰:"云何爲戒? 若惡止不更作,若心生、若口
言、若從他受,息身、口惡,是爲戒。"〔六〕經音義:"梵言'三婆
羅',此云'禁戒'。"〔七〕戒疏云:"戒義訓警也。警策三業,
遠離緣非,明其因也。"〔八〕優婆塞戒經云:"戒者名制,能制
一切不善法故。"〔九〕又,戒是約義、訓義、勒義〔一〇〕。纂要
云:"約二百五十戒,各有四威儀,合爲一千,循三世轉爲三
千。將三千威儀分配身、口七支,爲二萬一千。復約對治三
毒及等分,成八萬四千。"〔一一〕

〔一〕慧遠撰大乘義章卷一三藏義七門分別:"言尸羅者,此名清涼,亦名
　　　爲戒。三業炎非,焚燒行人,事等如熱,戒能防息,故名清涼。清涼
　　　之名,正翻彼也,以能防禁,故名爲戒。"法藏述華嚴經探玄記卷一:
　　　"或云尸羅,此名清涼。三業過非,猶如火燃,戒能息滅,故云
　　　清涼。"

〔二〕見大智度論卷一三。

〔三〕見玄應一切經音義卷一四。

〔四〕之:原作"逸",據永樂北藏本、嘉興藏本及智顗撰法界次第初門改。

〔五〕出智顗撰法界次第初門卷下六波羅蜜初門。

〔六〕見大智度論卷一三。

〔七〕見慧琳一切經音義卷五九。

〔八〕見元照述四分律含注戒本疏行宗記卷一。

〔九〕見優婆塞戒經卷七。

〔一〇〕智顗説、灌頂記菩薩戒義疏卷上:"梵音'尸羅',大論云:秦言'性
　　　善'。亦云'清涼',以其能止破戒熱惱,從能得名。亦云'波羅提

木叉’,譯言‘保解脱’。又名‘淨命’,亦言成就威儀無所受畜。未
來生處,離三惡道,淨土受形,能止邪命,防非止惡。亦言戒是約
義、訓義,復言勒義、禁義。並是隨義立名。”

〔一〕纂要:不詳。按:此引文亦見仁岳述楞嚴經熏聞記卷三引。又,思
　　坦集注楞嚴經集注卷五引,云“資中云”,資中,即弘沇。

羼提　此曰“安忍”。法界次第云:“秦言‘忍辱’,内心
能安忍外所辱境,故名忍辱。忍辱有二種:一者生忍,二者法
忍。云何名生忍? 生忍有二種:一、於恭敬供養中,能忍不
著,則不生憍逸。二、於瞋罵打害中能忍,則不生瞋恨怨惱,
是爲生忍。云何名法忍? 法忍有二種:一者非心法,謂寒熱、
風雨、飢渴、老、病、死等。二者心法,謂瞋恚、憂愁、疑、婬欲、
憍慢、諸邪見等。菩薩於此二法,能忍不動,是名法忍。”〔一〕

〔一〕見智顗撰法界次第初門卷下六波羅蜜初門。

毗梨耶　法界次第云:“秦言‘精進’。欲樂勤行善法,
不自放逸,謂之精進。精進有二種:一者身精進,二者心精
進。若身勤修善法,行道、禮誦、講説、勸助、開化,是爲身精
進。若心勤行善道,心心相續,是爲心精進。復次,勤修施戒
善法,是爲身精進。勤修忍辱禪定智慧,是爲心精進。”〔一〕
止觀引舊云:“精進無別體,但督衆行。義而推之,應有別體。
例無明通入衆使,更別有無明。今且寄誦經,勤策其心,以擬
精進,晝夜不虧,乃得滑利,而非三昧慧。”〔二〕唯識論云:“勇
捍爲性。”疏云:“勇而無怯,自策發也;捍而無懼,耐勞倦
也。”〔三〕陳氏云:“精其心,進其志。”〔四〕大集:“佛言:精進
有二種:一、始發精進,二、終成精進。菩薩以始發精進,習成
一切善法。以終成精進,分別一切法不得自性。”〔五〕法句經
云:“若能心不起,精進無有涯。”〔六〕

〔一〕見智顗撰法界次第初門卷下六波羅蜜初門。
〔二〕見智顗説、灌頂記摩訶止觀卷二下。
〔三〕窺基撰成唯識論述記卷六:“論:勤謂精進,至滿善爲業。述曰:下
　　文有二,初略後廣。勤苦名通三性,此即精進,故體唯善。於善品

修,於惡品斷,事中勇健。悍且勇而無惰,自策發也。悍而無懼,耐
勞惓也。勇者升進義,悍者堅牢義。”

〔 四 〕見吳陳慧撰陰持入經注卷上。陳氏,即陳慧,會稽人。

〔 五 〕見大方等大集經卷一四。

〔 六 〕佛説法句經:“若能心不妄,精進無有虛。”澄觀述大方廣佛華嚴經
　　　隨疏演義鈔卷六二:“故法句經云:若起諸精進,是忘非精進。若能
　　　無有妄,精進無有涯。”延壽集宗鏡録卷二六:“經偈云:若能心不
　　　起,精進無有涯。”

禪那　此云“静慮”。智論云:“秦言‘思惟修’。言禪波
羅蜜,一切皆攝。”〔 一 〕法界次第云:“禪有二種:一者世間禪,
二者出世間禪。世間禪者,謂根本四禪〔 二 〕、四無量心〔 三 〕、
四無色定〔 四 〕,即是凡夫所行禪。出世間禪,復有二種:一、
出世間禪,二、出世間上上禪。出世間禪者,謂六妙門〔 五 〕、
十六特勝〔 六 〕、通明〔 七 〕、九想〔 八 〕、八念〔 九 〕、十想〔一○〕、八
背捨〔一一〕、八勝處〔一二〕、十一切處〔一三〕、練禪〔一四〕、十四變
化〔一五〕、願智〔一六〕、頂禪〔一七〕、無諍三昧〔一八〕、三三昧〔一九〕、師
子奮迅〔二○〕、超越三昧〔二一〕,乃至三明六通〔二二〕,如是等禪,皆
是出世間禪。出世間上上禪者,謂自性等九種大
禪〔二三〕。”〔二四〕淨名疏云:“佛心智鑒圓明,豈煩思惟? 究竟無
學,豈得言修? 又翻‘棄惡’。如來純淨之智,何惡可棄? 故
思惟等義,皆是因也。”〔二五〕楞伽經明四種禪:“一〔二六〕、愚夫
所行禪,謂聲聞、緣覺、外道修行者,觀人無我性、自相、共相、
骨鏁、無常、苦、不淨相,計著爲首,如是相不異觀,前後轉進,
想不除滅,是名愚夫禪;二、觀察義禪,謂人無我、自相、共相、
外道、自他,俱無性已,觀法無我,彼地相義,漸漸增進,是名
觀察義禪;三、攀緣如禪,謂妄想二無我,妄想如實處,不生妄
想,是名攀緣如禪;入楞伽〔二七〕名觀真如禪〔二八〕。四、如來禪,謂
入如來地,行自覺聖智,三種樂住,成辦〔二九〕衆生不思議事,
是名如來禪。頌曰:凡夫所行禪、觀察相義禪、攀緣如實禪、
如來清淨禪。”〔三○〕

〔一〕見大智度論卷一七。

〔二〕四禪:指初禪、二禪、三禪、四禪。智顗撰法界次第初門卷上四禪初
　　門:"禪是西土之音,此翻'棄惡',能棄欲界五蓋等一切諸惡,故云
　　棄惡。或翻'功德叢林',或翻'思惟修',今不具釋。而言根本者,
　　以無量心、背捨、勝處、一切處、神通、變化及無漏觀慧等種種諸禪、
　　三昧,悉從四禪中出,故稱根本。"

〔三〕大智度論卷二〇:"四無量心者,慈、悲、喜、捨。'慈'名愛念衆生,
　　常求安隱樂事以饒益之;'悲'名愍念衆生受五道中種種身苦、心
　　苦;'喜'名欲令衆生從樂得歡喜;'捨'名捨三種心,但念衆生不憎
　　不愛。"

〔四〕大智度論卷二〇:"四無色定者,虛空處、識處、無所有處、非有想非
　　無想處。"

〔五〕智顗撰法界次第初門卷上六妙門初門:"一、數息門。攝心在息,從
　　一至十,名之爲數。行者爲修無漏真法,先須調心入定。欲界麁散
　　難攝,非數不治,故須善調身息,從一至十,則麁亂静息,心神停住,
　　是爲入定之要,故以數息爲妙門也。二、隨息門。細心依息,知入
　　知出,故曰爲隨。行者雖因數息心住,而禪定未發。若猶存數,則
　　心有起念之失,故須放數修隨。心依於息,入時知入,出時知出。
　　長、短、冷、暖,皆悉知之。若心安明淨,因是則諸禪自發,故以隨爲
　　門也。三、止門。息心静慮,名之爲止。行者雖因隨息心安明淨,
　　而定猶未發。若心依隨,則微有起想之亂。澄渟安隱,莫若於止,
　　故捨隨修止,是中多用凝心止也。凝心寂慮,心無波動,則諸禪定
　　自然開發,故以止爲門。四、觀門。分別推析之心,名爲觀。行者
　　雖因止證諸禪定,而解慧未發。若住定心,則有無明味著之乖,故
　　須推尋檢析所證禪定,是中多用實觀四念處也。若觀心分明,則知
　　五衆虛誑,破四顛倒及我等十六知見。顛倒既無,無漏方便因此開
　　發,故以觀爲門。五、還門。轉心反照,名之爲還。行者雖修觀照,
　　而真明未發。若計有我,能觀析破於顛倒,則計我之惑,還附觀而
　　生,同於外道,故云是諸外道計著觀空智慧,不得解脱。若覺此患,
　　即當轉心,反照能觀之心。若知能觀之心虛誑無實,即附觀執我之
　　倒自亡。因是無漏方便,自然而朗,故以還爲門。六、淨門。心無
　　所依,妄波不起,名之爲淨。行者修還之時,雖能破觀之倒,若真明
　　未發而住無能所,即是受念,故令心智穢濁。覺知此已,不住不著,

泯然清淨。因此真明開發,即斷三界結使,證三乘道,故云其清淨得一心者,則萬邪滅矣。以淨爲門,意在此也。"

〔六〕修行道地經卷五數息品:"何謂十六特勝?數息長則知,息短亦知,息動身則知,息和釋即知,遭喜悅則知,遇安則知,心所趣即知,心柔順則知,心所覺即知,心歡欣則知,心伏即知,心解脫即知,見無常則知,若無欲即知,觀寂然即知,見道趣即知。是爲數息十六特勝。"

〔七〕智顗撰法界次第初門卷上通明禪初門:"所言通明者,修此禪時,必須三事通觀,故云通明。亦以能發六通三明,故云通明。"

〔八〕智顗撰法界次第初門卷中九想初門:"一、脹想。若觀人死屍,胖脹如韋囊盛風,異於本相,是爲脹想。二、青瘀想。若觀死屍,皮肉黃赤瘀黑青黶,是爲青瘀想。三、壞想。若觀死屍,風吹日曝,轉大裂壞在地,是爲壞想。四、血塗漫想。若觀死屍,處處膿血流溢,污穢塗漫,是爲血塗漫想。五、膿爛想。若觀死屍,蟲膿流出,皮肉壞爛,滂沱在地,是爲膿爛想。六、噉想。若觀死屍,蟲蛆唼食,鳥挑其眼,狐狗咀嚼,虎狼齱裂,是爲噉想。七、散想。若觀死屍,禽獸分裂,身形破散,筋斷骨離,頭手交橫,是爲散想。八、骨想。若觀死屍,皮肉已盡,但見白骨,筋連或分散狼藉,如貝如珂,是爲骨想也。九、燒想。若觀死屍,爲火所焚,爆裂煙臭,薪盡形滅,同於灰土。假令不燒,亦歸磨滅,是爲燒想。"

〔九〕八念:一、念佛,二、念法,三、念僧,四、念戒,五、念捨,六、念天,七、念入出息,八、念死。詳參智顗撰法界次第初門卷中八念初門。

〔一〇〕十想:一、無常想,二、苦想,三、無我想,四、食不淨想,五、世間不可樂想,六、死想,七、不淨想,八、斷想,九、離想,十、盡想。詳參智顗撰法界次第初門卷中十想初門。

〔一一〕大智度論卷四四:"八背捨,何等八?色觀色,是初背捨;內無色相外觀色,是二背捨;淨背捨,身作證,是三背捨;過一切色相故,滅有對相故,一切異相不念故,入無邊虛空處,是四背捨;過一切無邊虛空處,入一切無邊識處,是五背捨;過一切無邊識處,入無所有處,是六背捨;過一切無所有處,入非有想非無想處,是七背捨;過一切非有想非無想處,入滅受想定,是八背捨。"

〔一二〕大智度論卷二一:"八勝處者:內有色相,外觀色少,若好若醜,是色勝知勝觀,是名初勝處。內有色相,外觀色多,若好若醜,是色勝知勝觀,是名第二勝處。第三、第四亦如是,但以'内無色相,外觀色'爲異。内亦無色相,外觀諸色青、黄、赤、白是爲八勝處。"

〔一三〕十一切處:一、青一切處,二、黄一切處,三、赤一切處,四、白一切處,五、地一切處,六、水一切處,七、火一切處,八、風一切處,九、空一切處,十、識一切處。詳參智顗撰法界次第初門卷中十一切處初門。又,智顗説釋禪波羅蜜次第法門卷一〇:"十一切處者,一青、二黄、三赤、四白、五地、六水、七火、八風、九空、十識。此十通名一切處者,一一色各照十方遍滿,故名一切處。"

〔一四〕智顗説妙法蓮華經玄義卷四上:"練禪者,即九次第定也。上來雖得八禪,入則有間。今欲純熟,令從初淺極至後深,次第而入,中間無有垢滓間穢,令不次第者次第,故名次第。亦是無漏練於有漏,除諸間穢,故名練禪。亦是均調諸禪,令定、慧齊平無間也。"湛然述止觀輔行傳弘決卷九之二:"言練禪者,即九次第定。具如摩耶經云:入初禪已,次入二禪。如是次第,至滅受想定。依於九處,次第而入,故得名也。又入無間故,名爲次第。"

〔一五〕智顗説釋禪波羅蜜次第法門卷一〇:"十四變化,能生神通。亦因神通,能有變化。云何名十四變化? 一者欲界初禪成就二變化:一、初禪初禪化,二、初禪欲界化。二者二禪成就三變化:一、二禪二禪化,二、二禪初禪化,三、二禪欲界化。三者三禪成就四變化:一、三禪三禪化,二、三禪二禪化,三、三禪初禪化,四、三禪欲界化。四者四禪成就五變化:一、四禪四禪化,二、四禪三禪化,三、四禪二禪化,四、四禪初禪化,五、四禪欲界化。是爲十四變化。"詳參智顗撰法界次第初門卷中十四變化初門。

〔一六〕大智度論卷一七:"願智者,願欲知三世事,隨所願則知。此願智二處攝:欲界、第四禪。"

〔一七〕大智度論卷一七:"諸禪中有頂禪,何以故名頂? 有二種阿羅漢:壞法、不壞法。不壞法阿羅漢,於一切深禪定得自在,能起頂禪。得是頂禪,能轉壽爲富,轉富爲壽。"

〔一八〕大智度論卷一七:"無諍三昧者,令他心不起諍,五處攝:欲界及四禪。"

〔一九〕大智度論卷五:"諸三昧者,三三昧:空、無作、無相。"大智度論卷四四:"三三昧:有覺有觀三昧、無覺有觀三昧、無覺無觀三昧。"

〔二〇〕智顗撰法界次第初門卷中師子奮迅三昧初門:"有二種師子奮迅三

昧:一、奮迅入,二、奮迅出。(中略)所言師子奮迅者,借譬以顯法也。如世師子奮迅,爲二事故:一、爲奮却塵土,二、能前走却走,捷疾異於諸獸。此三昧亦爾。一則奮除障定細微無知之惑,二能入出捷疾無間。異上所得諸禪定也,故名師子奮迅三昧。一、入禪奮迅。師子奮迅入三昧者,離欲惡不善法,有覺有觀入初禪,如是次第入二禪、三禪、四禪,空處、識處、無所有處、非有想非無想處,滅受想定,是爲奮迅入也。二、出禪奮迅。師子奮迅出者,從滅受想定起,還入非有想非無想。非有想非無想起,還入無所有處。如是識處、空處,四、三、二禪、初禪乃至出散心中,是爲奮迅出。"

〔二一〕智顗撰法界次第初門卷中超越三昧初門:"所以名超越者,能超過諸地,自在入出,故名超越。"詳參大智度論卷八一。

〔二二〕大智度論卷二:"宿命、天眼、漏盡,名爲三明。"智顗説釋禪波羅蜜次第法門卷一〇:"六通者,一、天眼通,二、天耳通,三、他心通,四、宿命通,五、如意通,六、漏盡通。皆言神通者,神名天心,通是智慧性。以天然之智慧,徹照一切色、心等法無閡,故名神通。"大智度論卷二:"直知過去宿命事,是名通;知過去因緣行業,是名明。直知死此生彼,是名通;知行因緣際會不失,是名明。直盡結使,不知更生不生,是名通;若知漏盡更不復生,是名明。"

〔二三〕菩薩地持經卷六方便處禪品:"云何菩薩禪波羅蜜?略説九種。一者、自性禪,二者、一切禪,三者、難禪,四者、一切門禪,五者、善人禪,六者、一切行禪,七者、除惱禪,八者、此世他世樂禪,九者、清淨禪。"各禪之具體含義,亦見此經此品,文繁不録。

〔二四〕見智顗撰法界次第初門卷下六波羅蜜初門。

〔二五〕見智顗説、湛然略維摩經略疏卷二。

〔二六〕一:原無,據永樂北藏本、嘉興藏本補,後"二"、"三"、"四"同。

〔二七〕伽:原作"如",據諸校本改。

〔二八〕見菩提流支譯入楞伽經卷三。

〔二九〕辦:大正藏本作"辨"。

〔三〇〕見求那跋陀羅譯楞伽阿跋多羅寶經卷二。又,實叉難陀譯大乘入楞伽經卷三:"有四種禪。何等爲四?謂:愚夫所行禪、觀察義禪、攀緣真如禪、諸如來禪。"

般若　法界次第云:"秦言'智慧',照了一切諸法,皆不可得,而能通達一切無閡,名爲智慧。"〔一〕大論云:"般若定實相甚深極重,智慧輕薄,是故不能稱。"〔二〕此生善,故不翻。

　　此六度法,祖引經論,以辨其相,共立五義:一、對治。善戒經云:謂慳、惡、瞋、怠、亂、癡,是所破之蔽〔三〕。二、相生。善戒經云:謂捨家持戒,遇辱須忍,忍已精進,精進已調五根,根調故知法界〔四〕。又,解深密經云:"能爲後後引發故,謂諸佛菩薩,若於身財無所顧悋,便能受持清淨禁戒。爲護戒故,便修忍辱。修忍辱已,能發精進。發精進已,能辦静慮。辦静慮已,便能獲得出世閒慧。是故我説波羅蜜多如是次第。"〔五〕三、果報。善戒經云:富、具色力壽安辯〔六〕。又,餘經云:"施報富,戒報善道,忍報端正,進報神通,禪報生天,智破煩惱。"〔七〕無著論云:"有二種果,謂未來、現在。未來果者,檀得大福;尸羅得自身具足,謂釋、梵等;羼提得大伴助、大眷屬;毗黎耶得果報等不斷絶;禪得生身不損壞;般若得諸根猛利及多諸悦樂,於天人大衆中得自在等。現在果者,得一切信敬供養及現法涅槃等。"〔八〕四、互攝者,弥勒頌云:"檀義攝於六,資生無畏法,是中一二三,名爲修行住。"〔九〕此檀攝六度也。又,菩提資粮論云:"既爲菩薩母,亦爲諸佛母。般若波羅蜜,是覺初資粮。"覺是菩提,六度是菩提資粮,般若爲初耳。"施、戒、忍、進、定,及此五之餘,方便、願智力,皆由智度故,波羅蜜所攝。"〔一○〕此乃般若攝於六度。初、後既尔,中四例知。五、譬喻。華嚴云:"菩薩摩訶薩以般若波羅蜜爲母,方便善巧爲父,檀波羅蜜爲乳母,尸羅波羅蜜爲養母,忍波羅蜜爲莊嚴具,勤波羅蜜爲養育者,禪波羅蜜爲浣濯人,善知識爲教授師,一切菩提分爲伴侶,一切善法爲眷屬,一切菩薩爲兄弟,菩提心爲家,如理修行爲家法,諸地爲家處,諸忍爲家族,大願爲家教,滿足諸行爲順家法,勸發大乘爲紹家業,法水灌頂一生所繫菩薩爲王太子,成就菩提爲能淨家族。"〔一〕六、分開者，六度通大小，十度唯在大。一往亦通藏通兩教，以權立三智故。言十度者，於禪中有願智力，故開願度；有神通智，開出力度；根本定，守禪度名。般若中有道種智，開出方便度；有一切種智，開出智度；一切智，守本般若名〔一二〕。

〔一〕見智顗撰法界次第初門卷下六波羅蜜初門。

〔二〕見大智度論卷七〇。

〔三〕菩薩善戒經卷九畢竟地行品第四："若說次第，則有三事：一者對治故、二者生故、三者得果故。對於善法，有六事：一者慳貪、二者惡業、三者恚心、四者懈怠、五者亂心、六者愚癡，以是六法因緣故，不得阿耨多羅三藐三菩提，爲壞六法故說六波羅蜜、檀波羅蜜乃至般若波羅蜜。六波羅蜜則攝四波羅蜜，是名對治。"

〔四〕菩薩善戒經卷九畢竟地行品第四："生者，菩薩摩訶薩捨於一切世俗之物出家學道，是名檀波羅蜜。既出家已，受菩薩戒，是名尸羅波羅蜜。以護戒故，雖有罵打，默受不報，是名羼提波羅蜜。戒既清淨，懃修善法，是名毗梨耶波羅蜜。以精進故，五根調伏，是名禪波羅蜜。五根既調，知真法界，是名般若波羅蜜，是名爲生。"

〔五〕見解深密經卷四。

〔六〕菩薩善戒經卷九畢竟地行品第四："果報者，菩薩現在修施等善法，若捨身已，外得大財，內得五具足。五具足者，生人天中，得壽色力安樂辯才，是名施果。以施因緣修集善法，心無嫉妬，忍衆罪過，是名具足第二果報。以施因緣，若作世事及出世事，心無厭悔，是名第三果報。以施因緣，其心柔軟，無有錯亂，是名第四果報。以施因緣，了了能知此是福田、此非福田，知是可施、是不可施，善知方便，求財取財，是名第五果報。四波羅蜜攝六波羅蜜有三戒：一者隨戒戒，二者隨心戒，三者隨智戒。菩薩尸波羅蜜名爲隨戒戒，禪波羅蜜名隨心戒，般若波羅蜜名隨智戒。離是三戒，無菩薩戒。菩薩三戒，攝一切戒。菩薩有四事，能利衆生。何等爲四？一者爲於菩提修集善法，二者先以真智知諸法義，三者增長善法，四者熟衆生根。如是四事，菩薩能大利益衆生。若有說言，離是四事，能利衆生者，無有是處。"

〔七〕智顗說妙法蓮華經文句卷八下："菩薩善戒第十云：六波羅蜜有三種，一、對治，謂慳惡瞋怠亂癡；云云。二謂相生，謂捨家持戒，遇辱須忍，忍已精進，進已調五根，根調知法界；三謂果報，富、具色力壽安辯。又，餘經云：施報富，戒報善道，忍報端正，進報神通，禪報生天，智報破煩惱。如是等例，皆是三藏明六度相也。若施、受、財物三事皆空名檀，不見持犯名戒，能忍所忍不可得名忍，身心不動名精進，不亂不昧名禪，非智非愚名般若，如此流例，即通教中六度相。若言檀有十利，伏慳煩惱，捨心相續，與衆生同資産，生豪富家，生生施心現前，四衆愛樂，處衆不怯畏，勝名遍布，手足柔軟，乃至詣道場恒值善知識。戒有十利者，滿一切智，如佛所學，智者不毀，誓願不退，安住於行，棄捨生死，慕樂涅槃，得無纏心，得勝三昧，不乏信財。忍有十利者，火刀毒水皆不能害，非人所護，身相莊嚴，閉惡道，生梵天，晝夜常安，身不離喜樂。精進有十利者，他不能折伏，佛所攝，非人所護，聞法不忘，未聞能聞，增長辯才，得三昧性，少病惱，隨食能銷，如優鉢花增長。禪有十利者，安住儀式，行慈境界，無悔熱，守護諸根，得無食喜，離愛欲，修禪不空，解脫魔羂，安住佛境，解脫成熟。般若有十利者，不取施相，不依戒，不住忍力，不離身心精進，禪無所住，魔不能擾，他言論不能動，達生死底，起增上慈，不樂二乘地。四事應修檀：一、修道者破慳貪故；二、莊嚴菩提故；三、自他利益，欲施施時施已皆歡喜名自利，飢渴者得除是名利他；四、得後世大善果，後世獲大尊貴饒財。四事應持戒：自修善法滅惡，戒莊嚴菩提攝衆生，臥覺安、不悔恨、於衆生無害心，後受人天得涅槃等樂。四事應修忍：修忍除不忍，莊嚴菩提攝衆生，彼此離怖畏、後世無瞋、眷屬不壞、不受苦惱，得人天涅槃樂。四事應須修精進：進破懈怠，莊嚴菩提攝衆生，增善法是自利、不惱他是利他，後得大力致菩提。四事應修禪定：定破亂心，莊嚴菩提攝衆生，身心寂静是自利、不惱衆生是利他，後受清淨身、安隱得涅槃。四事應修般若：智慧破無明，莊嚴菩提攝衆生，智慧自樂是自利、能教衆生是利他，能壞煩惱及智障等是大果。如此流例，是別教明六度相也。月藏第一云：‘若衆生唯依讀誦求菩提，是人爲著世俗，尚不調己煩惱，何能調他？是人著嫉妬、名利、富貴，高心自是，輕慢毀他，尚不得欲界善根，況色無色善根？況二乘菩提？況無上菩提？如星火不能乾海，口氣不能動山，藕絲不能稱岳。何者？世俗不能滿菩提。何者是第一義？謂造一切福事，若修身修心修慧，以第一義熏修，則速滿六波羅蜜：若行若坐捨攀緣想是檀，捨攀緣不犯是尸,於境界不生瘡疣是羼,不捨於離是精進,於事中不放逸是禪,於諸法體性無生是般若。復次於陰捨是檀,不計念陰是尸,於陰無我想是羼,於陰起怨想是進,於陰不熾然是禪,於陰畢竟棄是般若。於界捨是檀,於界不擾濁是尸,於界捨因緣是羼,於界數數捨是進,於界不起發是禪,於界如幻想是般若。如是等是名第一義諦善巧方便甚深法要,能滿六波羅蜜。'以此法自爲、爲他,三世菩薩悉修是法成菩提,故非世俗也。此法能息衆生煩惱道苦道,安置菩提道。華嚴七地方明念念具十波羅蜜修習一切佛法:以求佛道善根與一切衆生是檀,能滅一切煩惱熱是尸,於一切衆生無所傷是忍,求善無厭是進,修道心不散常向一切智是禪,忍諸法不生門是般若,能起無量智門是方便,求轉勝智是願,魔邪不能阻是力,於一切法相如實説是智,是十波羅蜜具故,四攝、道品、三解脱、一切助菩提法,於念念中皆具足,諸地皆念念具足,此地勝故。如此例是圓教六度相也。"

〔八〕見無著造、達摩笈多譯金剛般若論卷上。

〔九〕見天親造、菩提流支譯金剛般若波羅蜜經論卷上。

〔一〇〕見菩提資糧論卷一。

〔一一〕見實叉難陀譯大方廣佛華嚴經卷七九。

〔一二〕"六度通大小"至此,見智圓述維摩經略疏垂裕記卷二。又,知禮述金光明經文句記卷二下:"六通大小,十唯在大。十度者,於禪中有願智力,故開願度;有禪通力,開出力度;根本定禪,守本禪度。般若有道種智,開出方便度;有一切種智,開出智度;一切智,守本受般若名。"

波羅蜜　大論:"又云'阿羅蜜',秦言'遠離';'波羅蜜',秦言'度彼岸'。此二音相近,義相會,故以'阿羅蜜'釋'波羅蜜'。"〔一〕天台禪門云:"一者、諸經論中,多翻'到彼岸'。生死爲此岸,涅槃爲彼岸,煩惱爲中流。菩薩以無相智慧,乘禪定舟航,從生死此岸到涅槃彼岸,故知約理定以明波羅蜜。二者、大論別翻'事究竟',即是菩薩大悲,爲衆生徧修一切事行滿足故。三、瑞應經翻'度無極'。通論事理,悉有幽遠之義。合而言之,故云'度無極'。此約事理行滿説波羅蜜。"〔二〕

〔一〕見大智度論卷五三。

〔二〕見智顗説釋禪波羅蜜次第法門卷一釋禪波羅蜜名第二。又,智顗撰法界次第初門卷下六波羅蜜初門:"波羅蜜者,並是西土之言,秦翻經論多不同,今略出三翻:或翻云'事究竟',或翻云'到彼岸',或翻云'度無極'。菩薩修此六法,能究竟通別二種因果,一切自行化他之事,故云事究竟;乘此六法,能從二種生死此岸到二種涅槃彼岸,謂之到彼岸;因此六法,能度通別二種事理諸法之曠遠,故云度無極也。"

波羅伽　大論:"秦言'度彼岸'。"〔一〕華嚴云:"以波羅蜜船,於生死流中,不依此岸,不著彼岸,不住中流,而度衆生,無有休息。"〔二〕

〔一〕見大智度論卷二。

〔二〕見實叉難陀譯大方廣佛華嚴經卷七三。

釋十二支篇第四十五

惑業互資,因緣交助,三世猶若環旋,六道喻如輪轉。凡夫沉迷,色心冰執;聖人超悟,生死霜融。剪荆棘林,五因〔一〕頓息;斷牽連索,七果咸亡。故此十二支法,爲中乘之達觀也。

〔一〕五因:大智度論卷三二:"因緣者,相應因、共生因、自種因、遍因、報因。是五因,名爲因緣。"

尼陀那　此云"因緣"〔一〕。仕曰:"力強爲因,力弱爲緣。"肇曰:"前緣〔二〕相生,因也;現相助成,緣也。"生曰:"因謂先無其事而從彼生也,緣謂素有其分而從彼起也。"〔三〕故因親而緣疎,緣覺根利,通觀三世,有因有緣,是名因緣。初觀過去,無明緣行。言無明者,不了法界,邪見妄執,常在闇冥,故曰無明。因煩惱惑起於三業,造作諸法,故名爲行。由兹惑業,感現五果,識緣名色、六入、觸、受,所謂從行生心,投入母腹,流愛爲種,納想在胎,分別諸法,此名曰識。識但有名,凝滑屬色,四七漸堅,故号名色。六根開張,名爲六入。從出母胎至三四歲,對緣取塵,未別苦樂,名之爲觸。從五六歲至十二三,受覺苦樂中庸三境,既能了別,故名爲受。復從果報,起愛、取、有三支惑業,成現在因。從十四五至十八九,貪種種境,如渴求飲,故名爲愛。十九已後,年既長大,貪欲轉盛,不藉身命,能有所取,故名爲取。愛、取體同,勝劣有異,馳求諸境,起善惡業,牽生三有,故名爲有。由此因故,感於未來二種果報,謂生、老死。後陰始起,故名爲生。住世衰變,故名爲老。最後敗壞,故名爲死。是十二法,展轉能感果故,名因;互相由藉而有,曰緣。因緣相續,則往還無際。若了無明,生死自息,是爲緣覺,出世之要術也〔四〕。

〔一〕智顗說妙法蓮華經玄義卷六上:"尼陀那,此云'因緣'。(中略)尼陀那者,說諸佛本起因緣。佛何因緣說此事? 脩多羅中,有人問故爲說是事;毗尼中,有人犯是事故結是戒。一切佛語緣起事,皆名尼陀那。"

〔二〕緣:注維摩詰經卷二作"後"。

〔三〕見僧肇撰注維摩詰經卷二弟子品第三。什即鳩摩羅什,肇即僧肇,生即竺道生。

〔四〕智顗撰法界次第初門卷中十二因緣初門第四十:"一、無明,二、行,三、識,四、名色,五、六入,六、觸,七、受,八、愛,九、取,十、有,十一、生,十二、老死。(中略)通稱因緣者,是十二法,展轉能感果,故名因;互相由藉而有,謂之緣也。因緣相續,則生死往還無際。若知無明不起取、有,則三界二十五有生死皆息,是爲出世之要術也。(中略)教門十二因緣,有三種不同:一者、約三世明十二因緣,二者、約果報二世辯十二因緣,三者、約一念一世辯十二因緣。今先明三世十二因緣者,初二過去世攝,後二未來世攝,中八現在世攝,是中略說三事煩惱業苦,是三事展轉,更互爲因緣,是煩惱業因緣、業苦因緣、苦苦因緣、苦煩惱因緣、煩惱業因緣、業苦因緣、苦苦因緣,是爲展轉。更互爲因緣故,云三世十二因緣也。一、無明。過去世一切煩惱,通是無明,以過去未有智慧光明故,則一切煩惱得起故,是以過去煩惱悉是無明也。二、行。從無明生業,業即是行。以善、不善業,能作世界果故,故名爲行也。三、識。從行生垢心,初身因如犢子，識母自相識，故名識，即是父母交會初，欲託胎時之名。四、名色。從識生非色四陰及所任色陰，是名名色，即是歌羅邏時之名也。五、六入。從名色中，生眼等六情，是名六入。從五皰初開已來，即是六入名也。六、觸。由入對塵情塵識合，是名爲觸。以六塵觸六根故，即有六識生，故名情塵識合也。七、受。從觸生受，故名爲受。即是因六觸觸六根，即領受六塵，爲六受也。八、愛。從受中心著，名之爲愛，謂於所領受六塵中，心生渴愛也。九、取。從渴愛因緣求，是名爲取，謂求取所愛之塵也。十、有。從取則後世業因成，是名爲有。因能有果，故名爲有。十一、生。從有還受後世五衆之身，是名生，所謂四生六道中受生也。十二、老死。從生五衆身熟壞，是爲老死。老死則生憂悲哭泣，種種愁苦，衆惱合集。若正觀諸法實相清淨，則無明盡，無明盡故行盡，乃至衆苦和合皆盡。若能如是，正觀三世十二因緣，發真無漏，成辟支佛。”“約果報二世辯十二因緣”“約一念一世辯十二因緣”，文繁不録。

明四諦法篇第四十六

法界次第云：“通言諦者，諦以審實爲義。此四諦法，正爲聲聞人從聞生解故，必須藉教詮理。不虛故，云審實也。若由因感果，則應先因而後果。今悉先果而後因者，教門引物爲便。”〔一〕前二諦是世間之法，令知苦以斷集，故先果而次因；後二諦是出世間之法，使爲滅以修道，亦先果而次因。佛滅八百年，如意論主，王禮爲師，立先因後果義，云：集、苦是有漏因果，道、滅是無漏因果。外道破云：“汝師出世，説苦、集、滅、道，何以弟子説集、苦、道、滅！有違師之過。”如意救曰：“佛在世日，對不信因果人，説先果後因。我今順因果説，亦不相違。”此時外道朋黨熾盛，衆中無證義人，王賜外道金七十兩，封外道論爲“金七十論”。如意墮負，嚼舌而終。至九百年，世親披外道論，果見如意墮負，遂造論軌、論式等上王，救如意論主。王加珍敬，賜世親金七十兩，封爲“勝金七十論”。王縛草鞭屍，表外道邪宗，屍爲出血〔二〕。故出家者，宜應曉了四諦教門、因果二法前後之義，慎勿惑焉。

〔一〕見智顗撰法界次第初門卷中四諦初門第三十三。

〔二〕宋延壽述心賦注卷三："鞭屍者，佛滅後八百年，有如意論師出世，善能談論，王禮爲師。遂召外道，令如意論師立義。論師立先因後果，集、苦、道、滅。集是有漏因，苦是有漏果。道是無漏因，滅是無漏果。外道遂來出過。外道云：'汝師出世，説苦、集、滅、道四諦。何以弟子説集、苦、道、滅？有違師教過。'如意救云：'我不違師教。佛在世日，説先果後因者，爲對不信因果有情先説苦果，後説集因。我今順因果説，亦不相違。'此時外道朋黨熾盛，衆中無證義人，王賜外道金七十兩，封外道論爲'金七十論'。如意此時墮負，嚙舌而終。至佛滅後九百年，世親出世，披尋外道邪論，果見如意屈負，遂造論軌、論式等上王，救如意論師。王加敬仰，賜世親金七十兩，封爲'勝金七十論'。王令縛草鞭屍，表外道邪宗。鞭草屍血出，所以云世親有鞭屍之德。"又，參見大唐西域記卷二健馱邏國。

豆佉　或"伊絰"，晉云"苦"〔一〕。法界次第云："苦以逼惱爲義。一切有爲心行，常爲無常患累之所逼惱，故名爲苦。苦有三種：一、苦苦，二、壞苦，三、行苦。今明三苦，有別有通。別者三苦，即別對三受：苦受，從苦緣生，情覺是苦，即苦苦也；樂受，樂壞時生苦，即是壞苦；不苦不樂受，常爲無常遷動，即是行苦。若通論三苦，則三受通有三苦。所以然者，三受之心即是苦，通從苦緣生故，通是苦苦；三受之心，通爲壞相所壞故，通是壞苦；三受之心，通是起役運動不停之相故，通是行苦。"〔二〕行以遷流爲義，故楞嚴云："譬如瀑流，波浪相續，前際、後際，不相踰越。"〔三〕古德頌行苦密遷云："如以一睫毛，置掌人不覺。若安眼睛上，違害極不安。愚人如手掌，不覺行苦遷。智者如眼睛，違極生厭患。"〔四〕智論云："無量衆生，有三種身苦，老、病、死；三種心苦，貪、瞋、癡；三種後世苦，地獄、餓鬼、畜生。"〔五〕法句經云：昔四比丘論世苦事，一云婬慾惱人，一云飢渴逼體，一云瞋恚擾亂，一云驚怖恐懼，各執己是，競謂他非。佛知遂問，比丘具荅。佛言：

汝等所論,不究苦義。身爲諸苦之本、衆患之原,當求寂滅,此最爲樂〔六〕。

〔一〕翻梵語卷三聲聞德行名第十五:"咿甯,亦云'褈倭',亦云'豆佉'。律曰:咿甯者,苦諦。鞞婆沙曰:褈倭者,苦也。""鞞婆沙曰"者,見鞞婆沙論卷九。

〔二〕見智顗撰法界次第初門卷中四諦初門第三十三。

〔三〕見大佛頂如來密因修證了義諸菩薩萬行首楞嚴經卷二。

〔四〕見阿毗達磨俱舍論卷二二。

〔五〕見大智度論卷九。

〔六〕法句譬喻經卷三安寧品第二十三:"昔佛在舍衛國精舍,時有四比丘坐於樹下,共相問言:'一切世間,何者最苦?'一人言:'天下之苦,無過婬欲。'一人言:'世間之苦,無過瞋恚。'一人言:'世間之苦,無過飢渴。'一人言:'天下之苦,莫過驚怖。'共諍苦義,云云不止。佛知其言,往到其所,問諸比丘:'屬論何事?'即起作禮,具白所論。佛言:'比丘! 汝等所論,不究苦義。天下之苦,莫過有身! 飢渴寒熱、瞋恚驚怖、色欲怨禍,皆由於身。夫身者,衆苦之本,患禍之元,勞心極慮,憂畏萬端,三界蠕動,更相殘賊,吾我縛著,生死不息,皆由於身。欲離世苦,當求寂滅,攝心守正,怕然無想,可得泥洹,此爲最樂。'"

三牟提耶　或"弥祢",晉云"集"〔一〕。法界次第云:"集以招聚爲義。若心與結業相應,未來定能招聚生死之苦,故名爲集。"〔二〕

〔一〕翻梵語卷三聲聞德行名第十五:"彌甯,亦云'彌倭',亦云'三牟提耶'。律曰:彌甯者,習諦。鞞婆沙曰:彌倭者,習也。""鞞婆沙曰"者,見鞞婆沙論卷九。

〔二〕見智顗撰法界次第初門卷中四諦初門第三十三。

尼樓陀　或"娑陀",晉言"滅"〔一〕。法界次第云:"滅以滅無爲義。結業既盡,則無生死之患累,故名爲滅。"〔二〕

〔一〕翻梵語卷三聲聞德行名第十五:"多咤陀辟,亦云'陀破',亦云'尼樓陀'。律曰:多陀譬者,盡諦。鞞婆沙曰:陀破者,盡。""鞞婆沙曰"者,見鞞婆沙論卷九。

〔二〕見智顗撰法界次第初門卷中四諦初門第三十三。

末伽　或“槃那”，亗云“道”〔一〕。法界次第云：“道以能通爲義。道有二種：一、正道。實觀三十七道品，三解脫門，緣理慧行，名爲正道。二、助道者，得解觀中種種諸對治法及諸禪定，皆是助道。此二相扶，能通涅槃，故名爲道。”〔二〕

此四華梵，出賢愚經〔三〕。毗曇云：“佛爲四王作聖語説四諦，二解二不解；又作毗陀語，一解一不解；又作梨車語説，四王俱解。”〔四〕故知四諦，名非一槩。此四諦法，若以藥病區揀，苦、集是世間因果，此屬於病；道、滅是出世間因果，此當乎藥。若以真俗甄別，則有三義：一者、四諦俱真，如涅槃云：“我昔與汝等不見四真諦，是故久流轉生死大苦海。”〔五〕二者、四諦俱俗，止觀云：“滅尚非真，三諦焉是？”〔六〕三者、一真三俗，勝鬘云：“此四聖諦，三是無常，一是常。”〔七〕又云：“是故苦諦、集諦、道諦，非第一義諦，非常、非依。”〔八〕“一苦滅諦，離有相者是常。”〔九〕又涅槃經明於四諦，凡有四種：一、生滅四諦，二、無生四諦，三、無量四諦，四、無作四諦。勝鬘經中，亦明四種：一、有作四諦，二、有量四諦，三、無作四諦，四、無量四諦。但此二經，詮次少異〔一〇〕。荆溪：“問曰：何故立此四種四諦之殊？答：諦本無四，諦只是理。理尚無一，云何有四？故知依如來藏同體權實，大悲願力隨順物機，不獲已而用之。機宜不同，致法差降。從一實理，開於權理。權、實二理，能詮教殊，故有四種差別教起。”〔一一〕三藏詮生滅，通教詮無生，別教詮無量，圓教詮無作。是故天台明四種四諦之法也〔一二〕。

〔一〕翻梵語卷三聲聞德行名第十五：“阿羅辟支，亦云‘陀羅破’，亦云‘末伽’。律曰：陀羅辟支者，道諦。鞞婆沙曰：陀羅破者，道也。”“鞞婆沙曰”者，見鞞婆沙論卷九。

〔二〕見智顗撰法界次第初門卷中四諦初門第三十三。

〔三〕賢愚經卷一二二鸚鵡聞四諦品：“豆佉、三牟提耶、尼樓陀、末加。”

子注云：“畺言‘苦’、‘集’、‘滅’、‘道’。”按：集，大正藏本賢愚經作“習”，此據大正藏本校勘宋、元、明本改。

〔四〕見阿毗曇毗婆沙論卷五六。

〔五〕見曇無讖譯大般涅槃經卷一五。

〔六〕見智顗説、灌頂記摩訶止觀卷一上。

〔七〕見勝鬘師子吼一乘大方便方廣經一諦章第十。

〔八〕見勝鬘師子吼一乘大方便方廣經一諦章第十。

〔九〕見勝鬘師子吼一乘大方便方廣經一依章第十一。

〔一〇〕智顗撰四教義卷二：“四諦明所詮者，即爲三意：一明所詮四諦之理，二明能詮之教，三明約經論。一明所詮四諦之理者，有四種四諦：一、生滅四諦，二、無生四諦，三、無量四諦，四、無作四諦也。問曰：何處經論出此四種四諦？答曰：若散説，諸經論趣緣處處有此文義，但不聚在一處耳。大涅槃經明慧聖行，欲爲五味譬本，是以次第分別，明此四種四諦。勝鬘亦有四種四諦之文，所謂有作四諦、有量四諦、無作四諦、無量四諦。但涅槃、勝鬘明無量四諦，詮次不同，義意少異。問曰：前明生滅四諦，是三藏教半字之義。此事可然。次明無量、無作，云何分別？答曰：若作滿字明義，三種四諦，同是滿教，不須分別。若五味明義，三種四諦義即不同。無生四諦，此雖大乘，猶通二乘。無量四諦但是菩薩之所行之道，無作四實諦乃是佛之境界，此爲異也。初約生滅四諦之理，明所詮者，即是因緣生滅，以明諦理。”

〔一一〕見湛然述法華玄義釋籤卷五。

〔一二〕智顗撰維摩經玄疏卷三：“一明所詮四諦理者，有四種四諦：一、生滅四諦，二、無生四諦，三、無量四諦，四、無作四諦。大意出大涅槃經。二明能詮教者，即是四教能詮四種四諦理也，即爲四：一、三藏教詮生滅四諦理，二、明通教詮無生四真諦理，三、明別教詮無量四諦理，四、明圓教詮無作四諦理也。”又參注一〇。

止觀三義篇第四十七

　　實相體寂，因元静乃稱止；本覺靈照，由常明故曰觀。妄風俄動，假妙奢摩他而止之；心珠久昏，須毗婆舍那而觀矣。摩訶止觀釋名章中，初共通三德〔一〕，二各開三義〔二〕。今依彼論，分列梵語。

〔一〕智顗説、灌頂記摩訶止觀卷三上："通三德者，若衆經異名，皆是止觀者，名則無量，義亦無量。何故但以三義釋止觀耶？爲對三德，作此釋耳。諸法無量，何故獨對三德？大論云：菩薩從初發心常觀涅槃行道。大經云：佛及衆生皆悉安置祕密藏中。祕密即是涅槃，涅槃即是三德，三德即是止觀。自他初後，皆得修入，故用對之耳。若用兩字共通三德者，止即是斷，斷通解脱；觀即是智，智通般若。止觀等者，名爲捨相，捨相即是通於法身。又止即奢摩他，觀即毗婆舍那。他那等故，即憂畢又，通三德如前。問：止觀是二法，豈得通不思議三德耶？答：還以不思議止觀故得通耳。"

〔二〕智顗説、灌頂記摩訶止觀卷三上："止觀各三義：息義、停義、對不止止義。息義者，諸惡覺觀、妄念思想，寂然休息。淨名曰：何謂攀緣？謂緣三界。何謂息攀緣？謂心無所得。此就所破得名，是止息義。停義者，緣心諦理，繫念現前，停住不動。仁王云：入理般若名爲住。大品云：以不住法住般若波羅蜜中。此就能止得名，即是停止義。對不止以明止者，語雖通上，意則永殊。何者？上兩止對生死之流動，約涅槃論止息。心行理外，約般若論停止。此約智斷通論相待。今別約諦理論相待。無明即法性，法性即無明。無明亦非止非不止，而喚無明爲不止。法性亦非止非不止，而喚法性爲止。此待無明之不止，喚法性而爲止。如經法性非生非滅，而言法性寂滅。法性非垢非淨，而言法性清淨。是爲對不止而明止也。觀亦三義：貫穿義、觀達義、對不觀觀義。貫穿義者，智慧利用，穿滅煩惱。大經云：利钁斸地、磐石、砂礫，直至金剛。法華云：穿鑿高原，猶見乾燥土。施功不已，遂漸至泥。此就所破得名，立貫穿觀也。觀達義者，觀智通達，契會真如。瑞應云：息心達本源故，號爲沙門。大論云：清淨心常一，則能見般若。此就能觀得名，故立觀達觀也。對不觀觀者，語雖通上，意則永殊。上兩觀亦通對生死彌密而論貫穿，迷惑昏盲而論觀達。此通約智斷，相待明觀。今別約諦理，無明即法性，法性即無明。無明非觀非不觀，而喚無明爲不觀。法性亦非觀非不觀，而喚法性爲觀。如經云：法性非明非闇，而喚法性爲明。第一義空非智非愚，而喚第一義空爲智。是爲對不觀而明觀也。"

奢摩他　此云"止"〔一〕。涅槃經云："奢摩他，名爲'能滅’，能滅一切煩惱結故；又名‘能調’，能調諸根惡不善法故；又曰‘寂静’，能令三業成寂静故；又曰‘遠離’，能令衆生離五欲故；又曰‘能清’，能清貪欲、瞋恚、愚癡三濁法故。以是義故，故名定相。”〔二〕

〔一〕慧琳一切經音義卷二六：“奢摩他，亦云‘三摩地’，亦云‘三昧’，此云‘定’也、‘止’也。定有多名，此總稱也。或名‘三摩鉢底’也。”

〔二〕見曇無讖譯大般涅槃經卷三〇。

毗婆舍那　此云“觀”〔一〕。涅槃云：“毗婆舍那，名爲正見，亦名了見，名爲能見，名曰徧見，名次第見，名別相見，是名爲慧。”〔二〕

〔一〕慧琳一切經音義卷二六：“毗婆舍那，亦云‘闍那’，亦云‘若那’，此云‘惠’也，‘觀’也，或云‘見’也。”

〔二〕見曇無讖譯大般涅槃經卷三〇。

憂畢叉　此云“止觀平等”〔一〕。涅槃云：“憂畢叉者，名曰‘平等’，亦名‘不静’，又名‘不觀’，亦名‘不行’，是名爲捨。”〔二〕止觀云：“若用兩字共通三德者，止即是斷，斷通解脫。觀即是智，智通般若。止觀等者，名爲捨相，捨相即是通於法身。”〔三〕起信論云：“所言止者，謂止一切境界相，隨順奢摩他觀義故。所言觀者，謂分別因緣生滅相，隨順毗鉢舍那觀義故。”〔四〕永嘉集云：“以奢摩他故，雖寂而常照。以毗婆舍那故，雖照而常寂。以優畢叉故，非照而非寂。照而常寂故，説俗而即真。寂而常照故，説真而即俗。非寂而非照故，杜口於毗耶。”〔五〕長者子六過出家經：“佛告僧伽羅摩比丘：‘汝當行二法：止、觀是也。’僧伽摩羅白佛言：‘甚解，世尊！’佛言：‘我取要而説，云何言甚解耶？’僧伽摩羅言：‘止者諸結永盡，觀者觀一切法。’佛言：‘善哉！’”〔六〕

〔一〕慧琳一切經音義卷二六：“憂畢叉，此云‘捨’也。”

〔二〕見曇無讖譯大般涅槃經卷三〇。

〔三〕見智顗説、灌頂記摩訶止觀卷三上。

〔四〕見真諦譯大乘起信論。

〔 五 〕見唐玄覺撰禪宗永嘉集優畢叉頌第六。

〔 六 〕見南朝宋慧簡譯佛説長者子六過出家經。

二明各開。初列三止：

妙奢摩他　即體真止〔一〕。

〔 一 〕參後"禪那"條注二。

三摩　即方便隨緣止〔一〕。

〔 一 〕參後"禪那"條注二。

禪那　即息二邊分別止，名出楞嚴。資中云："準圓覺經，奢摩他以寂靜爲相，三摩提以幻化爲相，禪那俱離静幻二相。"〔一〕然此二經，天台出時，經皆未到，而止觀中預立其義，故止觀二字，各開三義：一、體真止，二、方便隨緣止，三、息二邊分別止。又云："此三止名，雖未見經論，映望三觀，隨義立名。其相云何？體無明顛倒，即是實相之真，名體真止；如此實相，徧一切處，隨緣歷境，安心不動，名隨緣方便止；生死涅槃，静散休息，名息二邊止。"〔二〕孤山釋曰："今阿難雖專請於止，以即一而三故，此止即觀，亦即平等。三一互融，是以稱妙。妙故方曰楞嚴大定。今於一止，復有三名：奢摩他，即體真止，止於真諦；翻'奢摩他'爲止者，定之異名，寂靜義也。謂於染淨等境，心不妄緣故。三摩提，亦曰'三摩鉢底'，此云'等持'，即方便隨緣止，止於俗諦；三摩提，智論云：'一切禪定攝心，皆名三摩提，秦言正心行處。是心從無始來，常曲不端。得是正心行處，心則端直。譬如蛇行常曲，入竹筒則直。'〔三〕翻等持者，謂離沉掉曰等，令心住一境性曰持。禪那，此云'静慮'，即息二邊分別止，止於中道。"〔四〕淨覺云："孤山專用天台三止，配今三名者，得經之深也。何則？止屬於定，觀屬於慧。阿難本以多聞小慧自咎，正以楞嚴大定爲請，非三止而何？況三摩禪那，顯是定名，雖此定即慧，而所主從別。"〔五〕

〔 一 〕見思坦集注楞嚴經集注卷一引弘沇語。

〔 二 〕智顗説、灌頂記摩訶止觀卷三上："止有三種：一、體真止，二、方便隨緣止，三、息二邊分別止。一、體真止者，諸法從緣生，因緣空無主，息心達本源，故號爲沙門。知因緣假合，幻化性虛，故名爲體。

攀緣妄想，得空即息。空即是真，故言體真止。二、方便隨緣止者，若三乘同以無言説道，斷煩惱入真。真則不異，但言煩惱與習有盡不盡。若二乘體真，不須方便止。菩薩入假，正應行用。知空非空，故言方便。分別藥病，故言隨緣。心安俗諦，故名爲止。經言動止心常一，亦得證此意也。三、息二邊分別止者，生死流動涅槃保證，皆是偏行偏用，不會中道。今知俗非俗俗邊寂然，亦不得非俗空邊寂然，名息二邊止。此三止名，雖未見經論，映望三觀，隨義立名。（中略）其相云何？體無明顛倒，即是實相之真，名體真止。如此實相，遍一切處，隨緣歷境，安心不動，名隨緣方便止。生死涅槃，静散休息，名息二邊止。”

〔三〕見大智度論卷一七。

〔四〕見思坦集注楞嚴經集注卷一引智圓語。

〔五〕見思坦集注楞嚴經集注卷一引仁岳語。

次明三觀：

謂空、假、中　荆溪臨終顧命衆曰：“一念無相謂之空，無法不備謂之假，不一不異謂之中。”〔一〕章安云：“天台傳南岳三種止觀：一、漸次，二、不定，三、圓頓。皆是大乘，俱緣〔二〕實相，同名止觀。漸則初淺後深，如彼梯隥。不定前後更互，如金剛寶，置之日中。圓頓初後不二，如通者騰空，爲三根性，説三法門。”〔三〕雖曰師資相傳，原本皆出佛經，故次第三觀，如瓔珞上云：從假入空觀，亦名二諦觀。從空入假觀，亦名平等觀。因是二空觀爲方便，得入中道第一義諦觀，此名次第三觀〔四〕。又，下卷云：時佛頂髮放一切光，復集十方百億佛土佛菩薩衆，即於衆中告文殊、普賢、法慧、功德林、金剛幢、金剛藏、善財童子：汝見是衆中敬首菩薩，問三觀法界，諸佛自性清淨道，一切菩薩所修三觀法門不？汝等各領百萬大衆，皆應修學如是法門〔五〕。又，中論云：“因緣所生法，我説即是空，亦名爲假名，亦是中道義。”〔六〕此皆一心三觀之明文也。余昔學肆有吳教授垂訪，問曰：經云：“作是觀音官者，名爲正觀貫。”〔七〕呼此二音，義云何辯？余即荅曰：觀去呼詮其體，獨〔八〕標能想之心；觀平呼顯其用，帶召所對之境。故曰：“以觀觀昏，即昏而朗。”〔九〕然此各開三義,全異涅槃,共通三德,由昔混同,故今分別。

〔一〕見宋高僧傳卷六唐台州國清寺湛然傳。

〔二〕緣:原作"圓",據摩訶止觀改。

〔三〕見智顗説、灌頂記摩訶止觀卷一上。

〔四〕菩薩瓔珞本業經卷上賢聖學觀品第三:"三觀者,從假入空名二諦觀,從空入假名平等觀。是二觀方便道。因是二空觀,得入中道第一義諦觀,雙照二諦心心寂滅,進入初地法流水中,名摩訶薩聖種性。"此處引文,當據湛然述止觀輔行傳弘決卷一之二引。

〔五〕菩薩瓔珞本業經卷上大衆受學品第七:"時釋迦牟尼佛頂髻放一切佛光、一切菩薩光,復集十方各百億佛土其中佛及菩薩。一切皆集已,即於是衆中告文殊師利菩薩、普賢菩薩、法慧菩薩、功德林菩薩、金剛幢菩薩、金剛藏菩薩、善才童子菩薩言:'汝見是大衆中敬首菩薩,能問三觀法界諸佛自性清淨道,一切菩薩所修明觀法門。汝等七菩薩,各領百萬大衆,應受觀學如是法門。'"此處引文,當據湛然述止觀輔行傳弘決卷一之二引。

〔六〕見中論卷四觀四諦品。

〔七〕見觀普賢菩薩行法經。

〔八〕獨:大正藏本作"一"。

〔九〕見智顗説、灌頂記摩訶止觀卷五上。

衆善行法篇第四十八

　　四悉〔一〕被物,衆善隨宜。四門之路有殊,一乘之果無別。種種正行,皆斷萬劫之愛繩;一一助道,盡破千生之塵網。今搜梵語,略注宋言,欲具乎二種莊嚴〔二〕,須啓於四弘誓願〔三〕。

〔一〕四悉:即四悉檀。

〔二〕曇無讖譯大般涅槃經卷二七:"若有人能爲法諮啓,則爲具足二種莊嚴:一者智慧,二者福德。"

〔三〕智顗説釋禪波羅蜜次第法門卷一修禪波羅蜜大意:"四弘誓願者,一、未度者令度,亦云衆生無邊誓願度;二、未解者令解,亦云煩惱無數誓願斷;三、未安者令安,亦云法門無盡誓願知;四、未得涅槃令得涅槃,亦云無上佛道誓願成。"

悉檀 南岳師以悉檀例“大涅槃”，華梵兼稱，“悉”是華言，“檀”是梵語。“悉”之言徧，“檀”翻爲施，佛以四法，徧施衆生，故名悉檀〔一〕。妙玄云：世界悉檀歡喜益，爲人悉檀生善益，對治悉檀破惡益，第一義悉檀入理益〔二〕。妙樂云：“則前二教及別地前但屬三悉，引入今經第一義悉。”〔三〕

〔一〕智顗説妙法蓮華經玄義卷一下：“悉檀，天竺語。一云：此無翻，例如脩多羅多含。一云：翻爲宗、成、墨、印、實、成就、究竟等，莫知孰是。地持菩提分品説：‘一切行無常，一切行苦，一切法無我，涅槃寂滅，是名四優檀那。’此翻爲印，亦翻爲宗。印是楷定，不可改易。佛菩薩具此法，復以傳教，此就教釋印。如經世智所説，有無無二此法楷定，以此傳授，經過去寂默諸牟尼尊展轉相傳，此就行釋印也。經增上、踊出，乃至出第一有、最上、衆共歸仰、世間所無，此釋宗義。彼明文了義釋優檀那，諸師何得用宗印翻四悉檀？如此既謬，餘翻亦叵信。南岳師例‘大涅槃’，梵、漢兼稱。‘悉’是此言，‘檀’是梵語，‘悉’之言遍，‘檀’翻爲施，佛以四法，遍施衆生，故言悉檀也。”南岳師，即慧思。

〔二〕智顗説妙法蓮華經玄義卷九上：“欲樂不同，宜治有異，佛智明鑒，照機無差。以世界悉檀赴四性欲，説此四門；以爲人悉檀生四善；以對治悉檀治其四執；以第一義悉檀令四人見理。”

〔三〕見湛然述法華文句記卷一中。

僧那 此云“弘誓”。肇論云：“發僧那於始心，終大悲以赴難。”〔一〕此名字發心也。仁王云：“十善菩薩發大心，長別三界苦輪海。”〔二〕此相似發心也。華嚴云：“初發心時，便成正覺。”〔三〕此分證發心也〔四〕。言弘誓者，天台云：“廣普之緣謂之弘，自制其心謂之誓，志求滿足乃稱願。”〔五〕大士曠懷，運心廣普，依無作四諦之境，起四種弘誓之心：初依瓔珞“未度苦諦令度苦諦”，六道受分段之苦，三乘沉變易之苦，當了陰入皆如，無苦可捨，口發言曰：衆生無邊誓願度。次依瓔珞“未解集諦令解集諦”，四住煩惱潤有漏業，無明煩惱潤無漏業，當了塵勞本淨，無集可除，口發言曰：煩惱無數誓願斷。三、依瓔珞“未安道諦令安道諦”，智慧越苦海之迅航，戒定通秘藏之要道,當了邊邪是中,無道可修,口發誓云:法門無盡誓願學。四、依瓔珞"未得滅諦令得滅諦"〔六〕,佛陀是無上之世尊,涅槃乃最勝之妙法,當了生死即是涅槃,口發誓云:佛道無上誓願成。仰觀大覺,積劫度生,都無懈倦者,爲滿本地之願也。

〔一〕見肇論覈體第二:"結僧那於始心,終大悲以赴難。"按:"結"字,湛然法華文句記、止觀輔行傳弘決等引,皆作"發"。

〔二〕見仁王護國般若波羅蜜多經卷上菩薩行品第三。

〔三〕見佛陀跋陀羅譯大方廣佛華嚴經卷八梵行品。

〔四〕清一松講録、廣和編定妙法蓮華經演義卷四之三:"發心有三種,謂名字、相似、分證也。若以發僧那於始心,終大悲於赴難,此即名字發心也;若言十善菩薩發大心,長別三界苦輪海,此即相似發心也;若言初發心時,便成正覺,所有慧身,不由他悟,一發一切發,正因發時緣了亦發,緣因發時了正亦發,了因發時正緣亦發,此即分證發心也。"

〔五〕見智顗撰法界次第初門卷下四弘誓願初門第四十一。

〔六〕以上"瓔珞"引文,均見菩薩瓔珞本業經卷上賢聖學觀品第三。

僧涅　一云:"僧那",大誓;"僧涅",自誓。一云:"僧那"言"鎧","僧涅"言"著",名"著大鎧"。亦云"莊嚴",故大品云"大誓莊嚴"。正言"刪蘇干那訶",此云"甲";"刪捺陀",此云"被",或云"衣"於既,謂被甲、衣甲也〔一〕。

〔一〕玄應一切經音義卷三:"僧那僧涅,應云'摩訶僧那僧涅陀'。舊譯云:'摩訶'言大,'僧那'言鎧,'僧涅'言著,亦云莊飾,故名著大鎧。大品經云'大誓莊嚴'是也。一云:僧那,大誓。僧涅,自誓。此皆訛也。正言'刪那訶',此云'甲';'刪捺陀',或云'被',或云'衣',言被甲、衣甲也。衣,音於既反。"

毗跋耶斯　此云"四念處"〔一〕,念即是觀,處即是境。智論釋曰:"初習善法,爲不失故,但名'念';能轉相、轉心,故名爲'想';決定智無所疑故,名'智'。"〔二〕大經云:"更有新醫,從遠方來,曉八種術。"〔三〕謂四枯四榮。言四枯者,人於五陰,起四倒見:於色計淨、於受計樂、想行計我、心起常見。故令修四念處，破其四倒：

初、觀身不淨。一切色法，名之爲身。己名内身，眷屬及他名外身。若己若他，名内外身。此三種色，大論明五種不淨：一、生處。“是身爲臭穢，不從蓮華生，亦不從蒼蔔，又不出寶山。”二、種子不淨。“是身種不淨，非餘妙寶物，不由淨白生，父母邪想有。”三、自性不淨。“地水火風質，能變爲不淨，傾海洗此身，不能令香潔。”四、自相不淨。“種種不淨物，充滿於身内，常流出不止，如漏囊盛物。”五、究竟不淨。“審諦觀此身，終必歸死處，難御無反復，背恩如小兒。”〔四〕

二、觀受是苦。意根受名内受，五根受名外受，六根受名内外受。於一根有順受、違受、不違不順受，於順生樂受，於違生苦受，於不違不順生不苦不樂受。樂受是壞苦，苦受是苦苦，不苦不樂受是行苦。諸受麁細，無不是苦〔五〕。

三、觀心無常。心王不住，體性流動，今日雖存，明亦難保。山水溜，斷石光，若不及時，後悔無益〔六〕。

四、觀法無我。法名軌則，有善法、惡法、無記法。人皆約法計我，我能行善、行惡、行無記。此等法中求我，決不可得，龜毛兔角，但有名字，實不可得。故經云：“起唯法起，滅唯法滅。”〔七〕但是陰法起滅，無人無我，衆生壽命，是名無我〔八〕。此説別相念處。

惣相念處者，緣一境惣爲四觀，此中應四句料簡：一、境別觀別，如上別説。二、境別觀惣，三、境惣觀別，此二是惣相念處之方便。四、境觀俱惣，是惣相念處。若作一身念處觀，或惣二陰，乃至惣五陰，是名境惣觀別也。受、心、法念，亦復如是。阿毗曇中，明三種念處：謂性、共、緣〔九〕，對破三種外道。四教義云：“一、性念處。智論云：‘性念處是智慧性，觀身智慧，是身念處。’受、心、法亦如是。解者不同，有但取慧數爲智慧性，即是性念處。南岳師解觀五陰理性名性念處，故雜心偈：

是身不淨相，真實性常定。諸受及心法，亦復如是説。”〔一〇〕
二、共念處。“智論云：‘觀身爲首，因緣生道。若有漏，若無
漏。’受、心、法念處亦如是。解者不同。有師解云：共善五
陰，諸善心數法，合明念處。若南岳師解，即是九想、背捨、勝
處，諸對治觀門，助正道開三解脱故，名爲共念處。故經云：
‘亦當念空法，修心觀不淨，是名諸如來，甘露灌頂藥。’”〔一一〕
三、緣念處。“有師解：通一切所觀境界，皆名緣念處觀。有
言十二因緣境，有言慈悲所緣境。若南岳師解，緣佛教説，所
詮一切陰入界，四諦、事理、名義、言語、音詞、因果、體用，觀
達無礙，能生四辯。於一切法，心無所礙，成無礙〔一二〕解脱，
是緣念處觀也。”〔一三〕明小乘竟〔一四〕。

　　若依大乘以明四榮，如後分云：“阿難！如汝所問，佛涅
槃後，依何住者？阿難！依四念處嚴心而住。觀身性相同於
虛空，名身念處；觀受不在内外、不住中間，名受念處；觀心但
有名字，名字性離，名心念處；觀法不得善法，不得不善法，名
法念處。”〔一五〕華手經云：“一切諸法皆名念處。何以故？一
切諸法，常住自性，無能壞故。”〔一六〕斯乃即法是心，即心是
法，皆同一性，性豈能壞乎？

〔一〕可洪新集藏經音義隨函録卷一：“毗跋耶斯者，此譯爲‘四念處’，
　　　亦云‘顛倒’。”世親釋、真諦譯攝大乘論釋卷六：毗跋耶斯者，“謂
　　　四念處智慧。何以故？毗跋耶斯者，亦有二義：一、倒，謂於無常起
　　　常倒等；二、翻倒，謂於常作無常解。倒是文句明了義，翻倒是祕
　　　密義。”

〔二〕見大智度論卷二三。

〔三〕見曇無讖譯大般涅槃經卷二。

〔四〕本段引文，均見大智度論卷一九。

〔五〕“意根受名内受”至此，見智顗説、灌頂記四念處卷一。

〔六〕“心王不住”至此，見智顗説、灌頂記四念處卷一。

〔七〕見維摩詰所説經卷中文殊師利問疾品。

〔八〕“法名軌則”至此，見智顗説、灌頂記四念處卷一。

〔九〕大智度論卷一九:"是四念處有三種:性念處、共念處、緣念處。云
　　　何爲性念處? 觀身智慧,是身念處;觀諸受智慧,是名受念處;觀諸
　　　心智慧,是名心念處;觀諸法智慧,是名法念處。是爲性念處。云
　　　何名共念處? 觀身爲首因緣生道,若有漏,若無漏,是身念處;觀
　　　受、觀心、觀法爲首因緣生道,若有漏,若無漏,是名受、心、法念處。
　　　是爲共念處。云何爲緣念處? 一切色法,所謂十入及法入少分,是
　　　名身念處;六種受,眼觸生受,耳、鼻、舌、身、意觸生受,是名受念
　　　處;六種識,眼識,耳、鼻、舌、身、意識,是名心念處;想衆、行衆及三
　　　無爲,是名法念處。是名緣念處。"

〔一〇〕見智顗撰四教義卷五。"智論云"者,見大智度論卷一九。

〔一一〕見智顗撰四教義卷五。"智論云"者,見大智度論卷一九。"經云"
　　　者,見治禪病祕要法卷上。

〔一二〕礙:原作"疑",據大正藏本改。

〔一三〕見智顗撰四教義卷五。

〔一四〕竟:永樂北藏本、嘉興藏本作"境"。

〔一五〕見大般涅槃經後分卷上遺教品第二。

〔一六〕見華手經卷二念處品第六。

鉇毗必柯摩羅阿佚多　此云"正勤",斯有四法。法界次
第云:"一、已生惡法爲除斷,一心精勤。四念處觀時,若懈怠
心起,五蓋〔一〕等諸煩惱覆心、離信等五種善根〔二〕時,如是
等惡若已生爲斷故,一心勤精進,方便除斷令盡也。二、未生
惡法不令生,一心勤精進。四念處觀時,若懈怠心及五蓋等
諸煩惱惡法雖未生,恐後應生,遮信等五種善根,今爲不令生
故,一心勤精進,方便遮止,不令得生也。三、未生善法爲生,
一心勤精進。四念處觀時,信等五種善根未生,爲令生故,一
心勤精進,方便修習,令信等善根生也。四、已生善法爲增
長,一心勤精進。若四念處觀時,信等五種善根已生,爲令增
長故,一心勤精進,方便修習信等善根,令不退失,增長成就。
此四通名正勤者,破邪道,於正道中勤行,故名正勤也。"〔三〕

〔一〕五蓋:五種覆蓋衆生心識,使其不能明了正道的煩惱。智顗撰法界
　　次第初門卷上五蓋初門第八:"一、貪欲蓋,二、瞋恚蓋,三、睡眠蓋,

四、掉悔蓋，五、疑蓋。”“引取心無厭足爲貪欲。”“忿怒之心名爲瞋
恚。”“意識惛熟曰睡，五情暗冥名眠。若心依無記，則增長無明，故
意識惛惛而熟，五情暗冥無所覺知，謂之睡眠也。”“邪心動念曰
掉，退思憂悴爲悔。若縱無明謬取，則戲論動掉心生，既所爲乖失，
退思則有憂悔也。”“癡心求理，猶預不決，名之爲疑。若修道定等
法，無明暗鈍，不別真偽，因生猶預，心無決斷，皆謂疑也。”

〔二〕五種善根：即信根、進根、念根、定根、慧根。
〔三〕見智顗撰法界次第初門卷中三十七品初門第三十六。

摩奴是若 此云“如意”。法界次第明四如意足：“一、
欲如意足。欲爲主，得定，斷行成就，修如意足分，是爲欲如
意足。二、精進如意足。精進爲主，得定，斷行成就，修如意
分，是爲精進足。三、心如意。心爲主，得定，斷行成就，修如
意足。四、思惟如意足。思惟爲主。通言如意者，四念處中
實智慧，四正勤中正精進，精進智慧增多，定力小弱，得四種
定攝心故。智、定力等，所願皆得，故名如意足。智、定若等，
能斷結使，故云斷行成就也。”〔一〕

〔一〕出智顗撰法界次第初門卷中三十七品初門第三十六。

婆羅 此云“力”。陰持入經云：“彼力應以何爲義？
荅：無能得壞爲力義，有所益爲力義，有膽爲力義，能得依爲
力義。”〔一〕增一阿含説六種力：小兒以啼爲力，女人以瞋爲
力，沙門、婆羅門以忍辱爲力，阿羅漢以精進爲力。云云〔二〕。
又因人五力，佛果十力。因人五力者，一、信力，二、精進力，
三、念力，四、定力，五、慧力。五根、七覺支、八正道，見法界次
第〔三〕。大論釋曰：“信根得力，則能決定受持不疑；精進力
故，雖未見法，一心求道，不惜身命，不休不息；念力故，常憶
師教，善法來聽入，惡法來不聽入，如守門人；定力故，攝心一
處不動，以助智慧；智慧力故，能如實觀諸法實相。”〔四〕佛果
十力者，今述頌曰：是處、非處、二業力，定、根、欲、性、至處
道，宿命、天眼十漏盡，具釋大論八十八〔五〕。論：“問：佛十
力者，若惣相説，佛唯一力，所謂一切種智力。若別相説，則

千萬億種力,隨法爲名,今何以但説十力? 荅:佛實有無量智力,但以衆生不能得、不能行故不説。是十力,可度衆生事辦〔六〕,故説十力。"〔七〕論:問:佛有十力,菩薩有不? 荅:有。何者? 一、發一切智心堅固力,二、不捨衆生大慈力,三、具足大悲力,四、信一切佛法精進力,五、思行禪定力,六、除二邊智慧力,七、成就衆生力,八、觀法實相力,九、入三解脱門力,十、無礙智力〔八〕。

〔一〕見陰持入經卷上。

〔二〕增一阿含經卷三一:"有六凡常之力。云何爲六? 小兒以啼爲力,欲有所説,要當先啼;女人以瞋恚爲力,依瞋恚已,然後所説;沙門、婆羅門以忍爲力,常念下下於人然後自陳;國王以憍慢爲力,以此豪勢而自陳説;然阿羅漢以專精爲力,而自陳説;諸佛世尊成大慈悲,以大悲爲力,弘益衆生。"

〔三〕智顗撰法界次第初門卷上三十七品初門:"五根,一、信根,二、精進根,三、念根,四、定根,五、慧根。一、信根。信正道及助道法,是名信根也。二、精進根。行是正道及諸助道善法時,勤求不息,是名精進根。三、念根。念正道及諸助道善法,更無他念,是名念根也。四、定根。攝心在正道及諸助道善法中,相應不散,是爲定根也。五、慧根。爲正道及諸助道善法,觀無常等十六行,是名慧根。此五通名根者,能生也。行者既得四如意足,智定安隱,即信等五種善法,若似若真,任運而生。譬如陰陽調適,一切種子悉有根生,故名根也。""七覺分,一、擇法覺分,二、精進覺分,三、喜覺分,四、除覺分,五、捨覺分,六、定覺分,七、念覺分。一、擇法覺分。智慧觀諸法時,善能簡別真僞,不謬取諸虛僞法,故名擇法覺分。二、精進覺分。精進修諸道法時,善能覺了不謬,行於無益之苦行,常勤心在真法中行,故名精進覺分。三、喜覺分。若心得法喜,善能覺了此喜不依顛倒之法而生,歡喜住真法喜,故名喜覺分。四、除覺分。若斷除諸見煩惱之時,善能覺了除諸虛僞,不損真正善根,故名除覺分。五、捨覺分,若捨所見念著之境時,善能覺了所捨之境,虛僞不實,永不追憶,是爲捨覺分。六、定覺分。若發諸禪定之時,善能覺了諸禪虛假,不生見愛妄想,是爲定覺分。七、念覺分。若修出世道時,善能覺了常使定慧均平。若心沈没,當念用擇法精進喜等三覺分察起。若心浮動,當念用除捨定等三分攝。故念覺常在二盈之間,調和中適,是念覺分。此七通名覺分者,無學實覺,七事能到,故通名覺分。八正道分,一、正見,二、正思惟,三、正語,四、正業,五、正命,六、正精進,七、正念,八、正定。一、正見。若修無漏十六行,見四諦分明,故名正見。二、正思惟。見四諦時,無漏心相應,思惟動發,覺知籌量,爲令增長入涅槃,故名正思惟。三、正語。以無漏智慧,除四種邪命,攝口業住一切口正語中,是爲正語。四、正業。以無漏智慧,除身一切邪業,住清淨正身業中,是名正業。五、正命。以無漏智慧,通除三業中五種邪命,住清淨正命中,是爲正命。何等五種?一、爲利養故,詐現異相奇特。二、爲利養故,自説功德。三、爲利養故,占相吉凶,爲人説法。四、爲利養故,高聲現威,令人畏敬。五、爲利養故,稱説所得供養,以動人心。邪因緣活命,故是爲邪命。六、正精進。以無漏智慧相應,勤精進修涅槃道,是爲正精進。七、正念。以無漏智慧相應,念正道及助道法,故名正念。八、正定。以無漏智慧相應入定故,故名正定。是八通名正道者,正以不邪爲義。今此八法,不依偏邪而行,皆名爲正,能通至涅槃,故名爲道。”

〔四〕見大智度論卷八五。

〔五〕大智度論卷八八:“云何爲佛十力?是處、不是處;如實知衆生過去、未來、現在諸業諸受,知造業處,知因緣知報;諸禪定、解脫、三昧、定垢淨分別相;如實知他衆生諸根上下相;知他衆生種種欲解;知世間種種無數性;知一切到道相;知種種宿命,一世乃至無量劫,如實知;天眼見衆生,乃至生善惡道;漏盡故,無漏心解脱,如實知。是爲佛十力。”

〔六〕辦:大正藏本作“辨”。

〔七〕見大智度論卷八八。

〔八〕大智度論卷二五:“佛有十力、四無所畏,菩薩有不?答曰:有。何者是?一者、發一切智心,堅深牢固力;二者、具足大慈故,不捨一切衆生力;三者、不須一切供養恭敬利故,具足大悲力;四者、信一切佛法,具足生一切佛法及心不厭故,大精進力;五者、一心慧行威儀不壞故,禪定力;六者、除二邊故,隨十二因緣行故,斷一切邪見故,滅一切憶想分別戲論故,具足智慧力;七者、成就一切衆生故,受無量生死故,集諸善根無厭足故,知一切世間如夢故,不厭生死

力；八者、觀諸法實相故，知無吾我、無衆生故，信解諸法不出不生
故，無生法忍力；九者、入空、無相、無作解脱門觀故，知見聲聞、辟
支佛解脱故，得解脱力；十者、深法自在故，知一切衆生心行所趣
故，具足無礙智力。”

尼坻　此云“願”，志求滿足曰願。智論：“有二種願：一
者、可得願，二者、不可得願。不可得願者，有人欲量虛空，盡
其邊際，及求時、方邊際，如小兒見水中月、鏡中像。如是等
願，皆不可得。可得願者，鑽木求火、穿地得水、修福得人天
中生，及得阿羅漢、辟支佛果，乃至得諸佛法王，如是等皆名
可得願。願有下、中、上。下願令致今世樂因緣，中願後世樂
因緣，上願與涅槃樂因緣。”〔一〕智論：“問：佛在世時，衆生尚
有飢餓，天不降雨，衆生困獘。佛不能滿一切衆生之願，云何
菩薩能滿其願？ 答：菩薩住於十地，入首楞嚴三昧，於三千大
千世界，或時現初發意，行六波羅蜜，乃至或現出家成佛。利
益如是，何況於佛！ 而佛身有二種：一者、真身，二者、化身。
衆生見佛真身，無願不滿。”〔二〕智論：“問：諸菩薩行業清淨，
自得淨報，何以要須立願然後得之？ 譬如田家得穀，豈復待
願？ 答：作福無願，無所樹立，願爲導御，能有所成。譬如
銷〔三〕金，隨師而作，金無定也。”〔四〕又，“莊嚴佛界事大，獨
行功德不能成，故要須願力。譬如牛力雖能挽車，要須御者，
能有所至。淨世界願，亦復如是。”〔五〕故古德曰：有行無願，
其行必孤。有願無行，其願必虛〔六〕。

〔一〕　見大智度論卷三〇。

〔二〕　見大智度論卷三〇。

〔三〕　銷：大正藏本作“鎖”。

〔四〕　見大智度論卷七。

〔五〕　見大智度論卷七。

〔六〕　窺基撰觀彌勒上生兜率天經贊卷下：“有行無願而行必孤，未必得
　　　　生慈氏所故。有願無行而願必虛，前既無因果不生故。”此“古德”
　　　　者，或即窺基。

薩婆迦摩 翻"樂欲",好樂希須也。淨名疏云:"根是過去,欲是現在,性是未來。若過去善根牢固,成就今生對緣則起,此是因根成欲;若過去善根未牢,今生遇緣起欲,數習成性,故云性以不改爲義。"〔一〕荊溪釋云:"習欲成性,性在未來。由性成欲,性在過去。"〔二〕智論云:"隨所欲説法,所謂善欲隨心爲説,如船順流。惡欲以苦切語教,如以楔出楔。是故智中,佛悉徧知,無能壞,無能勝。"〔三〕事鈔云:"凡作法事,必須身心俱集,方成和合。設若有緣不開心集,則機教莫同,將何拔濟? 故聽傳心口,應僧前事,方能彼此俱辦〔四〕。緣此故開與欲,説云:大德一心念,某甲比丘,如法僧事與欲清淨。一説便止。其受欲者,應至僧中羯磨者言不來者説欲,即具修威儀。説云:大德僧聽,某甲比丘,我受彼欲清淨,彼如法僧事與欲清淨。"〔五〕

〔一〕見智顗説、湛然略維摩經略疏卷五。

〔二〕見湛然述維摩經疏記卷中。又,湛然述法華文句記卷五上:"根以能生爲義,由過習種成於現欲。欲以取境爲能,以能取於五乘教故。習欲成性,故性望欲,性名未來,未來望今,名爲本性。"

〔三〕見大智度論卷二四。

〔四〕辦:大正藏本作"辨"。

〔五〕見道宣撰四分律刪繁補闕行事鈔卷上受欲是非篇。

浮曇末 此云"至誠"。十六觀經云:"發三種心,即便往生。何等爲三? 一者、至誠心,二者、深心,三者、回向發願心。"〔一〕疏釋"至誠心"云:"即實行衆生。至之言專,誠之言實。"〔二〕礼記曰:"志之所至。"〔三〕至者,到也。易注曰:"存其誠實。"〔四〕故曰至誠贊天地之化。書曰:"至治馨香,感于神明。黍稷非馨,明德惟馨。"〔五〕釋"深心"云:"佛果高深,發心求往,故云深心。亦從深理生,亦從厚樂善根生。"〔六〕妙宗云:"今初至誠,疏以專實釋之。非念真如,豈名專實,解於深心? 疏雖三義,而不相捨。求高深果,須契深理。善契深理,須厚樂善根,此乃立行依理求果也,不出彼論樂集一切諸善行也。經回向發願心,義當彼論大悲拔苦。"〔七〕起信云:"信成就發心者,略説有三種:一、直心,正念真如故;二、深心,樂集一切諸善行故;三、大悲心,欲拔一切衆生苦故。"〔八〕

〔一〕見畺良耶舍譯觀無量壽佛經。十六觀經,即觀無量壽佛經。

〔二〕見智顗説觀無量壽佛經疏。

〔三〕見禮記孔子閒居。

〔四〕見易乾文言"閑存其誠"句孔穎達疏。

〔五〕見尚書君陳。

〔六〕見智顗説觀無量壽佛經疏。

〔七〕見知禮述觀無量壽佛經疏妙宗鈔卷六。

〔八〕見真諦譯大乘起信論。

懺摩　此翻"悔過"。義淨師云:懺摩,西音忍義。西國人誤觸身云"懺摩",意是請恕,願勿瞋責。此方誤傳久矣,難可改張〔一〕。應法師云:"懺,訛略也。書無'懺'字,正言'叉摩',此云'忍',謂容恕我罪也。"〔二〕天台光明釋懺悔品,不辨華梵,但直釋云:"懺者,首也。悔者,伏也。如世人得罪於王,伏款順從,不敢違逆。不逆爲伏,順從爲首。行人亦尔。伏三寶足下,正順道理,不敢作非,故名懺悔。又,懺名白法,悔名黑法。黑法須悔而勿作,白法須企而尚之。取捨合論,故言懺悔。又,懺名修來,悔名改往。往日所作不善法,鄙而惡之,故名爲悔。往日所棄一切善法,今日已去,誓願勤修,故名爲懺。棄往求來,故名懺悔。又,懺名披陳衆失,發露過咎,不敢隱諱。悔名斷相續心,厭悔捨離。能作所作合棄,故言懺悔。又,懺者名慚,悔者名愧。慚則慚天,愧則愧人。人見其顯,天見其冥。冥細顯麤,麤細皆惡,故言懺悔。"〔三〕淨名疏云:"今明罪滅有三:一、作法懺,二、觀相懺,三、觀無生懺。作法懺,滅違無作罪,依毗尼門。觀相懺,滅性罪,此依定門。觀無生懺,滅妄想罪,此依慧門。復次,違無作罪障戒,性罪障定,妄想罪障慧。作法懺者,如律所明,作法成就,能滅違無作罪,而性罪不滅。大論云:如比丘斬草害命,二罪同篇,作法懺,二無作滅,害命不滅,雖違無作滅,性罪未滅。觀相懺者,如諸方等經所明行法,見罪滅相。菩薩戒云:'若見光華種種好相,罪便得滅。若不見相,雖懺無益。'若見好相,無作及性二罪俱滅。觀無生懺者,此觀成時,能除根本妄惑之罪,如拔樹根,枝葉自滅。普賢觀云:'一切業障海,皆從妄想生,若欲懺悔者,端坐念實相,衆罪如霜露,慧日能消除。'"〔四〕

〔一〕南海寄歸內法傳卷二隨意成規:"梵云'阿鉢底鉢喇底提舍那'。'阿鉢底'者,罪過也。'鉢喇底提舍那',即對他說也。說己之非,冀令清淨。自須各依局分,則罪滅可期;若總相談愆,非律所許。舊云'懺悔',非關說罪。何者?懺摩乃是西音,自當忍義。悔乃東夏之字,追悔為目。悔之與忍,迥不相干。若的依梵本,諸除罪時,應云至心說罪。以斯詳察,翻懺摩為追悔,似罕由來。西國之人,但有觸誤及身錯相觸著,無問大小,大者垂手相向,小者合掌虔恭。或可撫身,或時執膊,口云懺摩,意是請恕,願勿瞋責。律中就他致謝,即說懺摩之言,必若自己陳罪,乃云提舍那矣。恐懷後滯,用啓先迷。雖可習俗久成,而事須依本。梵云'鉢剌婆剌拏',譯為'隨意',亦是飽足義,亦是隨他人意,舉其所犯。"

〔二〕玄應一切經音義卷一四:"懺悔,此言訛略也,書无'懺'字,應言'叉磨',此云'忍',謂容恕我罪也。半月叉磨,增長戒根。逋沙他,此云'增長'。戒名鉢羅帝提舍耶寐,此云'我對說',謂相向說罪也。舊名'布薩'者,訛略也,譯為'淨住'者,義翻也。"

〔三〕見智顗說、灌頂錄金光明經文句卷三釋懺悔品。

〔四〕見智顗說、湛然略維摩經略疏卷五。"大論云"者,俟考。"菩薩戒云"者,見梵網經卷下。"普賢觀云"者,見觀普賢菩薩行法經。

地底迦　此云"有愧"。涅槃經云:"諸佛世尊常說是言:有二白法,能救衆生:一、慚,二、愧。慚者自不作罪,愧者不教他作。慚者內自羞恥,愧者發露向人。"〔一〕雜阿含經云:"世間若無有慚、愧二法者,違越清淨道,向生老病死。"〔二〕百法疏云:"慚者依自法力,崇重賢善為性;對治無慚,止息惡行為業。愧者依世間力,輕拒暴惡為性;對治無愧,止息惡行爲業。"〔三〕阿毗達磨論云:"慚者謂於諸過惡,自羞爲體;愧者於惡,羞他爲體。"〔四〕涅槃經云:"智者有二:一者、不造諸惡,二者、作已懺悔。愚者亦二:一、作罪,二、覆藏。"〔五〕

〔一〕見曇無讖譯大般涅槃經卷一九。

〔二〕見雜阿含經卷四七。

〔三〕見義忠述大乘百法明門論疏卷下。

〔四〕見大乘阿毗達磨集論卷一。

〔五〕見曇無讖譯大般涅槃經卷一九。

波娑〔一〕提伽　或云"梵摩",此云"清淨"。葛洪字苑:"梵,潔也,取其義耳。"〔二〕大論云:"雖爲一切衆生,是心不清淨,不知己身無吾我;不知取者無人無主;不知所施物實性不可說一,不可說異。於是三事心著,是爲不清淨。"〔三〕寶性論云:"一、自性清淨,謂性淨解脫。二、離垢清淨,謂障盡解脫。"〔四〕大論云:"畢竟空即是畢竟清淨,以人畏空,故言清淨。"〔五〕

〔一〕娑:大正藏本作"婆"。

〔二〕玄應一切經音義卷六:"梵天,梵言'梵摩',此譯云'寂静',或云'清淨',或曰'淨潔'。葛洪字苑:音凡泛反,梵,潔也,取其義矣。"葛洪字苑,一卷,新、舊唐志均有著録,今有任大椿小學鉤沈輯本。

〔三〕見大智度論卷四。

〔四〕見究竟一乘寶性論卷四。

〔五〕見大智度論卷六三。

羯磨　南山引明了論疏,翻爲"業"也,所作是業,亦翻"所作"。百論云:事也。若以義求,翻爲辦〔一〕事。謂施造遂法,必有成濟之功焉〔二〕。天台禪門翻爲"作法"〔三〕。一切羯磨,須具四法:一、法,二、事,三、人,四、界。第一法者,羯磨三種:一、心念法。發心念境,口自傳情,非謂不言而辦〔四〕前事。二、對首法。謂各共面對同秉法也。三、衆法。四人已上,秉於羯磨。以三羯磨,通前單白,故云白四〔五〕。

律云："若作羯磨,不如白法作白,不如羯磨法作羯磨。"〔六〕
如是漸漸令戒毀壞,以滅正法,隨順文句,勿令增減。僧祇
云："非羯磨地,不得行僧事。"〔七〕

〔一〕辨:大正藏本作"辨"。
〔二〕道宣撰四分律刪繁補闕行事鈔卷上通辨羯磨篇:"明了論疏翻爲
　　　'業'也,所作是業,亦翻爲'所作'。百論云:事也。若約義求,翻
　　　爲辨事。謂施造遂法,必有成濟之功焉。"明了論,即律二十二明了
　　　論,一卷,真諦譯。真諦又注記解釋得五卷,即明了論疏,已佚。
　　　又,玄應一切經音義卷一四:"羯磨,居謁反,此譯云'作法辦事'。"
〔三〕智顗說釋禪波羅蜜次第法門卷二:"羯磨,此翻'作法'。"
〔四〕辨:大正藏本作"辨"。
〔五〕"一切羯磨,須具四法"至此,見道宣撰四分律刪繁補闕行事鈔卷上
　　　通辨羯磨篇。
〔六〕見四分律卷四四。
〔七〕摩訶僧祇律卷八:"不羯磨地者,不得作僧事。若作者,得越比
　　　尼罪。"

布薩　大論:"秦言'善宿'。"〔一〕南山:此云"淨住"。
淨身口意,如戒而住。六卷泥洹翻云"長養"。長養二義:一、
清淨戒住,二、增長功德。雜含云"布薩婆陀",若正本音"優
補陀婆"。"優"言斷,"補陀婆"言增長。國語不同。律云:
布薩法一處,名布薩犍度,即說戒也〔二〕。應法師云:"此名
訛略,應言'鉢囉帝提舍耶寐',此云'我對說',謂相向說罪
也。舊云'淨住',乃義翻也。"〔三〕事鈔云:"若衆大聲小,不
聞說戒,令作轉輪高座,立上說之。此則見而不聞也。又如
多人說戒,何由併得見作法者面。此則聞而不見也。"〔四〕善
見曰:"云何得知正法久住,若說戒法不壞是。"〔五〕摩得伽
云:"布薩者,捨諸惡不善法及諸煩惱有受,證得白法究竟梵
行事,故名也。"〔六〕又云:"半月半月自觀身,從前半月至今
半月,中間不犯戒耶? 若有犯者,於同意所懺悔。"〔七〕毗尼
母云:"若犯七聚〔八〕,不淨人前應止不說戒。"〔九〕即律文云

“犯者不得聞戒,不得向犯者説”〔一〇〕等。四分:若説戒日無能誦者,當如布薩法,行籌告白,差一人説法誦經〔一一〕。餘諸教誡誦,遺教亦得。若全不解者,律云:“下至一偈,諸惡莫作,衆善奉行,自淨其意,是諸佛教。”〔一二〕阿含具解。如是作已,不得不説。若不解者,云謹慎莫放逸便散,並是佛之囑累。僧祇云:“欲得五事利益,當受持此律。何等爲五? 一、建立佛法,二、令正法久住,三、不欲有疑悔請問他人,四、僧尼犯罪者爲依怙,五、欲遊化諸方而無有礙。”〔一三〕四分:“持律人得五功德:一、戒品牢固,二、善勝諸怨,三、於衆中決斷無畏,四、有疑悔者能開解,五、善持毗尼,令正法久住。”〔一四〕明了論解云:“本音‘毗那耶’,略言‘毗尼’。”〔一五〕摩耶經云:“樂好衣服,縱逸嬉戲,奴爲比丘,婢爲比丘尼,不樂不淨觀,毀謗毗尼,袈裟變白,不受染色,貪用三寶物等,是法滅相。”〔一六〕

〔 一 〕大正藏本大智度論卷一三:“我某甲若身業不善,若口業不善,若意業不善,貪欲、瞋恚、愚癡故。若今世,若過世,有如是罪,今日誠心懺悔。身清淨,口清淨,心清淨,受行八戒,是則布薩,秦言‘共住’。”“共住”,據大正藏校勘記,宋、元、明、宮、石本大智度論皆作“善宿”。

〔 二 〕見道宣撰四分律刪繁補闕行事鈔卷上説戒正儀篇。“六卷泥洹”者,即法顯譯大般泥洹經。“律云”者,見四分律卷五四。

〔 三 〕見玄應一切經音義卷一六。

〔 四 〕見道宣撰四分律刪繁補闕行事鈔卷上受欲是非篇。

〔 五 〕見善見律毗婆沙卷一六。

〔 六 〕見薩婆多部毗尼摩得勒伽卷六。

〔 七 〕見薩婆多部毗尼摩得勒伽卷六。

〔 八 〕聚:原作“衆”,據文意從四分律刪繁補闕行事鈔改。

〔 九 〕見毗尼母經卷三。

〔一〇〕見四分律卷三六。

〔一一〕詳見四分律卷四六。

〔一二〕見摩訶僧祇律卷三〇。

〔一三〕見摩訶僧祇律卷一。

〔一四〕見四分律卷五九。

〔一五〕見道宣撰四分律删繁補闕行事鈔卷上標宗顯德篇引。

〔一六〕見摩訶摩耶經卷下。按:"南山"至此,皆見道宣撰四分律删繁補闕行事鈔卷上。

安居　南山云:"形心攝靜曰安,要期住此曰居。靜處思微,道之正軌,理須假日追功,策進心行,隨緣託處,志唯尚益,不許馳散,亂道妨業。故律通制三時,意存據道。文偏約夏月,情在三過:一、無事游行,妨修出業;二、損傷物命,違慈寔〔一〕深;三、所爲既非,故招世謗。以斯之過,教興在兹,然諸義不無指歸護命故。夏中方尺之地,悉並有蟲,故正法念經云:夏中除大小便,餘則加〔二〕跌而坐。"〔三〕事鈔:"問:何爲但結三月者? 一、生死待形,必假資養。故結前三月,開後一月,爲成供身衣服故。二、若四月盡結,則四月十六日得成。若有差脱,便不得結。教法太急,用難常準。故如來順物,始從十六日至後十六日,開其一月,續結令成。今但就夏,亦有三時:初四月十六日是前安居,十七日已去至五月十五日名中安居,五月十六日名後安居。故律中有三種安居:謂前、中、後也。在處須無五過:一、太遠聚落,求須難得;二、太近城市,妨修道業;三、多蚊蝱難,或嚙齧人,踐傷彼命;四、無可依人。其人具五德:謂求聞令聞、已聞令清淨、能爲訣疑、能令通達、除邪見得正見。五、無施主施飲食湯藥。無此五過,乃可安居。"〔四〕鈔云:"凡受日緣務,要是三寶請喚,生善滅惡者,聽往;若請喚爲利,三寶非法,破戒有難,雖受不成。五百問云:'受七日行,不滿七日,還本界,後更行,不須更受。滿七日已,乃復重受。'"〔五〕鈔云:"縱令前事唯止一日,皆須七日法。律云:不及即日還,聽受七日去。夏末一日在,亦作七日法。對首受法,應具儀對比丘言:大德一心念,我某甲比丘,今受七日法出界外,爲某事故,還來此中安居。三説。若事是半月一月者,方應羯磨。"〔六〕上之四卷,具羯磨法。

若受日者多,同緣受者二人、三人,應一時羯磨。西域記云:"覩貨邏國,舊訛曰吐火羅國,東阸葱嶺,西接波剌斯,南大雪山,北據鐵門。氣序既溫,疾疫衆多。冬末春初,霖雨相継。而諸徒僧以十二月十六日入安居,三月十日解安居。斯乃據其多雨,亦是設教隨時也。"〔七〕又云:"印度僧徒,依佛聖教,坐雨安居。或前三月,或後三月。前三月,當此從五月十六日至八月十五日。後三月,當此從六月十六日至九月十五日。前代譯經律者,或云坐夏,或云坐臘,斯皆邊裔殊俗,不達中國正音,或方言未融而傳譯有謬。"〔八〕又曰:"印度僧徒,依佛聖教,皆以室羅伐拏月前半一日入雨安居,當此五月十六日。以頞濕縛庚闍月後半十五日解雨安居,當此八月十五日。印度月名,依星而建,古今不易,諸部無差。良以方言未融,傳譯有謬。分時計月,致斯乖異。故以四月十六日入安居,七月十五日解安居也。"〔九〕

〔一〕寔:永樂北藏本、嘉興藏本作"實"。

〔二〕加:永樂北藏本、嘉興藏本作"跏"。

〔三〕見道宣撰四分律删繁補闕行事鈔卷上安居策修篇。"正法念經云"者,正法念處經卷四七:"於夏天時除大小便,更不餘行乃至一步,畏殺虫故。"

〔四〕見道宣撰四分律删繁補闕行事鈔卷上安居策修篇。

〔五〕見道宣撰四分律删繁補闕行事鈔卷上安居策修篇。"五百問云"者,見佛説目連問戒律中五百輕重事問歲坐事品第五。

〔六〕見道宣撰四分律删繁補闕行事鈔卷上安居策修篇。"律云"者,見四分律卷三七。

〔七〕見大唐西域記卷一覩貨邏國。

〔八〕見大唐西域記卷二印度總述。

〔九〕見大唐西域記卷八摩揭陀國上。

鉢剌婆剌拏 音義指歸〔一〕云:譯爲"隨意"。寄歸傳云:"凡夏罷歲終之時,此日應名'隨意',即是隨他於三事之中,任意舉發,説罪除愆之義。舊云'自恣'者,是義翻。"〔二〕

然則自恣之言,涉乎善惡,今局善也。故事鈔曰:“九旬修道,精練身心,人多迷己,不自見過。理宜仰憑清衆,垂慈誨示,縱宣己罪,恣僧舉過。内彰無私隱,外顯有瑕疵。身口託於他人,故云自恣。摩得勒伽論云:‘何故令自恣? 使諸比丘不孤獨故,各各憶罪、發露悔過故,以苦言調伏得清淨故,自意喜悦無罪故也。’所以制在夏末者,若論夏初創集,將同期款,九旬立要,齊修出離。若逆相舉發,恐成怨諍,遞相沿及,廢道亂業。故制在夏末者,以三月策修,同住進業,時竟云別,各隨方詣。必有惡業,自不獨宣。障道深過,義無覆隱,故須請誨,良在兹焉。故律聽安居竟自恣,此是自言恣他舉罪,非爲自恣爲惡。前明時節,謂有閏月者,依閏安居,七月十五日自恣。不依閏者,依摩得伽中,數滿九十日自恣。若閏七月者,取前月自恣。非前夏安居者,過閏已,數滿九十日自恣。若修道安樂,延日自恣,得至八月十五日。然律中但明十四日十五日自恣,及至給施衣中,次第增中,十六日自恣。增三中,三日自恣。四分中云‘安居竟自恣’,則七月十六日爲定。律又云:‘僧十四日自恣,尼十五日自恣。’此謂相依問罪,故制異日。及論作法,三日通用。克定一期,十六日定。若有難者,如五百問中,一月自恣。”〔三〕事鈔:“問:十五日自恣已,得出界不? 答:不得破夏離衣,由夜分未盡故。問:此界安居,餘處自恣,得不? 答:僧祇不得結罪。”〔四〕又,安居篇云:“四月十六日結者,至七月十五日夜分盡訖,名夏竟,至明相出。”〔五〕又,四分云:“若後安居人,從前安居者自恣,住待日足。”〔六〕事鈔:“問:自恣竟,得說戒不? 答:依明了論,先說戒,後自恣。四分云:‘自恣即是說戒。’問:自恣得在未受具戒人前作不? 答:律中令至不見不聞處作羯磨自恣。若不肯避去,僧自至不見聞處作之。問:安居竟須離本處不? 答:安居竟,不去犯罪。毗尼母云:‘比丘安居已,應移餘處。若有緣,不得去不犯。若無緣者,出界一宿,還來不犯。’”〔七〕

大集經云:"我滅度後,無戒比丘滿閻浮提。"〔八〕預出家者,宜警察之。摭華鈔云:"諸經律中,以七月十六日是比丘五分法身生來之歲,則七月十五日是臘除也。比丘出俗,不以俗年爲計,乃數夏臘耳。"增輝〔九〕云:臘,接也,謂新故之交接。

〔 一 〕音義指歸:贊寧撰,已佚。

〔 二 〕見南海寄歸内法傳卷二隨意成規。

〔 三 〕見道宣撰四分律刪繁補闕行事鈔卷上自恣宗要篇。"摩得勒伽論云"者,見薩婆多部毗尼摩得勒伽卷六。"四分中云"者,見四分律卷三七。"律又云"者,見四分律卷二九。

〔 四 〕見道宣撰四分律刪繁補闕行事鈔卷上自恣宗要篇。

〔 五 〕見道宣撰四分律刪繁補闕行事鈔卷上安居策修篇。

〔 六 〕見四分律卷三七。

〔 七 〕見道宣撰四分律刪繁補闕行事鈔卷上自恣宗要篇。"四分云"者,見四分律卷三八。"毗尼母云"者,見毗尼母經卷七。

〔 八 〕見大方等大集經卷五六。

〔 九 〕增輝:即四分律行事鈔增輝記,唐希覺撰,二十卷,已佚。

唄蒲介匾 或"梵唄",此云"止"。若準律文,唄匾如法。出要律儀〔一〕云:如此鬱鞞國語,翻爲"止斷"也。又云"止息",由是外緣已止已斷,尔時寂静,任爲法事也。或"婆陟",訛也,梵音"婆蒲賀師",此云"讚歎",梵天之音〔二〕。善見云:"聽汝作唄。"〔三〕唄,言説之詞也。法苑云:"尋西方之有唄,猶東國之有讚。讚者從文以結章,唄者短偈以流頌。比其事義,名異實同。"〔四〕婆沙億耳,以三契聲頌所解法,佛讚善哉〔五〕;珠林齊僧辯,能作梵契等〔六〕。音義〔七〕云:"契之一字,猶言一節一科也。"弘明集頌經三契〔八〕,道安法師集契梵音〔九〕。佛道論衡云:"陳思王幼含珪章,十歲能文。每讀經文,流連嗟玩,以爲至道之宗極也,遂製轉讀七聲,昇降曲折之響,世之諷誦,咸憲章焉。嘗游魚山,忽聞空中梵天之響,清颺哀婉,其聲動心,獨聽良久而侍御莫聞。植深感神理,弥悟法應,乃摹其聲節,寫爲梵唄,撰文

製音。"〔一○〕

〔 一 〕出要律儀:大唐内典録卷四梁朝傳譯佛經録著録"出要律儀二十
卷",並曰:"天監中,頻年降敕,令莊嚴寺沙門釋寶唱等總撰集録,
以備要須。"法苑珠林卷一○○傳記篇第一百雜集部第三亦著録
"出要律儀二十卷","梁帝敕莊嚴寺沙門釋寶唱等撰集"。又,續
高僧傳卷二二梁揚都天竺寺釋法超傳云:"釋法超,姓孟氏,晉陵無
錫人也。(中略)武帝又以律部繁廣,臨事難究,聽覽餘隙,遍尋戒
檢,附世結文,撰爲一十四卷,號曰出要律儀。以少許之詞,網羅衆
部,通下梁境,並依詳用。"二十卷與十四卷本皆佚,兩者關係亦難
確考。

〔 二 〕慧琳一切經音義卷二七:"歌唄,蒲芥反,梵言'婆師',此言'讚
歎'。婆,音蒲賀反。先云'唄匿',訛也。此乃西域三契聲,如室
路拏所作是也。宣驗記:陳思王曹植曾登漁山,忽聞巖岫有誦經
聲,清婉遒亮,遠谷流響,遂依擬其聲而製梵唄,至今傳之。唄亦近
代字,無所從也。"

〔 三 〕見十誦律卷三七。

〔 四 〕見法苑珠林卷三六唄讚篇第三十四述意部第一。

〔 五 〕阿毗達磨大毗婆沙論卷三○:"聞俱胝耳以三契聲誦所解法,世尊
歡喜,爲欲令彼得無所畏,能申所請,是故讚言善哉。"俱胝耳,即億
耳。又,十誦律卷二五:"中夜過至後夜,佛語億耳:'汝比丘唄。'
億耳發細聲,誦波羅延薩遮陀舍修姤路竟,佛讚言:'善哉比丘! 汝
善讚法,汝能以阿槃地語聲讚誦,了了清淨盡易解,比丘汝好學
好誦。'"

〔 六 〕見法苑珠林卷三六唄讚篇第三十四感應緣。

〔 七 〕音義:當即音義指歸,贊寧撰。

〔 八 〕詳見廣弘明集卷二八啓福篇八關齋制序。

〔 九 〕高僧傳卷五釋道安傳:"(道安法師)制僧尼軌範、佛法憲章,條爲
三例:一曰行香定座上講經上講之法,二曰常日六時行道飲食唱時
法,三曰布薩差使悔過等法。天下寺舍,遂則而從之。"道安依經律
作赴請禮讚等儀,"集契梵音"或即指此。

〔一○〕見集古今佛道論衡卷一魏陳思王曹子建辯道論。

婆闍尼娑婆啉　此云"聲音"。法界次第云:"音者,詮
理之聲謂之音。佛所出聲,凡有詮辯,言辭清雅,聞者無厭,

聽之無足，能爲一切作與樂拔苦因緣。莫若聞聲之益，即是以慈修口。故有八音：一、極好音，二、柔輭音，三、和適音，四、尊慧音，五、不女音，六、不誤音，七、深遠音，八、不竭音。”〔一〕楞嚴云：“此方真教體，清淨在音聞，欲取三摩提，實以聞中入。”〔二〕大論云：“菩薩音聲，有恒河沙等之數。佛音聲所到，無有限數。如密跡經中所説：目連試佛音聲，極至西方，猶聞佛音，若如對面。問：若爾者，佛常在國土聚落，説法教化，而閻浮提内人不至佛邊，則不得聞。何以知之？多有從遠方來，欲聽説法者故。荅：佛音聲有二種：一爲口密音聲，二爲不密音聲。密音聲先已説，不密音聲至佛邊乃聞。是亦有二種弟子：一爲出世聖人，二爲世間凡夫。出世聖人如目犍連等，能聞微密音聲，凡夫人隨其所近乃聞。”〔三〕大論云：“是佛菩薩音聲有三種：一者、先世種善音聲因緣故，咽喉中得微妙四大，能出種種妙好遠近音聲，所謂一里、二里、三里、十里、百千里乃至三千大千世界，音聲徧滿。二者、神通力故，咽喉四大出聲，徧滿三千大千世界，及十方恒河沙世界。三者、佛音聲常能徧滿十方虛空。問：若佛音聲常能徧滿，今衆生何以不得常聞？荅：衆生無量劫以來，所作惡業覆，是故不聞。譬如雷電霹靂，聾者不聞，雷聲無減。佛亦如是，常爲衆生説法，如龍震大雷聲，衆生罪故，自不得聞。”〔四〕

聲有八轉：一、體，二、業，三、具，四、爲，五、從，六、屬，七、於，八、呼。七轉常用，呼聲用稀，故但云七也。西域國法，欲尋讀内外典籍，要解聲論八轉聲，方知文義分齊：一、補沙，此是直指陳聲，如人斫樹，指説其人，即今體聲。二、補盧衫，是所作業聲，如所作斫樹，故云業也。三、補盧崰拏，是能作具聲，如由斧斫，故云具也。四、補盧沙耶，是所爲聲，如爲人斫，故云爲也。五、補盧沙須都我，是從聲，如因人造舍等，故云從也。從即所因故。六、補盧殺娑，是所屬聲，如奴屬

主,故云屬也。七、補盧鍛音戒,是所於聲,如客依主,故云於
也。於即依義。八、穤補盧沙,是呼召之聲,故云呼也〔五〕。
又,諸呪中,若二字合爲一聲,名爲二合,如云"娑他"及"怛
多"等;或以三字連聲合爲一字急呼之,名爲三合,如"勃魯
奄"及"拘盧奢"等。漢書曰:"聲者,宫、商、角、徵、羽
也。"〔六〕鈎隱圖云:"聲屬陽,律屬陰。"〔七〕楊子云:"聲生於
日,律生於辰也。"〔八〕

〔一〕見智顗撰法界次第初門卷下八音初門第五十九。
〔二〕見大佛頂如來密因修證了義諸菩薩萬行首楞嚴經卷六。
〔三〕見大智度論卷三〇。
〔四〕見大智度論卷三〇。
〔五〕"西域國法"至此,見法藏述華嚴經探玄記卷三。
〔六〕見漢書卷二一律曆志。
〔七〕佛祖統紀卷四三:宋太祖開寶四年,"處士陳摶受易於麻衣道者,得
　　所述正易心法四十二章,理極天人,歷詆先儒之失。摶始爲之註。
　　及受河圖、洛書之訣,發易道之祕,漢晉諸儒如鄭康成、京房、王弼、
　　韓康伯,皆所未知也。其訣曰:戴九履一,左三右七,二四爲肩,六
　　八爲膝。縱橫皆十五,而五居其室。此圖縱橫倒正,回合交錯,隨
　　意數之,皆得十五。劉牧謂非人智所能偽爲。始摶以傳种放,放傳
　　李溉,溉傳許堅,堅傳范諤昌,諤昌傳劉牧,始爲鈎隱圖以述之。"
〔八〕見揚雄太玄玄數。

鉢底婆　此云"辯才"。辯,説也,展轉無滯故;辯,別也,
分明訣了故。輔行明"辯有四種:謂義、法、詞、樂説也。義謂
顯了諸法之義,法謂稱説法之名字,詞謂能説名之語言。雖
有此三,必須樂説,説前三也。"〔一〕大品云:"從諸佛所,聽受
法教,至薩婆若,初不斷絶,未曾離三昧時,當得捷疾辯、利
辯、不盡辯、不可斷辯、隨應辯、義辯、一切世間最上辯。"〔二〕
智論釋曰:"於一切法無礙故,得捷疾辯。有人雖能捷疾,鈍
根故,不能深入。以能深入故,是利辯。説諸法實相,無邊無
盡故,名樂説無盡。般若中無諸戲論故,無能問難斷絶者,名
不可斷辯。斷法愛故,隨衆生所應而爲説法,名隨應辯。説

趣涅槃利益之事故,名義辯。説一切世間第一之事,所謂大乘,是名世間最上辯。"〔三〕梁僧傳云:"唱導所貴,事有四焉:一、聲也,非聲則無以警衆;二、辯也,非辯則無以適時;三、才也,非才則言無可采;四、博也,非博則語無依據。"〔四〕事鈔曰:"古云:博學爲濟貧。"〔五〕會正記〔六〕云:故往之言也。僧傳云:學不厭博,博則通矣〔七〕。子曰:"君子博學於文,約之以禮,亦可以弗畔矣夫。"鄭曰:"弗畔,不違道也。"〔八〕苟生而貧於學者,懦夫也。死而富於道者,君子也。是知博學濟識見之貧。思益云:"於墮邪道衆生,生大悲心,令入正道,不求恩報,故名導師。"〔九〕

〔一〕見湛然述止觀輔行傳弘決卷一之一。

〔二〕見摩訶般若波羅蜜經卷八幻聽品。

〔三〕見大智度論卷五五。

〔四〕見高僧傳卷一三唱導第十"論曰"。

〔五〕見道宣撰四分律删繁補闕行事鈔卷下諸部別行篇。

〔六〕會正記:宋允堪撰,已佚。

〔七〕按:此説見允堪述四分律隨機羯磨疏正源記卷一。高僧傳卷一三"唱導"論曰:"非博則語無依據。"然僧傳中,未見有云"學不厭博,博則通矣"者。

〔八〕見論語雍也及鄭玄注。

〔九〕見思益梵天所問經卷三談論品第七。

槃那寐 名出聲論。或名"槃談",訛云"和南",皆翻"我禮"。或云"那謨悉羯羅",此云"禮拜"〔一〕。今謂禮之與拜,名有通局長短。經曰:"禮者,履也。進退有度,尊卑有分,謂之禮。"〔二〕禮記云:"禮也者,猶體也。體不備,君子謂之不成人。"〔三〕故孔子云:"非禮勿視,非禮勿聽,非禮勿言,非禮勿動。"〔四〕是則凡所施爲,皆須合禮,此顯禮名通也。白虎通云:"人之相拜者何?所以表情見意,屈節卑禮,尊事者也。"〔五〕拜之言服也,故周禮明九拜,此顯拜名局也。若依釋氏,如南山云:"四儀若無法潤,乃名枯槁衆生。"〔六〕故天台明四種三昧之法，是知四儀法則名禮，身業恭敬名拜。此亦禮通拜局。今此翻譯，禮即是拜。故大論云：“禮有三種：一者、口禮；二者、屈膝，頭不至地；三者、頭至地，是爲上禮。”〔七〕一、口禮者，如合掌問訊也。觀音義疏云：“此方以拱手爲恭，外國以合掌爲敬。手本二邊，今合爲一，表不散誕，專至一心。”〔八〕僧祇律云：“禮拜不得如瘂羊，當相問訊。”〔九〕爾雅云：“訊，言也。”〔一〇〕地持論云：“當安慰，舒顏先語，平視和色，正念在前問訊。”〔一一〕善見論云：“比丘到佛所，問訊云：少病少惱，安樂行不？”〔一二〕二、屈膝者，即互跪也。音義指歸云：不合云胡跪。蓋梵世遺種，居五竺間，葱嶺之北，諸戎羌胡。今經律多翻互跪，以三處翹聳，故名互跪，即右膝著地也。涅槃疏明三義：“一、右膝有力，跪能安久。二、右膝有力，起止便易。三、右膝躁動，著地令安。”〔一三〕若兩膝著地，則名長跪。毗奈耶云：“尼女體弱，互跪要倒，佛聽長跪。”〔一四〕三、頭至地者，即五體投地。故大論云：“人之一身，頭最爲上，足最爲下。以頭禮足，恭敬之至。”〔一五〕輔行云：“準地持、阿含，皆以雙膝雙肘及頂至地，名五體投地。亦名五輪，五處圓故。”〔一六〕

又，勒那三藏明七種禮：一、我慢禮。謂依位次，無恭敬心。二、唱和禮。高聲喧雜，詞句混亂。三、恭敬禮。五輪著地，捧足殷勤。四、無相禮。深入法性，離能所相。空觀。五、起用禮。雖無能所，普運身心，如影普徧，禮不可禮。假觀。六、內觀禮。但禮身內法身真佛，不向外求。中觀。七、實相禮。若內若外，同一實相。三諦一境〔一七〕。

西域記云：“致敬之式，其儀九等：一、發言慰問，二、俯首示敬，三、舉手高揖，四、合掌平拱，五、屈膝，六、長跪，七、手膝踞地，八、五輪俱屈，九、五體投地。凡斯九等，極唯一拜。跪而讚德，謂之盡敬。”〔一八〕舍利弗問經：“佛言：作供養，應須偏袒，以便作事。福田時，應覆兩肩，現田紋相。”

　　不拜王論:有五戒信士,見神不禮。王曰:何爲不禮? 曰:恐損神故。王曰:但禮。信士乃禮,其神形儀粉碎。又,迦昵色迦王受佛五戒,曾神祠中禮,神像自倒。後守神者作佛形像在神冠中,王禮不倒。怪而問之,曰:冠中有佛像。王大喜,知佛最勝而恕之。又,**感通録**云:"唐蜀川釋寶瓊出家齋素,讀誦大品。本邑連比什邡,並是米族,初不奉佛,沙門不入其鄉,故老女婦不識者衆。瓊思拔濟。待其會衆,便往赴之,不禮而坐。道黨咸曰:不禮天尊,非沙門也。瓊曰:邪正道殊,所奉各異。天尚[一九]禮我,我何得禮老君乎! 衆議紛紜。瓊曰:吾若下禮,必貽辱也。即禮一拜,道像連座動搖不安。又禮一拜,反倒狼籍在地。遂合衆禮瓊,一時回信。"[二〇]

　　梵網經云:"出家人法,不向國王禮拜,不向父母禮拜,六親不敬,鬼神不禮。"[二一]

　　西域記云:昔有德光論師,天軍接見慈氏,謂非出家之形,長揖不禮[二二]。

　　問:何緣不輕比丘,普禮四衆?

　　荆溪釋曰:"菩薩化緣,法無一準,唯利是務,故設斯儀,見[二三]衆生理與果理等故。禮生禮佛,其源不殊,欲令衆生生慕果願。果願者何? 我等但理,彼尚故禮,況證果理而不尊高! 又云:'汝等皆行菩薩道當得作佛。'豈非擊我令修圓因? 此約現在順從者也。"[二四]

　　問:内懷不輕之解,外敬不輕之境,安棄飛禽之真性而忽走獸之本源乎?

　　答:人識義方,可以擊發。異類無知,徒勞勸信。不禮之旨,其在兹歟? 不輕禮俗,謹聞命矣。何故方丈僧拜維摩? 故彼經曰:維摩居士即入三昧,令此比丘自識宿命,發菩提心。於是諸比丘稽首禮維摩詰足[二五]。

　　天台問曰:"出家何以禮俗? 答:入道恩深,碎身莫報。

此諸比丘方行大道,豈存小儀?"〔二六〕

又,涅槃云:"有知法者,若老、若少,故應供養、恭敬、禮拜。"〔二七〕

入大乘論云:"被法服菩薩,方便隨順,得禮白衣,敬之如佛。"〔二八〕

是則法非一槩,可否在人。有益須禮,當亡身以奉法;有損宜止,應逆命以利君。何哉? 赫連勃勃據有夏州,兇暴無厭,以殺爲樂,繪像服身,抑僧令拜,遂爲上天雷震而死〔二九〕。斯乃暴虐之主,誠非聖明之君。不遵付囑之言,故違委寄之道。寧知千聖立法,萬古同風,安以朝覲之禮而責山林之士? 恐後進以未知,遂濡毫而録示。

〔 一 〕玄應一切經音義卷六:"南無,或作'南謨',或言'那莫',皆以'歸礼'譯之。言'和南'者,訛也。正言'煩淡',或言'槃淡',此云'禮'也。或言'歸命',譯人義安'命'字。"

〔 二 〕此説出唐趙蕤撰長短經卷八定名。長短經,又稱儒門經濟長短經等,屬"外典","經曰"者,誤。

〔 三 〕見禮記禮器。

〔 四 〕見論語顏淵。

〔 五 〕見白虎通姓名。

〔 六 〕見道宣述教誡新學比丘行護律儀。

〔 七 〕見大智度論卷一〇〇。

〔 八 〕見智顗説、灌頂記觀音義疏卷上。

〔 九 〕見摩訶僧祇律卷三五。

〔一〇〕見爾雅釋言。

〔一一〕見菩薩地持經卷七。

〔一二〕見善見律毗婆沙卷四。

〔一三〕見慧遠述大般涅槃經義記卷一。

〔一四〕出處俟考。釋氏要覽卷中禮數"長跪"條引,亦云"毗奈耶云"。

〔一五〕見大智度論卷一〇〇。

〔一六〕見湛然述止觀輔行傳弘決卷二之二。

〔一七〕參見法苑珠林卷二〇致敬篇第九儀式部第七。

〔一八〕見大唐西域記卷二印度總述。

〔一九〕尚:原作"上",據大正藏本及集神州三寶感通録等改。

〔二〇〕"不拜王論"至此,見祖庭事苑卷六。又,集沙門不應拜俗等事卷四
　　　　聖朝議不拜篇第二(下)右驍衛長史王玄策騎曹蕭灌等議狀:"一
　　　　臣於天竺經禮天像,彼王乃笑而問曰:'使等並是優婆塞,何因禮
　　　　天?'臣問所由,答曰:'此優婆塞法,不禮天。昔迦膩色迦王受佛五
　　　　戒,亦禮天像,像皆倒地。後至日天,祠事天者恐王至禮天像倒,遂
　　　　將佛像密置天頂,王三禮不倒。王怪令檢,於天冠内得一佛像。王
　　　　甚大喜,歎佛神德。嘉其智慧,大賞封邑,至今見在。'又云:'有外
　　　　道受佛五戒,但供養天祠而不頂禮。王責不禮之罪,白王曰:小子
　　　　豈敢辭禮! 禮恐損天。王曰:天損不關爾事。彼即禮拜,天像遂
　　　　碎。五戒優婆塞尚不得禮天,況具戒僧尼而令拜俗!'""又感通録
　　　　云"者,見集神州三寶感通録卷下。

〔二一〕見梵網經卷下。

〔二二〕詳見大唐西域記卷四秣底補羅國。

〔二三〕見:永樂北藏本、嘉興藏本作"是"。

〔二四〕見湛然述法華文句記卷一〇釋常不輕菩薩品。

〔二五〕見維摩詰所説經卷上弟子品。

〔二六〕見智顗説、湛然略維摩經略疏卷五。

〔二七〕見曇無讖譯大般涅槃經卷六。

〔二八〕見入大乘論卷下順修諸行品第三。

〔二九〕參見集沙門不應拜俗等事卷二故事篇第一(下)夏赫連勃勃令沙門
　　　　致拜事。赫連勃勃,傳見晉書卷一三〇。

　　南無　或"那謨",或"南摩",此翻"歸命"〔一〕。要律儀
翻"恭敬",善見論翻"歸命覺"〔二〕。或翻"信從"。法華疏
云:"'南無'大有義,或言'度我',可施衆生。若佛荅'諸佛
度我',義不便。五戒經稱驚怖,驚怖正可施佛也。生死險
難,實可驚怖。"〔三〕大品云:"佛言:若有一人稱南無佛,乃至
畢苦,其福不盡。"〔四〕智論:"問曰:云何但空稱名字,便得畢
苦,其福不盡? 荅:是人曾聞佛功德,能度人老、病、死、苦,若
多若少供養,及稱名字,得無量福。"〔五〕此説稱佛功德。華嚴
云:"寧受地獄苦,得聞諸佛名,不受無量樂,而不聞佛名。所
以於往昔,無數劫受苦,流轉生死中,不聞佛名故。"〔六〕大品

云:"我得阿耨多羅三藐三菩提時,十方過如恒沙等。世界中衆生,聞我名者,必得阿耨多羅三藐三菩提。"〔七〕智論:"問曰:有人生佛世,在佛法中,或墮地獄,如提婆達多、俱迦梨、訶多釋子等,三不善法覆心故墮地獄。此中云何言如恒河沙等世界,但聞佛名便得道耶?答:有衆生福德淳熟,結使心薄,應當得道,若聞佛名,即時得道。又復以佛威力故,聞即得度。譬如熟癰,若無治者,得小因緣而便自潰。亦如果熟,若無人取,微風因緣,便自墮落。如新淨白㲲,易爲受色。"〔八〕此説聞佛名福。

〔一〕參前"槃那寐"條注一。

〔二〕法苑珠林卷二〇致敬篇第九會通部第五:"和南者,梵語也。或云'那謨'、'婆南'等,此猶非正。依本正云'槃淡',唐言'我禮',或云'歸禮',歸亦我之本情,禮是敬之宗致也。或云"歸命"者,義立代於'南無'也。理事符同,表情得盡。俗人重'南無'而輕'敬禮'者,不委唐梵之交譯也。況復加以和南,諸佛迷之,彌復大笑。又'南無'者,善見論翻爲'歸命覺',亦云'禮大壽'。又'和南'者,出要律儀翻爲'恭敬',善見論翻爲'度我'。"

〔三〕見智顗説妙法蓮華經文句卷四下。

〔四〕見摩訶般若波羅蜜經卷二一三慧品。

〔五〕見大智度論卷八四。

〔六〕見實叉難陀譯大方廣佛華嚴經卷一六須彌頂上偈讚品。

〔七〕見摩訶般若波羅蜜經卷一序品。

〔八〕見大智度論卷三四。

彌羅　此云"慈"。淨覺云:"慈名愛念。"〔一〕觀音玄義云:"以觀性德善,愛樂歡喜,起大慈心,欲與其樂。"〔二〕大經明慈有三種:一、緣衆生。觀一切衆生,如父母親想。二、緣於法。見一切法,皆從緣生。三者、無緣。不住法相及衆生相〔三〕。智論明三種慈:"一、生緣慈者,十方五道衆生中,以一慈心視之,如父如母,如兄弟、姊妹、子姪、知識,常求好事,欲令得利益安樂。如是心徧滿十方衆生中,如是慈名衆生緣,多在凡夫人行處,或有學人未漏盡者。二、行法緣者,諸漏盡阿羅漢、辟支佛,是諸聖人破吾我相,滅一異相故,但觀從因緣相續生諸欲心,慈念眾生時,從和合因緣相續生,但空〔四〕五眾,即是眾生。念是五眾,以慈念眾生,不知是法空而常一,心欲得樂。聖人愍之,令隨意得樂。爲世俗法故,故名爲法緣。三、無緣者,是慈但諸佛有。何以故?諸佛心不住有爲、無爲性中,不依止過去世、未來、現在世,知諸緣不實,顛倒虛誑,故心無所緣。佛以眾生不知諸法實相,往來五道,心著諸法,分別取捨。以是諸法實相智慧,令眾生得之,是名無緣。"〔五〕

〔一〕淨覺:指仁岳。此句見智顗説、灌頂記觀音玄義卷上:"悲名愍傷,慈名愛念。"又,大智度論卷二〇:"四無量心者,慈、悲、喜、捨。慈名愛念眾生常求安隱樂事以饒益之;悲名愍念眾生受五道中種種身苦、心苦;喜名欲令眾生從樂得歡喜;捨名捨三種心,但念眾生不憎不愛。修慈心,爲除眾生中瞋覺故;修悲心,爲除眾生中惱覺故;修喜心,爲除眾生不悦樂故;修捨心,爲除眾生中愛憎故。"

〔二〕見智顗説、灌頂記觀音玄義卷下。

〔三〕詳見曇無讖譯大般涅槃經卷一五。

〔四〕空:永樂北藏本、嘉興藏本作"恐"。

〔五〕見大智度論卷二〇。

迦樓那　此云"悲"。淨覺記云:"悲曰愍傷。"觀音玄義云:"以觀性德惡毒,惻愴憐愍,起大悲心,欲拔其苦。"〔一〕悲亦三種,名同三慈。觀音玄義云:"若就言説爲便,初慈後悲,亦是就菩薩本懷,欲大慈與樂,既不得樂,次大悲拔苦,故初慈後悲。若從用次第者,初以大悲拔苦,方以大慈與樂,又就行者,先脱苦,後蒙樂,故〔二〕先悲後慈。"〔三〕

〔一〕見智顗説、灌頂記觀音玄義卷下。

〔二〕故:永樂北藏本、嘉興藏本作"欲"。

〔三〕見智顗説、灌頂記觀音玄義卷上。

阿檀　或"阿捺摩",此云"無我"〔一〕。説文云:"我,施身自謂也。"〔二〕華嚴云:"凡夫無智,執著於我。"〔三〕智論明二種：一者、邪我，二者、慢我〔四〕。言邪我者，如輔行云：“未得禪來，縱起宿習所有煩惱，及因現陰起於我見，仍屬鈍使，初果所斷。”〔五〕此推理見及發得見皆名邪我。二、慢我者，如止觀云：“如諸蠕動，實不推理，而舉螫張鬐，怒目自大，底下凡劣，何嘗執見？ 行、住、坐、卧，恒起我心。”〔六〕此是慢我。大寶積經：“佛言：迦葉！譬如咽塞病，即能斷命。如是迦葉！一切見中，唯有我見，即時能斷於智慧命。”〔七〕地持經云：“世間受生，皆由著我。若離著我，則無世間受生身處。”〔八〕無著論云：“取自體相續爲我想，我所取爲眾生想，謂我乃至壽住爲命想，展轉趣於餘趣爲人想。”〔九〕大論云我者，於陰、界、入計我、我所，若即若離。人者，謂於陰、界、入中，謂我是行人。眾生者，於陰、界、入和合之中，計有我生。壽者，於陰、界、入中，計一期報，若長若短〔一〇〕。輔行云：“我以計內，人以計外，眾生以續前爲義，壽者以趣後爲能。”〔一一〕凡夫既執我倒，佛爲二乘説無我法，故智論號名字我。如大乘入楞伽云：“自心所現身器世間，皆是藏心之所顯現，刹那相續，變壞不停，如河流、如種子、如燈焰、如迅風、如浮雲，躁動不安如猿猴，樂不淨處如飛蠅，不知厭足如猛火，無始虛僞習氣爲因，諸有趣中流轉不息，如汲井輪，種種色身威儀進止，譬如死屍呪力故行，亦如木人因機運動。若能於此，善知其相，是名人無我智。”〔一二〕大論云：“但於五眾取相故，計有人相而生我心，以我心故生我所。我所心生故，有利益我者生貪欲；違逆我者而生瞋恚；此結使不從智生，從狂惑生，是名爲癡。三毒爲一切煩惱之根本。悉由吾我故作福德，爲我後當得；亦修助道法，我當得解脱。初取相故，名爲想眾。因吾我起結使及諸善行，是名行眾。是二眾則是法念處。於想、行眾法中求我不可得，何以故？ 是諸法皆從因緣生，悉是作法而不牢固，無實我法。行如芭蕉，葉葉求之，中無有堅。想如遠見野馬，無水有水想，但誑惑於眼。”〔一三〕我本空寂，二

乘既執四枯,故佛於無我中而示真我。故涅槃經明八自在:
一、能示一身多身,數如微塵。二、以塵身滿大千界。三、以
大身輕舉遠到。四、現無量類常居一國。五者、諸根互用。
六、得一切法如無法想。七、説一偈經無量劫。八、身如虛
空,存没隨宜不窮〔一四〕。

〔 一 〕僧伽婆羅譯文殊師利問經卷上菩薩戒品第二:"阿捺摩阿捺摩,此
言無我無我。"

〔 二 〕見説文卷一二我部。

〔 三 〕見實叉難陀譯大方廣佛華嚴經卷三七。

〔 四 〕大智度論卷一:"世界法中説我,非第一義。以是故,諸法空無我,
而説我無咎。復次,世界語言有三根本:一者邪,二者慢,三者名
字。是中二種不淨,一種淨。一切凡人三種語:邪、慢、名字。見道
學人二種語:慢、名字。諸漏盡人用一種語:名字。"

〔 五 〕見湛然述止觀輔行傳弘決卷八之一。

〔 六 〕見智顗説、灌頂記摩訶止觀卷八上。

〔 七 〕見大寶積經卷一一二。

〔 八 〕見十住經卷三現前地第六。

〔 九 〕見無著造、達磨笈多譯金剛般若論卷上。

〔一○〕大智度論卷三五:"於五衆中,我、我所心起,故名爲'我'。五衆和
合中生故,名爲'衆生'。命根成就故,名爲'壽者'、'命者'。能起
衆事,如父生子,名爲'生者'。乳哺、衣、食因緣得長,是名'養
育'。五衆、十二入、十八界等諸法因緣,是衆法有數,故名'衆
數'。行人法故,名爲'人'。"按:"云我者"至此,當引自湛然述止
觀輔行傳弘決卷四之一。

〔一一〕見湛然述止觀輔行傳弘決卷四之一。

〔一二〕見大乘入楞伽經卷二。

〔一三〕見大智度論卷三一。

〔一四〕曇無讖譯大般涅槃經卷二三:"有八自在,則名爲我。何等爲八?
一者、能示一身以爲多身,身數大小猶如微塵,充滿十方無量世界。
如來之身,實非微塵,以自在故,現微塵身。如是自在,則爲大我。
二者、示一塵身滿於三千大千世界。如來之身,實不滿於三千大千
世界。何以故?以無礙故。直以自在故,滿於三千大千世界。如
是自在,名爲大我。三者、能以滿此三千大千世界之身輕舉飛空,

過於二十恒河沙等諸佛世界而無障礙。如來之身，實無輕重，以自在故，能爲輕重。如是自在，名爲大我。四者、以自在故而得自在。云何自在？如來一心安住不動，所可示化，無量形類，各令有心。如來有時或造一事，而令衆生各各成辦。如來之身常住一土，而令他土一切悉見。如是自在，名爲大我。五者、根自在故。云何名爲根自在耶？如來一根，亦能見色、聞聲、嗅香、別味、覺觸、知法。如來六根，亦不見色、聞聲、嗅香、別味、覺觸、知法。以自在故，令根自在。如是自在，名爲大我。六者、以自在故得一切法，如來之心亦無得想。何以故？無所得故。若是有者，可名爲得，實無所有，云何名得？若使如來計有得想，是則諸佛不得涅槃，以無得故名得涅槃，以自在故得一切法，得諸法故名爲大我。七者、說自在故。如來演說一偈之義，經無量劫，義亦不盡，所謂若戒、若定、若施、若慧。如來爾時都不生念，我說彼聽；亦復不生一偈之想，世間之人以四句爲偈，隨世俗故說名爲偈；一切法性亦無有說，以自在故如來演說，以演說故名爲大我。八者、如來遍滿一切諸處，猶如虛空。虛空之性不可得見，如來亦爾實不可見，以自在故令一切見，如是自在名爲大我，如是大我名大涅槃，以是義故名大涅槃。”

阿蘭那　肇翻“無諍”，又云“寂靜”。坐禪三昧經云：“無諍者，將護衆生，不令起諍也。”〔一〕什注淨名：“無諍有二：一、以三昧力，將護衆生，令不起諍心；二、隨順法性，無違無諍。”〔二〕

〔一〕鳩摩羅什譯坐禪三昧經卷下：“有阿羅漢，（中略）願智阿蘭若那三昧。”子注曰：“秦言‘無諍’。阿蘭若，言無事，或言空寂。舊言須菩提常行空寂行，非也，自是無諍行耳。無諍者，將護衆生，不令起諍。於我耳起諍，如舍利弗、目連夜入陶屋中宿，致拘迦離起諍者是也。”

〔二〕見僧肇撰注維摩詰經卷三。

馱那演那　此云“靜慮”。婆沙論：“此定定慧平等，餘定缺少，不名靜慮。靜即定也，慮即慧也。”〔一〕

〔一〕阿毗達磨大毗婆沙論卷一四一：“四靜慮者，謂初靜慮乃至第四靜慮。有說尋喜樂捨，相應靜慮，如次爲四，此有二種：一、修得，二、生得。修得者，即彼地攝心一境性，若并助伴即五蘊性。生得者，

隨地所繫餘五蘊爲性,已説自性當説所以。問:此四何緣説爲静
慮? 答:静謂寂静,慮謂籌慮。此四地中,定慧平等,故稱静慮。餘
隨有闕,不得此名。"

末陀摩　本經注云:"末者,莫義;陀摩者,中義。莫著中
道也。"〔一〕

〔一〕僧伽婆羅譯<u>文殊師利問經</u>卷上中道品第九:"佛告<u>文殊師利</u>:明、無
明無二,以無二故,成無三智。<u>文殊師利</u>! 此謂中道具足。真實觀
諸法,行、無行無二,以無二故,成無三智。<u>文殊師利</u>! 此謂中道具
足。真實觀諸法,識、非識乃至老死、非老死,無二亦如是。<u>文殊師
利</u>! 若無明有者,是一邊,若無明無者,是一邊,此二邊中間,無有
色、不可見、無有處、無相、無相待、無標相。<u>文殊師利</u>! 此謂中道。
行、識,乃至老死亦如是。<u>文殊師利</u>! 此中道具足,真實觀諸法,諸
法無二。無二有何義? 謂末陀摩。末者,莫義;陀摩者,中義;莫著中,此謂
末陀摩。何以故? 不取常見、有見故,是故名末陀摩。"

毗怛迦　此云"尋"。

毗遮羅　此云"伺"。藏疏云:尋謂尋求,伺謂伺察。心
之麄性名之爲尋,心之細性名之爲伺〔一〕。論云:入三摩地
有三種:一、有尋伺〔二〕,謂初禪及未至定也。二、無尋唯伺,
謂中間禪也。大梵六天,即中間定力所感。三、無尋無伺,謂
二禪近分乃至非非想天〔三〕。尋伺,亦名覺觀〔四〕。智論:
"問:有覺、有觀,爲一法? 爲是二法耶? 答:二法。麄心初
念,是名爲覺;細心分別,是名爲觀。譬如撞鐘,初聲大時名
爲覺,後聲細微名爲觀。問曰:如阿〔五〕毗曇説:欲界乃至初
禪,一心中覺、觀相應,今云何言'麄心初念名爲覺,細心分別
名爲觀'? 答曰:二法雖在一心,二相不俱。覺時,觀不明了。
觀時,覺不明了。譬如日出,衆星不現。一切心心數法,隨時
受名,亦復如是。"〔六〕

〔一〕<u>玄奘</u>譯<u>瑜伽師地論釋</u>:"尋謂尋求,伺謂伺察。或思或慧,於境推
求,麄位名尋,即此二種,於境審察,細位名伺。"<u>阿毗達摩俱舍論</u>卷
四:"尋伺別者,謂心麄細。心之麄性名尋,心之細性名伺。""藏
疏"之"藏",當即"三藏",指<u>玄奘</u>。

〔 二 〕 有尋伺：據大正藏本校勘記，一本作“有尋有伺”。

〔 三 〕 瑜伽師地論卷一二：“云何有尋有伺三摩地？謂三摩地尋伺相應。云何無尋唯伺三摩地？謂三摩地唯伺相應，大梵修已爲大梵王。云何無尋無伺三摩地？謂三摩地尋、伺二種俱不相應。修習此故，生次上地乃至有頂，唯除無漏諸三摩地。云何無尋無伺三摩地相？謂於尋伺，心生棄捨，唯由一味，於内所緣而作勝解，又唯一味平等顯現。”

〔 四 〕 慧琳一切經音義卷五〇：“尋伺，胥吏反。梵言‘毗怛迦’，此云‘尋’；‘毗遮羅’，此云‘伺’。尋謂尋求，伺謂伺察。或思或慧，於境推求，麁位名尋，即此二種，於境審察，細位名伺，故言尋伺。舊名覺觀者，案，梵本菩提名覺，毗鉢舍那名觀，譯人不尋本語，致斯乖失也。”

〔 五 〕 阿：原作“何”，據大智度論改。

〔 六 〕 見大智度論卷一七。

三跋羅　此翻“護”，即是“無表思”，第六識相應善思也，又名“無表色”，有止惡防非功能，故云“護”〔一〕。故金剛鈔明戒體克出體性，即無表思一法也〔二〕。

〔 一 〕 根本説一切有部百一羯磨卷一：“此言護者，梵云‘三跋羅’，譯爲‘擁護’。由受歸戒護，使不落三塗。舊云‘律儀’，乃當義譯，云是律法儀式。若但云‘護’，恐學者未詳，故兩俱存。明了論已譯爲‘護’，即是戒體無表色也。”

〔 二 〕 釋氏要覽卷上：“戒體，又名‘苾蒭性’，梵語‘三跋羅’，俱舍、明了等論皆譯爲‘護’，即是‘無表思’。思即是第六識相應善思也，又名‘無表色’，有止惡防非功能，故云‘護’。金剛鈔云：出戒體有三：初克性出體，即無表思一法也，通種子現行。次相應出體者，即同時二十二法，皆有防惡發善功能故。（中略）後眷屬出體者，即身、口、意三善業也。”

三跋致　晉言“發趣”。或云“至奏”。奏，爲也，進也〔一〕。

〔 一 〕 玄應一切經音義卷三：“三跋致，又作‘拔’，同，蒲沫反。晉言‘發趣’是也。”又：“至奏，子陋反。奏，進也，爲也。明度經云：三拔致，此言‘發趣’也。經有作‘跋’，同，蒲沫反。”卷一三：“至奏，梵言‘三拔致’，此云‘發趣’，今言‘至奏’，皆一義也。”大智度論卷四九:“大乘即是地。地有十分,從初地至二地,是名‘發趣’。譬如乘馬趣象,捨馬乘象,乘象趣龍,捨象乘龍。”

達嚫　尊婆須密論作“檀嚫”,此云“財施”。解言:報施之法,名曰達嚫。導引福地,亦名達嚫〔一〕。字或從手。西域記正云“達嚫拏”者,右也。或云“馱器尼”,以用右手受人所施爲其生福故〔二〕。肇云:“夫以方會人,不可以一息期;以財濟物,不可以一時周。是以會通無隅者,彌綸而不漏;法澤冥被者,不易而普覆。”〔三〕

〔一〕見尊婆須蜜菩薩所集論卷二尊婆須蜜菩薩所集。

〔二〕慧琳一切經音義卷五九:“達嚫,又觀反,經中或作‘大櫬’,梵言訛也。案:尊婆須蜜論亦作檀,此云‘財施’。解言報施之法,名曰‘達櫬’。導引福地,亦名‘達櫬’。復次,割意所愛,成彼施度,於今所益,義是檀嚫。又,西域記云‘達櫬拏’者,右也。或言‘馱器尼’,以用右手受人所施,爲其生福,故從之立名也。經中言‘福田’者是也。華嚴經中‘功德達嚫’即其義也。律文從口作嚫,近字也。”

〔三〕見僧肇撰注維摩詰經卷四。

周羅　立世毗曇云:閻浮人衣服莊嚴不同,或有頂留一髻,餘髮皆除,名周羅髻〔一〕。應法師云:“此譯爲小,謂小髻也。”〔二〕弘明集云:“削髮毀容,事存高素。辭親革〔三〕愛,意趣聖方。袪嗜欲於始心,忘形骸於終果。何眷戀於三界,豈留連於六道哉?”〔四〕薩婆多云:“剃髮剪爪,是佛所制。”〔五〕律云:“半月一剃。”〔六〕此是恒式。涅槃云:“惡比丘相,頭、鬚、爪、髮,悉皆長利,是破戒之相。”〔七〕

式觀應世,廣説萬行之綱〔八〕目;緬想契理,唯唱四句之綱〔九〕要。故十二年略教戒曰:“諸惡莫作,衆善奉行。自淨其意,是諸佛教。”〔一〇〕妙玄釋曰:“諸惡即七支過罪,輕重非違,如是等惡,戒所防止。戒分性遮,亦名主客,又號新舊。諸善乃善三業,若散若静,前後方便,支林功德,悉是清升,故稱爲善。自淨其意者,破諸邪倒,了知世間、出世因果,正助法門,能除心垢,淨諸瑕穢,豈過於慧?佛法曠海,此三攝盡。”〔一一〕

但由觀機樂欲,爲善不同,應物隨宜,示行有異。或辨[一二]根性,則分信法之殊;或陳行相,則列別圓之異。且根性信法者,薩婆多云:“因聞入者是爲信行,因思入者是爲法行。”曇無德云:“位在方便自見法少。憑聞力多,後時要須聞法得悟,名爲信行;憑聞力少,自見法多,後時要須思惟得悟,名爲法行。”天台遠討根源,久劫聽學,久劫坐禪,得爲信法種子[一三]。

其次,行相別圓者,妙玄引涅槃明五行:一、聖行,謂戒定慧,爲自行因;二、梵行,謂慈悲喜捨,爲因中化他。此二是地前修因行也。垂裕記:“問:諸文或云聖梵是因,今何以梵行在果? 荅:聖梵二行,並通因果。對於天行,以二爲因。今云在果,何所疑也?”[一四]三、天行,謂初地已上,證第一義天。天然之理,由理成行,故名天行。垂裕記:“問:天既是證,何名爲行? 荅:從天起行,故名天行。故天行位在於地住。”[一五]四、嬰兒行,謂示同三乘七方便所修之行也。五、病行,謂示同九道之身,現爲三障之相。此二皆是從果起應之行。淨名疏云:“嬰兒行從大慈善根而起,病行從大悲善根而起。”[一六]四教義云:“同生善邊,名嬰兒行;同煩惱邊,名爲病行。”[一七]然此五行,若會三諦,聖行是真諦;梵行、嬰兒、病行是俗諦;天行是中諦。又依法華,釋圓五行。經云“如來莊嚴而自莊嚴”,即圓聖行;“如來室”即圓梵行;“如來座”即圓天行;“如來衣”有二種,柔和即圓嬰兒行,忍辱即圓病行[一八]。大經云:“復有一行,是如來行,所謂大乘大般涅槃。”[一九]此示行法之綱要也。

〔 一 〕立世阿毗曇論卷六:“剡浮提人衣服莊飾,種種不同:或有長髮,分爲兩髻;或有剃落髮鬚;或有頂留一髻,餘髮皆除,名周羅髻;或有拔除髮鬚;或有剪髮剪鬚;或有編髮;或有被髮;或有剪前被後令圓;或有裸形;或著衣服覆上露下;或露上覆下;或上下俱覆;或止障前後。”

〔二〕見玄應一切經音義卷一八。

〔三〕革:永樂北藏本、嘉興藏本作"割"。

〔四〕見廣弘明集卷八道安二教論教指通局第十一。

〔五〕見薩婆多毗尼毗婆沙卷三第十破僧戒。

〔六〕五分律卷一四:"半月一剃。過此,名爲髮長。"

〔七〕見曇無讖譯大般涅槃經卷四。道宣撰四分律刪繁補闕行事鈔卷上僧網大綱篇:"薩婆多云:剃髮剪爪,是佛所制。律云:'半月一剃。'此是恒式,勿得不爲。涅槃云:惡比丘相,頭鬢爪髮,悉皆長利,爲佛所訶。"

〔八〕綱:原作"網",據永樂北藏本、嘉興藏本改。

〔九〕綱:原作"網",據永樂北藏本、嘉興藏本改。

〔一○〕按:此偈增一阿含經卷一序品、大般涅槃經卷一五等皆有見。智顗說妙法蓮華經玄義卷二上引,云"七佛通戒偈云",卷三下引,云"戒經云"。湛然述法華玄義釋籤卷四:"'七佛通戒偈'者,過、現諸佛,皆用此偈以爲略戒,遍攝諸戒,故名爲通。如增一第一,迦葉問阿難:增一阿含具三十七品及以諸法,四含亦出乎? 阿難言:且四含一偈,盡具佛法及聲聞教。所以然者,如諸惡莫作是戒淨,諸善奉行是意淨,自淨其意是除邪,是諸佛教是去愚。當知一期廣教不出此也。"

〔一一〕見智顗說妙法蓮華經玄義卷三下。

〔一二〕辨:永樂北藏本、嘉興藏本作"辯"。

〔一三〕智顗說、灌頂記摩訶止觀卷五上:"凡師教他安心也。他有二種:一、信行,二、法行。薩婆多明此二人位在見道,因聞入者是爲信行,因思入者是爲法行。曇無德云:位在方便,自見法少,憑聞力多,後時要須聞法得悟,名爲信行。憑聞力少,自見法多,後時要須思惟得悟,名爲法行。(中略)今師遠討源由,久劫聽學,久劫坐禪,得爲信法種子。"

〔一四〕見智圓述維摩經略疏垂裕記卷八。

〔一五〕見智圓述維摩經略疏垂裕記卷八。

〔一六〕見智顗說、湛然略維摩經略疏卷六。

〔一七〕見智顗撰四教義卷一○。

〔一八〕智顗說妙法蓮華經玄義卷四下:"今依法華,釋圓五行。五行在一心中,具足無缺,名如來行。文云:'如來莊嚴而自莊嚴'即圓聖行;

如來室即圓梵行；‘如來座’即圓天行；‘如來衣’有二種，柔和即圓嬰兒行，忍辱即圓病行。此五種行，即一實相行。一不作五，五不作一，非共非離，不可思議，名一五行。”

〔一九〕見曇無讖譯大般涅槃經卷一一。

翻譯名義集五

姑蘇景德寺普潤大師法雲編

三德秘藏篇第四十九

光明玄云：“法身、般若、解脱是爲三，常、樂、我、淨是爲德。”“無二生死爲常，不受二邊爲樂，具八自在爲我，三業清淨爲淨。”〔一〕章安疏云：“法身之身，非色非無色。非色故，不可以形相見；非無色故，不可以心想知。雖非色而色，充滿十方。雖非非色，亦可尋求，即法身德。般若德者，非知非字，亦非不知非不字。云云。解脱德者，非縛非脱，非縛而縛，非脱而脱。云云。”〔二〕

哀歎品曰：“云何名爲秘密之藏？猶如伊字三點，若並則不成伊，縱亦不成；如摩醯首羅面上三目，乃得成伊三點，若別，亦不成伊。我亦如是，解脱之法，亦非涅槃；如來之身，亦非涅槃；摩訶般若，亦非涅槃；三法各異，亦非涅槃。我今安住如是三法，爲衆生故，名入涅槃。”〔三〕章安釋云：“若約昔教，隱故名秘，覆故名藏。謂無常等覆於常等，令常等隱，名秘密藏。今經開啟〔四〕，如月處空，清淨顯露，不如昔教。但以正法微妙不可思議，絕名離相，衆生不解，名爲秘密。法界包含，攝一切法，用不可盡，名之爲藏。今釋秘密藏文爲三：一、譬三點，二、譬三目，三、合以三德。此之三文，一往而言，是從事入理。三點是文字，此約言教；見字體篇。三目是天眼，此約修行；見譬喻篇。三德是佛師，此即約理。又是佛印，印於教行。凡有言説，與此相應，即秘密教。修習相應，是秘密行。證得相應，是秘密理。從我今安住下，是第四結秘密藏。

安住三法,是結三德,入大涅槃,結秘密藏。"〔五〕

占察經云:"復次,彼心名如來藏,所謂具足無量無邊不可思議無漏清淨之業。以諸佛法身,從無始本際來,無障無礙,自在不滅。"〔六〕勝鬘經明二如來藏:"一、空如來藏,謂若離、若脱、若異一切煩惱藏。二、不空如來藏,謂具過河沙不離、不脱、不思議佛法。"〔七〕南岳止觀云:"一、空如來藏,以此心體平等妙絕染淨之相,非直心體自性平等所起染淨等法,亦復自性非有;二、不空如來藏,所謂具有染淨二法以明不空。淨法中復有二種:一、具足無漏性功德法;二、具足出障淨法。染法亦二種:一、具足染性;二、具足染事。"〔八〕淨覺説題云:應知二種,約在纏、出纏二義分之。故彼經云:"若於無量煩惱藏所纏如來藏不疑惑者,於出無量煩惱藏法身亦無疑惑也。"〔九〕居式圓覺疏云:"空如來藏,即無住本。不空如來藏,即所立法。"〔一〇〕此二釋,違南岳止觀。

又,起信云:"一者如實空,以能究竟顯實故。"〔一一〕賢首釋云:"此以如實之中空無妄染,非謂如實自空。此則如實之空,以妄空故,遂能顯示真理,故云顯實。"〔一二〕"二者如實不空,以有自體具足無漏性功德故。"〔一三〕賢首釋云:"此有二義:一、異妄無體故;二、異恒沙有流煩惱故。"〔一四〕故佛性論偈云:"由客塵空故,與法界相離。無上法不空,與法界相隨。"〔一五〕

圭山〔一六〕略疏三義釋藏:一、隱覆名藏,二、含攝名藏,三、出生名藏〔一七〕。又,略鈔明五種:"一、如來藏,在纏含果法故。二、自性清淨藏,在纏不染故。此二就凡位説。三、法身藏,果位爲功德所依故。四、出世間上上藏,出纏超過二乘菩薩故。此二就聖位説。五、法界藏,謂通因果。外持一切染淨有爲,故名法界;内含一切恒沙性德,故名爲藏。"〔一八〕

僧遁注金剛三昧〔一九〕云:"如來藏者,住自性真如也。諸佛智地名如來藏,能攝一切有情在如來智内,故名爲藏。有情惑染煩惱，無明所覆，名有情境。若無明惑染境空，諸識不起。境如故，名如來智。智如故，即如來藏。"長水釋楞嚴云："如來藏四義喻海：一、永絶百非，如海甚深；二、包含萬有，如海廣大；三、無德不備，如海珍寶；四、無法不現，如海現影。"〔二○〕

又，尼犍經云："王名嚴熾，有大薩遮來入其國，王出遠迎，乃爲王説：大王當知：依煩惱身觀如來身。何以故？此身即是如來藏故。一切煩惱諸垢藏中，佛性滿足，如石中金、木中火、地中水、乳中酪、麻中油、子中禾、藏中金、模中像、孕中胎、雲中日，是故我言：煩惱之中有如來藏。"〔二一〕

涅槃論云："身外有佛亦不密，身内有佛亦不密，非有非無亦不密，衆生是佛故微密。"〔二二〕涅槃云："如人七寶，不出外用，名之爲藏。其人所以藏積此寶，爲未來故。所謂穀貴、賊來侵國、值遇惡王、爲用贖命、準四念處，乃是贖於藏通之命〔二三〕，別圓自有常住之命，故非所論。財難得時，乃當出用。諸佛秘藏，亦復如是。爲未來世諸惡比丘畜不淨物，爲四衆説如來畢竟入於涅槃，讀誦外典、不教佛經，如是等惡出現世時，爲滅諸惡，爲説是經。是經若滅，佛法則滅。"〔二四〕神智云：文有單複。所言複者，謂乘及戒。若言不許畜八不淨，此是戒門事門。若説如來畢竟涅槃及遮外典，此是乘門理門。由無乘戒，失常住命。若單説者，唯約戒門，扶律贖命〔二五〕。欲令學者通達異名，識自秘藏，故詳叙焉。

〔一〕光明玄：永樂北藏本、嘉興藏本作"金光明玄義"。智顗説、灌頂録金光明經玄義卷上："云何三？云何德？法身、般若、解脱是爲三，常、樂、我、淨是爲德。法者，法名可軌，諸佛軌之而得成佛。故經言：'諸佛所師，所謂法也。'身者，聚也。一法具一切法，無有缺減，故名爲身。經言：'我身即是一切衆生真善知識。'當知身者聚也。般若者，覺了諸法集、散、非集非散，即是覺了三諦之法。解脱者，於諸法無染無住，名爲解脱。是名爲三。云何爲德？一一法皆具常、樂、我、淨，名之爲德。法身無二死爲常，不受二邊爲樂，具八自在爲我，身業淨、口業淨、意業淨爲淨。"

〔二〕見灌頂撰、湛然再治大般涅槃經疏卷六哀歎品下。

〔三〕見南本大般涅槃經卷二哀歎品。

〔四〕敵:原作"敝",據永樂北藏本、嘉興藏本及大般涅槃經疏改。

〔五〕見灌頂撰、湛然再治大般涅槃經疏卷六哀歎品下。

〔六〕見善察善惡業報經卷下。

〔七〕見勝鬘師子吼一乘大方便方廣經空義隱覆真實章第九。

〔八〕見陳慧思説大乘止觀法門卷一。

〔九〕"彼經云"者,見勝鬘師子吼一乘大方便方廣經法身章第八。

〔一〇〕佛祖統紀卷一四諸師列傳景雲其法師法嗣:"法師居式,金華人,嗣
　　　景雲,住景德,撰圓覺疏四卷。"居式撰圓覺疏已佚。

〔一一〕見真諦譯大乘起信論。

〔一二〕見法藏撰大乘起信論義記卷中。

〔一三〕見真諦譯大乘起信論。

〔一四〕見法藏撰大乘起信論義記卷中。

〔一五〕見佛性論卷四辯相分第四中無差別品第十。

〔一六〕山:永樂北藏本、嘉興藏本作"峰"。圭山,或稱圭峰,即宗密。傳見
　　　宋高僧傳卷六唐圭峰草堂寺宗密傳。

〔一七〕宗密述大方廣圓覺修多羅了義經略疏注卷上:"通云如來藏者,由
　　　三義故:一、隱覆義,謂覆藏如來,故云藏也。(中略)二、含攝義,謂
　　　如來法身,含攝身相、國土、神通大用,無量功德故。又亦含攝一切
　　　衆生,皆在如來藏内故。三、出生義,謂此法身既含衆德,了達證
　　　入,即能出生故。"

〔一八〕見宗密圓覺經略疏鈔卷五。

〔一九〕金剛三昧:永樂北藏、嘉興藏本作"金剛三昧經"。　僧遁,見景德
　　　傳燈録卷二六廬山大林僧遁禪師。清寂震撰金剛三昧經通宗記卷
　　　一:"又翻譯名義集中,載僧遁有注,亦未獲見。"

〔二〇〕見子璿集首楞嚴義疏注經卷二。

〔二一〕見大薩遮尼乾子所説經卷九。

〔二二〕見元魏達磨菩提譯涅槃論。

〔二三〕參見智顗説、灌頂記四念處卷三。

〔二四〕見曇無讖譯大般涅槃經卷一八。

〔二五〕"神智"者,俟考。湛然述法華玄義釋籤卷六:"今家引意指大經部
　　　以爲重寶,若消此文應有單複兩義。所言複者,謂乘及戒。若言不

許畜八不淨，此是戒門事門。若説如來畢竟涅槃及遮外典，此是乘門理門。以彼經部前後諸文皆扶事説常，若末代中諸惡比丘破戒説於如來無常，及讀誦外典，則並無乘戒，失常住命，賴由此經扶律説常則乘戒具足，故號此經爲贖常住命之重寶也。所言單者，唯約戒門。彼經扶律，律是贖常住命之重寶也。”據宋高僧傳卷二五唐越州諸暨保壽院神智傳，釋神智終於“光啓丙午歲”，即八八六年，其“春秋六十八”，則生於八一九年，時湛然離世已三十七年。湛然此説，顯然在神智之前。神智傳中，亦無有與此説相關之記載。又，宋釋從義，謚曰神智，然亦未見其有類此説者。“八不淨”者，道宣撰四分律删繁補闕行事鈔卷中隨戒釋相篇：“一、田宅園林，二、種植生種，三、貯積穀帛，四、畜養人僕，五、養繫禽獸，六、錢寶貴物，七、氈褥釜鑊，八、象金飾床及諸重物。此之八名，經論及律盛列通數，顯過不應。”

摩訶般涅槃那　此云“大滅度”。大即法身，滅即解脱，度即般若。大經云：“涅言不生，槃言不滅，不生不滅，名大涅槃。”〔一〕楞伽云：“我所説者，妄想識滅，名爲涅槃。”〔二〕肇師涅槃論曰：“秦言‘無爲’，亦名‘滅度’。無爲者，取其虚無寂寞，妙絶於有爲。滅度者，言其大患永滅，超度四流。斯蓋鏡像之所歸，絶稱謂之幽宅也。”〔三〕法華、金剛皆云‘滅度’，奘三藏翻爲‘圓寂’。賢首云：“德無不備稱‘圓’，障無不盡稱‘寂’。”〔四〕圭山〔五〕正名‘寂滅’。準肇公云：“泥洹盡諦者，豈直結盡而已，則生死永寂滅，故謂之盡矣。”〔六〕或翻“安樂”。凡聖大小，皆有涅槃。或名“彼岸”，肇師云：“彼岸，涅槃岸也。彼涅槃岸，豈崖岸之有？以我異於彼故，借我謂之耳。”〔七〕智論云：“槃名爲趣，涅名爲出。永出諸趣，故名涅槃。”〔八〕或名“泥曰〔九〕”，如嚴佛調云：“佛既泥曰，微言永絶。”〔一〇〕新云梵本正名“波利昵縛喃”，此云“滅度”。二教論云：“涅槃者，常恒清涼，無復生死。心不可以智知，形不可以像測，莫知其所以名，强謂之寂。其爲至也，亦以極哉！縱其雙林息照，而靈智常存。體示闍維，而法身

恒在。"〔一一〕

　　然涅槃法,若辨〔一二〕其義,應分有餘、無餘之殊;當揀少分、究竟之異。言有餘、無餘者,光明玄〔一三〕云:"若三界煩惱盡,證有餘涅槃;焚身灰智,入無餘涅槃。"〔一四〕言少分者,勝鬘經云:"知有餘苦,斷有餘集,證有餘滅,修有餘道,是名得少分涅槃。得少分涅槃者,名向涅槃界。"〔一五〕究竟涅槃者,大法鼓經云:"乃至得一切種功德,一切種智大乘涅槃,然後究竟。"〔一六〕法華〔一七〕云:"不令有人獨得滅度,皆以如來滅度而滅度之。"〔一八〕初發大心,當期究竟。故輔行云:"菩薩初心常觀涅槃,自行初修也。亦令眾生常觀涅槃,化他初修也。安置諸子秘密藏中,化他後入也。我亦不久自住其中,自行後入也。故知自他初心,無不皆修,自他後心,無不皆入。"〔一九〕

　　若欲修入,當依四法。故涅槃云:有四法爲涅槃近因:一、近善知識,二、聽聞正法,三、思惟其義,四、如說修行。若言勤修苦行是涅槃近因緣者,無有是處〔二〇〕。一、近善知識者,止觀釋曰:"大品云:佛、菩薩、羅漢是善知識,六波羅密、三十七品是善知識,法性、實際是善知識。佛、菩薩等,威光覆育,即外護也。六度、道品,入道之門,即同行也。法性、實際,諸佛所師,即教授也。"〔二一〕二、聽聞正法等三句,即三慧也。華嚴云:"我或爲眾生說聞慧法,或爲眾生說思慧法,或爲眾生說修慧法。"〔二二〕故楞嚴云:"從聞思修,入三摩地。"〔二三〕真諦云:"散心名覆器,無聞慧故;忘心名漏器,雖得而失,無思慧故;倒心名穢器,非而謂是,無修慧故。"〔二四〕淨名疏云:"聞若不聽,無受潤因。聽而不思,無深旨趣。思而不修,終無證理。三慧若備,入道不疑。"〔二五〕荊溪釋云:"念前聞思所依之境,當如聞思而修行之。"〔二六〕應知三慧有橫有竪,橫則名字已上,位位有之;竪則名字爲聞,觀行爲思,相似爲修。三慧具足,能得相似分真之定,名入秘藏〔二七〕。

〔一〕按:智顗説妙法蓮華經玄義卷五上:"大經云:涅言不生,槃言不滅,不生不滅,名大涅槃。"或爲此説所本。

〔二〕見楞伽阿跋多羅寶經卷二。

〔三〕見僧肇作肇論涅槃無名論第四開宗第一。

〔四〕見法藏述般若波羅蜜多心經略疏。

〔五〕山:永樂北藏本、嘉興藏本作"峰"。圭山,即宗密。

〔六〕僧肇作肇論宗本義:"泥洹盡諦者,直結盡而已,則生死永滅,故謂盡耳,無復别有一盡處耳。"

〔七〕見僧肇撰注維摩詰經卷一。

〔八〕見阿毗達磨大毗婆沙論卷三二。言"智論云"者,誤。

〔九〕泥曰:永樂北藏本、嘉興藏本作"泥洹",後同。

〔一○〕見出三藏記集卷一○嚴佛調沙彌十慧章句序。

〔一一〕見廣弘明集卷八道安二教論仙異涅槃第五。

〔一二〕辨:永樂北藏本、嘉興藏本作"辯"。

〔一三〕光明玄:永樂北藏本、嘉興藏本作"光明玄義"。

〔一四〕見智顗説、灌頂録金光明經玄義卷上。

〔一五〕見勝鬘師子吼一乘大方便方廣經一乘章第五。

〔一六〕見大法鼓經卷下。

〔一七〕法華:永樂北藏本、嘉興藏本作"法華經"。

〔一八〕見妙法蓮華經卷二譬喻品。

〔一九〕見湛然述止觀輔行傳弘決卷三之一。

〔二○〕詳見曇無讖譯大般涅槃經卷二五。

〔二一〕見智顗説、灌頂記摩訶止觀卷四下。

〔二二〕見佛馱跋陀羅譯大方廣佛華嚴經卷五四。

〔二三〕見大佛頂如來密因修證了義諸菩薩萬行首楞嚴經卷六。

〔二四〕見智顗説、灌頂録金光明經文句卷一引。

〔二五〕見智顗説、湛然略維摩經略疏卷二。

〔二六〕見湛然述維摩經疏記卷上。

〔二七〕見仁岳述楞嚴經熏聞記卷四。

法寶衆名篇第五十

　　光明玄〔一〕云:"至理可尊,名曰法寶。"〔二〕論曰:"般若是一法,佛説種種名,爲諸衆生類,隨緣立異字。"〔三〕如金體一,似器用殊,鐶〔四〕釧順人之好別,缾盆隨時之應殊,雖千化以暫分,而一性以不變,故曰"泥洹眞法寶,衆生從種種門入"〔五〕也。

〔一〕光明玄:永樂北藏本、嘉興藏本作"金光明玄義"。

〔二〕見智顗説、灌頂録金光明經玄義卷上。

〔三〕見大智度論卷一八。

〔四〕鐶:永樂北藏本、嘉興藏本作"環"。

〔五〕成實論卷一六四十四智品第二百一:"泥洹是眞法寶,以種種門入。"智顗説妙法蓮華經玄義卷一下:"夫教本應機,機宜不同,故部部別異。金口梵聲,通是佛説。故通、別二名也。約行者,泥洹眞法寶,衆生以種種門入。如五百比丘各説身因,佛言無非正説。三十二菩薩各入不二法門,文殊稱善。大論明阿那波那皆是摩訶衍,以不可得故。當知從行則別,所契則同。求那跋摩云:諸論各異端,修行理無二。云云。約理者,理則不二,名字非一。智度云:般若是一法,佛説種種名。大經云:解脱亦爾,多諸名字,如天帝釋有千種名。名異故別,理一故通。"

達磨〔一〕　此翻爲"法"。唐明濬云:"契之於心,然後以之爲法。在心爲法,形言爲教。法有自相、共相,教乃遮詮、表詮。"〔二〕天台明法,廣有八種:一、教,二、理,三、智,四、斷,五、行,六、位,七、因,八、果〔三〕。略言三義,謂教、行、理。如闡義云:"以約修行始終,三義收盡,謂依教修行,行成契理。若以位分,約教屬名字位,人禀教生解故;約行屬觀行相似,依解修行故;約理在初住,分證本理故。然於約行,復須從容。若論造修,猶居名字,的取行成,方名觀行。凡當辨位,須知此旨。"〔四〕若約能詮、所詮,但明教理。二教論曰:"教者何也? 詮理之謂也。理者何也? 教之所詮。教若果異,理豈得同? 理若必同,教寧得異? 筌不期魚,蹄不爲兔,將謂名乎?"〔五〕妙樂云:"教有二種:詮理之教無二,表行之教自分。"〔六〕詮理之教者,"平等眞法界,佛不度衆生"〔七〕。表行之教者,"秖由忘智親疏,致使迷成厚薄"〔八〕。青龍疏云:有教、行、證,名爲正法。有教、有行、無證,名像法。像者,似也。但有於教而無行、證,名爲末法〔九〕。行事鈔云:"顯理之教,大分爲二:一謂化教,此則通於道俗。二謂行教,亦名制教。唯局於内衆。"〔一○〕大乘入楞伽云:"教由理故成,理由教故顯。當依此教理,勿更餘分別。"〔一一〕

〔　一　〕磨:諸校本作"摩"。

〔　二　〕見廣弘明集卷二二法義篇釋明濬答博士柳宣。明濬,姓孫,齊人,善章草,常以金剛般若爲業。傳見續高僧傳卷二七唐京師定水寺釋明濬傳。

〔　三　〕智顗説、灌頂記四念處卷一:"所言三者,其義有八,謂理、教、智、斷、行、位、因、果。理三者,聲聞謂理在正使外,緣覺謂理在習氣外,菩薩謂理在正習外。三人出三種外,方乃見理,故言理三也。教三者,聲聞稟四諦,緣覺稟十二因緣,菩薩稟六度。聲聞修總相智,緣覺修別相智,菩薩修總別智。聲聞斷正,緣覺斷習,菩薩斷正習。聲聞爲自修戒定慧,緣覺爲自修獨善寂,菩薩爲衆生修六度五通。聲聞住學無學,緣覺住無學,菩薩三僧祇登道場。聲聞帶果行因,緣覺望果行因,菩薩伏惑行因。聲聞斷正如燒木爲炭,緣覺斷習如燒木爲灰,菩薩正習盡如燒木無灰炭。具此八三,故言三也。"

〔　四　〕見智圓述請觀音經疏闡義鈔卷一。

〔　五　〕見廣弘明集卷八辨惑篇道安二教論歸宗顯本第一。

〔　六　〕見湛然述法華文句記卷四上。

〔　七　〕見天親造、菩提流支譯金剛般若波羅蜜經論卷下。

〔　八　〕見湛然述法華玄義釋籤卷一四。

〔　九　〕詳見良賁述仁王護國般若波羅蜜多經疏卷下。宋高僧傳卷五唐京師安國寺良賁傳:"釋良賁,姓郭氏,河中虞鄉人也。世襲冠裳,法門之流,不標祖禰,故闕如也。賁識鑒淵曠,風表峻越,外通墳典,内善經論,義解之性,人罕加焉。永泰中,不空盛行傳譯,實難其人,賁預其翻度。代宗請爲菩薩戒師。因新出仁王護國經,勅令撰疏解判,曲盡經意,以所住寺爲疏目,曰'青龍'也。"

〔一○〕見道宣撰四分律刪繁補闕行事鈔序。

〔一一〕見大乘入楞伽經卷七。

達磨馱都　此云"法界"。妙樂云:"所詮無外,故名法界。"〔一〕賢首云:"依生聖法,故云法界。"〔二〕清涼云:"法界者,一切衆生身心之本體也。"〔三〕起信云:"心真如者,即是一法界大惣相法門體。所謂心性不生不滅,一切諸法,唯依妄念而有差別。"〔四〕淨名云:"從無住本,立一切法。"〔五〕天台釋云:"若迷無住,則三界六道紛然而有,則立世間一切諸法。若解無住,即是無始無明,反〔六〕本還源,發真成聖,故有四種出世聖法。"〔七〕普門玄云:"世者爲三:一、五陰,二、衆生,三、國土。云云。世是隔別,即十法界之世,亦是十種五陰,乃至〔八〕依報,隔別不同也。間是間差,三十種世間差別,不相謬亂,故名爲間。各各有因,各各有果,故名爲法。各各有界畔分齊,故名爲界。今就一法界,各有十法,所謂如是性相等。十界即有百法,十界互相有則有千法。如是等法,皆因緣生法。六道是惑因緣生法,四聖是解因緣法。云云。是諸因緣法,即是三諦。因緣所生法,我説即是空,亦名爲假名,亦名中道義。"〔九〕清涼新經疏云:統唯一真法界。謂惣該萬有,即是一心。然心融萬有,便成四種法界:一、事法界,界是分義。一一差別,有分齊故。二、理法界,界是性義。無盡事法,同一性故。三、理事無閡〔一〇〕法界,具性分義,性分無閡故。四、事事無閡法界。一切分齊事法,一一如性融通,重重無盡故〔一一〕。

〔一〕見湛然述法華文句記卷一中。

〔二〕見法藏撰大乘起信論義記卷中。

〔三〕見唐裴休注華嚴法界觀門序。清涼,即澄觀,言"清涼云"者,誤。

〔四〕見真諦譯大乘起信論。

〔五〕見維摩經所説經卷中觀衆生品第七。

〔六〕反:永樂北藏本、嘉興藏本作"返"。

〔七〕見智顗説、湛然略維摩經略疏卷八。

〔八〕乃至:表示引文有刪略。按:"十種五陰,乃至依報",觀音玄義原文作"十種五陰,十種假名,十種依報"。

〔九〕見智顗説、灌頂記觀音玄義卷上。觀音玄義"釋法華普門一品,別行部外,昔曇無讖勸河西王誦持愈疾,故智者特釋"(佛祖統紀卷二五),故亦稱普門玄。

〔一〇〕 閡:諸校本及注華嚴法界觀門皆作"礙",後同。

〔一一〕 "清涼新經疏"至此,見唐宗密注華嚴法界觀門。清涼新經疏,指澄觀大方廣佛華嚴經疏。大方廣佛華嚴經疏卷四九:"論中五法,攝大覺性唯一真法界及四智菩提,不言更有餘法。"

阿耨多羅三藐三菩提 肇論曰:"秦言'無上正徧知'。道莫之大,無上也;其道真正,無法不知,正徧知也。"〔一〕苑師云:"'阿',此云'無'。'耨多羅',翻'上'。'三藐',翻'正'也。'三',徧也,等也。'菩提',覺也。"〔二〕孤山疏云:"極果超因,故云無上。正則正觀中道,等則雙照二邊,蓋果上三智也。"〔三〕發軫〔四〕云:無上是理,正等覺是智。正謂正中,即一切種智寂滅相也;等謂平等,即行類相兒如實知也。裴相國云:"是諸佛所證最上妙道,是眾生所迷根本妙源。"〔五〕故凡夫流浪六道,由不發此菩提心故。今得人身,起慶幸意,當須秉心,對佛像前,燒香散華,三業供養,立四弘誓,發成佛心。故華嚴云:"菩提心者,名爲種子,能生一切諸佛法故。"〔六〕發此心者,須識其體。體有二種:一曰當體,二曰所依體。其當體者,所謂悲心、智心、願心。此三種心,乃是當體。所依體者,自性清淨圓明妙心,爲所依體。性自具足,号如來藏。惑不能染,智無所淨,虛寂澄湛,真覺靈明,能生萬法,号一大事。但由群生久迷此性,唯認攀緣六塵影像,乍起乍滅虛妄之念,以爲自心。一迷爲心,決定惑爲色身之內。不知色身外洎山河、虛空大地,咸是妙明真心中物。此之心體,如肇師云:"微妙無相,不可爲有;用之彌勤,不可爲無。"〔七〕度一切諸佛境界經:"文殊! 言菩提者,無形相,無爲。云何無形相? 不可以六識識故。云何無爲? 無生住滅故。"〔八〕裴相國云:"性含萬德,體絕百非,如淨月輪,圓滿無缺,惑雲所覆,不自覺知。妄惑既除,真心本淨。"〔九〕性含萬德故,在聖不爲得;體絕百非故,居凡不爲失。然欲發此心者,當運慈悲而爲宗要。故華嚴海雲比丘告善財言:"發菩提心者,所謂發大悲心,普救一切衆生故;發大慈心,等祐一切世間故。"〔一〇〕一切群彙,本無生死。妄風飄鼓,汩没苦海。今發大願,黑暗崖下,誓作明燈;生死波中,永爲船筏。此起悲心,拔衆生苦。一切凡夫,本性具足性淨功德,今迷寶藏,貧窮孤露。今啓洪願,誓與群萌無上佛果究竟之樂,如一衆生未成佛,終不於此取泥洹,願舉修途之初步,宜運成山之始簣,崇德廣業,不倦終之。昔〔一一〕住大覺〔一二〕,有王仁林垂訪,問曰:"佛道若〔一三〕云易成,經云'佛道長遠,久受勤苦,乃可得成'〔一四〕。若云難成,安云'一稱南無佛,皆已成佛道'〔一五〕?"余即苔曰:"了性,則見本是佛,依自圓修,乃易。昧性,則欲求作佛,依他別修,乃難。慕圓宗者,起信樂心,纔舉念時,已作如來真子;如回向際,便成無上菩提。"

〔　一　〕按:僧肇撰注維摩詰經卷一:"肇曰:阿耨多羅,秦言'無上'。三藐三菩提,秦言'正遍知'。道莫之大,無上也;其道真正無法不知,正遍知也。"肇論中,未見此説。"肇論曰"者,當爲"肇師曰"之誤。

〔　二　〕慧苑新譯大方廣佛華嚴經音義卷上:"阿耨多羅三藐三菩提,耨,奴沃反。藐字,案梵本應音云彌略反。阿,此云無也。耨多羅,上也。三藐,正也。三,遍也,等也。菩提,覺也。總應言無上正等覺也。"

〔　三　〕見智圓述阿彌陀經疏。

〔　四　〕發軫:即仁岳發軫鈔,已佚。

〔　五　〕裴相國:即裴休。此説見裴休勸發菩提心文初明菩提名義。

〔　六　〕見佛馱跋陀羅譯大方廣佛華嚴經卷五九。

〔　七　〕見僧肇作肇論般若無知論第三。

〔　八　〕見度一切諸佛境界智嚴經。

〔　九　〕見裴休勸發菩提心文次明菩提心體。

〔一〇〕見實叉難陀譯大方廣佛華嚴經卷六二。

〔一一〕昔:永樂北藏本、嘉興藏本前有"余"字。

〔一二〕大覺:永樂北藏本、嘉興藏本後有"時"字。

〔一三〕若:大正藏本作"覺"。

〔一四〕見妙法蓮華經卷七化城喻品第七。

〔一五〕見妙法蓮華經卷一方便品第二。

菩提 肇師云："道之極者,稱曰菩提,秦無言以譯之。"〔一〕後代諸師皆譯爲道,以大論翻爲佛道故。今問:如周易曰:"立人之道,曰仁與義。"〔二〕此則儒宗仁義爲道。莊子曰:"虚静恬淡,寂寞無爲者,天地之平而道德之至。"〔三〕此則道家以虚無爲道。今釋氏宗以何爲道? 荅曰:般舟經云:"諸佛從心得解脱,心者清淨名無垢,五道鮮潔不受色,有解此者大道成。"〔四〕是知吾教以心爲道。心乃自性清淨心也,其躰湛寂,其性靈照,無名無相,絕有絕無。心不能思,口不能議,褒美稱爲第一義諦。或者問曰:如淨名云:"菩提者,不可以身得,不可以心得。"〔五〕今安以心而爲道耶? 荅:究乎菩提非身心者,如肇師云:"無爲之道,豈可以身心而得乎?"〔六〕故度一切佛境界經云:"菩提者,不可以身覺,不可以心覺。何以故? 身是無知,如草木故;心者虚誑,不真實故。"〔七〕是故菩提非身心也。然淨名中却云"諸佛解脱,當於衆生心行中求"〔八〕者,天台釋云:"今觀衆生心行,入本性清淨智,窮衆生心源者,即顯諸佛解脱之果。如勸〔九〕求水,不得離冰。"〔一〇〕寒雖結水成冰,暖則釋冰爲水。故華嚴云:"若能善用其心,則獲一切勝妙功德。"〔一一〕凡夫由昧心源,故隨妄念。能於妄念深照性空,名解大道。故華嚴云:"體解大道,發無上心。"〔一二〕此心智發,能爲佛母,号曰智度。是故智度亦名大道。故大論云:"智度大道佛善來。"〔一三〕如用此智修習萬行,其所修法,亦名大道。故法華云:"爲滅諦故,修行於道。"〔一四〕由道是心,其性虚通,徧一切法,無非是道。如金色女問文殊云:"何謂爲道?"荅曰:"汝則爲道。"〔一五〕又,喜根云:"婬欲即是道,恚癡亦復然。如此三事中,無量諸佛道。"〔一六〕今問:婬事穢污,佛道清淨,安指穢事名爲淨道? 荅:觀婬怒癡,相同水月,了染淨體,性如虚空。遇順無著,逢違不瞋,於惡境界,得解脱門,乃行非道,通達佛道,是名無礙人,一道出生死。若起凡見,成地獄業。如熱金圓,取必燒手。如是無爲,名道人也。

〔 一 〕見僧肇撰注維摩詰經卷四。

〔 二 〕見易説卦。

〔 三 〕見莊子天道。

〔 四 〕見般舟三昧經卷中無著品。

〔 五 〕見維摩經所説經卷上菩薩品。

〔 六 〕見僧肇撰注維摩詰經卷四。

〔 七 〕見度一切諸佛境界智嚴經。

〔 八 〕見維摩經所説經卷中文殊師利問疾品。

〔 九 〕勸:大正藏本作“勤”。

〔一〇〕見智顗説、湛然略維摩經略疏卷七。

〔一一〕見實叉難陀譯大方廣佛華嚴經卷一四。

〔一二〕見佛馱跋陀羅譯大方廣佛華嚴經卷六。

〔一三〕見大智度論卷一。

〔一四〕見妙法蓮華經卷二譬喻品。

〔一五〕見佛説大淨法門經。

〔一六〕見大智度論卷六。

阿婆磨 大論翻云“無等等”〔一〕。佛名“無等”,般若波羅蜜利益衆生,令〔二〕與佛相似,故名“無等等”〔三〕。

〔 一 〕大智度論卷二:“‘阿婆磨’,秦言‘無等’;復名‘阿婆摩婆摩’,秦言‘無等等’。”

〔 二 〕令:大正藏本作“全”。

〔 三 〕大智度論卷七〇:“一切衆生無與佛等故,佛名‘無等’,般若波羅蜜利益衆生,令與佛相似,故名‘無等等’。”

目帝羅 此云“解脱”。荆溪淨名記云:“若正用功,上可作古買切,下作耻活切。功成之日,上應作户賈切,下應作徒活切。”〔一〕智論云:“‘解脱知見’者,用是解脱知見,知是二種解脱相:有爲、無爲解脱。知諸解脱相,所謂時解脱、不時解脱、慧解脱、俱解脱、壞解脱、不壞解脱、不可思議解脱、無礙解脱等。分别諸解脱相牢固,是名解脱知見無減。云云。問曰:‘解脱知見’者,但言‘知’,何以復言‘見’?答:言‘知’言‘見’,事得牢固。譬如繩二,合爲一則牢堅。復次,若但説‘知’，則不攝一切慧。如阿毗曇所説：慧有三種：有知非見、有見非知、有亦知亦見。有知非見者，盡智，無生智，五識相應智。有見非知者，八忍，世間正見，五邪見。有亦知亦見者，餘殘諸慧。若説‘知’則不攝‘見’，若説‘見’則不攝‘知’，是故説‘知’、‘見’則具足。”〔二〕

〔一〕見湛然述維摩經疏記卷中。

〔二〕見大智度論卷二六。

阿惟顏　應法師引十地經謂一生補處〔一〕。

〔一〕玄應一切經音義卷三：“阿惟顏，大品經作‘一生補處’是也，十住經云‘第十阿惟顏菩薩法住’是也。”十地經，即十住經。竺法護譯菩薩十住行道品，菩薩十法住，“第十者名阿惟顏菩薩法住”。云“引十地經謂一生補處”者，誤。窺基撰阿彌陀經疏：“一生補處者，謂十地菩薩更於兜率天一度受生，從兜率下即補前佛處而成佛故。”又，唐一行記大毗盧遮那成佛經疏卷六：“今此經宗，言一生者，謂從一而生也。初得淨菩提心時，從一實之地，發生無量無邊三昧總持門，如是一一地中，次第增長，當知亦爾，迄至第十地滿足，未至第十一地。爾時，從一實境界具足，發生一切莊嚴，唯少如來一位未得證知，更有一轉法性生，即補佛處，故名一生補處。”

阿鞞跋致　亦名“阿惟越致”，此云“不退轉”〔一〕。不退有三義：入空位不退、入假行不退、入中念不退。妙樂云：“般若是位，離二死故。解脱是行，諸行具故。法身是念，證實境故。”〔二〕智論云：“無生忍法，即是阿鞞跋致地。”〔三〕

〔一〕翻梵語卷二菩薩住地名第八：“阿鞞跋致，亦云‘阿惟越致’，譯曰‘不退’。”慧琳一切經音義卷一五：“阿惟越致，梵語古譯文質，或云‘阿毗跋致’，唐云‘不退轉’也。”窺基撰妙法蓮華經玄贊卷六：“阿鞞跋致，此云‘不退’，亦有本云‘阿惟越致’、‘阿毗跋致’，從‘阿鞞跋致’爲正，餘音訛也。信、位、證、行四不退中皆能爾故，根機熟故。”

〔二〕見湛然述法華文句記卷二中。

〔三〕大智度論卷二七：“若菩薩能觀一切法不生不滅、不不生不不滅，不共、非不共。如是觀諸法，於三界得脱，不以空，不以非空；一心信忍十方諸佛所用實相智慧，無能壞、無能動者，是名無生忍法。無生忍法,即是阿鞞跋致地。"

膩地 此云"依"。法華疏云:"利物以慈悲入室爲首,涉有以[一]忍辱爲基,濟他以忘我爲本。能行三法,大教宣通,即世間依止,名爲法師。"[二]垂裕記云:"皆言依者,以内有道法,可爲人天依止。"[三]依者,憑也。於佛滅後,憑此四人取解故也。涅槃四依品云:"有四種人,能護正法,爲世所依。"[四]初、依示爲小乘内凡像,故經云"具煩惱性"[五],能知如來秘密之藏;二、依示爲須陁洹像;三、依示爲斯陁含、阿那含像;四、依示爲阿羅漢像[六]。智者云:涅槃四依,義通別、圓。若作別義者,如古師云:地前名初依;登地至三地名須陀洹,五地名斯陀含,是第二依;七地名阿那含,是第三依;八地至十地名阿羅漢,是第四依。若作圓義者,準望別教,以住前爲初依,十住爲三[七]依。又,始終判者,五品、六根爲初依,十住爲二依,行向爲三依,十地等覺爲四依[八]。四果配位,例別可見。此人四依[九]。二、行四依。律明糞掃衣、長乞食、樹下坐、腐爛藥,此四種行,上根利器所依止故。三、法四依,涅槃云:"依法不依人;依義不依語;依智不依識;依了義經,不依不了義經。"[一〇]

〔一〕以:原無,據妙法蓮華經文句補。
〔二〕見智顗説妙法蓮華經文句卷八上。
〔三〕見智圓述維摩經略疏垂裕記卷一。
〔四〕見南本大般涅槃經卷六四依品。
〔五〕見曇無讖譯大般涅槃經卷六、南本卷六四依品。
〔六〕參見南本大般涅槃經卷六四依品。
〔七〕三:永樂北藏本、嘉興藏本作"二"。
〔八〕智顗説妙法蓮華經玄義卷五上:"涅槃標四依,義通圓、別。人師多約別判。地前通名初依。登地至三地,斷見盡,名須陀洹。至五地侵思,名斯陀含,是第二依。至七地思盡,名阿那含,是第三依。八地至十,欲色心三習盡,名阿羅漢,是第四依。若推圓望別,應約十住明三依,對住前爲四依。若始終判者,五品、六根爲初依,十住爲二依,十行十迴向爲三依,十地等覺爲四依。"

〔九〕吉藏大乘玄論卷五："人四依者,依小乘,五方便爲第一依,須陀洹、斯陀含爲第二依,阿那含爲第三依,阿羅漢爲第四依。若依大乘,地前四十心具煩惱性爲第一依,從初地至六地爲第二依,七八九地爲第三依,第十地爲第四依。"

〔一〇〕見曇無讖譯大般涅槃經卷六、南本卷六四依品。

摩訶衍　大論云:摩訶,此含三義,謂大、多、勝。衍是乘也〔一〕。勝鬘云:"摩訶衍者,出生一切聲聞、緣覺、世、出世間善法。世尊! 阿耨大池出四大河。"〔二〕起信云:"摩訶衍者,惣說有二種:一者、法,二者、義。所言法者,謂眾生心,是心則攝一切世間、出世間法。依於此心,顯示摩訶衍義。云云。"〔三〕

〔一〕大智度論卷四五:"摩訶者,秦言'大'。"湛然述止觀輔行傳弘決卷一之一:"故大論云:言摩訶者,名含三義,謂大、多、勝。"慧琳一切經音義卷二一:"摩訶衍,具云'摩訶衍那'。言'摩訶'者,此云'大'也;'衍那',云'乘'也。"

〔二〕見勝鬘師子吼一乘大方便方廣經一乘章第五。

〔三〕見真諦譯大乘起信論。"云云",表省略,此後有云:"何以故? 是心真如相,即示摩訶衍體故;是心生滅因緣相,能示摩訶衍自體相用故。所言義者,則有三種。云何爲三? 一者、體大,謂一切法真如平等不增減故。二者、相大,謂如來藏具足無量性功德故。三者、用大,能生一切世間、出世間善因果故。一切諸佛本所乘故,一切菩薩皆乘此法到如來地故。"

陀羅尼　大論:"秦言'能持'。集種種善法,能持令不散不失。譬如好器盛水,水不漏散。惡不善根心生,能遮令不生。若欲作惡罪時,持令不作,是名陀羅尼。"〔一〕肇翻"惣持,謂持善不失,持惡不生"〔二〕。又翻"遮持",輔行云:"體遮三惑,性持三智。"〔三〕熏聞云:"遮二邊之惡,持中道之善。此從慧性立名。"〔四〕闡義云:"然則'陀羅尼'既是梵語,'呪'字即當華言。經題華梵雙標,故云'陀羅尼呪'。若尔,何故云'陀羅尼翻遮持'耶? 荅:古人見秘密不翻,例如此土禁呪等法,便以呪名往翻,然亦不失遮持之義。何者? 呪既訓願,如菩薩四願:二願拔苦,即遮惡義;二願與樂,即持善義。"〔五〕<u>大論</u>明三陀羅尼:一、聞持陁羅尼。得此陁羅尼者,一切語言諸法,耳所聞者,皆不忘失,即是名持。二、分別知陀羅尼。得是陀羅尼,諸衆生諸法,大小好醜,分別悉知,故分別陀羅尼即是義持。三、入音聲陀羅尼。得此陀羅尼者,聞一切語言音聲,不喜不瞋,一切衆生如<u>恒</u>沙等劫壽惡言罵詈,心不憎恨;一切衆生如<u>恒</u>沙等以讚歎供養,其心不動,不喜不著,是爲入音聲陀羅尼,即是行持也〔六〕。<u>法華</u>明三陀羅尼:一、旋陀羅尼,二、百千萬億旋陀羅尼,三、法音方便陀羅尼〔七〕。<u>淨名疏</u>釋云:"旋者,轉也。轉假入空,得證真諦。百千萬億者,即是從空入假,旋轉分別,破塵沙惑,顯出<u>恒</u>沙佛法。法音方便者,即是二觀方便,得入中道。"〔八〕

〔一〕見<u>大智度論</u>卷五。

〔二〕見<u>僧肇</u>撰<u>注維摩詰經</u>卷一。

〔三〕見<u>湛然</u>述<u>止觀輔行傳弘決</u>卷二之二。

〔四〕按:檢<u>仁岳楞嚴經熏聞記</u>無此説。<u>思坦集注楞嚴經集注</u>卷八:"<u>苕溪</u>云:(中略)陀羅尼,翻'遮持',遮二邊之惡,持中道之善。此從慧立名。"<u>苕溪</u>,即<u>仁岳</u>。

〔五〕見<u>智圓</u>述<u>請觀音經疏闡義鈔</u>卷二。

〔六〕詳見<u>大智度論</u>卷五。

〔七〕詳見<u>妙法蓮華經</u>卷七<u>普賢菩薩勸發品</u>。

〔八〕見<u>智顗</u>説、<u>湛然略維摩經略疏</u>卷一。

薩怛多般怛羅 <u>資中</u>曰:"相傳云是白傘蓋。喻如來藏性本無染,徧覆有情也。"〔一〕

〔一〕見<u>思坦集注楞嚴經集注</u>卷八引<u>資中弘沇</u>語。又,<u>子璿集首楞嚴義疏注經</u>卷七:"悉怛多般怛囉,云'白傘蓋',即指藏心。不與妄染相應,故云'白';遍覆一切法,故云'蓋'。"

蘇盧都詞 此云梵音"決定"。<u>毗婆尸佛</u>説此一呪,治一萬八千種病〔一〕。

〔一〕<u>陀羅尼雜集</u>卷一七<u>佛所説大陀羅尼神呪</u>:"第一惟越佛説有一萬八千病,以一呪悉已治之。此陀羅尼,名蘇盧都呵,晉言梵音'決定'。"

胡蘇多 此云"除一切鬱蒸熱惱"。式棄佛所説呪〔一〕。

〔一〕陀羅尼雜集卷一七佛所説大陀羅尼神呪:"第二式佛所説陀羅尼,
　　名'胡蘇多',晉言'除一切鬱蒸熱惱'。此陀羅尼句,七十二億諸
　　佛所説。"

蜜奢〔一〕兜 此云"金鼓",隨葉佛所説呪。四、拘留秦佛
説金剛幢〔二〕呪。五、拘那含牟尼佛説名聲振〔三〕十方呪。
六、迦葉佛説拯濟群生呪。七、釋迦世尊説金光照輝呪〔四〕。

〔一〕奢:疑當作"耆",參注四。

〔二〕幢:大正藏本作"憧"。

〔三〕振:永樂北藏本作"震"。

〔四〕陀羅尼雜集卷一七佛所説大陀羅尼神呪:"第三、隨葉佛所説神呪
　　名'蜜耆兜',晉言'金鼓',衆生所有業障報障垢重煩惱,悉能摧滅
　　無餘。""第四、拘留秦佛欲説大陀羅尼名'金剛幢',并能療治三界
　　五滓衆生諸惡煩惱瘡疣重病,一切業障及以報障,諸垢煩惱悉能消
　　滅。""第五、拘那含牟尼佛欲説大陀羅尼名'畢多耆呵甕',晉言
　　'聲震十方',莫不歸伏,覺悟衆生,猶如雷震。無明衆生,令得慧
　　眼。""第六、迦葉佛欲説大陀羅尼名'初磨梨帝',晉言'拯濟群
　　生',出生死苦。""第七、釋迦牟尼佛欲説大陀羅尼名'烏蘇耆晝臘
　　多',晉言'金光照曜',除三界衆生幽冥隱滯,拔其厄難。"又見七
　　佛八菩薩所説大陀羅尼神呪經卷一。

阿牟伽皤賒 此云"不空罥索"〔一〕。

〔一〕陀羅尼集經卷四:"阿牟伽皤賒,唐云'不空羂索'。"玄奘譯不空羂
　　索神呪心經後序:"題稱'不空'等者,別衆經之殊號也。至如擲羂
　　取獸,時或索空,茲教動枰,罔不玄會,故受斯目也。"一行記大毗盧
　　遮那成佛經疏卷五:"羂索是菩提心中四攝方便。以此執繫不降伏
　　者,以利慧刃斷其業壽無窮之命,令得大空生也。"遼覺苑撰大毗盧
　　遮那成佛神變加持經義釋演密鈔卷五:"四攝是法,羂索是喻。諸
　　佛菩薩以四攝法攝取衆生,無空過者。世間羂索索取諸獸,少有所
　　失,故以爲喻。又,此羂索,復名不空。世間羂索索取獸時,或中不
　　中。四攝羂索攝取衆生,無不中者。故不空羂索經序云:擲羂取
　　獸,或時索空,茲教動搖(按:當爲"枰"字之誤),罔由不中。故云
　　不空羂索。"四攝者,仁王護國般若波羅蜜多經卷上:"行四攝法:
　　布施,愛語,利行,同事。"大乘義章卷一一四攝義五門分別:"言布

施者,以己財事,分布與他,名之爲布;輟己惠人,目之爲施。因其布施,緣物從道,名布施攝。”“愛語攝者,美辭可翫,令他愛樂,名爲愛語。因其愛言,緣物從道,名愛語攝。”“利行攝者,經中亦名利益攝也。勸物起修,名爲利行。以道潤彼,故云利益。因利緣物,名利行攝。”“同利攝者,名字不定,或名同事,或云同行,或稱同利,通釋是一。於中別分,同事最下。菩薩爲化,先同衆生苦樂等事,名爲同事。同行爲次。菩薩爲化,亦與衆生同修諸善,名爲同行。同利最上。化物成德,示同菩薩,名爲同利。因同緣物,名同利攝。”

呾你也他　　或“呾姪他”,此翻“所謂”[一]。

〔一〕可洪新集藏經音義隨函録卷一:“呾姪,上多達反,下借音,亭夜反,梵言‘呾姪他’,或云‘呾儞也他’,此云‘所謂’。”又云:“呾姪,(中略)此云‘所謂’,謂入呪之初也。下又迭、抶二音。”

娑婆訶　　或“莎訶”,此翻“善説”[一],又云“散去”[二]。

〔一〕玄應一切經音義卷二四:“普莎訶,蘇和反。普,呪聲也。莎訶,此云‘善説’也。”

〔二〕陀羅尼集經卷一〇功德天法:“娑婆訶者,云‘散去’,此呪求財物故。”清通理述楞嚴經指掌疏卷七:“娑婆訶,或云‘薩婆訶’,或云‘莎嚩訶’,或但云‘莎訶’。賢首疏云:‘唐翻速成。’謂令我所作速成就故。名義集云:‘此翻善説,又云散去。’謂所説皆善,一切災惡悉散去故。”

薩婆若多　　般舟[一]名“薩雲若”。大論云:秦言“一切智相”[二]。因名般若,果名薩婆若[三]。大品云:“薩婆若是聲聞、辟支佛智,道種智是菩薩摩訶薩智,一切種智是諸佛智。”[四]經曰:“欲以一切智斷煩惱習,當[五]習行般若波羅蜜。”[六]論:“問:一心中得一切智、一切種智,斷煩惱習。今云何言‘以一切智具足得一切種智,以一切種智斷煩惱習’?答:實一切智一時得。此中爲令人信般若波羅蜜故,次第差別品説。”[七]

〔一〕般舟:永樂北藏本、嘉興藏本作“般舟經”。

〔二〕大智度論卷二七:“‘薩婆若多’者,‘薩婆’,秦言‘一切’;‘若’,秦言‘智’;‘多’,秦言‘相’。”

〔三〕吉藏撰大品經遊意:"般若義,釋論出八家;第一家云:無漏爲般若。成論主所用也。第二家云:有漏爲般若。數家所用。何者?見有得道故也。第三家云:有漏無漏合爲般若。第四家云:因中智慧,是般若故。經在因名般若,果薩般若也。第五家云:無漏無爲不可見無對般若。第六家云:離有無四句爲般若。第七家云:前六併是也。第八家云:前六中唯第六家所説解是也。龍樹菩薩唯出八家而已,不復簡是非也。今解:若如前五家所執,只是般若中一片,是非般若正義。第七家合取爲般若者,此舉時用。第六家云,正是般若體也。所以明般若者,諸師有二釋:一云:初教所破,是有法無諸利益,故立正因果以破其執。既立因果,故以有相爲宗而未申本意。故第二説般若,是慧觀法師所申也。一者云:初教亦説無相,故見空得道而言相教,從多論耳。既是略説,故第二廣説無相般若也。"

〔四〕見摩訶般若波羅蜜經卷二一三慧品。

〔五〕當:永樂北藏本、嘉興藏本作"常"。

〔六〕見摩訶般若波羅蜜經卷一序品。

〔七〕見大智度論卷二七。

尔焰　或名"尔炎",此云"所知"〔一〕,又云"應知",又云"境界"。問:如大論云"是時過意地,住在智業中"〔二〕,華嚴安云"普濟諸含識,令過尔焰海"〔三〕?答:由此能知之智,照開所知之境,是則名爲"過尔焰海"。故楞伽經第一曰:"智尔焰得向。"〔四〕此乃全由其境,以成其智,名智業中。

〔一〕慧琳一切經音義卷七〇:"爾焰,余贍反,此云'所知'。舊作'爾炎',一也。"智顗説、灌頂記仁王護國般若經疏卷五:"言爾焰者,此云'智母'。謂此地中能生禪智,故云'智母'也。"澄觀大方廣佛華嚴經隨疏演義鈔卷八九:"爾焰,梵語,此云'智母',亦云'智度',亦云'境界',亦云'所知'。"

〔二〕今檢大智度論,未見此説。佛馱跋陀羅譯大方廣佛華嚴經卷二五:"爾時過意界,住於智業中。"鳩摩羅什譯十住經卷三遠行地同。智顗説妙法蓮華經玄義卷六下:"故論云:是時過意地,住在智業中。""論云"者,當爲"經云"之誤。此處所引,顯係據妙法蓮華經玄義,而"大論云"者,誤甚。

〔三〕見實叉難陀譯大方廣佛華嚴經卷七七,般若譯本卷三五。

〔四〕見楞伽阿跋多羅寶經卷一。

多伽梢　或“多伽羅”,此翻“根智”。維摩云:“智度菩薩母。”〔一〕淨名疏云:“智度即是實智。實智有能顯出法身之〔二〕力故,如母能生。”〔三〕實智亦名如理智。正觀真諦,如理而知,則無顛倒。攝論云:“順理清淨名如理智。”〔四〕十八空論云:“如理智即無分別智。”亦名正智,又名真智,又名根本智〔五〕。

〔一〕見維摩詰所説經卷中佛道品。

〔二〕之:永樂北藏本、嘉興藏本無。

〔三〕見智顗説、湛然略維摩經略疏卷九。

〔四〕見無性造、玄奘譯攝大乘論釋卷八增上慧學分第九。

〔五〕大明三藏法數卷二:“根本智,亦名無分別智,謂此智不依於心,不緣外境,了一切法,皆即真如,境智無異。如人閉目外無分別,由此無分別智能生種種分別,是名根本智。”

漚和俱舍羅　此云“方便”。維摩云:“方便以爲父。”〔一〕肇師云:“方便即智之別用耳。智以通幽窮微,決定法相,無知而無不知,謂之智也。雖達法相而能不證,處有不失無,在無不捨有,冥空存德,彼我兩濟,故曰方便。”〔二〕淨名疏云:“方便是權智。權智外用,能有成辨〔三〕,如父能營求長成。”〔四〕所言權智,亦名如量智,徧觀俗諦,如事數量,則攝一切。十八空論云:“如量智即無分別後智。”亦名徧智,又名俗智,又名後得智〔五〕。

佛性論云:“又此二智,有二種相:一者、無著,二者、無礙。言無著者,見衆生界自性清淨,是如理智相也;言無礙者,能通達觀無量無邊諸世界故,是如量智相也。又,如理智爲因,如量智爲果。言爲因者,能作生死及涅槃因;言爲果者,由此理故,知於如來真俗等法。又,如理智是清淨因,如量智者是圓滿因。清淨因者,由如理智,三惑滅盡;圓滿因者,由如量智,三德圓滿。又,如理智即一心之體,爲因;如量智即一心之用,爲果。”〔六〕二教論云:“釋氏之教,理富權實。

有餘不了,稱之爲權。無餘了義,号之爲實。"〔七〕由此權、實二智,而設權、實二教也。北山云:"真道焉可以修身,權道焉可以御化。真道不可以暫廢,故混而不滓;權道不可以久立,故捨而合道也。"〔八〕

〔一〕見維摩詰所説經卷中佛道品。

〔二〕見僧肇撰注維摩詰經卷一。

〔三〕辨:原作"辧",據大正藏本、維摩經略疏改。

〔四〕見智顗説、湛然略維摩經略疏卷九。

〔五〕後得智者,大明三藏法數卷二:"謂依止於心,緣於外境種種分別,境智有異,如人開目,衆色顯現。以其於根本智後而得此智,是名後得智。"真諦譯攝大乘論釋卷一二:"根本智依止非心非非心,後得智則依止心故,二智於境有異。根本智不取境,以境智無異故;後得智取境,以境智有異故。根本智不緣境,如閉目;後得智緣境,如開目。"

〔六〕見佛性論卷三辯相分總攝品。

〔七〕見廣弘明集卷八道安二教論歸宗顯本第一。

〔八〕見北山録卷三至化。

四十二字篇第五十一

此録字母法門。通言門者,以能通爲義。妙玄明四種門〔一〕:一、文字爲門,如大品四十二字〔二〕;二、觀行爲門,釋論明修三三昧等〔三〕;三、智慧爲門,法華云其智慧門〔四〕;四、理爲門。大品云:"無生法無來無去。"〔五〕言四十二字者,補注頌曰:"阿囉波遮那邏陀,婆茶〔六〕沙和多夜吒,迦娑磨伽他闍簸,馱奢呿叉哆若柂,婆車摩火嗟伽他,拏頗歌醯遮吒茶。"〔七〕大品云:"菩薩摩訶薩摩訶衍,所謂字等語等諸字入門。"〔八〕智論云:"四十二字是一切字根本。因字有語,因語有名,因名有義。若聞字,因字乃至能了其義。是字,初'阿'後'茶'〔九〕,中有四十。"〔一〇〕南岳釋"字等"者,謂法慧説十住,十方説十住者,皆名法慧。乃至金剛藏,亦復如是。言"語等"者,十方諸佛説十住與法慧説等,乃至十地,亦復如是。又一切字皆是無字,能作一切字,是名"字等"。發言無二,是名"語等"。一切諸法,皆互相在,是名諸字入門等也。前是事釋,次是理解〔一一〕。華嚴善知衆藝童子告善財言:"我恒唱持此之字母,入般若波羅蜜門。"〔一二〕清涼疏曰:"字母爲衆藝之勝,書説之本,故此偏明之。"〔一三〕文殊五字經云:"受持此陀羅尼,即入一切平等,速得成就摩訶般若,纔誦一遍,如持一切八萬四千修多羅藏。"〔一四〕

〔一〕"明四種門"者,見智顗説、灌頂記摩訶止觀卷五下,妙法蓮華經玄義中未見。

〔二〕摩訶般若波羅蜜經卷二四四攝品:"復次,須菩提! 菩薩摩訶薩行般若波羅蜜時,教化衆生:'善男子! 當善學分別諸字,亦當善知一字乃至四十二字。一切語言皆入初字門,一切語言亦入第二字門,乃至第四十二字門,一切語言皆入其中。一字皆入四十二字,四十二字亦入一字。'是衆生應如是善學四十二字,善學四十二字已,能善説字法;善説字法已,善説無字法。"

〔三〕三三昧者,有覺有觀三昧、無覺有觀三昧、無覺無觀三昧。大智度論卷二三:"一切禪定攝心,皆名爲三摩提,秦言正心行處。是心從無始世界來,常曲不端。得是正心行處,心則端直。譬如蛇行常曲,入竹筒中則直。是三昧三種:欲界、未到地、初禪,與覺觀相應故,名'有覺有觀';二禪中間,但觀相應故,名'無覺有觀';從第二禪乃至有頂地,非覺觀相應故,名'無覺無觀'。"

〔四〕妙法蓮華經卷一方便品:"諸佛智慧甚深無量,其智慧門難解難入,一切聲聞、辟支佛所不能知。"

〔五〕摩訶般若波羅蜜經卷二七法尚品:"無生法無來無去,無生法即是佛。"

〔六〕荼:大正藏本作"茶",後同。

〔七〕見宋從義撰法華經三大部補注卷五。

〔八〕見摩訶般若波羅蜜經卷五廣乘品。

〔九〕荼:永樂北藏本、嘉興藏本作"茶"。

〔一〇〕見大智度論卷四八。

〔一一〕"南岳釋字等者"至此,見湛然述法華玄義釋籤卷一〇。

〔一二〕見實叉難陀譯大方廣佛華嚴經卷七六,般若譯本卷三一。

〔一三〕見澄觀撰大方廣佛華嚴經疏卷五九。

〔一四〕見金剛頂經曼殊室利菩薩五字心陀羅尼品。

阿上聲**提**秦言“初”**阿㝹波陀**秦言“不生”〔一〕　　大品云:“阿字門,一切法初不生。”〔二〕智論云:“得是字阿羅尼菩薩,若一切語中聞阿字,即時隨義,所謂一切法從初來不生。”〔三〕二教論曰:“萬化本於無生而生,生者無生。三才肇於無始而始,始者無始。然則無生無始,物之性也。有化有生,人之聚也。”〔四〕中論云:“諸法不自生,亦不從他生。不共不無因,是故說無生。”〔五〕止觀云:“若心具者,心起不用緣。若緣具者,緣具不關心。若共具者,未共各無,共時安有? 若離具者,既離心離緣,那忽心具?”〔六〕今問:佛教因緣爲宗,論遣共生,應屬所破耶? 荅:單真不立,獨妄難成。因緣和合,從顛倒説。今觀實相,豈可順迷! 故曰:“應照理體,本無四性。”〔七〕又復自行雖離四執,化他無妨四説。經説自生〔八〕云:“三界無別法,唯是一心作。”〔九〕經説他生云:“善知識者,是大因緣。”〔一○〕或云:“五欲令人墮惡道。”〔一一〕或説共生云:“水銀和真金,能塗諸色像。”〔一二〕或説離云:“十二因緣,非佛所作,其性自爾。”〔一三〕華嚴云:“唱阿字時,入般若波羅蜜門,名以菩薩威力入無差別境界。”〔一四〕疏云:“阿者,入無生義,無生之理,統該萬法。”〔一五〕菩薩得此無生,達諸法空,斷一切障。

〔一〕見大智度論卷四八。

〔二〕見摩訶般若波羅蜜經卷五廣乘品。

〔三〕見大智度論卷四八。

〔四〕見廣弘明集卷八道安二教論顯宗歸本第一。

〔五〕見中論卷一觀因緣品第二。

〔六〕見智顗説、灌頂記摩訶止觀卷五上。

〔七〕見湛然述止觀輔行傳弘決卷五之二。

〔八〕生:大正藏本作“性”。

〔九〕十地經論:“經曰:是菩薩作是念:三界虛妄,但是一心作。論曰:但是一心作者,一切三界唯心轉故。”

〔一〇〕見妙法蓮華經卷七妙莊嚴王本事品等。

〔一一〕見智顗説、灌頂記摩訶止觀卷五上。

〔一二〕見智顗説、灌頂記摩訶止觀卷五上。

〔一三〕智顗説、灌頂記摩訶止觀卷五上:“如言十二因緣非佛作,非天、人、修羅作,其性自爾。”

〔一四〕見實叉難陀譯大方廣佛華嚴經卷七六。

〔一五〕見澄觀撰大方廣佛華嚴經疏卷五九。

羅闍　大論:“秦言‘垢’。”〔一〕大品云:“羅字門,一切法離垢故。”〔二〕華嚴〔三〕:“唱多字門,入無邊差別門。”〔四〕疏云:“彼經第二當囉字,是清淨無染,離塵垢義。今云‘多’者,應是譯人之誤。”〔五〕

〔一〕見大智度論卷四八。

〔二〕見摩訶般若波羅蜜經卷五廣乘品。

〔三〕華嚴:永樂北藏本、嘉興藏本作“華嚴經云”。

〔四〕實叉難陀譯大方廣佛華嚴經卷七六:“唱多字時,入般若波羅蜜門,名無邊差別門。”按:本篇後各條引華嚴,皆據實叉難陀譯本,且略去“入般若波羅蜜門”,以下校注不再一一徵引原文。

〔五〕見澄觀撰大方廣佛華嚴經疏卷五九。按:此就實叉難陀譯本而言。般若譯本,即是“囉”字。

波羅末陀　秦言“第一義”〔一〕。大品云:“波字門,一切法第一義故。”〔二〕楞伽云:“謂第一義聖樂言説所入是第一義,非言説是第一義。第一義者,聖智自覺所得,非言説妄想覺境界。是故言説、妄想,不顯示第一義。言説者,生滅動搖展轉因緣起。若展轉因緣起者,彼不顯示第一義。”〔三〕又云:“如爲愚夫以指指物,愚夫觀指,不得實義。如是愚夫,隨言説指,攝受計著,至竟不捨,終不能得離言説指第一實義。”〔四〕大集經云:“甚深之理不可説,第一義諦無聲字。”〔五〕華嚴:“唱波字門,名普照法界。”〔六〕疏云:“諸法皆等,即普照法界。”〔七〕

〔一〕見大智度論卷四八。

〔二〕見摩訶般若波羅蜜經卷五廣乘品。

〔三〕見楞伽阿跋多羅寶經卷二。

〔四〕見楞伽阿跋多羅寶經卷四。

〔五〕大方等大集經卷二:"甚深之義不可説,第一實義無聲字。"

〔六〕見實叉難陀譯大方廣佛華嚴經卷七六。

〔七〕見澄觀撰大方廣佛華嚴經疏卷五九。

遮梨夜 秦言"行"〔一〕。大品云:"遮字門,一切法終不可得故。"〔二〕論曰:"若聞遮字,即知一切諸行皆非行。"〔三〕今加釋曰:行始名因,行終名果。弘明集云:"纖芥之惡,歷劫不亡;毫釐之善,積世長存。福成則天堂自至,罪積則地獄斯臻。此乃必然之數,無所容疑。若造善於幽,得報於顯,世謂陰德,人咸信矣!造惡於顯,得報於幽,斯理灼然,寧不信耶?"〔四〕又云:"聖人陳福以勸善,示禍以戒惡。小人謂善無益而不爲,謂惡無傷而不悔。夫殃福蓋有其根,不可無因而妄致;善惡當收其報,必非無應而徒已。"〔五〕又云:"然則法王立法,周統識心。三界牢獄,三科驗定:一、罪,二、福,三、道。罪則三毒所結,繫業屬於鬼王;福則四弘所成,我固屬於天主;道則虛通無滯,據行不無明昧,昧則乘分大小、智涉信法,明則特達理性、高超空有。"〔六〕又云:"福者何耶?所謂感樂受以安形,取歡娛以悦性也。今論福者,悲敬爲初。悲則哀苦趣之艱辛,思拔濟而出離;敬則識佛法之難遇,弘信仰而澄神。緣境乃涉事情,據理惟心爲本。虛懷不繫,其福必回於自他;倒想未移,作業有乖於事用。"〔七〕今觀弘明所立三科,其名雖美,所釋三義,其旨猶失。以論十界,淆混不分。今謂十使十惡,此屬乎罪,名爲黑業,報四惡趣。五戒十善,四禪四定,此屬於福,名曰白業,報處人天。三乘摩訶衍,此屬乎道,感報四聖。此則凡聖界分,因果事定。以此三科,收行盡矣。大論云:"或説三行:身行、口行、意行。身行者,出入息。所以者何?息屬身故。口行者,覺觀。所以者何?先覺觀,然後語言。意行者,受、想。所以者何? 受苦樂,取相心發,是名意行。心數法有二種:一者、屬見,二者、屬愛。屬愛主名爲受,屬見主名爲想。以是故,説是二法爲意行。"〔八〕華嚴:"唱者字門,名普輪斷差別。"〔九〕疏云:"者字諸法無有,諸行既空,徧摧差別。"〔一〇〕

〔一〕見大智度論卷四八。

〔二〕見摩訶般若波羅蜜經卷五廣乘品。

〔三〕見大智度論卷四八。

〔四〕見廣弘明集卷八道安二教論教指通局第十一。

〔五〕見廣弘明集卷一四李師政内德論通命篇第二。

〔六〕見廣弘明集卷二八啓福篇序。

〔七〕見廣弘明集卷二八啓福篇序。

〔八〕見大智度論卷三六。

〔九〕見實叉難陀譯大方廣佛華嚴經卷七六。

〔一〇〕見澄觀撰大方廣佛華嚴經疏卷五九。

那　秦言"不"〔一〕。大品云:"那字門,諸法離名,性相不得不失故。"〔二〕論曰:"即知一切法,不得不失,不來不去。"〔三〕華嚴:"唱那字門,名得無依門,名得無依無上。"〔四〕疏云:"那者,諸法無有性相,言説文字。性相雙亡,故無依。能所詮泯,謂無上。"〔五〕

〔一〕見大智度論卷四八。

〔二〕見摩訶般若波羅蜜經卷五廣乘品。

〔三〕見大智度論卷四八。

〔四〕見實叉難陀譯大方廣佛華嚴經卷七六。

〔五〕見澄觀撰大方廣佛華嚴經疏卷五九。

邏求　秦言"輕"〔一〕。大品:"邏字門,諸法度世間〔二〕故,亦愛枝因滅故。"〔三〕論曰:"若聞邏字,即知一切法離輕重相。"〔四〕華嚴:"唱邏字門,名離依止無垢。"〔五〕疏云:"邏字,悟一切法,離世間故。"〔六〕

〔一〕見大智度論卷四八。

〔二〕間:原作"門",據摩訶般若波羅蜜經、大智度論改。

〔三〕 摩訶般若波羅蜜經卷五廣乘品:"邏字門,諸法度世間故,亦愛枝因緣滅故。"

〔四〕 見大智度論卷四八。

〔五〕 見實叉難陀譯大方廣佛華嚴經卷七六。

〔六〕 見澄觀撰大方廣佛華嚴經疏卷五九。

陀摩 秦言"善"〔一〕。大品:"陁字門,諸法善心生故,亦施相故。"〔二〕論曰:"即知一切法善相。"〔三〕華嚴:"唱柁輕呼字門,名不退轉方便。"〔四〕疏云:"悟一切法,調伏寂靜,真如平等,無分別故,方爲不退轉方便。"〔五〕南山云:"策勤三業,修習戒行,有善起護,名之爲作。作而無犯,稱之曰持。"〔六〕音義指歸〔七〕云:持者,執也,執持所受之法,猶若捧珠執玉也;犯者,干也,謂干犯所受之法,略無護惜,如珠落玉墮也。善者,順也。起信云:"以知法性體無慳貪故,隨順修行檀波羅蜜。以知法性無染,離五欲過,隨順修行尸波羅蜜。乃至以知法性體明,離無明故,隨順修行般若波羅蜜。"〔八〕以善是順義,"積善之家,必有餘慶"〔九〕。故太戊之時,桑穀生朝,一暮大如拱。王懼。伊陟曰:"臣聞妖不勝德,帝德有闕?"太戊從而桑穀枯死,殷道中興〔一〇〕。"積不善之家,必有餘殃。"〔一一〕故帝辛之時,有雀生烏,在城之隅。太史占曰:"以小生大,國家必昌。"帝辛驕暴,不修善政,殷國遂亡〔一二〕。經云:"勿謂小罪,以爲無殃。水滴雖微,漸盈大器。"〔一三〕然或執自然之道,專非報應之説。蓋爲善而召禍,此亦多矣;爲惡以致福,斯不少焉。故佛名經云:"行善者觸事轗軻,行惡者是事諧偶。致使世間愚人,謂之善惡不分。"〔一四〕如堯帝德化而值洪水〔一五〕,湯王善政而遭久亢〔一六〕,閔損行孝以家貧〔一七〕,顏回修仁而壽夭〔一八〕。遂謂貴賤自因命致,愚智盡由天賦,妍醜本出自然,貧富非是業感。乃曰:"誰尖荊棘畫〔一九〕禽獸?誰鑿江海與川源?暴風卒起還自止,萬物須知是自然。"〔二〇〕不省聲和響順,奚曉影直形端？不了三種之報差殊，焉悟萬劫之行有異？故云：行惡得樂，爲惡未熟。至其惡熟，自見受苦。修善遇苦，爲善未熟。至其善熟，自見受樂。故大涅槃經明三種報：一、順現報。明主孝慈訓世，則祥雲布，壽星現；仁君恩德及物，則醴泉涌，嘉苗秀。善既有徵，惡亦可驗。樵客指熊而臂落〔二一〕，酒客啗禽〔二二〕以皮穿〔二三〕。二、順生報。今世雖行善惡之因，次生方受苦樂之果。缾沙轉報於四天〔二四〕，有相改生於六欲〔二五〕。三、順後報。因造今身，報終後世。伽吒七反而享餘慶〔二六〕，那律久劫以受遠福〔二七〕。此三種報，皆名定業。又，涅槃云：“未入我法，名決定業。若入我法，則不決定。”〔二八〕大品云：“菩薩行般若故，所有重罪現世輕受。”〔二九〕智論釋云：“又如王子，雖作重罪，以輕罰除之，以是王種中生故。菩薩亦如是。能行般若得實智慧故，即入佛種中生。雖有重罪，云何重受？”〔三〇〕青龍疏云：“不定有三，謂時定報不定、報定時不定、時報俱不定。此中所轉，是第二句。何者？由報定故，轉重令輕。由時不定故，墮惡道業，人間現受。其餘二句，一切都滅。”〔三一〕是故釋氏指虛空世界，悉我自心；考善惡報應，皆我自業。則知三界循環，斯皆妄識；四生磐泊，並是惑心。故古德云：皆本一心而貫諸法。

〔　一　〕見大智度論卷四八。

〔　二　〕見摩訶般若波羅蜜經卷五廣乘品。

〔　三　〕見大智度論卷四八。

〔　四　〕見實叉難陀譯大方廣佛華嚴經卷七六。

〔　五　〕見澄觀撰大方廣佛華嚴經疏卷五九。

〔　六　〕見道宣撰四分律刪繁補闕行事鈔卷中持犯方軌篇。

〔　七　〕音義指歸：贊寧撰，已佚。

〔　八　〕見真諦譯大乘起信論。

〔　九　〕見易坤文言。

〔一〇〕參見史記殷本紀。

〔一一〕見易坤文言。

〔一二〕參見孔子家語五儀解。

〔一三〕見法句經卷上惡行品。

〔一四〕現在賢劫千佛名經:"現見世間行善之者,觸向轗軻;爲惡之者,是事諧偶。謂言天下善惡無分。"

〔一五〕參見史記五帝本紀。

〔一六〕參見吕氏春秋順民篇。

〔一七〕閔損:孔子弟子,字子騫。參見論語等。

〔一八〕顔回:孔子弟子。參見論語雍也。

〔一九〕畫:大正藏本作"盡"。

〔二〇〕按:據北山録卷九異學,此爲自然外道之説。

〔二一〕經律異相卷一一爲熊身濟迷路八:"有人入林伐木,迷惑失心。時值大雨,日暮飢寒,惡蟲毒獸,欲侵害之。是人入石窟中,有一大熊,見之怖出。熊語之言:'汝勿恐怖。此舍温燸,可於中宿。'時連雨七日,常以甘菓美水,供給此人。七日雨止,熊將此人示其道徑。熊語人言:'我是罪身,人是怨家。若有問者,莫言見我。'人答言爾。此人前行,見諸獵者。獵者問:'汝從何來? 見有衆獸不?'答言:'見一大熊,於我有恩,不得示汝。'獵者言:'汝是人黨,以人類相觀,何以惜熊? 今一失道,何時復來? 汝示我者,我與汝多分。'此人心變,即將獵者示熊處所。獵者殺熊,即以多分與之。此人展手取肉,二肘俱墮。獵者言:'汝有何罪?'答言:'是熊看我,如父視子。我今背恩,將是罪報。'獵者恐怖,不敢食肉。"

〔二二〕禽:大正藏本作"肉"。

〔二三〕顔氏家訓卷五歸心:"王克爲永嘉郡守,有人餉羊,集賓欲讌。而羊繩解,來投一客,先跪兩拜,便入衣中。此客竟不言之,固無救請。須臾,宰羊爲羹,先行至客。一臠入口,便下皮内,周行遍體,痛楚號叫。方復説之。遂作羊鳴而死。"

〔二四〕經律異相卷二八瓶沙王樂食而死生四天王天十:"瓶沙王問目連:'何處天有好食?'目連嘆曰:'四天王天。'瓶沙應生兜率,即念先生此天,後生兜率。命終,爲毗沙門王太子,名曰最勝子,如目連施設所説。"

〔二五〕詳參雜寶藏經卷一〇優陀羨王緣。文繁不録。

〔二六〕阿毗達磨大毗婆沙論卷一〇一:"王舍城内有一屠兒,名曰伽吒,是未生怨王少小知友。曾白太子:'汝登王位,與我何願?'太子語言:

'當恣汝請。'後未生怨害父自立,伽吒於是從王乞願。王便告曰:
'隨汝意求。'伽吒白言:'願王許我王舍城中獨行屠殺。'王遂告
曰:'汝今云何求此惡願? 豈不怖畏當來苦耶?'屠兒白王:'諸善
惡業,皆無有果,何所怖畏?'王遂告曰:'汝云何知?'伽吒白王:
'我憶過去六生,於此王舍城中常行屠殺,最後生在三十三天,多受
快樂。從彼天歿來生此間,少小與王得爲知友,故知善惡其果定
無。'王聞生疑,便往白佛。佛告王曰:'此事不虛。然彼屠兒,曾以
一食施與獨覺,發邪願言:使我常於王舍城內獨行屠殺,後得生天。
由勝業因,果遂其願。彼先勝業與果今盡,却後七日,定當命終,生
號叫地獄,次第受先屠業苦果。'"

〔二七〕經律異相卷一三阿那律先身爲劫以箭正佛燈得報無量十三:"時佛
前燈火欲滅,闇無所見。賊以箭正燈炷,使明燈明。見威光曜目,
歡然毛豎,心自念言:'衆人尚持寶物求福,我云何盜取乎?'即便
捨去。九十一劫諸惡漸滅,福祐日增。爾時賊者,阿那律是。緣正
燈福,恒生善處。值遇見佛,出家得道,徹視第一。"

〔二八〕窺基撰金剛般若論會釋卷中:"涅槃經言:未入我法,名決定業。已
入我法,名不定業。"按:此非涅槃經原文,當據大般涅槃經卷三一
(曇無讖譯本)概言之。

〔二九〕見摩訶般若波羅蜜經卷一習應品。

〔三〇〕見大智度論卷三七。

〔三一〕見唐道氤集金剛般若波羅蜜經宣演卷下。道氤,俗姓長孫,長安
高陵人,傳見宋高僧傳卷五唐長安青龍寺道氤傳。唐玄宗注金剛
經時,"詔氤決擇經之功力,剖判是非",後"續宣氤造疏"。日僧空
海御請來目錄著錄道氤撰金剛般若經疏一部三卷,永超東域傳燈
目錄著錄道氤撰金剛經宣演三卷,當爲同一部著作,即其奉詔所造
疏。因道氤爲青龍寺僧,故又稱此書爲青龍疏。此疏未能完整流
傳,敦煌遺書伯二一七三寫卷殘存卷上,首題"御注金剛般若波羅
蜜經宣演卷上",署"勑隨駕講論沙門道氤集",尾殘;伯二一三二
寫卷存卷下,首題"金剛般若經宣演卷下",署"勑隨駕講論沙門道
氤集",尾題"金剛般若宣演卷下",有題記"建中四年正月廿日僧
義琳寫勘記"。此兩卷,大正藏第八五冊收。

婆陀　秦言"縛"〔一〕。大品:"婆字門,諸法婆字離
故。"〔二〕論曰:"即知一切法,無縛無解。"〔三〕華嚴:"唱婆蒲
我字門,名金剛場。"〔四〕疏云:"悟一切法,離縛解故,方入金

剛場。”〔五〕

〔一〕見大智度論卷四八。

〔二〕見摩訶般若波羅蜜經卷五廣乘品。“諸法婆字”後,原有“門”字,據摩訶般若波羅蜜經、大智度論删。

〔三〕見大智度論卷四八。

〔四〕見實叉難陀譯大方廣佛華嚴經卷七六。

〔五〕見澄觀撰大方廣佛華嚴經疏卷五九。

茶闍他　秦言“不熱”〔一〕。大品:“茶字門,諸法茶字淨故。”〔二〕論曰:“即知諸法無熱相。”〔三〕華嚴:“唱茶徒解字門,名曰普輪。”〔四〕疏云:“悟一切法,離熱矯穢,得清涼故,是普摧義。”〔五〕

〔一〕見大智度論卷四八。

〔二〕見摩訶般若波羅蜜經卷五廣乘品。

〔三〕見大智度論卷四八。

〔四〕見實叉難陀譯大方廣佛華嚴經卷七六。

〔五〕見澄觀撰大方廣佛華嚴經疏卷五九。

沙　秦言“六”〔一〕。大品云:“沙字門,諸法六自在王性清淨故。”〔二〕論曰:“即知人身六種相。”〔三〕華嚴:“唱沙史我字門,名爲海藏。”〔四〕疏云:“悟一切法無罣礙,如海含像。”〔五〕

〔一〕見大智度論卷四八。

〔二〕見摩訶般若波羅蜜經卷五廣乘品。

〔三〕見大智度論卷四八。

〔四〕見實叉難陀譯大方廣佛華嚴經卷七六。

〔五〕見澄觀撰大方廣佛華嚴經疏卷五九。

和波陁　秦言“語言”〔一〕。大品:“和字門,入諸法言語道斷。”〔二〕論云:“知一切法離語言相故。”〔三〕華嚴:“唱縛字門,名普生安住。”〔四〕疏云:“悟一切法,言語道斷故。”〔五〕

〔一〕見大智度論卷四八。

〔二〕見摩訶般若波羅蜜經卷五廣乘品。

〔 三 〕見大智度論卷四八。

〔 四 〕見實叉難陀譯大方廣佛華嚴經卷七六。

〔 五 〕見澄觀撰大方廣佛華嚴經疏卷五九。

多他　秦言"如"〔一〕。大品："多字門,入諸法如相不動故。"〔二〕論云："諸法在如中不動故。"〔三〕華嚴："唱哆都我字時,名圓滿光。"〔四〕疏云："悟一切法,真如不動故。"〔五〕

〔 一 〕見大智度論卷四八。

〔 二 〕見摩訶般若波羅蜜經卷五廣乘品。

〔 三 〕見大智度論卷四八。

〔 四 〕見實叉難陀譯大方廣佛華嚴經卷七六。

〔 五 〕見澄觀撰大方廣佛華嚴經疏卷五九。

夜他跋　秦言"實"〔一〕。大品："夜字門,入諸法如實不生故。"〔二〕論云："諸法入實相中,不生不滅。"〔三〕華嚴："唱也以可字時,名差別積聚。"〔四〕疏云："悟如實不生故,則諸乘積聚,皆不可得。"〔五〕

〔 一 〕見大智度論卷四八。

〔 二 〕見摩訶般若波羅蜜經卷五廣乘品。

〔 三 〕見大智度論卷四八。

〔 四 〕見實叉難陀譯大方廣佛華嚴經卷七六。

〔 五 〕見澄觀撰大方廣佛華嚴經疏卷五九。

吒婆　秦言"障礙"〔一〕。大品："吒字門,入諸法制伏不可得故。"〔二〕論云："知一切法無障礙相。"〔三〕華嚴："唱瑟吒字時,名普光明息煩惱。"〔四〕

〔 一 〕見大智度論卷四八。

〔 二 〕見摩訶般若波羅蜜經卷五廣乘品。

〔 三 〕見大智度論卷四八。

〔 四 〕見實叉難陀譯大方廣佛華嚴經卷七六。

迦邏　秦言"作者"〔一〕。大品："迦字門,入諸法作者不可得故。"〔二〕論云："知諸法中無有作者。"〔三〕華嚴："唱迦字時,名無差別雲。"〔四〕疏云："作業如雲,皆無差別。"〔五〕

〔 一 〕見大智度論卷四八。

〔二〕見摩訶般若波羅蜜經卷五廣乘品。

〔三〕見大智度論卷四八。

〔四〕見實叉難陀譯大方廣佛華嚴經卷七六。

〔五〕見澄觀撰大方廣佛華嚴經疏卷五九。

娑娑　秦言“一切”〔一〕。法苑云：一以普及爲言，切以盡際爲語〔二〕。大品：“娑字門，入諸法時不可得故，諸法時來轉故。”〔三〕論云：“即知一切法一切種不可得。”〔四〕“一切有二種：一者、名字一切。”〔五〕如云“一切皆懼死，無不畏刀杖”〔六〕。無色無身，不畏刀杖，此名字一切也。“二者、實一切。”〔七〕大品云：“一切者，所謂内外法，是二乘能知，不能用一切道、起一切種。”〔八〕華嚴：“唱娑蘇我字時，名降霪大雨。”〔九〕疏云：“即平等性。”〔一〇〕

〔一〕見大智度論卷四八。

〔二〕法苑珠林卷二〇致敬篇第九名號部第四：“一者謂普及爲言，切者謂盡際爲語。”

〔三〕見摩訶般若波羅蜜經卷五廣乘品。

〔四〕見大智度論卷四八。

〔五〕見大智度論卷七二。

〔六〕見大智度論卷三〇。

〔七〕見大智度論卷七二。

〔八〕見摩訶般若波羅蜜經卷二一三慧品。

〔九〕見實叉難陀譯大方廣佛華嚴經卷七六。

〔一〇〕見澄觀撰大方廣佛華嚴經疏卷五九。

磨磨迦羅　秦言“我所”〔一〕。大品：“磨字門，入諸法我所不可得故。”〔二〕論曰：“若聞磨字，即知一切法離我所故。”〔三〕肇曰：“我爲萬物主，萬物爲我所。”又，生公曰：“有我之情，自外諸法，皆以爲我之所有。”〔四〕淨名疏云：“内心法想爲我，計十法界爲所。”〔五〕華嚴：“唱磨字時，名大流湍激，衆峰齊峙。”〔六〕疏云：“即我所執性，我慢高舉，若衆峰齊峙；我慢則生死長流，湍馳奔激。”〔七〕

〔一〕見大智度論卷四八。

〔 二 〕見摩訶般若波羅蜜經卷五廣乘品。

〔 三 〕見大智度論卷四八。

〔 四 〕“肇曰”至此,見僧肇撰注維摩詰經卷五。

〔 五 〕見智顗説、湛然略維摩經略疏卷七。

〔 六 〕見實叉難陀譯大方廣佛華嚴經卷七六。

〔 七 〕見澄觀撰大方廣佛華嚴經疏卷五九。

伽陀　秦言“底”〔一〕。大品:“伽字門,入諸法去者不可得故。”〔二〕論曰:“即知一切法底不可得故。”〔三〕華嚴:“唱伽上聲輕呼字時,名普安立。”〔四〕疏云:“即一切法行取性。”〔五〕

〔 一 〕見大智度論卷四八。

〔 二 〕見摩訶般若波羅蜜經卷五廣乘品。

〔 三 〕見大智度論卷四八。

〔 四 〕見實叉難陀譯大方廣佛華嚴經卷七六。

〔 五 〕見澄觀撰大方廣佛華嚴經疏卷五九。

多他阿伽陀　秦言“如去”〔一〕。大品:“他字門,入諸法處不可得故。”〔二〕論曰:“即知四句如去不可得。”〔三〕華嚴:“唱他他可字時,名真如平等藏。”〔四〕疏云:“即是杜處所性。”〔五〕

〔 一 〕見大智度論卷四八。

〔 二 〕見摩訶般若波羅蜜經卷五廣乘品。

〔 三 〕見大智度論卷四八。

〔 四 〕見實叉難陀譯大方廣佛華嚴經卷七六。

〔 五 〕見澄觀撰大方廣佛華嚴經疏卷五九。

闍音社**提闍羅**　秦言“生老”〔一〕。大品:“闍字門,入諸法生不可得故。”〔二〕論曰:“即知諸法生老不可得聞。”〔三〕華嚴:“唱社字時,名入世間海清淨。”〔四〕疏云:“即能所生起。”〔五〕

〔 一 〕老:原無,據大智度論補。　見大智度論卷四八。

〔 二 〕見摩訶般若波羅蜜經卷五廣乘品。

〔 三 〕見大智度論卷四八。

〔四〕見實叉難陀譯大方廣佛華嚴經卷七六。

〔五〕見澄觀撰大方廣佛華嚴經疏卷五九。

簸 大品:“簸字門,入諸法簸字不可得故。”〔一〕論曰:“若聞濕波字,即知一切法如濕波字不可得。濕波字無義,故不釋。”〔二〕華嚴:“唱鎖字時,名念一切佛莊嚴。”〔三〕疏云:“即安隱性。”〔四〕

〔一〕見摩訶般若波羅蜜經卷五廣乘品。

〔二〕見大智度論卷四八。

〔三〕見實叉難陀譯大方廣佛華嚴經卷七六。

〔四〕見澄觀撰大方廣佛華嚴經疏卷五九。

馱摩 秦言“法性”〔一〕。大品:“馱字門,入諸法性不可得故。”〔二〕論曰:“即知一切法中法性不可得。”〔三〕唯識論明三性:一、徧計所執性。六七二識徧於染淨一切法上,計實我法,名徧計所執,如繩上蛇。頌曰:“由彼彼徧計,徧計種種物。此徧計所執,自性無所有。”二、依他起自性。染淨諸法,依他眾緣而得生起,故云依他,如麻上繩。頌云:“依他起自性,分別緣所生。”諸心心所,依他起故。亦如幻事,非真實有。爲遣執心心所,外實有境故,說唯有識。若執唯識真實有者,亦是法執。三、圓成實性。唯一真空,圓滿成實,唯麻獨存。唯識頌云:“圓成實於彼,常遠離前性。”〔四〕證真〔五〕云:言於彼者,即於彼依他法上,遠離徧計所執,便名圓成實性。古師總釋云:“圓成是真,徧計是妄,依他淨分同真,染分同妄。”〔六〕頌曰:“白日見繩繩是麻,夜間見繩繩是蛇。麻上生繩猶是妄,那堪繩上更生蛇。”〔七〕性宗釋“圓成”云:“本覺真心〔八〕,始覺顯現,圓滿成實,真實常住。”〔九〕三法皆具空有,初則情有理無,次則相有性無,三則情無理有,相無性有。南岳云:“心體平等,名真實性。心體爲染淨所熏,依隨染淨二法,名依他性;所現虛相果報,名分別性。”〔一〇〕唯識云:“即依此三性,說彼三無性:初則相無性,次無自然性,後

由遠離前所執法我性故，佛密意説一切法無性。"又云："若時
於所緣，智都無所得。能所一如，無有二相。尒時住唯識，離二取
相故。"〔一一〕華嚴："唱馱字時，名觀察揀擇一切法聚。"〔一二〕疏
云："即能持界性。"〔一三〕

〔一〕見大智度論卷四八。

〔二〕見摩訶般若波羅蜜經卷五廣乘品。

〔三〕見大智度論卷四八。

〔四〕"唯識論明三性"至此，見成唯識論卷八。

〔五〕證真：即洪敏撰證真鈔，參卷一三乘通號篇第五"辟支迦羅"條
注六。

〔六〕澄觀述大方廣佛華嚴經隨疏演義鈔卷一："圓成是真，遍計爲妄，依
他起性通真通妄，淨分同真染分爲妄。"

〔七〕按：此頌，思坦集注楞嚴經集注卷五引補遺云"昔賢有頌曰"。延壽
心賦注卷一引，云"論頌云"。

〔八〕心：永樂北藏本作"必"。

〔九〕見宗密述禪源諸詮集都序卷下之一。

〔一〇〕見慧思説大乘止觀法門卷三。

〔一一〕見成唯識論卷九。

〔一二〕見實叉難陀譯大方廣佛華嚴經卷七六。

〔一三〕見澄觀大方廣佛華嚴經疏卷五九。

賒多都餓切　秦言"寂滅"〔一〕。大品："賒字門，入諸法
定不可得故。"〔二〕論曰："即知諸法寂滅相。"〔三〕妙樂云：
"此唱寂滅，是滅生之滅，非即生之滅。即生之滅，是不滅
故。"〔四〕如淨名云："法本不然，今則無滅，是寂滅義。"〔五〕
華嚴："唱奢尸荷字時，名隨順一切佛教輪光明。"〔六〕疏云：
"即寂静性。"〔七〕

〔一〕見大智度論卷四八。

〔二〕見摩訶般若波羅蜜經卷五廣乘品。

〔三〕見大智度論卷四八。

〔四〕見湛然述法華文句記卷一〇。

〔五〕見維摩經所説經卷上弟子品。

〔六〕見實叉難陀譯大方廣佛華嚴經卷七六。

〔 七 〕見澄觀撰大方廣佛華嚴經疏卷五九。

呿　秦言"虚空"〔 一 〕。大品:"呿字門,入諸法虚空不可得故。"〔 二 〕華嚴:"唱佉字時,名修因地智慧藏。"〔 三 〕疏云:"即如虚空性。"〔 四 〕

〔 一 〕見大智度論卷四八。

〔 二 〕見摩訶般若波羅蜜經卷五廣乘品。

〔 三 〕見實叉難陀譯大方廣佛華嚴經卷七六。

〔 四 〕見澄觀撰大方廣佛華嚴經疏卷五九。

叉耶　秦言"盡"〔 一 〕。大品:"叉字門,入諸法盡不可得。"〔 二 〕華嚴:"唱叉字時,名息諸業海藏。"〔 三 〕疏云:"即盡性。"〔 四 〕

〔 一 〕見大智度論卷四八。

〔 二 〕見摩訶般若波羅蜜經卷五廣乘品。

〔 三 〕見實叉難陀譯大方廣佛華嚴經卷七六。

〔 四 〕見澄觀撰大方廣佛華嚴經疏卷五九。

迦哆度求那　秦言"是事邊得何利"〔 一 〕。大品:"哆字門,入諸法有不可得故。"〔 二 〕論曰:"即知諸法邊得何利。"〔 三 〕華嚴:"唱娑蘇紇多上聲字時,名蠲諸惑障開淨光明。"〔 四 〕疏云:"即任持處非處,令不動性。"〔 五 〕

〔 一 〕見大智度論卷四八。

〔 二 〕見摩訶般若波羅蜜經卷五廣乘品。

〔 三 〕見大智度論卷四八。

〔 四 〕見實叉難陀譯大方廣佛華嚴經卷七六。

〔 五 〕見澄觀撰大方廣佛華嚴經疏卷五九。

若那　或"闍那",秦言"智"〔 一 〕。大品:"若字門,入諸法智不可得故。"〔 二 〕論云:"即知一切法中無智相。"〔 三 〕華嚴:"唱壤字時,名作世間智慧門。"〔 四 〕疏云:"即能所知性。"〔 五 〕佛地經明四智:"一、大圓鏡智者,如依圓鏡,衆像影現。如是依止如來智鏡,諸處境識衆像影現。地論〔 六 〕云:"大圓鏡智,離一切我我所執,乃至能現能生一切境界。"〔 七 〕又云:"此智是如來第八淨識。"〔 八 〕資中云:"離倒圓成,周鑒萬有,名大圓鏡智。"〔 九 〕二、平等性智者,證得一切領受緣起,平等法性,圓滿成故。三、妙觀察智者,住持一切陀羅尼門、三摩地門,無礙辯才説諸妙法故。四、成所作智者,勤身化業,示現種種摧伏諸伎,引諸衆生令入聖教成解脱故。”〔一〇〕然涅槃云:“依智不依識。”〔一一〕在聖名成所作智,在凡名五識;在聖名妙觀察智,在凡名六識;在聖名平等性智,在凡名七識;在聖名大圓鏡智,在凡名八識。雖聖凡體一,而迷悟名異,故令依智,誠不依識。傳燈:“智通禪師不會三身四智,遂謁六祖,求解其義。祖曰:‘三身者,清淨法身,汝之性也;圓滿報身,汝之智也;千百億化身,汝之行也。若離本性,別説三身,即名有身無智。若悟三身,無有自性,即名四智菩提。聽吾偈曰:自性具三身,發明成四智,不離見聞緣,超然登佛地。吾今爲汝説,諦信永無迷。莫學馳求者,終日説菩提。’通曰:‘四智之義,可得聞乎?’祖曰:‘既會三身,便明四智,何更問耶? 若離三身,別談四智,此名有智無身也。即此有智,還成無智。復説偈曰:大圓鏡智性清淨,平等性智心無病,妙觀察智見非功,成所作智同圓鏡。五八六七果因轉,但用名言無實性。若於轉處不留性〔一二〕,繁興永處那伽定。六七因中轉,五八果上轉。’”〔一三〕釋籤云:“庵摩羅是第九,本理無染,以對真性;阿梨耶是第八,無没無明,無明之性即是智性,故對般若;末那識即是第七,執持藏識所持諸法,即此執持名爲資成,以助藏識持諸法故;第六但能分別諸法故,與第七同爲資成,是故今文不論第六。若準唯識論轉於八識以成四智,又束四智以成三身者,則轉第八爲大圓鏡智,轉第七爲平等性智,轉第六爲妙觀察智,轉五識爲成所作智。大圓鏡智成法身,平等性智成報身,成所作智成化身,妙觀察智徧於三身,此中不取第九,乃是教道一途,屬對不與今同。何者? 彼居果位,三身仍別。此在因位,三身互融。即此三身,祗是三德。三德據內,三身約外。今從初心,常觀三德,故與彼義不可儱同。”〔一四〕寶藏論云:“智有三種:一曰真智,謂躰解無物,本來寂静,通達無涯,淨穢不二;二曰内智,謂自覺無明,割斷煩惱,心意寂静,滅無有餘;三曰外智,謂分別根門,識了塵境,博鑒古今,皆通俗事。"〔一五〕又,大品明三智,見"薩婆若"〔一六〕。

〔一〕見大智度論卷四八。

〔二〕見摩訶般若波羅蜜經卷五廣乘品。

〔三〕見大智度論卷四八。

〔四〕見實叉難陀譯大方廣佛華嚴經卷七六。

〔五〕見澄觀撰大方廣佛華嚴經疏卷五九。

〔六〕地論:永樂北藏本、嘉興藏本作"佛地論"。

〔七〕見佛地經論卷三。

〔八〕見佛地經論卷四。

〔九〕資中:即弘沇。此説見子璿集首楞嚴義疏注經卷四。

〔一〇〕見佛説佛地經。

〔一一〕見曇無讖譯大般涅槃經卷六。

〔一二〕性:永樂北藏本、嘉興藏本、景德傳燈録作"情"。

〔一三〕見景德傳燈録卷五壽州智通禪師。

〔一四〕見湛然述法華玄義釋籤卷一二。

〔一五〕見寶藏論離微體淨品第二。

〔一六〕"見薩婆若"者,即見本卷法寶衆名篇第五十"薩婆若多"條。

阿施 秦言"義"〔一〕。大品:"施字經本作"施"字〔二〕門,入諸法施字不可得故。"〔三〕論曰:"若聞他字,即知一切法義不可得。"〔四〕華嚴:"唱曷攞多上聲字,名生死境界智慧輪。"〔五〕疏云:"即執著義性,執著爲生死境,義即智慧輪。"〔六〕

〔一〕見大智度論卷四八。按:阿施,大智度論作"阿他"。

〔二〕經本作施字:原爲大字正文,據文意改爲子注小字。又,"施"字,疑有誤。

〔三〕見摩訶般若波羅蜜經卷五廣乘品。又,經中兩"施"字,大正藏本摩訶般若波羅蜜經作"扡",元藏本作"柂"。

〔四〕見大智度論卷四八。

〔五〕見實叉難陀譯大方廣佛華嚴經卷七六。

〔 六 〕見澄觀撰大方廣佛華嚴經疏卷五九。

婆伽　秦言"破"〔 一 〕。大品:"婆字,入諸法破壞不可得故。"〔 二 〕論曰:"知一切法不可得破相。"〔 三 〕華嚴:"唱婆蒲餓字時,名一切智宮殿圓滿莊嚴。"〔 四 〕疏云:"即可破壞性。圓滿之言,<u>不空</u>譯爲道場。"〔 五 〕

〔 一 〕見大智度論卷四八。

〔 二 〕見摩訶般若波羅蜜經卷五廣乘品。

〔 三 〕見大智度論卷四八。

〔 四 〕見實叉難陀譯大方廣佛華嚴經卷七六。

〔 五 〕見澄觀撰大方廣佛華嚴經疏卷五九。"<u>不空</u>譯爲道場"者,見<u>不空</u>譯大方廣佛華嚴經入法界品四十二字觀門:"婆引去字時,入一切宮殿道場莊嚴般若波羅蜜門,悟一切法可破壞性不可得故。"

伽車提　秦言"去"〔 一 〕。大品:"車字門,入諸法欲不可得故,如影五衆亦不可得故。"〔 二 〕論曰:"即知一切法無所去。"〔 三 〕華嚴:"唱〔 四 〕車上聲字時,名修行方便藏各別圓滿。"〔 五 〕疏云:"即欲樂覆性。"〔 六 〕

〔 一 〕見大智度論卷四八。

〔 二 〕見摩訶般若波羅蜜經卷五廣乘品。

〔 三 〕見大智度論卷四八。

〔 四 〕唱:原無,據諸校本補。

〔 五 〕見實叉難陀譯大方廣佛華嚴經卷七六。

〔 六 〕見澄觀撰大方廣佛華嚴經疏卷五九。

阿濕麼　秦言"石"〔 一 〕。大品:"麼字門,入諸法麼字不可得故。"〔 二 〕論曰:"即知諸法牢堅,如金剛石。"〔 三 〕華嚴:"唱娑蘇紇麼字時,名隨十方現見諸佛。"〔 四 〕疏云:"即可憶念性。"〔 五 〕

〔 一 〕見大智度論卷四八。

〔 二 〕見摩訶般若波羅蜜經卷五廣乘品。

〔 三 〕見大智度論卷四八。

〔 四 〕見實叉難陀譯大方廣佛華嚴經卷七六。

〔 五 〕見澄觀撰大方廣佛華嚴經疏卷五九。

火夜 秦言“唤來”〔一〕。大品：“火字門，入諸法唤不可得故。”〔二〕論曰：“即知一切法無音聲相。”〔三〕華嚴：“唱訶上聲婆上聲字時，名觀察一切無緣衆生，方便攝受，令出生無礙力。”〔四〕疏云：“即可呼召性，無緣召令有緣故。”〔五〕

〔一〕見大智度論卷四八。

〔二〕見摩訶般若波羅蜜經卷五廣乘品。

〔三〕見大智度論卷四八。

〔四〕見實叉難陀譯大方廣佛華嚴經卷七六。

〔五〕見澄觀撰大方廣佛華嚴經疏卷五九。

末嗟羅 秦言“慳”〔一〕。大品：“嗟字門，入諸法嗟字不可得故。”〔二〕論曰：“嗟字，即知一切法無慳無施相。”〔三〕華嚴：“唱縒七可字時，名修行趣入一切功德海。”〔四〕疏云：“即勇健性。”〔五〕

〔一〕見大智度論卷四八。

〔二〕見摩訶般若波羅蜜經卷五廣乘品。

〔三〕見大智度論卷四八。

〔四〕見實叉難陀譯大方廣佛華嚴經卷七六。

〔五〕見澄觀撰大方廣佛華嚴經疏卷五九。

伽那 秦言“厚”〔一〕。大品：“伽字門，入諸法厚不可得故。”〔二〕論曰：“即知諸法不厚不薄。”〔三〕華嚴：“唱伽上聲字時，名持一切法雲堅固海藏。”〔四〕疏云：“即厚平等性。”〔五〕

〔一〕見大智度論卷四八。

〔二〕見摩訶般若波羅蜜經卷五廣乘品。

〔三〕見大智度論卷四八。

〔四〕見實叉難陀譯大方廣佛華嚴經卷七六。

〔五〕見澄觀撰大方廣佛華嚴經疏卷五九。

他土茶〔一〕那 秦言“處”〔二〕。大品：“他字門，入諸法處不可得故。”〔三〕論曰：“即知諸法無住處。”〔四〕華嚴：“唱吒字時〔五〕，名隨願普見十方諸佛。”〔六〕疏云：“即積集性。”〔七〕

〔一〕土茶：永樂北藏本、嘉興藏本無，大正藏本作“土茶切”。按：永樂北藏本、嘉興藏本在"那"字後有子注"他土荼切"。

〔二〕見大智度論卷四八。

〔三〕見摩訶般若波羅蜜經卷五廣乘品。

〔四〕見大智度論卷四八。

〔五〕唱吒字時：原作"吒字時"，永樂北藏本、嘉興藏本作"唱吒字"，據文意從實叉難陀譯大方廣佛華嚴經補。

〔六〕見實叉難陀譯大方廣佛華嚴經卷七六。

〔七〕見澄觀撰大方廣佛華嚴經疏卷五九。

拏　秦言"不"〔一〕。大品："拏字門，入諸法不來、不去、不立、不坐、不臥。"〔二〕論曰："眾生空、法空。"〔三〕華嚴："唱拏妳可字時，名觀察字輪有無盡諸億字。"〔四〕疏云："即離諸諠諍，無往、無來，行、住、坐、臥，謂以常觀字輪故。"〔五〕

〔一〕見大智度論卷四八。

〔二〕見摩訶般若波羅蜜經卷五廣乘品。

〔三〕見大智度論卷四八。

〔四〕見實叉難陀譯大方廣佛華嚴經卷七六。

〔五〕見澄觀撰大方廣佛華嚴經疏卷五九。

頗羅　秦言"果"〔一〕。大品："頗字門，入諸法徧不可得故。"〔二〕論曰："即知一切法因果空故。"〔三〕華嚴："唱娑蘇紇頗字時〔四〕，名化眾生究竟處。"〔五〕疏云："即徧滿果報。"〔六〕

〔一〕見大智度論卷四八。

〔二〕見摩訶般若波羅蜜經卷五廣乘品。

〔三〕見大智度論卷四八。

〔四〕時：原無，據永樂北藏本、嘉興藏本補。

〔五〕見實叉難陀譯大方廣佛華嚴經卷七六。

〔六〕見澄觀撰大方廣佛華嚴經疏卷五九。

歌大　秦言"眾"〔一〕。大品："歌字門，入諸法聚不可得。"〔二〕論曰："即知一切五眾不可得。"〔三〕華嚴："唱娑同前迦字時〔四〕，名廣大藏無礙辯光明輪徧照。"〔五〕疏云："即積聚蘊性。"〔六〕

〔 一 〕見大智度論卷四八。

〔 二 〕見摩訶般若波羅蜜經卷五廣乘品。

〔 三 〕見大智度論卷四八。

〔 四 〕時:原無,據永樂北藏本、嘉興藏本補。

〔 五 〕見實叉難陀譯大方廣佛華嚴經卷七六。

〔 六 〕見澄觀撰大方廣佛華嚴經疏卷五九。

　　醝倉我切　　大品:"醝字門,入諸法醝字不可得故。"〔一〕論曰:"即知醝字空,諸法亦尒。"〔二〕華嚴:"唱也夷舸娑蘇舸字時〔三〕,名宣説一切佛法境界。"〔四〕疏云:"即衰老性相。"〔五〕

〔 一 〕見摩訶般若波羅蜜經卷五廣乘品。

〔 二 〕見大智度論卷四八。

〔 三 〕時:原無,據永樂北藏本、嘉興藏本補。

〔 四 〕見實叉難陀譯大方廣佛華嚴經卷七六。

〔 五 〕見澄觀撰大方廣佛華嚴經疏卷五九。

　　遮羅地　　秦言"動"〔一〕。大品:"遮字門,入諸法行不可得故。"〔二〕論曰:"即知一切法不動相。"〔三〕華嚴:"唱室者字時,名於一切衆生界法雷徧吼。"〔四〕疏云:"即聚集足跡,謂聚集一切衆生法雷,即是足跡。"〔五〕

〔 一 〕見大智度論卷四八。

〔 二 〕見摩訶般若波羅蜜經卷五廣乘品。

〔 三 〕見大智度論卷四八。

〔 四 〕見實叉難陀譯大方廣佛華嚴經卷七六。

〔 五 〕見澄觀撰大方廣佛華嚴經疏卷五九。

　　多羅　　秦言"岸"〔一〕。大品:"咃字門,入諸法驅不可得故。"〔二〕論曰:"若聞多字,即知一切法此彼岸不可得。"〔三〕華嚴:"唱侘恥加字時,名以無我法開曉衆生。"〔四〕疏云:"即相驅迫性,謂無我曉之,即爲驅迫。"〔五〕

〔 一 〕見大智度論卷四八。

〔 二 〕見摩訶般若波羅蜜經卷五廣乘品。

〔 三 〕見大智度論卷四八。

〔四〕見實叉難陀譯大方廣佛華嚴經卷七六。

〔五〕見澄觀撰大方廣佛華嚴經疏卷五九。

彼〔一〕**荼**　秦言“必”〔二〕。大品：“荼字門，入諸法邊竟處不終不生，過荼無字可説。”〔三〕論曰：“即知一切法必不可得。”〔四〕華嚴：“唱陀字時，名一切法輪差別藏。”〔五〕疏云：“此究竟含藏一切法輪。新譯乃是荼字。”〔六〕大品云：“一字皆入四十二字，四十二字亦入一字。”〔七〕

南岳大師用表四十二位，初阿字門，表初住；後荼字門，表妙覺。故曰過荼無可説〔八〕。字爲世執謂之法，衆聖所由謂之門〔九〕。

〔一〕彼：大智度論作“波”。

〔二〕見大智度論卷四八。

〔三〕見摩訶般若波羅蜜經卷五廣乘品。

〔四〕見大智度論卷四八。

〔五〕實叉難陀譯大方廣佛華嚴經卷七六：“唱陀字時，入般若波羅蜜門，名一切法輪差別藏。”

〔六〕見澄觀大方廣佛華嚴經疏卷五九。按：般若譯大方廣佛華嚴經卷三一：“唱荼去字時，能甚深入般若波羅蜜門，名一切法輪差別藏。”

〔七〕見摩訶般若波羅蜜經卷二四四攝品。

〔八〕智顗説妙法蓮華經玄義卷五上：“南岳師云：‘此是諸佛密語，何必不表四十二位？’諸學人執釋論，云無此解，多疑不用。但論本文千卷，什師作九倍略之，何必無此解耶？今謂：此解深應冥會。何者？經云：‘初阿後荼，中有四十。初阿字門，具四十一字，後荼亦爾。’華嚴云：‘從初一地具足一切諸地功德。’此義即同。經云：‘若聞阿字門，則解一切義，所謂諸法初不生故。’此豈非圓教初住，初得無生法忍？過荼無字可説，豈非妙覺無上、無過？廣乘品明一切法皆是摩訶衍竟，即説四十二字門，豈非圓教菩薩從初發心，得諸法實相？具一切佛法，故名阿字；至妙覺地，窮一切法底，故名荼字。”

〔九〕僧肇撰注維摩詰經卷八：“肇曰：言爲世則謂之法，衆聖所由謂之門。”

名句文法篇第五十二

瑜珈〔一〕云：佛菩薩等是能説者，語是能説相，名句文身是所説相〔二〕。成唯識論云："名詮自性，句詮差別，文即是字，爲二所依。"〔三〕此非色心，屬不相應行，名曰三假。婆沙："問云：如是佛教以何爲體？荅：一云語業爲體，謂佛語言、唱詞、評論、語音、語論、語業、語表，是爲佛教。"此語業師也。"二云名等爲體，名身、句身、文身，次第行列，安布聯合，爲名、句、文。"〔四〕云何但以聲爲教體？此名句師也。語業師難曰：名句文但顯佛教作用，非是自體。名句師難曰：聲是色法，如何得爲教體？要由有名，乃説爲教，是故佛教體即是名。名能詮義，故名爲體。二師異見，冰執不通。正理論中雙存兩義〔五〕。故正理鈔云：案上二説，各有所歸。諸論皆有兩家，未聞決判。西方傳説，具乃無虧。何者？若以教攝機，非聲無以可聽。若以詮求旨，非名無以表彰〔六〕。故俱舍云："牟尼説法藴，數有八十千。彼體語或名，是色行藴攝。"〔七〕體即教體，語即語業，名謂名句。言是色行藴者，由聲屬乎不可見有對色，在色藴收；名句屬不相應行，在行藴攝。體既通於色、行，則顯能詮之教。聲、名、句、文四法和合，方能詮理。又復須知佛世滅後二體不同，若約佛世八音四辯梵音聲相，此是一實。名、句、文身，乃是聲上屈曲建立，此三是假。若約滅後衆聖結集，西域貝葉、東夏竹帛書寫聖教，其中所載，名、句、文身咸屬色法，此則從正別分。若乃就旁通説，佛世雖正屬聲，旁亦通色。如迦旃延撰集衆經要義呈佛印可，斯乃通色。滅後正雖用色，旁亦通聲。以假四依，説方可解。作此區別，教體明矣。瑜珈論云："諸契經體，略有二種：一、文，二、義。文是所依，義是能依。"〔八〕十住品云："文隨於義，義隨於文。"〔九〕文義相隨，理無舛謬，方爲真教〔一○〕。此叙體竟。

〔一〕珈：諸校本作"伽"，後同。

〔二〕瑜伽師地論卷八一："一、所説相，謂名身等行相爲後；二、所爲相，謂機請攝二十七種補特伽羅；三、能説相，謂語；四、説者相，謂聲聞菩薩及與如來。"又,卷八五:"若如來、若如來弟子,是能説。"

〔三〕見成唯識論卷二。

〔四〕見阿毗達磨大毗婆沙論卷一二六。

〔五〕詳見阿毗達磨順正理論卷一四。

〔六〕正理鈔:唐元瑜撰,又稱順正理論疏、順正理論疏文記、正理文記。玄奘永徽年間譯阿毗達磨俱舍論本頌一卷、阿毗達磨俱舍論三十卷、阿毗達磨順正理論八十卷,元瑜筆受。日永超集東域傳燈目録著録"順正理論述文記二十四卷",子注曰:"元瑜,業品已下未盡,序神昉師撰。一乘院見本。西大寺有二十四卷,元興見行本二十卷成,并序云二十卷,或云二十四卷。東寺本或本二十四卷,釋寺本二十卷。"卍新續藏第五三册,收有卷九、卷一八兩卷。唐遁麟述俱舍論頌疏記卷一:"案上二説,各有所歸,西方具傳兩釋。若據以教合機,非聲無以可聽。若據以詮求旨,非名無以表彰。故知所對不同,各有准憑,少一便闕,具乃無虧。"後唐景霄纂四分律行事鈔簡正記卷一:"今且依婆沙正義,有兩師所説:一、語業師以聲爲體,二、名句師以名句文爲體。故婆沙問云:如是佛教以何爲體? 爲是語業? 爲是名句? 答:應作是説:有以語業爲體,語即聲也。論文既着有以二字,明知未便歸取。二名句師難彼語業師云:若爾,復説名句文,長行偈頌,次第行列,乃至次第連合,當云何通? 語業師答云:後文爲顯佛之作用。名句師不許此説。所以爾者,聲是無説,無可詮表,如何爲體? 須假名句,義理方顯。問:上二師,何者爲正? 答:今按順正理論宗兩師並取,故正理抄云:今詳二釋,各有旨歸。諸論皆有兩師,未聞決判。若望以詮求旨,非名句文,無以表彰。若望以教合機,非聲無以表彰。若望以教合機,非聲無以可聽。西天傳法,本有兩師,具乃亏虧,少則不足。所以爾者,聲爲業體,名句是用。體用雙存,教體方備。如或闕一,詮表不成。是以此中總以聲名文句四法爲體。"

〔七〕見阿毗達磨俱舍論卷一。

〔八〕見瑜伽師地論卷八一。

〔九〕見實叉難陀譯大方廣佛華嚴經卷一六十住品。

〔一〇〕"瑜珈論云諸契經體"至此,見澄觀撰大方廣佛華嚴經疏卷三。

便善那 此云"文身"。慈恩疏云:文身者,爲名句依而顯所表。顯有四義:一、扇,二、相好,三、根形,四、鹽。如次,能顯風涼大人男女味故,故名爲顯,即喻此文身能顯於理。若依古譯,翻"文"爲"味",但是所顯,非能顯也〔一〕。大乘入楞伽云:"文身者,謂由於此能成名句。"〔二〕楞伽云:"形身者,謂顯示名句,是名形身。又形身者,謂長短高下。"注曰:"形身即字也。"〔三〕入楞伽云:"字身者,謂聲長短、音韻高下,名爲字身。"〔四〕今問:文與於字,爲異爲同? 苔:若未改轉,斯但名字;若已改轉,文即是字。是則依類像形爲字,形聲相稱曰文。

〔一〕窺基撰成唯識論述記卷二:"梵云'便善那',此有四義:一者、扇,二、相好,三、根形,四、味,此即是鹽,能顯諸物中味故。味即文是,如言文義巧妙等,目之爲便繕那。此中四義,總是一顯義,古德説名爲味。對法云:此又名顯,能顯彼義故,爲名句所依能顯義故。"又,義忠述大乘百法明門論疏卷下:"文身者,爲名句依而顯所表。顯有四義:一、扇,二、相好,三、根形,四、鹽。如次,能顯風涼大人男女味故,故名爲顯,即喻此文身能顯於理。若依古譯,翻'文'爲'味',但是所顯,非能顯也。"與此處引慈恩疏文字全同。故此慈恩疏,或即指大乘百法明門論疏,蓋義忠亦爲大慈恩寺高僧故。然本書徵引大乘百法明門論疏,皆曰百法疏,未見有稱慈恩疏者。據宋高僧傳卷四唐京兆大慈恩寺義忠傳,義忠與其師慧沼俱爲窺基弟子(有説義忠與窺基年齡懸殊,或不及爲窺基弟子,而是再傳弟子)。義忠此説,當本之於窺基。

〔二〕見大乘入楞伽經卷三。

〔三〕見楞伽阿跋多羅寶經卷二。

〔四〕見入楞伽經卷四。

那摩　此云"名"。楞伽云:"名身者,謂依事立名,是名名身。"〔一〕

〔一〕見楞伽阿跋多羅寶經卷二。

波陀　秦言"句"〔一〕。句謂句逗。逗,止也,住也。大論云:"天竺語法,衆字和合成語,衆語和合成句。如'菩'爲一字,'提'爲一字,是二不合則無語。若和合名爲'菩提'。"〔二〕大乘入楞伽云:"句身者,謂能顯義決定究竟。"〔三〕成唯識論云:"句詮差別。"〔四〕如名爲眼,即詮自性。若言佛眼、天眼,乃顯句詮差別也。

〔一〕見大智度論卷四四。

〔二〕見大智度論卷四四。

〔三〕見大乘入楞伽經卷三。

〔四〕見成唯識論卷二。

阿耨窣覩婆　或"輸〔一〕盧迦波"。天竺但數字滿三十二即爲一偈,號阿耨窣覩婆偈〔二〕。

〔一〕輸:大正藏本作"輪"。

〔二〕澄觀撰大方廣佛華嚴經疏卷六:"阿耨窣覩婆頌,此不問長行與偈,但數字滿三十二,即爲一偈。"玄應一切經音義卷一七:"首盧,亦名'室路迦',或言'輸盧迦波',印度數,皆以三十二字爲一輸盧迦,或名'伽陀',即一偈也。"卷二五:"室路迦,舊言'輸盧迦',或云'首盧迦',又言'首盧柯'。案西國數經之法,皆以三十二字爲一室路迦。又多約凡夫作世間詠者也,此則闡陀論中之一數也。""闡陀論"者,巧妙言辭,如詩頌之類。

蘊馱南　此云"集施頌",謂以少言攝集多義,施他誦持〔一〕。

〔一〕蘊馱南:或作"鄔馱南"、"緼馱南"、"嗢柁南"等。慧琳一切經音義卷六六:"鄔馱南,梵語,唐云'偈句',或云'足跡'。"又,"嗢柁南,上溫骨反,次音馱,梵語,此云'偈頌'也。"澄觀撰大方廣佛華嚴經疏卷六:"嗢馱南,此云'集施頌',謂以少言攝集多義,施他誦持故。"唐定賓作四分律飾宗義記卷三:"憂陀那,正梵云'嗢柁南',此云'自説',舊名'無問自説'。然嗢柁南,亦含集施之義,謂集散文以成句頌,用施有情。"

跋渠　法華文句云:"中阿含翻'品'。品者,義類同者聚在一段,故名品也。或佛自唱品,如梵網;或結集所置,如大論。大品一部,結集之家本唯三品。或譯人添足,如羅什。"〔一〕什師以類加之,成九十品〔二〕。

〔一〕見智顗説妙法蓮華經文句卷一上。

〔二〕湛然述法華文句記卷一上:"'如大論'者,即論所述大品一部。結集之家本唯三品:一、序,二、魔事,三、囑累。言'譯人'者,亦指大

品本唯三品,<u>什公僞秦弘始</u>五年四月二十三日譯訖,乃依四意以類
加之,成九十品,謂人義法事。"

彌底　此云"正量"。相宗明三種量:一、現量,唯約佛
果,起後得智,見實相理。有二:一、定位,定心澄湛,境皆明
證,故名現量。現者,明也。二、散心現量,如五識緣色等時,
親明而取,局附境體,分明顯現。現者,親也。二、比量。通
約凡夫至等覺,比量生解。如遠見煙,比知有火。雖不見火,
言非虛故。三、證言量,諸佛經教,以爲證准。<u>因明論</u>云:"能
立與能破,及似唯悟他。現量與比量,及似唯自悟。"〔一〕明
義有八:一、能立三支,譬喻宗因。由此譬況,喻曉宗因。宗
者,所宗所主之義;因者,所以義、建立義。<u>世親</u>已前,宗等皆
爲能立。<u>陳那</u>已後,唯以一因二喻爲能立,宗是所立。二、能
破。三、似能立。四、似能破。五、現量。六、比量。七、似現
量。八、似比量〔二〕。<u>因明疏</u>云:"刊定法體,要須二量。現
量則得境親明,比量亦度義無謬。"〔三〕度共相境,無邪謬矣。
<u>宗鏡</u>云:"教無智而不圓,木匪繩而靡直。比之可以生誠信,
量之可以定真詮,杜狂愚之妄説。故得正法之輪永轉,唯識
之旨廣行,則事有顯理之功,言有定邦〔四〕之力。"〔五〕

〔一〕見<u>因明入正理論</u>。
〔二〕詳見<u>因明入正理論</u>及<u>因明入正理論疏</u>卷上。
〔三〕見<u>因明入正理論疏</u>卷上。
〔四〕邦:<u>永樂北藏</u>本、<u>嘉興藏</u>本作"邪"。
〔五〕見<u>延壽集宗鏡録</u>卷五一。

都羅　此云"喜"。<u>釋論</u>云:"五塵中生樂名樂,法塵中
生樂名喜。先求樂,願令衆生得,從樂因令衆生得喜。"〔一〕
又云:"麁樂名樂,細樂名喜。譬如初服藥時名樂,藥發徧身
時名喜。"〔二〕<u>智論</u>明示、教、利、喜:"示人好醜、善不善、應行
不應行。生死爲醜,涅槃安隱爲好。分別三乘,分別六波羅
蜜名示;教者,教言汝捨惡行善;利者,未得善法味故,心則退
没,爲説法引導令出,汝莫於因時不求果,汝今雖勤苦,果報

出時大得利益,令其心利故名利;喜者,隨其所行而讚歎之,故名爲喜。以此四事,莊嚴説法。"〔三〕智論明三事具足,故大歡喜:一、能説人清淨;二、所説法清淨;三、依法得果清淨〔四〕。論又問:"是諸羅漢已證實際,無復憂喜,小喜尚無,況大歡喜? 答:羅漢離三界欲,未得一切智慧故,於諸甚深法中猶疑不了,是般若中了了解説,斷除其疑,故大歡喜。"〔五〕

〔 一 〕見大智度論卷二〇。

〔 二 〕見大智度論卷二〇。

〔 三 〕見大智度論卷五四。

〔 四 〕文殊師利菩薩問菩提經論卷下:"論曰:有三種義,是故歡喜。何等爲三? 一、説者清淨,以於諸法得自在故。二、所説法清淨,以如實證知清淨法體故。三、依所説法得果清淨,以得淨妙境界故,如經皆大歡喜信受奉行故。"云"智論明"者,恐誤。

〔 五 〕見大智度論卷一〇〇。

摩訶羅 此云"無知"。律中阿難攝衆無法,迦葉訶言年少。阿難言:"我今頭白,何故名年少?"答云:"汝不善察,事同年少。老年愚法,豈不例之?"〔一〕

〔 一 〕"律中阿難"至此,見道宣撰四分律删繁補闕行事鈔卷上自恣宗要篇。"律中"者,見四分律卷四九。

梵壇 此云"默擯",梵壇令治惡性車匿〔一〕。五分云:梵壇法者,一切七衆不來往交言。若心調伏,爲説那陀迦旃延經,令離有無,即入初果〔二〕。文見"闡釋迦"注〔三〕。

〔 一 〕詳見十誦律卷三一。

〔 二 〕五分律卷三〇第五分之九五百集法:"有一比丘安居竟,往迦葉所,具以事白。迦葉語阿難言:'汝往拘舍彌,以佛語、僧語,作梵壇法罰之。'阿難受使,與五百比丘俱往。闡陀聞阿難與五百比丘來,出迎問阿難言:'何故來此? 將無與我欲作不益耶?'答言:'乃欲益汝!'闡陀言:'云何益我?'答言:'今當以佛語、僧語,作梵壇法罰汝!'即問:'云何爲梵壇法?'答言:'梵壇法者,一切比丘、比丘尼、優婆塞、優婆夷,不得共汝來往交言。'闡陀聞已,悶絕躄地,語阿難言:'此豈不名殺於我耶?'阿難言:'我親從佛聞,汝當從我得道。

汝起,爲汝説法。'彼便起聽。阿難爲説種種妙法,示教利喜,即遠
塵離垢,於諸法中得法眼淨。"按:闡陀,即車匿。

〔三〕見卷三帝王篇第二十五"闡釋迦"條。

唱薩 此言訛也,正言"娑度",此云"善哉"〔一〕。

〔一〕玄應一切經音義卷一六:"唱薩,此言訛也,正言'娑度',此譯云
'善哉'。"

阿呼 此云"奇哉"〔一〕。

〔一〕可洪新集藏經音義隨函録卷七:"阿呼,亦云'烏經呼',此譯云'奇
哉'。"

闍維 或"耶旬",正名"茶毗",此云"焚燒"〔一〕。西域
記云:"涅疊槃那,舊'闍維',訛也。"〔二〕通慧音義〔三〕云:
"親問梵僧,未聞闍維之名。"

〔一〕玄應一切經音義卷四:"耶維,或言'闍毗',或言'闍維',亦言'闍
鼻多',義是焚燒也。"卷五:"耶旬,或云'闍維',或云'闍毗',同一
義也。正言'闍鼻多',義是焚燒也。"

〔二〕大唐西域記卷六藍摩國:"涅疊般那,唐言'焚燒',舊云'闍維',
訛也。"

〔三〕通慧音義:即贊寧音義指歸。

陀呵 云"燒"。纂要云:"用照則暗不生,用燒則物
不生。"〔一〕

〔一〕見宋從義撰摩訶止觀義例纂要卷一第三依正消釋例四明借喻轉
譬者。

僧柯慄多弞 此云"有爲"。大品云:"一者、有爲法相,
謂十八空智乃至八聖道智、十力、四無所畏、世間法出世間法
等;二者、無爲法相,無生無滅、無住無異、無垢無淨、無增無
減諸法自性。"〔一〕大論釋曰:"有爲法相是作相,先無今有、
已有還無故。與〔二〕上相違,即無爲法相。"〔三〕然此二法,
若約相即,如般若云:"佛告善現:不得離有爲説無爲,不得離
無爲説有爲。"〔四〕宗鏡云:"或事理相即亦得,此理是成事之理,此事是
顯理之事。"〔五〕若約俱立,如華嚴云:"於有爲界示無爲理,不
滅有爲之相。宗鏡云:"或理事不即亦得,以全理之事非理,能依非所依,不

壞俗諦故。"〔六〕於無爲界示有爲之法,不壞無爲之性。"〔七〕宗
鏡云:"以全事之理非事,所依非能依,不隱眞諦故。"〔八〕若約俱泯〔九〕,
道智經云:"所謂一心本法,非有爲故,能作有爲。非無爲故,
能作無爲。"〔一〇〕

〔一〕見摩訶般若波羅蜜經卷一〇。

〔二〕與:原作"無",據大正藏本及大智度論改。

〔三〕見大智度論卷五九。

〔四〕大般若波羅蜜多經卷三六:"善現! 非離有爲施設無爲,非離無爲
　　　施設有爲故。"

〔五〕見延壽集宗鏡録卷一。

〔六〕見延壽集宗鏡録卷一。

〔七〕見實叉難陀譯大方廣佛華嚴經卷二四。

〔八〕見延壽集宗鏡録卷一。

〔九〕"若約俱泯"四字,原作子注小字,據文意改。

〔一〇〕見釋摩訶衍論卷二。按:釋摩訶衍論卷一:"摩訶衍論別所依經,總
　　　有一百。(中略)七十八者,道智經。"

般遮于瑟　　或"般遮跋利沙",此云"五年一大會"〔一〕。

〔一〕玄應一切經音義卷一七:"般闍于瑟,或作'般遮于瑟',皆訛略也,
　　　應言'般遮跋利沙',又言'般遮婆栗史迦'。'般遮',此云'五';
　　　'婆栗史迦',此云'年',謂五年一大會也。佛去世一百年後,阿瑜
　　　迦王設此會也。"

般遮于旬　　此云"五神通人"。經云"般遮于旬",乃以
其瑟歌頌佛德〔一〕。

〔一〕從義撰法華經三大部補注卷五:"般遮于瑟,亦云'般闍于瑟',此
　　　云五年一會也。西竺凡作大施法會,皆名般遮于瑟。諸經亦云
　　　'般遮于旬',乃以其琴歌頌佛德。般遮于旬,即五神通人也。疑今
　　　般遮于瑟,當云'般遮于旬',則其義甚便矣,後賢更須詳而辨之。"
　　　或爲此說所本。

四毗舍羅　　念佛三昧經云:"度脫五道、四毗舍羅。"注
云:"此或言施戒法,此無慳義。"〔一〕

〔一〕見菩薩念佛三昧經卷三讚如來功德品第六。"此無慳義",菩薩念
　　　佛三昧經作"世間皆無慳義"。

没栗度　此云"奭"，物柔曰奭〔一〕。

〔一〕玄應一切經音義卷一八："軟中，正體作'奭'，同，而兖反。梵本言
'没栗度'，此譯言'奭'，柔弱也。"

麗掣昌制**毗**　此云"細滑"〔一〕。

〔一〕玄應一切經音義卷一八："麗掣，又作'掣'，同，昌制反。正言'麗
掣毗'，此譯云'細滑'也。"

諄之閏**那**　此云"碎末"〔一〕。

〔一〕玄應一切經音義卷一二："諄那，古文'訰'，同，之閏反。此譯云
'碎末'，謂人名也。"

四摩　此云"別住"。此處作法，餘不相通〔一〕。

〔一〕景霄纂四分律行事鈔簡正記卷六次釋秉法處結界篇："具足梵音云
'四梵摩失'，此云'別住'，謂此處作法，與餘處各不相通，不須取
欲。所云別住，今云結界者，蓋是隨方之語也。"

嗢瑟尼沙　此云"髻"〔一〕。無上依經云"鬱尼沙，頂骨
涌起，自然成髻"〔二〕，故名肉髻。

〔一〕玄應一切經音義卷二一："烏瑟膩沙，女致反，或作'嗢瑟尼沙'，或
作'鬱瑟尼沙'，此云'髻'。案無上依經云'頂骨涌起，自然成髻'
是也。"

〔二〕無上依經卷下如來功德品："若菩薩自行十善，教他修行，見修行
者，歡喜讚歎，大悲無量，憐愍衆生，發弘誓心，攝受正法，以此業
緣，得二種相：一者、有鬱尼沙，頂骨涌起，自然成髻；二者、舌廣薄
長，如蓮華葉。"

烏瑟膩沙　此云"佛頂"〔一〕。

〔一〕慧琳一切經音義卷四："烏瑟膩沙，梵語也，如來頂相之號也。觀佛
三昧海經云：如來頂上肉髻團圓，當中涌起，高顯端嚴，猶如天葢。
又一譯云：無見頂相。各有深義也。"

母陀羅　橋李曰："結印手也。"〔一〕

〔一〕思坦集注楞嚴經集注卷二："橋李云：母陀羅，結印手也。"出洪敏證
真鈔。又，錢謙益楞嚴經疏解蒙鈔卷二："母陀羅，此云'印'。"子
注曰："證真鈔云結印手也。佛手舉措反覆，上下偃仰，如蓮華開，
如授受狀。制伏魔外，無非是印，故曰印手。"

迦私　或"迦尸"，此云"光"，能發光故〔一〕。釋迦世尊

圓光一尋〔二〕，阿弥陀佛光明無量〔三〕。智論云：無量有二種：一者、實無量，二者〔四〕、有量之無量〔五〕。見第七卷〔六〕。

〔一〕　玄應一切經音義卷一〇："迦私，此譯云'光'，能發光樂也。"

〔二〕　蓮華面經卷上："如來身者，三十二相、八十種好以自莊嚴，閻浮提金光色明炎圓光一尋。"

〔三〕　佛説阿彌陀經："彼佛何故號阿彌陀？舍利弗！彼佛光明無量，照十方國無所障礙，是故號爲阿彌陀。"

〔四〕　者：原無，據諸校本補。

〔五〕　大智度論卷二〇："無量有二種：一者、實無量。諸聖人所不能量，譬如虛空、涅槃、衆生性，是不可量。二者、有法可量，但力劣者不能量。譬如須彌山、大海水，斤兩、滴數多少，諸佛菩薩能知，諸天世人所不能知。佛度衆生亦如是，諸佛能知，但非汝等所及，故言無量。"

〔六〕　見第七卷：指本書卷七"續補"部分"無量壽"條。

　　舍利　新云"室利羅"，或"設利羅"〔一〕，此云"骨身"，又云"靈骨"，即所遺骨分，通名舍利。光明云："此舍利者，是戒、定、慧之所熏修，甚難可得，最上福田。"〔二〕大論云："碎骨是生身舍利，經卷是法身舍利。"〔三〕法苑明三種舍利：一是骨，其色白也；二是髮舍利，其色黑也；三是肉舍利，其色赤也。菩薩、羅漢，皆有三種。若佛舍利，椎擊不破。弟子舍利，椎試即碎〔四〕。感通傳："天人王璠，言是大吳蘭臺臣也。會師初達建業，孫主即未許之，令感希有之事，爲立非常之法。于時天地神祇，咸加靈被，於三七日，遂感舍利。吳主手執銅瓶，傾銅盤内，舍利所衝，盤即破裂。火燒、椎試，俱不能損，遂興佛法。"〔五〕又多聞長子名那吒，嘗以佛牙贈宣律師〔六〕。太祖皇帝疑非真牙，以火鍛〔七〕之，了然不動，遂成願文。太宗皇帝聖製頌曰："功成積劫印文端，不是南山得恐難。眼覩數重金色潤，手擎一片玉光寒。鍊時百火精神透，藏處千年瑩彩完。定果熏修真祕密，正心莫作等閑看。"真宗皇帝聖製偈曰："西方有聖号迦文,接物垂慈世所尊。常願進修增妙果,庶期饒益在黎元。"仁宗皇帝御製贊曰:"三皇掩質皆歸土,五帝潛形已化塵。夫子域中誇是聖,老君世上亦言真。埋軀秖見空遺冢,何處將身示後人。惟有吾師金骨在,曾經百鍊色長新。"〔八〕徽宗皇帝崇寧三年重午日,嘗〔九〕迎請釋迦佛牙,入内祈求,舍利感應,隔水晶匣出如雨點。神力如斯,嘉歎何已!因以偈贊:"大士釋迦文,虚空等一塵。有求皆赴感,無刹不分身。玉〔一○〕瑩千輪在,金剛百鍊新。我今恭敬禮,普願濟群輪。"〔一一〕

〔 一 〕慧琳一切經音義卷二:"設利羅,梵語也,古譯訛略,或云'舍利',即是如來碎身靈骨也。"

〔 二 〕見金光明經卷四捨身品。

〔 三 〕按:智顗説妙法蓮華經文句卷八:"釋論云:碎骨是生身舍利,經卷是法身舍利。"大智度論未見此説。

〔 四 〕法苑珠林卷四○舍利篇第三十七引證部第二:"舍利者,西域梵語,此云骨身。恐濫凡夫死人之骨,故存梵本之名。舍利有其三種:一是骨舍利,其色白也。二是髮舍利,其色黑也。三是肉舍利,其色赤也。菩薩、羅漢等,亦有三種。若是佛舍利,椎打不碎。若是弟子舍利,椎擊便破矣。"

〔 五 〕見道宣撰律相感通傳。

〔 六 〕宋高僧傳卷一四唐京兆西明寺道宣傳:"貞觀中,曾隱沁部雲室山,人睹天童給侍左右。於西明寺夜行道,足跌前階,有物扶持,履空無害。熟顧視之,乃少年也。宣遽問:'何人中夜在此?'少年曰:'某非常人,即毗沙門天王之子那吒也,護法之故,擁護和尚,時之久矣。'宣曰:'貧道修行,無事煩太子。太子威神自在,西域有可作佛事者,願爲致之。'太子曰:'某有佛牙寶掌雖久,頭目猶捨,敢不奉獻。'俄授于宣,宣保録供養焉。"

〔 七 〕鍛:永樂北藏本、嘉興藏本作"煅"。

〔 八 〕佛祖統紀卷四五法運通塞志十七之十二:仁宗天聖九年,"初太祖疑宣律師佛牙非真,遣使取自洛,烈火煅之,色不變,心敬神異,遂製發願文。太宗朝,復取驗以火,製偈讚以申敬。見三朝御製碑。因奉安大相國寺法華院。真宗嘗迎供開寶寺靈感塔下,瞻拜之夕,神光洞發,遂製偈讚。見三朝御製碑。上以三朝敬事,遂迎置禁中,以薔薇水灌之,出南海三佛齊國,香氣芬郁異常。忽於穴中得舍利一,五色映人,因爲製讚,以金盃二重藏之,奉以還寺。其讚云:三皇掩質皆歸土,五帝潛形已化塵。夫子域中誇是聖,老君世上亦言真。埋軀秖見空遺塚,何處將身示後人。唯有吾師金骨在,曾經百鍊色長新。盃,徒回切,音隤,器似盂。本紀錯爲盞,今改正。”英宗“治平二年,勅大相國寺造三朝御製佛牙讚碑,翰林學士臣王珪撰文,左僕射魏國公臣賈昌朝書,右僕射兼譯經潤文使衛國公臣韓琦立石”。

〔 九 〕嘗:原作“當”,據大正藏本改。

〔一〇〕玉:原作“王”,據永樂北藏本、嘉興藏本改。

〔一一〕佛祖統紀卷五三歷代會要志第十九之三“北天佛牙”:“唐高宗,宣律師在西明寺行道,北天王太子以佛牙上於師。代宗勅問:文綱律師親傳先師宣律師釋迦佛牙,宜詣右門進上,副朕瞻禮。宋太宗建啓聖禪寺,奉優填聖瑞像釋迦佛牙。太祖親緘銀塔中。初太祖疑佛牙非真,取自洛,以火煅之,色不變,遂製發願文。太宗復驗以火,親製偈讚。真宗迎供瞻禮,神光洞發,遂製讚。仁宗以三朝敬事,迎置禁中,於穴中得一舍利,因爲製讚。慶歷三年久旱,迎佛牙入內殿祈禱,須臾雨大注,復製發願文。英宗勅大相國寺造三朝御製佛牙讚碑,學士王珪撰文。徽宗勅迎三朝御讚佛牙入內供養,隔水晶匣,舍利出如雨,因爲製讚。”

摩奴末那　此云“意生身”。楞伽經明三種意生身,山家〔一〕法華玄、淨名疏、輔行記伸明此義,其名互出。後學披卷,罔曉厥旨,由是不揆庸淺,輒開二門:初釋通號,次辯別名。

原夫通號“意生”者,“意”謂作意,此顯同居之修因;“生”謂受生,此彰方便之感果。故曰“安樂作空意,三昧作假意,自性作中意”〔二〕。又,意者,如意。故魏譯入楞伽經云:“隨意速去、如念即至,無有障礙,名如意身。”〔三〕又,意者,意憶。故唐譯大乘入楞伽經:文有七卷。“佛告大慧:意生身者,譬如意去,速疾無礙,名意生身。”〔四〕此即從譬,號意生身。彼經兩義,釋此通名。初云:“大慧,譬如心意,於無量百千由旬之外，憶先所見種種諸物，念念相續疾詣於彼，非是其身及山河、石壁所能爲礙。意生身者，亦復如是。”〔五〕次云：“如幻三昧力神通自在，諸相莊嚴，憶本成就衆生願故，猶如意去，生於一切諸聖衆中。”〔六〕輔行釋云：“初云憶處，次云憶願，二義並是意憶生故，名爲意生。”〔七〕然此通名，先達釋云：生方便已，憶先同居所見凡境，智願熏修，作意來〔八〕生，神通化物。今謂此解，違文失旨。且違文者，淨名疏云：“三種意生身所不能斷，故生有餘，受法性身。”〔九〕是則祖師釋名，從下以生上。先達解義，自上而來下。顛倒談之，違逆〔一〇〕文矣。其失旨者，經中憶先所見，本是喻文。先賢迷之而作法解，故知舊釋未善通名也。然智者疏稱“意生身”，以依宋譯楞伽故；楞伽阿跋多羅寶經，文有四卷。荆溪記中名“意成身”，以準唐譯楞伽故。雖二經名殊，而義歸一揆。以後譯經取成就義，號意成身。故記主云：“成之與生，並從果説。”〔一一〕是則“意”之一字，乃順於因；“生”之一字，則從於果。故知此名，因果雙立也。

　　次辯別名者。初法華玄云〔一二〕：“一、安樂法意生身，此欲擬二乘人入涅槃安樂意也。二、三昧意生身，此擬通教出假化物，用神通三昧也。三、自性意生身，此擬別教修中道自性意也。”〔一三〕今釋曰：初名“安樂”者，以舊經云“安住心海，識浪不生”〔一四〕故，智者立爲“安樂法”也。此乃用經義以立名。二名“三昧意生身”者，以舊經云“得如幻三昧、無量相力，具足莊嚴，隨入佛刹”〔一五〕故，智者立爲“三昧意生”也。然則今宗三諦，俱受三昧之名，此文既以神通而釋，則當俗諦三昧。如釋籤云：“若於諸知識所但得俗諦三昧，但破無知，名爲無明。”〔一六〕今此三昧，與彼文同。三曰自性者，以舊經云“覺一切佛法，緣自得樂相”〔一七〕故。智者立爲“自性意生”，以別教中道，是諸法之自性故。淨名記云：“若不見中，則不見於諸法自性。”〔一八〕然此玄義不用被接解釋，唯約前之三教以伸者，斯則順乎教旨也。良以作意之名，從偏教立，由無照性之功，遂有別修之行，所以圓教無此意耳。故〔一九〕輔行云：“玄文不云攝入三者，以觀勝故，且置不論。又意生之名，宜在教道。”〔二〇〕

二、淨名疏云：“一、三昧正受意生身，恐是通教，同入真空寂定之樂，故涅槃云：聲聞定力多故，不見佛性。二、覺法性意生身，恐是別教。菩薩雖證偏真，而覺知有中道法性。三、無作意生身，此恐是圓教。菩薩觀於中道，無作四諦，圓伏無明。”〔二一〕今釋曰：初名三昧，吾祖既以真空寂定而釋，此則屬乎真諦三昧。以此之定，心寂不動，故名正受。位次言之，如記主云：“若約通教，七地已上，或至九地。”〔二二〕此之初名，全依經立。經如下引。二名覺法性者，“覺”謂覺知，“法性”乃是但中之理。以位言之，如記文曰：“言自性者，別住同通，應取十行。”〔二三〕此之一名，亦依經立。三名無作者，圓中稱性，修德行亡，故云“無作”。以位言之，如記主云：“圓教既云伏於無明，即知七信也。”〔二四〕然兹疏文，若約正接甄明。此用通教一正，以釋初名，復以別、圓兩接，銷後二義。若望玄文，前則無於三藏，後乃加乎圓教。而此文中前無三藏者，乃順教旨。以界外之土，小乘未詮，故談意生不用三藏。復〔二五〕加圓者，此順位義，以由別圓似解，未發真修，皆名作意。然淨名疏明意生身雖指勝鬘，及乎釋義，全用楞伽〔二六〕。當知勝鬘但有通名，無別號矣。

三、輔行記云：“一、入三昧樂意成身，亦云正受，即三、四、五地心寂不動故。二、覺法自性意成身，即八地中，普入佛剎故，以法爲自性。三、種類俱生無作意成身，謂了佛證法。”〔二七〕今釋曰：初之一名，既指通教三地已去，與前二文名義大同。如唐譯經云：“三、四、五地入於三昧，離種種心寂然不動，心海不起轉識浪波，了境心現皆無所有，是名入三昧樂意成身。”〔二八〕宋譯、魏譯，則名“三昧樂正受意生身”〔二九〕。二名“覺法自性意成身”者，與妙玄第二名異義同。然記文中既指八地入假，乃以覺了如幻之法通達自在，名爲覺法自性。故唐譯經云：“謂八地中了法如幻皆無有相，心轉所依，住如幻定及餘三昧，能現無量自在神通，如華開敷，速疾如意，如幻、如夢、如影、如像，非造所造，與造相似。一切色相，具足莊嚴，普入佛刹，了諸法性，是名覺法自性意成身。”〔三〇〕宋譯名“覺法自性性意生身”，魏譯名“如實覺知諸法相意生身”。三名“種類俱生無作行意成身”者，“種”以能生爲義，“類”從流類立名。中道之觀，能生佛界故，此因位與果爲類，故曰“種類俱生”也。經中亦名“聖種類身”。言“無作”者，別十回向，了佛證法，故名無作。故唐譯經云：“了達諸法，自證法相，是名種類俱生無作行意成身。”〔三一〕宋、魏二譯，此名皆同。然第三名雖三文立名俱異，而同對中觀，復與淨名第二之名義亦同矣。然荊溪師自斷記文則云：“此約通教，及以別接，豎判次位。”〔三二〕故知輔行用通一正及別接也。

　　問曰：凡作記者，本扶於疏，何緣此記釋意生身，但用通教豎論位次，有異智者二疏之義？ 荅曰：準記示云：“故知今判與經意同，經文未攝別位爲異。”〔三三〕是知荊溪異智者者，爲順本經故。問曰：準經判位，既唯在通，何緣智者用四教釋耶？ 荅曰：秖由意生之義，該乎九人。藏教二乘，通教三乘，別三十心，圓十信位。所以吾祖就義釋之，適時有異。問曰：天台頓悟，法相朗然，淨名疏內，焉稱恐是？ 法華玄中，安言欲擬乎？ 荅曰：淨名記云皆言恐者，尊重聖典，兼示無執。三重階降，經文義含，爲是何教，所以立名既通，解義難局，或以偏圓而釋，或約正接而伸。不固執之，乃云欲擬。問曰：小教不談界外，二乘但謂無生，何嘗要心生方便耶？ 荅曰：法性之土，雖昔未聞變易之身，在後當受。何者？ 期心趣果，秉志修因，欲出煩惱之方，願入涅槃之境。未亡取捨，還有死生。如是之懷，寧逃作意歟？ 人不曉之，却云約大乘判，謬之甚矣！ 問曰：是時過意地,住在智業中。是則大論明於實報,既是智生,何故淨名定於十地,猶通意生耶? 答曰:淨名記云:"一者但是未極名意,二帶教道挫之言意。"〔三四〕問曰:寶性論云:二乘於無漏界,生三種意陰〔三五〕。未審意生、意陰,同異云何? 苔曰:釋籖解云:"二乘在彼三中之一。今通言之,故云'三種',非謂二乘盡具三也。言'意陰'者,由意生陰,名爲意陰。又作意生陰,名爲意陰。又意即是陰,名爲意陰。前之兩釋,從因得名。後之一釋,從果立号。"〔三六〕荊溪既云"二乘在彼三中之一",此乃當於安樂法意。是則經與論文,名雖小異,義實大同。昔因講次,聊述梗槩。今附此集,刊助來哲。

〔一〕山家:永樂北藏本、嘉興藏本作"三家"。山家是天台宗中以知禮爲代表的"正統"一派,與之意見不同者,即"山外"。

〔二〕見智顗説妙法蓮華經玄義卷六下。

〔三〕見菩提留支譯入楞伽經卷三。

〔四〕見實叉難陀譯大乘入楞伽經卷二。

〔五〕見實叉難陀譯大乘入楞伽經卷二。

〔六〕見實叉難陀譯大乘入楞伽經卷二。

〔七〕見湛然述止觀輔行傳弘決卷三之三。

〔八〕來:大正藏本作"求"。

〔九〕見智顗説、湛然略維摩經略疏卷一。

〔一〇〕逆:永樂北藏本、嘉興藏本作"於"。

〔一一〕見智圓述維摩經略疏垂裕記卷一。

〔一二〕云:永樂北藏本、嘉興藏本作"義"。

〔一三〕見智顗説妙法蓮華經玄義卷六下。

〔一四〕出求那跋陀羅譯楞伽阿跋多羅寶經卷三,參注一七。

〔一五〕出求那跋陀羅譯楞伽阿跋多羅寶經卷三,參注一七。

〔一六〕見湛然述法華玄義釋籖卷八。

〔一七〕求那跋陀羅譯楞伽阿跋多羅寶經卷三:"佛告大慧:有三種意生身。云何爲三? 所謂三昧樂正受意生身、覺法自性性意生身、種類俱生無行作意生身。修行者了知初地上增進相,得三種身。大慧! 云何三昧樂正受意生身? 謂第三第四第五地,三昧樂正受故,種種自心寂静,安住心海,起浪識相不生,知自心現境界性非性,是名三昧樂正受意生身。大慧! 云何覺法自性性意生身? 謂第八地,觀察覺了如幻等法悉無所有,身心轉變,得如幻三昧及餘三昧門,無量相力自在明,如妙華莊嚴,迅疾如意,猶如幻夢水月鏡像,非造非所造,如造所造,一切色種種支分具足莊嚴,隨入一切佛刹大衆,通達自性法故,是名覺法自性性意生身。大慧! 云何種類俱生無行作意生身? 所謂覺一切佛法,緣自得樂相,是名種類俱生無行作意生身。”

〔一八〕見智圓述維摩經略疏垂裕記卷一。

〔一九〕故:大正藏本無。

〔二〇〕見湛然述止觀輔行傳弘決卷三之三。

〔二一〕見智顗説、湛然略維摩經略疏卷一。

〔二二〕見智圓述維摩經略疏垂裕記卷一。

〔二三〕見智圓述維摩經略疏垂裕記卷一。

〔二四〕見智圓述維摩經略疏垂裕記卷一。

〔二五〕復:大正藏本作“後”。

〔二六〕詳參智顗説、湛然略維摩經略疏卷一。

〔二七〕見湛然述止觀輔行傳弘決卷三之三。

〔二八〕見實叉難陀譯大乘入楞伽經卷四。

〔二九〕“宋譯”者,劉宋求那跋陀羅譯楞伽阿跋多羅寶經,參見注一七。“魏譯”者,元魏菩提流支譯入楞伽經。入楞伽經卷五:“佛告大慧:有三種意生身。何等爲三? 一者、得三昧樂三摩跋提意生身,二者、如實覺知諸法相意生身,三者、種類生無作行意生身。”

〔三〇〕見實叉難陀譯大乘入楞伽經卷四。

〔三一〕見實叉難陀譯大乘入楞伽經卷四。

〔三二〕見湛然述止觀輔行傳弘決卷三之三。

〔三三〕見湛然述止觀輔行傳弘決卷三之三。

〔三四〕見湛然述維摩經疏記卷上。

〔三五〕參見究竟一乘實性論卷三一切衆生有如來藏品。

〔三六〕見湛然述法華玄義釋籤卷一〇。

增數譬喻篇第五十三

太虛水月,並喻體空;兔角龜毛,皆況名假。因動背定,比舟行而岸移;由妄迷真,譬雲駛而月運。六道生死,若朽故之火宅[一];諸佛涅槃,譬清涼之寶渚[二]。今欲開解,遂集譬喻,俾聞法人見月亡指,冀修行者到岸捨筏,故引而伸之。

〔一〕朽故之火宅:參見妙法蓮華經卷二譬喻品。

〔二〕曇無讖譯大般涅槃經卷二五:"譬如估客,欲至寶渚,不知道路,有人示之,其人隨語,即至寶渚,多獲諸珍,不可稱計。一切衆生亦復如是,欲至善處採取道寶,不知其路通塞之處,菩薩示之,衆生隨已得至善處,獲得無上大涅槃寶。"

阿波陀那 此云"譬喻"。文句云:"譬者,比況也。喻者,曉訓也。"[一]至理玄微,抱迷不悟。妙法深奧,執情奚解? 要假近以喻遠,故借彼而況此。涅槃經説:"喻有八種:一、順喻,二、逆喻,三、現喻,四、非喻,五、先喻,六、後喻,七、先後喻,八、徧喻。順喻者,天降大雨,溝瀆皆滿,溝瀆滿故,小坑滿等。如來法雨,亦復如是。衆生戒滿,戒滿足故,不悔心滿等。逆喻者,大海有本,所謂大河。大河有本,所謂小河等。以喻涅槃有本,謂解脱等。現喻者,衆生心性,猶如獼猴。非喻者,如來曾對波斯匿王説:'有四山從四方來,欲害於人。王若聞者,當設何計?'王即荅云:'唯當專心持戒布施。'四山即是生、老、病、死,常來切人,故云非喻。先喻者,譬如有人貪著妙華,欲取之時,爲水所漂。衆生亦然,貪著五欲,爲生、老、病、死之所漂没。後喻者,莫輕小惡,以爲無殃。水渧雖微,漸盈大器。先後喻者,譬如芭蕉,生果則死。愚人得養亦如是,如騾懷妊,命不久全。徧喻者,三十三天有波利質多樹,其根深入有五由旬,枝葉四布,葉熟則黃。諸天見已,心生歡喜。其葉既落,復生歡喜。枝變色已,又生歡喜等。我諸弟子亦如是。葉色黃者,喻我弟子念欲出家。其葉落者,喻我弟子剃除鬚髮等。經中具説,以此樹等徧喻佛弟子等,故云徧喻。"[二]又,第五卷明分喻[三]云:"面皃端正,如盛滿月。白象鮮潔,猶如雪山。滿月不可即同於面,雪山不可即是白象。不可以喻喻真解脱,爲衆生故,故作是喻。"〔四〕<u>雪山</u>比象,安責尾牙?滿月況面,豈有眉目!

〔一〕見<u>智顗</u>説<u>妙法蓮華經文句</u>卷五上。

〔二〕見<u>曇無讖</u>譯<u>大般涅槃經</u>卷二九、<u>南本</u>卷二七。

〔三〕分喻:當爲"非喻"之誤。<u>大般涅槃經</u>卷五,即作"非喻"。

〔四〕見<u>大般涅槃經</u>卷五。

斫訖羅　此土翻"輪"〔一〕。<u>淨名</u>云:"三轉法輪於大千,其輪本來常清淨。"〔二〕言三轉,一曰示轉,二曰勸轉,三曰證轉。所云法者,軌持名法。軌謂軌則,令物生解;持謂任持,不捨自體。<u>輔行</u>云:"輪具二〔三〕義:一、運轉義,二、摧碾義。"〔四〕<u>文句</u>云:"轉佛心中化他之法,度入他心,名轉法輪。"〔五〕<u>輔行</u>云:"以四諦輪轉度與他,摧破結惑。如王輪寶,能壞能安。法輪亦爾,壞〔六〕煩惱怨,安住諦理。"〔七〕<u>智論</u>云:諸佛法輪有二種:一者顯,二者密〔八〕。顯謂顯露,言顯義露,号顯露教。如在<u>鹿苑</u>,顯爲五人説小,密爲八萬説大。密謂秘密,先達釋秘,乃分二種:一者、隱秘。在昔四時〔九〕,權謀隱覆曰秘,神用潛益曰密。二者、真秘。在今<u>法華</u>,昔所未説爲秘,開已無外爲密〔一〇〕。今論秘密,復有二種:一者、至理秘密。<u>阿含</u>云:"甚深之理不可説,第一義諦無聲字。"〔一一〕故<u>楞伽</u>云:"我於某夜成道,某夜入般涅槃,中間不説一字。依何密語,作如是説?佛言:依二密語,謂緣自得法及本住法。"〔一二〕<u>發軫</u>〔一三〕釋云:自得法者,修德也;本住法者,性德也。是則如來道場所得實智,是法非思量分別之所能解,亦不可以容聲矣。故<u>法華</u>云:"止止不須説,我法妙難思。"〔一四〕言語道斷,故不須説。心行處滅,故妙難思。所以掩舌<u>摩竭</u>,用啓息言之津;杜口<u>毗耶</u>,以通得意之路〔一五〕。故<u>達磨</u>西來,<u>少林</u>面壁。<u>神光</u>往彼,晨夕參承。夜遇大雪,堅立不動,遲明過膝。師憫問曰:"當求何事?"<u>光</u>悲淚曰:"惟願和尚慈悲,開甘露門。"師曰:"諸佛無上妙道,曠劫精勤,難行能行,難忍而忍。豈以小德小智,輕心慢心,欲冀真乘,徒勞勤苦。"光聞師誨,潛取利刀,自斷左臂,置于師前。師知是法器,乃曰:"諸佛最初求道,爲法忘形。汝今斷臂吾前,求亦可在。"遂與易名慧可。光曰:"諸佛法印,可得聞乎?"師曰:"諸佛法印,匪從人得。"光曰:"我心未寧,乞師與安。"師曰:"將心來,與汝安。"光曰:"覓心了不可得。"師曰:"我與汝安心竟。"〔一六〕據此,達磨但爲除病,道絕言説。二者、言詞秘密。如諸神呪,雖立語言,詞句義密,人不能解。究此密談之法,意在遮惡持善,故陀羅尼翻爲遮持。遮謂遮惡,持謂持善。此釋龍樹二種法輪。若依天台,乃辨八教,頓、漸、秘密、不定,示佛設化之儀式,名化儀四教;藏、通、別、圓,釋佛化物之法門,号化法四教〔一七〕。方味具足,應病授藥,煩惱惡疾自然消伏。宗鏡:問:達磨以心傳心,不立文字,何用廣引佛菩薩教,借蝦爲眼,無自己分? 荅:木匪繩而靡直,理非教而不圓。以聖言爲定量,邪偏難移;用至教爲指南,依憑有據。圭峰云:經是佛語,禪是佛意。諸佛心口,必不相違。忠國師云:應依佛語一乘了義,契取本源心地,轉相傳授,與佛道同。五祖下〔一八〕莊嚴大師一生訓徒,常舉維摩曰:不著世間如蓮華,常善入於空寂行,達諸法相無罣礙,稽首如空無所依。時有人問:此是佛語,欲得和尚自語。師云:佛語即我語,我語即佛語〔一九〕。願諸智者,勿分別焉。

〔一〕慧琳一切經音義卷二六:"千輻輪相,梵云'斫訖羅',此云'輪',在如來足下。經云:'以如法財施衆生故,得此相也。'"

〔二〕見維摩經所説經卷上佛國品。

〔三〕二:原作"一",據文意從諸校本改。

〔四〕見湛然述止觀輔行傳弘決卷一之二。

〔五〕見智顗説妙法蓮華經文句卷五上。

〔六〕壞:原作"懷",據諸校本及止觀輔行傳弘決改。

〔七〕見湛然述止觀輔行傳弘決卷一之二。

〔八〕大智度論卷四:"佛法有二種:一、祕密,二、顯示。"仁岳述楞嚴經熏聞記卷三:"龍樹二種法輪,謂顯露、祕密也。"

〔九〕 按:天台判教,以"五時"定説法之次第。高麗諦觀録天台四教儀:
"言五時者,一、華嚴時,二、鹿苑時,説四阿含。三、方等時,説維摩、思
益、楞伽、楞嚴三昧、金光明、勝鬘等經。四、般若時,説摩訶般若、光讚般若、金
剛般若、大品般若等諸般若經。五、法華涅槃時。""昔四時",即前四時。

〔一〇〕 湛然述法華玄義釋籤卷一三:"言祕密者,非八教中之祕密,但是前
所未説爲祕,開已無外爲密。"

〔一一〕 見大方等大集經卷二。"阿含云"者,誤。

〔一二〕 見楞伽阿跋多羅寶經卷三。

〔一三〕 發軫:即仁岳發軫鈔,已佚。

〔一四〕 見妙法蓮華經卷一方便品。

〔一五〕 文選卷五九王簡棲頭陀寺碑文:"是以掩室摩竭,用啓息言之津;杜
口毗邪,以通得意之路。"李善注曰:"華嚴經曰:佛在摩竭提國寂
滅道場,始成正覺。法華經曰:寂滅,無言也。僧肇論曰:釋迦掩室
於摩竭。鄭玄論語注曰:津,濟渡水之處。""至理幽微,非言説之所
及。掩室摩竭,示寂滅以息言;杜口毗邪,現默然而得意。維摩經
曰:佛在毗邪離菴羅樹園。佛告文殊師利:汝行詣維摩詰問疾。文
殊師利問維摩詰:何等是菩薩入不二法門? 時維摩詰嘿然無言。
文殊師利嘆曰:善哉善哉! 乃至無有文字語言,是真入不二法門。
僧肇論曰:淨名杜口于毗邪。莊子曰:言者所以在意也,得意而忘
言也。"

〔一六〕 "達磨西來"至此,見景德傳燈録卷三第二十八祖菩提達磨。

〔一七〕 詳參高麗諦觀録天台四教儀。

〔一八〕 下:原無,據宗鏡録補。五祖,當指"牛頭五祖"。牛頭五祖者,釋智
威,傳見宋高僧傳卷八唐金陵天保寺智威傳。五祖下莊嚴大師,即
智威法嗣惠忠,俗姓王,潤州上元人,傳見宋高僧傳卷一九唐昇州
莊嚴寺惠忠傳。

〔一九〕 見延壽集宗鏡録卷一。"維摩曰"者,見維摩詰所説經卷上佛國品。
圭峰,即宗密,傳見宋高僧傳卷六唐圭峰草堂寺宗密傳。忠國師,
即慧忠,傳見宋高僧傳卷九唐均州武當山慧忠傳。

一門 法華云:"是舍唯有一門,而復狹小。"〔一〕天台釋
曰:"別者,'一'謂一理,一道清淨;'門'謂正教,通於所通;
'小'謂不容斷常、七方便等。教理寬博,則非狹小,衆生不能

以此理教自通,將談無機,故言狹小耳。通者,理純無雜故言
'一',即理能通故言'門',微妙難知故言'狹小'。教者,十
方諦求,更無餘乘,唯一佛乘,故言'一'。此教能通,故言
'門'。"〔二〕

〔一〕見妙法蓮華經卷二譬喻品。
〔二〕見智顗説妙法蓮華經文句卷五下。

二翼 亦喻二輪,又譬二門。故止觀云:"馳二輪而致
遠",喻止觀以橫周。"鼓兩翅以高飛"〔一〕,譬定慧之竪徹。
故荆溪咨左溪曰:"疇昔之夜,夢披僧服,掖二輪,游大河之
中。"左溪曰:"噫,汝當以止觀二法,度群生於生死之淵
乎?"〔二〕大品:"佛告須菩提:譬如有翼之鳥,飛騰虛空而不
墮墜。雖在空中,亦不住空。須菩提,菩薩摩訶薩亦復如是,
學空解脱門,學無相、無作解脱門,亦不作證,故不墮聲聞、辟
支佛地。"〔三〕譬二門者,智論云:"欲成佛道,凡有二門:一者
福德,二者智慧。行施、戒、忍,是爲福德門。知一切諸法實
相,摩訶般若波羅蜜,是爲智慧門。菩薩入福德門,除一切
罪,所願皆得。若不得願者,以罪垢遮故。入智慧門,則不厭
生死,不樂涅槃,二事一故。今欲出生摩訶般若波羅蜜,要因
禪定門,禪定門必須大精進力。"〔四〕此以六度,合譬二門,免
跐蹰〔五〕於小逕,令優游於通衢也。寶積:喻二種縛:一、見
縛,二、利養縛。又喻二種癰瘡:一者、見求他過,二者、自覆
己罪。又喻二種毒箭,雙射其心:一、邪命爲利,二、樂好衣
鉢〔六〕。此三雙喻,覽宜自照。中繩之謂君子,不中繩之謂
小人焉。

〔一〕見智顗説、灌頂記摩訶止觀卷五上。
〔二〕見宋高僧傳卷六唐台州國清寺湛然傳。荆溪,即湛然。左溪,釋玄
朗。宋高僧傳卷二六唐東陽清泰寺玄朗傳:"釋玄朗,字慧明,姓傅
氏。(中略)隱左溪巖,因以爲號。"
〔三〕見摩訶般若波羅蜜經卷一八不證品。
〔四〕見大智度論卷一五。

〔五〕 蹋:永樂北藏本、嘉興藏本作"踏"。

〔四〕 見大寶積經論卷四。

〔六〕 大寶積經卷一一二:"又大迦葉,出家之人有二不淨心。何謂爲二?一者、讀誦路伽耶等外道經書,二者、多畜諸好衣鉢。又出家人有二堅縛。何謂爲二?一者、見縛,二者、利養縛。又出家人有二障法。何謂爲二?一者、親近白衣,二者、憎惡善人。又出家人有二種垢。何謂爲二?一者、忍受煩惱,二者、貪諸檀越。又出家人有二雨雹壞諸善根。何謂爲二?一者、敗逆正法,二者、破戒受人信施。又出家人有二癰瘡。何謂爲二?一者、求見他過,二者、自覆其罪。又出家人有二燒法。何謂爲二?一者、垢心受著法衣,二者、受他持戒善人供養。又出家人有二種病。何謂爲二?一者、懷增上慢而不伏心,二者、壞他發大乘心。"此處引文似出自道宣撰四分律刪繁補闕行事鈔卷下沙彌別行篇:"大寶積經云:出家有二種縛:一、見縛,二、利養縛。有二癰瘡:一者、求見他過,二者、自覆己罪。經中又言有二毒箭,雙射其心:一、邪命爲利,二、樂好衣鉢。"

三目 涅槃云:"如摩醯首羅面上三目。"〔一〕章安涅槃疏云:"摩醯首羅居色界頂,統領大千,一面三目,三目一面,不可單言。一三縱橫,若並若別,能嚴天顏,作世界主。徹照三千,不縱不橫,嚴主照世,一切皆成。三德亦爾,縱橫並別,秘藏不成;不縱不橫,秘藏乃成。"〔二〕天台云:"備説三德爲涅槃,雖三點上下而無縱、表裏而無橫,一不相混,三不相離。"〔三〕釋籤云:"上下〔四〕是縱義,雖一點在上,不同點水之縱。三德亦爾,法身本有,不同別教爲惑所覆。表裏是橫義,雖二點居下,不同烈火之橫。三德亦爾,二德修成,不同別人理體具足而不相收。"〔五〕故借縱橫之譬,顯非並別之法。斯可通喻十種三法,如光明玄〔六〕,學者覽之。

〔一〕 見曇無讖譯大般涅槃經卷二。

〔二〕 見灌頂撰、湛然再治大般涅槃經疏卷六。

〔三〕 見智顗説妙法蓮華經玄義卷五下。

〔四〕 下:永樂北藏本、嘉興藏本作"一"。

〔五〕 見湛然述法華玄義釋籤卷一二。

〔六〕 十種三法:謂三德、三寶、三涅槃、三身、三大乘、三菩提、三般若、三佛性、三識、三道。具體含義,詳見智顗説、灌頂録金光明經玄義卷上。

四蛇　金光明〔一〕云:“猶如四蛇,同處一篋,四大蚖蛇,其性各異。”〔二〕天台釋云:“二上升是陽,二下沉是陰。何故相違? 猶其性別,性別那能和合成身?”〔三〕故大集云:“昔有一人,避二醉象,生死。緣藤命根。入井。無常。有黑白二鼠,日月。囓藤將斷,旁有四蛇欲螫,四大。下有三龍吐火,張爪拒之。三毒。其人仰望,二象已臨井上,憂惱無託。忽有蜂過,遺蜜滴入口,五欲。是人唼蜜,全亡危懼。”〔四〕

〔一〕金光明:永樂北藏本、嘉興藏本作“金光明經”。
〔二〕見金光明經卷一空品。
〔三〕見智顗説、灌頂録金光明經文句卷四。
〔四〕按:此譬喻故事,見賓頭盧突羅奢爲優陀延王説法經,又見義淨譯譬喻經。元照撰四分律行事鈔資持記卷中釋聚篇引,亦曰“大集云”,且與這裏所引文字相同,或爲法雲所本。

四喻　金光明經四佛同舉山斤、海滴、地塵、空界,“尚可盡邊,無有能計釋尊壽命”〔一〕。天台釋云:“若從信相所疑,應言壽有量。若從四佛釋疑,應言壽無量。”〔二〕孤山索隱〔三〕未善此文,執能喻之有量,迷所況之無量。以下三無常之數,釋上三常壽之身,報應淆混,疑釋顛倒。垂裕後昆,當詳察焉。

〔一〕金光明經卷一壽量品:“爾時王舍城中,有菩薩摩訶薩名曰信相,已曾供養過去無量億那由他百千諸佛,種諸善根。(中略)於蓮華上有四如來:東方名阿閦、南方名寶相、西方名無量壽、北方名微妙聲,是四如來,自然而坐師子座上,放大光明,照王舍城及此三千大千世界,乃至十方恒河沙等諸佛世界,雨諸天華,作天妓樂。(中略)爾時信相菩薩見是諸佛及希有事,歡喜踊躍恭敬合掌,向諸世尊至心念佛,作是思惟:‘釋迦如來無量功德,唯壽命中心生疑惑。云何如來壽命如是方八十年?’爾時四佛,以正遍知告信相菩薩:‘善男子! 汝今不應思量如來壽命短促。何以故? 善男子! 我等不見諸天、世人、魔衆、梵衆、沙門、婆羅門、人及非人,有能思算如來壽量知其齊限,唯除如來。’（中略）爾時四佛,於大衆中略以偈喻説釋迦如來所得壽量,而作頌曰:一切諸水,可知幾滴,無有能數,釋尊壽命。諸須彌山,可知斤兩,無有能量,釋尊壽命。一切大地,可知塵數,無有能算,釋尊壽命。虛空分界,尚可盡邊,無有能計,釋尊壽命。不可計劫,億百千萬,佛壽如是,無量無邊。”

〔二〕　見智顗説、灌頂録金光明經文句卷二釋壽量品。

〔三〕　孤山索隱,即孤山智圓撰金光明經文句索隱記,詳見卷二八部篇第十四“鞞沙門”條注三。

五味　聖行品云:“譬如從牛出乳,從乳出酪,從酪出生酥,從生酥出熟酥,從熟酥出醍醐,譬從佛出十二部經,從十二部經出九部修多羅,從九部出方等,從方等出摩訶般若,從摩訶般若出大涅槃。”〔一〕此喻一取相生次第,牛譬於佛,五味譬教,乳從牛出,酥從乳生,二酥醍醐,次第不亂。二喻濃淡,此取一番下劣根性。所謂二乘在華嚴座,不信不解,不變凡情,故譬其乳。次至鹿苑,聞三藏教,二乘根性依教修行,轉凡成聖,譬轉乳成酪。次至方等,聞彈斥聲聞,慕大恥小,得通教益,如轉酪成生酥。次至般若,奉勅轉教,心漸通泰,得別教益,如轉生酥成熟酥。次至法華,三周説法,得記作佛,如轉熟酥成醍醐〔二〕。此乃約教豎辨,其如約教橫辨,兼但對帶,多少可知。曡華嚴云:“譬如日出,先照一切諸大山王,次照一切大山,次照金剛寶山,然後普照一切大地。”又云:“譬如日月出現世間,乃至深山、幽谷,無不普照。”〔三〕此喻先照高山,次照幽谷,後照平地,天台準涅槃五味,演第三平地,開爲三時:方等如食時,般若如禺中,法華如正午〔四〕。釋籤:“問曰:應還取涅槃本文,何以却取華嚴文耶?非但數不相當,亦恐文意各別。荅:涅槃五味轉變而秖是一乳,華嚴三照不同而秖是一日。今演平地之譬,以對涅槃後之三味,數雖不等,其義宛齊。又涅槃以牛譬佛,乳從牛出,譬佛初説大。乳出已後,其味轉變,猶成分譬。故此下文義立五味,皆從牛出。未若華嚴日譬於佛,光譬説教,日無緣慈,非出而出,衆機所扣,非照而照。故使高山、幽谷、平地不同,同稟教光,終歸等照。故用兩經,二義相成。"〔五〕佛出娑婆,慈濟群彙,經五十年,普潤無方。而此二喻,粲然可觀,乃使感應之道彰矣。華嚴五喻,別況五蘊,文見心經輔中記〔六〕也。

〔一〕　見曇無讖譯大般涅槃經卷一四、南本卷一三。

〔二〕　"一取相生次第"至此,見諦觀録天台四教儀。

〔三〕　見佛馱跋陀羅譯大方廣佛華嚴經卷三四。

〔四〕　詳見智顗説妙法蓮華經玄義卷一〇上。又,湛然述法華玄義釋籤卷二:"'復有義'者,華嚴經譬但云平地,今離彼平地,以譬方等、般若、法華,方等如食時,般若如禺中,法華如正中,於彼義上更加二義,故云'復有'。"

〔五〕　見湛然述法華玄義釋籤卷一。

〔六〕　心經輔中記:俟考。本書卷六陰界入法篇第五十八"塞健陀"條中有子注曰:"心經疏記,具解五蘊。"此處云"別況五蘊",疑心經輔中記和心經疏記爲一書,即宋師會述般若心經略疏連珠記。般若心經略疏連珠記卷末慧詵題記曰:"心經疏者,廼唐賢首國師於譯場中應鄭公之請而作也。其文約,其旨微,故述鈔之家,尤爲難能。慧因華嚴法師獨明幽趣,穎邁常譚,每苦舊章頗乖疏意。一日俯從衆請,爰出新記,名曰連珠。蓋取諸祖遺訓以爲指南,經論格言而作程式,鈎索深隱,詒厥方來,俾令慧炬相然,則其功豈不懋矣。"

六賊　原性明静,因情昏散,狂心若歇,真佛自彰。當知塵識是賊,止觀如〔一〕兵。禪止心散,觀照心昏。喻雖遣兵而討賊,法要即賊以成兵。如楞嚴曰:"眼耳鼻舌及與身心,六爲賊媒,自劫家寶。"〔二〕媒,訓謀,謀合二姓名媒。六根能生六識,令着六塵,所以六根如媒人也。金光明云:"猶如世人,馳走空聚,六根虛假,如空聚落。六賊所害,愚不知避。"〔三〕六塵污染,害智慧命,劫功德財,故名六賊。亦名六衰。妙樂云:"衰秖是賊,能損耗故。"〔四〕法句經云:"昔佛在時,有人河邊樹下學道。經〔五〕二十年,但念六塵,色聲香味觸法。心無寧息。佛知可度,化作沙門,樹下共宿。其夜月明,黿從河出,野干欲噉,黿縮其頭、尾及四足,藏於甲中。狗不得便,須臾遠去,黿還入水。道人見此,語沙門曰:龜有護命之鎧,野干不能得便。沙門對云:世人不如此龜,放恣六情,外魔得便。復說偈曰:藏六如龜,防意如城,慧與魔戰,勝則無患。"〔六〕須知無爲,能殺其賊。故安般守意經云:"有外無爲,有内無爲。外無爲者,眼不視色,色壞我眼,爲恩愛奴。一角大仙因着色故,頸騎婬女〔七〕。耳不聽聲,皷樂歌笑,聞生惑着。五百仙人聞女歌聲,皆失禪定〔八〕。鼻不受香,種種香氣,動諸結使,愛蓮華香,池神訶責〔九〕。口不味味,沙弥味酪,爲酪中蟲〔一○〕,何況貪食酒肉葱薤!身離細滑,智論明術婆伽欲火内發,燒身爲灰〔一一〕。意不妄念;楞嚴云:"縱滅一切見聞覺知,内守幽閑,猶爲法塵分別影事。"〔一二〕惟無念三昧經〔一三〕云:"人生世間,所以不得道者,但坐思想穢念多故。一善念者,得善果報;一惡念者,得惡果報。如響應聲,如影隨形。若攝念者,心不放逸。"内無爲者,數息、相隨、止、觀、還、淨。"〔一四〕此名六妙門:一、數息,二、隨息,三、止,四、觀,五、還,六、淨。經又問曰:"現有所念,何以無爲? 荅:身口爲戒,意向道行,雖有所念,本趣無爲也。"〔一五〕無行經云:"觀身畢竟無,觀受内外空,觀心無所有,觀法但有名。"〔一六〕古德云:"見聞覺知本非因,見色聞聲,覺香味觸,心知六塵。當體虚玄絶妄真,見相不生癡愛業,洞然全是釋迦身。"〔一七〕無機子復述短頌普勸:

人間壽短,地獄苦長,惡須日息,善要時揚。

〔 一 〕如:永樂北藏本、嘉興藏本作"是"。

〔 二 〕見大佛頂如來密因修證了義諸菩薩萬行首楞嚴經卷四。

〔 三 〕見金光明經卷一空品。

〔 四 〕見湛然述法華文句記卷五下。

〔 五 〕經:永樂北藏本、嘉興藏本無。

〔 六 〕見法句譬喻經卷一心意品。

〔 七 〕大智度論卷一七:"過去久遠世時,婆羅㮈國山中有仙人,以仲秋之月,於澡盤中小便,見鹿麚麀合會,婬心即動,精流盤中。麀鹿飲之,即時有身。滿月生子,形類如人,唯頭有一角,其足似鹿。鹿當產時,至仙人庵邊而產。見子是人,以付仙人而去。仙人出時,見此鹿子,自念本緣,知是己兒,取已養育。及其年大,懃教學問,通十八種大經。又學坐禪,行四無量心,得五神通。一時上山,值大雨泥滑,其足不便躄地,破其軍持,又傷其足;便大瞋恚,以軍持盛水,呪令不雨。仙人福德,諸龍鬼神皆爲不雨。不雨故,五穀、五果盡皆不生,人民窮乏,無復生路。婆羅㮈王憂愁懊惱,命諸大臣集議雨事。明者議言:'我傳聞仙人山中,有一角仙人,以足不便故,上山躄地傷足,瞋呪此雨令十二年不墮。'王思惟言:'若十二年不雨,我國了矣,無復人民!'王即開募:'其有能令仙人失五通,屬我爲民者,當與分國半治。'是婆羅㮈國有婬女,名曰扇陀,端正巨富,來應王募,問諸人言:'此是人、非人?'衆人言:'是人耳,仙人所生。'婬女言:'若是人者,我能壞之。'作是語已,取金盤盛好寶物,語王言:'我當騎此仙人項來。'婬女即時求五百乘車,載五百美女。五百鹿車,載種種歡喜丸,皆以衆藥草和之,以彩畫令似雜果;及持種種大力美酒,色味如水。服樹皮,衣草衣,行林樹間,似像仙人;於仙人庵邊,作草庵而住。一角仙人遊行見之,諸女皆出迎逆,好華妙香供養仙人,仙人大喜。諸女以美言敬辭問訊仙人,將入房中,坐好床蓐,與好清酒以爲淨水,與歡喜丸以爲果蓏。食飲飽已,語諸女言:'我從生已來,初未得如此好果、好水。'諸女言:'我一心行善故,天與我願,得此好水、好果。'仙人問諸女:'汝何以故膚色肥盛?'答言:'我曹食此好果,飲此美水,故肥如此。'女白仙人言:'汝何以不在此間住?'答曰:'亦可住耳。'女言:'可共澡洗。'即亦可之。女手柔軟,觸之心動;便復與諸女更互相洗,欲心轉生,遂成婬事,即失神通,天爲大雨。七日七夜令得歡樂飲食,七日以後酒食皆盡,繼以山水木果,其味不美。更索前者,答言:'已盡。今當共行,去此不遠,有可得處。'仙人言:'隨意。'即便共出。去城不遠,女便在道中臥,言:'我極,不能復行。'仙人言:'汝不能行者,騎我項上,當擔汝去。'女先遣信白王:'王可觀我智能。'王勅嚴駕,出而觀之。問言:'何由得爾?'女白王言:'我以方便力故,今已如此,無所復能。'"

〔八〕大智度論卷一七:"如五百仙人在山中住,甄陀羅女於雪山池中浴;聞其歌聲,即失禪定,心醉狂逸,不能自持。"

〔九〕大智度論卷一七:"有一比丘,在林中蓮華池邊經行,聞蓮華香,鼻受心著。池神語言:'汝何以捨彼林中禪淨坐處而偷我香?以著香故,諸結使臥者,今皆覺起。'時,更有一人,來入池中,多取其花,掘挽根莖,狼籍而去;池神默無所言。比丘言:'此人破汝池,取汝花,汝都無言;我但池岸邊行,便見呵罵,言偷我香!'池神言:'世間惡人常在罪垢糞中,不淨没頭,我不共語也。汝是禪行好人而著此香,破汝好事,是故呵汝。譬如白氎鮮淨而有黑物點污,衆人皆見;彼惡人者,譬如黑衣點墨,人所不見,誰問之者?'"

〔一〇〕大智度論卷一七:"如一沙彌心常愛酪,諸檀越餉僧酪時,沙彌每得殘分,心中愛著,樂喜不離;命終之後,生此殘酪瓶中。沙彌師得阿羅漢道,僧分酪時,語言:'徐徐!莫傷此愛酪沙彌!'諸人言:'何以言愛酪沙彌?'答言:'此虫本是我沙彌,但坐貪愛殘酪故,生此瓶中。'師得酪分,虫在中來。師言:'愛酪人!汝何以來?'即以酪與之。"

〔一一〕大智度論卷一四:"國王有女,名曰拘牟頭。有捕魚師,名述婆伽,隨道而行,遥見王女在高樓上。窗中見面,想像染著,心不暫捨,彌歷日月,不能飲食。母問其故,以情答母:'我見王女,心不能忘。'母諭兒言:'汝是小人,王女尊貴,不可得也。'兒言:'我心願樂,不能暫忘,若不如意,不能活也!'母爲子故,入王宮中,常送肥魚鳥肉,以遺王女,而不取價。王女怪而問之:'欲求何願?'母白王女:'願却左右,當以情告。我唯有一子,敬慕王女,情結成病,命不云遠;願垂愍念,賜其生命!'王女言:'汝去!月十五日,於某甲天祠中,住天像後。'母還語子:'汝願已得。'告之如上。沐浴新衣,在天像後住。王女至時,白其父王:'我有不吉,須至天祠以求吉福。'王言:'大善!'即嚴車五百乘,出至天祠。既到,勑諸從者齊門而止,獨入天祠。天神思惟:'此不應爾!王爲施主,不可令此小人毀辱王女!'即厭此人,令睡不覺。王女既入,見其睡重,推之不悟,即以瓔珞直十萬兩金,遺之而去。去後,此人得覺,見有瓔珞,又問衆人,知王女來;情願不遂,憂恨懊惱,婬火内發,自燒而死。"

〔一二〕見大佛頂如來密因修證了義諸菩薩萬行首楞嚴經卷一。

〔一三〕惟無念三昧經:出三藏記集卷五新集安公疑經録著録:"唯務三昧經一卷,或作'唯無三昧'。""意謂非佛經者","以示將來學士,共知鄙倍焉"。已佚。此引文,亦見法苑珠林卷三四攝念篇第二十八引證部第二、卷六二祭祀篇六十九祭祀部第三,經名皆作"惟無三昧經"。

〔一四〕見大安般守意經卷下。

〔一五〕見大安般守意經卷下。

〔一六〕按:此引文,諸法無行經無,出處俟考。法藏述華嚴經探玄記卷
一二引,云"諸法無行經云"。澄觀撰大方廣佛華嚴經疏卷三七
引,云"無行經云"。又"觀身畢竟無",以上二書皆作"觀身畢
竟空"。

〔一七〕按:延壽集宗鏡録卷九八引此,云"三平和尚""偈云"。三平和尚,
見景德傳燈録卷一四漳州三平義忠禪師。

六喻　秦金剛云:"一切有爲法,如夢幻泡影,如露亦如
電,應作如是觀。"〔一〕

初喻夢者,寤〔二〕中神游也。列子分六夢:一、正夢,平居
自夢。二、愕夢,驚愕而夢。三、思夢,思念而夢。四、寤夢,覺而道之
而夢。五、懼夢,恐〔三〕懼而夢。六、喜夢〔四〕。善悦而夢。周禮占
六夢之吉凶〔五〕。善見律明四種夢:一、四大不和夢。夢見
山崩,飛騰虛空。或見虎、狼、師子、賊逐。二、先見故夢。晝
見白、黑及男、女相,夜尅夢見。三、天人與夢。若善知識天
人示善得善,若惡知識示惡得惡。四、想心故夢。前身修福,
今感吉夢。先世造罪,今感凶夢〔六〕。石壁法師釋夢喻云:
"如有一人,真如一心。忽然睡著,不覺無明忽起。作夢最初業識相。
見轉識相。種種事,現識相。起心分別,六麤初智相。念念無間,二
相續相。於其違順,深生取著,三執取相。爲善、爲惡?是親、是
疎?四計名字相。於善於親,則種種惠利;於惡於疎,則種種凌
損。五起業相。或有報恩受樂,或有報怨受苦,六業計苦相。忽然
覺來,上事都遣。"覺唯心故,佛如夢覺,如蓮花開〔七〕。釋籤辨夢三
觀云:"如於夢中修因得果,夢事宛然即假也,求夢不可得即
空也,夢之心性即中也。"〔八〕止觀云:"若體知心性非真、非
假,息緣真假之心,名之爲正。諦觀心性非空、非假,而不壞
空假之法。若能如是照了,則於心性通達中道,圓照
三諦。"〔九〕

二、喻幻者，楞伽云："如工幻師，依草木瓦石作種種幻，起一切衆生若干形色，起種種妄想。"〔一〇〕釋籤云："焰幻之名，通於偏圓。"〔一一〕今從圓説，一心三幻。淨名記云："具如幻化，俗同真異，一俗三真。"〔一二〕指要立三種幻：以性奪修幻、但理隨緣幻、緣生無體幻。故指要云："性本圓具，偏發由熏，以性奪修，故修如幻。"又云："然此尚非但理隨緣之幻，豈同緣生無體之幻？方知如幻名同，幻義各異。"〔一三〕

三、喻泡者，淨名疏云："上水淎下水，上水爲因，下水爲緣，得有泡起，斯須即無。"〔一四〕

四、喻影者，顏氏家訓云："影字，當爲光景之景。凡陰景者，因光而生，即謂景也。"〔一五〕尚書云："惟景響。"〔一六〕晉葛洪字苑傍加彡於景切〔一七〕。梵云"頻婆帳"，此云"身影"〔一八〕。淨名疏云："有物遮光，則有影現。物異影異，物動影動。無明行業，遮理智光，則有三事，報身影現，業異報異〔一九〕，從生至死，流動非一。"〔二〇〕

五、喻露者，大戴禮云："露，陰陽之氣也。夫陰氣勝則凝爲霜雪，陽氣勝則散爲〔二一〕雨露。"〔二二〕朝陽纔照，薤露即晞。人生處世，奄〔二三〕忽何期！

六、喻電者，經律異相明四電師〔二四〕，或云電是龍瞬眼生光。五經通義曰："電，雷光也。"〔二五〕顧凱之曰："電，陰陽相觸爲雷電。"〔二六〕經取疾速之象，令悟無常之法。性通達者，當起信志。此釋六種能喻。其所譬法，今述頌曰：世界變成如幻化，愛想行起似浮泡。法塵緣慮同觀影，身似露珠垂樹梢。過去翻思事若夢，現前如電耀荒郊。須知畢竟常空寂，自是無端與物交。

〔一〕見姚秦鳩摩羅什譯金剛般若波羅蜜經。
〔二〕寱：大正藏本作"寢"。
〔三〕恐：大正藏本作"思"。
〔四〕詳見列子周穆王。

〔五〕詳見周禮春官太卜。

〔六〕詳見善見律毗婆沙卷一二。

〔七〕石壁法師：即唐末石壁寺沙門傳奥。宋日新録盂蘭盆經疏鈔餘義：
“傳奥法師，姓韓氏，并州祁縣人。先業儒，夙嘗預鄉薦，遇定惠禪
師上足潛輝闍梨，剃髮受道。然其内外典籍，皆有章句。”定惠禪
師，即宗密。此“釋夢喻”，延壽集宗鏡録卷五六引。據高麗義天録
新編諸宗教藏總録，傳奥注釋金剛般若經的著作爲纂要疏貫義意
鈔六卷。此外，他還著有大華嚴經錦冠鈔四卷（或二卷）、盂蘭盆
經鈔二卷、梵網經記二卷（見卍新續藏第三八册）、梵網經科一卷、
大乘起信論隨疏記六卷等。

〔八〕見湛然述法華玄義釋籤卷四。

〔九〕見智顗述修習止觀坐禪法要證果第十。

〔一○〕見楞伽阿跋多羅寶經卷一。

〔一一〕見湛然述法華玄義釋籤卷二。

〔一二〕見智圓述維摩經略疏垂裕記卷四。

〔一三〕見知禮述十不二門指要鈔卷下。

〔一四〕見智顗説、湛然略維摩經略疏卷三。

〔一五〕見顔氏家訓卷六書證。

〔一六〕見尚書大禹謨。

〔一七〕按：顔氏家訓卷六書證王利器集解曰：“趙曦明曰：洪傳及隋書經籍
志皆不載所撰字苑，南史劉杳傳嘗引其書。器案：兩唐志都著録葛
洪要用字苑一卷，今有任大椿輯本。”

〔一八〕慧琳一切經音義卷二二：“頻婆帳，‘頻婆’，此云‘身影質’，謂此帳
上莊嚴具中，能現一切外質之影也。或曰‘頻婆’，鮮赤菓名，此帳
似之，故以名也。”

〔一九〕報異：原無，據文意從維摩經略疏補。

〔二○〕見智顗説、湛然略維摩經略疏卷三。

〔二一〕爲：原無，據文意補，參下注。

〔二二〕太平御覽卷一二天部十二引大戴禮曰：“露，陰陽之氣也。夫陰氣
勝則凝爲霜雪，陽氣勝則散爲雨露。”

〔二三〕奄：大正藏本作“庵”。

〔二四〕經律異相卷一天部電八：“電有四種：東方名身光、南方名難毁、西
方名流炎、北方名定明。”

〔二五〕按:初學記卷一天部上雷第七引五經通義云:"震與霆皆霹靂也,電謂之雷光也。"

〔二六〕藝文類聚卷二天部下引顧愷之雷電賦:"陰陽相薄,爲雷爲電。"

六輪　本業瓔珞經云:鐵輪十信位,銅輪十住位,銀輪十行位,金輪十向位,瑠璃輪十地,摩尼輪等覺妙覺〔一〕。

〔一〕按:此爲菩薩瓔珞本業經經文概述。湛然述止觀輔行傳弘決卷一之五:"入銅輪者,本業瓔珞上卷經意,以六因位而譬六輪,乃至六性、六堅、六忍、六定、六觀等,皆作瓔珞名者,以其此位莊嚴法身。言六輪者,謂鐵輪十信、銅輪十住、銀輪十行、金輪十向、瑠璃輪十地、摩尼輪等覺。輪是碾惑摧伏等義。"

七華　維摩經云:"無漏法林樹,覺意淨妙華。"〔一〕天台釋云:"覺意即七覺支,一、擇法,二、精進,三、喜,四、除,五、捨,六、定,七、念。七覺調停,生真智因華。故智論云:無學實覺,此七能到,故以爲華。"〔二〕又云:"定水湛然滿,布以七淨華。"〔三〕天台釋云:"一、戒淨,是正語業命。二、心淨,是精進念定。三、見淨,是正見正思惟。四、斷疑淨,是見道。五、分別淨,六、行淨,是修道。七、涅槃淨。是無學道。"〔四〕又,涅槃云:"譬如有人而有七子,是七子中一子遇病,父母之心非不平等,然於病者心則偏重。"〔五〕章安釋云:"或以七方便根性爲七子,謂人、天、二乘、三教菩薩。是七子中有起過者,心則偏重。"〔六〕又,智論云:"智度大道佛善來,智度大道〔七〕佛窮底,智度相義佛無礙,稽首智度無子佛。"〔八〕古人立四義釋無子:一者無等,一切衆生無與佛等。二云無礙,佛是法王,於法自在。三云無子,復有二義:一者、就理,佛能體悟無生真理,名爲無子。二者、就事,如來生死種子已盡,故名無子。四者無子,亦有二義:一者、般若名爲佛母,母有七子,謂佛、菩薩及辟支佛并四果人,此七子中,佛最居長,故云無子。二者、無明蔽〔九〕中,無有智慧種子,故云無子〔一〇〕。

〔一〕見維摩經所說經卷中佛道品。

〔二〕見智顗說、湛然略維摩經略疏卷九。"智論云"者,大智度論卷一九:"無學實覺,此七事能到,故名爲分。"

〔 三 〕見維摩經所説經卷中佛道品。

〔 四 〕見智顗説、湛然略維摩經略疏卷九。

〔 五 〕見曇無讖譯大般涅槃經卷二〇、南本卷一八。

〔 六 〕灌頂撰、湛然再治大般涅槃經疏卷一九梵行品之五:"今取圓家七方便根性爲七子。子之中起逆過者,心則偏重。"湛然述法華玄義釋籤卷一二:"大經十八釋月愛中云:'譬如有人而有七子,是七子中一子遇病,父母之心非不平等,然於病子心則偏重。'章安云:'或以七方便根性爲七子,謂人、天、二乘、三教菩薩。是七子中有起過者,心則偏重。'"

〔 七 〕道:大智度論作"海"。

〔 八 〕見大智度論卷一。

〔 九 〕蔽:大正藏本作"弊"。

〔一〇〕"一者無等,一切衆生無與佛等"至此,見湛然述法華玄義釋籤卷一二引。"古人立四義釋無子",法華玄義釋籤作"古人論音云:言無子者,有四義不同"。

八筏　郭璞云:"水中簰筏。"〔 一 〕功德施論云:"如欲濟川,先應取筏。至彼岸已,捨之而去。"〔 二 〕智論引筏喻經云:"汝等若解我筏喻法,是時善法宜應棄捨,況不善法!"〔 三 〕斯乃無所得之要術,俾不凝滯於物矣。故德王品曰:"譬如有王,智論:"王喻魔王。"〔 四 〕以四毒蛇盛之一篋,令人瞻〔 五 〕養。若令一蛇生嗔恚,我當準法戮之都市。其人怖畏,捨篋逃走。王時復遣五旃陀羅拔刀隨後。一人藏刀,詐爲親善。其人不信,投一聚落,欲自隱匿。既入聚中,不見人物,即便坐地,聞空中聲云:今夜當有六大賊來。其人恐怖,復捨而去。路值一河,其水漂急,即取草木爲筏,截流而去。既達彼岸,安隱無患。菩薩亦爾,聞涅槃經,觀身如篋,四大如蛇,五旃陀羅即是五陰,詐親即貪愛,空聚即六入,六賊即外六塵,河即煩惱,筏即道品,智論云:"筏是八正道。"〔 六 〕到於常樂涅槃彼岸。"〔 七 〕

又喻八輪。正理論云:"如世間輪,有輻轂輞。八支聖

道,似彼名輪。正見、正思惟、正勤、正念〔八〕似輻,正語、正業、正命似轂,正定似輞。三事具足,可乘轉於通衢也。"〔九〕

〔一〕見爾雅釋水郭璞注。

〔二〕見功德施造、地婆訶羅等譯金剛般若波羅蜜經破取著不壞假名論卷上。

〔三〕見大智度論卷一。

〔四〕見大智度論卷一二,參注六。

〔五〕瞻:永樂北藏本、嘉興藏本作"瞻"。南本大般涅槃經卷二一高貴德王菩薩品云:"譬如有王以四毒蛇盛之一篋,令人養食、瞻視、臥起、摩洗其身。"則作"瞻"是。

〔六〕大智度論卷一二:"王者,魔王;篋者,人身;四毒蛇者,四大;五拔刀賊者,五衆;一人口善心惡者,是染著;空聚是六情;賊是六塵;一人愍而語之是爲善師;大河是愛;栰是八正道;手足懃渡是精進;此岸是世間;彼岸是涅槃;度者漏盡阿羅漢。"

〔七〕見南本大般涅槃經卷二一高貴德王菩薩品。

〔八〕正勤正念:原爲子注小字,據大正藏本改。

〔九〕見阿毗達磨順正理論卷六七。

九喻 方等如來藏經,佛爲金剛藏菩薩〔一〕説一法九喻,具有十文。經云:"我以佛眼觀一切衆生,諸煩惱中,有佛智眼,有如來身,結加趺坐,儼然不動。"〔二〕下有九翻長行偈頌。寶性論、佛性論具釋,圭山疏引〔三〕,今略録示。一偈云:"譬如萎變華,論云:"貪煩惱亦爾,初樂後不樂。"其華未開敷,天眼者觀見,如來身無染。"此法身躰。二云:"譬如巖樹蜜,説一味法。無量蜂圍繞,論云:"群蜂爲成蜜,嗔心螫諸人。"善方便取者,先除彼衆蜂。"三云:"譬如彼粳糧,説種種法。穬稻未除蕩,論云:"如是癡心纏,不見内堅實。"貧者猶賤之,謂爲可棄物。"四云:"如金在不淨,真如不變。隱没莫能見,論云:"增上貪嗔癡。"圭山云:"上三種子,今喻麤顯現行,發身口意,造一切業,故云增上。"天眼者乃見,即以告衆人。"五云:"譬如貧人家,根本〔四〕無明,無覆無記。未有愛惡之相,名無明住地。内有珍寶藏,法身爲萬德所依。主〔五〕既不知見,寶復不能言。"六云:"譬如菴羅果,此喻見惑。内實不毁壞,報化身佛性。

種之於大地,必成大樹王。”七云:“譬如持金像,出纏法身。行詣於他方,裹以穢弊物,此喻思惑。棄之於曠野。”八云:“譬如貧女人,色皃甚醜陋,喻八不淨地垢。而懷貴相子,當爲轉輪王。”喻成報身。九云:“譬如大冶鑄,無量真金像,喻成化身。愚者自外觀,但見焦黑土。”〔六〕八九十淨地諸垢。又,魏譯金剛云:“一切有爲法,如星、翳、燈、幻,露、泡、夢、電、雲,應作如是觀。”〔七〕彌勒頌曰:“見相及於識,器身受用事,過去現在法,亦觀未來世。”〔八〕論釋曰:“譬如星宿,爲日所映,有而不現。能見心法,亦復如是。此譬見分。又如目有翳,則見毛輪等色。觀有爲法,亦復如是,以顛倒見故。此譬相分。大雲釋曰:“此喻若執在意,見實我法,此翳配在第七,以常行故。”〔九〕圭山云:“既在第七,即知是見分。毛輪喻我法,我法即第七家,相分是第八也。”〔一〇〕又如燈,識亦如是,依止貪愛法住故。此喻識躰。又如幻,所依住處,亦復如是。以器世間,種種差別,無一體實故。此譬器。又如露,身亦如是,以少時住〔一一〕故。此喻身。又如泡,所受用事亦如是,以受想因三法不定故。此喻受用事故。又如夢,過去法亦如是,以惟念故。此喻過去法。又如電,現在法亦如是,以刹那不住故。譬現在法。又如雲,未來法亦如是,以於子時阿梨耶識,爲一切法爲種子根本故。”〔一二〕此譬未來法〔一三〕。

〔一〕金剛藏菩薩:大方等如來藏經作“金剛慧菩薩”。

〔二〕見大方等如來藏經。

〔三〕按:寶性論釋,見究竟一乘寶性論卷四;圭山疏引,見圓覺經略疏鈔卷六等。佛性論釋,見佛性論卷四辯相分第四中無變異品:“立九譬者,一、爲顯貪欲煩惱故,立蓮花化佛譬。譬如蓮花,初開之時,甚可愛樂,後時萎悴,人厭惡之。貪欲亦爾,初依塵成,後依塵壞,故以華譬貪,而華壞時,化佛出世,如貪覆法身。二、爲瞋煩惱故,以蜂爲譬者。如蜂,若爲他所觸,放毒螫人。瞋亦如是,若心起瞋,即能自害,復能害他,而有甘蜜,即譬法身,爲瞋所覆故。三、爲無明惑故,立穀中粳糧譬。譬如白米,爲糠所覆,不得受用。法身亦爾,爲無明穀所隱覆,故不得現。四、爲上心三種煩惱,立金墮不淨譬。譬如淨潔金寶，爲糞所塗，違逆人心。離欲之人，亦復如是，爲上心煩惱，違逆其意，故説此譬。法身本淨，爲上心惑所覆，故言不淨。五、爲顯無明住地故，立貧女寶藏譬。譬如貧女，宅中地下，有金寶藏，爲地覆故，受貧窮苦。二乘亦爾，爲無明所覆，不見佛果故，受四種生死之苦。六、爲顯見諦惑，立菴羅樹子譬。譬如菴羅子，生芽之時，必破其皮，然後得出。皮譬見諦，芽譬法身。見諦亦爾，初見真理，即破此惑，法身顯現故。七、爲顯思惟惑故，立弊帛裹金寶譬。譬如敗衣，不堪服用，身見貞實，先來已破，聖道對治數數習故，思惟煩惱，無復勢力。譬彼敗衣金如法身，爲思惑所障。八、爲顯不淨地惑，立貧女懷王子譬。譬如轉輪王子，在貧女腹中，胎不能污。七地以還煩惱亦爾，雖名煩惱，而有三德：一者、無染濁智慧，慈悲所含養故；二者、無過失以不損自他故；三者、無量功德能成熟佛法及衆生故。若長煩惱，即成凡夫，不能成熟佛法。若斷煩惱，即成二乘，不能成熟衆生。九、爲顯淨地惑故，立模中金像譬。譬如鑄金像，未開模時，像已成熟。水等諸物不能破，唯斧等乃能破故。八地以上惑亦如是，唯金剛心能破究竟故。”

〔四〕根本：永樂北藏本、嘉興藏本作“相卒”。

〔五〕主：永樂北藏本、嘉興藏本作“王”。

〔六〕“一偈云”至此，諸偈頌見大方等如來藏經。“論云”者，見究竟一乘寶性論卷四。“圭山云”者，見宗密圓覺經略疏鈔卷六。

〔七〕見元魏菩提流支譯金剛般若波羅蜜經。按：金剛般若波羅蜜經有五譯，分別爲姚秦鳩摩羅什譯、元魏菩提留支譯、陳真諦譯、唐玄奘譯和義淨譯。

〔八〕見天親造、菩提流支譯金剛般若波羅蜜經論卷下。

〔九〕“此譬相分”至此，見宗密圓覺經大疏釋義鈔卷五。

〔一〇〕見宗密圓覺經略疏鈔卷六。

〔一一〕住：永樂北藏本、嘉興藏本作“生”。

〔一二〕見天親造、菩提流支譯金剛般若波羅蜜經論卷下。

〔一三〕法：永樂北藏本、嘉興藏本無。

十寶　光明云：“我當安止，住於十地，十種珍寶，以爲脚足。”〔一〕天台釋云：“珍寶者，十地因可貴，諸地即是珍寶也。脚足者，十地是果家之基，故言脚足。又十度，是十地之脚足，於餘功德，非爲不修，隨力隨分，正以檀爲初地之足，檀足若滿,得入初地,乃至智度足滿,得入十地。"〔二〕又如法華十喻況勝,文見彼經〔三〕。

〔一〕見金光明經卷一懺悔品。

〔二〕見智顗説、灌頂録金光明經文句卷三釋懺悔品。

〔三〕妙法蓮華經卷六藥王菩薩本事品:"譬如一切川流江河,諸水之中海爲第一,此法華經亦復如是,於諸如來所説經中,最爲深大;又如土山、黑山、小鐵圍山、大鐵圍山及十寶山,衆山之中,須彌山爲第一,此法華經亦復如是,於諸經中最爲其上;又如衆星之中,月天子最爲第一,此法華經亦復如是,於千萬億種諸經法中最爲照明;又如日天子能除諸闇,此經亦復如是,能破一切不善之闇;又如諸小王中,轉輪聖王最爲第一,此經亦復如是,於衆經中最爲其尊;又如帝釋,於三十三天中王,此經亦復如是,諸經中王;又如大梵天王,一切衆生之父,此經亦復如是,一切賢聖、學、無學,及發菩薩心者之父;又如一切凡夫人中,須陀洹、斯陀含、阿那含、阿羅漢、辟支佛爲第一,此經亦復如是,一切如來所説、若菩薩所説、若聲聞所説,諸經法中最爲第一,有能受持是經典者,亦復如是,於一切衆生中亦爲第一;一切聲聞、辟支佛中,菩薩爲第一,此經亦復如是,於一切諸經法中最爲第一;如佛爲諸法王,此經亦復如是,諸經中王。"

半滿書籍篇第五十四

涅槃云:"譬如長者,唯有一子,心常憶念,憐愛無已,將詣師所,欲令受學,懼不速成,尋便將還。以愛念故,晝夜殷勤教其半字,而不教誨毗伽羅論〔一〕。何以故?以其幼稚,力未堪故。"〔二〕

〔一〕湛然述止觀輔行傳弘決卷六之二:"言半字者,謂九部經。毗伽羅論,謂方等典。釋云:此論是字本。河西云:世間文字之根本也。典籍音聲之論,宣通四辨,訶責世法,讚出家法。言辭清雅,義理深邃,雖是外論,而無邪法,將是善權大士之所爲也。故以此論,喻方等經。"參後"毗迦羅"條。

〔二〕見曇無讖譯大般涅槃經卷五、南本卷五。

離佉　此云"書"。釋名曰:"書,庶也,紀庶物也。"〔一〕春秋左傳序云:"大事書之於策,小事簡牘而已。"〔二〕文選注云:“大竹名策,小竹名簡,木版名牘。”〔三〕尚書序云:“伏羲、神農、黃帝〔四〕之書,謂之三墳,言大道也。少昊、顓頊、高辛、唐、虞之書,謂之五典,言常道也。”〔五〕世歷明三古:伏羲爲上古,文王爲中古,孔子爲下古。司馬遷史記辨六宗:一、陰陽。使人拘而多所畏,然其序四時之大順,不可失也。二、儒者。博而寡要,勞而少功,是以其事難盡從,然其序君臣父子之禮,不可易也。三、墨者。儉而難遵,是以其事不可徧循,然其强本節用,不可廢也。四、名者。使人儉而善失真,然其正名實,不可不察也。五、法者。嚴而少恩,然其正君臣上下之分,不可改矣。六、道德者。使人精神專一,動合無形,其爲術也,明陰陽之大順,采儒墨之善要,與時遷移,應物變化,立俗施事,無所不宜。指約而易操,事少而功多〔六〕。班固漢書明九流:一、儒流。順陰陽,陳教化,述唐虞之政,宗仲尼之道焉。二、道流。守弱自卑,陳堯舜揖讓之德,奉周易之謙恭也。三、陰陽流。順天歷象,敬受民時矣。四、法流。明賞勑法,以順禮制耳。五、名流。正名列位,言順事成矣。六、墨流。清廟宗祀,養老施惠也。七、縱橫流。謂受明使,專對權事焉。八、雜流。兼儒墨之銓,含名法之訓,知國大體,事無不貫矣。九、農流。勸勵耕桑,備陳食貨耳〔七〕。彌天云:“史遷六氏,道家爲先;班固九流,儒宗爲上。”〔八〕

〔一〕見釋名卷三釋書契。

〔二〕見杜預春秋經傳集解序。

〔三〕出處俟考。

〔四〕黃帝:原作“皇帝”,據書序改。

〔五〕見尚書序。

〔六〕詳見史記太史公自序。

〔七〕詳見漢書藝文志。

〔八〕見廣弘明集卷八道安二教論儒道昇降。按:彌天,即道安。高僧傳卷五釋道安傳:“彌天釋道安。”

悉曇章　西域悉曇章,本是婆羅賀磨天所作。自古迄今,更無異書,但點畫之間,微有不同〔一〕。"悉曇",此云"成就所生"。悉曇章是生字之根本,説之爲半;餘章文字具足,説名爲滿。又,十二章悉名爲半,自餘經書記論爲滿〔二〕。類如此方,由三十六字母而生諸字。澤州云:"梵章中有十二章,其悉曇章以爲第一,於中合五十二字。'悉曇'兩字,是題章惣名,餘是章體,所謂'惡'、'阿'乃至'魯'、'流'、'盧'、'樓'。"〔三〕

〔一〕悉曇章:古印度學習梵文的入門書。玄應一切經音義卷二:"西域悉曇章,本是婆羅賀磨天所作。自古迄今,更無異書,但點畫之間,微有不同耳。'悉曇',此云'成就'。論中悉檀者,亦悉曇也。以隨別義轉音,名爲悉檀。婆羅賀磨天者,此云'淨天',舊言'梵天',訛略也。"北山録卷九異學:"悉曇章,以成就吉祥爲義,被于創學之流也。本以四十九字相承,成一十八章,總有一萬餘字,合三百餘頌。頌凡四句,句以八字,合三十二字。傳是大自在天説。"

〔二〕慧遠述大般涅槃經義記卷四:"半滿之義,汎論有三:一、就字體以別半、滿。彼悉曇章,生字根本,説之爲半。所生餘章,文字具足,名之爲滿;又,十二章悉名爲半,自餘經書記論爲滿。二、約所詮以別半、滿。宣説世法,名之爲半;説出世法,以之爲滿。又出世中,説小名半,説大名滿。(中略)三、約所生以別半、滿。(中略)生煩惱者,名爲半字,生善名滿。又生善中,生世善者名之爲半,生出世善説以爲滿。就出世中,生小乘行名之爲半,生大名滿。今此文中,唯就初門及第三門初義辨之,文中有四:一、就字體以辨半滿。悉曇一章名之爲半,餘皆爲滿。二、是故半字,於諸經下結彼半字,能爲滿本。三、又半字義,皆是煩惱之根本,下約就所生,以辨半滿。生煩惱者名之爲半,生善名滿。四、如是一切經書記論,皆因半下結滿依半。"

〔三〕澤州:即隋慧遠。續高僧傳卷八隋京師淨影寺釋慧遠:"釋慧遠,姓李氏,燉煌人也。(中略)十三辭叔,往澤州東山古賢谷寺。"故有此稱。此説見慧遠述大般涅槃經義記卷四。又,曇無讖譯大般涅槃經卷八:"噁者,不破壞故,不破壞者,名曰三寶,喻如金剛。又復噁者,名不流故,不流者即是如來,如來九孔無所流故,是故不流。又無九孔是故不流,不流即常,常即如來,如來無作是故不流。又復噁者名爲功德,功德者即是三寶,是故名噁。”“阿者,名阿闍梨,阿闍梨者,義何謂耶? 於世間中,得名聖者。”“魯、流、盧、樓,如是四字,説有四義,謂佛、法、僧及以對法。言對法者隨順世間,如提婆達示現壞僧,化作種種形貌色像。爲制戒故,智者了達,不應於此而生畏怖,是名隨順世間之行,以是故名魯、流、盧、樓。”

毗伽羅　章安疏曰:“此云‘字本’。河西云:世間文字之根本。典籍音聲之論,宣通四辯,訶責世法,讚出家法,言詞清雅,義理深邃,雖是外論而無邪法,將非善權大士之所爲也? 故以此論,喻方等經。”〔一〕三藏傳云:“其音不正,正云‘毗耶羯剌諵女感’,此翻爲‘聲名記論’。以其廣紀諸法能詮故,名聲名記。成劫初,梵王説百萬頌。住劫初,帝釋略爲十萬頌。”〔二〕

〔一〕見灌頂撰、湛然再治大般涅槃經疏卷九。河西,即道朗,曾助曇無讖譯大般涅槃經。高僧傳卷二曇無讖傳:“讖以未參土言,又無傳譯,恐言舛於理,不許即翻,於是學語三年,方譯寫初分十卷。時沙門慧嵩、道朗獨步河西,值其宣出經藏,深相推重,轉易梵文,嵩公筆受。”

〔二〕見大慈恩寺三藏法師傳卷三。按:聲名,三藏傳作“聲明”。

攝拖苾馱　此云“聲明”〔一〕。西域記云:“開蒙誘進,先遵十二章。七歲之後,漸授五明大論。言五明者,一曰聲明,釋詁訓字,詮目流別。二、工巧明,伎術機關,陰陽曆數。三、醫方明,禁呪閑邪,藥石針艾。四、因明,考定正邪,研覈真僞。外道言論。五曰內明,究暢五乘,因果妙理。”〔二〕大般若云:五地菩薩覺五明〔三〕。此內五明也。外五明者,前四明同,五曰“符印”〔四〕。

〔一〕南海寄歸內法傳卷四西方學法:“夫聲明者,梵云‘攝拖苾馱停夜反’。‘攝拖’是聲,‘苾馱’是明,即五明論之一明也。”

〔二〕見大唐西域記卷二印度總述。

〔三〕出處俟考。

〔四〕佛祖統紀卷二六淨土立教志十八賢傳佛陀耶舍傳“復從舅氏學五明論世間法術”子注:“內衆外道,皆有五明。內五明者,一、聲明,

二、醫方明，三、呪術明，四、工巧明，五、因明。外五明者，前四並同，後一是符印明。"

韋陀　亦名"吠陀"，此云"智論"。知此生智，即邪智論。亦翻"無對"。舊云"毗陀"，訛也。韋陀有四：一、阿由，此云"方命"，亦曰"壽"，謂養生繕性。二、殊夜〔一〕，謂祭祀、祈禱。三、娑磨〔二〕，謂禮儀、占卜、兵法、軍陣。四、阿達婆，謂異能、技數、禁呪、醫方〔三〕。索隱引摩蹬伽經云："初人名梵天，造一韋陀。次有仙名白淨，變一爲四：一名讀誦，二名祭祀，三名歌詠，四名禳〔四〕灾。次名弗沙，有二十五弟子，各一韋陀，能廣分別。"〔五〕或云韋陀是符檄〔六〕。漢書高紀曰："檄，以木簡爲書，長尺二寸，用徵召也。其有急事，則加鳥羽插之，示疾速也。"〔七〕

〔一〕殊夜：大正藏本作"夜殊"。

〔二〕娑磨：大正藏本作"娑麿"。

〔三〕玄應一切經音義卷一八："毗陀，或言'韋陀'，皆訛也，應言'鞞陀'，此云'分'也，亦云'知'也。四名者：一名阿由，此云'命'，謂醫方諸事；二名夜殊，謂祭祀也；三名娑磨，此云'等'，謂國儀、卜相、音樂、戰法諸事；四名阿闥婆拏，謂呪術也。四是梵天所説，若是梵種，年滿七歳，就師學之。學成即作國師，爲人主所敬。"

〔四〕禳：大正藏本作"穰"。

〔五〕索隱：即孤山智圓著索隱記，"釋光明句"（見佛祖統紀卷一〇孤山智圓法師）。已佚。此處引文，亦見知禮述金光明經文句記卷五。按：竺律炎、支謙譯摩登伽經卷上明往緣品："昔者有人，名爲梵天，修習禪道，有大知見，造一圍陀，流布教化。其後有仙，名曰白淨，出興于世，造四圍陀：一者讀誦，二者祭祀，三者歌詠，四者禳災。次復更有一婆羅門，名曰弗沙，其弟子衆，二十有五，於一圍陀，廣分別之，即便復爲二十五分。"

〔六〕十住毗婆沙論卷一三："韋陀，秦言無對義，是符檄。如行者不失符檄，則在所欲至，無有障礙。十地道亦如是，不失韋婆陀，則所過諸地，所集善根，則能隨意助成，增長現在善根。彼又能教化聲聞道、辟支佛道、欲界、色界諸天道衆生，令住佛道，若魔、若外道不能干亂，是名不失韋婆陀。"

〔七〕見漢書卷一下高帝紀下“吾以羽檄徵天下兵”句顏師古注。

佉路瑟吒　或“佉樓”，謂北方邊處人書〔一〕。

〔一〕玄應一切經音義卷一七：“佉樓書，應言‘佉路瑟吒’，謂北方邊處
　　　人書也。”

僧佉論　正云“僧企耶”，此云“數術”，又翻“數論”〔一〕。
輔行云：“迦毗羅説經十萬偈，名僧佉論。用二十五諦，明因
中有果，計一爲宗。言二十五諦者，一者從冥初生覺，過八萬
劫前，冥然不知，但見最初中陰初起，以宿命力恒憶想之，名
爲冥諦。亦云世性，謂世間衆生，由冥初而有，即世間本性
也。亦曰自然，無所從故，從此生覺。亦名爲大，即中陰識
也。次從覺生我心者，此是我慢之我，非神我也，即第三諦。
從我心生色聲香味觸，從五塵生五大，謂四大及空。塵細大
麤，合塵成大，故云從塵生大。然此大生，多少不同。從聲生
空大，從聲觸生風大，從色聲觸生火大，從色聲觸味生水大，
五塵生地大。地大藉塵多故，其力最薄。乃至空大，藉塵少
故，其力最強。故四輪成世界，空輪最下，次風，次火，次水，
次地。從五大生十一根，謂眼等根，能覺知故，故名爲根，名
五知根。手足口大小遺根，能有用故，名五業根。心平等根，
合十一根。心能徧緣，名平等根。若五知根，各用一大。謂
色塵成火大，火大成眼根，眼根還具色，空塵成耳根，耳根還
聞聲。地成鼻，水成舌，風成身，亦如是。此二十四諦，即是
我所，皆依神我，名爲主諦。能所合論，即二十五。”〔二〕

〔一〕玄應一切經音義卷一〇：“僧佉，此言訛也，應言‘僧企耶’，此云
　　　‘數’也。其論以二十五根爲宗，舊云二十五諦。”

〔二〕見湛然述止觀輔行傳弘決卷一〇之一。

衛世師　正云“鞞崽所皆”，此云“無勝”〔一〕。優樓僧
佉，計云〔二〕徧造，但眼根火多，乃至身根風多〔三〕。文見金
七十論〔四〕。輔行云：“優樓僧佉，此云‘休留仙’。其人晝藏
山谷，以造經書。夜則游行，説法教化，猶如彼鳥，故得此名。

亦名‘眼[五]足’。其人在佛前八百年出世,亦得五通,説論
十萬偈,名衛世師。"[六]

〔一〕玄應一切經音義卷二三:"吷世師,扶廢反,亦云‘衛世師’,或言
　　‘鞞世師’,皆訛也,此云‘勝異’。過餘論故,名勝;能礙餘論令壞
　　故,名異。其論以六句義爲宗,或言六諦。"

〔二〕云:原作"六",據文意從湛然述止觀輔行傳弘決卷一〇改。

〔三〕澄觀述大方廣佛華嚴經隨疏演義鈔卷一三:"若優樓迦仙人,則計
　　遍造義。謂五大造眼根,而火大偏多。色是火家求那故,眼根唯能
　　見色。餘四例知,皆用五大成,各一偏多耳。"吉藏撰百論疏卷上:
　　"遍造者,五大成眼根,火大偏多,色是火家求那,眼還見色。五大
　　成耳根,空大偏多,聲是空家求那故,耳還聞聲。五大成鼻根,地大
　　偏多,香是地家求那故,鼻還聞香。五大成舌根,水大偏多,味是水
　　家求那故,舌還知味。五大成身根,風大偏多,觸是風家求那故,身
　　還覺觸。"

〔四〕詳見真諦譯金七十論卷中。湛然述止觀輔行傳弘決卷一〇之一:
　　"優樓僧佉,計云遍造,但眼根火多,乃至身根風多。具如金七十
　　論説。"

〔五〕眼:永樂北藏本、嘉興藏本作"服"。按:作"眼"是。湛然述止觀輔
　　行傳弘決卷一〇之一即作"眼足",且後有"足有三眼,其共自在天
　　論議。彼天面有三目,以足比之,故得其名",即對"亦名眼足"的
　　解釋。

〔六〕見湛然述止觀輔行傳弘決卷一〇之一。又,玄應一切經音義卷二
　　三:"鵂鶹子,許求反,下力周反。字書:鵂鶹,鉤鵅也。廣雅:鵂鶹,
　　鳩鵅也。山東名訓侯,關中名訓狐,亦名怪鳥。晝伏夜行,鳴爲怪
　　也。梵云‘優樓歌歌’,是造鞞世師論師,説六諦義者也。此仙人晝
　　日恒住山中,夜則出山,扣人乞食。若得即食,不得則空度。由其
　　夜行,故稱鵂鶹。又此鳥多住山巖中,此仙人亦爾,故以名焉。"

勒沙婆　此云"苦行",以筭數爲聖法,造經十萬偈,名尼
乾子[一]。

　　此三仙,説無漏盡通,故唯五通。宗鏡云:迦毗羅計因中
有果,僧佉計因中無果,勒沙婆計因中亦有果亦無果[二]。

〔一〕吉藏撰百論疏卷上:"勒沙婆者,此云‘苦行仙’。其人計身有苦樂

二分，若現世併受苦盡而樂法自出。所説之經，名尼健子，有十萬偈。”湛然述止觀輔行傳弘決卷一〇之一：“勒沙婆，此云‘苦行’，未知出時節，以算數爲聖法，造經亦有十萬偈，名尼乾子。此人斷結，用六障四濁爲法。計因中亦有果亦無果、亦一亦異爲宗。”

〔二〕延壽集宗鏡録卷四六：“佛法外外道者，本原有三：一、迦毗羅外道，此翻‘黃頭’，計因中有果；二、漚樓僧佉，此翻‘休睺’，計因中無果；三、勒沙婆，此翻‘苦行’，計因中亦有果亦無果。”知禮述金光明經文句記卷五：“僧佉，此云‘數論’，諸法從數起故，劫初黃頭仙所造。衛世師，此云‘勝論’，謂諸論中勝故，勝人所造故，成劫末鵂鶹外道造。勒沙婆，此云‘苦行’，未知出世時節，以人名名所造論。此三仙所説無漏盡通，故唯五通。”

毗世 此云“勝異論”，即六句義，於實句中有九法，地、水、火、風、空、時、方等，計積極微以成器世間。此外道計極微，常住不滅〔一〕。

〔一〕澄觀述大方廣佛華嚴經隨疏演義鈔卷一三：“六句義法，一、實，二、德，三、業，四、大有，五、同異，六、和合。實者，諸法體實，德業所依，名之爲實，德業不依有性等故。德者道德，業者作用，動作義也。一、實有九種：一、地，二、水，三、火，四、風，五、空，六、時，七、方，八、我，九、意。二、德有二十四：一、色，二、香，三、味，四、觸，五、數，六、量，七、別性，八、合，九、離，十、彼性，十一、此性，十二、覺，十三、樂，十四、苦，十五、欲，十六、嗔，十七、勤勇，十八、重性，十九、液性，二十、潤，二十一、行，二十二、法，二十三、非法，二十四、聲。三、業有五種：一、取，二、捨，三、屈，四、申，五、行。四、大有唯一，實、德、業三，同一有故。離實、德、業外，別有一法爲體，由此大有有實等故。五、同異亦一，如地望地，有其同義。望於水等，即有異義。地之同異，是地非水。水等亦然，亦離實等，有別體實。六、和合句者，謂法和合聚。由和合句，如鳥飛空，忽至樹枝，住而不去。由和合句故，令有住等。”

尼羅蔽茶 西域記云：“唐言‘青藏’。記言書事，各有司存，史誥惣稱，謂‘尼羅蔽茶’。善惡見舉，災祥備著。”〔一〕前漢書明劉歆七略：輯略，“輯”與“集”同，師古曰“謂諸書之惣要”〔二〕；六藝略，六經也；諸子略；詩賦略；兵書略；術數略,占卜之書;方技略,醫藥之書〔三〕。説苑明人臣之行,有六正六邪:一者、萌兆未現,見存亡之機,名爲聖臣;二者、進善通道,功歸於君,名爲大臣;三者、卑身進賢,稱古行事,以勵主意,名爲忠臣;四者、明察早〔四〕見,終無憂患,名爲智臣;五者、守文奉法,飲食廉節,名爲貞臣;六者、國家昏亂而不諭,犯主嚴顔,言主之過,身死國安,名爲直臣〔五〕。阮瑀論通士,以四奇高人,必有四難之忌〔六〕:言多方者,中難處也;術饒津者,要難求也;意弘博者,情難足也;性明察者,下難事也〔七〕。阮瑀論質士,以四短違〔八〕人,必有四安之報:少言詞者,政不煩也;孟僖〔九〕所以不能荅郊勞也〔一〇〕。寡知見者,物不擾也;慶氏所以困〔一一〕相鼠也。左傳云:"齊慶封來聘,叔孫與慶食,不敬,爲賦相鼠,亦不知也。"〔一二〕專一道者,思不散也;混濛蔑者,民不備也〔一三〕。

〔 一 〕見大唐西域記卷二印度總述。

〔 二 〕見漢書藝文志顔師古注。

〔 三 〕詳見漢書藝文志。

〔 四 〕早:永樂北藏本、嘉興藏本作"畢"。

〔 五 〕詳見説苑卷二臣術。

〔 六 〕忌:永樂北藏本、嘉興藏本作"思"。

〔 七 〕見阮瑀文質論,藝文類聚卷二二引。

〔 八 〕違:永樂北藏本、嘉興藏本作"遺"。

〔 九 〕僖:永樂北藏本、嘉興藏本作"喜"。

〔一〇〕見左傳昭公七年。

〔一一〕困:大正藏本作"因"。

〔一二〕見左傳襄公二十七年。

〔一三〕見阮瑀文質論,藝文類聚卷二二引。

路伽耶 應法師譯云"順世",本外道縛摩路迦也〔一〕。天台曰:"此云'善論',亦名'師破弟子'。"〔二〕慈恩云:"此翻惡對荅,是順世者,以其計執,隨于世間之情計也。"〔三〕劉虬云:"如此土禮義名教。"〔四〕

〔一〕玄應一切經音義卷六：“逆路，正言‘路迦’，譯云‘順世’，外道縛摩
　　　路迦也。‘底迦’，此云‘左順世外道’。”

〔二〕智顗説妙法蓮華經文句卷八下：“路伽耶，此云‘惡論’，亦云‘破
　　　論’。‘逆路’者，逆君父之論。又‘路’名爲‘善論’，亦名‘師破弟
　　　子’；‘逆路’名‘惡論’，亦名‘弟子破師’。”

〔三〕慧琳一切經音義卷二七窺基撰（慧琳再詳定）音妙法蓮華經安樂行
　　　品：“路伽耶陀，先譯云‘惡答對’者。”又，“逆路伽耶陀，先譯云惡
　　　徵問者，初正梵云‘路迦也底迦’，言順世外道，執計隨順世間所説
　　　之法外道，後正梵云‘縛摩路迦也底迦’，云左順外道，執計不順世
　　　間所説，與前執乖，名左順世外道。”窺基撰妙法蓮華經玄贊卷九：
　　　“路伽耶陀者，先云‘惡答對人’，正言‘路迦也底迦’，云‘順世外
　　　道’。逆路伽耶陀者，先云‘惡徵問人’，正言‘縛摩路迦也底迦’，
　　　云‘左順世外道’。執與前乖者，名‘左順世’也。”

〔四〕劉虬：齊荆州隱士。大唐内典録卷四著録其注法華經十卷，已佚，
　　　爲此説所出。吉藏撰法華義疏卷一〇：“‘路伽耶陀’者，舊云是惡
　　　解義，‘逆路伽耶陀’者，是惡論義。注經云‘路伽耶陀者，如此間
　　　禮儀名教儒墨之流也。逆路伽耶陀者，如老莊玄書絶仁棄聖之
　　　例’。”“注經”云者，即劉虬注法華經。

逆路伽耶陀

應師云：“逆路底迦，此云‘左世’。”〔一〕
天台曰：“此惡論，亦名‘弟子破師’。”〔二〕慈恩云：“此翻‘惡
徵問’，左道惑世，以其所計，不順世間故也。”〔三〕劉虬云：
“如此土莊老玄書。”〔四〕故楊雄斥老子曰：“槌提仁義，絶
滅〔五〕禮學，吾無取焉。”〔六〕斥莊子曰：“齊生死，同富貴，等
貴賤，其有懼乎？”〔七〕然此半滿兩乘，東夏偏弘邪正二教，西
域各習世尊預鑒以誡學焉。故十誦云：“好作文誦，莊嚴章
句，是可怖畏，不得作。”〔八〕五分云：“爲知差次會等學書，不
得爲好廢業，不聽卜相及問他吉凶。”〔九〕四分開學誦、學書
及學世論，爲伏外道故〔一〇〕。雜法中，新學比丘開學筭
法〔一一〕。智論云：“習外典如以刀割泥，泥無所成而刀自
損。”〔一二〕言内外典者，二教論云：“救形之教稱爲外，濟神之
典〔一三〕號爲内。智度有内外兩經，仁王辨内外二論，方等明

內外兩律,<u>百論</u>言內外二道。"〔一四〕<u>通源記</u>〔一五〕簡兩重內外:
一、約域,二、約教。約域即以世間爲內,出世爲外;約教即以
治心爲內,治身爲外。是則儒道之教,縱曰治心,且無出世之
理,俱屬域內。<u>釋氏</u>之教,雖有治身,亦爲出世之因,俱屬域
外。<u>梁陳留處士阮孝緒</u>,字<u>士宗</u>,撰<u>七錄</u>十二卷,一、經典,
二、傳記,三、子兵書,四、文集,五、術伎。此五名爲內篇。
六、佛法,七、仙道。此二名爲外篇〔一六〕。<u>南山</u>以佛、道爲方
外之篇,起於是矣〔一七〕。<u>莊子大宗師</u>:"<u>孔子</u>曰:彼游方之外
者也,而<u>丘</u>游方之內者也。"〔一八〕<u>通源記</u>問:彼既以道爲外,今
何判屬內耶? 荅:彼且以神仙道德之說,非如<u>周孔</u>治世之教,
名爲外篇。今以佛教望之,其實域內之談耳。

　言儒教者,<u>范曄</u>云:"碩德爲儒。"〔一九〕<u>楊雄</u>云:"通天地人
曰儒。"〔二〇〕<u>孔子</u>,姓<u>孔</u>名<u>丘</u>,字<u>仲尼</u>,<u>魯國鄒邑平昌闕里</u>人,
爲<u>魯</u>司寇。自<u>衛</u>反<u>魯</u>,删<u>詩</u>、<u>書</u>,定<u>禮樂</u>,修<u>春秋</u>,贊<u>易</u>道,以
六經爲教也。

　言道教者,<u>隋書經籍志</u>云:"蓋萬物之奧,聖人之蹟
也。"〔二一〕<u>老子</u>,姓<u>李</u>名<u>耳</u>,字<u>伯陽</u>,謚曰<u>聃</u>,<u>楚苦縣厲鄉曲仁
里</u>人,爲<u>周</u>守藏室之吏。西入<u>流沙</u>,爲<u>函谷關</u>吏<u>尹喜</u>說五千
言,即<u>道德</u>二經爲教也。

　言釋教者,<u>老子西昇經</u>〔二二〕云:"吾師化游<u>天竺</u>,善入泥
洹。"<u>符子</u>〔二三〕云:"<u>老子</u>之師名<u>釋迦文</u>。<u>釋迦</u>所說之法,謂之
<u>釋教</u>。"<u>後漢郊祀志</u>云:"佛教以修善慈心爲主,不殺生類,專
務清尚。又以人死,精神不滅,隨復受形,所行善惡,後生皆
有報應。所貴行善,以練其精神。練而不已,以至無生而得
爲佛也。有經書數千卷,以虛無爲宗,包羅精粗七胡,無所不
統。善爲宏闊〔二四〕勝大之言,所求在一體之內,所明在視聽
之表,玄微深遠,難得而測。故王公大人觀生死報應之際,無
不懅然自失也。"〔二五〕

　<u>寶王論</u>曰:"三教之理,名未始異,理未始同。且夫子四

絕中,一無我者,謙光之義,爲無我也;道無我者,長而不宰,爲無我也;佛無我者,觀五蘊空,爲無我也。上二教門,都不明五蘊,孰辨其四諦、六度萬行、聖賢階級?蔑然無聞,但和光同塵,保雌守靜,既慈且儉,不敢爲天下先,各一聖也,安用商搉[二六]其淺深歟?三教無我明矣。"[二七]

弘明集云:"秦景西使,摩騰東來,道暢皇漢之朝,訓敷永平之祀。"[二八]竺法蘭之入洛,康僧會之游吳,顯舍利於南國,起招提於東都[二九]。南山云:"自教法東漸,亟涉寇烏瓜隆,三被屏除,五遭拜伏。此非休明之代,乃是暴虐之君,故使布令非經國之謨,乖常致良史之誚。事理難反,還習舊津。"[三〇]初東晉成帝咸康六年,庾冰輔政,帝在幼沖,爲帝出詔,令僧致拜。時尚書令何充、謝廣等,建議不合拜。往反三議,當時遂寢。安帝元興[三一]中,太尉桓玄上書令拜,尚書令桓謙、中書王謐等抗諫曰:"今沙門雖意深於敬,不以形屈爲禮。迹充率土而趣超方内,是以外國之君莫不降禮。良以道在則貴,不以人爲輕重。尋大法東流,爲日諒久,雖風移政變,而弘之不易。豈不以獨絶之化,有日用於陶漸,清約之風,無時害於隆平者乎?"[三二]玄又致書遠法師,遠著沙門不敬王者論五篇[三三],其事由息。及安帝返政,還崇信奉。有宋劉氏,雖孝武大明六年暫制拜君,尋依先政[三四]。中原元魏太武真君七年,道士寇謙、司徒崔皓讒於佛法,帝然之,遂滅佛法,逃僧梟斬。後延曇始,頂禮悔過。廢經五載,帝被癘疾,遂誅崔氏,還興佛法。自晉失御中原,國分十六,斯諸僞政,信法不虧。唯赫連勃勃據有夏州,兇暴無厭,以殺爲樂。背像背上,令僧禮之。後爲天震而死。及葬,又震出之。其子昌襲位,破長安,滅佛法,逢僧斬戮。沙門曇始被刀不傷,因爾改心[三五]。尋爲北朝後魏所滅。周武帝初信佛法,後納道士張賓及前僧衛元嵩之讒,將除佛教[三六]。安師著二教論抗云:九流之教,教止其身,名爲外教。三乘之教,教靜其心,名爲内教。老非教主,易謙所攝[三七]。帝聞之,存廢理乖,遂雙除屏。不盈五載,身殁移隋。煬帝嗣録,改革前朝,雖令致敬,僧竟不屈[三八]。

　　唐祖太武出沙汰佛道詔[三九]。太宗制拜君親勑[四〇],威秀、道宣等上表及臣僚書[四一],國議不行。武宗會昌五年,道士劉玄静、趙歸真非毀釋氏,沙汰佛寺[四二]。六年,帝崩。宣帝立,復佛寺,誅劉玄静毁罪。通源記云:或責梁武崇佛,卒有侯景之敗者,蓋不知業通三世,因緣會遇,果[四三]報還受之義。故文中子曰:"詩、書盛而秦世滅,非仲尼之罪也;玄虚長而晉室亂,非老莊之罪也;齋戒修而梁國亡,非釋迦之罪也。"[四四]此説明矣。吳書云:"吳主問三教,尚書令闞澤對曰:孔老設教,法天制用,不敢違天。佛之設教,諸天奉行。"[四五]

　　翻譯名義集五

〔 一 〕參前"路伽耶"條注一。

〔 二 〕參前"路伽耶"條注二。

〔 三 〕參前"路伽耶"條注三。

〔 四 〕參前"路伽耶"條注四。

〔 五 〕滅:大正藏本作"減"。

〔 六 〕見揚雄法言問道。

〔 七 〕見揚雄法言君子。

〔 八 〕見十誦律卷四九。

〔 九 〕見五分律卷二六。

〔一〇〕四分律卷三〇:"學書學誦、若學世論爲伏外道故,若學呪毒爲自護不以爲活命,無犯。"

〔一一〕道宣撰四分律删繁補闕行事鈔卷下諸雜要行篇:"五分:爲知差次會等學書,不得爲好廢業,不聽卜相及問他吉凶。四分開學誦學書及學世論,爲伏外道故。雜法中,新學比丘開學算法。十誦:好作文頌,莊嚴章句,是可怖畏,不得作。"

〔一二〕大智度論卷一四:"不持戒人,雖有利智,以營世務,種種欲求生業之事,慧根漸鈍。譬如利刀以割泥土,遂成鈍器。"湛然述法華玄義釋籤卷四:"大論云:衆生心性猶如利刀,唯用割泥,泥無所成,刀日

就損。"湛然述止觀輔行傳弘決卷四之三:"大論曰:習外道典者,
如以刀割泥,泥無所成而刀日損。"

〔一三〕典:原後衍"典"字,據諸校本刪。

〔一四〕見廣弘明集卷八道安二教論歸總顯本第一。"智度有内外兩經"
者,如大智度論卷二:"大迦葉選得千人,(中略)誦讀三藏,知内外
經書,諸外道家十八種大經,盡亦讀知。"

〔一五〕通源記:仁岳述,爲注疏四十二章經的著作,已佚。高麗義天録新
編諸宗教藏總録卷一中有著録。

〔一六〕阮孝緒:梁書卷五一處士傳有傳。他總結前人目録學之成就,撰七
録,已佚。廣弘明集卷三詳列七録目録,收七録序曰:"凡自宋、齊
以來,王公搢紳之館,苟蓄聚墳籍,必思致其名簿。凡在所遇,若見
若聞,校之官目,多所遺漏,遂總集衆家,更爲新録。其方内經、記
至于術技,合爲五録,謂之内篇。方外佛、道各爲一録,謂之外篇。
凡爲録有七,故名七録。"

〔一七〕廣弘明集卷三:"孝緒博極群書,無一不善,精力强記,學者所宗。
著七録、削繁等諸書一百八十一卷,並行於世。編次佛、道以爲方
外之篇,起於是矣。"

〔一八〕見莊子大宗師。

〔一九〕出處俟考。

〔二〇〕見法言君子。

〔二一〕隋書經籍志:"道者,蓋爲萬物之奥,聖人之至賾也。"

〔二二〕按:老子西昇經,作者和成書年代不詳,有不同版本。道藏本西昇
經,有明顯的崇道抑佛思想。這裏所引,顯然經過了佛教徒的
改寫。

〔二三〕符子:前秦苻朗著,已佚。今有馬國翰玉函山房輯佚書輯本、嚴可
均全晉文輯本。

〔二四〕宏闊:大正藏本作"吾師"。

〔二五〕見廣弘明集卷一歸正篇後漢書郊祀志。按:范曄後漢書,無郊
祀志。

〔二六〕推:大正藏本、寶性論皆作"摧"。

〔二七〕見念佛三昧寶王論卷上觀空無我擇善而從門第五。

〔二八〕見廣弘明集卷八道安二教論教指通局第十一。

〔二九〕廣弘明集卷一四李師政内德論辯惑篇第一:"逮攝摩騰之入漢,及

康僧會之遊吳，顯舍利於南國，起招提於東都。"

〔三○〕見廣弘明集卷二五西明寺僧道宣等上雍州牧沛王論沙門不應拜俗啓。

〔三一〕元興：原作"元初"，據文意改。按：元興爲東晉安帝年號，元初爲東漢安帝年號。大正藏本集沙門不應俗等事卷三，亦誤作"元初"："唯東晉成帝咸康六年，丞相王導、太尉庾亮薨。後庾冰輔政，帝在幼沖，爲帝出詔，令僧致拜。時尚書令何充、尚書謝廣等建議不合拜。往返三議，當時遂寢。爾後六十二年，安帝元興中，太尉桓玄以震主之威，下書令拜。"

〔三二〕見弘明集卷一二桓玄與王令書論敬王事王令答桓書。

〔三三〕見弘明集卷一二廬山慧遠法師答桓玄書沙門不應敬王者書。

〔三四〕南史卷七八夷貊上天竺迦毗黎國傳："先是，晉世庾冰始創議欲使沙門敬王者，後桓玄復述其義，並不果行。大明六年，孝武使有司奏沙門接見皆盡敬，詔可。前廢帝初復舊。"

〔三五〕高僧傳卷一○釋曇始傳："釋曇始，關中人。（中略）晉末，朔方凶奴赫連勃勃破獲關中，斬戮無數。時始亦遇害，而刀不能傷，勃勃嗟之，普赦沙門，悉皆不殺。始於是潛遁山澤，修頭陀之行。後拓跋燾復剋長安，擅威關洛。時有博陵崔皓，少習左道，猜嫉釋教。既位居僞輔，燾所仗信。乃與天師寇氏説燾，以佛化無益，有傷民利，勸令廢之。燾既惑其言，以僞太平七年遂毀滅佛法，分遣軍兵，燒掠寺舍，統内僧尼，悉令罷道。其有竄逸者，皆遣人追捕，得必梟斬，一境之内，無復沙門。始唯閉絶幽深，軍兵所不能至。至太平之末，知燾化時將及，以元會之日，忽杖錫到宮門。有司奏云：有一道人，足白於面，從門而入。燾令依軍法，屢斬不傷。遽以白燾，燾大怒，自以所佩劍斫之，體無餘異，唯劍所著處，有痕如布線焉。時北園養虎于檻，燾令以始餧之。虎皆潛伏，終不敢近。試以天師近檻，虎輒鳴吼。燾始知佛化尊高，黃老所不能及。即延始上殿，頂禮足下，悔其愆失。始爲説法，明辯因果。燾大生愧懼，遂感癘疾。崔、寇二人，次發惡病。燾以過由於彼，於是誅剪二家門族都盡，宣下國中，興復正教。俄而燾卒，孫濬襲位，方大弘佛法，盛迄于今。"

〔三六〕詳見廣弘明集卷二五周滅佛法集道俗議事。

〔三七〕道安二教論，載廣弘明集卷八。此處所引，爲概述二教論大意，非原文。

〔三八〕“初東晉成帝”至此,見廣弘明集卷二五西明寺僧道宣等序佛教隆
　　　　替事簡諸宰輔等狀。

〔三九〕唐高祖出沙汰佛道詔,見廣弘明集卷二五。

〔四○〕按:大宋僧史略卷中左右街僧録:“太宗詔令僧尼班于道後。高宗
　　　　御極,議欲令拜君親。”未見言唐太宗“制拜君親勅”者。廣弘明集
　　　　卷二五唐太宗令道士在僧前詔後有唐高宗制沙門等致拜君親勅,
　　　　或由此致誤。

〔四一〕按:廣弘明集卷二五有大莊嚴寺僧威秀等上沙門不合拜俗表、西明
　　　　寺僧道宣等上雍州牧沛王論沙門不應拜俗啓。威秀,傳見宋高僧
　　　　傳卷一七唐京師大莊嚴寺威秀傳。道宣,傳見宋高僧傳卷一四唐
　　　　京兆西明寺道宣傳。

〔四二〕舊唐書卷一八上武宗紀:“(會昌四年)三月,以道士趙歸真爲左右
　　　　街道門教授先生。時帝志學神仙,師歸真。歸真乘寵,每對,排毁
　　　　釋氏,言非中國之教,蠹耗生靈,盡宜除去,帝頗信之。”“(會昌)五
　　　　年春正月己酉朔,敕造望僊臺於南郊壇。(中略)歸真自以涉物
　　　　論,遂舉羅浮道士鄧元起有長年之術,帝遣中使迎之。由是與衡山
　　　　道士劉玄靖及歸真膠固,排毁釋氏,而拆寺之請行焉。”新唐書卷八
　　　　武宗紀:“(會昌五年)八月壬午,大毁佛寺,復僧尼爲民。”新唐書
　　　　卷五二食貨志二:“武宗即位,廢浮圖法,天下毁寺四千六百、招提
　　　　蘭若四萬,籍僧尼爲民二十六萬五千人,奴婢十五萬人,田數千萬
　　　　頃,大秦穆護、祆二千餘人。上都、東都每街留寺二,每寺僧三十
　　　　人,諸道留僧以三等,不過二十人。”

〔四三〕果:永樂北藏本無。

〔四四〕見王通中説周公篇。王通,號文中子。

〔四五〕見廣弘明集卷一歸正篇吳主孫權論叙佛道三宗。又,據廣弘明集,
　　　　吳主孫權論叙佛道三宗,“出吳書”。

翻譯名義集六

姑蘇景德寺普潤大師法雲編

唐梵字體篇第五十五

西域五竺,經尚天書;東夏九州,字法鳥跡。自古罕覯,因譯方傳。琅函〔一〕具存,此集略辨。

〔一〕琅函:書箱。

卍　熏聞曰:"志誠〔一〕纂要云:梵云'室利靺瑳',此云'吉祥海雲'。如來胷臆有大人相,形如'卐'字,名'吉祥海雲'。華嚴音義云:案'卍'字,本非是字。大周長壽二年,主上權制此文,著於天樞,音之爲'萬',謂吉祥萬德之所集也。"〔二〕經中上下,據漢本惣一十七字,同呼爲"万"。依梵文,有二十八相云云〔三〕。

〔一〕誠:原作"諴",據楞嚴經熏聞記改。

〔二〕仁岳述楞嚴經熏聞記卷一:"從胷萬字者,志誠纂要云:梵書作'卍',古經皆爾。梵云'室利靺瑳',此云'吉祥海雲'。有此相者,萬德具也。華嚴音義云:卍本非是字。大周長壽二年,主上權制此文,著於天樞,音之爲'萬',謂吉祥萬德之所集也。若西域萬字,元作此'卐'。"志誠,"吉州太和人也。少於荆南當陽山玉泉寺奉事神秀禪師",後依歸慧能(詳見景德傳燈録卷五)。志誠纂要,不詳。澄觀撰大方廣佛華嚴經疏卷一二:"静法云:室離靺瑳,本非是字,乃是德者之相,正云'吉祥海雲',衆德深廣如海,益物如雲。古來三藏,誤譯'洛刹曩'爲'惡刹攞',遂以相爲字,故爲謬耳。今義通此相以爲吉祥萬德之所集成,因目爲萬,意在語略而義含,合云萬相耳,餘並易了。"静法,即慧苑。澄觀述大方廣佛華嚴經隨疏演義鈔卷二七:"洛刹曩,此云'相'也。惡刹攞,此云'字'也。聲勢相近,故使有誤。梵本是'室利跊蹉洛刹曩',合云'吉祥海雲相'也。"

〔三〕 <u>慧苑新譯大方廣佛華嚴經音義</u>卷上:"卐字之形,今勘<u>梵</u>本,卐字乃
是德者之相,元非字也。然經中上下,據<u>漢</u>本總一十七字,同呼爲
'萬'。依<u>梵</u>文,有二十八相,即八種相中四種相也,謂室利靺瑳、難
提迦物多、塞嚩悉底迦、本囊伽吒。又有鉢特忙、斫訖羅、拔折羅等
三相,雖於華藏、迴向二品中有,以其可識無謬,故此不列在數。又
有盎句奢相,此經總無,故亦不列。其一十七相,既非萬字,又非一
色之相,今顯異同,謂第八卷有一室利靺瑳相,第九卷有三相,初難
提迦物多、次室利靺瑳、後亦室利靺瑳,第二十二有一相謂塞縛悉
底迦,第二十七有五相,初室利靺瑳、次塞縛悉底迦、次難提迦物
多、次室利靺瑳、後難提迦物多,第四十八有三相,一塞縛悉底迦
相、二室利靺瑳、三室利靺瑳,第五十七、五十八、六十三、六十五等
中各有一室利靺瑳相。若謹依<u>梵</u>本,總有二十八相。具顯如<u>刊定
記</u>説也。"

　　卐　<u>苑師</u>云:"此是<u>西域</u>'万'字。"〔一〕佛胷前吉祥
相也。

〔一〕 <u>慧苑新譯大方廣佛華嚴經音義</u>卷上:"卐,梵書'萬'字。"又,參前
"卍"條注二。

　　卍　音万,是吉祥勝德之相,由髮右旋而生,似卐字。梵
云"塞縛悉底迦",此云"有樂"。有此相者,必有安樂〔一〕。
若"卍"、"卐"、"萬"、"万"字,是此方字。宋高僧傳明翻譯四
例:一、翻字不翻音,諸經呪詞是也;二、翻音不翻字,如華嚴
中"卐"字是也,以此方万字翻之,而字體猶是梵書;三、音字
俱翻,經文是也;四、音字俱不翻,西來梵夾是也〔二〕。

〔一〕 <u>澄觀</u>撰<u>大方廣佛華嚴經疏</u>卷二五:"'寶悉底迦'者,具云'塞縛悉
底迦',此云'有樂'。若見此相,必獲安樂,其形如'萬'字。"<u>子璿</u>
集<u>首楞嚴義疏注經</u>卷一:"萬字者,表無漏性德。梵云'阿悉底
迦',此云'有樂',即是吉祥勝德之相。有此相者,必受安樂。<u>則
天長壽</u>二年,權制此字,安於天樞。其形如此'卍',音爲萬字,佛胸
前有此之形。然八種相中,此當第一,謂吉祥萬德之所集也。"

〔二〕 <u>宋高僧傳</u>卷三譯經篇"論曰":"今立新意,成六例焉:謂譯字譯音
爲一例、胡語<u>梵</u>言爲一例、重譯直譯爲一例、麤言細語爲一例、<u>華</u>言
雅俗爲一例、直語密語爲一例也。初則四句:一、譯字不譯音,即陀

羅尼是；二、譯音不譯字，如佛胸前卍字是；三、音字俱譯，即諸經律
中純華言是；四、音字俱不譯，如經題上⸀⸝二字是。”

Λ　章安疏〔一〕云："言伊字者，外國有新舊兩伊。舊伊
橫豎，斷絕相離，借此況彼，橫如烈火，豎如點水，各不相續。
不橫，不同烈火。不豎，不同點水。應如此方草下字相。細
畫相連，是新伊相。舊伊可譬昔教三德，法身本有。般若修
成，入無餘已，方是解脫，無復身智。如豎點水，縱而相離。
又約身約智，分得有餘解脫。橫一時有，三法各異。如橫烈
火，各不相關。新伊者，譬今教三德。法身即照，亦即自在。
名一爲三，三無別體，故不是橫。非前非後，故是非縱。一即
三，如大點。三即一，如細畫。而三而一，而一而三，不可一
三説，不可一三思，故名不可思議者〔二〕。不可思議者，即非
三非一，名秘密藏，如世伊字。"〔三〕谷響云："西方字有新舊，
亦猶此土之篆、隸也，莫不以篆爲舊，以隸爲新。"〔四〕

〔一〕疏：原作"跋"，據諸校本改。
〔二〕者：大正藏本及大般涅槃經疏無。
〔三〕見灌頂撰、湛然再治大般涅槃經疏卷六。
〔四〕仁岳述楞嚴經熏聞記卷三："谷響云：彼方字有新舊，亦猶此土之
　　　篆、隸也，莫不以篆爲舊，以隸爲新。是故西土伊字，有新舊兩體。
　　　舊則縱橫，新則不爾。狀若此方草書下字，一點居上，二點在下。"

附明修性離合之法

殺三摩娑　此云"離合"。欲顯三點非縱橫相，當示修性
有離合法。三道至迷，理性之法法圓具；二因開悟，修習之事
事融通。開則各離爲三，對乃共合成一。論此三點，試開十
門：初本文、二消名、三釋義、四定體、五示相、六究意、七判
教、八定位、九決疑、十指訛。

初本文者，大經云："一切諸法，本性自空。亦用菩薩修
習空故，見諸法空。"〔一〕起信論云："以知法性體無慳貪，隨
順修行檀波羅蜜。"〔二〕天台別行玄云："原此因果根本，即是
性德緣了也。此之性德，本自有之，非適今也。"又云："以此

二種方便修習，漸漸增長，起於毫末，得成修德合抱大樹。"〔三〕荆溪不二門云："性德祇是界如一念。此内界如，三法具足，性雖本尔，藉智起修。"〔四〕此皆修性之明文。大經云："解脱之法，亦非涅槃。如來之身，亦非涅槃。摩訶般若，亦非涅槃。"〔五〕章安涅槃玄釋："文云法身亦非，那可單作三身釋大？ 文云解脱亦非，那可單作三脱釋滅？ 文云般若亦非，那可單作三智釋度？ 故知單釋非今經意。三德中各各求，皆不可得。三法合求，亦不可得。"〔六〕智者妙玄云："此之妙行，與前境、智，一而論三，三而論一。"〔七〕荆溪云："又了順修對性，有離有合，離謂修性各三，合謂修二性一。"〔八〕永嘉云："偏中三，應須簡：一、有般若，無解脱法身；二、有解脱，無法身般若；三、有法身，無解脱般若。有一無二故不圓，不圓故非性。又，偏中三，應須揀：一、有般若解脱，無法身；二、有解脱法身，無般若；三、有法身般若，無解脱。有二無一故不圓，不圓故非性。圓中三，應須具：一、法身不癡即般若，般若無著即解脱，解脱寂滅即法身。"〔九〕二三例尔。此皆離合之本文。

二、消名者，修謂立行進趣，起正助之二因；性謂本自體性，即界如之一念。凡夫迷故，從真起妄，猶鏡塵翳，緣了之明性自存，故具理性之德。行人悟故，背塵合覺，似鑑揩磨，妍醜之影像遂現，故有修成之德。

三、釋義者，離合之法，南屏法師〔一〇〕嘗立三義以伸明之：一、離是各也，離謂修性各三；合是共也，合謂修二性一。二、離乃開也，約性恒開；合乃對也，對修方合。三、離即與義，與而言之，一性本具於二修，二修常即乎一性；合即奪義，理即雖具緣了，奪而言之，由不發心，未曾加行，彼〔一一〕性緣了，祇名正因。二修雖具法身，因智照故，但名了因。由起行故，合名緣因。

四、定體者，欲示離合教相，須核〔一二〕修性法體。良以若性若修,皆以三千惣相以爲其體。故起信云:"心真如者,即是一法界大惣相法門體,所謂心性不生不滅。"〔一三〕心雖本真,不覺起妄。經云:"心如工畫師,造種種五陰,一切世間中,無不從心造。"〔一四〕由此無明爲緣,成衆生法。"維摩詰言:譬如幻師,見所幻人,菩薩觀衆生爲若此。"〔一五〕由悟斯理,故有佛法。法華云:"唯佛與佛,乃能究盡諸法實相。"〔一六〕而此三法,既互具於三千,亦各攝乎百界。體其本寂,乃名理具。照於起心,則名事造。修性雖二,三千體一。故妙樂云:"秖緣理一,是故修性相對離合。"〔一七〕

五、示相。孤山顯性録示離相曰:"一家修性正義,即約玄文前三妙也。境即性三,智即智三,行即行三。行之所階,即有諸位。若至初住,名隨分果,則分證三法也。若就合説,即合性爲一,合修爲二。合理性三爲一正因,法身德也。合智三爲一了因,般若德也。合行三爲一緣因,解脱德也。故開雖具九,九只是三。三九雖殊,其理常一。"〔一八〕今詳此説,文會義便。以釋離義,文會釋籤:"境即理性三德,智即三德之解,行即三德之觀。"〔一九〕洎明合義,文會釋籤:"一謂涅槃,三謂三德。"〔二〇〕言義便者,離合既是迷悟,與奪當在住前。若至初住,修性一合,無復分張,奚論與奪之別歟?二、四明指要鈔云:"如光明玄十種三法,采取經論修性法相,故具離合兩説。如三德三寶,雖是修德之極,義必該性。三身三智,文雖約悟,理必通迷。三識三道,既指事即理,必全性起修。此六豈非修性各三?三因既以一性對智行二修,三菩提、三大乘、三涅槃並以一性對證理起用二修,此四豈非修二性一?"〔二一〕今謂修性一門,本依智行二妙。對境妙在迷之理,相對與奪,而論離合,十種三法乃顯。果人所證三德,並屬于悟,棄親本文,遠取他部,此迷文矣。又,山家離合,大有二義:一、約修、性相成。在性則全修成性,性自有三。起修則全性成修,修自具三。二、約修、性相對。離謂修、性各三,合謂修二性一。今用修、性各三而解修六性三,此混相成相對之門,復亂六法九法之數,斯背義焉。三、淨覺雜編云:予嘗有文心解[二二],具引玄籤注之,大意與孤山不異。說離同也。但取境智行三,圓對三德。此說合異。故雜編云:如三身中,法身可解,報即般若,應即解脫。三般若中,實相即法身,觀照即般若,文字即解脫。三解脫中,性淨即法身,圓淨即般若,方便淨即解脫。此似合掌合矣,亦如川字合焉。若以性、德、緣了,歸修報應,修中法身,合性正因,此失與奪之義,又違金錍,故性、緣了,同名正因。四、南屏斷於離合,大有四種:一者、三一。釋籤云:“‘一’謂涅槃,‘三’謂三德。”[二三]二者、三六。金錍本有三種:“三理元徧,達性成修,修三亦徧。”[二四]離雖有六,合則但三。三者、三九。“離謂修性各三,此成九法。合謂修二性一。此成三[二五]法。”[二六]四者、性九修十八,如光明“夢見金皷”之文[二七]。今謂三一、三九,是離合之正義;修三性三,屬全性以起修,非對辨於離合。五、先稟清辨老師嘗分二義:一、修性各論離合,二、修性對論離合。且各論者,如金錍云:“本有三種,三理元徧。”此乃在性,則全修成性。性自離九,自合成三。“達性成修,修三亦徧。”[二八]此乃起修,則全性成修。修亦離九,亦合成三。斯約橫論兩重離合。若對論者,如釋籤云:“離謂修性各三。性無所移,修常宛爾。”[二九]故有九法。“合謂修二性一。”[三〇]此約功力,與奪,相對論合。性中緣了無功,斥爲一性,修德法身受熏,奪名二修。茲約豎論一番離合。

六、究竟者,今宗示此離合之法,爲顯法體不思議故。何哉?雖論合三爲一,一不定一,一自常三。雖示離一爲三,三不定三,三自常一。故章安曰:“橫之彌高,豎之彌廣,會之常分,派之常合。”[三一]

七、判教者,如金錍云:“論生兩教,似等明具,別教不詮種具等義,非此可述。故別佛性,滅九方見。圓人則達九界三道,即見圓伊三德體徧。"〔三二〕別教不談乎種具,遂説修性之縱橫。圓宗由示於體徧,故演修性之離合。此顯共而不雜,復彰離亦不分。

八、定位者,教既唯圓,位須簡濫。初局住前,二通初後,三示極果。初局住前者,不二門云:"如境本來具三,依理生解,故名爲智。智解導行,行解契理。"〔三三〕初住既三法相符,與奪離合,局住前也。二、通初後者,顯性録云:"一家緣了之位,深淺與奪,非止一途。若法華壽量疏文,則住前通是緣因,初住真正顯了,乃是了因。以約聲聞聞經得記,即入初住。此約真似分緣了。若藥草喻疏,至于究竟,名爲智三,中間四即,悉爲行三。以順經文,究竟至於一切智故。"〔三四〕此以分極分緣了。若法師品疏:"道前真如即是正因;道中真如即爲緣因,亦名了因;道終真如即是圓果。"〔三五〕記云:"此以修德對彼正因,正中緣了同成正因,修中正因同成緣了。"又云:"此以博地爲道前,發心已後爲道中,位分之爲二:住前爲緣,登住已去爲了。"〔三六〕此之三因,該通一教。三、示極果者,涅槃玄釋大滅度:"文云法身亦非,那可單作三身釋大? 文云解脱亦非,那可單作三脱釋滅? 文云般若亦非,那可單作三智釋度?"〔三七〕先達乃謂大滅度三,既各開九,乃成離爲二十七法。今謂章安玄云:"雖一而三,雖三而一。雖復三一,而非三一。雖非三一,而三而一。不可思議,攝一切法。"〔三八〕祖師爲顯三德圓融,異乎縱橫,並別後裔,分析爲二十七法,去道遠矣。

九、決疑者,或人問曰:性中三法,若起二修,乃顯秖有一法,安言合三爲一耶? 南屏釋云:秖一三德,説有開合。若從迷論,則合三爲一;若就悟言,則起修爲二。如身與臂,縛則合爲一身,解則開成三處。先師解曰:終日隨緣,雖起二修,何妨性中? 終日不變,所謂"性無所移,修常宛爾"。

十、指訛者,光明懺悔品:"夢中見聞有二:一、夢見金皷,

二、夢擊皷聲。見皷又三：一、正見皷，鼓體覩法身。二、見皷光，光智覩報身。三、見光中佛。佛即應身。二、夢見擊皷，文爲三：一、見擊皷，二、出大音聲，三、聲所詮辨。皷是法身，桴皷合是報身，擊出是應身。"〔三九〕舊謂夢見金皷，三身各三，是性中九法，夢見擊皷，是修中九法，遂説三九二十七法。新記斥曰："前文見皷是法身之三，即境三也。皷光之三，即智三也。見佛之三，即用三也。今文但明能擊之人，用智擊皷，何曾論於修性二十七法耶?"〔四○〕又如四明記曰："上皷表三光三佛，三秖是一三。今對信相機智所觀，合三爲一，但名法身。"〔四一〕此乃修性融即之明鑑。學斯宗者，當了世伊三點，天主三目。異別教之縱橫，建圓宗之離合。顯修性之一致，會生佛以同原。絶思議之門，非數量之法。故淨名詞喪於毗耶，釋迦言罄於摩竭〔四二〕，故名不思議之法矣。

〔 一 〕見曇無讖譯大般涅槃經卷二六、南本卷二四。

〔 二 〕見真諦譯大乘起信論。

〔 三 〕見智顗説、灌頂記觀音玄義卷上。別行玄，即觀音玄義。

〔 四 〕見湛然述十不二門。

〔 五 〕見大般涅槃經卷二。

〔 六 〕見灌頂撰大般涅槃經玄義卷上。

〔 七 〕見智顗説妙法蓮華經玄義卷三下。

〔 八 〕見湛然述十不二門。

〔 九 〕見唐玄覺撰禪宗永嘉集奢摩他頌第四。

〔一○〕南屏法師：或爲梵臻法師，號南屏，錢唐人，佛祖統紀卷一二有傳。或爲清辨蘊齊，法雲爲其門人。釋門正統卷六："蘊齊，字擇賢，錫號清辨。錢唐周氏。（中略）住錢唐道林、常熟上方，次東靈，次南屏，次姑蘇廣化，次三衢浮石，後又住上方。"宋宗曉編法華經顯應錄卷上"不輕菩薩流通法華"條，有"南屏清辯蘊齊"之稱。

〔一一〕彼：原作"故"，據諸校本改。

〔一二〕核：永樂北藏本、嘉興藏本作"劾"。

〔一三〕見真諦譯大乘起信論。

〔一四〕見佛馱跋陀羅譯大方廣佛華嚴經卷一○夜摩天宮菩薩説偈品。

〔一五〕見維摩經所説經卷中觀衆生品。

〔一六〕見妙法蓮華經卷一方便品。

〔一七〕見湛然述法華文句記卷七下。

〔一八〕見智圓集金剛錍顯性録卷二。

〔一九〕見湛然述法華玄義釋籤卷八。

〔二〇〕見湛然述法華玄義釋籤卷八。

〔二一〕見知禮述十不二門指要鈔卷下。

〔二二〕淨覺:即仁岳。雜編:即義學雜編,六卷,已佚。文心解:釋十不二門,續藏經中收載仁岳十不二門文心解一卷,佛祖統紀著録爲二卷。

〔二三〕見湛然述法華玄義釋籤卷八。

〔二四〕見湛然述金剛錍。

〔二五〕三:永樂北藏本、嘉興藏本作"二"。

〔二六〕見湛然述十不二門。

〔二七〕詳見金光明經卷一懺悔品。

〔二八〕見湛然述金剛錍。

〔二九〕見湛然述法華玄義釋籤卷一四,亦見其十不二門。

〔三〇〕見湛然述十不二門。

〔三一〕見灌頂撰大般涅槃經玄義卷下。

〔三二〕見湛然述金剛錍。

〔三三〕見湛然述十不二門。

〔三四〕見智圓集金剛錍顯性録卷四。

〔三五〕見智顗説妙法蓮華經文句卷八上釋法師品。

〔三六〕見湛然述法華文句記卷八釋法師品。

〔三七〕見灌頂撰大般涅槃經玄義卷上。

〔三八〕見灌頂撰大般涅槃經玄義卷下。

〔三九〕見智顗説、灌頂録金光明經文句卷三釋懺悔品。

〔四〇〕見從義撰金光明經文句新記卷四釋懺悔品。

〔四一〕見知禮述金光明經文句記卷三下。

〔四二〕參卷五增數譬喻篇第五十三"矸訖羅"條注一五。

煩惱惑業篇第五十六

煩惱菩提,體元一矣;涅槃生死,見有二焉。若知如實

性,了幻化相,以施慈慧,治貪嗔癡。故大集云:“遠離一切諸
煩惱,清淨無垢猶真實,其心則〔一〕作大光明,是名寶炬陁
羅尼。”〔二〕

〔一〕則:大方等大集經作“能”。

〔二〕見大方等大集經卷四。

阿梨耶　起信云:“以依阿梨耶識故,説有無明,不覺而
起,一、業識相。能見、二、轉識相。能現、三、現識相。能取境界,起
念相續,故説爲意。”〔一〕此明無明爲緣生三細〔二〕,號無明
惑。境界爲緣生六麤〔三〕,一、智相,二、相續相,三、執取相,四、計名字
相,五、起業相,六、業繫苦相。名見思惑。無明是根本惑,障中道
理。當修中觀,破此別惑。見思是枝末惑,障真諦理。當修
空觀,破此通惑。通、別之惑如亡,真、中之理自顯。

〔一〕見真諦譯大乘起信論。

〔二〕三細:即三細相、無明業相,是根本無明之惑。和六麤相對,故云
“三細”。真諦譯大乘起信論:“依不覺故生三種相,與彼不覺相應
不離。云何爲三?一者、無明業相。以依不覺故心動,説名爲業,
覺則不動,動即有苦,果不離因故。二者、能見相。以依動故能見,
不動則無見。三者、境界相。以依能見故境界妄現,離見則無
境界。”

〔三〕真諦譯大乘起信論:“以有境界緣故,復生六種相。云何爲六?一
者、智相。依於境界,心起分別,愛與不愛故。二者、相續相。依於
智故,生其苦樂,覺心起念,相應不斷故。三者、執取相。依於相
續,緣念境界,住持苦樂,心起著故。四者、計名字相。依於妄執,
分別假名言相故。五者、起業相。依於名字,尋名取著,造種種業
故。六者、業繫苦相。以依業受果,不自在故。當知無明能生一切
染法,以一切染法皆是不覺相故。”

薩迦耶　竦疏:具云“薩迦耶達利瑟致”,此云“身
見”〔一〕。百法疏〔二〕云:“謂於五蘊執我、我所,一切見趣所
依爲業。”〔三〕

〔一〕竦疏:不詳。窺基撰大乘法苑義林章卷四二執章:“梵云‘薩迦耶達
利瑟致’,經部師言:‘薩’是僞義,‘迦耶’是身,‘達利瑟致’是見。

身是聚義,即聚集假,應言緣聚身起見,名僞身見。佛遮當來薩婆多等執爲有身見者故,說薩僞言,雖一薩言,亦目於有。然今說是思誕提底薩故,薩言表僞。薩婆多云:'薩'是有義,'迦耶'等如前,雖是聚身,而是實有。身者自體之異名,緣此見應名自體見。佛遮當來經部師等說爲僞身者故,說薩有言,雖一薩言,亦目於僞。今者應言阿悉提底薩故,薩言表有。大乘解云:應言僧吃爛底薩,便成移轉義。由此,薩迦耶見大小乘別。大乘之意,心上所現似我之相,體非實有,是假法故。又體非全無,依他起性成所緣緣故。既非實有,亦非虛僞,唯是依他移轉之法,我之所依。又本我無境,妄情執有,可言虛僞。依所變相境,可言爲實有,非如餘宗定實、定僞,故名移轉。"澄觀述大方廣佛華嚴經隨疏演義鈔卷四〇:"彼疏釋云:薩迦耶見,其足梵云'薩迦耶達利瑟致'。經部師云:'薩'是僞義,'迦耶'是身,'達利瑟致'是見。身是聚義,即聚集假,應言緣聚身起見,名爲身見。"

〔二〕百法疏:永樂北藏本、嘉興藏本作"百法論疏"。

〔三〕見義忠述大乘百法明門論疏卷下。又,仁岳述楞嚴經熏聞記卷五:"薩迦耶,竦疏曰:具云'薩迦耶達利瑟致',此翻'身見'。百法疏謂於五蘊執我、我所等。"

達梨舍那　此云"見"。見有五種:一、身見,執我、我所爲身見。二、邊見,邊見隨身計斷常。三、見取,見取執劣以爲勝。四、戒取,戒取於非因計因。五、邪見。邪見撥無因果法。具此五種,名曰見惑。止觀云:"見則見理,見實非惑。見理之時,能斷此惑。從解得名,名爲見惑。""復次,見惑非但隨解得名,亦當體受名,稱之爲假。假者虛妄顛倒,名之假耳。"〔一〕當知見惑乃有三種:一、俱生見,二、推理見,三、發得見。一、俱生見者,止觀云:"五鈍何必是貪嗔,如諸蠕動,實不推理,而舉嫩張鬐,怒目自大。底下凡夫,何嘗執見? 行住坐臥,恒起我心。故知五鈍,非無利也。"〔二〕記云:"鈍中有利,如蟲獸凡夫亦能起我,我即是利,雖利屬鈍。"又云:"底下之人,雖起於利,此利屬鈍,從於鈍使背上而起。"〔三〕二、推理見。止觀云:"今約位分之,令不相濫,未發禪來,雖有世智推理辯聰,見想猶弱,所有十使,同屬於鈍。"〔四〕記云:"未得禪來,縱起宿習所有煩惱,及因見陰起於我見,仍屬鈍使,初果所斷,凡夫共有,冥伏在身,障真無漏。若見諦理,此惑自除。故名此惑以之爲見,故不同於禪後所起。"〔五〕三、發得見。止觀云:"從因定發見,見心猛盛,所有十使,從强受名,皆屬於利。"〔六〕記曰:"若諸外道,由未見諦,得禪定已,雖斷鈍使,仍未曾斷一毫見惑。見惑現前,故不同於未發禪來所有見惑及冥伏者,是故不以八十八使中見惑爲例,故八十八使義屬陰境攝。"〔七〕略言三結,廣説八十八使。今述頌曰:苦具十使集滅七,身邊戒取三使無,道諦但去身邊二,上不嗔成八十八。略言三結者,一、身見,二、戒取,三、疑使。更加貪、嗔,名五下分。如妙樂云:"言'下分'者,貪雖通上,不是唯上。嗔一唯下,更不通上,餘三徧攝一切見惑。"〔八〕今問:見通五利,何故俱舍但言三結? 答:如論頌曰:"攝根門故。"〔九〕言根門者,身見即苦門。戒禁取,即苦道二門。疑通四門,謂四諦也。所言攝根者,邊見依身見轉,見取依戒禁轉,邪見依疑轉,故此三結即攝五見。

問:見惑既歷三界四諦,安云"餘三徧攝一切見惑,雖復通上而復牽下"〔一〇〕耶? 答:所迷之諦,雖通三界,能牽之惑,正在欲界。故云"縱斷貪等至無所有,由身見等,還來欲界"〔一一〕。問:如妙玄云:"斷見諦惑,而復兼除四思。"〔一二〕未審何法爲思耶? 答:此以四趣之思爲四思也。以妙玄因明因益,是故凡位持戒,則伏四趣之業,初果修觀,則斷四趣之思。以俱生推見二思,隨見落故,乃曰兼除。

應知思惑乃有三種:一、俱生思。與形俱生,如男女託胎,妄於父母起愛惡心,斯是邪思,還歸見惑。二、依見思。止觀云:"五利豈唯見惑,何嘗無恚欲耶?"〔一三〕記云:"利中有鈍,如諸外道,依於諸見而起嗔恚。"〔一四〕問:止觀云:"若利中有鈍,見諦但斷於利,鈍猶應在?"〔一五〕答:準止觀云:"毗曇謂利上〔一六〕之鈍,名背上使。見諦斷時,正利既去,背使亦去。"〔一七〕三、界繫思,即是三界九品思惑。此名鈍使,亦名事障,號正三

毒。俱生如杜牧云[一八]。夫七情愛、怒二者，生而自能。是二
者，性之根，惡之端也。乳兒見乳必挈求，不得即啼，是愛與
怒，與兒俱生也。

　　問：五上分者，一、掉舉，高舉是貪家等流。二、慢，三、無明，
四、色染，五、無色染。由貪重故，兩界別説。何故上界而無疑耶？
荅：疑隨見落，故無此惑。淨名疏以五蓋配四分[一九]，貪欲、
嗔恚、睡、疑屬癡，記云：“由癡故睡，由癡故疑。”[二〇]掉散是我
取[二一]。記云：“以我取心，偏起三毒，故名掉散。”[二二]止觀云：“掉有
三種：一、身掉。身好游走，諸雜戲謔，坐不暫安。二、口掉。
好喜吟詠，競争是非，無益戲論，世間語言等。三者、心掉。
心情放逸，縱意攀緣，思惟文藝，世間才技，諸惡覺觀等，名爲
心掉。”[二三]此四各出二萬一千。新華嚴云：“貪行多者二萬
一千，嗔行多者二萬一千，癡行多者二萬一千，等分行者二萬
一千，了知如是，悉是虛妄。”[二四]垂裕釋十纏是思惑：“忿恚
曰嗔，隱藏自罪曰覆，意識昏迷曰睡，五情暗冥曰眠，嬉游曰
戲，三業躁動曰掉，屏處起罪不自羞曰無慚，露處起罪不羞他
曰無媿，財法不能惠施曰慳，他榮心生熱惱曰嫉。”[二五]俱舍
頌曰：“纏八無慚媿，嫉慳并悔眠，及掉舉昏沉，或十加忿、
覆。”[二六]楞嚴明十習[二七]：一、婬習，節疏云：“婬習即所發之業，具
足貪癡。”[二八]二、貪，即是愛根本之數。三、慢，恃己凌他，高舉爲性。
四、嗔，熱惱居懷，性不安隱[二九]。五、詐習，詐謂諂曲，罔冒於他，矯設
異儀，諂曲爲性。六、誑，誑謂矯誑，心懷異謀，多現不實，矯現有德，詭詐爲
性，邪命爲業。七、怨，即恨也。由忿爲先，懷惡不捨，結冤爲性，不能含忍，
常熱惱故。八、見，即五種見。輔行云：“大經二十三云：謂離五事，即五見
也。因是五見，生六十二。章安云：此有二意：一者、我見有五十六，謂欲界五
陰，各計四句，合爲二十。色界亦尔，無色除色，但有十六。故知三界合五十
六。邊見有六，三界各二，謂斷、常，添前合成六十二見。二者、三世五陰，各計
斷、常，用有無二見而爲根本。此準大論六十八文。謂色如去等四句，四陰亦
然，合二十句，此即計過去世也。又計色常等四句，四陰亦然，合二十句，此即

計現在世也。又計色有邊等四句，四陰亦然，合二十句，即計未來也。三世六十，并有無二。"〔三〇〕九、枉，"謂逼壓良善，害所攝也，亦嗔之類。"〔三一〕十、訟習。"謂相論得失，忿恨爲先，惱之一法，性相應故。"〔三二〕

〔一〕見智顗説、灌頂記摩訶止觀卷五下。

〔二〕見智顗説、灌頂記摩訶止觀卷八上。

〔三〕見湛然述止觀輔行傳弘決卷八之一。

〔四〕見智顗説、灌頂記摩訶止觀卷八上。

〔五〕見湛然述止觀輔行傳弘決卷八之一。

〔六〕見智顗説、灌頂記摩訶止觀卷八上。

〔七〕見湛然述止觀輔行傳弘決卷八之一。

〔八〕見湛然述法華文句記卷七中。

〔九〕阿毗達磨俱舍論卷二一："何等爲五？謂有身見、戒禁取、疑、欲貪、瞋恚。何緣此五名順下分？此五順益下分界故。謂唯欲界得下分名，此五於彼能爲順益。由後二種不能超欲界，設有能超，由前三還下，如守獄卒防邏人故。有餘師説：言下分者，謂下有情即諸異生，及下界即欲界。前三能障超下有情，後二能令不超下界，故五皆得順下分名，諸得預流六煩惱斷。何緣但説斷三結耶？理實應言斷六煩惱，攝門根故，但説斷三。謂所斷中類有三種，唯一通二通四部故，説斷三種，攝彼三門。又所斷中三隨三轉，謂邊執見隨身見轉，見取隨戒取轉，邪見隨疑轉。説斷三種，攝彼三根。故説斷三，已説斷六。"

〔一〇〕見湛然述法華文句記卷七中。

〔一一〕見湛然述法華文句記卷七中。

〔一二〕見智顗説妙法蓮華經玄義卷六下。

〔一三〕見智顗説、灌頂記摩訶止觀卷八上。

〔一四〕見湛然述止觀輔行傳弘決卷八之一。

〔一五〕見智顗説、灌頂記摩訶止觀卷八上。

〔一六〕上：原作"中"，據諸校本及摩訶止觀改。

〔一七〕見智顗説、灌頂記摩訶止觀卷八上。

〔一八〕此句語義不明。"杜牧云"者，俟考。

〔一九〕"以五蓋配四分"者，見智顗説、湛然略維摩經略疏卷一："若離界內五蓋，具出八萬四千。何者？貪欲、瞋恚、睡、疑屬癡，掉散是戒取，即是等分。此四各出二萬一千，合八萬四千界。"

〔二〇〕智圓述維摩經略疏垂裕記卷二:"以五蓋配四分。貪、瞋兩蓋,其名本同。由癡故睡,由癡故疑,是以睡、疑兩蓋併配癡分。'掉散是戒取'者,以戒取心,遍起三毒,故名掉散,故以掉蓋對等分也。"

〔二一〕我取:維摩經略疏、維摩經略疏垂裕記皆作"戒取",參前注。 大乘義章卷四十二因緣義八門分別:"取有四種:一是戒取,二是見取,三是欲取,四是我取。此之四種,諸論不同。若依毗曇,一切三界戒取之心,説爲戒取。一切三界身見、邊見、邪見、見取,通名見取。欲界一切諸鈍煩惱,通名欲取。上二界中諸鈍煩惱,緣自身起,通名我取。若依成實,身見一使,名我語取。實無我體,但著我名,故云我語。依此身見起於邊見,取著斷常。若見斷者,則著五欲,名爲欲取。以無後世,貪現樂故。若見常者,有利有鈍。若鈍根者,則取持戒,望後世樂,名爲戒取。若利根者,計神是常,苦樂不變,則無罪福,故起邪見,説爲見取。"

〔二二〕見智圓述維摩經略疏垂裕記卷二,參注二〇。

〔二三〕見修習止觀坐禪法要棄蓋第三。

〔二四〕見實叉難陀譯大方廣佛華嚴經卷四八如來隨好光明功德品。

〔二五〕見智圓述維摩經略疏垂裕記卷二。

〔二六〕見阿毗達磨俱舍論卷二一。

〔二七〕詳見大佛頂如來密因修證了義諸菩薩萬行首楞嚴經卷八。

〔二八〕節疏:即真際崇節法師删補疏。此引文,見思坦集注楞嚴經集注卷八引。

〔二九〕安穩:永樂北藏本後有"故"字。

〔三〇〕見湛然述止觀輔行傳弘決卷二之三。"大經二十三云"者,見南本大般涅槃經卷二三。"章安云"者,詳見灌頂大般涅槃經疏卷二二。

〔三一〕思坦集注楞嚴經集注卷八引,云"真際云",當出節疏,參注二八。

〔三二〕思坦集注楞嚴經集注卷八引,云"真際云",當出節疏,參注二八。

尼延底 此云"深入",貪之異名〔一〕。樂著名貪。能貪之人有二種:一者、有力,二者、無力。所貪之境,禪門明三種:一、外貪欲,男子緣女人,女人緣男子。二、內外貪欲,外緣男女身相,復緣內身形皃。三、徧一切處貪欲,衆生處處著〔二〕。俱舍明四種:一、顯色,謂青、黄、赤、白也。二、形色,謂長、短、方、圓等。三、妙觸。四、供奉〔三〕。大論明六種:一、著色,若赤、若白、若黄、若黑。二、或著形容,細膚、纖指、修目、高眉。三、或著威儀,進、止、坐、起、行、住、禮拜、俯仰、揚眉、頓睫、親近、按摩。四、或著言語,軟聲、美詞、應意、承旨。五、或著細滑:柔膚軟肌,熱時身涼,寒時體温。六、或著人相,若男若女〔四〕。

〔一〕玄應一切經音義卷二四:"尼延底,此言'深入'義,貪之異名也。言窮極无猒,故以名之。"

〔二〕智顗説釋禪波羅蜜次第法門卷四:"貪欲中,即有三種發相:一、外貪欲,二、内外貪欲,三、遍一切處貪欲。一、外貪欲煩惱發者,若行人當修定時,貪欲心生。若是男子,即緣於女;若是女人,即緣於男子。取其色貌、姿容、威儀、言語,即結使心生,念念不住。即此是外貪婬結使發相。二、内外貪欲煩惱發者,若行人於修定之時,欲心發動,或緣外男女身相、色貌、姿態、儀容,起於貪著;或復自緣己身形貌,摩頭拭頸,念念染著,起諸貪愛,是以障諸禪定。此即内外貪欲煩惱發相。三、遍一切處貪欲煩惱起者,此人愛著内外如前,而復於一切五塵境界資生物等,皆起貪愛;或貪田園屋宅,衣服飲食,於一切處貪欲發相。"

〔三〕阿毗達磨俱舍論卷二二:"修不淨觀,正爲治貪。然貪差别,略有四種:一、顯色貪,二、形色貪,三、妙觸貪,四、供奉貪。"

〔四〕大智度論卷二一:"或有人染著色:若赤、若白、若赤白、若黄、若黑。或有人不著色,但染著形容:細膚、纖指、修目、高眉。或有人不著容、色,但染著威儀:進、止、坐、起、行、住、禮拜、俯仰、揚眉、頓睫、親近、按摩。或有人不著容、色、威儀,但染著言語:軟聲、美辭、隨時而説、應意承旨,能動人心。或有人不著容、色、威儀、軟聲,但染著細滑:柔膚軟肌,熱時身涼,寒時體温。或有人皆著五事。或有人都不著五事,但染著人相,若男、若女。雖得上六種欲,不得所著之人,猶無所解,捨世所重五種欲樂而隨其死。"

羯吒斯 此云愛之别名〔一〕。涅槃云:"愛河洄澓没衆生,無明所盲不能出。"〔二〕貪與於愛,圭峰圓覺約四句釋:"一、貪非愛,如人貪忙,非〔三〕是愛忙。二、愛非貪,如人愛看相打相殺,誰肯貪求?三、亦貪亦愛,即名利財色。四、非貪非愛。即違情之境。"〔四〕管子云:"利之所在,雖千仞之山,無所不上;深源之下,無所不入。商人通賈,倍道兼行,夜以續日,千里不遠,利在前也。漁人入海,海水百仞,衝波迸流,宿夜不出,利在水也。"〔五〕漁父:人有八疵:"非其事而事之,謂之惣;惣,濫也。非是己事而強知之,謂之叨濫也〔六〕。莫之顧而進之,謂之佞;強進忠言,人不采顧,謂之佞。希意導言,謂之諂;希望前人意氣而導達其言。不擇是非而言,謂之諛〔七〕;調苟〔八〕順物,不簡是非。好言人之惡,謂之讒;聞人之過,好揚顯之。析交離親,謂之賊;人有親情交故,輒欲離而析之,斯賊〔九〕害也。稱譽詐僞以敗惡人,謂之慝〔一〇〕;與己親者,雖惡而譽;與己疏者,雖善而毀。不擇善否,兩容顔適,偷拔其所欲,謂之險。否,惡也。善惡二邊,兩皆容納,和顔悦色,偷拔其意之所欲,隨而佞之,斯險詖之人也。此八疵者,外以亂人,内以傷身,君子不友,明君不臣。"〔一一〕漁父:事有四患:"好經大事,變更易常,以掛功名,謂之叨;注云〔一二〕:"伺候安危,經營大事,變改之際,建立功名,謂叨濫之人。"〔一三〕專知擅事,侵人自用,謂之貪;注云:"專己獨擅,自用陵人,謂之貪。"見過不更,聞諫愈甚,謂之很;注云:"有過不改,聞諫彌增,很戾之人〔一四〕。"人同於己則可,不同於己,雖善不善,謂之矜。"〔一五〕注曰:"物同於己〔一六〕,雖惡而善。物異乎己〔一七〕,雖善而惡,謂之矜夸之人。"

〔一〕玄應一切經音義卷二二:"羯吒斯,居謁反,謂貪愛之別名也。"唐遁倫集撰瑜伽論記卷一七:"羯吒斯者,是梵語,此間無名可翻,故存梵本。貪愛者,此間名,梵語自別。今言羯吒斯謂貪愛者,據體同相,即名異相,顯貪愛是此間名,梵語亦是羯吒斯。"

〔二〕見曇無讖譯大般涅槃經卷三二、南本卷三〇。

〔三〕非:永樂北藏本、嘉興藏本作"非乃"。

〔四〕見宗密圓覺經略疏鈔卷九。

〔五〕見管子禁藏。

〔六〕按:漁父注文,見成玄英莊子注疏,後同。

〔七〕諛:原作"腴",據永樂北藏本、嘉興藏本改。

〔八〕調苟:莊子注疏作"苟且"。

〔九〕賊:原作"助",據莊子注疏改。

〔一〇〕匪:莊子漁父作"慝"。按:匪,通"慝"。

〔一一〕見莊子漁父。

〔一二〕注云:永樂北藏本、嘉興藏本無,後同。

〔一三〕注文原爲大字正文,據諸校本改爲小字子注,後同。

〔一四〕很戾之人:永樂北藏本、嘉興藏本作"謂之狼戾之人"。又,很,大正藏本亦作"狼"。按:很戾、狼戾,皆兇暴乖戾之意。

〔一五〕見莊子漁父。

〔一六〕己:永樂北藏本後有"者"字。

〔一七〕己:永樂北藏本、嘉興藏本後有"者"字。

提鞞沙 此云"嗔恚"〔一〕。恚,怒恨也。禪門明三種嗔:一、非理嗔,他不來惱,而自生嗔。二、順理嗔,外人來惱,尔乃生嗔。亦如淨土,有正三毒。三、諍訟嗔,著己之法謂是,在他之法言非,由茲不順而生惱覺〔二〕。

〔一〕大威德陀羅尼經卷一四:"提鞞沙,隋云'嗔恚'。"

〔二〕智顗説釋禪波羅蜜次第法門卷四:"瞋恚發相,即有三種:一、非理瞋,二、順理瞋,三、諍論瞋。一、違理瞋發者,若行人於修定時,瞋覺欻然而起,無問是理非理、他犯不犯,無事而瞋,是爲違理邪瞋發相。二、順理正瞋發者,若於修定之時,外人實來惱觸,以此爲緣而生瞋覺,相續不息,亦如持戒之人見非法者而生瞋恚,故摩訶衍中説:清淨佛土中,雖無邪三毒,而有正三毒。今言順理正瞋者,即其人也。三、諍論瞋者,行人於修禪時,著己所解之法爲是,謂他所行、所説悉以爲非。既外人所説不順己情,即惱覺心生。世自有人,雖財帛相侵,猶能安忍,少諍義理,即大瞋恨,風馬不交,是名諍論瞋發相。"

慕何 此云"癡"〔一〕。禪門明三種癡:一、計斷常。過去諸法爲滅有耶?現在諸法不滅有乎?推尋三世,若滅即斷,不滅乃常。二、計有無。我及陰等,有耶?無耶?如是乃至非有非無。三、計世性。作是念言:由有微塵,即有實法。有實法故,乃有四大。有四大故,乃有假名。衆生世間,因茲思念而行邪道〔二〕。阿含正行經:"佛坐思念:人癡故有生死。何等爲癡?本從癡中來,今生爲人復癡。心不解,自不開,不知死當所趣向。見佛不問,見經不讀,見沙門不承事。不信道德,見父母不敬,不念世間苦,不知泥犁中栲治劇,是名癡,故有生死。不止生死,如呼吸間,腝^{音脆}不過於人命。"〔三〕然此貪、嗔、癡,名爲三毒。中陰經云:"三毒之重者,癡病是其原。"〔四〕又,此三毒,須分二種:一者、三毒惑。別行記云:"任運起者,名爲煩惱。"〔五〕止觀云:"昏煩之法,惱亂心神,與心作煩,令心得惱。"〔六〕二者、三毒業。別行記云:"卒起決定能動身口,名三毒業。"〔七〕瑞應云:"貪欲致老,嗔恚致病,愚癡致死。"〔八〕義推等分致生。又復須知業有多種。如智論云:"黑業者,是不善業。果報地獄等受苦惱處,是中衆生以大苦惱悶極故,名爲黑。受善果報處,所謂諸天,以其受樂隨意,自在明了故,名爲白業。是業是三界天。善、不善受果報處,所謂人、阿修羅等八部,此處亦受樂、亦受苦,故名白黑業。問:無漏業應是白,何以言非白非黑? 荅:無漏法雖清淨無垢,以空、無相、無作故,無所分別,不得言白。黑、白是相待法,此中無相待故,不得言白。復次,無漏業能滅一切諸觀。觀中分別,故有黑白。此中無觀,故無白。"〔九〕云云。然遺教云:"我如良醫,知病説藥。"〔一〇〕妙玄云:"作大醫王,須解脉種種病,識種種藥,精種種治,得種種差。"〔一一〕仁王云:佛知衆生有三種病:一者貪病,二者嗔病,三者癡病〔一二〕。既知此病,當投於藥。故仁王云:治貪、嗔、癡三不善根,起施、慈、慧三種善根〔一三〕。治貪則教布施。故光明云:"捨諸所重,肢節手足。"〔一四〕治嗔則教行慈悲。故法華云:"常柔和能忍,慈悲於一切。"〔一五〕治癡則教修智慧。故遺教云:"實智慧者,則是度老病死海堅牢船也,亦是無明黑暗大明燈也。"〔一六〕雖有此藥,服與不服,非醫咎也。故華嚴云:"譬如善方藥,自疾不能除。於法不修行,多聞亦如是。"〔一七〕

〔一〕大威德陀羅尼經卷一四:"慕何,隋云'癡'。"

〔二〕智顗説釋禪波羅蜜次第法門卷四:"愚癡發相,自有三種:一、計斷常,二、計有無,三、計世性。此三並是著衆邪見,不出生死,是故通名愚癡。一、計斷常癡者,行者於修定中,忽爾發邪思惟,利心分別:過去我及諸法爲滅而有現在我及諸法邪? 爲不滅而有邪? 因是思惟,見心即發,推尋三世,若謂滅即墮斷中,若謂不滅即墮常中。如是癡覺,念念不住,因此利智捷疾,辯才無滯,諍競戲論,作諸惡行,能障正定出世之法,是爲計斷常癡發之相。二、計有無癡發者,亦於修定之時,忽爾分別,思惟覺觀,謂今我及陰等諸法爲定有耶? 爲定無耶? 乃至非有非無耶? 如是推尋,見心即發,隨見生執,以爲定實邪覺,念念不住,因此利智捷疾,戲論諍競,起諸邪行,障礙於正定,不得開發,是爲計有無癡發之相。三、計世性癡發者,亦於修定之時,忽作是念:由有微塵所以即有實法;有實法故,便有四大;有四大故,而有假名衆生及諸世界。如是思惟,見心即發,念念不住。因此利智辯才,能問能説,高心自舉,是非諍競,專行邪行,離真實道,乃至思惟分別刹那之心,亦復如是。以是因緣,不得發諸禪定,設發禪定,墮邪定聚,是爲計世性癡發之相。"

〔三〕見安世高譯阿含正行經。

〔四〕見中陰經卷下三世平等品。

〔五〕見知禮述觀音義疏記卷二。

〔六〕見智顗説、灌頂記摩訶止觀卷八上。

〔七〕見知禮述觀音義疏記卷二。

〔八〕見太子瑞應本起經卷上。

〔九〕見大智度論卷九四。

〔一〇〕見佛垂般涅槃略説教誡經。

〔一一〕見智顗説妙法蓮華經玄義卷四上。

〔一二〕按:仁王經中,未見此説。曇無讖譯大般涅槃經卷三九:"一切衆生亦復如是,有三種病:一者貪、二者瞋、三者癡。如是三病,有三種藥,不淨觀者能爲貪藥,慈心觀者能爲瞋藥,觀因緣智能爲癡藥。"佛説大乘菩薩藏正法經卷二九:"一切有情爲三種病常所燒煮。何等爲三? 謂貪、瞋、癡。我當於彼有情以佛正法積集和合爲大良藥,治諸有情此貪瞋癡諸熱惱病,我説是名菩薩摩訶薩行不退轉精進波羅蜜多之行。"

〔一三〕仁王護國般若波羅蜜多經卷上菩薩行品:"性種性菩薩修行十種波

羅蜜多,起十對治,所謂:觀察身、受、心、法,不淨、諸苦、無常、無我,治貪、瞋、癡三不善根,起施、慈、慧三種善根。觀察三世過去因忍、現在因果忍、未來果忍。"

〔一四〕見金光明經卷一空品。

〔一五〕見妙法蓮華經卷五安樂行品。

〔一六〕見佛垂般涅槃略説教誡經。

〔一七〕見實叉難陀譯大方廣佛華嚴經卷一三菩薩問名品。

阿耆毗伽　此云"邪命"〔一〕,以邪法活命根也。智論云:"如經中説:舍利弗入城乞食,得已,向壁坐食。時梵志女,名曰淨目,見而問曰:沙門汝食耶? 荅言:食。淨目問:下口食耶? 仰口食耶? 方口食耶? 四維口食耶? 俱荅云:不。淨目言:食法四種,我問汝,汝言不。我不解,汝當説。舍利弗言:有出家人合藥、種穀、植樹,不淨活命,名下口食。有出家人觀視星宿、日月、風雨、雷電、霹靂,不淨活命,名仰口食。有出家人曲媚豪勢,通使四方,巧言多求,不淨活命,名方口食。有出家人學種種呪術,卜筭吉凶,如是活命,名四維口食。姊,我不墮是四不淨食,我用清淨乞士活命。是時淨目聞説清淨法食,歡喜信解。舍利弗因爲説法,得須陁洹。"〔二〕又,智論釋八正道云:"五種邪命以無漏智慧捨、離,是爲正命。問:何等是五種邪命? 荅:一、爲利養故,詐現奇特;二、爲利養故,自説功德;三、爲利養故,占相吉凶;四、爲利養故,高聲現威,令人畏敬;五、爲利養故,稱説所得供養,以動人心。邪因緣活命故,是爲邪命。"〔三〕

〔一〕佛本行集經卷四五布施竹園品下:"阿耆毗伽,隋言'邪命'。"

〔二〕見大智度論卷三。

〔三〕見大智度論卷一九。又,湛然述止觀輔行傳弘決卷四之一:"邪法活命,故云'邪命'。四邪者,一、方邪,謂通國使命。二、維邪,謂醫方卜相。三、仰邪,謂仰觀星宿。四、下邪,謂種植栽五穀等類,亦曰四口食。故大論舍利弗乞食,有一女人問舍利弗言:汝方口食耶? 乃至下口食耶? 皆答言不。女人言:何食耶? 舍利弗次第解釋四種食已,云:我唯乞食自活。五邪者,一、爲利養故,現奇特相。

二、爲利養故，自説功德。三、卜相吉凶，爲人説法。四、高聲現威，令人畏敬。五、説所得供養，以動人心。此等並是高名上輩所慎，應非寡德末流所闚。”

阿羅伽 此云“欲”〔一〕，希須爲義。五情之所欲，是名五欲〔二〕。大論云：“哀哉衆生，常爲五欲所惱，而欲求之不已！此五欲者，得之轉劇，如火炙疥。五欲無益，如狗齧骨。五欲增争，如烏競肉。五欲燒人，如逆風執炬。五欲害人，如踐惡蛇。五欲無實，如夢所得。五欲不久，假借須臾。世人愚惑，貪著五欲，至死不捨，爲之後世受無量苦。譬如愚人貪著好果，上樹食之，不肯時下。人伐其樹，樹傾墮落，身首毀壞，痛惱而死。”〔三〕然此五欲，分界内外。如大論云：二乘但斷界内五欲故，世間五欲所不能動。別惑未除故，爲界外上妙色聲之所染污。故迦葉云：三界五欲，我已斷竟，不能動心。此是菩薩淨妙五欲，吾於此事不能自安〔四〕。此是迦葉爲界外之聲動。天女散花，身子除去〔五〕。此爲界外之色動。又分別生死，涅槃有異，分別亦是別見，斯爲法塵所惑也。

〔一〕大威德陀羅尼經卷一四：“阿羅伽，隋云‘欲’。”

〔二〕釋氏要覽卷下躁静“五欲”條曰：“五欲，謂色、聲、香、味、觸也。智論云：五欲名華箭，又名五箭，破種種善事故。”

〔三〕見大智度論卷一七。

〔四〕按：此非原文。“如大論云”者，詳見大智度論卷一七。智顗説、湛然略維摩經略疏卷八：“二乘但斷界内五欲故，世間五欲所不能動。別惑未除故，爲界外上妙色聲之所染污。故呵言：結習未盡，華則著身。如大論：迦葉聞甄迦羅琴，不能自安，即云：八方風不能動須彌山，隨藍風至，碎如腐草。三界五欲，我已斷竟，不能動心。此是菩薩淨妙五欲，吾於此事不能自安。即其義也。”

〔五〕身子：即舍利弗。“天女散華，身子除去”，詳見維摩經所説經卷中觀衆生品。

奢佗〔一〕 此云“諂曲”〔二〕。岡冒他故，矯設異儀，曲順時人〔三〕。

〔一〕 佗：永樂北藏本、嘉興藏本作“陀”，大正藏本作“他”。或作“侘”，
　　　　參下注。

〔二〕 慧琳一切經音義卷六二：“奢佗，摘加反，梵語也，唐云‘謟曲’，羅
　　　　漢名也。”又，義淨譯根本説一切有部毗奈耶雜事卷四〇：“彼有苾
　　　　芻，名曰‘奢佗’，此云‘謟曲’。是尊者阿難陀弟子，獲阿羅漢，住八
　　　　解脱。”

〔三〕 成唯識論卷六：“云何爲謟？爲罔他故，矯設異儀，險曲爲性。能障
　　　　不謟，教誨爲業。謂謟曲者，爲網冒他，曲順時宜，矯設方便；爲取
　　　　他意，或藏己失，不任師友正教誨故。此亦貪癡一分爲體，離二無
　　　　別謟相用故。”

心意識法篇第五十七

華嚴云：“諸業虛妄，積集名心，末那思量，意識分別，眼
等五識，了境不同。愚癡凡夫，不能知覺，怖老病死，求入涅
槃。生死涅槃，二俱不識，於一切境，妄起分別。”〔一〕

楞伽云：“略説有三種識，廣説有八相。何等爲三？謂真
識、宗鏡云：“不爲垢法之所染，寧爲淨法之所治？非生死之所覊，豈涅槃之能
寂？遂稱識主，故号心王。”〔二〕現識及分別事識。大慧，譬如明
鏡，持諸色像。現識現處，亦復如是。密嚴經云：“譬如殊勝寶，野人
所輕賤，若用飾冕旒，則爲王頂戴。如是賴耶識，是清淨佛性，凡位恒雜染，佛
果常保持。如美玉在水，苔衣所纏覆，賴耶處生死，習氣縈不現。於此賴耶識，
有二取相生，如蛇有二頭，隨樂而同往。賴耶亦如是，與諸色相俱，一切諸世
間，取之以爲色。惡覺者迷惑，計爲我我所，若有若非有，自在作世間。賴耶雖
變現，體性恒甚深，於諸無智人，悉不能覺了。”〔三〕大慧，現識及分別事
識，此二壞不壞相五識得塵，即滅是壞。熏入八識爲種，是不壞。展轉
因。七識執八識爲我，八識引五識取塵。大慧，不思議熏賢首云：“謂無
明能熏真如。不可熏處而能熏故，名不思議熏。又，熏則不熏，不熏之熏，名不
思議熏。”及不思議變，“謂真如心受無明熏。不可變異而變異故，云不思
議變。又，變即不變，不變之變，名不思議變。勝鬘中不染而染，染而不染，難
可了知者，謂此不思議也。”是現識因。“所起現識行相微細，於中亦有轉識
業識，舉麤顯細，故但名現識，即是不相應心也。”大慧，取種種塵“即是現

識所現境界,還能動彼心海,起諸事識之波浪也。"及無始妄想熏,"即彼和合心海之中,妄念習氣,無始已來熏習不斷,未曾離念,故此塵及念熏動心海種種識生,以妄念及塵龕而且顯,故所起分別事識行相,龕顯成相應心也。"〔四〕是分別事識因。"〔五〕

又云:"譬如巨海浪,斯由猛風起,洪波皷溟壑,無有斷絕時。藏識海常住,華嚴論云:"世尊於南海中楞伽山説法。其山高峻,下瞰大海,傍無門户,得神通者,堪能昇住。乃表心地法門,無心證者,方能升也。下瞰大海,表其心海本自清淨,因境風所轉,識浪波動,欲明達境心空,海〔六〕亦自寂。心境俱寂,事無不照,猶如大海無風,日月森羅,焕然明白。此經意直爲根熟,頓説種子業識爲如來藏。異彼二乘滅識趣寂者故,亦爲異彼般若修空菩薩增勝者故。直明識體,本性全真,便明識體,即成智用,如海無風,境象自明。異彼深密,別立九識,接引初根,漸令留惑,長大菩提。故不令其心植種於空,亦不令心猶如敗種。解深密經,乃是入惑之初門。楞伽、維摩,直示惑之本實。故楞伽明八識爲如來藏,淨名即觀身實相,觀佛亦然。"〔七〕境界風所動,種種諸識浪,騰躍而轉生。"〔八〕密嚴經云:"賴耶爲於愛,所熏而增長,既自增長已,復增於餘識。展轉不斷絕,猶如於井輪。以有諸識故,衆趣而生起,於是諸趣中,識復得增長,識與世間法,更互以爲因。譬如河流水,前後而不斷。亦如芽與種,相續而轉生。各各相差別,分別而顯現。"〔九〕

又,楞伽:"大慧白佛:惟願世尊,更爲我説陰入界生滅。彼無有我,誰生誰滅?愚夫者,依於生滅,不覺苦盡,不識涅槃。華嚴云:"愚癡凡夫,不能知覺,怖老病死,求入涅槃。生死涅槃,二俱不識,於一切境,妄起分別。"〔一〇〕佛告大慧:如來之藏,是善不善因,能徧興起一切趣生。譬如伎兒,變現諸趣,唯識論云:"能變有二種:一、因能變,謂第八識中等流異熟。二、因習氣。等流習氣,由七識中善惡無記熏令生長;異熟習氣,由六識中有漏善惡熏令生長。二果能變,謂前二種習氣力故,有八識生,現種種相。等流習氣因緣故,八識體相差別而生,名等流果,果似因故。異熟習氣爲增上緣,感第八識酬引業力恒相續故,立〔一一〕異熟名。感前六識酬滿業者,從異熟起,名異熟生,不名異熟,有間斷故。即前異熟及異熟生,名異熟果,果異因故。"〔一二〕又,唯識論明四種變,一、共中共。云云〔一三〕。離我我所。不覺彼故,三緣和合方便而生。外道不

覺,計著作者。爲無始虛僞惡習所熏,名爲識藏。密嚴經云:"藏
識持於世,猶如線穿珠,亦如車有輪,隨於業風轉。陶師運輪杖,器成隨所用,
藏識與諸界,共力無不成,內外諸世間,弥綸悉周徧。譬如衆星象,布列在虛
空,風力之所持,運行常不息。如空中鳥跡,求之不可見,然鳥不離空,頡胡結頡
胡朗而進退。藏識亦如是,不離自他身,如海起波濤,如空含万象。"〔一四〕生無
明住地,與七識俱。如海浪身,常生不斷。離無常過,離於我
論,自性無垢,畢竟清淨。其餘諸識,有生有滅。意、意識等,念
念有七。因不實妄想,取諸境界,種種形處,計著名相。不覺自
心所現色相,不覺苦樂,不至解脫。"又偈曰:"心如工伎兒,八識
妄動,如牽線主。意如和伎者,七識執我,如應和人。五識爲伴侶,五識
取塵,如共和伎。妄想觀伎衆。六識分別,如看衆人。"〔一五〕

大乘入楞伽云:"心能積集業,意能廣積集。了別故名
識,對現境說五。"〔一六〕

"婆沙問:此三何別? 荅:或別不別。言不別者,心即
意識,如火名焰。亦名爲燈,亦名燒薪。秖是一心有三差
別。言有別者,名即差別。或云過去名意,未來名心,現在
名識。或云在界名心,在入名意,在陰名識。或云雜色名
心,如六道由心;繫屬名意,如五根屬意;語想名識,如分別
屬識。"〔一七〕

又,妙樂引俱舍云:"'集起名心,思量名意,了別名識',
在彼一向全無即理。若大乘中,八識名心,七識名意,六識名
識。彼教爲迷,又無即理,故偏小教有漏之法,全無性淨,即
常住理,知之者寡。"〔一八〕

大寶積經:"佛言:所言識者,謂能了別眼所知色、耳所知
聲、鼻所知香、舌所知味、身所知觸、意所知法,是名爲識。所
言智者,於內寂靜,不行於外,唯依於智,不於一法而生分別
及種種分別,是名爲智。"〔一九〕

大乘同性經:"楞伽王白佛:云何衆生捨此壽命,受彼壽
命? 捨此故身,受彼新身? 佛言:衆生捨此身已,業風力吹移

識將去，自所受業而受其果。"〔二〇〕

　　圭山云："欲驗臨終受生自在不自在，但驗尋常行心塵境自由不自由。"〔二一〕二六時中，當省察耳。

〔一　〕見般若譯大方廣佛華嚴經卷六。

〔二　〕見延壽集宗鏡録卷四七。

〔三　〕見不空譯大乘密嚴經卷下阿賴耶即密嚴品。

〔四　〕"賢首云"至此之注文，均見法藏撰大乘起信論義記卷下。

〔五　〕見楞伽阿跋多羅寶經卷一。

〔六　〕海：大正藏本作"境"。

〔七　〕見李通玄撰新華嚴經論卷一。

〔八　〕見楞伽阿跋多羅寶經卷一。

〔九　〕見不空譯大乘密嚴經卷下阿賴耶即密嚴品。

〔一〇〕見般若譯大方廣佛華嚴經卷六。

〔一一〕立：永樂北藏本、嘉興藏本作"自"。

〔一二〕見成唯識論卷二。

〔一三〕詳參成唯識論卷二等。澄觀述大方廣佛華嚴經隨疏演義鈔卷七九："唯識第二引瑜伽論説共、不共中，各有二種。共中二者，一、共中共，如山河等，非唯一趣，獨能用故。二、共中不共，如己田宅及鬼所見爲水火等，即於彼境非互用也。不共中二者，一、不共中不共，如眼等根，唯自識依用之緣境，非他依故。二、不共中共，如自浮塵根，他亦受用故。"

〔一四〕見地婆訶羅譯大乘密嚴經卷中妙身生品之餘。

〔一五〕見楞伽阿寶多羅寶經卷四。

〔一六〕見大乘入楞伽經卷二。

〔一七〕出湛然述止觀輔行傳弘決卷二之二。"婆婆問：此三何別"者，見阿毗達磨大毗婆沙論卷五〇。

〔一八〕見湛然述法華文句記卷四上。阿毗達磨俱舍論卷四："集起故名心，思量故名意，了别故名識。"

〔一九〕見大寶積經卷三七。

〔二〇〕見大乘同性經卷上。

〔二一〕圭山：即宗密。據景德傳燈録卷一三，宗密有偈曰："作有義事，是惺悟心。作無義事，是狂亂心。狂亂隨情念，臨終被業牽。惺悟不由情，臨終能轉業。"宗密曾在尚書溫造處誦此偈，並奉溫造命解釋。此處所引,即出自其對此偈的注釋。

污栗馱　此方稱"草木心"〔一〕。

〔一〕見後"矣栗馱"條注。

矣栗馱　此方名"積聚精要心"〔一〕。

〔一〕智顗説、灌頂記摩訶止觀卷一上:"'質多'者,天竺音,此方言
'心',即慮知之心也。天竺又稱'污栗馱',此方稱是'草木之心'
也。又稱'矣栗馱',此方是'積聚精要者爲心'也。"

紇胡結利陀耶　此云"肉團心",如黃庭經五藏論所
明〔一〕。正法念經云:心如蓮華開合〔二〕。提謂〔三〕云:心如
帝王,皆肉團心,色法所攝。

〔一〕宗密述禪源諸詮集都序卷上之一:"汎言心者,略有四種,梵語各
別,翻譯亦殊:一、紇利陀耶,此云'肉團心'。此是身中五藏心也。
具如黃庭經五藏論説也。二、緣慮心,此是八識,俱能緣慮自分境故。色
是眼識境,乃至根身、種子、器世界是阿賴耶識之境。各緣一分,故云自分。此八
各有心所、善惡之殊。諸經之中,目諸心所總名心也,謂善心、惡心
等。三、質多耶,此云'集起心'。唯第八識,積集種子生起現行故。
黃庭經五藏論目之爲神,西國外道計之爲我,皆是此識。四、乾栗陀耶,此云
'堅實心',亦云'貞實心',此是真心也。"黃庭經,道教經典。

〔二〕正法念處經卷六四:"心如蓮花,晝則開張,無日光故,夜則還合。
心亦如是。"

〔三〕按:開元釋教録卷一八別録中僞妄亂真録第七著録"提謂波利經二
卷",子注曰:"宋武時北國比丘曇靖撰。舊別有提謂經一卷,與此
真僞全異。"一卷本提謂經,出三藏記集卷四著録,然"未見其本"。
開元釋教録入藏録中亦無。真僞皆佚。湯用彤漢魏兩晉南北朝佛
教史第一九章北方之禪法、淨土與戒律曰:"梁僧祐、隋法經二録均
謂提謂經有二種。一爲一卷本,是真典。一爲二卷者,乃宋孝武帝
時北國沙門曇靖所僞造。"續高僧傳卷一元魏北臺恒安石窟通樂寺
沙門釋曇曜傳曰:"時又有沙門曇靖者,以創開佛日,舊譯諸經,並
從焚蕩,人間誘導,憑准無因,乃出提謂波利經二卷,意在通悟,而
言多妄習。(中略)舊録別有提謂經一卷,與諸經語同,但靖加五
方五行,用石糅金,疑成僞耳。"

蜱補迷**羅尸** 或“閉尸”，此云“肉團”。見經音義〔一〕。

〔一〕玄應一切經音義卷一：“蜱羅尸，補迷反，或作‘閉尸’，此譯云‘肉團’也。”又，卷二三：“閉尸，亦名‘卑尸’，此云‘肉團’。至第三七日，結聚成團，若男則上闊下狹，若女則上狹下闊，雖成肉團，猶奕未堅也。”

質多耶 或名“質帝”，或名“波茶”，此方翻“心”。黄庭經五藏論目之爲神，西域外道計之爲我，此土佛教翻“緣慮心”，此通八識，謂眼緣色，乃至第八緣根身種子器世間〔一〕。故云“集起以解心，第八獨名心”〔二〕。緣慮以解心，緣謂緣持，慮即思慮。八識惣名心。然此緣慮，亦名慮知。宗鏡云：“無幽不矚，有法皆知，察密防微，窮今洞古，故謂之靈臺。司馬彪云：心爲神靈〔三〕之臺。莊子云：萬惡不可内於靈臺。”〔四〕百法論疏：“心法有六種義：一、集起名心，唯屬第八，集諸種子，起現行故。二、積集名心，屬前七轉，能熏積集諸法種故；或初集起，屬前七轉，現行共集，熏起種故；或後積集名心，屬於第八，含藏積集，諸法種故。此上二解，雖各有能集、所集之義，今唯取能集名心，如理應思。三、緣慮名心，俱能緣慮自分境故。四、或名爲識，了别義故。五、或名爲意，等無間故。六、或第八名心，第七名意，前六名識。”〔五〕入楞伽云：“藏識説名心，思量性名意，能了諸境相，是故名爲識。”〔六〕然第六意識，具有五種：“一、定中獨頭意識，緣於定境。定境之中，有理有事。事中有極略色、極迥色及定自在所生法處諸色。二、散位獨頭，緣受所引色及徧計所起諸法處色，如緣空華、鏡像、彩畫所生者，並法處攝。三、夢中獨頭，緣夢中境。四、明了意識，依五根門，與前五識同緣五塵。五、亂意識，是散意識，於五根中狂亂而起，如患熱病，青爲黄見，非是眼識，是此緣故。”〔七〕宗鏡第六識具十名：“一、從根得名，名爲六識。二、能籌量是非，名爲意識。三、能應涉塵境，名攀緣識。四、能徧緣五塵，名巡〔八〕舊識。五、念念流散，名波浪識。六、能辨前境，名分别事識。

七、所在壞他,名人我識。八、愛業牽生,名四住識。九、令正解不生,名煩惱障識。十、感報終盡,心境兩別,名分段死識。"〔九〕

〔一〕參前"紇利陀耶"條注一。

〔二〕見澄觀述大方廣佛華嚴經隨疏演義鈔卷三二等。

〔三〕靈:大正藏本作"慮"。

〔四〕見延壽集宗鏡録卷九。"司馬彪云"者,見文選卷五五劉孝標廣絕交論李善注引。"莊子云"者,見莊子庚桑楚。

〔五〕見義忠述大乘百法明門論疏卷上。

〔六〕大乘入楞伽經卷六:"藏識説名心,思量以爲意,能了諸境界,是則名爲識。"

〔七〕見延壽集宗鏡録卷五五。

〔八〕巡:永樂北藏本、嘉興藏本無。

〔九〕見延壽集宗鏡録卷五〇。

末那　唯識翻"意",或云"執我",亦云"分別"〔一〕。唯識宗云:具足應言"訖利瑟吒耶末那",此翻"染污意",謂我癡、我見、我慢、我愛四惑常俱,故名染污。常審思量,名之爲意。思慮第八,度量爲我,如是思量,唯第七有,餘識所無,故獨名意。復能了別,名之爲識。前之六識,從根得名。此第七識,當體立號〔二〕。識論頌云:"次第二能變,是識名末那,依彼轉緣彼,思量爲性相。四煩惱常俱,謂我癡我見,并我慢我愛,及餘觸等俱,有覆無記攝。"〔三〕大乘入楞伽:"大慧問佛:云何但説意識滅,非七識滅? 佛言:大慧,以彼爲因及所緣故,七識得生。大慧,意識分別境界起執著時,生諸習氣,長養藏識,由是意俱我、我所執,思量隨轉,無別體相,藏識爲因,爲所緣故。執著自心所現境界,心聚生起,展轉爲因。大慧,譬如海浪,自心所現境界,風吹而有起滅。是故意識滅時,七識亦滅。"〔四〕然楞伽經唯明三識,不辨七識者,準此文云"無別體相",所以唯説八、六二識。起信亦然。通源〔五〕問:現識屬第八,事識屬前六,何故不言第七識耶? 答:七識名染污意,常時執取第八爲我。是則若言第八,必兼第七。故瑜珈論云:賴耶識起,必二識相應〔六〕。又,事識緣外境時,必依第七,是故不説。宗鏡:"問:第六能斷惑成無漏,第七不能斷惑,何故亦成無漏? 荅:謂第七識是第六所依根,第六是能依識,能依識既成無漏,第七所依亦成無漏。謂第六入生、法二空觀時,第七識中俱生我法二執現行,伏令不起故,第七成無漏。問:何故第八是有漏耶? 荅:第八是惣報主,持種受熏。若因中便成無漏,即一切有漏雜染種子皆散失故,即便成佛,何用更二劫修行耶? 問:前五既非是惣報主,何故不成無漏? 荅:前五根是第八親相分,能變第八既是有漏,所變五根亦有漏;五根是所依尚有漏,能依五識亦成有漏也。"〔七〕宗鏡七識十名:"一、六後得名,稱爲七識;二、根塵不會,名爲轉識;宗鏡云:"轉爲改轉,是不定義,即三性、三量、三境,易脱不定,方名轉識。"三、不覺習氣,忽然念起,名妄想識;四、無間生滅,名相續識;五、障理不明,名無明識;六、返迷從正,能斷四住煩惱,名爲解識;七、與涉玄途,順理生善,名爲行識;八、解三界生死,盡是我心,更無外法,名無畏識;九、照了分明,如鏡顯像,故名現識;十、法既妄起,恃智爲懷,令真性不顯,名智障識。"〔八〕

〔一〕 玄應一切經音義卷二三:"末那,摩鉢反,此云'意'也。"

〔二〕 義忠述大乘百法明門論疏卷上:"第七末那,具足應云'訖利瑟吒耶末那',唐言'染污意',與四惑俱名爲染污,恒審思量,名之爲意。思量即意,持業釋也。"宗密圓覺經略疏鈔卷八:"末那,梵云'訖利瑟吒耶末那',此云'染污意',謂與四惑俱名爲染污。我癡、我見、我慢、我愛。恒審思量,名之爲意。思慮第八,度量爲我、法也。八恒非審,六審非恒,前五俱非,故唯第七。佛出末那,名假施設也。"

〔三〕 見成唯識論卷四。

〔四〕 見大乘入楞伽經卷三。

〔五〕 通源:即通源記,參卷一釋氏衆名篇第十三"頭陀"條注一一。

〔六〕 瑜伽師地論卷五一:"若決定有阿賴耶識,應有二識俱時生起。"

〔七〕見延壽集宗鏡録卷五七。

〔八〕見延壽集宗鏡録卷五〇。

阿賴耶 或"阿梨耶"。起信云:"以依阿梨耶識説有無明不覺而起能見、能現、能取境界。"〔一〕真諦就名翻,名"無没識",取不失之義〔二〕。奘師就義翻爲"藏識",能含藏諸法種故。又此識體,具三藏義:能藏、所藏、執藏,故名爲藏,謂與雜染互爲緣故,有情執爲自内我故〔三〕。復能了別種子、根身及器世間三種境故,名之爲識。古釋云:一、能藏者,即能含藏義。猶如庫藏,能含藏寶貝,故得藏名。此能含藏雜染種故,名之爲藏,亦即持義。二、所藏者,即是所依義。猶如庫藏,是寶等所依故。此識是雜染法所依處故。三、執藏者,堅守不捨義。猶如金銀等藏,爲人堅守,執爲自内我,故名爲藏。此識爲染末那,堅執爲我,故名爲藏。起信鈔釋云:能藏、所藏者,且所藏義,謂此識體藏,是根身、種子、器世間所藏處也,以根等是此識相分故。如藏中物像,如身在室内。欲覓賴耶識,秖在色心中,欲覓摩尼珠,秖在青黄内。次能藏義,謂根身等法,皆藏在識身之中,如像在珠内。欲覓一切法,惣在賴耶中,欲覓一切像,惣在摩尼内。與前義互爲能、所〔四〕。故云"能藏自體於諸法中,能藏諸法於自體内"。

或名宅識。一切種子之所栖處。或名心,由種種法熏習種子所積集故。積集義故名心,集起義故名心。或名阿陀那,執持種子及諸色根,令不壞故。宗鏡云:"又將死時,唯異熟心由先業力,恒徧相續執受身分,捨執受處,冷觸便生,壽、煖、識三不相離故,冷觸起處,即是非情。"〔五〕宗鏡:"問:諸根壞日〔六〕,識遷離時,捨此故身,別受餘質。去來之識,相狀云何? 答:顯識經:'佛告賢護:識之運轉,遷滅往來,猶如風大,無色、無形、不可顯現,而能發動萬物,示衆形狀:或搖振林木,摧折破裂,出大音聲;或爲冷爲熱,觸衆生身,作苦作樂。風無手、足、面、目形容,亦無黑、

白、黄、赤諸色。賢護，識界亦爾。無色、無形、無光明顯現，所熏因緣故，顯示種種功用殊勝。'"〔七〕

或名所知依，能與染淨所知諸法爲依止故。即三性與彼爲依，名所知依。或名種子識，梵語"阿世耶"，此云"種子"。能徧住持世、出世間諸法種子故〔八〕。古德云：從無始時來，此身與種子俱時而有，如草木等種。唯識論云："一切種子，皆本性有。不從熏生，由熏習力，但可增長。如契經説：一切有情，無始時來，有種種界。如惡叉聚，法爾而有，界即種子差別名故。"〔九〕有如外草木等種。護法意云：有漏、無漏種子，皆有新熏、本有，合生現行，亦不雜亂。若新熏緣，即從新熏生；若本有遇緣，即從本有生〔一〇〕。攝論云："此阿賴耶識與種子如此共生，雖有能依所依，不由體別故異。"乃至能是假，無體；所是依，是實，有體。假實和合，異相難可分別，以無二體故。此識先未有功能，熏習生後，方有功能，故異於前。前識但是果報，不得名一切種子。後識能爲他生因，説名一切種子。前識但生自相續，後識能生自他相續，故勝於前〔一一〕。攝論云："第八識從種子生故，稱果報識。能攝持種子故，亦名種子識。"〔一二〕宗鏡云："本識是體，種子是用。種子是因，所生是果。"〔一三〕"問：熏、生何別？答：熏是資熏、繫發之義。生是生起，從因生出之義。謂本識等雖無力資熏、擊發自種之義，而有親生自種之義。如本有無漏種子，雖有生果之能，若不得資、加二位有漏諸善資熏、擊發，即不能生現。又如本識中善染等種，能引次後自類種子，雖有生義，無自熏義。如穀、麥等種，雖有生芽之能，若不得水土等資熏擊發，亦不能生其現行。本識雖有生種之能，然自力劣，須假六、七與熏方生。由是義故，本識等雖非能熏，而能生種，故與親種得爲因緣。"又，"熏者，發也，致也。習者，生也，近也，數也。即發致果於本識內，令種子生，近生長故。熏有二種：一、熏習，謂熏心體成染淨等事。二、資熏,謂現行心境及諸惑相資等。"〔一四〕攝論云:"轉依名法身。由聞熏,四法得成:一、信樂大乘,是大淨種子;二、般若波羅蜜,是大我種子;三、虛空品三昧,是大樂種子;四、大悲,是大常種子。此聞熏習四法,爲四德種子。四德圓時,本識都盡。四德本來是有,不從種子生,從因作名,故稱種子。"〔一五〕然善染如沉麝、韭蒜等,故不受熏。無記如素帛,故能受熏。如善不容於惡,猶白不受於黑。若惡不容於善,如臭不納於香。唯本識之含藏,同太虛之廣納矣〔一六〕。

或名異熟識,能引生死、善不善業異熟果故。宗鏡云:"又第八識,本無阿賴耶名,由第七執第八見分爲我,令第八得阿賴耶名。若不執時,但名異熟識者,此是善惡業果位,以善惡業爲因,即招感得此引果故。前世業爲因,因是善惡;今世感第八識是無記。異熟即果,果異於因,故名異熟。又具四義:一、實,二、常,三、徧,四、無雜,是名真異熟識。問:第八真異熟識,如何名引果? 答:爲善惡業爲能引,第八爲所引,是能引家之果,故名引果,故是惣報主。前六識名爲滿果,有一分善惡別報來滿故。此滿業所招,名異熟生,非真異熟也,不具四義。唯第八是引果真異熟識。真異熟心一切時相續,酬牽引業,非同滿業,有間斷故。以餘轉識不能引業,但來滿善惡之業果。引果之識,徧三界有。六識不徧,無色界、無心定等。"〔一七〕或名現識,宗鏡云:具三顯義:一、顯現,此簡七識果不顯現故。二、現在,簡非前後。三、現有,此簡假法。體是實有,方成種子〔一八〕。故唯識論云:"如瀑流水上下,魚草等物,隨流不捨。此識亦爾,與内習氣外觸等法,恒相續轉。"唯識論云:"常與觸、作意、受、想、思相應。阿賴耶識無始時來乃至未轉,於一切位,恒與此五心所相應。"〔一九〕天台名無没識,釋籤云:"無始時有未曾斷絶,故云無没。"〔二〇〕宗鏡問云:祖先終殁,後嗣資悼,違三界之惟心,乖万法之惟識。"答:有五力,唯識不判:一、定力,二、通力,三、借識力,四、大願力,五、法威德力。"〔二一〕道氤法師對唐明皇云:"佛力法力,三賢十聖亦不能測。"〔二二〕或名隨眠〔二三〕。顯宗論云:"相續中眠,故名隨眠,即順流者身中安住,增昏滯義。或隨勝者相續中眠,即是趣入如實解位,爲昏迷義。或有獄中長時隨逐,覆有情類,故名隨眠。"〔二四〕又,瑜伽云:"煩惱麤重,隨附依身,説名隨眠,能爲種子,生起一切煩惱故也。"〔二五〕

菩薩處胎經云:"爾時,世尊將欲示現識所趣,向道識,俗識,有爲識,無爲識,有漏識,無漏識,華識,果識,報識,無報識,天識,龍識,鬼神、阿修羅、迦樓那[二六]、緊那羅、摩睺羅伽、人非人識,上至二十八天識,下至無救地獄識。爾時,世尊即於胎中,現勾鏁骨,徧滿三千大千世界。云云。佛告弥勒:'汝觀勾鏁骸骨,令一切衆知識所趣,分別決了,令無疑滯。'爾時,弥勒菩薩即從座起,手執金剛七寶神杖,攬勾鏁骨,聽彼骨聲,即白佛言:'此人命終,嗔恚結多,識墮龍中。'次復攬骨:'此人前身十戒行具,得生天上。'次復攬骨:'此人前身破戒犯律,生地獄中。'如是攬骨,有漏、無漏、有爲、無爲,從二十八天至無救地獄,知識所趣,善惡果報,白黑行報。有一全身舍利,無有缺減。爾時,弥勒以杖攬之,推尋此識,了不知處。如是三攬,前白佛言:'此人神識,了不可知,將非如來入涅槃耶?'佛告弥勒:'汝紹佛位,於當來世,當得作佛,成無上道。何以攬舍利而不知識處耶?'弥勒白佛言:'佛不思議不可限量,非我等境界所能籌量。今有狐疑,唯願世尊當解說之。五道神識,盡能得知彼善惡趣,不敢有疑於如來所。今[二七]此舍利無有缺減,願說此識,令我等知。'佛告弥勒:'過去、未來、現在諸佛舍利流布,非汝等境界所能分別。'"[二八]

又,阿賴耶識無始時來,恒與此五心所相應,以是徧行心所攝故。一、作意者,論云:"作意謂能警心爲性,於所緣境引心爲業。"作意警心,有二功力:一、心未起時,能警令起;二、若起已,能引令趣境。二、觸者,論云:"觸謂三和分別變異,令心、心所觸境爲性,受、想、思等所依爲業。"觸謂三和者,即根、境、識。體異名三,不相乖返,更相交涉,名爲隨順。根本[二九]爲依,境可爲取,識二所生,可依於根而取於境。此三之上,皆有順生一切心所功能作用,名爲變異。三、受者,論云:"受謂領納違、順、俱非境相爲性,起愛爲業。"四、想者,論云:"想謂於境取像爲性,施設種種名言爲業。謂要安立境分劑相,方能隨起種種名言。"此中安立取像異名,謂此是青非青等,作分劑而取其相,名爲安立。五、思者,論云:“思謂令心造作爲性,於善品等役心爲業。謂能取境正因等相,驅役自心,令造善等。”〔三〇〕此觸等五,與異熟識行相雖異,而時、依同,所緣、事等,故名相應。此識行相,極不明了,不能分別逆、順境相,微細一類,唯與捨受相應。又此相應受,唯是異熟,隨先引業轉,不待現緣,任善惡〔三一〕業勢力轉故,唯是捨受。苦樂二受,是異熟生,非真異熟,待緣現故,非此相應。

宗鏡:“問:一百法中,凡聖惣具不? 答:若凡夫位,通約三界九地種子,皆具百法。若諸佛果位,唯具六十六法,除根本煩惱六,隨煩惱二十,不定四,不相應行中四,共除三十四法。”〔三二〕宗鏡明八識十名:“一、七後得名,稱爲八識。二、真僞雜間,名和合識。三、蘊積諸法,名爲藏識。四、住持起發,名熏變識。五、凡成聖名,爲出生識。六、藏體無斷,名金剛智識。七、體非寂亂,名寂滅識。八、中實非假,名爲體識。九、藏體非迷,名本覺識。十、功德圓滿,名一切種智識。”“此識建立有情、無情,發生染法、淨法。若有知有覺,則衆生界起。若無想無慮,則國土緣生。因染法而六趣回旋,隨淨法而四聖階降,可謂凡聖之本,根器之由。了此識原,何法非悟? 證斯心性,何境不真? 可謂絕學之門,栖神之宅。”〔三三〕又云:“第八本識真如一心,廣大無邊,體性微細,顯心原而無外,包性藏以該通。擅持種之名,作惣報之主,建有情之體,立涅槃之因。居初位而惣號賴耶,處果位而唯稱無垢。備本後之智地,成自他之利門。隨有執無執,攝論云:“一切種子,心識成熟,展轉和合,增長廣大,依二執受:一者、有色諸根及所依執受;二者、相、名、分別言說戲論習氣執受。”〔三四〕宗鏡云:“執、受各具二義。且執二義者:一、攝義,即攝爲自體。二、持義,即持令不散。受二義:一、領義,即領以爲境。二、覺義,即令生覺受,安危共同。根身具執、受四義:一、攝爲自體,同是無記性故。二、持令不散,第八能任〔三五〕持此身,令不爛壞。三、領已爲境,此根身是第八親相分故。四、令生覺受,安危共同。若第八危,五根危;第八安,五根安。若器世間量,但緣非執受,即受二義中領已爲境。問:何以器界不似根身,第八親執受? 答:以與第八遠故,所以不攝爲自體。又器界損時,第八亦不隨彼安危共同,所以不執受。若髮、毛、爪、齒、膀胱、宿水等,雖近,已同外器攝,所以第八亦不執受。應具四句:一、持而不緣,即無漏種。二、緣而不持,即器界現行。三、俱句,即內身根塵。四、俱非,即前七現行。"〔三六〕而立多名;據染緣淨緣,而作衆體。含一切而如太虛包納,現万法而似大地發生,則何法不收?無門不入!但以迷一眞之解,作第二之觀,因於覺明能了之心,發起內外塵勞之相,於一圓湛,析出根塵,聚內四大爲身,分外四大爲境,內以識精爲垢,外因想相成塵,無念而境觀一如,有想而眞成萬別。若能心融法界,境豁眞空,幻翳全消,一道明現,可謂裂迷途之緻網〔三七〕,抽覺戶之重關,悟夢惺而大覺常明,狂性歇而本頭自現。"〔三八〕

〔一〕見眞諦譯大乘起信論。

〔二〕吉藏撰中觀論疏卷八:"阿梨耶,翻爲'無沒識'。'無'是不之異名,'沒'是失之別目,故梨耶猶是不失法。"

〔三〕義忠述大乘百法明門論疏卷上:"第八賴耶,唐言'藏識',識能含藏諸法種故。又此賴耶,具三藏義:能藏、所藏、執藏義故,謂與雜染互爲緣故,有情執爲自內我故,由斯三義,得藏識名。藏即是識,持業釋也。"

〔四〕"古釋云"至此,見延壽集宗鏡録卷四七。又,"起信鈔釋云"至此,見子璿録起信論疏筆削記卷八。按:起信論疏筆削記卷一:"此文之作,本乎石壁。石壁慈甚,蔓於章句,凡伸一義,皆先問發,次舉疏答,後方委釋。雖不忘本母之體,而有太過大不及焉。講者用之,未至穩暢。今就其文,取要當者筆而存之,其繁緩者削以去之,仍加添改,取其得中,俾後學者不虛勞神智照無昧也。故曰:'筆則筆,削則削。'因以'筆削'命題云爾。"起信論疏筆削記,則爲删削石壁之作而成。石壁,指傳奧。此處所云起信鈔,或即傳奧所撰大乘起信論隨疏記六卷(見義天新編諸宗教藏總録卷三海東有本見行録下)。

〔五〕見延壽集宗鏡録卷五〇。

〔六〕日:大正藏本作"目"。

〔七〕見延壽集宗鏡録卷七五。"顯識經"者,見大乘顯識經卷上。

〔八〕"或名所知依"至此,見延壽集宗鏡録卷五〇。

〔 九 〕見成唯識論卷二。

〔一〇〕"護法意云"至此,見延壽集宗鏡録卷四八。

〔一一〕"攝論云"至此,見延壽集宗鏡録卷四八。"攝論云"者,見世親釋、真諦譯攝大乘論釋卷二不一異章。

〔一二〕見世親釋、真諦譯攝大乘論釋卷三生不淨章。

〔一三〕見延壽集宗鏡録卷四七。

〔一四〕"問:熏生何別"至此,見延壽集宗鏡録卷四八。

〔一五〕世親釋、真諦譯攝大乘論釋卷三出世間淨章:"何法名法身? 轉依名法身。轉依相云何? 成熟修習十地及波羅蜜,出離轉依功德爲相。由聞熏習四法得成:一、信樂大乘,是大淨種子;二、般若波羅蜜,是大我種子;三、虛空器三昧,是大樂種子;四、大悲,是大常種子。常、樂、我、淨是法身四德。此聞熏習及四法,爲四德種子。四德圓時,本識都盡。聞熏習及四法,既爲四德種子故,能對治本識。聞熏習正是五分法身種子,聞熏習是行法未有,而有五分法身,亦未有而有故,正是五分法身種子。聞熏習但是四德道種子,四德道能成顯四德。四德本來是有,不從種子生,從因作名,故稱種子。"按:此處引文,係據宗鏡録卷四八。

〔一六〕"善染如沉麝"至此,見延壽集宗鏡録卷四八。

〔一七〕見延壽集宗鏡録卷五〇。

〔一八〕見延壽集宗鏡録卷四八。

〔一九〕見成唯識論卷三。

〔二〇〕見湛然述法華玄義釋籤卷五。

〔二一〕見宗鏡録卷四八。

〔二二〕見宋高僧傳卷五唐長安青龍寺道氤傳。

〔二三〕智顗説妙法蓮華經玄義卷五下:"若地人明阿黎耶是真常淨識攝,大乘人云是無記、無明、隨眠之識,亦名無没識。"

〔二四〕見阿毗達磨藏顯宗論卷二七。

〔二五〕見瑜伽師地論卷八九。

〔二六〕那:永樂北藏本、嘉興藏本作"羅"。

〔二七〕今:永樂北藏、嘉興藏本作"令"。

〔二八〕見菩薩處胎經卷四五道尋識品。

〔二九〕本:大正藏本作"可"。

〔三〇〕本段"論云"者,見成唯識論卷三。

〔三一〕惡：永樂北藏本、嘉興藏本作“思”。

〔三二〕見延壽集宗鏡録卷五九。

〔三三〕見延壽集宗鏡録卷五〇。

〔三四〕見世親造、玄奘譯攝大乘論釋卷一所知依分第二之一。

〔三五〕任：永樂北藏本、嘉興藏本作“住”。

〔三六〕見延壽集宗鏡録卷四九。

〔三七〕網：原作“綱”，據永樂北藏本、嘉興藏本及宗鏡録改。

〔三八〕見延壽集宗鏡録卷五一。

阿陀那　義翻“執持”，能執持種子、根身，生相續義。執持有三：一、執持根身，令不爛壞。二、執持種子，令不散失。三、執取結生相續義，即有情於中有身臨末位、第八識初一念受生時，有執取結生相續義。結者，繫也，屬也。於母腹中，一念受生，便繫屬彼故。亦如磁毛石吸鐵，鐵如父母精血二點，第八識如磁毛石，一刹那間便攬而住，同時根、塵等種從自識中亦生現行，名爲執取結生〔一〕。故楞嚴曰：“陀那微細識，習氣如瀑流。橋李云：“言習氣者，謂熏習氣分，乃種子異名。以第八識中，無始習氣微細生滅，流注不息，故如瀑流。”〔二〕解深密經云：“如瀑流水，生多波浪。諸波浪等，以水爲依，五六七八，皆依此識。”〔三〕真非真恐迷，我常不開演。”〔四〕宗鏡云：“佛若一向説真，則衆生不復進修，墮〔五〕增上慢，以不染而染、非無客塵垢故。若一向説不真，則衆生撥棄自身，生斷見故，無成佛期故。對凡夫二乘，恐生迷倒，常不開演故。”〔六〕解深密經云：“阿陀那識甚微細，一切種子如瀑流，我於凡愚不開演，恐彼分別執爲我。”〔七〕熏聞云：“真諦謂之第七識，蓋取第八染分立名。唯識百法謂之第八識者，則通取染淨和合爲因。”〔八〕解深密經謂之第九者，乃別取第八淨分言之。故攝論云：世尊説法，凡有三種：一、染污分，二、清淨分，三、染污清淨分。譬如金藏土中有三：一、地界，二、金，三、土輪。以地譬依他性，具染淨二分，此八識。以土譬分別性，爲生死染分，此七識。以金譬真實性，爲涅槃淨分，此九識〔九〕。

宗鏡云：“分別諸識，開合不同，皆依體用。約體則無差而差,以全用之體不礙用故;約用則差而無差,以全體之用不失體故。如舉海成波不失海,舉波成海不礙波。非有非無,方窮識性。不一不異,可究心原〔一○〕。古德云:約諸識門,雖一多不定,皆是體用緣起,本末相收。本是九識,末是五識。從本向末,寂而常用。從末向本,用而常寂。寂而常用故,靜而不結;用而常寂故,動而不亂。靜而不結故,真如是緣起。動而不亂故,緣起是真如。真如是緣起故,無涅槃不生死,即八九爲六七。緣起是真如故,無生死不涅槃,即六七爲八九。無生死不涅槃故,法界皆生死。無涅槃不生死故,法界皆涅槃。法界皆涅槃故,生死非雜亂。法界皆生死故,涅槃非寂靜。生死非雜亂,衆生即是佛。涅槃非寂靜,佛即是衆生。是以法界違故,説涅槃是生死,即理隨情用。法界順故,説生死是涅槃,即情隨理用。如此明時,説情非理外,理非情外。情非理外故,所以即實,説六七爲八九。實者,體也。理非情外故,所以即假,説八九爲六七。假者,用也。以假實無礙故,人法俱空。以體用無礙故,空無可空。人法俱空,故説絕待。空無可空,故言妙用。如斯説者,亦是排情之言。論其至實者,不可以名相得;至極者,不可以二諦辨。不可以名相得,故非言象能詮;不可以二諦辨,故非有無能説。故云:至理無言,賢聖默然。正可以神會,不可以心求。

　　"問:一心湛寂,云何起諸識浪?答:只爲不覺,忽尔念生。起信云:'以不如實知真如法一故,不覺心起。'〔一一〕摩訶衍論云:'即是顯示根本不覺之起因緣。根本不覺,何因緣故得起而有?因不如故得起而有。何等法中而不如耶?謂三法中而不如故。言不如者,當有何義?謂違逆義故。云何三法?一者、實知一法,二者、真如一法,三者、一心一法。是名爲三。實知法者,謂一切覺,即能達智。真如法者,謂平等理,即所達境。一心法者,謂一法界,即所依體。於此三法皆違逆故,無明元起。是故説言,謂不如實知真如法一故,不覺心起。彼三種法,皆守一中,終不離故,故通名一。'〔一二〕又,起信云:'以無明熏力,不覺心動,最初成其業識。'〔一三〕因此業識,復生轉識等。論釋云:'最初不覺,稱爲第一業相,能見、所見無有差別,心王念法不可分析,唯有精勤隱流之義,故名爲業。如是流動,只由〔一四〕不覺。'〔一五〕第二轉相,以業相念爲所依故,轉作能緣,流成了相。第三現相,以了別轉爲所依,戲論境界具足現前,所緣相分圓滿安布,依此見分,現彼相分。又,動相者,動爲業識,理極微細。謂本覺心因無明風舉體微動,微動之相未能外緣,即不覺故。謂從本覺有不覺生,即爲業相。如海微波,從靜微動,而未從此轉移本處。轉相者,假無明力,資助業相,轉成能緣,有能見用向外面起,即名轉相。雖有轉相,而未能現五塵所緣境相。如海波浪,假於風力,兼資微動,從此擊波,轉移而起。現相者,從轉相而成現相,方有色塵、山河、大地、器世間等。"〔一六〕

楞伽經:"大慧白佛言:世尊,諸識有幾種生住滅? 佛告大慧:識有二種生住滅,非思量所知,謂流注生住滅,相生住滅。"〔一七〕梵語"你伽",此云"流注不斷"。言流注者,唯目第八,三相微隱,種現不斷,名爲流注。由無明緣,初起業識,故説爲生。相續長劫,故名爲住。到金剛定,等覺一念,斷本無明,名流注滅。相生住滅者,謂餘七識,心境麤顯,故名爲相。雖七緣八,望六爲細,具有四惑,故亦云麤。依彼現識自種諸境,緣合生七,説爲相生。長劫熏習,名爲相住。從末向本,漸伏及斷,至七地滿,名爲相滅。依前生滅,立迷悟依。依後生滅,立染淨依。後短前長,事分二別,即是流注生住滅、相生住滅〔一八〕。

仁王般若經云:"然諸有情,於久遠劫,初刹那識,異於木石,生得染淨,各自能爲無量無數染淨識本。從初刹那不可説劫,乃至金剛終一刹那,有不可説不可説識,生諸有情色、心二法,色名色蘊,心名四蘊。"〔一九〕宗鏡引古釋:"初刹那識異於木石者,謂一念識有覺受故,異於木石。即顯前念中有末心所見赤白二穢,即同外器木石種類。此識生時,攬彼爲身,故異木石。問:既非久遠無始,何名初識耶? 荅:過去未來無體,刹那熏習,唯屬現在。現在正起妄念之時,妄念違真,名爲初識,非是過去有識創起名爲初識。故知橫該一切處,竪通無量時,皆是即今現在一心,更無別理。"〔二○〕

　　道契經:"文殊師利白佛言:世尊,阿賴耶識具一切法,過於恒沙。如是諸法,以誰爲本? 生於何處? 佛言:如是有爲無爲一切諸法,生處殊勝不可思議。何以故? 於非有爲非無爲處,是有爲是無爲法而能生故。文殊又白佛言:世尊,云何名爲非有爲非無爲處? 佛言:非有爲非無爲處者,所謂一心本法,非有爲故能作有爲,非無爲故能作無爲,是故我言生處殊勝不可思議。"〔二一〕又云:"當作二門,分明顯説:一者、下轉門,二者、上轉門。生滅門中,不出此二。如是二門,云何差別? 頌曰:諸染法有力,諸淨法無力,背本下下轉,名爲下轉門。諸淨法有力,諸染法無力,向原上上轉,名爲上轉門。"〔二二〕識論云:"云何應知依識所變? 假説我法,非別實有,由斯一切唯有識耶? 頌曰:是諸識轉變,轉變是改轉義,即八種識,從自證分轉變,似二分現:即所變見分,有能作用,説名爲見;所變相分,爲所作用,説名爲相。即俱依自證分而轉,既若見、相二分,包一切法盡,即此二分,從心躰上變起,故知一切諸法皆不離心。分別所分別,從初業識,起見、相二門。因見立能,因相立所,能所纏具,我法互興。或謂用爲能相,體爲所相。或以七識爲能相,第八識爲所相。由此彼皆無,此見、相二分上,妄執彼實我法,二執是無,即由此見、相二分外,妄情執有心外我法之境,皆是無故。故一切唯識。唯遮境有,識簡心空。將唯字,遮薩婆多執心外有其實境;將識字,簡清辨等執惡取空。破空有二邊,正處中道。"〔二三〕

　　又,諸師所明,惣有四分義:一、相分。一、實相名相,體即真如,是真實相故。二、境相名相,爲能與根、心而爲境故。三、相狀名相,此唯有爲法有相狀故,通影及質,唯是識之所變。四、義相名相,即能詮下所詮義。

相分,是此四相中取後三相而爲相分。又,相分有二:一、識所頓變,即是本質。二、識等緣境,唯變影緣,不得本質。二、見分。唯識論云:"於自所緣,有了别用。"〔二四〕見分有五類:一、證見名見,即三根本智見分是。二、照燭名見,此通根、心,俱有照燭義故。三、能緣名見,即通内三分,俱能緣故。四、念解名見,以念解所詮義故。五、推度名見,即比量心推度一切境故。於此五種見中,除五色根〔二五〕及内外二分〔二六〕,餘皆見分所攝。三、自證分,爲〔二七〕能親證自見分、緣相分不謬,能作證故。四、證自證分,謂能親證第三自證分、緣見分不謬故,從所證處得名。此四分義,鏡如自證分,鏡明如見分,鏡象如相分,鏡後弝必駕如證自證分。此四分,有四師立義:

第一,安慧菩薩立一分自證分。識論云:"此自證分,從所緣生,是依他起故,故説爲有。見、相二分,不從緣生,因徧計心妄執而有。如是二分,情有理無。唯自證分是依他起性,有種子生,是實有故。見、相二分是無,更變起我、法二執又是無,以無似無。"〔二八〕若準護法菩薩,即是以有似無,見、相二分是有體,變起我、法二執是無體,故安慧引楞伽云:"三界有漏心、心所,皆是虚妄分别爲自性故。"〔二九〕知八識見、相二分,皆是徧計妄執有故。唯有自證一分,是依他起性,是實有故。

二、難陀論師立二分成唯識。初標宗者,即一切心生,皆有見、相二分。見、相二分,是能、所二緣也。若無相分牽心,心法無由得生。若無能緣見分,誰知有所緣相分耶? 即有境有心,等成唯識也。見分爲能變,相分是所變,能所得成,須具二分。見分相分是依他起性,有時緣獨影境,即同種生;有時緣帶質境,即别種生,故非徧計也。若不許者,諸佛不應現身、土等種種影像也。

三、陳那菩薩立三分。安慧立一分,但有體而無用;難陀立見、相二分,但有用而無體,皆互不足。立理者,謂立量果義。論云:"能量、所量、量果别故,相、見必有所依體故。"〔三〇〕

相分爲所量,見分爲能量,即要自證分爲證者,是量果也。喻尺量絹,絹爲所量,尺、人爲能量,記數之智名爲量果。今見分緣相分不錯,皆由自證分爲作果故。今眼識見分緣青時定不緣黄,如見分緣不曾見境,忽然緣黄境時,定不緣青。若無自證分,即見分不能自記憶,故知須立三分。若無自證分,即相、見亦無;若言有二分者,即須定有自證分。集量論頌云:"似境相所量,能取相自證。"〔三一〕釋云:似境相所量者,即相分似外境現。能取相自證者,即是見分能取相分。故自證即是體也。

　　四、護法菩薩立四分。立宗者,心、心所若細分別,應有四分。立理者,若無第四分,將何法與第三分爲量果耶? 汝陳那立三分者,爲見分有能量了境用故,即將自證分爲量果。汝自證分亦有能量照境故,即將何法與能量自證分爲量果耶? 即須將第四證自證分爲第三分量果也。引密嚴經云:"衆生心二性,内外一切分。内一分爲一性,見、相二分爲第二性,即心境内外二性。所取能取纏,能緣矗動,是能緣見分,所取是所緣相縛也。見種種差別。見分通三量故,言種種差別。"〔三二〕夫爲量果,須是現量,方爲量果。前五識與第八見分雖是現量,以外緣故,即非量果,爲量果者須内緣故。七識雖是内緣,亦非量果,爲量果者應具二義:一、現量,二、内緣。又,果中後得見分雖是現量,内緣時變影緣,故非量果,即須具三義。又,果中根本智見分雖親證真如,不變影故是心用,故非量果,即須是心體,具足四義:一、現量,二、内緣,三、不變影,四、是心體,方爲量果〔三三〕。"問:四分以何爲體性? 荅:相分,所變色、心爲體性;若内三分,即用現行心所而爲體。"〔三四〕

　　宗鏡:"問:未有無心境,曾無無境心。凡聖通論,都有幾境? 荅:大約有三境。頌曰:性境不隨心,性是實義,即實根、塵、四大及實定果色等相分境。言不隨心者,爲此根、塵等相分皆自有實種生,不隨能緣見分種生故。獨影唯從見,影謂影像,是相分異名。爲此假相分無種爲伴,但獨自有名,故名獨影,即空華、兔角,過去、未來諸假影像法是。此但從能緣見分變生,與見分同種,故名獨影唯從見。帶質通情、本,即相分一半與本質同一種生,一半與見分同一種生,故言通情、本。情即能緣見分,本〔三五〕即所緣本質。性、種等隨應。隨應是不定義,謂於三境中,名隨所應,有性、種、界繫、三科、異熟等差別不定。又廣釋云:性境者,爲有體實相分名性境,即前五識及第八心王,並現量第六識所緣諸實色,得境之自相,不帶名言,無籌度心,此境方名性境。及根本智緣真如時,亦是性境,以無分別任運轉故。言不隨心者,都有五種不隨:一、性不隨者,其能緣見分通三性,所緣相分境唯無記性,即不隨能緣見分通三性。二、種不隨者,即見分從自見分種生,相分從自相分種生,不隨能緣見分心種生故,名種不隨。三、界繫不隨者,如明了意識緣香味境時,其香味二境,唯欲界繫,不隨明了意識通上界繫。又如欲界第八緣種子境時,其能緣第八唯欲界繫,所緣種子便通三界,即六八二識有界繫不隨。四、三科不隨:且五蘊不隨者,即如五識見分是識種收,五塵相分即色蘊攝,是蘊科不隨;十二處不隨者,其五識見分是意處收,五塵相分五境處攝,是處科不隨;十八界不隨者,其五識見分是五識界收,五塵相分五境界攝,此是三科不隨。五、異熟不隨者,即如第八見分是異熟性,所緣五塵相分非異熟性,名異熟不隨。

　　"獨影境者,謂相分。與見分同種生,名獨影唯從見。即如第六識緣空華、兔角、過、未,及變影緣無爲,并緣地界法,或緣假定果,極迥、極略等,皆是假影像。此但從見分變生,自無其種,名唯從見。獨影有二種:一者、無質獨影,即第六緣空華、兔角及過、未等所變相分是。其相分與第六見分同種生,無空華等質。二者、有質獨影,即第六識緣五根種現是,皆托質而起,故其相分亦與見分同種而生,亦名獨影境。三帶質者,即心緣心是。如第七緣第八見分境時,其相分無別種生,一半與本質同種生,一半與能緣見分同種生。從本質生者,即無覆性;從能緣見分生者,即有覆性。以兩頭攝不定故,名通情、本。質即第七能緣見分,本即第八所緣見分。

"又,四句分別:一、唯別種非同種,即性境。二、唯同種非別種,即獨影境。三、俱句,即帶質境。四、俱非,即本智緣如。以真如不從見分種生故,名非同種。又,真如當體是無爲,但因證顯得,非生因所生法故,名非別種。性、種等隨應者,性即性境,種〔三六〕謂種類。謂〔三七〕於三境中,各有種類不同,今皆須隨應而説。

"又,約八識分別者,前五轉識,一切時中皆唯性境,不簡互用不互用。二種變中,唯因緣變,又與五根同境故。第六意識有四類:一、明了意識,亦通三境,與五同緣實五塵,初率爾心中是性境。若以後念緣五塵上方、圓、長、短等假色,即有質獨影,亦名似帶質境。二、散位獨頭意識,亦通三境,多是獨影,通緣三世有質無質法故。若緣自身現行心、心所時,是帶質境。若緣自身五根及緣他人心、心所,是獨影境,亦名似帶質境。又,獨頭意識,初刹那緣五塵,少分緣實色,亦名性境。三、定中意識,亦通三境,通緣三世有質無質法故,是獨影境。又能緣自身現行心、心所故,是帶質境。又,七地已前有漏定位,亦能引起五識緣五塵故,即是性境。四、夢中意識,唯是獨影境。第七識唯帶質境,第八識其心王唯性境,因緣變故,相應作意等五心所是似帶質真獨影境。

"問:三境以何爲體? 荅:初性境,用實五塵爲體,具八法成故。八法者,即四大地、水、火、風,四微色、香、味、觸等,約有爲説。若能緣有漏位中,除第七識,餘七皆用自心、心所爲體。第二獨影境,將第六識見分所變假相分爲體,能緣即自心、心所爲體。第三帶質,即變起中間假相分爲體,若能緣有漏位中,唯六、七二識心、心所爲體。"〔三八〕

攝論云:"遠行及獨行,無身寐於窟,調其難調心,是名真梵志。"〔三九〕百法釋云:如來依意根處,説遠行及獨行也。隨無明意識徧緣一切境也,故名遠行。又,諸心相續一一轉故,無實主宰,名獨行。無身者,即心無形質故。寐於窟者,即依附諸根,潛轉身內,名寐於窟。寐者,藏也,即心之所蘊在身中。此偈意破外道執有實我也。世尊云:但是心獨行,無別主宰,故言獨行。又,無始游歷六塵境,故名遠行〔四〇〕。

〔一〕按:以上見延壽集宗鏡録卷五〇。

〔二〕見思坦集注楞嚴經集注卷五引洪敏語。

〔三〕按:此引文,當據宗鏡録卷五六引。解深密經卷一心意識相品:"譬如大瀑水流,若有一浪生緣現前,唯一浪轉。若二、若多浪生緣現前,有多浪轉。然此瀑水,自類恒流,無斷無盡。"

〔四〕見大佛頂如來密因修證了義諸菩薩萬行首楞嚴經卷五。

〔五〕墮:大正藏本作"隨"。

〔六〕見延壽集宗鏡録卷五〇。

〔七〕見解深密經卷一心意識相品。

〔八〕見仁岳述楞嚴經熏聞記卷三。

〔九〕"解深密經謂之第九者"至此,見仁岳述楞嚴經熏聞記卷三。"攝論云"者,見真諦譯攝大乘論卷中。

〔一〇〕原:永樂北藏本、嘉興藏本作"源"。

〔一一〕見真諦譯大乘起信論。

〔一二〕見釋摩訶衍論卷四。

〔一三〕見真諦譯大乘起信論。

〔一四〕由:原作"申",據釋摩訶衍論、宗鏡録改。

〔一五〕見釋摩訶衍論卷四。

〔一六〕見延壽集宗鏡録卷五七。

〔一七〕見楞伽阿跋多羅寶經卷一。

〔一八〕"言流注者"至此,唐良賁述仁王護國般若波羅蜜多經疏卷中引,云"海東解"。海東,即元曉,傳見宋高僧傳卷四唐新羅國黃龍寺元曉傳。此説當出元曉之楞伽經疏。

〔一九〕見仁王護國般若波羅蜜多經卷一菩薩行品。

〔二〇〕見延壽集宗鏡録卷五七。

〔二一〕按:釋摩訶衍論卷二引此,云:"何等契經? 謂道智經。云何説耶? 於彼契經中作如是説。"宗鏡録卷五八引,云:"於道智契經中作如是説。"道智經、道智契經,諸經録皆未見著録。

〔二二〕見釋摩訶衍論卷二引。延壽集宗鏡録卷五八亦有引。

〔二三〕見成唯識論卷七。

〔二四〕見成唯識論卷二。

〔二五〕根:永樂北藏本、嘉興藏本無。

〔二六〕二:永樂北藏本、嘉興藏本作"等三"。又,"外",宗鏡録卷六〇無。

〔二七〕爲:大正藏本作"謂"。

〔二八〕見成唯識論卷八。

〔二九〕詳見楞伽阿跋多羅寶經卷一。

〔三〇〕見成唯識論卷二。

〔三一〕見成唯識論卷二。

〔三二〕詳參大乘密嚴經卷中顯示自作品。

〔三三〕"又,諸師所明,惣有四分義"至此,見延壽集宗鏡録卷六〇。

〔三四〕見宗鏡録卷六一。

〔三五〕本:原無,據宗鏡録補。

〔三六〕種:原作"種種",據永樂北藏本、嘉興藏本改。

〔三七〕謂:永樂北藏本、嘉興藏本作"所謂"。

〔三八〕見延壽集宗鏡録卷六八。

〔三九〕真諦譯攝大乘論卷上:"遠行及獨行,無身住空窟,調伏難調伏,則解脱魔縛。"

〔四〇〕"攝論云"至此,見延壽集宗鏡録卷五九。

菴摩羅　此云"清淨識"。僧遁注金剛三昧經云"白淨無垢識"〔一〕,彼經:"佛言:諸佛如來常以一覺而轉諸識入菴摩羅。何以故? 一切衆生本覺,常以一覺覺諸衆生,令彼衆生皆得本覺,覺諸情識空寂無生。何以故? 決定本性本無有動。"〔二〕熏聞云:"天台依攝大乘説菴摩羅,名無分別智光,即第九淨識也。"〔三〕宗鏡云:"摩羅淨識,湛若太虛,佛性明珠,皎同朗月。"〔四〕然據諸論所説,第八若至我見永不起位,即捨梨耶之名,別受清淨之稱,是則果位名菴摩羅。天台所依攝大乘義取第九識者,非無深致,此依真諦所譯梁攝論也。輔行云:"真諦三藏云:阿陀那七識,此云執我識。此即惑性,體是緣因。阿賴耶八識,此名藏識,以能盛持智種不失,體是無没無明,無明之性,性是了因。菴摩羅九識,名清淨識,即是正因。唐三藏不許此識,云第九是第八異名。故新譯攝論不存第九,地論文中亦無第九。但以第八對於正因,第七對於了因,第六以對緣因。今依真諦,仍合六、七共爲緣因,以第六中,是事善惡,亦是惑性,委釋識義,非今所論。但以三識體性,對於三德三因,於理即足。論家雖云翻識爲智,而不即照三識一心,即此一心,三智具足。"〔五〕光明玄云:"菴摩羅識,是第九不動。若分別之,即是佛識。宗鏡:"問:無垢淨識爲佛決定有心? 決定無心? 荅:據體,則言亡四句,意絕百非。約用,則唯無量。故知如來心智能明,非情所及,應以智知。"〔六〕阿梨耶識,即是第八無没識,猶有隨眠煩惱與無明合。別而分之,是菩薩識。大論云:在菩薩心,名爲般若〔七〕。即其義也。阿陀那識,是第七分別識。訶惡生死,欣羨涅槃,別而分之,是二乘識。於佛即是方便智,波浪是凡夫第六識,無俟復言。"〔八〕宗鏡九識十名:"一、自體非僞,名爲真識。二、體非有無,名無相識。三、軌用不改,名法性識。四、真覺常存,體非隱顯,名佛性真識。五、性絕虛假,名實際識。六、大用無方,名法身。七、隨流不染,名自性清淨識。八、阿摩羅,翻無垢識。九、體非一異,名真如識。十、勝妙絕待,號不可名目識。"〔九〕

〔一〕 僧遁:見景德傳燈録卷二六盧山大林僧遁禪師。清寂震撰金剛三昧經通宗記卷一:"翻譯名義集中,載僧遁法眼嗣。有注,亦未獲見。"思坦集注楞嚴經集注卷四:"資中云:菴摩羅識,白淨無垢識。"子璿集首楞嚴義疏注經卷四:"菴摩羅,云'無垢',離障所顯,即白淨無垢識也。"

〔二〕 見金剛三昧經本覺利品。

〔三〕 見仁岳述楞嚴經熏聞記卷三。

〔四〕 見延壽集宗鏡録卷三五。

〔五〕 見湛然述止觀輔行傳弘決卷三之一。

〔六〕 見延壽集宗鏡録卷三三。

〔七〕 大智度論卷七二:"阿耨多羅三藐三菩提即是般若波羅蜜,但名字異,在菩薩心中爲般若,在佛心中名阿耨多羅三藐三菩提。"

〔八〕見智顗說、灌頂錄金光明經玄義卷上。

〔九〕見延壽集宗鏡錄卷五〇。

乾栗陀耶　或名"牟呼栗多",此云"堅實心"〔一〕。楞伽注云:"謂第一義心,如樹貞實心,非念慮也。"〔二〕乃是群生本有之性。又,摩訶衍論立十種識,惣攝諸識。云何爲十?於前九中,加一切一心識。論上文云:"所謂以一心識,徧於二種自在,無所不安立。如佛告文殊師利言:我唯建立一種識,所餘之識,非建立焉。所以者何? 一種識者,多一一識。此識有種種力,能作一切種種名字,而唯一識,終無餘法,是故我說建立一種識。"〔三〕今謂一切一心識是此方言,梵語正名"乾栗陀耶"。問:一切一心識與菴摩羅,云何甄別? 荅:從諸佛所證之理,乃立菴摩羅名。就衆生所迷之本,則標乾栗陀號。何者? 經云:"而轉諸識,入菴摩羅。"〔四〕故知果位名菴摩羅。一切一心識,論云:"能作一切種種名字。"〔五〕知是群生所迷之本。輒辨此義,後賢詳之。昔住大覺,李相公垂訪,問曰:楞嚴"性覺妙明,本覺明妙"〔六〕,此爲一法,此爲二法? 若云二法,性覺即本覺。若云一法,上句安言"妙明"? 下句安言"明妙"? 余即荅曰:一法二義。上句言性,性體即寂而常照,故曰妙明。下句言覺,覺用即照而常寂,故曰明妙。禮記云:"人生而靜,天之性也。感物而動,性之欲也。"〔七〕斯乃儒家以寂然不動爲性,感而遂通曰情。吾宗則以明靜真心爲性,是理具也,昏動妄念爲情,是事造也。故楞嚴云:"從無始來,生死相續,皆由不知常住真心性淨明體,用諸妄想,此想不真,故有流轉。"〔八〕以兹情性分今十識,前之八識,皆屬情也,九、十二識,乃當性焉。

問:心與於性,同異云何? 荅:或同或異。言或同者,如楞嚴云:"常住真心性淨明體。"〔九〕此俱目真。光明云:"心識二性,躁動不停。"〔一〇〕此俱召妄。二、名異者,如楞嚴云:"舜若多性可消亡,爍迦羅心無動轉。"〔一一〕此心真而性妄矣。

大意云："隨緣不變故爲性，不變隨緣故爲心。"〔一二〕此性真而心妄也。忠國師云："迷時結性成心，悟時釋心成性。"〔一三〕然真妄二心，經論所明，大有四義：一、唯真心。起信云："唯是一心，故名真如。"〔一四〕二者、唯妄心。如楞伽云："種種諸識浪，騰躍而轉生。"〔一五〕三者、從真起妄。如楞伽云："如來之藏是善不善因，能徧興造一切趣生。"〔一六〕四者、指妄即真。如楞嚴云："則汝今者識精元明。"〔一七〕又，淨名云："煩惱之儔，是如來種。"〔一八〕諸文所陳，此四收盡。

　　然此諸識，西域東夏，異計紛紜。今先叙異執，後述會通。初異執者，性、相二宗，肇分於竺國；南北之黨，弥盛於齊朝。故西域那爛陀寺戒賢大德〔一九〕遠承彌勒、無著，近踵法護、難陀，依深密等經、瑜珈等論，立法相宗。言法相者，唯齊八識業相以爲諸法生起之本，故法相宗以識相行布爲旨。其寺同時智光大德〔二〇〕，遠稟文殊、龍樹，近遵青目、清辯，依般若等經、中觀等論，立法性宗。言法性者，以明真如隨緣爲染淨之本，故一性宗以真理融觀爲門。泊乎東夏，攝論有梁、唐之異，地論分南、北之殊。以無著菩薩造攝大乘論流至此土，二譯不同。梁朝真諦乃立九識，計第八識生起諸法，如彼論明十種勝相，第一依止勝相，明第八識，生十二因緣〔二一〕。次唐時玄奘新譯攝論，但立八識，乃謂第九秖是八識異名〔二二〕。此是梁唐之異也。天親菩薩造十地論，翻至此土，南北各計。相州南道計梨耶爲淨識，相州北道計梨耶爲無明〔二三〕。此乃南北之殊也。

　　其次會通者，妙玄云："今明無明之心，不自、不他、不共、不無因，四句皆不可思議。"〔二四〕此約自行，破計南北不存。"若有四悉檀因緣，亦可得説。"〔二五〕此約化他，性相俱存。"以阿梨耶中，有生死種子熏習增長，即成分別識。若阿梨耶中，有智慧種子聞熏習增長，即轉依成道後真如，名爲淨識。若異此兩識，秖是阿梨耶識。此亦一法論三，三中論一耳。

攝論云：如金、土、染、淨，染譬六識，金譬淨識，土譬梨耶識〔二六〕。明文在兹，何勞苦諍？”〔二七〕又，宗鏡云：“此阿賴耶識，即是真心。不守自性，隨染淨緣，不合而合，能含藏一切真俗境界，故名藏識，如明鏡不與影像合而含影像。此約有和合義邊説。若不和合義者，即體常不變，故號真如。本一真心，湛然不動。若有不信阿賴耶識即如來藏，別求真如理者，如離像覓鏡，即是惡慧。以未了不變隨緣、隨緣不變之義，而生二執。”〔二八〕又，宗鏡：“以理量二門，收盡一切性相。識相妙有是如量門，識性真空是如理門。”〔二九〕“問：真心無相，云何知有不空常住湛然之體？答：以事驗知，因用可辨。事能顯理，用能彰體。如見波生，知有水體。”〔三〇〕當觀理〔三一〕量之門，以造性相之道。

〔一〕宗密述禪源諸詮都集序卷上之一：“乾栗陀耶，此云‘堅實心’，亦云‘貞實心’，此是真心也。然第八識，無別自體，但是真心，以不覺故，與諸妄想，有和合、不和合義。和合義者，能含染淨，目爲藏識。不和合者，體常不變，目爲真如，都是如來藏。”

〔二〕楞伽阿跋多羅寶經卷一“性自性第一義心”子注：“此心梵音‘肝栗大’。肝栗大，宋言‘心’，謂如樹木心，非念慮心；念慮心，梵音云‘質多’也。”

〔三〕見釋摩訶衍論卷二。

〔四〕見金剛三昧經本覺利品。

〔五〕見釋摩訶衍論卷二。

〔六〕見大佛頂如來密因修證了義諸菩薩萬行首楞嚴經卷四。

〔七〕見禮記樂記。

〔八〕見大佛頂如來密因修證了義諸菩薩萬行首楞嚴經卷四。

〔九〕見大佛頂如來密因修證了義諸菩薩萬行首楞嚴經卷一。

〔一〇〕見金光明經卷一空品。

〔一一〕見大佛頂如來密因修證了義諸菩薩萬行首楞嚴經卷三。

〔一二〕見湛然述止觀大意。

〔一三〕見景德傳燈録卷二八南陽慧忠國師語。忠國師，傳見宋高僧傳卷九唐均州武當山慧忠傳。

〔一四〕見真諦譯大乘起信論。

〔一五〕見楞伽阿跋多羅寶經卷一。亦見入楞伽經卷二、大乘入楞伽經卷二。

〔一六〕見楞伽阿跋多羅寶經卷四。

〔一七〕見大佛頂如來密因修證了義諸菩薩萬行首楞嚴經卷一。

〔一八〕維摩詰所説經卷中佛道品:"一切煩惱,爲如來種。"

〔一九〕大慈恩寺三藏法師傳卷三:"那爛陀寺者,此云施無厭寺。耆舊相傳,此伽藍南菴没羅園中有池,池有龍名那爛陀,傍建伽藍,故以爲號。(中略)印度伽藍,數乃千萬。壯麗崇高,此爲其極。僧徒主客常有萬人,並學大乘兼十八部,爰至俗典吠陀等書,因明、聲明、醫方、術數,亦俱研習。凡解經、論二十部者一千餘人,三十部者五百餘人,五十部者并法師十人。唯戒賢法師一切窮覽,德秀年耆,爲衆宗匠。寺内講座日百餘所,學徒修習,無棄寸陰。"玄奘以戒賢爲師,研學解深密經、瑜伽師地論等。

〔二〇〕大慈恩寺三藏法師傳卷七:中印度國摩訶菩提寺大德智光"於大、小乘及彼外書四韋陀、五明論等莫不洞達,即戒賢法師門人之上首,五印度學者咸共宗焉。"

〔二一〕詳見世親釋、真諦譯攝大乘論釋卷一相章。

〔二二〕詳見世親造、玄奘譯攝大乘論釋卷二。

〔二三〕湛然述法華文句記卷七中:"古弘地論,相州自分南北二道,所計不同,南計法性生一切法,北計黎耶生一切法,宗黨既別,釋義不同,豈地論令爾耶?"

〔二四〕見智顗説妙法蓮華經玄義卷二下。

〔二五〕見智顗説妙法蓮華經玄義卷二下。

〔二六〕真諦譯攝大乘論卷中:"阿毗達磨修多羅中,佛世尊説法有三種:一、染污分,二、清淨分,三、染污清淨分。依何義説此三分?於依他性中,分別性爲染污分,真實性爲清淨分,依他性爲染污清淨分。依如此義,故説三分。於此義中,以何爲譬?以金藏土爲譬。譬如於金藏土中,見有三法:一、地界,二、金,三、土。"

〔二七〕諍:原作"淨",據永樂北藏本、嘉興藏本及妙法蓮華經玄義改。"以阿梨耶中"至此,見智顗説妙法蓮華經玄義卷五下。

〔二八〕見延壽集宗鏡録卷四七。

〔二九〕見延壽集宗鏡録卷三三。

〔三〇〕見延壽集宗鏡録卷四〇。

〔三一〕理：永樂北藏本、嘉興藏本無。

陰入界法篇第五十八

智論云：一切諸法中，但有名與色。若欲如實觀，但當觀名色〔一〕。心但有字，故曰名也。形質礙法，故曰色也〔二〕。而凡夫人迷此色、心，有輕重異，故佛對機説陰、入、界三科法也。

〔一〕大智度論卷二七："復有一切法，所謂名、色。（中略）若欲求真觀，但有名與色。若欲審實知，亦當知名色。"

〔二〕唐明曠述般若心經略疏："五蘊中，初色蘊者，身也；餘四蘊者，心也。言色者，有形質礙法也；言心者，無形無礙法也。"

塞健陀　此云"蘊"，蘊謂積聚。古翻"陰"，陰乃蓋覆。積聚有爲，蓋覆真性〔一〕。又，仁王云："不可説識，生諸有情色、心二法，色名色蘊，心名四蘊，皆積聚性，隱覆真實。"〔二〕此以色、受、想、行、識名爲五蘊。心經疏記，具解五蘊〔三〕。音義指歸〔四〕云：漢來翻經爲陰，至晉僧叡改爲衆，至唐三藏改爲蘊。

〔一〕子璿集首楞嚴義疏注經卷二："梵云'塞健陀'，此云'蘊'，古翻爲'陰'。蘊是積聚，陰是蓋覆。積聚有爲，蓋覆真性。"

〔二〕見仁王護國般若波羅蜜多經卷一菩薩行品。

〔三〕心經疏記：當即宋師會述般若心經略疏連珠記。參卷五增數譬喻篇第五十三"五味"條注八。"具解五蘊"者，詳見般若心經略疏連珠記卷下。

〔四〕音義指歸：贊寧撰，已佚。

鉢羅吠奢　此云"入"〔一〕。法界次第云："通稱入者，入以涉入爲義。根塵相對，則有識生。識依根塵，仍爲能入。根塵即是所入。今此十二，從所入受名。"〔二〕熏聞曰："夫六入者，凡有二義：一、根塵互相涉入，二、根境俱爲識之所入。以是諸經名十二入。"〔三〕楞嚴唯以六根爲入者，蓋根有勝義，親能生識。又，根能受境，吸擊前塵，故偏名入，故云"六爲

賊媒,自劫家寶”〔四〕。又云:“六入村落。”〔五〕法界次第云:
“内六名入者,此之六法親,故屬内,爲識所依,故名爲入。亦
名根者,根以能生爲義,此六既並有生識之功,故通名根。外六
入者,此六疎,故屬外,識所游涉,故名爲入。亦名塵者,塵以染
污爲義,以能染污情識,通名爲塵。”〔六〕又十二處者,百法疏
云:“生長義,即六種識,依於根塵而得生長,名十二處。”〔七〕

〔一〕子璿集首楞嚴義疏注經卷三:“梵語‘鉢羅吠奢’,此云‘入’,亦云
‘處’,境入之處也,亦是識生處故。然根境二法,俱識生處,今分六
根別破故,獨以根爲入也。”

〔二〕見智顗撰法界次第初門卷上十二入初門。

〔三〕見仁岳述楞嚴經熏聞記卷二。

〔四〕見大佛頂如來密因修證了義諸菩薩萬行首楞嚴經卷四。

〔五〕見金光明經卷一空品。

〔六〕見智顗撰法界次第初門卷上十二入初門。

〔七〕見唐義忠述大乘百法明門論疏卷上。

駄都　此云“界”〔一〕。百法疏云:“界是因義。中間六
識,藉六根發,六境牽生,與識爲因,故名爲界。”〔二〕法界次
第云:“界以界別爲義。此十八法,各有別體,義無渾濫,故名
十八界。若根、塵〔三〕相對,即有識生。識以識別爲義,識依
於根,能別於塵,故通名識。”〔四〕由此根、塵、識三,各有六
法,成十八界。

此三科法,如俱舍云:“聚生門種族,是藴、處、界義。愚
根樂有三,故説藴、處、界。”〔五〕釋曰:“愚三者,一、愚心。爲
説五陰,則開心爲四,合色爲一。二、愚色。爲説十二處,則
開色爲十處半,謂五根、五塵及法塵少分,合心爲一處半,謂
意根及法塵少分。三、愚心及色。爲説十八界,則更開心爲
七界半,謂六識、意根、法塵少分。皆言愚者,迷也。根三謂
上、中、下根,樂三謂略、中、廣,皆如次配三科法。”〔六〕

〔一〕慧琳一切經音義卷八:“駄都,梵語也,此云‘法界’。界即體也。”

〔二〕見唐義忠述大乘百法明門論疏卷上。

〔三〕 塵:原無,據文意從法界次第初門補。

〔四〕 見智顗撰法界次第初門卷上十八界初門。十八界者,内六根界:
一、眼界,二、耳界,三、鼻界,四、舌界,五、身界,六、意界。外六塵
界:一、色界,二、聲界,三、香界,四、味界,五、觸界,六、法界。六識
界:一、眼識界,二、耳識界,三、鼻識界,四、舌識界,五、身識界,六、
意識界。

〔五〕 見阿毗達磨俱舍論卷一。

〔六〕 "釋曰",據楞嚴經熏聞記、楞嚴經集注,出孤山智圓著谷響鈔。

歌羅邏 或"羯邏藍",此云"凝滑",又云"雜穢",狀如
凝酥。胎中五位,此初七日〔一〕。大集經云:"歌羅邏時,即
有三事:一、命,二、煖,三、識。出入息者,名爲壽命。不臭不
爛,名之爲煖。"〔二〕即是業持火大故,地、水等色,不臭不爛
也。此中心意,名之爲識,即是刹那覺知心也。長無增減,三
法和合,從生至死,此識之種,即是命根。故宗鏡引論云:
"'然依親生此識種子。'以此種子爲業力故,有持一報之身
功能差別,令得決定。若此種子無此功能,身便爛壞,故以親
生種子爲命根。夫命根者,依心假立,命爲能依,心爲所依。
生法師云:焚薪之火,旋之成輪,輪必攬火而成照。情亦如
之,必資心成用也,命之依心,如情之依心矣。"〔三〕

〔一〕 玄應一切經音義卷二三:"羯羅藍,舊言'歌羅邏',此云'和合',又
云'凝滑',言父母不淨和合,如蜜和酪,泯然成一,於受生七日中,
凝滑如酪上凝膏,漸結有肥滑也。"窺基撰妙法蓮華經玄贊卷四:
"一七日内,名'羯剌藍',此云'雜穢',父母不淨共和名'雜',深可
厭惡名'穢',若已結凝,箭内稀故。"唐智周撰法華經玄贊攝釋卷
三:"'箭内稀故'者,俱舍論云:'此胎中箭,漸次轉增。'釋曰:若子
處胎,胎損害母,如中於箭,箭能損身,從喻爲名,名胎中箭。以上
初凝,故名内稀。"

〔二〕 見大方等大集經卷二三虛空目分中彌勒品。

〔三〕 見延壽集宗鏡録卷五〇。"論云"者,見成唯識論卷一。又,澄觀述
大方廣佛華嚴經隨疏演義鈔卷三三:"生公云:如杖薪之火,旋之成
輪,輪必資火而成照。情亦如之,必資心而成用也,以彼情依於心,
類此命依於心。"

頞部曇　或“遏蒲曇”，或“頞浮陀”，此云“疱”，狀如瘡疱，胎二七日[一]。

〔一〕窺基撰妙法蓮華經玄贊卷四：“二七日内，名‘頞部曇’，此云‘疱’，猶如豌豆瘡疱之形，表裏如酪，未至肉故。”

蔽尸　或“閉尸”，或“伽那”，此云“凝結”，狀如就血。或云“聚血”，或云“奭肉”。胎三七日[一]。

〔一〕玄應一切經音義卷二三：“閉尸，亦名‘卑尸’，此云‘肉團’，至第三七日，結聚成團。若男則上闊下狹，若女則上狹下闊，雖成肉團，猶軟未堅也。”又，慧琳一切經音義卷二六：“伽那時，亦云‘健男’，即三七日時，狀似凝酪也。”窺基撰妙法蓮華經玄贊卷四：“三七日内名‘閉尸’，此云‘凝結’，猶如就血，稍凝結故。西域呼就血云‘閉尸’，若已成肉，仍極柔軟。”

健男　或“羯南”，此云“凝厚”，漸堅硬故[一]。亦云“硬肉”。胎四七日，雖有身意，缺眼四根，六處未全，但號名色。涅槃：“佛言：如說名色繫縛眾生，名色若滅則無眾生，離名色已無別眾生；離眾生已，無別名色。亦名名色繫縛眾生，亦名眾生繫縛名色。”[二]

〔一〕窺基撰妙法蓮華經玄贊卷四：“四七日内，名‘健南’，此云‘凝厚’，漸凝厚故。若已堅厚，稍堪摩觸。”

〔二〕見曇無讖譯大般涅槃經卷二九、南本卷二七。

鉢羅奢佉　此云“形位”，具諸根形，四支差別。俱舍以此胎五七日，名胎中五位[一]。六七日，名髮毛爪齒位。七七日，名具根位，五根圓滿故[二]。所言根者，增上出生，名之爲根，五識藉彼爲增上緣而得生故。又具五義，名之爲根，嚴續依發及徧別故[三]。從此五七至未出胎，並名六入。言胞胎者，說文云：兒生裹衣者曰胎[四]。尔雅：“胎，始養也。”[五]

〔一〕阿毗達磨俱舍論卷一五：“出胎已後，各有五位。胎中五者，一、羯剌藍，二、頞部曇，三、閉尸，四、鍵南，五、鉢羅奢佉。胎外五者，一、嬰孩，二、童子，三、少年，四、中年，五、老年。”

〔二〕窺基撰妙法蓮華經玄贊卷四：“五七日内，名‘鉢羅賖佉’，此云‘形位’，猶如涅團，五分相連，一身四支，內風向外擊生根形差別相故，即前肉團增長支分相現。六七日內，名髮毛爪位，髮毛生故。七七日內，名具根位，五根圓滿明盛顯故。”

〔三〕“增上出生，名之爲根”至此，見唐義忠述大乘百法明門論疏卷下。

〔四〕按：說文卷四肉部：“胎，孕婦三月也。”卷四包部：“胞，兒生裹也。”玄應一切經音義卷三：“胞胎，補交反。說文：兒生裹衣者曰胎也。”

〔五〕見爾雅釋詁。

斫芻 斫者行義，芻者盡義。謂能於境、行盡見諸色，故名爲行盡〔一〕。故瑜珈云：“屢觀衆色，觀而復捨，故名爲眼，是照燭義。”〔二〕楞嚴〔三〕：“眼如蒲桃朵。”〔四〕或云：“眼如秋泉池。”〔五〕眼有五種：一、肉眼，二、天眼，三、慧眼，四、法眼，五、佛眼。今先通辨，然後別明。

先通辨者，大品云：“菩薩行般若時，淨於五眼。肉眼淨，見三千大千世界。天眼淨，見十方如恒河沙等諸佛世界中衆生死此生彼。慧眼菩薩不作是念：是法若有爲、若無爲，若世間、若出世間，若有漏、若無漏。是慧眼菩薩無法不見、無法不知、無法不識，是爲慧眼淨菩薩。法眼知是人入隨信行、是人隨法行、是人無相行、是人行空解脫門、是人行無相解脫門、是人行無作解脫門，得五根〔六〕。得五根〔七〕故，得無間三昧。得無間三昧故，得解脫智。云云。乃至知是菩薩能坐道場、不能坐道場，知是菩薩有魔、無魔，是爲菩薩法眼淨。且連謂魔曰：“吾以道眼觀內，天眼覩表，內外清淨，過天琉璃。”〔八〕菩薩入如金剛三昧，破諸煩惱習，即時得諸佛無礙解脫，即生佛眼。所謂一切種智、十力、四無所畏、四無礙智，乃至大慈大悲等諸功德，是名佛眼。”〔九〕大論釋曰：“肉眼見近不見遠，見前不見後，見外不見內，見晝不見夜，見上不見下。以此礙故，求天眼。得是天眼，遠近皆見，前後內外，晝夜上下，悉皆無礙。是天眼見和合因緣生假名之物，不見實相，所謂空、無相、無作、無生、無滅，如前、中、後亦爾。爲實相故，求慧眼。得慧眼，不見衆生，盡滅一異相，捨離諸著，不受一切法，智慧自內滅,是名慧眼。但慧眼不能度衆生。所以者何? 無所分別故。以是故,生法眼。法眼能令行人行是法,得是道,知一切衆生各各方便門,令得道證。法眼不能徧知度衆生方便道,以是故,求佛眼。佛眼無事不知,覆障雖密,無不見知。於餘人極遠,於佛至近;於餘幽闇,於佛顯明;於餘爲疑,於佛決定;於餘微細,於佛爲麁;於餘甚深,於佛甚淺。是佛眼,無事不聞,無事不見,無事不知,無事爲難,無所思惟。一切法中,佛眼常照。"〔一〇〕此之五眼,當立四義以辨其相。

初、約人分。淨名記云:"欲指人中是肉眼故,明四趣眼不及人天,故爲所破。此亦一往,亦有龍鬼,過人肉眼,終是惡業,從道已判。"又云:"以天眼法在色界故,破欲方有四禪天眼。"〔一一〕聲聞是慧眼,我從昔來所得慧眼。菩薩是法眼,如來是佛眼。淨名記:"問:前三眼,兩教二乘亦能得之。法眼,三教菩薩亦能得之。如何五眼,併奪云無? 答:隨教依理,其相天殊。若云諸佛菩薩有者,即是帶理之四眼也。地住分得,佛方究竟,故云肉眼一時徧見十方,天眼不以二相而見,慧眼乃云第一淨故,法眼、佛眼,元來永殊。"〔一二〕是則五眼,具足在佛。二乘與人,既並無眼,如生盲者。問:佛之肉眼,與人肉眼同異云何? 答:凡夫惡業障故如盲,佛果功德熏故清淨。故大般若云:佛肉眼能見人中無數世界,不唯障内〔一三〕。故知凡夫肉眼,但見障内,義當盲矣。問:肉眼障礙,云何徧見? 答:大論云:"報生天眼,在肉眼中。天眼開闢,肉眼見色,故見大千。"又云:"天眼有二種:一、果報得,二、修禪得。果報得者,常與肉眼合用,唯夜闇天眼獨用。"〔一四〕問:佛具肉眼,與於佛眼,同異云何? 答:淨名記云:"諸佛如來,法身菩薩,約體用分,五〔一五〕相不同。且如肉眼,見於麁色,於麁色處,見於中道。從麁色邊,名爲肉眼;約見中道,即名佛眼。"〔一六〕問:佛之天眼,與於佛眼,同異云何? 答:淨名疏云:"今取證理,見十方土及十法界麁細之色,名佛天眼。圓見三諦無二,

名爲佛眼。"〔一七〕

二、約用釋。如淨名疏云："但眼是惣名,從用分別,則有五種:一、肉眼,見麁事色;二、天眼,見因果細色;三、慧眼,即〔一八〕麁細色心偏真之理;四、法眼,見色心麁細因緣假名俗諦諸法;五、佛眼,見中道圓真佛性之理。又能雙照麁細因緣事理。"〔一九〕問:見中道真名佛眼者,未審菩薩分證與佛究竟同異云何? 荅:如發軫〔二〇〕云:"分證與究竟五眼,但有明昧之殊。"

三、約諦釋。如淨名疏云："圓觀三諦,觀俗麁〔二一〕境,破諸惡業,名淨肉眼。觀俗細境,破諸亂心,名淨天眼。若觀真諦,破界内惑,名淨慧眼。觀内外俗,破塵沙無知,名淨法眼。觀中雙照,圓除無明,是淨佛眼。"〔二二〕是則肉、天二眼乃因緣所生之法,後三即三觀所照之諦焉。

四、約教釋。如淨名疏云："約教則有四佛五眼不同。金剛般若:佛問須菩提:如來有肉眼不? 云云。"〔二三〕準此,五眼皆通四教。

若別釋者,淨名記云："若以偏圓相待,惣而明之,唯圓佛眼,別教法眼,通菩薩慧眼,藏菩薩肉、天二眼。"〔二四〕又,淨名疏云："若諸凡夫,肉眼天眼,見麁細相。聲聞但有三眼,肉眼、天眼所見同前,慧眼見真諦相,即是見二諦相。三藏菩薩既未斷惑,不見真諦相,但有肉眼、天眼見世諦麁相。通教菩薩亦但三眼,唯見二諦幻化之相。別教菩薩得四眼,三眼如前,別得法眼,見界内外恒沙佛法,無量四諦之理,並是見相見也。若圓教菩薩,住十信位,雖有肉眼,名爲佛眼,相似圓見法界,相惑未除,猶名見相見也。若入初住,發真無漏,即五眼圓開。"〔二五〕此皆通辨。

次別明者,淨名疏引首楞嚴云："阿那律言:我初出家,常樂睡眠,如來訶我爲畜生類。我聞佛訶,啼泣自責,七日不眠,失其雙目,白佛具説。佛言:眠是眼食。如人七日不食,則便失命。七日不寢，眼命即斷，難可治之。當修天眼，用見世事。因是修禪，得四大淨色，半頭而見。"〔二六〕謂之半頭者，昔神悟〔二七〕云："齊眉上半，如瑠璃明徹。"此違楞嚴明前不明後。南屏〔二八〕云：前之半頭，見大千界，但見於前，不見于後。今謂此解，違淨名疏云："那律修禪，得四大清淨造色，半頭天眼，從頭上半，皆得見色，觀三千大千世界，如庵摩勒果。若三藏佛，得全頭天眼，一頭皆發淨色，徹見無礙。"〔二九〕

　　今觀兩説，猶鷸蚌之相搹，今乘其獘以會通之。淨名廣疏以從上爲半者，乃示天眼之體也。以報得天眼在肉眼中，修得天眼在肉眼外。既在眼外，則發半頭之色。雖半頭淨，及其視物，但見前矣。所以楞嚴約用説焉。然其聲聞所發天眼半頭，與佛全頭優劣碩異。又，佛乃隨所入定，欲見能見。聲聞須入所得之定，方覩境矣。又，佛則能見一切佛土，那律但見大千。淨名疏云："二乘雖有天眼，作意欲見千界乃至大千。諸佛菩薩有真天眼，不以二相見諸佛土。"〔三〇〕天台云："中道真天眼，非二諦之相，而能徧照四土，三種生死，死此生彼，依正並現。王三昧中，是真天眼。"〔三一〕問：那律既見於前，云何僑人穿針？荅：入定則見，出定不知。肇云："二乘在定則見，出定不見。"〔三二〕荊溪記云："若約那律失眼，出觀但同世人壞根者不見。"〔三三〕

　　問：藏、通二教既不談中，以何爲佛眼？荅：別行玄記云："故今正使，及二習氣，俱時而盡，故能二諦皆究竟也。方異三乘弟子，獨彰佛眼佛智。"〔三四〕復次，那律天眼與大梵王天眼雖同，覈有四異：一、報修異。梵王報得，在肉眼中；那律修得，居肉眼外。二、惣別異。淨名疏云："又梵王是惣相見，見不分明；那律是別相見，見則了了。乃至諸阿羅漢因淨禪得者，皆別相見。"三、自他異。"梵王報得，於自住處則見，餘方不見；那律以修根本，得五種四禪，八色清淨，發真天眼，隨所至處，皆見三千。"四、通明異。"梵王天眼，是通非明；羅漢

天眼,是通是明。"〔三五〕

又,淨名疏:"問:梵王天眼見大千界,與法華肉眼何異？答:大論明報生天眼在肉眼中,天眼開闢,見廣由天。肉眼見色,故見大千。大品明菩薩肉眼見百由旬,乃至大千,過此則用天眼。以肉眼與風相違,故不説見他土。若法華經力,肉眼能見大千一切法者,三藏二乘天眼、慧眼所見事理尚不能及,何況梵王而可比也。故大經云:'學大乘者,雖有肉眼,名爲佛眼。'二乘之人,雖有慧眼,名爲肉眼。以其慧眼見真斷惑,與圓教肉眼有齊有劣故。圓教肉眼名佛眼者,以雖具煩惱之性,能知如來秘密之藏。"〔三六〕

〔 一 〕窺基撰大乘法苑義林章卷三五根章:"眼者,照了導義,名之爲眼。瑜伽第三云:屢觀衆色,觀而復捨,故名爲眼。梵云'斫芻',斫者行義,芻者盡義。謂能於境、行盡見,行盡見諸色,故名行盡。翻爲眼者,體用相當,依唐言譯。"

〔 二 〕見瑜伽師地論卷三。

〔 三 〕楞嚴:永樂北藏本、嘉興藏本後有"云"字。

〔 四 〕大佛頂如來密因修證了義諸菩薩萬行首楞嚴經卷四:"眼體如蒲萄朵。"

〔 五 〕阿毗達磨順正理論卷八:"眼根極微,居眼星上,對向自境,傍布而住,如香荾花,清澈膜覆,令無分散。有説重累如丸而住,體清澈故,如秋泉池,不相障礙。"

〔 六 〕根:原作"眼",據摩訶般若波羅蜜經、大智度論改。

〔 七 〕根:諸校本作"眼"。

〔 八 〕見吳陳慧撰陰持入經注卷上。

〔 九 〕見摩訶般若波羅蜜經卷二往生品。

〔一〇〕見大智度論卷三三。

〔一一〕見湛然述維摩經疏記卷中。

〔一二〕見湛然述維摩經疏記卷中。

〔一三〕唐宗密述、宋子璿治定金剛般若經疏論纂要卷下:"依大般若,佛肉眼能見人中無數世界,不唯障內。"

〔一四〕見大智度論卷三九。

〔一五〕五:永樂北藏本、嘉興藏本作"互"。

〔一六〕見湛然述維摩經疏記卷中。

〔一七〕見智顗説、湛然略維摩經略疏卷五。

〔一八〕即:大正藏本作"見"。

〔一九〕見智顗説、湛然略維摩經略疏卷二。

〔二〇〕發軫:即仁岳發軫鈔,已佚。

〔二一〕麤:原無,據文意從維摩經略疏補。

〔二二〕見智顗説、湛然略維摩經略疏卷五。

〔二三〕見智顗説、湛然略維摩經略疏卷二。"金剛般若"者,見金剛般若經。

〔二四〕見智圓述維摩經略疏垂裕記卷三。

〔二五〕見智顗説、湛然略維摩經略疏卷六。

〔二六〕見智顗説、湛然略維摩經略疏卷五。"首楞嚴云"者,見大佛頂如來密因修證了義諸菩薩萬行首楞嚴經卷五。

〔二七〕神悟:天台宗僧人。宋元照作芝園集卷上杭州南屏山神悟法師塔銘云:"天台教始盛於陳隋間,教主歿。至于唐,南北性相之宗大行于世,異端斯起,微言殆絶。荆溪禪師辭而闢之,遂復興振。荆溪既滅,逮于我宋,又數百年,學者鮮得其要,是非相攻,訛駁滋甚。有大導師號神悟者出焉。師永嘉人,名處謙,字終倩,少厭俗,禮常寧寺尚能爲師。(中略)累遷望寺,終止南屏。報盡緣息,示疾奄逝,壽六十五,臘五十四,即熙寧八年四月五日也。"

〔二八〕南屏:即清辯蘊齊,或即梵臻,參本卷唐梵字體篇第五十五"殺三摩娑"條注一〇。

〔二九〕見智顗撰維摩經文疏卷一四。

〔三〇〕見智顗説、湛然略維摩經略疏卷五。

〔三一〕見智顗説、湛然略維摩經略疏卷五。

〔三二〕見僧肇撰注維摩詰經卷三。

〔三三〕見湛然述維摩經疏記卷中。

〔三四〕見知禮述觀音玄義記卷三。

〔三五〕"淨名疏云"至此引文,見智顗説、湛然略維摩經略疏卷五。

〔三六〕見智顗説、湛然略維摩經略疏卷五。又"大經云"者,見大般涅槃經卷六。

娑路多羅戍縷多 此云"能聞"〔一〕。瑜珈云:"數數於此聲至於聞,故翻爲耳。"〔二〕是能聞義。楞嚴:"耳如新卷

葉。"〔三〕或云:"耳如卷樺皮。"〔四〕

〔一〕窺基大乘法苑義林章卷三五根章:"耳者,能聞之義。梵云'戍輪聿反縷多',此云'能聞',如是我聞,亦云'戍縷多'。故瑜伽云:數數於此聲至能聞,故名爲耳。翻爲耳者,體用相當,依唐言譯。"

〔二〕見瑜伽師地論卷三。

〔三〕見大佛頂如來密因修證了義諸菩薩萬行首楞嚴經卷四。

〔四〕阿毗達磨俱舍論卷二:"耳根極微,居耳穴内,旋環而住,如卷樺皮。"又參後"迦耶"條注五。

伽羅尼羯羅拏 此云"能齅〔一〕"。瑜珈云:"數由此故,能齅於香,故名爲鼻。"是能齅義〔二〕。楞嚴云:"鼻如雙垂爪。"〔三〕或云:"鼻如盛針筒。"〔四〕

〔一〕齅:大正藏本作"嗅",後同。

〔二〕窺基大乘法苑義林章卷三五根章:"鼻者,能嗅義。梵云'揭邏拏',此云'能嗅'。故瑜伽云:數由此故,能嗅於香,故名爲鼻。翻爲鼻者,體義相當,依唐言譯。""瑜伽云"者,見瑜伽師地論卷三。

〔三〕大佛頂如來密因修證了義諸菩薩萬行首楞嚴經卷四:"鼻體如雙垂爪。"

〔四〕參後"迦耶"條注五。

舐若時吃縛 此云"能嘗"、"能除飢渴"。故瑜珈云:"能除飢渴羸瘦,數發言論,表彰呼召,故名爲舌。"是能嘗義〔一〕。楞嚴:"舌如初月偃。"〔二〕或云:"舌如偃月刀。"〔三〕

〔一〕窺基大乘法苑義林章卷三五根章:"舌者能嘗、能吮、能除飢渴義。梵云'時乞縛',此云'能嘗'、'除飢渴'。故瑜伽云:能除飢羸,數發言論,表彰呼召,故名爲舌。然由世俗發言論者,是舌依處,故瑜伽中通以勝義、世俗二義俱名爲舌。翻爲舌者,義相當故,依唐言譯。""瑜伽云"者,見瑜伽師地論卷三。

〔二〕大佛頂如來密因修證了義諸菩薩萬行首楞嚴經卷四:"舌體如初偃月。"

〔三〕阿毗曇毗婆沙論卷八:"舌微塵,其形如偃月刀。"又參後"迦耶"條注五。

迦耶 梵有四名:一、迦耶,二、設利羅,三、弟訶,四、應伽〔一〕。此云“積聚”。瑜珈云:“諸根所隨,周徧積聚,故名爲身。”〔二〕是積聚義及依止義〔三〕。亦翻分,謂支分。楞嚴:“身如腰皷顙。”〔四〕或云:“身如立戟槊。”〔五〕安般守意經云:“何等爲身? 何等爲體? 骨肉爲身,六情合爲體。”〔六〕

〔一〕 慧苑新譯大方廣佛華嚴經音義卷下:“舍利,正云‘設利羅’,或云‘實利’,此翻爲‘身’也。”又,“應伽,此云‘身’。身有四名:一曰迦耶,二曰設理羅,三曰第詞,四曰應伽。然‘應伽’亦云‘分’,謂支分也。”

〔二〕 見瑜伽師地論卷三。

〔三〕 窺基大乘法苑義林章卷三五根章:“身者,積聚義、依止義。雖諸根大造,竝皆積集,身根爲彼多法依止,積集其中,獨得身稱。梵云‘迦耶’,此云‘積聚’。故瑜伽云:諸根所隨,周遍積集,故名爲身。雖復迦耶是積聚、所依義,翻爲身者,體義相當,依唐言譯。”

〔四〕 見大佛頂如來密因修證了義諸菩薩萬行首楞嚴經卷四。

〔五〕 仁岳述楞嚴經熏聞記卷三:“如蒲萄朵,喻浮根之相也。餘經所説,或與此異,有云眼如秋泉池,耳如卷樺皮,鼻如盛針筒,舌如偃月刀,身如立戟槊,唯意根未見別目。”

〔六〕 見大安般守意經卷上。

紇利陀耶 此云“肉團心”,即意根所託也。故云:“意如幽室見。”〔一〕夫言根者,義有二種:一者、浮塵外根,二、勝義內根。言浮塵者,四大是能造,四微是所造。色、香、味、觸,四微和合,乃得成根。故楞嚴云:“我今觀此浮根四塵,只在我面。”〔二〕資中云:“浮虛不實,昏翳真性,故曰浮塵。”〔三〕此浮塵外根也。言勝義者,即清淨四大。洪敏鈔云:“此勝義根,雖用能造所造八法爲體,是不可見有對色,能照境發識,乃聖人所知之境。其義深遠,非同塵境麄淺,故名清淨。此是染中説淨,非無漏妙明之淨。”〔四〕此勝義內根也。大論:“問:何故三識所知合爲一? 鼻、舌、身識名爲覺? 三識所知別爲三? 眼名見,耳名聞,意知名爲識? 荅:是三識助道法多,是故別説。餘三識不爾,是故合説。是三識但知世間事,是故合爲一。餘三識亦知世間,亦知出世間,是故別説。復次,是三識但緣無記法,餘三識或緣善,或緣不善,或緣無記。復次,是三識能生三乘因緣,如眼見佛及弟子,耳聞法,心籌量,正憶念。如是等種種差別。"〔五〕勝天王經:"佛告天王:菩薩摩訶薩以方便力行般若波羅蜜,於一切法心緣自在。緣一切色,願得佛色無所得故。心緣衆聲,願得如來微妙音聲。心緣衆香,願得如來清淨戒香。心緣諸味,願得如來味中第一大丈夫相。心緣諸觸,願得如來柔頓手掌。心緣諸法,願得如來寂静之心。心緣自身,願得佛身。心緣自口,願得佛口。心緣自意,願得如來平等之意。天王,菩薩摩訶薩行般若波羅蜜,無有一心一行空過不向薩婆若者,遍緣諸法而能不著。觀見諸法,無不趣向菩提之道。菩薩修習諸行,皆因外緣而得成立。"〔六〕又,"如大地住在水上,若鑿池井,即得水用。其不鑿者,無由見之。如是聖智境界遍一切法,若〔七〕有勤修般若方便,則便得之。其不修者,云何能得?"〔八〕

〔一〕大佛頂如來密因修證了義諸菩薩萬行首楞嚴經卷四:"意思如幽室見。"

〔二〕見大佛頂如來密因修證了義諸菩薩萬行首楞嚴經卷一。

〔三〕資中:即弘沇。子璿集首楞嚴義疏注經卷二:"虛假不實,污染真性,故曰浮塵。"思坦集注楞嚴經集注卷二:"浮虛無體,塵瞖真性,故曰浮塵。"

〔四〕見思坦集注楞嚴經集注卷四引。

〔五〕見大智度論卷四〇。

〔六〕見勝天王般若波羅蜜經卷四平等品。

〔七〕若:大正藏本作"去"。

〔八〕見勝天王般若波羅蜜經卷六陀羅尼品。

鼻弝迦 此云"種"。肇曰:"此五衆生之所由生,故名種。"〔一〕婆沙:問曰:"何名大種? 苔:大而是種,故名大種,如言大地及大王等。能減能增,能損能益,是爲種義。體相形量,徧諸方域,能成大事,是爲大義。"〔二〕大乘入楞伽云:

“謂虛妄分別，津潤大種，成內外水界；炎盛大種，成內外火界；飄動大種，成內外風界〔三〕；色分段大種，成內外地界。”〔四〕

圓覺云：“我今此身，四大和合，所謂髮毛、爪齒、皮肉、筋骨、髓腦、垢色皆歸於地，唾涕、膿血、津液、涎沫、淡淚、精氣、大小便利皆歸於水，暖氣歸火，動轉歸風。”〔五〕仁王云：“堅持名地，津潤名水，煖性名火，輕動名風。”〔六〕淨覺云：“通名大者，且從事立。”〔七〕智論云：“佛說：四大無處不有，故名為大。”〔八〕長水直以藏性釋大，一何誤哉！孤山云：“四輪持世，其實火〔九〕輪、金輪、水輪、風輪也。此不言土者，土與金同是堅性，俱屬地大，故此但言四大，則已攝四輪矣。”〔一〇〕淨覺云：“然此四大，風、金則由妄心而起，火、水復由風、金而起。下文結云‘遞相為種’，義見此矣。”〔一一〕宗鏡云：“皆從四大和合成，盡是一心虛妄變。”〔一二〕

“維摩詰問文殊師利：‘何等為如來種？’文殊師利言：‘有身為種，無明有愛為種，貪恚癡為種，四顛倒為種，五蓋為種，六入為種，七識處為種，八邪法為種，九惱處為種，十不善道為種。以要言之，六十二見及一切煩惱，皆是佛種。’”〔一三〕天台釋云：“即是以非種為種。何者？離三道之外，更無如來種：一、正因，即苦道；二、了因，即煩惱道；三、緣因，即業道。又，上文云：三道是三德種。種既有三，如來亦三：一、法佛如來，二、報佛如來，三、應佛如來。種以能生為義，若不能生，不名為種。以此三種能生三佛，從微至著，終于大果。亦種類義，若此三種非佛種類，此外更無同類之法。亦種性義，性名無改，此之三法，從初至後，不斷不滅，必致三佛三德之果，故名不改。今約眾生明種，不出此三。由煩惱潤業受身有苦，三無前後，亦非一時，不縱不橫。”〔一四〕故金錍云：“若有眾生未稟教者，來至汝所，先當語云：汝無始來，唯有煩惱業苦而已。即此全是理性三因。此乃約性開三。由未發心，未曾加

行,故性緣了,同名正因。_{此乃對修方合。}〔一五〕又,妙樂云:"三
道是三德種者,即性種也。有生性故,故名爲種。生時此種
純變爲修。"〔一六〕

此等諸文,皆以迷時爲性,悟後名修。然此性種,天台名
相對種。荆溪以敵對而釋,有惣有別。若惣以三道之事,
俱〔一七〕對三德之理。此乃事理,惣論敵對。若別敵對,如記
主云:"此三從別,一一各異。"〔一八〕苦道在迷屬因,法身所證
是果,此乃因果相對;煩惱是昏迷之法,般若是明悟之法,此
乃迷悟敵對;行違理是繫縛之法,行順理是解脫之法,此以縛
脫敵對。荆溪又轉名相翻種。在因則翻法身爲苦道,至果乃
翻苦道爲法身;迷日翻般若爲煩惱,悟時翻煩惱爲般若;縛則
翻解脫爲結業,脫則翻結業爲解脫。始終理一,故名性種。

若法華疏釋:"諸佛兩足尊,知法常無性。佛種從緣起,
是故說一乘。"〔一九〕天台解曰:"中道無性,即是佛種。"〔二○〕妙
樂釋云:"立本無性爲本性德,故知今種即性家之種。"〔二一〕先
德疑云:淨名以三道爲性種,法華以中道爲性種。觀此二處,
文義頗異。遂立四義,消通二文:一、種本,二、種體,三、種
緣,四、種果。遂定淨名三道是種之當體,法華三德是所依
體,乃種之本也。今謂種以能生爲義,種即是本,豈有二殊?
學者須究二處經文,各順一義。維摩指迷令悟,故以在迷三
道爲佛種,正助二修爲種緣。_{此乃迷悟分修性。}法華明諸佛設
教,故當平等理性爲佛種,逆順兩事爲種緣。_{此乃事理分修性。}
淨名三道,乃約即爲種,_{三道是能,三德是所。}猶冰是水種。法華
三德,指性自是種,_{乃性當家名種。}如水爲冰種。作此區別,煥
然明矣。

又,法華疏曰:"若就類論種,一切低頭舉手,悉是解脫
種。一切世智三乘解心,即般若種。夫有心者,皆當作佛,即
法身種。"〔二二〕荆溪云:"類謂類例,即修德也。"〔二三〕斯乃順修
三因,能成三德之果,故名類種。此由法華,徧開六道:低頭

舉手,彈指散花,本是人天之福,今開即是緣因佛種。一切世智,三乘解心,本是五乘之智,今開即是了因佛種。夫有心者,不知正因,今開衆生皆當作佛,即法身種。妙樂:“問曰:若爾,般若解脫有於種類及以對論,法身類種與對論種爲同爲異? 荅:理一義異。言理一者,只緣理一,是故修性相對離合。言義異者,對生死邊,名爲相對。理體本淨,名爲類種。又,聞能觀智,名爲了種,聞所緣理,名爲正種。即是理淨與事淨爲類。”〔二四〕此約開顯明類種。昔經圓既隔偏,但約當教三因,自論類種。若前三教,如妙樂云:“別教唯有種類之種而無相對,於中法身種類仍別始終常淨。唯不從覆,故得種名。”〔二五〕此與釋籤“雖法身本有,不同別教爲惑所覆”〔二六〕二文相戾。妙宗釋曰:“‘別教法身爲惑所覆’者,良由不知本〔二七〕覺之性具染惡德,是故染惡,非二德也。云云。但有法身本覺,隨於染緣,作上一切迷中之法,以是名曰爲惑所覆。既覆但中佛性之理,如淳善人,一切惡事非本所能,爲惡人逼,令作衆惡,故説善人爲惡所覆。”〔二八〕此顯定有能覆之惑。所覆真如,其理不變,始終常淨。故説唯不從覆,故得種名。

　　問:妙玄云:“十回向始正修中。此中但理,不具諸法。”〔二九〕釋籤則曰:“不同別人,理體具足,而不相收故。”〔三〇〕絳幃難云:“別人既有理性三因,何緣別修緣了?”淨覺雖約“理性三因,皆但中德”荅〔三一〕,未契四明之意,故於妙宗釋此義曰:“亦爲不知本覺之性,具染惡德,不能全性,起染惡修,乃成理體,橫具三法。言不相收者,以其三法定俱在性,皆是所發,猶如三分,各稱帝王,何能相攝? 是故不知性中三法。二是修者,二乃成橫。”〔三二〕故曰“三皆在性,而不互融”〔三三〕也。藏、通兩教,全無此義。但約當教,其名非無,因時三學爲五分種,達分即爲二〔三四〕解脫種,第五記云:“解脫達分者,涅槃名解脫,所修善根,不住生死,名爲達分。”〔三五〕念處即般若種。當曉有身爲種。若非聞法,孰能自知? 不加功行,捨身受身,奚得成就無上菩提？遂示性、類二法，以爲標月之指歟！

〔一　〕見僧肇撰注維摩詰經卷八。

〔二　〕見阿毗達磨大毗婆沙論卷一二七。

〔三　〕界：原作"大"，據大乘入楞伽經改。

〔四　〕見大乘入楞伽經卷三。

〔五　〕見大方廣圓覺修多羅了義經。

〔六　〕見仁王護國般若波羅蜜多經卷上。

〔七　〕見思坦集注楞嚴經集注卷三引淨覺仁岳語。

〔八　〕見大智度論卷五二。

〔九　〕火：原作"土"，據永樂北藏本、嘉興藏本改。

〔一〇〕見思坦集注楞嚴經集注卷四引。

〔一一〕按：思坦集注楞嚴經集注卷四引，曰"谷響云"。若出谷響，則應爲
　　　　孤山智圓語。"遞相爲種"，見大佛頂如來密因修證了義諸菩薩萬
　　　　行首楞嚴經卷四。

〔一二〕見延壽集宗鏡録卷六九。

〔一三〕見維摩詰所説經卷中佛道品。

〔一四〕見智顗撰維摩經文疏卷二五。

〔一五〕見湛然述金剛錍。

〔一六〕見湛然述法華文句記卷七下。

〔一七〕俱：大正藏本作"但"。

〔一八〕見湛然述法華文句記卷七下。

〔一九〕見妙法蓮華經卷一方便品。

〔二〇〕見智顗説妙法蓮華經文句卷四下。

〔二一〕見湛然述法華文句記卷五中。

〔二二〕見智顗説妙法蓮華經文句卷七上釋藥草喻品。

〔二三〕見湛然述法華文句記卷七下。

〔二四〕見湛然述法華文句記卷七下。

〔二五〕見湛然述法華文句記卷七下。

〔二六〕見湛然述法華玄義釋籤卷一二。

〔二七〕本：大正藏本作"不"。

〔二八〕見知禮述觀無量壽佛經疏妙宗鈔卷二。

〔二九〕見智顗説妙法蓮華經玄義卷三上。

〔三〇〕見湛然述法華玄義釋籤卷一二。

〔三一〕詳見宋宗曉編四明尊者教行録卷三四明法師問、淨覺法師答絳幃
　　　　問答三十章第十三問及答。
〔三二〕見知禮述觀無量壽佛經疏妙宗鈔卷二。
〔三三〕見湛然述法華文句記卷九下。
〔三四〕二:永樂北藏本、嘉興藏本作"一"。
〔三五〕見湛然述法華文句記卷五下。

攝提　翻"假施設"〔一〕。假謂三假,輔行云:"因内因
外,和合方成,故所生法,名因成假;念不實故,故前念滅,滅
已復生,生者必滅,計能相續,名相續假;他待於己,假立他
名,己待於他,假立於己,相待不實,名相待假。"〔二〕成實論
云:三假浮虛者,如煙雲塵霧也〔三〕。

〔一〕湛然述止觀輔行傳弘決卷五之五:"矗提,西音,翻'假施設'。"
〔二〕見湛然述止觀輔行傳弘決卷五之五。又,智顗説、灌頂記摩訶止觀
　　　卷五下:"法假施設如因成,受假施設如相續,名假施設如相待。"
〔三〕按:此非成實論原文。智顗説妙法蓮華經玄義卷一〇上:"成實論
　　　觀三假浮虛,乃是世諦事法。"觀音玄義記卷三:"實法無常,是有
　　　門觀;三假浮虛,是空門觀;二門俱用,從容而修,是兩亦門觀;離空
　　　有相,絕言而修,是雙非門觀。隨成一觀,皆得會真。"

優陀那　天台禪門曰:"此云'丹田',去臍下二寸
半。"〔一〕大論云:"如人語時,口中風出,名優陀那。此風出
已,還入至臍。偈云:風名優陀那,觸臍而上去。是風觸七
處,頂及齗齒脣,舌喉及以胷,是中語言生。"〔二〕論云:出入
息是身加行,受想是心加行,尋伺是語加行〔三〕。大集經云:
"有風能上,有風能下。"〔四〕心若念上,風隨心牽起。心若念
下,風隨心牽下。運轉所作,皆是風隨心轉。作一切事,若風
道不通,手腳不遂,心雖有念,即舉動無從。譬如人牽關捩,
即影技種種所作。捩繩若斷,手無所牽,當知皆是依風之所
作也〔五〕。

〔一〕見智顗説釋禪波羅蜜次第法門卷四:"憂陀那,此云'丹田',去臍
　　　下二寸半。"
〔二〕見大智度論卷六。

〔三〕成唯識論卷四："契經説住滅定者,身、語、心行,無不皆滅。"延壽集宗鏡録卷四七："論主云:入滅定聖人,身、語、心行無不皆滅,即出入息是身加行,受想是心加行,尋伺是語加行。此三加行,與第六識相應,在滅定中皆悉滅故。"

〔四〕見大方等大集經卷二三虛空目分中彌勒品。

〔五〕"大集經云"至此,見延壽集宗鏡録卷六六。

阿那　亦云"安那",此云"遣來",入息也〔一〕。

〔一〕參後"般那"條注一。

般那　此云"遣去",出息也〔一〕。安般守意經云："安爲身,般爲息。安爲生,般爲滅。安爲念道,般爲解結。所以先數〔二〕入者,外有七惡,内有三惡,用少不能勝多,先數入也。安名出息,般名入息。息有四事:一爲風,二爲氣,三爲息,四爲喘。有聲爲風,無聲爲氣,出入爲息,氣出入不盡爲喘也。出息爲生死陰,入息爲思想陰。"〔三〕或云:先數出息,氣則不急,身不脹滿,身心輕利,三昧易成。或云:先數入息,隨息内斂,易入定故。或云:當隨便宜,以數出入。若心輕浮,繫心丹田,當數入息。若心昏沉,繫心鼻端,當數出息。此皆不許出入俱數〔四〕。提婆菩薩云："佛説甘露門,名阿那波那。於諸法門中,第一安隱道。"〔五〕

〔一〕湛然述法華文句記卷六上："阿那,此云'遣來'。般那,此云'遣去'。祇是息出、入耳。"

〔二〕按:永樂北藏本、嘉興藏本"數"後有子注:"所矩切,計也。下並同。"

〔三〕見大安般守意經卷上。

〔四〕智顗説釋禪波羅蜜次第法門卷五："用息不同者,一師教繫心數出息。所以者何? 數出息,則氣不急,身不脹滿,身心輕利,易入三昧。有師教數入息。何故爾? 數入息,一者、易入定,隨息内斂故;二、斷外境故;三、易見内三十六物故;四、身力輕盛故;五、内實息貪恚故。有如是等勝利非一,應數入息。有師教數入出無在,但取所便,而數無的偏用,隨人心安,入定無過。即用三師所論,皆不許出入一時俱數。何以故? 以有息遮,病生在喉中,猶如草葉,吐則"

不出,咽則不入,此患生故。又師依四時用數,今所未詳。"

〔五〕見智顗説釋禪波羅蜜次第法門卷五。

烏波 或云"薩遮",此云"有"。婆沙云:"有是何義?謂一切有漏法是。佛言:若業能令後生續生,是名爲有。"〔一〕華嚴云:何等名有爲法?所謂三界衆生〔二〕。婆沙云:漏是何義?荅:住是漏義。凡夫至此,被留住故。浸漬是漏義,至三有頂常浸漬故。流出是漏義,垂盡三有還出下故。持義、醉義、在内義、放逸義,並是漏義〔三〕。成論云:失道故名漏。律云:癡人造業,開諸漏門。文句云:"漏謂三漏。"〔四〕妙樂云:"一、欲漏,謂欲界一切煩惱除無明;二、有漏,謂上兩界一切煩惱除無明;三、無明漏,謂三界無明。"〔五〕又,輔行釋有流云:"有即三有,流謂四流:一、見流,三界見也;二、欲流,欲界一切諸惑,除見及癡;三、有流,上二界一切諸惑,除見及癡;四、無明流,三界癡也。於此三處因果不亡,故名爲有。爲此四法漂溺不息,故名爲流。"〔六〕婆沙:"問:緣起緣生,有何差別?荅:或説無有差別,緣起緣生,皆有爲法。或有説云:亦有差別,因是緣起,果是緣生。"〔七〕涅槃云:"有漏法者有二種:有因、有果。無漏法者亦有二種:有因、有果。有漏果者,是則名苦;有漏因者,則名爲集;無漏果者,則名爲滅;無漏因者,則名爲道。"〔八〕

〔一〕見阿毗達磨大毗婆沙論卷六〇。

〔二〕佛馱跋陀羅譯大方廣佛華嚴經卷一二菩薩十無盡藏品:"何等爲有爲法?所謂欲界、色界、無色界、衆生界。"

〔三〕參見阿毗達磨大毗婆沙論卷四七。按:此處引文,見湛然述止觀輔行傳弘決卷六之一。

〔四〕智顗説妙法蓮華經文句卷一上:"漏者三漏也,成論云:'失道故名漏。'律云:'癡人造業,開諸漏門。'"按:"成論云"者,俟考。"律云"者,十誦律卷一:"是愚癡人,開諸漏門。"

〔五〕見湛然述法華文句記卷一下。

〔六〕見湛然述止觀輔行傳弘決卷一之四。

〔 七 〕見阿毗曇毗婆沙論卷一三。

〔 八 〕見曇無讖譯大般涅槃經卷一二、南本卷一一。

薩迦耶薩　此云“無常”。荀卿曰：“趨舍無定，謂之無常。”〔一〕唐因明正理論云：“本無今有，暫有還無，故名無常。”〔二〕淨住法云：“生不可保，唯欲營生，死必定至，不知顧死。況此危命，凶變無常，俄頃之間，不覺奄死。”〔三〕內德論云：“百齡易盡，五福難常。命川流而電逝，業地久而天長。三塗極逈而杳杳，四流無際而茫茫。憑法舟而利濟，藉〔四〕信翮以高翔。宜轉咎而爲福，何罔念而作狂。”〔五〕正法念云：有於胎藏死，有生時命終，有纔行便亡，有能走忽卒〔六〕。智論云：“無常有二種：一、相續法壞無常，二、念念生滅無常。”〔七〕

宗鏡明二種四相：“一、約麤果報，説生、老、病、死。”〔八〕長阿含云：“一、生相，五陰興起，已得命根；二、老相，謂生壽向盡，餘命無幾；三、病相，謂衆苦迫切，存亡無期；四、死相，謂盡也，風先火次，諸相敗壞，身亡異趣故。”〔九〕又，四諦論曰：“衆苦依止名生苦，能令變壞名老苦，逼迫身因〔一〇〕名病苦，能滅諸根名死苦，非愛共聚名怨憎會苦，可愛相遠名愛別離苦，希望不遂名求不得苦。是衆苦相，名五盛陰苦。”〔一一〕婆沙論云：“盛陰有何義？受所生是故説盛，謂生受是故説盛；受所養是故説盛，謂養受是故説盛。問：陰與盛陰，有何差別？荅：名即差別，謂陰謂盛陰。又，陰有漏無漏，盛陰一向有漏。又，陰染污不染污，盛陰一向染污。”〔一二〕章安云：“今依經文，以五盛陰是其別體，善惡陰盛即是苦體。”〔一三〕涅槃云：“復次，菩薩修於死想，觀是壽命，常爲無量怨讎所繞，念念損減，無有增長。猶山瀑水，不得停住；亦如朝露，勢不久停；如囚趣死，步步近死；如牽牛羊，詣於屠所。”〔一四〕出曜經：“佛言：是日已過，命則隨減。如少水魚，斯〔一五〕有何樂？”〔一六〕

“二、約細惑業，説生、住、異、滅。如起信論，不覺心起名爲生；能見能現，妄取境界，起念相續，名之爲住；執取計名，名之爲異;造作諸業,名之爲滅。"〔一七〕唯識論云:"生表此法先非有,滅表此法後是無,异表此法非凝然,住表此法暫有用。"〔一八〕釋曰:自無而有曰生,自有而無曰滅,前後改變名异,暫爾相續名住。又,論云:"本無今有,有位名生;生位暫停,即説爲住;住別前後,復立异名;暫有還無,無而名滅。前三有故,同在現在。後一是無,故在過去。"〔一九〕輔行記云:"言三相者,不立住相,與异合説,以人於住起常計故。故淨名云:'比丘,汝今亦生、亦老、亦滅。'老即是异。"〔二〇〕圭峯云:"住、异二相,同是現在,故合爲一,細分即四。"〔二一〕孤山解楞嚴云:"前擧四相,今唯二者,以生攝住,以滅收异。"〔二二〕宗鏡云:"雖年百歲,猶若刹那,如東逝之長波,似西垂之殘照,擊石之星火,驟隙之迅駒,風裏之微燈,草頭之朝露,臨崖之朽樹,爍目之電光,若不遇於正法,必永墜於幽途。"〔二三〕

〔一　〕見荀子修身篇。

〔二　〕見玄奘譯因明正理門論本,亦見義淨譯因明正理門論。按:此兩者,同本異譯。

〔三　〕見廣弘明集卷二七蕭子良淨住子淨行法在家從惡門第十。

〔四　〕藉:原作"謝",永樂北藏本、嘉興藏本作"翔",據内德論改。

〔五　〕見廣弘明集卷一四李師政内德論辯惑篇第一。

〔六　〕正法念處經卷一三:"若生人中同業之處,或胎中死、或生已死,或生已未坐而死,或有生已未行而死,或有生已能行而死,或有行走而便死者。"

〔七　〕見大智度論卷四三。

〔八　〕見延壽集宗鏡録卷七四。

〔九　〕見長阿含經卷一。

〔一〇〕因:大正藏本作"困"。

〔一一〕見四諦論卷二分別苦諦品第三之二。

〔一二〕見鞞婆沙論卷六五盛陰處。

〔一三〕見灌頂撰、湛然再治大般涅槃經疏卷一四。

〔一四〕見曇無讖譯大般涅槃經卷三八、南本卷三四。

〔一五〕斯:原作"思",據諸校本改。

〔一六〕見出曜經卷二等。

〔一七〕見延壽集宗鏡録卷七四。

〔一八〕見成唯識論卷二。

〔一九〕見成唯識論卷二。

〔二〇〕見湛然述止觀輔行傳弘決卷一之三。“淨名云”者，見維摩詰所説
經卷上菩薩品。

〔二一〕見宗密撰圓覺經大疏釋義鈔卷一三。

〔二二〕見思坦集注楞嚴經集注卷三引。

〔二三〕見延壽集宗鏡録卷四三。

闍提闍　音社，此云“生死”〔一〕。

〔一〕大智度論卷四八：“闍提闍羅，秦言‘生老’。”澄觀述大方廣佛華嚴
經隨疏演義鈔卷八九：“闍提闍羅，此言‘生死’。”

仡語乞那　或“繕摩”，此翻“生”〔一〕。瑜珈云：五蘊初
起，名之爲生。依殼而起曰卵生，含藏而出號胎生，假潤而興
曰濕生，無而忽現名化生。如是四生，由内心思業爲因，外殼
胎藏濕潤爲緣，約藉緣多少而成次第。卵生具四，是以先説。
胎生具三，濕生具二，化生唯一，謂思業也〔二〕。俱舍云：“人
旁生具四，地獄及諸天，中有唯化生，鬼通胎、化二。”〔三〕人
具四生者，如大論云：“毗舍佉弥羅母生三十二子，弥伽羅是
大兒字。其母生三十二卵，剖生三十二男，皆爲力士。其母
得三道。”〔四〕又，婆沙論云：“昔於此洲，商人入海，得一雌
鶴，遂生二卵，出二童子，端正聰明。年長出家，得阿羅漢，大
名世羅，小名鄔波世羅。”〔五〕大論云：“胎生者，如常人生。”
“濕生者，如撐音罃羅婆利婬女頂生轉輪聖王。”〔六〕又，涅槃
云：頂生王從頂皰生〔七〕。化生者，大論云：“如佛與四衆游
行，比丘尼衆中，有阿羅婆，地中化生。及劫初時，人皆化
生。”〔八〕旁生具四者，正法念云：化生金翅鳥，能食四生
龍〔九〕。龍與金翅，皆具四生。走獸皆胎，飛鳥俱卵。證真
云：“情想合離，四生皆具。經文且據一往增勝邊説。”〔一〇〕

〔一〕玄應一切經音義卷三：“仡那，此云‘生’。”卷二二：“梵云‘繕摩’，

此云‘生’。"

〔二〕按:此當爲據瑜伽師地論文意概述者。思坦集注楞嚴經集注卷七引孤山云:"依殼而起曰卵生,含藏而生曰胎生,假潤而興曰濕生,無而忽有曰化生也。如是四生,由内心思業爲因,外殼胎藏濕潤爲緣,約藉緣多少而成次第。卵生具四,是以先説。胎生具三,濕生具二,化生唯一,謂思業也。此依瑜伽所解。"當爲此引文所本。

〔三〕見阿毗達磨俱舍論卷八。

〔四〕見大智度論卷八。

〔五〕見阿毗達磨大毗婆沙論卷一二〇。

〔六〕見大智度論卷八。

〔七〕參見曇無讖譯大般涅槃經卷三二。澄觀述大方廣佛華嚴經隨疏演義鈔卷五八:"濕生如頂生王從頂皰而生故。"

〔八〕見大智度論卷八。

〔九〕按:"化生金翅鳥,能食四生龍"者,詳見大樓炭經卷三龍鳥品。正法念處經中,未見與此意相近者。

〔一〇〕仁岳述楞嚴經熏聞記卷三:"注‘情想合離,四生皆具’,此用檇李之義。證真云:經文且據一往增勝邊説。若盡理而説,豈可有情處無想,有想處無情等。"

末剌諵女咸切　此云"死"〔一〕。勝鬘云:"生者新諸根生,死者故諸根滅。"〔二〕正法念經云:"臨終四大爲害,謂之四大不調,有四種死。若風大不調,一切身分互相割裂,從足至頂,分散如沙。"〔三〕又,一乘章云:"有二種死。何等爲二?謂分段死、壽有分限,身有形段。不思議變易死。因移果易,故名變易。分段死者,謂虛僞衆生。不思議變易死者,謂阿羅漢、辟支佛、大力菩薩意生身。"〔四〕又云:"以分段死故,說阿羅漢、辟支佛智,我生已盡。得有餘果證故,説梵行已立。凡夫、人天所不能辦〔五〕,七種學人先所未作。虛僞煩惱斷故,説所作已辦。阿羅漢、辟支佛所斷煩惱,更不能受後有故,説不受後有。"〔六〕攝大乘明七種生死:一、分段,謂三界果報。二、流來,謂有識之初。三、反出,謂背妄之始。四、方便,謂入滅二乘。五、因緣,謂初地已上。六、有後,謂第十地。七、無後,謂金剛心[七]。北史:"李士謙,字子約,善談名理。嘗有客,坐不信佛家報應義,士謙諭之曰:積善餘慶,積惡餘殃。此非休咎耶? 佛經云:'輪轉五道,無復窮已。'此則賈誼所言'千變萬化,未始有極,忽然爲人'之謂也。佛道未來,其賢者已知其然矣。至若鯀爲黃熊音雄,褒君爲龍,牛哀爲猛獸,彭生爲豕,如意爲犬,鄧艾爲牛,羊祜前身李氏之子,此非佛家變化異形之謂乎?"[八]

〔 一 〕玄應一切經音義卷二二:"末刺諵,此云'死'。"

〔 二 〕見勝鬘師子吼一乘大方便方廣經自性清淨章。

〔 三 〕見正法念處經卷六七。

〔 四 〕見勝鬘師子吼一乘大方便方廣經一乘章。

〔 五 〕辨:大正藏本作"辯",後同。

〔 六 〕見勝鬘師子吼一乘大方便方廣經一乘章。

〔 七 〕湛然述止觀輔行傳弘決卷七之一:"攝大乘師,立七種生死:一、分段,謂三界果報;二、流來,謂迷真之初;三、反出,謂背妄之始;四、方便,謂入滅二乘;五、因緣,謂初地已上;六、有後,謂第十地;七、無後,謂金剛心。"

〔 八 〕見北史卷三魏本紀三孝文帝紀。"佛經云"者,如別譯雜阿含經卷一六:"一切衆生,亦復如是,爲無明覆,輪轉五道,所謂人、天、地獄、餓鬼,及以畜生,如是無始生死。"方廣大莊嚴經卷五音樂發悟品:"輪轉五道,循環不已。""賈誼所言"者,見鵬鳥賦。

迦摩羅　或"迦末羅",此云"黃病",又云"惡垢",亦云"癩病"[一]。智論云:"一者、外因緣病。寒熱、飢渴、兵刃、刀杖、墜落、推壓,如是等種種外患爲惱。二者、內因緣病。飲食不節,臥起無常,四百四病,名爲內病。"[二]

〔 一 〕玄應一切經音義卷二三:"迦末羅病,梵語,舊云'迦摩羅病',此云'黃病',或云'惡垢',言腹中有惡垢,即不可治也。"

〔 二 〕見大智度論卷一〇。

阿薩闍　此云"不可治病"[一]。弘明集云:"必死之病,雖聖莫蠲。可療之疾,待醫方愈。"[二]故涅槃明三種病:一、易治,二、難治,三、不可治[三]。淨名疏云:"療治有損,一、有從初服藥,但增而不損,終無差理,是名增增。二、或雖困篤,方治即愈,是名增損。三、或有服藥,初雖漸損,而後更增,是名損增。四、從初漸損,乃至平服,是爲損損。"〔四〕又釋治衆生病:"一、增增者,即底下凡夫,若爲説法,更起誹謗,闡提之罪,如善星、調達等也。二、增損者,如尸利鞠多。三、損增者,如大論明四禪比丘,謂是四果。臨終見生處,謗無涅槃,即墮地獄〔五〕。又,毗曇、成實明退法人〔六〕,皆其相生。四、損損者,即身子等諸得道人。"〔七〕

〔一〕梁寶亮等集大般涅槃經集解卷二三:"阿薩闍病不可治者,喻二重罪,於昔契經不治之病,明涅槃難治、能治也。唯不能治必死病者,不可加治,非難治也。"灌頂撰、湛然再治大般涅槃經疏卷一二:"阿薩闍病,無的翻,義言無可治。"慧琳一切經音義卷一〇:"阿薩闍病,謂不可治。"

〔二〕見廣弘明集卷一四内德論空有篇第三。

〔三〕曇無讖譯大般涅槃經卷三三:"如三病人俱至醫所,一者易治、二者難治、三者不可治。""其易治者,喻菩薩僧;其難治者,喻聲聞僧;不可治者,喻一闡提。現在世中,雖無善果,以憐愍故,爲種後世諸善種子故。"

〔四〕見智顗説、湛然略維摩經略疏卷七。

〔五〕大智度論卷一七:"佛弟子中,亦有一比丘得四禪,生增上慢,謂得四道。得初禪時,謂是須陀洹;第二禪時,謂是斯陀含;第三禪時,謂是阿那含;第四禪時,謂得阿羅漢。恃是而止,不復求進。命欲盡時,見有四禪中陰相來,便生邪見,謂:'無涅槃,佛爲欺我。'惡邪生故,失四禪中陰,便見阿鼻泥犁中陰相,命終即生阿鼻地獄。"

〔六〕毗曇"明退法人"者,如阿毗達磨俱舍論卷二五;"成實明退法人"者,見成實論卷九集諦聚中煩惱論初煩惱相品。

〔七〕見智顗説、湛然略維摩經略疏卷七。

珊若娑〔一〕　此云"癩風病",一發不起〔二〕。智論云:"四百四病者,四大爲身,常相侵害,一一大中,百一病起。冷病有二百二,水、風起故。熱病有二百二,地、火起故。"〔三〕止觀:"明治病方法,既深知病源起發,當作方法治之。治病之法,乃有多途,舉要言之,不出止觀二種方便。云何用止治病相? 有師言:但安心止在病處,即能治病。所以者何? 心是一期果報之主,譬如王有所至處,群賊迸散。次有師言:臍下一寸名憂陁那,此云丹田。若能止心守此不散,經久,即多有所治。有師言:常止心足下,莫問行住寢卧,即能病治[四]。所以者何? 人以四大不調,故多諸疾患。此由心識上緣,故令四大不調。若安心在下,四大自然調適,衆病除矣。有師言:但知諸法空無所有,不取病相,寂然止住,多有所治。所以者何? 由心憶想鼓作四大,故有病生。息心和悦,衆病即差。故淨名經云:'何爲病本? 所謂攀緣。云何斷攀緣? 謂心無所得。'如是種種説,用止治病之相非一。故知善修止法,能治衆病。次明觀治病者,有師言:但觀心想,用六種氣治病者,即是觀能治病。何等六種氣? 一、吹,二、呼,三、嘻,四、呵,五、噓,六、呬。此六種息,皆於脣口之中,想心方便,轉側而作,綿微而用。頌曰:心配屬呵腎屬吹,脾呼肺呬聖皆知。肝臟熱來噓字至,三焦壅處但言嘻。"[五]

　　高僧傳:"僧善疾篤[六]將殞,告弟子曰:'吾患腹中冷結者,昔在少年,山居服業,粮粒既斷,嬾往追求,噉小石子用充日夕,因覺爲病。死後可破腹看之。'果如其言。"[七]南山鈔云:"但飢渴名主[八]病,亦名故病,每日常有,故以食爲藥醫之功。"[九]僧祇律云:"佛住舍衛國,難陀母人作釜飯,逼上汁飲,覺身中風除食消,便作念:闍梨是一食人,應當食粥。乃取多水少米,煎去二分,然後入胡椒蓽茇[一〇]末,盛滿甖,持詣佛所,白言:惟願世尊聽諸比丘食粥。佛許,仍爲説偈。"[一一]次四分云:"佛在那頻頭國,因瓮沙施粥,佛許之。"[一二]又,十誦云:"婆羅門王阿耆達施八般粥,謂乳、酪、胡麻、豆、摩沙、荏、蘇等,佛許之。"[一三]高僧法開,晉升平中,孝宗有疾,開視脉[一四],知不起,不肯進藥。獻后怒,收付廷尉。俄而帝崩,獲免。或問法師曰:"高明剛簡,何以醫術經懷?"開曰:"明六度以除四魔之疾,調九候以療風寒之病。自利利他,不亦可乎?"孫綽曰:"才辯縱橫,以數術通教,其在開公焉。"〔一五〕

　　翻譯名義集六

〔一　〕娑:永樂北藏本、嘉興藏本作"婆"。

〔二　〕玄應一切經音義卷二五:"珊若娑病,桑干反,此云'癩風病',一發不起者。"

〔三　〕見大智度論卷五八。

〔四　〕病治:大正藏本作"治病"。

〔五　〕見修習止觀坐禪法要治病第九。"淨名經云"者,見維摩詰所説經卷中文殊師利問疾品。

〔六　〕篤:永樂北藏本、嘉興藏本作"甚篤"。

〔七　〕見續高僧傳卷一七隋文成郡馬頭山釋僧善傳。

〔八　〕主:永樂北藏本、嘉興藏本作"生"。

〔九　〕道宣撰四分律刪繁補闕行事鈔卷下四藥受淨篇:"報命支持,勿過於藥。藥各乃通,要分爲四。言時藥者,從旦至中,聖教聽服,事順法應,不生罪累。"釋氏要覽卷上中食"正食"條有云:"南山鈔云:時藥,謂報命支持,勿過於藥。但飢渴名主病,亦名故病。每日常有,故以食爲藥醫之。"或爲此處所本。

〔一〇〕芨:大正藏本作"白"。

〔一一〕見摩訶僧祇律卷二九。

〔一二〕見四分律卷一〇。

〔一三〕見十誦律卷一四。

〔一四〕脉:永樂北藏本、嘉興藏本作"牀"。

〔一五〕高僧法開事,見高僧傳卷四于法開傳。

翻譯名義集七

姑蘇景德寺普潤大師法雲編

〔一〕椎:原作“稚”,據正文篇名及諸校本改。

寺塔壇幢篇第五十九

裕師寺誥云:“寺是攝十方一切衆僧,修道境界法;爲待一切僧經游來往,受供處所。無彼無此,無主無客,僧理平等,同護佛法。故其中飲食衆具,悉是供十方凡聖同有,鳴鐘作法,普集僧衆,同時共受。與檀越作生福之田,如法及時者,皆無遮礙。”〔一〕是宜開廓遠意,除蕩鄙懷,不吝身財,護持正法。西域記云:“諸僧伽藍,頗極奇製。隅樓四起,重閣三層。榱桷棟梁,奇形雕鏤〔二〕。户牖垣墻,圖畫衆彩。”〔三〕梁僧傳云:“相傳外國國王嘗毁破諸寺,唯招提寺未及毁壞。夜一白馬,繞塔悲鳴。即以啓王,王即停壞,因改招提以爲白馬。故諸寺立名,多取則焉。”〔四〕僧史略云:“鴻臚寺者,本禮四夷遠國之邸舍也。尋令别擇洛陽西雍門外蓋一精舍,以白馬馱經夾〔五〕故,用白馬爲題。寺者,釋名曰:‘嗣也,治事者相嗣續於其内。’本是司名,西僧乍來,權止公司。移入别居,不忘其本,還標寺號。”〔六〕準天人陸玄暢云:“周穆王時,文殊、目連來化,穆王從之。即列子所謂化人者是也。化人示穆王高四臺,是迦葉佛説法處,因造三會道場。”又云:“周穆王身游大夏,佛告彼土有古塔,可反禮事。王問何方? 荅:在鄗京之東南也。”又問:“周穆已後諸王建置塔寺,何爲此土文紀罕見? 荅:立塔爲於前緣,多是神靈所造,人見者少,故文字少傳。楊雄、劉向,尋於藏書,往往見有佛經,豈非秦前已有經塔?"〔七〕或名僧坊者,別屋謂之坊也。
或名精舍者,釋迦譜云:"息心所栖,故曰精舍。"〔八〕靈裕寺
誥曰:"非麤暴者所居,故云精舍。"〔九〕藝文類云:"非由其舍
精妙,良由精練行者所居也。"〔一〇〕或名道場,肇師云:修道之
場〔一一〕。隋煬帝勑天下寺院皆名道場〔一二〕。止觀云:"道場,
清淨境界,治五住糠,顯實相米。"〔一三〕或名蓮社者,社即立春
秋後五戊日名社,群農結會,祭以祈穀。白虎通曰:王者所以
有社何? 爲天下求福報土,非土不食,土廣不可徧敬,故封土
以立社〔一四〕。往生傳云:"東晉遠法師憩跡廬阜,一百二十三
人締結方外之游,於是相與而有蓮社之想焉。今之以蓮社,
云云。蓋其始也。"〔一五〕

〔一〕續高僧傳卷九隋相州演空寺釋靈裕傳:"釋靈裕,俗姓趙,定州鉅鹿
　　　曲陽人也。"著寺誥,"述祇桓圖經,具明諸院,大有準的。"(見道宣
　　　撰關中創立戒壇圖經)又,道宣撰四分律删繁補闕行事鈔卷下僧像
　　　致敬篇:"有盛德法師造寺誥十篇,具明造寺方法,祇桓圖樣,隨有
　　　所造,必準正教。"此段引文,見道宣撰四分律删繁補闕行事鈔卷上
　　　僧網大綱篇引。

〔二〕鏤:大正藏本作"槾"。

〔三〕見大唐西域記卷二印度總述。

〔四〕見高僧傳卷一攝摩騰傳。

〔五〕夾:諸校本作"來"。

〔六〕見大宋僧史略卷上"創造伽藍"條。"釋名云"者,見釋名卷五釋
　　　宮室。

〔七〕"天人陸玄暢云"至此引文,見道宣律相感通傳。

〔八〕見釋迦氏譜卷一五序聖凡後胤釋迦洹精舍緣。

〔九〕按:大宋僧史略卷上"創造伽藍"條有云:"案靈裕法師寺誥:凡有
　　　十名寺。(中略)五曰'精舍'。"子注曰:"非麤暴者所居。"

〔一〇〕釋氏要覽卷上住處"精舍"條:"藝文類集云:非由其舍精妙,良由
　　　精練行者所居也。"然不見今本藝文類聚,或別有所指。

〔一一〕僧肇撰注維摩詰經卷四:"肇曰:閑宴修道之處謂之道場也。"

〔一二〕隋書卷二八百官志:"煬帝即位,多所改革。""郡縣佛寺,改爲道

場,道觀改爲玄壇,各置監、丞。”

〔一三〕見智顗説、灌頂記摩訶止觀卷二上。

〔一四〕白虎通社稷:“王者所以有社稷何? 爲天下求福報功。人非土不立,非穀不食。土地廣博,不可徧敬也;五穀衆多,不可一一祭也。故封土立社,示有土也。”

〔一五〕見宋戒珠叙淨土往生傳。

刹摩　正音“掣多羅”,此云“土田”〔一〕。淨名略疏云:“萬境不同,亦名爲刹。”〔二〕垂裕云:“蓋取莊嚴差別名之爲刹。”〔三〕此乃通指國土名刹。又復伽藍號梵刹者,如輔行云:“西域以柱表刹,示所居處也。”〔四〕梵語“刺力割瑟胝”,此云“竿”,即幡柱也〔五〕。長阿含云:若沙門於此法中,勤苦得一法者,便當竪幡,以告四遠:今有少欲人〔六〕。又,法華云:“表刹甚高廣。”〔七〕此由塔婆高顯大爲金地標表,故以聚相長表金刹。如法苑云:阿育王取金華金幡,懸諸刹上,塔寺低昂〔八〕。

〔一〕湛然述法華文句記卷二上:“‘刹’者,應云‘刹摩’,此云‘田’,即一佛所王土也。今名‘刹柱’者,表田域故,故諸經中多云‘表刹’。”“掣多羅”者,參注五。

〔二〕見智顗説、湛然略維摩經略疏卷一。

〔三〕見智圓述維摩經略疏垂裕記卷一。

〔四〕湛然述止觀輔行傳弘決卷二之一:“言佛刹者,具存應云‘刹摩’,此云‘田’也,即一佛所王土也。或云‘表刹’者,以柱表刹,表所居處故也。”

〔五〕玄應一切經音義卷一:“切刹,又作‘擦’,同音‘察’,梵言‘差多羅’,此譯云‘土田’。經中或言‘國’,或云‘土’者,同其義也。或作‘刹土’者,存二音也,即刹帝利,名守田主者,亦是也。案,刹,書無此字,即‘刴’字略也。刴,音初一反。浮圖名刹者,訛也,應言‘刺瑟胝’。刺,音力割反,此譯云‘竿’。人以柱代之,名爲刹柱,以安佛骨,義同土田,故名刹也,以彼西國塔竿頭安舍利故也。”窺基撰妙法蓮華經玄贊卷七:“長表金刹以金爲刹,梵云‘掣多羅’。彼土更無別幡竿,即於塔覆鉢,柱頭懸幡。今云‘刹’者,聲訛也。有所表故,名爲長表。”

〔六〕詳見長阿含經卷一二自歡喜經。

〔七〕見妙法蓮華經卷五分別功德品。

〔八〕法苑珠林卷三六懸幡篇第三十二引證部第二:"如迦葉詰阿難經
云:昔阿育王自於境内立千二百塔,王後病困,有一沙門省王病,王
言:前爲千二百塔,各織作金縷幡,欲手自懸幡散華,始得成辦,而
得重病,恐不遂願。道人語王云:王好叉手一心。道人即現神足,
應時千二百寺皆在王前。王見歡喜,便使取金幡金華,懸諸剎上。
塔寺低仰(按:"仰",大正藏本作"昂"),即皆就王手。王得本願,
身復病愈,即發大意,延壽二十五年,故名續命神幡。"

羅摩　此云"院"〔一〕,周垣小院。

〔一〕釋氏要覽卷上住處"院"條:"梵云'羅摩',唐言'院'。"慧苑新譯
大方廣佛華嚴經音義卷下:"羅摩,院也。"

招提　經音義云:梵云"招鬭提奢",唐言"四方僧物"。
但筆者訛稱"招提"〔一〕。此翻"別房施",或云"對面施"。
或云梵言"僧鬘",此翻"對面施"〔二〕。音義云:體境交現曰
對,輟己惠他名施〔三〕。後魏太武始光元年造伽藍,創立招
提之名〔四〕。

〔一〕玄應一切經音義卷一六:"招提,譯云'四方'也。招,此云'四';
提,此云'方'。謂四方僧也。一云:'招提'者,訛也,正言'柘鬭提
奢',此云'四方',譯人去'鬭'去'奢','柘'復誤作'招',以
'柘'、'招'相似,遂有斯誤也。"續高僧傳卷二隋東都雒濱上林園
翻經館南賢豆沙門達摩岌多傳:"招提者,亦訛略也。世依字解,招
謂招引,提謂提攜,並浪語也。此乃西言耳,正音云'招鬭提奢',此
云'四方',謂處所爲四方衆僧之所依住也。"

〔二〕唐大覺撰四分律行事鈔批卷八:"僧鬘物者,現前對面施物也。故
心疏云:如中含云:'施招提僧房。'所謂別房施是也。如經中是
'鬘物'者,此是梵音,據唐言之,'對面物'也。如今謂俗以供養奉
僧,無問衣藥房具,並施現前僧也。"宋元照撰四分律行事鈔資持記
卷中釋釋相篇:"中含施招提僧房,所謂別房施是也。謂施主置房,
施十方僧別自供給,不涉衆僧常住,故有和送而非私房,故名招提
常住也。"

〔三〕出處俟考。音義,或即贊寧音義指歸。

〔四〕大宋僧史略卷上創造伽藍：“後魏太武帝始光元年，創立伽藍，爲招提之號。”佛祖統紀卷三八法運通塞志第十七之五：後魏太武帝“始光元年，勅天下寺改名招提。”

僧祇　此云“四方僧物”。律鈔：“四種常住：一、常住常住，謂衆僧厨庫、寺舍、衆具、華果、樹林、田園、僕畜等，以體局當處，不通餘界，但得受用，不通分賣故，重言常住。二、十方常住，如僧家供僧常食，體通十方，唯局本處。”此二名僧祇物。“三、現前現前，謂僧得施之物，唯施此處現前僧故。四、十方現前，如亡五衆輕物也。若未羯磨，從十方僧得罪。若已羯磨，望現前僧得罪。”〔一〕此二名現前僧物。

〔一〕見道宣撰四分律删繁補闕行事鈔卷中隨戒釋相篇。

阿蘭若　或名“阿練若”〔一〕。大論翻“遠離處”〔二〕。薩婆多論翻“閑静處”。天台云：“不作衆事，名之爲閑。無憒鬧故，名之爲静。”〔三〕或翻“無諍”，謂所居不與世諍，即離聚落五里處也〔四〕。肇云：“忿競生乎衆聚，無諍出乎空閑。”〔五〕故佛讚住於阿蘭若。應師翻“空寂”〔六〕。苑師分三類：一、達磨阿蘭若，即華嚴之初，謂説諸法本來湛寂，無起作義。二名摩登伽阿蘭若，謂塚間處，要去村落一俱盧舍，大牛吼聲所不及處。三名檀陁迦阿蘭若，謂沙磧之處也。磧，遷歷切〔七〕。

〔一〕玄應一切經音義卷二三：“阿練若，‘阿’，此云‘無’。‘練若’有兩義：一曰‘聲’，謂無人聲及無鼓譟等聲；二曰‘斫’，謂無斫伐等諠鬧。雖言去聚落一俱盧舍爲阿練若處，亦須離斫伐處也。”

〔二〕大智度論卷六七：“菩薩在遠離處，魔來讚歎。”

〔三〕見智顗述修習止觀坐禪法要具緣第一。

〔四〕知禮述金光明經文句記卷五上：“阿蘭若，此云‘無諍’，以其所居不與世諍，即離聚落五里處也。”

〔五〕見僧肇撰注維摩詰經卷四。

〔六〕玄應一切經音義卷一：“阿蘭挐，女加反，或云‘阿蘭若’，或言‘阿練若’，皆梵言輕重耳，此云‘空寂’，亦云‘閑寂’。閑亦無諍也。”

〔七〕慧苑新譯大方廣佛華嚴經音義卷上：“阿蘭若法，若，然也反。阿蘭

若者,或曰‘阿蘭那’,正云‘阿爛孃’,此翻爲‘無諍聲’。然有三
類:一名達磨阿蘭若,即此所相者也,謂説諸法本來湛寂無作義,因
名其處爲法阿蘭若處。此中處者,即菩提場中是也。二名摩登伽
阿蘭若,謂塚間處,要去村落一俱盧舍,大牛吼聲所不及處者也。
三名檀陀伽阿蘭若,謂沙磧之處也。磧,音遷歷反也。”

僧伽藍　譯爲“衆園”〔一〕。僧史略云:“爲衆人園圃。
園圃,生植之所。佛弟子則生殖〔二〕道芽聖果也。”〔三〕

〔一〕慧苑新譯大方廣佛華嚴經音義卷上:“僧伽藍,具云‘僧伽羅摩’。
言‘僧’者,衆也;‘伽羅摩’者,園也。或云衆所樂住處也。”

〔二〕殖:永樂北藏本、嘉興藏本作“植”。

〔三〕見大宋僧史略卷上創造伽藍。

那爛陀　西域記曰:“唐云‘施無厭’。此伽藍南菴没羅
園中有池,其龍名那爛陀,旁建伽藍,因取其稱。從其實議,
是如來昔行菩薩道時,爲大國王,建都此地,憐愍衆生,好樂
周給,時美其德,號‘施無厭’。”〔一〕大宋僧傳云:“那爛陀
寺,周圍四十八里,九寺一門,是九天王所造。西域伽藍,無
如其廣矣。”〔二〕

〔一〕見大唐西域記卷九摩揭陀國下。

〔二〕見宋高僧傳卷三唐京兆慈恩寺寂默傳。

菴羅園　闡義云:“菴羅,是果樹之名,其果似桃,或云似
柰。此樹開華,華生一女,國人歎異,以園封之。園既屬女,
女人守護,故言菴羅樹園。宿善冥熏,見佛歡喜,以園奉佛,
佛即受之而爲所住。”〔一〕

〔一〕見智圓述請觀音經疏闡義鈔卷二。又,智顗説、湛然略維摩經略疏
卷一:“肇師注云:菴羅,是果樹之名。以菓目樹,故云菴羅樹,其菓
似桃而非桃也。又云似㮈,定非㮈也。又翻云‘難分別樹’,其菓似
桃非桃,似㮈非㮈,故名‘難分別’也。(中略)有師云:此樹開華,
華生一女,國人歎異,以園封之。園既屬女,女人守護,故云菴羅樹
園。宿善冥熏,見佛歡喜,以園奉佛,佛即受之而爲住所。”玄應一
切經音義卷八:“菴羅,或言‘菴婆羅’,果名也。案,此果花多而結
子甚少,其葉似柳而長一尺餘,廣三指許,果形似梨而底鈎曲,彼國

名爲王樹,謂在王城種之也。經中生熟難知者,即此也。舊譯云‘柰’,應誤也。正言‘菴没羅’,此菴没羅女持園施佛,因以名焉。昔彌猴爲佛穿池、鹿女見千子處,皆在園側也。”

迦蘭陀　善見律及經律異相云:“是山鼠之名也。時毗舍離王入山,於樹下眠,有大毒虵,欲出害王。於此樹下,有鼠下來,鳴令王覺。王感其恩,將一村食供此山鼠,乃號此村爲迦蘭陀。而此村中有一長者,居金錢四十億,王即賜於長者之號。由此村故,所以名爲迦蘭陁長者也。”〔一〕三藏傳云:“園主名迦蘭,先以此園施諸外道,後見佛,又聞深法,恨不以園得施如來。時地神知其意,爲現災怪,怖諸外道,逐之令出,告曰:‘長者欲以園施佛,汝宜速去。’外道含怒而出。長者歡喜,建立精舍,躬往請佛。”〔二〕

〔一〕見善見律毗婆沙卷六。經律異相卷四七鼠第十四“鼠濟毗舍離命”引,云“出善見律毗婆沙第六卷”。

〔二〕見大慈恩寺三藏法師傳卷三。

林微尼　或“流弥尼”,或“藍毗尼”,或“嵐毗尼”,此云“解脫處”,亦翻“斷”,亦翻“滅”〔一〕。華嚴音義翻“樂勝圓光”,由昔天女來,故立此名〔二〕。新云“藍夆扶晩尼”,此云“監”,即上古守園女名。

〔一〕玄應一切經音義卷一:“流彌尼,亦名‘嵐毗尼’,園名也。諸經或作‘藍’。此云‘解脫處’,亦云‘斷’,亦云‘滅’。正言‘藍夆尼’,此云‘監’,即上古守園婢名也,因以名園。‘飯那’,此云‘林’也。夆,音扶晩反。”

〔二〕慧苑新譯大方廣佛華嚴經音義卷下:“園林名嵐毗尼,嵐,盧含反,或曰‘流彌尼’,此云‘樂勝圓光’,是昔天女之名。因來此處,遂以其處名耳。”慧琳一切經音義卷二五大般涅槃經音義卷上:“林微尼園,梵云‘藍夆尼’,此云‘樂勝園光’,是天女名也,昔因遊此,故得名耳也。”

秫蘇伐那　西域記云:“唐言‘闇林’,千佛皆於此地説法。佛滅三百年,有迦多衍那,於此製發智論。”〔一〕

〔一〕大唐西域記卷四至那僕底國。

阿奢理貳　　西域記云:"唐言"奇特。"〔一〕

〔一〕大唐西域記卷一屈支國:"阿奢理貳伽藍,唐言'奇特'。庭宇顯敞,佛像工飾。僧徒肅穆,精勤匪怠,並是耆艾宿德,博學高才,遠方俊彦,慕義至止。國王、大臣、士庶、豪右,四事供養,久而彌敬。聞諸先志曰:昔此國先王崇敬三寶,將欲遊方,觀禮聖迹,乃命母弟攝知留事。其弟受命,竊自割勢,防未萌也。封之金函,持以上王。王曰:'斯何謂也?'對曰:'回駕之日,乃可開發。'即付執事,隨軍掌護。王之還也,果有搆禍者,曰:'王命監國,婬亂中宮。'王聞震怒,欲置嚴刑。弟曰:'不敢逃責,願開金函。'王遂發而視之,乃斷勢也。曰:'斯何異物? 欲何發明?'對曰:'王昔遊方,命知留事,懼有讒禍,割勢自明。今果有徵,願垂照覽。'王深驚異,情愛彌隆,出入後庭,無所禁礙。王弟於後,行過一夫,擁五百牛,欲事刑腐。見而惟念,引類增懷:'我今形虧,豈非宿業?'即以財寶,贖此羣牛。以慈善力,男形漸具。以形具故,遂不入宮。王怪而問之,乃陳其始末。王以爲奇特也,遂建伽藍,式旌美迹,傳芳後葉。"

鷄頭摩　　竦疏釋"鷄園"引智論云:昔有野火燒林,林中有雉,入水漬羽,以救其焚。纂要云:"即鷄頭摩寺。"〔一〕

〔一〕仁岳述楞嚴經熏聞記卷三:"雞園者,中阿含云:'佛滅度後,諸上德比丘皆住雞園。'竦疏引智論云:'昔有野火燒林,林中有雉,入水漬羽,以救其焚。'纂要云:'即雞頭摩寺。'二説未審。""中阿含云"者,見中阿含經卷六〇:"佛般涅槃後不久,衆多上尊名德比丘遊波羅利子城,住在雞園。""智論云"者,見大智度論卷一六:"昔野火燒林,林中有一雉,慤身自力,飛入水中,漬其毛羽,來滅大火。"

窣堵波　　西域記云:"浮圖,又曰'偷婆',又曰'私偷簸',皆訛也。"〔一〕此翻"方墳",亦翻"圓塚",亦翻"高顯",義翻"靈廟"〔二〕。劉熙釋名云:"廟者,皃也,先祖形皃所在也。"〔三〕又,梵名"塔婆"。發軫〔四〕曰:説文元無此字,徐鉉新加云:西國浮圖也。言浮圖者,此翻聚相。戒壇圖經云:"原夫'塔'字,此方字書乃是物聲,本非西土之號。若依梵本,瘞窨屬佛骨所,名曰'塔婆'。"〔五〕後分經〔六〕:佛告阿難:佛般涅槃,荼毗既訖,一切四衆收取舍利,置七寶瓶,當於拘

尸那城内四衢道中起七寶塔,高十三層,上有輪相。云云。辟支佛塔,應十一層。阿羅漢塔,成以四層,亦以衆寶而嚴飾之。其轉輪王,亦七寶成,無復層級。何以故?未脫三界諸有苦故[七]。十二因緣經:"八種塔並有露槃。佛塔八重,菩薩七重,辟支佛六重,四果五重,三果四,二果三,初果二,輪王一,凡僧但蕉葉火珠而已。"[八]言輪相者,僧祇云:佛造迦葉佛塔,上施槃盖,長表輪相[九]。經中多云相輪,以人仰望而瞻相也。

〔 一 〕見大唐西域記卷一呾蜜國。

〔 二 〕慧琳一切經音義卷六:"窣覩波,孫骨反,梵語也,唐云'高顯處',亦曰'方墳',即安如來碎身舍利處也。古譯或云'蘇偷婆',或云'塔婆',皆梵語訛轉也。"卷二七:"塔,梵云'窣堵波',此云'高顯'。制多,此云'靈廟'。律云'塔婆',無舍利云'支提'。今塔即窣堵,訛云'塔'。古書無'塔'字,葛洪字苑及切韻,塔即佛堂。佛塔,廟也。"

〔 三 〕見釋名釋宮室。

〔 四 〕發軫:即仁岳發軫鈔,已佚。

〔 五 〕見關中創立戒壇圖經戒壇形重相狀第三。

〔 六 〕後分經:永樂北藏本、嘉興藏本作"涅槃後分經"。

〔 七 〕大般涅槃經後分卷上遺教品第一:"佛告阿難:佛般涅槃,茶毗既訖,一切四衆收取舍利,置七寶瓶,當於拘尸那伽城内四衢道中起七寶塔,高十三層,上有相輪,一切妙寶間雜莊嚴,一切世間衆妙花幡而嚴飾之,四邊欄楯七寶合成,一切莊挍靡不周遍,其塔四面面開一門,層層間次窗牖相當,安置寶瓶如來舍利,天人四衆瞻仰供養。阿難!其辟支佛塔應十一層,亦以衆寶而嚴飾之。阿難!其阿羅漢塔成以四層,亦以衆寶而嚴飾之。阿難!其轉輪王塔,亦七寶成,無復層級。何以故?未脫三界諸有苦故。"

〔 八 〕十二因緣經:據開元釋教錄,前後六譯,二存四闕。據卷一二有譯有本錄,存支謙譯貝多樹下思惟十二因緣經一卷、玄奘譯緣起聖道經一卷,據卷一四大乘經重譯闕本,闕安世高、支曜、竺法護及求那毗地四譯。貝多樹下思惟十二因緣經及緣起聖道經中,皆無此説。此段引文,法苑珠林卷三七敬塔篇第三十五興造部第三引云:"十二因緣經云:有八人得起塔:一、如來,二、菩薩,三、緣覺,四、羅漢,

五、阿那含,六、斯陀含,七、須陀洹,八、輪王。若輪王已下起塔,安一露槃。見之不得禮,以非聖塔故。初果二露槃,乃至如來安八露槃。八槃已上,並是佛塔。"法苑珠林校注云:"此段出處俟考。"知禮述金光明經文句記卷六上:"塔,具云'塔婆',義翻'方墳'。或云'聚相',謂累木石及寶,高以爲相。荼毗後分云:'佛塔高十三層,上有相輪;支佛塔十一層;羅漢四層;輪王塔無復層級,以未脫三界故。'十二因緣經:'八種塔並有露盤,佛塔八重,菩薩七重,支佛六重,四果五重,三果四,二果三,初果二,輪王一,凡僧但蕉葉火珠而已。'雖兩經異説,而凡僧並無層級。邇世所立,雖無露盤,既出四簷,猶濫初果。儻循蕉葉火珠之制,則免僭上,聖識者宜効之。"

〔九〕摩訶僧祇律卷三三:"爾時,世尊自起迦葉佛塔,下基四方周匝欄楯,圓起二重、方牙四出,上施槃蓋,長表輪相。"

支提

或名"難提"、"脂帝"、"制底"、"制多",此翻"可供養處",或翻"滅惡生善處"〔一〕。雜心論云:有舍利名塔,無舍利名支提〔二〕。文句云:"支提,無骨身者也。阿含明四支徵,謂佛生處、得道處、轉法輪處、入滅處也。"〔三〕

〔一〕玄應一切經音義卷二二:"制多,舊言'支提',或言'支帝',皆一也,此云'可供養處'。謂佛初生、成道、轉法輪及涅盤處,皆應供養恭敬,生諸福也。"又,慧琳一切經音義卷二:"制多,古譯或云'制底',或云'支提',皆梵語聲轉耳,其實一也。此譯爲廟,即寺宇、伽藍、塔廟等是也。"卷一〇:"支提,梵語也,或云'脂帝浮都',或云'浮圖',皆訛也,正梵音'際多',或曰'制多',此云'聚相',謂纍寶及塼石等高以爲相也。"

〔二〕雜心論,即雜阿毗曇心論,未見此説。道宣撰四分律刪繁補闕行事鈔卷下僧像致敬篇:"雜心云:有舍利名塔,無者名支提。塔或名塔婆,或云偷婆。"或爲其所本。此説實出摩訶僧祇律卷三三:"有舍利者名塔,無舍利者名支提。如佛生處、得道處、轉法輪處、泥洹處、菩薩像、辟支佛窟、佛脚跡,此諸支提得安佛華蓋供養具。"

〔三〕智顗説妙法蓮華經文句卷八:"梵言'塔婆',或'偷婆',此翻'方墳',亦言'靈廟'。又言'支提',無骨身者也。此塔既有全身不散,則不稱支提。阿含明四支徵知倚切,謂生處、得道、轉法輪、入滅四處起塔,今之寶塔,是先佛入滅支徵。"法苑珠林卷三七敬塔篇第三十五興造部第三:"梵漢不同,翻譯前後,致有多名,文有訛正。

所云塔者,或云塔婆,此云方墳。或云支提,翻爲滅惡生善處。或
云斗藪波,此云護讚,若人讚歎擁護歎者。西梵正音,名爲窣堵波,
此云廟。廟者,貌也,即是靈廟也。安塔有其三意:一、表人勝,二、
令他信,三、爲報恩。若是凡夫比丘有德望者,亦得起塔,餘者不
合。若立支提,有其四種:一、生處,二、得道處,三、轉法輪處,四、
涅槃處。諸佛生處及得道處,此二定有支提。生必在阿輸柯樹下,
此云無憂樹,此是夫人生太子之處,即號此樹爲生處支提。如來得
道在於菩提樹下,即呼此樹下爲得道支提。如來轉法輪及涅槃處,
此二無定。初轉法輪爲五比丘,在於鹿苑,縱廣各二十五尋。一尋
八尺。古人身大,故一尋八尺,合二十丈。今天竺人處處多立轉法
輪,取一好處,而依此量,豎三柱安三輪,表佛昔日三轉法輪相,即
名此處爲轉法輪支提。如來入涅槃處安置舍利,即名此處爲涅槃
支提。現今立寺名涅槃寺,此則爲定。若據舍利處處起塔,則爲不
定。此四亦名窣堵波。"

舍磨奢那　此云"冢"。西域僧死,埋骨地下,上累甎石,
似窣堵波,但形卑小〔一〕。

〔一〕玄應一切經音義卷六:"長表,梵言'舍磨奢那',此云'冢'也。案,
西域僧徒死者,或遺諸禽獸,收骨燒之,埋於地下,於上立表,累甎
石等,頗似窣覩波,但形而卑小也。"

健陁俱胝　義淨云:西方名佛堂爲"健陁俱胝",此云
"香室"〔一〕。

〔一〕義淨譯説一切有部毗奈耶雜事卷二六:"爾時,世尊遂便作意,即以
右足踏其香殿。"義淨注曰:"西方名佛所住堂爲'健陁俱知'。'健
陁'是香,'俱知'是室。此是香室、香臺、香殿之義,不可親觸尊顔
故,但喚其所住之殿,即如此方玉階、陛下之類。然名爲佛堂、佛殿
者,斯乃不順西方之意也。"

毗訶羅　此云"游行處",謂僧游履處也〔一〕。

〔一〕玄應一切經音義卷二四:"毗訶羅,亦言'鼻訶羅',此云'遊',謂僧
遊履處也。此土以寺代之。"又,卷六:"塔寺,梵云'毗訶羅',云
'遊行處',謂衆遊履行處,亦謂僧園。今以寺代之。"

滿茶邏力簡切　此翻"壇",新云正名"曼荼羅"〔一〕。言
壇者,鄭玄注禮云:"封土曰壇,除地曰墠常演。封者,起土界

也。壇之言坦也。坦,明皃也。”〔二〕漢書音義云:“築土而高曰壇,除地平坦曰場。”〔三〕國語云:“壇場〔四〕之所。”〔五〕除地曰場。除,掃也。周書曰:“爲三壇同墠。”〔六〕墠,除地也〔七〕。説文云:“野土也。”〔八〕爾雅云:“鹿之所息謂之場。”〔九〕詩云:“九月築場圃。”注云:“春夏爲圃,秋冬爲場。場即平治土面,於上治穀。”〔一〇〕

〔一〕 唐大覺撰四分律行事鈔批卷一〇:“滿茶邏,此翻爲‘壇’。”慧琳一切經音義卷一〇:“曼茶羅,茶音宅加反,梵語無正翻,義譯云‘聖衆集會處’。即此經一十七會曼茶羅各各差别,並是修行供養念誦者道場也。”

〔二〕 見禮記祭法篇鄭玄注。

〔三〕 漢書卷一高帝紀上:“於是漢王齊戒設壇場。”顏師古注曰:“齊讀曰齋。築土而高曰壇,除地爲場。”

〔四〕 場:原無,據國語補。

〔五〕 國語卷一八楚語下:“壇場之所。”注:“除地曰場。”

〔六〕 見尚書金縢。

〔七〕 見尚書金縢鄭玄注。

〔八〕 見説文卷一三土部。

〔九〕 見小爾雅廣獸。

〔一〇〕詩豳風七月:“九月筑場圃。”毛傳:“春夏爲圃,秋冬爲場。”鄭箋:“場圃同地。自物生之時,耕治之以種菜茹。至物盡成熟,筑堅以爲場。”

　　脱闍　資中〔一〕翻“幢”。熏聞云:闍,視遮切,有作都音,引爾雅云:闍謂之臺。而言脱者,積土脱落也。今所不取。蓋是梵語故〔二〕。

〔一〕 資中:即弘沇,參卷一惣諸聲聞篇第九“優波尼沙陀”條注二。

〔二〕 仁岳述楞嚴經熏聞記卷四:“‘脱闍,幢也’者,此乃梵語翻爲‘幢’也。闍,應作視遮切,有作都音,引爾雅云:闍謂之臺。而言脱者,積土脱落也。今所不取。”

　　拘吒迦　此云“小舍”〔一〕。

〔一〕 慧苑新譯大方廣佛華嚴經音義卷下:“拘吒聚落,具云‘拘吒迦’,此云‘小舍’。或曰‘多家’,亦云‘多樓觀’,以此聚落中樓閣多也。"

犍椎道具篇第六十

　　菩薩戒經云："資生順道之具。"〔一〕中阿含云：所蓄物可資身進道者，即是增長善法之具〔二〕。辯正論云："沙門者，行超俗表，心游塵外。"〔三〕"故應器非廊廟所陳，染衣異朝宗之服。"〔四〕北山録云："簠音甫簋音軌，祭器，内圓外方。俎莊吕切，肉俎也。豆，制度文章，爲禮之器；升降上下，周旋裼先的襲似立，爲禮之文。鐘鼓管磬，羽籥干戚，籥，音藥。先王制舞，文以羽籥干戚。籥如笛，三孔而短。干，盾也。戚，矛也。爲樂之器；屈伸俯仰，綴兆舒疾，爲樂之文。置兹則禮樂廢矣。繢寫繢刻，香臺法机，爲道德之器；髡祖〔五〕拜繞，禪講齋戒，爲道德之文。弛兹則道德微矣。"〔六〕

〔一〕優婆塞五戒威儀經："若造房舍、床褥、衣服、飲食，一切順道資生之具，施四方僧及諸賢聖。"

〔二〕中阿含經卷二七自觀心經第四："若畜衣便增長善法、衰退惡不善法者，如是衣我説得畜。如衣、飲食、床榻、村邑，亦復如是。"此處引文，當據釋氏要覽卷中道具"道具"條。

〔三〕見辯正論卷六内威儀器服指。

〔四〕見辯正論卷六内威儀有同異。

〔五〕祖：原作"祖"，據大正藏本校勘記改。

〔六〕見北山録卷八住持行。

　　犍巨寒椎音地　　聲論翻爲"磬"，亦翻"鐘"。資持云："若諸律論，並作'犍槌'，或作'犍椎'，今須音'槌'爲'地'。又，羯磨疏中，直云'犍地'。未見'稚〔一〕'字呼爲'地'也。後世無知，因兹一誤，至於鈔文一宗祖教，凡'犍槌'，字並改爲'稚〔二〕'，直呼爲地。請尋古本及大藏經律考之，方知其謬。今須依律論，並作'犍槌'。至呼召時，自從聲論。"〔三〕增一云：阿難升講堂，擊犍椎者，此是如來信鼓也〔四〕。五分云：諸比丘布薩時，不時集，妨行道。佛言："當唱時至。若打犍椎,若打皷吹螺,使舊住沙弥淨人打。不得多,應打三通。若唱二時至,亦使沙弥淨人唱。住處多,不得徧聞,應高處唱。猶不知集,更相語知。若無沙弥,比丘亦得打。"〔五〕事鈔云:"若尋常所行,生椎之始,必漸發聲,漸希漸大,乃至聲盡,方打一通。佛在世時,但有三下。故五分云打三通也。後因他請,方有長打。然欲初鳴時,當依經論,建心標爲,必有感徵。應至鐘所,禮三寶訖,具儀立念:我鳴此鐘者,爲召十方僧衆。有得聞者,並皆雲集,共同和利。又,諸惡趣受苦衆生,令得停息故。付法藏傳中,罽膩吒王以大殺害故,死入千頭魚中,劍輪繞身而轉,隨斫隨生。羅漢爲僧維那,依時打鐘。若聞鐘聲,劍輪在空。如〔六〕是因緣,遺信白令長打:使我苦息。過七日已,受苦即息。"〔七〕

江南上元縣一民時疾暴死,心氣尚暖,凡三日復甦,乃誤勾也。自言至一殿庭間,忽見先主被五木,縲械甚嚴,民大駭,竊問曰:"主何至於斯耶?"主曰:"吾爲宋齊丘所誤,殺和州降者千餘人,以冤訴囚〔八〕此。"主問其民曰:"汝何至斯耶?"其民具道誤勾之事。主聞其民,却得生還,喜且泣曰:"吾仗汝歸語嗣君,凡寺觀鳴鐘,當延之令永。吾受苦,惟聞鐘則暫休。或能爲吾造一鐘,尤善。"民曰:"我下民耳,無緣得見。設見之,胡以爲驗?"主沉慮曰:"吾在位,嘗與于闐國交聘,遺吾一瑞玉〔九〕天王。吾愛之,嘗置於髻,受百官朝。一日如廁,忘取之,因感頭痛,夢神謂我曰:玉天王實於佛塔或佛體中,則當愈。吾因獨引一匠,攜於瓦棺寺,鑿佛左膝以藏之,香泥自封,無一人知者,汝以此事可驗。"民既還家,不敢輒已,遂乞見主,具白之。果曰:"冥寞何憑?"民具以玉天王之事陳之。主親詣瓦棺,剖佛膝,果得之。感泣慟躄,遂立造一鐘〔一○〕於清涼寺,鎸其上云:"薦烈祖孝高皇帝脫幽出厄,以玉像建塔,葬於蔣山。"〔一一〕智興鳴鐘,事出法苑〔一二〕。

增一云:"若打鐘時,一切惡道諸苦並得停止。"〔一三〕應法師準尼鈔云“時至應臂吒犍槌”〔一四〕，應師釋云：“梵語‘臂吒’，此云打；梵語‘犍槌’，此云所打之木。或檀或桐，此無正翻，彼無鐘磬故也。”〔一五〕音義指歸斥云：秖如梵王鑄祇桓寺金鐘，又迦葉結集摕陟瓜切，椎也。銅犍槌，豈無鐘耶？但天竺未知有磬。五分律云：隨有瓦木銅鐵，鳴者皆名犍地〔一六〕。

又，律中集僧有七種法：一、量影，二、破竹作聲，三、作煙，四、吹貝，五、打皷，六、打犍槌，七、唱諸大德布薩説戒時到〔一七〕。事鈔明：“入堂法，應在門外偏袒右肩，斂手當心，攝恭敬意，擬堂内僧，並同佛想緣覺羅漢想。何以故？三乘同法食故。次欲入堂，若門西坐者，從户外旁門西頰，先舉左脚，定心而入。若出門者，還從西頰，先舉右脚而出。若在門東坐者，反上可知，不得門内交過。若欲坐時，以衣自蔽，勿露形醜。”〔一八〕須知五法：一、須慈敬，重法尊人；二、應自卑下，如拭塵巾；三、應知坐起、俯仰得時；四、在彼僧中，不爲雜語；五、不可忍事，應作默然〔一九〕。“凡徒衆威儀，事在嚴整清潔，軌行可觀，則生世善心，天龍叶贊。”〔二〇〕華嚴云：“具足受持威儀教法，是故能令僧寶不斷。”〔二一〕智論云：佛法弟子同住和合，一者、賢聖説法，二者、賢聖默然〔二二〕。準此，處衆唯施二事，不得雜説世論，類於污家俳〔二三〕説。俳，戲也。又貴静攝，不在喧亂。誦經説法，必須知時。成論云：“雖是法語，説不應時，名爲綺語。”〔二四〕後裔住持，願遵斯式。

〔一〕稚：諸校本皆作“椎”。

〔二〕稚：永樂北藏本、嘉興藏本作“椎”。

〔三〕元照撰四分律行事鈔資持記卷上釋集僧篇：“尼鈔云：今時諸寺僧尼立制，不許沙彌白衣打鐘。此迷教甚矣。梵號中，若諸律論，並作‘犍槌’，或作‘犍稚’。如字而呼，乃是梵言訛轉，唯獨聲論正其音耳。今須音‘槌’爲‘地’。又，羯磨疏中，直云‘犍地’。未見‘稚’字呼爲‘地’也。後世無知，因茲一誤，至於鈔文前後以及一宗祖教，凡‘犍槌’，字並改爲‘稚’，直呼爲‘地’。請尋古本寫鈔及大藏經律考之，方知其謬。但以‘稚’、‘椎’相濫，容致妄改，今須依律論，並作‘犍槌’。至呼召時，自從聲論。或作‘椎’，亦爾。世有不識<ruby>梵<rt>梵</rt></ruby>語，云是打鐘之槌及砧槌等，此又不足議也。若準尼鈔云：西傳云時至，應臂吒犍槌。‘臂吒’，此云打；‘犍槌’，此云所打之木。或用檀、桐木等，彼無鐘磬故，多打木集人。此則與今全乖，不可和會。且依鈔疏，鐘、磬翻之，謂金石二物也。<small>應法師經音義大同尼鈔。</small>然衹桓圖中<small>多明鐘磬，而云彼無者，或恐少耳。</small>音義又云：舊經云‘犍遟’。亦梵言訛<small>轉，宜作‘稚’，直致反。明知稚字不呼爲地，此迷久矣，故爲辨之。</small>”

〔四〕增一阿含經卷二四：“尊者阿難聞此語已，歡喜踊躍，不能自勝，即昇講堂，手執揵椎，並作是説：‘我今擊此如來信鼓，諸有如來弟子衆者，盡當普集。’”

〔五〕詳見五分律卷一八。

〔六〕如：大正藏本作“知”。

〔七〕見道宣撰四分律刪繁補闕行事鈔卷上集僧通局篇。

〔八〕囙：大正藏本作“因”。

〔九〕瑞玉：大正藏本作“玉瑞”。

〔一〇〕鐘：原作“種”，據諸校本改，後同。

〔一一〕按：敕修百丈清規引此段所述事，云“金陵志云”。佛祖統紀卷四二法運通塞志十七之九，繫此事於五代晉少帝開運三年。

〔一二〕見法苑珠林卷三二眠夢篇第二十六感應緣。

〔一三〕見道宣撰四分律刪繁補闕行事鈔卷上集僧通局篇。

〔一四〕見四分律比丘尼鈔卷上集衆篇第四。

〔一五〕玄應一切經音義卷一：“揵椎，直追反，經中或作‘揵遟’。案，梵本‘臂吒揵稚’，‘臂吒’，此云打；‘揵稚’，所打之木，或檀或桐，此無正翻，以彼無鐘磬故也。但‘椎’、‘稚’相濫，所以爲誤已久。”

〔一六〕五分律卷一八：“諸比丘不知以何木作揵椎，以是白佛，佛言：除漆樹、毒樹，餘木鳴者聽作。若無沙彌，比丘亦得打。”

〔一七〕四分律卷三五：“時諸比丘不知何時，佛言：聽作時若量影時、若作破竹聲、若打地聲、若作烟、若吹貝、若打鼓、若打揵稚、若告語言‘諸大德！布薩説戒時到’。”道宣撰四分律刪繁補闕行事鈔卷上集僧通局篇：“七種集法，若量影、破竹作聲、作煙、吹貝、打鼓、打犍稚、若唱諸大德布薩説戒時到。”

〔一八〕見道宣撰四分律刪繁補闕行事鈔卷上僧網大綱篇。

〔一九〕按：“五法”見四分律卷六〇，又見道宣撰四分律刪繁補闕行事鈔卷下諸雜要行篇。

〔二○〕見道宣撰四分律刪繁補闕行事鈔卷上僧網大綱篇。

〔二一〕見佛馱跋陀羅譯大方廣佛華嚴經卷一○明法品。

〔二二〕大智度論卷七七：“佛勑弟子，若和合共住，常行二事：一者、賢聖默
　　　　然，二者、說法。‘賢聖默然’者，是般若心；‘說法’者，說般若波
　　　　羅蜜。”

〔二三〕俳：大正藏本作“能”，後同。

〔二四〕按：“華嚴云”至此，俱見道宣撰四分律刪繁補闕行事鈔卷上僧網大
　　　　綱篇。

　　舍羅　四分：“此云‘籌’。”〔一〕五分：籌極短並五指，極
長拳一肘，極麁不過小指，極細不得減箸〔二〕。十誦云：爲檀
越問僧不知數，佛令行籌。不知沙彌數，行籌數之。若人施
布薩物，沙彌亦得。雖不往布薩羯磨處，由受籌故〔三〕。四
分爲受供行籌通沙彌也。若未受十戒，亦得受籌，以同受供
故〔四〕。業疏三種行籌：一、頭露，二、覆藏，以物覆籌。三、耳
語。耳畔勸勉〔五〕。事鈔云：“今僧寺中有差僧次請而簡客者，
此僧次翻名越次也。即令客僧應得不得，主人犯重，隨同情
者多少，通是一盜。”〔六〕

〔一〕道宣撰四分律刪繁補闕行事鈔卷上說戒正儀篇：“四分云聽行舍
　　　羅，此云‘籌’也。”

〔二〕五分律卷一八：“諸比丘便作金銀籌，以是白佛，佛言：‘應用銅、鐵、
　　　牙、角、骨、竹、木作，除漆毒樹。’諸比丘有短作、有長作，以是白佛，
　　　佛言：‘短，應長竝五指；長，應長拳手一肘。’諸比丘作或麁或細，以
　　　是白佛，佛言：‘麁不過小指，細不減箸。應漆，以筒盛，懸著布薩
　　　堂上。’”

〔三〕詳見十誦律卷三九。

〔四〕按：“十誦云”至此，見道宣撰四分律刪繁補闕行事鈔卷上說戒正
　　　儀篇。

〔五〕業疏，即四分律刪補隨機羯磨疏。允堪述四分律刪補隨機羯磨疏
　　　正源記卷二集法源成篇：“律云：應差比丘行舍羅。行有三種：一
　　　者、顯露，二者、覆藏，三者、耳語。若上座標首智人和尚闍梨，住如
　　　法地，應顯露行。若住非法，應作下二法行。若非法語人多，應作

亂起去。故曰三種。”

〔六〕見<u>道宣</u>撰四分律刪繁補闕行事鈔卷上僧網大綱篇。

隙棄羅　此云“錫杖”,由振時作錫錫聲故〔一〕。十誦名“聲杖”〔二〕。錫杖經:“又名‘智杖’,亦名‘德杖’,彰智行功德故。聖人之幖幟,賢士之明記,道法之正〔三〕幢。”〔四〕<u>根本雜事</u>云:“比丘乞食,深入長者之家,遂招譏謗。比丘白佛,佛云:‘可作聲警覺。’彼即呵呵作聲喧鬧,復招譏毁。佛制不聽。遂拳打門,家人怪問:‘何故打破我門?’默爾無對。佛言:‘應作錫杖。’苾芻不解。佛言:‘杖頭安鐶,圓如酸𤙶限口,安小鐶子,搖動作聲而爲警覺。動可一二,無人聞時,即須行去。’”〔五〕**五百問**:論持錫有多事,能警惡蟲毒獸等〔六〕。<u>義淨</u>云:錫杖都有三分。上分是錫,中木,下或牙角也〔七〕。若二股六鐶,是<u>迦葉佛</u>製。若四股十二鐶,是<u>釋迦佛</u>製〔八〕。<u>齊稠禪師</u>在<u>懷州王屋山</u>,聞虎鬭,以錫杖解之。因成頌云:本自不求名,剛被名求我。巖前解二虎,障却第三果〔九〕。又,<u>鄧隱峰</u>飛錫空中,解於二陣〔一〇〕。

〔一〕<u>釋氏要覽</u>卷中道具“錫杖”條:“梵云‘隙棄羅’,此云‘錫杖’,由振時作錫聲故。”<u>南海寄歸内法傳</u>卷四亡則僧現:“言錫杖者,梵云‘喫棄羅’,即是鳴聲之義。古人譯爲錫者,意取錫錫作聲,鳴杖、錫杖,任情稱就。目驗西方所持錫杖,頭上唯有一股鐵捲,可容三二寸,安其錞管,長四五指。其竿用木,麤細隨時,高與肩齊。下安鐵纂,可二寸許。其鐶或圓或匾,屈合中間,可容大指。或六或八,穿安股上,銅鐵任情。元斯制意,爲乞食時防其牛犬。何用辛苦,擎奉勞心,而復通身總鐵,頭安四股? 重滯將持,非常冷澁,非本制也。”

〔二〕<u>十誦律</u>卷五六:“杖法者,佛在寒園林中住,多諸腹行毒蟲嚙諸比丘。佛言:‘應作有聲杖,驅遣毒蟲。’”

〔三〕正:原無,據文意從<u>得道梯櫈錫杖經</u>補。

〔四〕<u>得道梯櫈錫杖經</u>:“汝等今當受持錫杖。所以者何? 是錫杖者,名爲‘智杖’,亦名‘德杖’。彰顯聖智,故曰智杖;行功德本,故曰德杖。如是杖者,聖人之表幟,賢士之明記,趣道法之正幢,建念義之志,是故汝等咸持如法。"

〔五〕見根本説一切有部毗奈耶雜事卷三四。

〔六〕按:釋氏要覽卷中道具"錫杖"條引,亦云"五百問云"。然佛説目連問戒律中五百輕重事經中未見此説。毗尼母經卷五:"佛言:聽諸比丘夜怖畏處,動錫杖作聲,令諸惡蟲遠去。如是廣知。"又:"若有老病比丘隨,路行須杖。或道中有種種毒蟲之難,佛聽捉杖行。杖頭或鐵或銅或角應著之。"

〔七〕後唐景霄纂四分律行事鈔簡正記卷一二:"大德云:義淨三藏解錫杖都有三分:上一分是錫,中一分是木,下一分或牙骨及角等不定。"

〔八〕得道梯橙錫杖經:"佛言:有杖是同,若用不同,或有四鈷;或有二鈷,環數無別;但我今日四鈷十二環,用是之教。二鈷者,迦葉如來之所制立。"

〔九〕續高僧傳卷一六齊鄴西龍山雲門寺釋僧稠傳:"(僧稠)後詣懷州西王屋山修習前法,聞兩虎交鬪,咆響振巖,乃以錫杖中解,各散而去。"又,祖庭事苑卷七:"稠禪師磁州石刻云:昔齊高歡帝時,稠隱於都之西北一百二十里,有桃源山定晉巖,巖下有寺曰均慶。其巖嵌空,高以覆寺。巖之中,去地百許尺,危構一閣,以設禪榻,獨木爲梯,乃師平日宴寂之地。師一日聞澗下虎鬪,經日不已,遂往,以錫解之。後二虎常隨師左右。師因有頌,書於巖壁間云:'本自不求名,剛被名求我。巘前解二虎,障却第三果。'多引王屋者,由僧傳也。"

〔一〇〕宋高僧傳卷二一唐代州北臺山隱峯傳:"釋隱峯,俗姓鄧氏,建州邵武人也。(中略)峯元和中,言遊五臺山,路出淮西,屬吳元濟阻兵,違拒王命。官軍與賊遇,交鋒未決勝負。峯曰:'我去解其殺戮。'乃擲錫空中,飛身冉冉隨去,介兩軍陣過。戰士各觀僧飛騰,不覺抽戈匣刃焉。"

剌竭節　此云"杖"〔一〕。頌云〔二〕:"栭栗橫擔不顧人,直入千峰万峰去。"〔三〕

〔一〕祖庭事苑卷三:"梵云'攦竭節',此言'杖'。智門祚和上綱宗歌云:'攦竭節,拽藤布,靈利衲僧通一路。師子不捉麒麟兒,猛獸那堪牀下顧。'攦,或作'剌',郎達切。"

〔二〕頌云:原無,據永樂北藏本、嘉興藏本補。

〔三〕 五燈會元卷一五蓮華峯祥菴主:"示寂日,拈拄杖示衆曰:'古人到
這裏,爲甚麼不肯住?'衆無對。師乃曰:'爲他途路不得力。'復
曰:'畢竟如何?'以杖橫肩曰:'榔栗橫擔不顧人,直入千峯萬峯
去。'言畢而逝。"

軍遲 此云"瓶"〔一〕。寄歸傳云:軍持有二:若甆瓦者,
是淨用;若銅鐵者,是觸用〔二〕。西域記云:"捃稚迦,即澡瓶
也。舊云'軍持',訛略也。"〔三〕西域尼畜軍持,僧畜澡灌,謂
雙口澡灌。事鈔云:"應法澡灌。"〔四〕資持云:"謂一斗
已下。"〔五〕

〔一〕 玄應一切經音義卷一七:"軍持,此譯云'瓶',謂雙口澡鑵也。西
國尼畜君持,僧畜澡鑵,皆不得互用。"慧琳一切經音義卷五九:
"君持,經中或作'軍遲',此云'瓶'也,謂雙口澡鑵。律文作'鍕
鷂',非也。"

〔二〕 南海寄歸內法傳卷一水有二瓶:"凡水分淨觸,瓶有二枚。淨者咸
用瓦瓷,觸者任兼銅鐵。淨擬非時飲用,觸乃便利所須。淨則淨手
方持,必須安著淨處;觸乃觸手隨執,可於觸處置之。"

〔三〕 見大唐西域記卷一〇伊爛拏鉢伐多羅國。

〔四〕 道宣撰四分律刪繁補闕行事鈔卷上受戒緣集篇:"僧祇云:受戒已,
要畜漉水袋、應法澡鑵等,如隨相中。"

〔五〕 元照撰四分律行事鈔資持記卷上釋受戒篇:"應法澡鑵,謂一斗已
下小者。指隨相者,漉袋,如飲虫水。澡鑵即畜寶。"

鉢里薩羅伐拏 此云"濾水羅"〔一〕。會正記云:"西方
用上白氈,東夏宜將密絹,若是生絹,小蟲直過。可取熟絹四
尺,捉邊長挽,兩頭刺著,即是羅樣。兩角施帶、兩畔直〔二〕
怐,音冠,似鼎鉉也。中安橫杖尺六,兩邊繫柱,下以盆承。傾水
時,罐底須入羅內。如其不尔,蟲隨水落,墮地墮盆,還不免
殺。"〔三〕僧祇:蟲細者三重漉〔四〕。毗尼母:"應作二重漉水
囊。若猶有,應作三重。"〔五〕不得夾作,恐中間有蟲難出。
當各作捲,逐重覆却,方護生也。根本百一羯磨明五種水羅:
一、方羅,用絹三尺或二尺,隨時大小作;二、法瓶,陰陽瓶也;
三、君遲,以絹繫口,以繩懸,沉於水中,待滿引出;四、酌水

羅;五、衣角羅,但取密絹方一搭手,或繫瓶口,或安鉢中,濾水用也〔六〕。

〔一〕南海寄歸内法傳卷二衣食所需:"鉢里薩囉伐拏,濾水羅也。"

〔二〕直:南海寄歸内法傳作"置"。

〔三〕會正記:宋允堪撰,已佚。此説當出義淨撰南海寄歸内法傳卷一晨旦觀蟲:"凡濾水者,西方用上白㲲,東夏宜將密絹,或以米揉,或可微煮。若是生絹,小蟲直過。可取熟絹,笏尺四尺,捉邊長挽,襵取兩頭,刺使相著,即是羅樣。兩角施帶,兩畔置絢,中安横杖,張開尺六。兩邊繫柱,下以盆承。傾水之時,罐底須入羅内。如其不爾,蟲隨水落,墮地墮盆,還不免殺。"

〔四〕摩訶僧祇律卷一五:"若比丘營作房舍温室者須水,若池、若河、若井,漉取滿器,看無虫然後用。若故有虫者,當重囊漉諦觀之。若故有虫者,至三重。若故有虫,當更作井,如前諦觀。若故有虫者,當捨所營事,至餘處去。"

〔五〕見薩婆多毗尼毗婆沙卷八第三誦九十事第四十一。

〔六〕根本説一切有部百一羯磨卷八:"羅有五種:一者、方羅。若是常用,須絹三尺或二尺、一尺。僧家用者,或以兩幅,隨時大小。其作羅者,皆絹須細密,蟲不過者方得。若是疎薄,元不堪用。有人用惡絹、疎紗、紵布之流,本無護蟲意也。二者、法缾。陰陽缾是。三者、君持。以絹繫口,細繩繫項,沈放水中,擡口出半,若全沈口,水則不入。待滿引出,仍須察蟲,非直君持,但是綽口缾瓨,無問大小,以絹縵口,將細繩急繫,隨時取水,極是省事,更不須放生器,爲深要也。四、酌水羅。斯之樣式,東夏元無,述如餘處,即小團羅子,雖意況大同,然非本式也。五、衣角羅。取密絹方一搩許,或繫缾口,汲水充用;或置椀内,濾時須用。非是袈裟角也,此密而且膩,寧堪濾水? 但爲迷方日久,誰當指南? 然此等諸羅,皆西方見用。大師悲愍,爲濟含生,食肉尚斷,大慈殺生,豈當成佛? 假令暫出寺外,即可持羅,并將細繩及放生罐。若不將者,非直見輕佛教,亦何以奬訓門徒? 行者思之,特宜存護,爲自他益。"

鉢塞莫　或云"阿唎吒迦二合",此云"數珠"〔一〕。木槵子經云:當貫木槵子一百八箇,常自隨身。志心稱南無佛陁、南無達摩、南無僧伽,乃過一子〔二〕。具如彼經。

〔一〕牟利曼陀羅呪經:"鉢塞莫,云'數珠'。"敕修百丈清規卷五數珠:"牟尼曼陀羅經云:梵語'鉢塞莫',梁云'數珠',系念修業之具也。"

〔二〕佛説木槵子經:"欲滅煩惱障、報障者,當貫木槵子一百八,以常自
　　　隨。若行、若坐、若臥,恒當至心,無分散意,稱佛陀、達摩、僧伽名,
　　　乃過一木槵子。如是漸次度木槵子,若十、若二十、若百、若千,乃
　　　至百千萬。若能滿二十萬遍,身心不亂,無諸諂曲者,捨命得生第
　　　三焰天,衣食自然,常安樂行。若復能滿一百萬遍者,當得斷除百
　　　八結業,始名背生死流,趣向泥洹,永斷煩惱根,獲無上果。"

鉢多羅　此云"應器"〔一〕。發軫云:應法之器也。謂
體、色、量三,皆須應法。體者,大要有二:泥及鐵也。色者,
熏作黑赤色,或孔雀咽色、鴿色。量者,大受三斗,小受斗半,
中品可知。又翻爲"薄",謂治厚物令薄,而作此器〔二〕。南
山云:"此姬周之斗也。準唐斗,上鉢一斗,下鉢五升。"〔三〕
五分云:"佛自作鉢坯,以爲後式。"〔四〕受時,準十誦云:"大
德一心念:我比丘某甲,此鉢多羅應量受,常用故。"〔五〕三説。
若捨,準衣律云:"比丘持木鉢。佛言:不應持如是鉢,此是外
道法。"〔六〕

〔一〕吉藏撰金剛般若疏卷二:"鉢哆羅,此云'應量器',即表出家人體
　　　具智斷,内外相應,即是應受人天供養之器也。佛初受二女乳糜,
　　　即是金器盛之,廣於一尋,此是未成道時食器也。"
〔二〕玄應一切經音義卷一四:"鉢盂,補沫反。鉢多羅,又云'波多羅',
　　　此云'薄',謂治厚物令薄而作器也。"
〔三〕見道宣撰四分律刪繁補闕行事鈔卷下鉢器制聽篇。
〔四〕見五分律卷二六。
〔五〕見十誦律卷二一。
〔六〕見四分律卷四〇。衣律者,指四分律第三分衣犍度。

鍵音虔鎡音咨　母論譯爲"淺鐵鉢"〔一〕。經音疏云:鉢中
之小鉢。今呼爲鎖音訓子〔二〕。十誦律云:鉢半、大鍵鎡、小
鍵鎡〔三〕。四分律云:鍵鎡入小鉢,小鉢入次鉢,次鉢入大
鉢〔四〕。或作"揵〔五〕茨"、"建鎡",並梵音輕重〔六〕。

〔一〕母論:即毗尼母論,又稱毗尼母經。毗尼母經卷一:"此經能滅憍
　　　慢、解煩惱縛,能使衆生盡諸苦際,畢竟涅槃,故名母經。毗尼者,
　　　名滅滅諸惡法,故名毗尼。今當説母經義。母經義者,能決了定

義,不違諸經所説,名爲母經。"此經中有云"鐵鉢"者,然未見有"淺鐵鉢"者。鼻奈耶卷五:"鍵鎡,淺鐵鉢也。"

〔 二 〕可洪新集藏經音義隨函録卷一七釋"鍵鎡"云:"小鉢也,訓子之類也。"

〔 三 〕見十誦律卷九等。

〔 四 〕四分律卷三九:"鍵鎡者,入小鉢。小鉢者,入次鉢。次鉢者,入大鉢。"

〔 五 〕揵:大正藏本作"捷"。

〔 六 〕玄應一切經音義卷一四:"揵茨,毗尼母經譯言'中鐵鉢'也。或作'建鎡',亦是梵言輕重耳。"明智旭輯繹重治毗尼事義集要卷五音義:"鍵鎡,或云'揵甃'、'揵茨'、'建鎡',此翻'淺鉢',今呼爲鎮子。鎮,訛音訓,然徧查律中,並無鎮子。又按海篇:鎮,音墳,鐵也,飾也。又音奔,平木器也。字彙雖音火運切,而是鐵屬。又與鑄同,亦平木器。不知此名起自何人,今律堂中皆訛稱之。按律云:鍵鎡入小鉢,小鉢入次鉢,次鉢入大鉢。"

俱夜羅　此云"隨鉢器"〔 一 〕。法寶解云:即匙、箸〔 二 〕、鍵鎡等〔 三 〕。

〔 一 〕道宣緝量處輕重儀末:"俱夜羅器,此方譯爲'隨鉢器',即鉢内所盛者也。"弘贊輯四分律名義標釋卷二七:"俱夜羅器,即貯器也。貯謂貯積,所以盛貯也。或翻云'隨鉢器',乃貯匙、箸、鍵鎡、鉢等器。"

〔 二 〕箸:大正藏本誤作"筋",永樂北藏本、嘉興藏本作"箸"。按:箸,同"箸"。

〔 三 〕出處俟考。法寶,或即爲玄奘弟子者,傳見宋高僧傳卷四唐京兆大慈恩寺法寶傳。

浮囊　五分云:"自今聽諸比丘畜浮囊,若羊皮,若牛皮。"〔 一 〕傳聞西域渡海之人,多作鳥翎毛袋,或齎巨牛脬,海船或失,吹氣浮身〔 二 〕。

〔 一 〕見五分律卷二一。慧琳一切經音義卷三:"浮囊,上音符,又音符尤反,孔注尚書云:泛流曰浮。賈注國語:輕也。説文:泛也,從水孚聲。下諾唐反。集訓云:有底曰囊,無底曰橐。橐,音託。今經浮囊者,氣囊也。欲渡大海,憑此氣囊輕浮之力也。"

〔 二 〕宋允堪述四分律含注戒本疏發揮記卷三:"浮囊之説,西域渡海者,賣鳥翎毛袋,或巨牛胇,若海舶遭溺,則吹氣浮身而獲濟矣。"

沙門服相篇第六十一

大論云:"釋子受禁戒是其性,剃髮割截染衣是其相。"〔一〕道宗鈔〔二〕云:儀即沙門相也,削髮壞衣是;體即沙門性也,無表戒法是。僧祇云:三衣者,賢聖沙門之幖幟〔三〕。四分云:三世如來,並著如是衣〔四〕。大品明十二頭陁〔五〕,衣有二種:一者、納衣。智論釋云:"好衣因緣故,四方追逐,墮邪命中。若受人好衣,則生親著。若不親著,檀越則恨。又好衣,是未得道者生貪著處。好衣因緣,招致賊難,或至奪命。有如是等患,故受弊納衣法。"〔六〕二、但三衣。智論釋云:"行者少欲知足,衣趣蓋形,不多不少,故受三衣。白衣求樂故,多畜種種衣。或有外道苦行故,裸形無恥。是故佛弟子捨二邊,處中道。"〔七〕北山云:"憍陳如弊服五錢〔八〕,須菩提華房百寶〔九〕,俱聖人也;衡岳終身一衲〔一〇〕,玄景每曙更衣〔一一〕,俱高僧也。克不克在于我,可不可亦〔一二〕不在乎物也。"〔一三〕

〔一〕見大智度論卷一三。

〔二〕道宗鈔:允堪撰,爲注疏十誦律的著作,一卷。高麗義天新編諸宗教藏總録卷二海東有本見行録中有著録。

〔三〕摩訶僧祇律卷三八:"沙門衣者,賢聖幖幟。"

〔四〕四分律卷四〇:"過去諸如來無所著,佛弟子著如是衣,如我今日;未來世諸如來無所著,佛弟子著如是衣,如我今日。"

〔五〕摩訶般若波羅蜜經卷一四兩過品:"説法者受十二頭陀:一、作阿練若,二、常乞食,三、納衣,四、一坐食,五、節量食,六、中後不飲漿,七、塚間住,八、樹下住,九、露地住,十、常坐不卧,十一、次第乞食,十二、但三衣。"

〔六〕見大智度論卷六八。

〔七〕見大智度論卷六八。

〔八〕憍陳如:佛陀最初五弟子之一,不求華飾,曾奉淨飯王命親伴太子著弊服苦行修道。

〔九〕分別功德論卷五:"稱天須菩提著好衣第一者,五百弟子中有兩須菩提:一王者種、一長者種,天須菩提出王者種。所以言天者,五百世中,常上生化應聲天、下生王者家,食福自然未曾匱乏。佛還本國時,真淨王勸五百釋種子出家學道,侍從世尊,此比丘在,其例出家。時佛約勅諸比丘:'夫爲道者,皆當約身守節,麁衣惡食,草蓐爲床,以大小便爲藥。'此比丘聞佛切教,心自思惟:'吾生豪貴,衣食自然,宮殿屋舍雕文刻鏤,金銀床榻七寶食器,身著金縷織成服飾,足履金薄妙屣,然則猶不盡吾意,況當著五納服耶? 且當還家,適我本意。'念已欲還。時佛在舍衛精舍受波斯匿王請,即往詣佛所,辭退而還。時阿難語曰:'君且住一宿。'須菩提曰:'道人屋舍床榻座席,如何可止? 且至白衣家寄止一宿,明當還歸。'阿難曰:'但住。今當嚴辦供具。'即往至王所,種種坐具幡蓋華香,及四燈油事事嚴飾,皆備具足,此比丘便於中止宿。以適本心,意便得定,思惟四諦,至於後夜,即得羅漢,便飛騰虛空。阿難心念:'此比丘儻捨屋去,所借王物,恐人持去。'便往看之,屋内不見,仰視空中,見飛在上。阿難白佛:'天須菩提已得羅漢,今飛在虛空。'佛語阿難:'夫衣有二種:有可親近、有不可親近。何者可親近? 著好衣時益道心,此可親近;著好衣時損道心者,此不可親近也。是故阿難! 或從好衣得道、或從五納弊惡而得道者,所寙在心,不拘形服也。'以是言之,天須菩提著好衣第一也。"

〔一〇〕衡岳:指慧思。續高僧傳卷一七陳南岳衡山釋慧思傳:"釋慧思,俗姓李氏,武津人也。(中略)善識人心,鑒照冥伏,訥於言過,方便誨引,行大慈悲,奉菩薩戒。至如繒纊皮革,多由損生,故其徒屬服章,率加以布,寒則艾納,用犯風霜。"元照撰四分律行事鈔資持記卷中釋十三僧殘:"衡岳但服艾絮以禦風霜,天台四十餘年唯被一衲。"

〔一一〕續高僧傳卷一七隋相州鄴下釋玄景傳:"釋玄景,姓石氏,滄州人。(中略)每震法鼓,動即千人,屯赴供施,爲儔罕匹。所以景之房内,黃紫緇衣上下之服各百餘副,一時一換,爲生物善,經身一著,便以施僧。"

〔一二〕亦:原作"不",據永樂北藏本、嘉興藏本改。

〔一三〕見北山録卷五釋賓問。

震越　應法師云:此翻"衣服",應是卧具〔一〕。釋名曰:

“服上曰衣。衣,依也,所以庇寒暑也。”〔二〕傳云:“衣,身之章也。”〔三〕上曰衣,下曰裳〔四〕。白虎通曰:“衣者,隱也;裳者,障也。所以隱形自障蔽也。”〔五〕涅槃云:“如世衣裳,障覆形體。”〔六〕

〔 一 〕玄應一切經音義卷三:“真越,或作‘震越’,此應卧具也。”卷一二:“震越,梵言也,此譯云‘衣服’也。”

〔 二 〕見釋名卷五釋衣服。

〔 三 〕見左傳閔公二年。

〔 四 〕説文卷八衣部:“衣,依也。上曰衣,下曰裳。”

〔 五 〕見白虎通衣裳。

〔 六 〕見曇無讖譯大般涅槃經卷三八、南本卷三四。

　　袈裟　具云“迦羅沙曳”,此云“不正色”,從色得名〔一〕。章服儀云:“袈裟之目,因於衣色,如經中壞色衣也。會正云:準此本是草名,可染衣故,將彼草目此衣號。十誦以爲敷具,謂同氈席之形。四分以爲卧具,謂同衾被之類。薩婆多云:卧具者,三衣之名。”〔二〕大淨法門經云:“袈裟者,晉名‘去穢’。”〔三〕大集經名離染服〔四〕。賢愚〔五〕名出世服〔六〕。真諦雜記云:“袈裟是外國三衣之名,名含多義:或名離塵服,由斷六塵故;或名消瘦服,由割煩惱故;或名蓮華服,服者離著故;或名間色服,以三如法色所成故。”〔七〕言三色者,律有三種壞色:青、黑、木蘭。青謂銅青,黑謂雜泥,木蘭即樹皮也〔八〕。業疏云:“聽以刀截成沙門衣,不爲怨賊所剥故。”〔九〕章服儀云:“條堤之相,事等田疇,如〔一〇〕畦貯水而養嘉苗,譬服此衣生功德也。佛令象此,義不徒然。”〔一一〕五分云:“衣下數破,當倒披〔一二〕之;在雨中行,水入葉中,應順披之。”〔一三〕章服儀云:“比見條葉,不附正儀,當馬齒鳥足縫之。”〔一四〕即須順左右條開明孔,不作即同縵衣。

　　南山:“問:比見西域僧來,多縫衣葉者何? 荅:此佛滅後將二百年,北天竺僧與外道同住。外道嫉之,密以利刀内衣葉中,同往王所。外道告王:沙門釋子,内藏利刀,欲將害王。

因告檢獲,由此普誅一國比丘。時有<u>耶舍阿羅漢</u>,令諸比丘權且縫合,爲絕命難。此乃彼方因事權制,非佛所開。"〔一五〕故<u>義淨</u>云:"西國三衣,並皆刺合,唯<u>東夏</u>開而不縫。"〔一六〕依律,大衣限五日成,七條四日成,五條二日成。限日不成,尼犯墮,比丘突吉羅〔一七〕。<u>業疏</u>云:若有衣不受持者,突吉羅〔一八〕。下二衣有長者,開將作從。<u>悲華經</u>云:"佛於<u>寶藏佛</u>前發願,願成佛時袈裟有五功德:一、入我法中,犯重邪見等,於一念中,敬心尊重,必於三乘授記;二、天龍人鬼,若能敬此袈裟少分,即得三乘不退;三、若有鬼神諸人,得袈裟乃至四寸,飲食充足;四、若衆生共相違背,念袈裟力,尋生慈心;五、若持此少分,恭敬尊重,常得勝他。"〔一九〕<u>瓔珞經</u>云:"若天龍八部鬥爭,念此袈裟,生慈悲心。"〔二〇〕<u>海龍王經</u>:"龍王白佛:如此海中無數種龍,有四金翅,常來食之。願佛擁護,令得安隱〔二一〕。於是世尊脱身皁〔二二〕衣,告龍王:汝取是衣,分與諸龍,皆令周徧。於中有值一縷之者,金翅鳥王不能觸犯。持禁戒者,所願必得。"〔二三〕<u>搜玄</u>〔二四〕引<u>大集</u>:"王問,比丘不能説,遂羞墮地,袈裟變白。"<u>法滅盡經</u>云:"沙門袈裟自然變白。"〔二五〕<u>應法師</u>云:"韻作氀毲,音加沙,<u>葛洪字苑</u>始改從衣。"〔二六〕

〔一〕<u>玄應一切經音義</u>卷一四:"袈裟,舉佉反,下所加反。韻集音加沙,字本從毛作氀、毲二形。<u>葛洪</u>後作<u>字苑</u>,始改從衣。案,外國通稱袈裟,此云'不正色'也。諸木中,若皮、若葉、若花等,不成五味,雜以爲食者,則名迦沙。此物染衣,其色濁赤,故梵本五濁之濁,亦名迦沙。<u>天竺</u>比丘多用此色。或言緇衣者,當是初譯之時,見其色濁,因以名也。又案,如幻三昧經云:晉言'無垢穢'。又義云'離塵服',或云'消瘦衣',或稱'蓮華服',或言'間色衣',皆隨義立名耳。<u>真諦三藏</u>云:袈裟,此云'赤血色衣',言外國雖有五部不同,並皆赤色。言青黑木蘭者,但點之異耳。"

〔二〕見<u>釋門章服儀制意釋名篇</u>第一。

〔三〕見<u>佛説大淨法門經</u>。

〔 四 〕按:大方等大集經卷二二:"雖除鬚髮不去結,被服染衣不離染。"或即此説所本。

〔 五 〕賢愚:永樂北藏本、嘉興藏本作"賢愚經"。

〔 六 〕元魏慧覺等譯賢愚經卷一三:"其義唯剃頭著染衣,當於生死疾得解脱。"按:"大集經名"至此,見景霄纂四分律行事鈔簡正記卷一五、元照述四分律刪補隨機羯磨疏濟緣記卷四等。

〔 七 〕見元照撰四分律行事鈔資持記卷下釋二衣篇引。四分律刪補隨機羯磨疏濟緣記卷四引,云"真諦九卷雜記云"。

〔 八 〕道宣撰四分律刪繁補闕行事鈔卷下二衣總別篇:"青謂銅青,黑謂雜泥等。木蘭者,謂諸果汁等。此翻律者,北方爲木蘭染法,僧祇律在吳地翻,以不見故。予於蜀郡,親見木蘭樹皮赤黑色鮮明,可以爲染。微有香氣,亦有用作香者。"

〔 九 〕見道宣集四分律刪補隨機羯磨卷下衣藥受淨篇第四。四分律卷四〇:"刀截成沙門衣,不爲怨賊所剥。從今日已去,聽諸比丘作割截安陀會、鬱多羅僧、僧伽梨。"

〔一〇〕如:永樂北藏本、嘉興藏本作"之"。

〔一一〕見釋門章服儀裁製應法篇第五。

〔一二〕披:大正藏本作"被",後同。

〔一三〕見五分律卷二〇。

〔一四〕見釋門章服儀裁製應法篇第五。

〔一五〕見道宣撰律相感通傳。

〔一六〕見根本説一切有部百一羯磨卷一〇義淨注。

〔一七〕釋氏要覽卷上法衣"作法"條:"準律,大衣限五日成,七條四日成,五條二日成。限日不成,尼犯墮,比丘犯突吉羅罪,非本工故。"

〔一八〕見道宣集四分律刪補隨機羯磨卷下衣藥受淨篇第四。四分律卷四一:"若有三衣不受持,突吉羅。"

〔一九〕見悲華經卷八。

〔二〇〕按:悲華經卷八:"若有衆生共相違反,起怨賊想,展轉鬭諍,若諸天、龍、鬼、神、乾闥婆、阿修羅、迦樓羅、緊那羅、摩睺羅伽、拘辦、茶毗、舍遮、人及非人,共鬭諍時,念此袈裟,尋生悲心、柔軟之心、無怨賊心、寂滅之心、調伏善心。"瓔珞經中,未見此説。然法華文句記卷三上引,已作"瓔珞經云"。

〔二一〕隱:大正藏本作"穩"。説文卷七禾部:穩,"從禾,隱省,古通用安隱"。

〔二二〕皁：大正藏本作“卓”。按：永樂北藏本、嘉興藏本“皁”後有子注曰：“昨早切，黑色也。”

〔二三〕見佛説海龍王經卷四金翅鳥品。

〔二四〕搜玄：指志鴻搜玄録。參卷四十二分教篇第四十“修跋挐婆頗婆”條注三。

〔二五〕見佛説法滅盡經。

〔二六〕參注一。

僧伽梨　西域記云：“僧迦胝，舊訛云‘僧伽梨’。”〔一〕此云“合”，又云“重”，謂割之合成〔二〕。義淨云：“僧迦胝，唐言‘重複衣’。”〔三〕靈感傳云：“每轉法輪，披僧迦梨。”〔四〕南山云：“此三衣名，諸部無正翻，今以義譯，大衣名雜碎衣，以條數多故。若從用爲名，則曰入王宫聚落時衣，乞食説法時著。”〔五〕薩婆多論：“大衣分三品：九條、十一條、十三條，兩長一短，名下品；十五條、十七條、十九條，三長一短，名中品；二十一條、二十三條、二十五條，四長一短，名上品。”〔六〕會正記問“所以長增而短少”者，業疏云：“法服敬田，爲利諸有，表聖增而凡減也。”〔七〕業疏云：“今準十誦，加持應云：大德一心念，我比丘某甲，是僧伽梨，若干。條衣受，若干。長若干。短，割截、襵〔八〕葉。衣持。三説。”〔九〕會正記云：如缺大衣，下二衣有長者，開將作從去聲受持。應加云：大德一心念，我某甲比丘，此安陀會〔一〇〕，二十五條衣受，四長一短，割截衣持。三説。僧祇云：有緣須捨者，具修威儀加法云〔一一〕。大德一心念，我比丘某甲，此僧伽梨，是我三衣數，先受持，今捨。一説。下二衣，亦尔〔一二〕。

〔一〕見大唐西域記卷六拘尸那揭羅國。僧伽梨，九條以上的大衣。

〔二〕玄應一切經音義卷五九：“三衣：僧伽梨，此音訛也，應云‘僧伽致’，或云‘僧伽胝’，譯云‘合成’，云‘重’，謂割之合成，又重作也。此一衣必割截成，餘二衣或割、不割。若法密部、説諸有部等，多則不割；若聖辯部、大衆部等，則割之。若不割者，直安帖角及以鉤紐而已也。”

〔三〕見根本説一切有部百一羯磨卷一〇義淨注。

〔四〕靈感傳:指南山靈感傳,二卷,是道宣注疏十誦律的著作。新編諸
　　　宗教藏總録卷二海東有本見行録中著録。法苑珠林卷三五法服篇
　　　第三十感應緣:"唐西明寺道宣律師,乾封二年仲春二月住持感應
　　　因緣,具在第十卷。初時有四天王臣子,白宣律師曰:(中略)每轉
　　　法輪,便被此服。"

〔五〕見道宣撰四分律刪繁補闕行事鈔卷下二衣總別篇。

〔六〕見薩婆多毗尼毗婆沙卷四三十事初結長衣戒因緣。

〔七〕元照撰四分律行事鈔資持記卷下釋二衣篇:"所以長增至四短唯局
　　　一者,疏云:法服敬田,爲利諸有,表聖增而凡減,喻長多而短少。"

〔八〕襆:永樂北藏本、嘉興藏本作"裸"。

〔九〕參見四分律刪補隨機羯磨卷下衣藥受淨篇。

〔一〇〕安陀會:永樂北藏本、嘉興藏本作"僧伽梨"。

〔一一〕按:此説見四分律刪補隨機羯磨卷下衣藥受淨篇。

〔一二〕會正記:宋允堪撰,已佚。此説參見道宣撰四分律刪繁補闕行事鈔
　　　卷下二衣總別篇。

鬱多羅僧　或"郁多羅僧",此譯"上著衣",即七條
也〔一〕。南山云:"七條名中價衣。從用云入衆時衣,禮誦齋
講時著。若受,應加法云:此鬱多羅僧,七條衣受,兩長一短,
割截衣持。三説。如缺七條,開將上下二衣作從,加法例上。"〔二〕

〔一〕玄應一切經音義卷一四:"鬱多羅僧,或云'郁多羅僧伽',或云'優
　　　多羅僧',或作'漚多羅僧',亦梵言訛轉耳,此譯云'上著衣'也。
　　　著謂與身相合,言於常所服中,最在其上,故以名也。或云覆左肩
　　　衣也。"慧琳一切經音義卷一二:"鬱多羅僧伽,梵語,即僧常服七
　　　條袈裟之名也,亦名割截衣。"

〔二〕見道宣撰四分律刪繁補闕行事鈔卷下二衣總別篇。

安陀會　或"安怛羅婆沙",此云"中宿衣",謂近身住
也〔一〕。南山云:"五條名下衣,從用云院內行道雜作衣。若
受,應加法云:此安陁會,五條衣受,一長一短,割截衣持。三
説。如缺五條,開將上二衣作從。五分云:獨住比丘三衣中須有換易者,應具
修威儀,手執衣,心生口言加法云云。"〔二〕

菩薩經云:五條名中著衣,七條名上衣,大衣名衆集時

衣〔三〕。戒壇經云:“五條下衣,斷貪身也;七條中衣,斷嗔口也;大衣上衣,斷癡心也。”〔四〕華嚴云:“著袈裟者,捨離三毒。”〔五〕四分云:“懷抱於結使,不應披〔六〕袈裟。”〔七〕

〔一〕 玄應一切經音義卷一四:“安多會,或作‘安多衛’,或作‘安多婆娑’,或作‘安陁羅跋薩’,此譯云‘中宿衣’,謂近身住也。或云‘裏衣’也。”

〔二〕 見道宣撰四分律刪繁補闕行事鈔卷下二衣總別篇。“五分云”者,五分律卷九:“有諸比丘獨住房中,有長衣不知云何作淨施,以是白佛。佛言:應作遙示淨施。若於三衣中須有所易,應偏袒右肩,脱革屣,胡跪,捉衣,心生口言:我此某衣,若干條,今捨。第二、第三亦如是説。”

〔三〕 按:此説見道宣撰四分律刪繁補闕行事鈔卷下二衣總別篇。慧上菩薩問大善權經卷下:“初夜欲竟,佛告阿難:‘取中衣來,吾體少冷。’阿難受教,即取奉進。上夜已竟,入於中夜,復命阿難取上衣來:‘吾寒欲著。’即復進之。中夜已竟,入於後夜,復命阿難:‘取衆集衣來,吾欲著之。’即復重進。佛便服著,告諸比丘:‘吾聽出家學者,一時著三法衣。假使寒者,亦可複之。所以者何? 後世邊地寒涼國城,不堪單薄,隨其土地,應著複重。佛無寒、無熱、無飢、無渴,所以者何? 爲處寒土不著複重,或致疾病,或能悔退,不能究竟求道之意,是爲如來善權方便。’”

〔四〕 見關中創立戒壇圖經戒壇受時儀軌第九。

〔五〕 佛馱跋陀羅譯大方廣佛華嚴經卷六淨行品:“受著袈裟,當願衆生,捨離三毒,心得歡喜。”

〔六〕 披:大正藏本作“被”。按:被,同“披”。

〔七〕 四分律卷四三:“雖有袈裟服,懷抱於結使。不能除怨害,彼不應袈裟。”又,四分律卷一一:“結使者,從瞋恚乃至五百結,禿、盲瞎、跛蹇、聾瘂。”

　　鉢吒　唐言“縵條”,即是一幅〔一〕氎,無田相者,三衣俱通縵也。佛法至此一百八十七年,出家未識割截,秖著此衣〔二〕。

〔一〕 幅:原作“愊”,據大正藏本改。

〔二〕 根本説一切有部毗奈耶卷二三勸織師學處第二十四義淨注:“言鉢

吒者,謂是大氎,與袈裟量同,總爲一幅。此方既無,但言衣疊,前云衣者,梵本皆曰‘鉢吒’也,此云‘縵條’。”釋氏要覽卷上法衣“縵衣”條:“梵音‘鉢吒’,唐言‘縵條’,即是一幅氎,量以三衣等,但無田相者是。西國氎幅尺闊故。自佛法至漢,涉一百八十七年,凡出家者,未識割截法,只著此衣。”

尼師壇　　或“尼師但那”,此名“坐具”,或云“隨坐衣”〔一〕。業疏:“佛言:爲身、爲衣、爲臥具故,制畜之。”〔二〕長四廣三。更增半磔〔三〕手者,善見云:令於縵際外增之〔四〕。迦留陁夷身大,坐不容,故加半〔五〕磔〔六〕。十誦云:新者二重,故者四重〔七〕。十誦云:不應受單者,離宿,突吉羅〔八〕。戒壇經云:“尼師壇如塔之有基也。汝今受戒,即五分法身之基也,良以五分由戒而成。若無坐具以坐汝身,則五分定慧無所從生。”〔九〕天神黃瓊云:元佛初度五人,及迦葉兄弟,並制袈裟左臂,坐具在袈裟下。云云。後度諸衆,徒侶漸多。年少比丘,儀容端美,入城乞食,多爲女愛,由是製衣角在左肩。後爲風飄,聽以尼師壇鎮上。後外道達摩多問比丘:肩上片布,持將何用? 荅曰:擬將坐之。云云。達摩多云:此衣既爲可貴,有大威靈,豈得以所坐之布而居其上? 云云。比丘白佛,由此佛製還以衣角居于左臂,坐具還在衣下,但不得垂尖角如象鼻、羊耳等相〔一〇〕。摩得勒伽云:“若離宿不須捨。”〔一一〕業疏云:“受應加云:大德一心念,我比丘某甲,此尼師壇應量作,今受持。三說。若捨準上。”〔一二〕

〔一〕翻梵語卷三迦絺那衣法第十八:“尼師檀,舊譯曰‘坐具’。聲論者,正外國音應言‘尼師檀耶’,翻爲‘坐衣’。”

〔二〕見道宣集四分律刪補隨機羯磨卷下衣藥受淨篇第四。四分律卷一九:“時天大暴雨,世尊即以神力,令衆僧臥具不爲雨漬。諸比丘還,世尊以此因緣集比丘僧,告言:“(中略)自今已去,聽諸比丘爲障身、障衣、障臥具故,作尼師壇。”

〔三〕磔:永樂北藏本、嘉興藏本作“搩”,後同。

〔四〕善見律毗婆沙卷一六:“尼師檀氎,作長二搩手、廣一搩手半。益縵

者,益一搩手,長六尺破頭,一搩手作三破,名爲縷。"薩婆多毗尼毗
婆沙卷九九十事第九十八:"尼師壇者,本佛在時不臥故小作,後因
難陀聽益,縷際從織邊,唯於一頭更益一搩手,凡長六尺廣三尺,令
比丘臥故。僧臥具量四八尺也。"

〔五〕半:永樂北藏本、嘉興藏本作"之半"。

〔六〕四分律卷一九:"世尊既聽作尼師壇,六群比丘便多作廣長尼師壇。
時諸比丘見問言:'世尊制戒,聽畜三衣不得過長,此是何衣?'六
群比丘報言:'是我等尼師壇。'(中略)世尊以無數方便呵責六群
比丘已,告諸比丘言:'(中略)若比丘作尼師壇,當應量作。此中
量者,長佛二搩手、廣一搩手半。過者裁竟,波逸提。'"時尊者迦
留陀夷體大,尼師壇小不得坐,知世尊從此道來,便在道邊手挽尼
師壇欲令廣大。世尊見迦留陀夷手挽尼師壇已,知而故問言:'汝
何故挽此尼師壇?'答言:'欲令廣大,是故挽耳。'爾時世尊以此事
與諸比丘隨順説法,讚歎頭陀、少欲知足、樂出離者,告諸比丘:'自
今已去,聽諸比丘更益廣長各半搩手。自今已去當如是説戒:若比
丘作尼師壇當應量作,是中量者,長佛二搩手、廣一搩手半,更增廣
長各半搩手。若過裁竟,波逸提。'"

〔七〕此説見道宣撰四分律刪繁補闕行事鈔卷下二衣總別篇引。十誦律
卷五:"若比丘得新衣,二重作僧伽梨、一重作鬱多羅僧、一重作安
陀衛、二重作尼師壇,若欲三重作僧伽梨、三重作尼師壇,若更以新
衣重縫,是比丘重縫衣故,突吉羅。若過十日,尼薩耆波逸提。若
比丘得故衣,作四重僧伽梨、二重鬱多羅僧、二重安陀衛、四重尼師
壇,若更以新衣重縫,是比丘重縫衣故,突吉羅。若過十日,尼薩耆
波逸提。"

〔八〕此説見道宣集四分律刪補隨機羯磨卷下衣藥受淨篇第四引。十誦
律卷五七:"尼師壇法者,比丘不應受單尼師壇,先受尼師壇不應
離。若捨,得突吉羅。"卷三八:"佛在王舍城。爾時六群比丘所受
持坐具置一處已,餘處宿,佛言:從今日所受坐具,不應離宿。犯
者,突吉羅。"

〔九〕見關中創立戒壇圖經戒壇受時儀軌第九。

〔一〇〕按:黃瓊事,見道宣撰律相感通傳。

〔一一〕薩婆多部毗尼摩得勒伽卷九:"問:'得用衆僧衣受作三衣不?'答:
'得受。''若受持已,離宿應捨不?'答:'不得捨,唯作波夜提悔。'"

〔一二〕見道宣集四分律刪補隨機羯磨卷下衣藥受淨篇第四。彌沙塞羯磨本:"受尼師壇法:'大德一心念,我比丘某甲,此尼師壇應量作,今受持。'三説。"

僧祇支 或"僧却崎"〔一〕。西域記云:唐言"掩腋"。舊或名"竭支",正名"僧迦鵄",此云"覆腋衣",用覆左肩,右開左合〔二〕。竺道祖云:魏時請僧於内自恣,宮人見僧偏袒,不以爲善,遂作此衣施僧。因綴於左邊祇支上,因而受稱,即偏衫右邊。今隱祇支名,通號兩袖曰偏衫。今作時,須開後縫截領,以存元式故也〔三〕。

〔一〕翻梵語卷三迦絺那衣法第十八:"僧祇支,舊譯曰'偏袒',持律者曰'助身衣'。聲論者云:正外國音應言'僧割侈'。'僧割',翻爲肩;'侈',翻爲覆肩衣。總説無非助身衣,分別應以覆肩衣爲正。"

〔二〕大唐西域記卷二印度總述:"僧却崎,唐言'掩腋'。舊曰'僧祇支',訛也。覆左肩,掩兩腋,左開右合,長裁過腰。"慧琳一切經音義卷四一:"絡掖衣,上郎各反,次音亦,正合從肉作腋,又音征石反。絡腋衣者,一切有部律中名僧脚崎,唐云掩腋衣。本製此衣,恐汗污三衣,先以此衣掩右腋,交絡於左肩上,然後披著三衣。四分律中,錯用爲覆髆者,誤。行之久矣,不可改也。"

〔三〕景霄纂四分律行事鈔簡正記卷一五:"偏袒者,即今偏衫右邊也。准竺道祖録云:魏宮人見僧自恣時,裸髆不生善,乃作施僧,縫在左邊祇支。連合成故,從相號曰褊衫。大德許新作者,統領得舉坐具例。云云。"

泥縛些桑箇那 或云"泥伐散那"〔一〕。西域記:"唐言'裙巨云',舊曰'涅槃僧',訛也。既無帶襻,其將服也,集衣爲襵之涉切,廣雅:'襵,襞也。'〔二〕通俗文〔三〕曰:'便縫曰襵'。束帶以絛〔四〕。襵則諸部各異,色乃黃赤不同。"〔五〕釋名云:"裳,障也,連接裳幅也。"〔六〕

〔一〕可洪新集藏經音義隨函録卷二六:"縛些,蘇个反,律云'泥洹僧',亦云'涅槃僧',亦云'泹婆珊',皆一物也,唐言'裙'。"

〔二〕見廣雅釋詁。

〔三〕通俗文:東漢服虔撰,已佚。清任大椿、馬國翰等有輯本。

〔四〕絛:原作"絛",據大唐西域記改。絛,絲縷編織而成的帶子。

〔五〕見大唐西域記卷二印度總述。

〔六〕見釋名卷三釋衣服。

舍勒　應法師譯云“內衣”也。半者,言舍勒相短,似今短裙〔一〕也,小衣。論雖不顯於相,可類半泥洹也〔二〕。

〔一〕裙:原作“羣”,據意改。元照撰四分律行事鈔資持記卷中釋十三僧殘:“舍勒,梵語,舊記云:短裙之類。”

〔二〕玄應一切經音義卷一五:“舍勒,此譯云‘衣’,或言‘內衣’也。”翻梵語卷三迦絺那衣法第十八:“舍勒衣,舊譯曰‘內衣’。持律者云:前後襠衣。聲論者云:正外國音應言‘安多羅舍多柯’。此衣四方縫作,最在裏著,即世僧尼所著舍勒。”景霄纂四分律行事鈔簡正記卷一一:“舍勒者,是襯身衣。鼻奈耶云‘半泥洹僧’也。”

迦絺那　明了論云:“爲存略故,但言‘迦提’,此翻‘功德’,以坐夏有功,五利賞德也。”〔一〕西域記以迦提翻〔二〕昂〔三〕星,昂星直此月故〔四〕。律鈔引明了論:“翻爲‘堅實’,能感實,能感多衣,衣無敗壞故。又名‘難活’,以貧人取活爲難,捨少財入此衣,功德勝如以須弥大衣聚施也。或云‘堅固’,又云‘廕覆’。古翻爲‘賞善罰惡衣’,賞前安居人,後安居人不得也。亦翻‘功德衣’,以僧衆同受此衣,招五利功德。律中受此衣故,畜長財,離衣宿,背請,別衆食,食前、食後至他家。四分云:安居竟,應受功德衣,則前安居人七月十六日受,至十二月十五日捨。四分云:若得新衣,若檀越施衣,若糞掃衣。四分云:“糞掃者,則非死人衣。”新物撲作淨,若已浣。浣已,納作淨,即日來不經宿,不以邪命得。應法,四周有緣,五條作十隔,用袈裟色。受捨,應鳴鐘集僧羯磨。”具出自恣篇〔五〕。

〔一〕按:律二十二明了論,未見此説。道宣撰四分律刪繁補闕行事鈔卷上安居策修篇:“明了論云:本言‘迦絺那’,爲存略故,但云‘迦提’,此翻爲‘功德’。以坐夏有功,五利賞德也。”知禮述金光明經文句記卷六:“明了論云:本言‘迦絺羅’,爲存略故,但云‘迦提’,此翻‘功德衣’。以前安居人坐夏有功,五利賞德。律中受此衣故:一、畜長財,二、離衣宿,三、背請,四、別衆食,五、食前後至他家。西域記以‘迦提’翻‘昴星’,以昴星直此月故。於昴星月中,得受功德衣故。”翻梵語卷三迦絺那衣法第十八:“迦絺那衣,舊譯曰‘功德’。聲論者曰:迦絺那是外國音,衣是此間語。具存外國音,應言‘迦絺那指婆羅’。‘迦絺那’,翻爲‘功德’;‘指婆邏’,翻爲‘衣’。謂功德衣。”

〔 二 〕翻:永樂北藏本、嘉興藏本後有“云”字。

〔 三 〕昴:原作“昂”,據永樂北藏本、嘉興藏本改,後同。

〔 四 〕參注一。

〔 五 〕“具出自恣篇”者,“律鈔引明了論”後,皆出道宣撰四分律刪繁補闕行事鈔卷上自恣宗要篇附迦絺那衣法。

　　憍奢耶　應法師翻“蟲衣”,謂用野蚕絲綿作衣〔一〕。事鈔云:“即黑毛卧具。”〔二〕寧音義〔三〕云:梵云“高世耶”,譯云“野蚕綿”。東天竺有國名烏陁,粳米欲熟,葉變爲蟲,蟲則食米。人取,蒸以爲綿也。如此絲綿者,名“摩呵跋多”,此言“大衣”,衣甚貴,即大價之衣〔四〕。感通傳云:“伏見西來梵僧,咸著布氎。具問,荅云:五天竺國無著蠶衣。由此興念,著斯章服儀。”〔五〕

〔 一 〕玄應一切經音義卷一:“憍奢耶,此譯云‘虫衣’,謂用野蠶絲綿作衣也。應云‘俱舍’,此云‘藏’,謂蠶藏在蠒中,此即野蠶也。”

〔 二 〕見道宣撰四分律刪繁補闕行事鈔卷中隨戒釋相篇。

〔 三 〕寧音義:指贊寧音義指歸。

〔 四 〕梁寶亮等集大般涅槃經集解卷二:“憍奢耶者,云蠶蠒所作。東天竺有國名烏陀,粳米欲熟,變爲虫,虫即食米。人取,蒸以成綿也。如此絲綿者,名‘摩呵跋多’,此言‘大衣’,甚貴也。”

〔 五 〕見道宣撰律相感通傳。

　　屈眴音舜　此云“大細布”,緝木綿華心織成,其色青黑,即達磨所傳袈裟〔一〕。

〔 一 〕祖庭事苑卷三:“屈眴,即達磨大師所傳袈裟。至六祖,遂留於曹溪。屈眴,梵語,此云‘大細布’,緝木縣華心織成,其色青黑,裏以碧絹。唐肅宗上元初,降詔請衣入内供養,凡六年。至永泰初五月五日夜,代宗夢能大師請衣却歸曹溪。至七日,命中使楊崇景奉而置之。眴,音舜。”

睒婆　上式染切,此云"木綿"〔一〕。

〔一〕玄應一切經音義卷二:"睒婆,又作'䜏',同,式染反。此譯云'木綿'。"

劫波育　或言"劫貝",即木綿也。正言"迦波羅",此樹華名也,可以爲布。高昌〔一〕名氎。罽賓南,大者成樹。已北形小,狀如土葵〔二〕。有殼,剖以出,華如柳絮,可紉女鎮以爲布〔三〕。

〔一〕高昌:永樂北藏本、嘉興藏本作"高昌國"。

〔二〕葵:大正藏本作"蔡"。

〔三〕玄應一切經音義卷一:"劫貝,或云'劫波育',或言'劫婆娑',正言'迦波羅',此譯云樹花名也。可以爲布,高昌名氎,是衣名。罽賓以南,大者成樹。以北形小,狀如土葵。有殼,剖以出,花如柳絮,可紉以爲布,用之爲衣也。紉,音女珍反。"

迦鄰陀衣　細錦〔一〕衣也。

〔一〕錦:或爲"綿"之誤。慧苑新譯大方廣佛華嚴經音義卷下:"迦隣陀衣,細綿衣也。"李通玄新華嚴經論卷三七:"迦隣衣,此云'細綿衣'。"

兜羅綿　兜羅,此云"細香"〔一〕。苑音義翻"冰"。或云"兜沙",此云"霜"〔二〕。斯皆從色爲名。或名"妬羅綿"。妬羅,樹名,綿從樹生,因而立稱,如柳絮也〔三〕。亦翻"楊華"〔四〕。或稱兜羅毦而吏者,毛毳也〔五〕。熏聞云:"謂佛手柔軟,加以合縵,似此綿也。"〔六〕

〔一〕慧琳一切經音義卷一一:"兜羅綿,上都侯反,梵語,細奭綿也,即柳花絮、草花絮等是也。"

〔二〕慧苑新譯大方廣佛華嚴經音義卷下:"兜沙羅色,具云'兜沙兜羅色'。言'兜沙'者,此云'霜'也;'兜羅','冰'也。"

〔三〕玄應一切經音義卷二二:"設拉,郎荅反,樹名也,如皂莢樹類而角甚長,裏中有絮如緜,名妬羅緜,堪以爲衣者也。"

〔四〕四分律卷一九:"兜羅者,白楊樹華、楊柳華、蒲臺華。"

〔五〕慧琳一切經音義卷二六:"兜羅毦,仁志反,通俗文云:毛飾也。稍上垂毛爲毦。"

〔六〕仁岳述楞嚴經熏聞記卷一:"兜羅綿手,謂佛手柔軟,加以合縵,似

此綿也。注此云‘細香’者,若準慧苑華嚴音義曰:梵語‘兜羅’,此
云‘冰’,或言‘兜沙’,此云‘霜’,斯皆從色爲名也。”

瞿修羅　此云“圖像”,從其衣形而立名。若著瞿修羅,
則不著僧迦鵄〔一〕。

〔一〕玄應一切經音義卷四:“竭支,或作‘僧祇支’者,皆訛也,應言‘僧
　　　迦鵄’,此譯云‘覆腋’。若著瞿修羅,則不著僧迦鵄。瞿修羅者,
　　　此云‘圖’也,象其衣形而立名也。”是比丘尼之下裙。

尼衛　此云“裏衣”〔一〕。

〔一〕玄應一切經音義卷一六:“尼衛,此譯云‘裏衣’也。”即貼身内衣。

欽跋羅　即“毛”〔一〕。

〔一〕唐大覺撰四分律行事鈔批卷一二:“若欽跋羅一重者,是毛衣也。
　　　立云欽婆羅者,是毹衣也。若將毹作,唯用一重。”

頭鳩羅　此云“細布”〔一〕。

〔一〕玄應一切經音義卷一四:“頭頭衣,或言‘頭求羅衣’,亦云‘頭鳩羅
　　　衣’,此云‘細布’也。”翻梵語卷一○衣服名第六十七:“頭求羅衣,
　　　應云‘頭鳩羅’,亦云‘頭頭羅’。譯頭鳩羅者,細布。”

芻摩　此云“麻衣”〔一〕。西域記云:“衣麻之類
也。”〔二〕麻形細荆芥,葉青色。西域麻少,多用草、
羊毛〔三〕。

〔一〕玄應一切經音義卷二:“芻摩,古文‘芻’,同,測俱反,正言‘菆摩’,
　　　菆,音又句反。此譯云‘麻衣’,舊云‘草衣’。案,其麻形似荆芥,
　　　花青也。”

〔二〕見大唐西域記卷二印度總述。

〔三〕玄應一切經音義卷一四:“芻摩,測俱反,或云‘蘇摩’,或言‘讖
　　　磨’,此云‘麄布衣’,應言‘麄草衣’。案,外國傳云:彼少絲麻,多
　　　用婆叔迦果及草、羊毛、野蠶縣等爲衣也。”

頯鉢羅　西域記云:“織細羊毛。”〔一〕

〔一〕見大唐西域記卷二印度總述。

褐頼縭　西域記云:“織野獸毛。細輭可得緝績,故以見
珍而充服用。”〔一〕

〔一〕見大唐西域記卷二印度總述。褐頼縭,大唐西域記作“褐剌縭”。

兜那波吒 此云“絹”〔一〕。

〔一〕善見律毗婆沙卷六:“兜那波吒,漢言‘絹’也。”

俱蘇摩 此云“華”〔一〕。

〔一〕參後“摩羅”條注一、二。

摩羅 此云“鬘”。苑師云:一切花通名俱蘇摩。別有一花,獨名俱蘇摩,此云“悅意”。其花大小如錢,色甚鮮白,衆多細葉,圓集共成〔一〕。應法師云:“西域結鬘師多用蘇摩羅華行列結之,以爲條貫,無問男女貴賤,皆此莊嚴,或首或身,以爲飾好。”〔二〕正法念云:生天,華鬘在額〔三〕。

〔一〕慧苑新譯大方廣佛華嚴經音義卷上:“俱蘇摩者,花名也,具云‘俱蘇摩那’。‘俱蘇’,此云‘悅’也;‘摩那’,‘意’也。其花色美氣香,形狀端正,見聞之者,无不悅意。”又,“拘蘇摩花,此之一名,有通有別。謂但草木諸花,遍名拘蘇。又有一花,獨名拘蘇。其花大小如錢,色甚鮮白,衆多細葉,圓集共成,乍如此方白菊花也。”

〔二〕玄應一切經音義卷一:“華鬘,梵言‘俱蘇摩’,此譯云‘華’。‘摩羅’,此譯云‘鬘’,音蠻。案,西國結鬘師多用蘇摩那華行列結之,以爲條貫,無問男女貴賤,皆此莊嚴,或首或身,以爲飾好。”

〔三〕按:正法念處經多有言及生天華鬘莊嚴者,如卷二三:“常恣意天第三住處名分陀利。衆生何業而生彼處? 彼以聞慧見:此衆生淨身口意,爲佛法僧造蓮花池,供養三寶。是人命終生分陀利天,善業成就,受天快樂。種種衆寶莊嚴其身,光明晃曜,諸天所愛,華鬘莊嚴。”卷二四:“第一地處名乾陀羅,衆生何業生於此天? 若有衆生信心修身,以園林地或甘蔗田,或菴羅林、美果之林施與衆僧,令僧受用。此人命終生乾陀羅天,受無量樂。以天栴檀、牛頭栴檀以塗其身,無量天女圍遶娛樂,種種莊嚴、種種色貌,善知歌舞戲笑之法,遊戲園林及諸華池,遊戲受樂。身服天衣,華鬘自嚴。”但未見有“生天華鬘在額”者,此或即是“華鬘莊嚴”的具體表現。

齋法四食篇第六十二

佛地論云:“任持名食,謂能任持色身,令不斷壞,長養善法。”〔一〕身依食住,命託食存,流入五臟,充浹四肢,補氣益肌,身心適悦。食有三德:一、輕頓,二、淨潔,三、如法。味有六種,謂苦、酸、甘、辛、鹹、淡〔二〕。楞嚴云:"如是世界十二類生,不能自全,依四食住,所謂段食、觸食、思食、識食,是故佛言,一切衆生皆依食住。"〔三〕檇李釋曰:"言段食者,段謂形段,以香、味、觸三塵爲體,入腹變壞,資益諸根,故言段食。起世經云:"麤段、微細食。閻浮提人飯麵〔四〕豆肉等,名麤段食;按摩、澡浴、拭膏等,名微細食。"〔五〕古譯經律,皆名摶度官食。説文:"摶,圜也。"〔六〕禮云無摶食〔七〕。通俗文:"手團曰摶。"熏聞云:"其義則局,如漿飲〔八〕等不可摶故,於是後譯皆云段食。"〔九〕言觸食者,觸謂觸對,取六識中相應觸,對前境而生喜樂,故名觸食。通慧〔一○〕云:如男與女,相對爲觸。觸能資身,故得食名。準僧祇,見色愛著名食〔一一〕。豈非觸食義耶?設非觸食,何以觀戲劇等,終日不食而自飽耶?起世經云:"一切卵生得身故,以觸爲食。"〔一二〕沇疏云:"冷暖觸等,亦名觸食。"〔一三〕言思食者,思謂意思,取第六識相應思,於可意境生希望故。起世經云:"思食者,若有衆生,意思資潤,諸根增長,如魚、鼈、蛇、蝦蟆、伽羅、瞿陀等及餘衆生,以意思潤益諸根壽命者,此等用思爲食。"〔一四〕熏聞云:"相應觸及相應思者,皆心所偏行法中也。"〔一五〕沇疏云:"思想飲食,令人不死,亦名思食。"〔一六〕言識食者,識即第八執持之相。由前三食勢分所資,令此識增勝,能執持諸根大種故。起世經云:"識食,地獄衆生及無邊識處天等,皆用識持以爲其食。"〔一七〕若約三界辨之,段食唯在欲界,以色無色無香味二塵。餘之三食,徧通三界。中陰但有三食,亦有段食。如雜心論云:如人中陰,還食人中所食香氣也。但現陰麤,故多藉段食。中陰細故,多藉三食耳〔一八〕。"〔一九〕此乃惣叙四食也。

〔一〕見佛地經論卷一。

〔二〕"食有三德"、"味有六種",見曇無讖譯大般涅槃經卷一。

〔三〕見大佛頂如來密因修證了義諸菩薩萬行首楞嚴經卷八。

〔四〕麵:諸校本作"麨"。

〔五〕見起世經卷七。

〔六〕見説文卷一三手部。

〔七〕王應麟困學紀聞卷五儀禮:"理道要訣云:周人尚以手摶食,故記云:共飯不澤手。蓋弊俗漸改未盡。今夷狄及海外諸國、五嶺外人,皆以手搏食。"

〔八〕飲:永樂北藏本、大正藏本作"飯"。

〔九〕見仁岳述楞嚴經熏聞記卷四。

〔一〇〕通慧:即贊寧。此説或出其音義指歸。

〔一一〕摩訶僧祇律卷一八:"食者,麨飯、麥飯、魚、肉,如是種種名爲食。復有食名,眼識見色,起愛念生欲著,耳、鼻、舌、身亦如是。復有食名,釜以蓋爲食,臼以杵爲食,斛以斗爲食,如是比皆名爲食。復有食名,男子是女人食,女人是男子食。"

〔一二〕見起世經卷七。

〔一三〕見思坦集注楞嚴經集注卷八引弘沇語。

〔一四〕見起世經卷七。

〔一五〕見仁岳述楞嚴經熏聞記卷四。

〔一六〕見仁岳述楞嚴經熏聞記卷四、思坦集注楞嚴經集注卷八引弘沇語。

〔一七〕見起世經卷七。

〔一八〕參見雜阿毗曇心論卷一〇。

〔一九〕見思坦集注楞嚴經集注卷八引洪敏語。

僧跋　即等供之唱法也〔一〕。寄歸傳云:三鉢羅佉多,舊訛云"僧跋"〔二〕。梵摩難國王經云:"夫欲施食者,皆當平等,不問大小。於是佛令阿難臨飯唱僧跋。僧跋者,眾僧飯皆平等。"〔三〕故莊嚴論明尸利毱多長者受外道囑,以毒和食,請佛及眾。佛知,令阿難唱僧跋,唱已方食,唱已毒散〔四〕。事鈔云:"況僧食十方普同,彼取自分,理應隨喜。而人情忌陋〔五〕,用心不等,或有閉門限礙客僧者,不亦蟲乎! 鳴鐘本意,豈其然哉! 出家捨著,尤不應尔。但以危脆之身,不能堅護正法;浮假之命,不肯遠通僧食。違諸佛之教,損檀越之福,傷一時眾情,塞十方僧路,傳謬後生,所敗遠矣! 改前迷而復道,不亦善哉! 慳食獨啖,餓鬼之業。或問:僧事有限,外客無窮,以有限之食,供無窮之僧,事必不立。答曰:此乃鄙俗之淺度,瑣人之短懷,豈謂清智之深識,達士之高見? 夫四事之供養,三寶之福田,猶天地之生長,山海之受用,何有盡哉! 故佛藏經云:'當一心行道,隨順法行,勿念衣食所須者,如來白毫相中一分,供諸一切出家弟子,亦不能盡。'由此言之,勤修戒行,至誠護法,由道得利,以道通用,寺寺開門,處處同食,必當供足,判無乏少。"〔六〕"凡受食〔七〕時,應作五觀:一、計功多少,量彼來處;大論云:"復次,思惟此食,墾植耘除,收穫蹂治,舂磨淘汰,炊煑乃成,用功甚重。計一鉢之飯,作夫流汗,集合量之,食少汗多,此食作之功重。辛苦如是,入口食之,即成不淨,更無所直,宿昔之間,變爲屎尿。本是美味,人之所嗜,變成不淨,億烏故不欲見。行者自思惟:'如此弊食,我若貪著,當墮地獄,噉燒鐵丸。從地獄出,當作畜生,牛、羊、駱駝,償其宿債。或作猪、狗,常噉糞除。'如是觀食,則生厭想。"〔八〕二、忖己德行,全缺多減;三、防心顯過,不過三毒;四、正事良藥,取濟形苦;五、爲成道業,世報非意。"〔九〕事鈔:"食不過三匙:初匙斷一切惡,中匙修一切善,後匙度一切衆生。"〔一○〕增一云:多食致苦患,少食氣力衰,處中而食者,如秤無高下〔一一〕。

〔一〕慧琳一切經音義卷五七:"僧跋,蒲末反,梵語也,此云'衆等',即今之等供是也。"於大衆食前,使維那唱此語,然後使大衆食。

〔二〕南海寄歸內法傳卷一受齋軌則:"其行食法,先下薑、鹽。薑乃一片兩片,大如指許,鹽則全匕半匕,藉之以葉。其行鹽者,合掌長跪,在上座前,口唱三鉢羅佉哆,譯爲善至,舊云僧跋者訛也。上座告曰:'平等行食。'意道供具善成,食時復至。准其字義,合當如是。然而佛與大衆受他毒食,佛教令唱三鉢羅佉哆,然後方食,所有毒藥,皆變成美味。以此言之,乃是祕密言詞,未必目其善至。東西兩音,臨時任道。并汾之地唱時至者,頗有故實。"

〔三〕見梵摩難國王經。

〔四〕參見大莊嚴論經卷一三。

〔五〕陿:永樂北藏本、嘉興藏本作"悒"。陿,褊隘,度量小。

〔六〕見道宣撰四分律刪繁補闕行事鈔卷上僧網大綱篇。"佛藏經云"者,見佛藏經卷下了戒品。

〔七〕食:永樂北藏本、嘉興藏本作"用"。

〔八〕見大智度論卷二三。

〔九〕見道宣撰四分律刪繁補闕行事鈔卷中隨戒釋相篇。

〔一○〕見道宣撰四分律刪繁補闕行事鈔卷下對施興治篇。

〔一一〕按：今檢增一阿含經中，未見此説。然法苑珠林卷四二受請篇第三十九食法部第六引，已云“增一阿含經偈云”。釋氏要覽卷上中食“食量”條引，亦云“增一阿含經云”。出曜經卷九：“尊者曇摩難提説曰：多食致患苦，少食氣力衰，處中而食者，如稱無高下。”

逋沙他 此云“齋日”〔一〕。請觀音經疏云：“齋者，齊也，齊身口業也。齊者，只是中道也。後不得食者，表中道法界外，更無別法也。中前得啖，而非正中，此得明表前方便，但似道之中，得有證義，故得啖也。亦是表中道法界外有法也。”〔二〕闡義引祭統云：“‘齋之爲言齊也，齊不齊以致齋者也。’〔三〕是故君子非有大事也，非有恭敬也，則不齋。不齋，則於物無防也，嗜欲無止也。及其將齋也，防其邪物，訖其嗜欲，耳不聽樂。今釋氏以不過中食爲齋，亦取其防邪訖欲，齊不齊之義也。毗羅三昧經〔四〕：瓶沙王問佛：何故日中佛食？荅云：早起諸天食，日中三世佛食，日西畜生食，日暮鬼神食。佛制斷六趣因，令同三世佛食故。今約理解，故云齋者，祇是中道。後不得食者，即佛制中後不得食也。今表初住初地，圓證中道，心外無法，如中後不食也。中前得啖者，佛制中前非正食，皆得啖之。”〔五〕毗婆沙論云：“夫齋者，以過中不食爲體，以八事助成齋體，共相支持，名八支齋法。”〔六〕報恩經云：“以無終身戒，不名優婆塞，但名中間人。”〔七〕智論：問曰：何故六齋日受八戒、修福德？荅：是日惡鬼逐人，欲奪人命。疾病、凶衰，令人不吉。是故劫初聖人，教人持齋，修善作福，以避凶衰。是時，齋法不受八戒，直以一日不食爲齋。後佛出世，教語之言：汝當一日一夜，如諸佛持八戒，不過中食，云云。是功德將人至涅槃。如四天王經中佛説：月六齋日，使者太子及四天王，自下觀察衆生。布施、持戒、孝順父母少者，便上忉利，以啓帝釋，諸天心皆不悦，説言：阿修羅種多，諸天種減少。若布施、持戒、孝順父母多者，諸天、帝釋心皆歡喜，説言：增諸天衆，減損阿修羅。云云〔八〕。又，提謂經[九]明八王日:何等爲八王日? 謂立春、春分、立夏、夏至、立秋、秋分、立冬、冬至,是謂八王日。天地諸神,陰陽交代,故名八王日。

〔一〕玄應一切經音義卷二四:"布灑他,所解反,此云'增長',謂半月叉磨,增長戒根也。叉磨,此云'忍',謂容恕我罪也。舊言'懺'者,訛也。或言'逋沙他',亦云'布薩',皆訛略也。"慧琳一切經音義卷五三:"逋沙陀,上報毛反,梵語也。經云'齋',唐云'長淨',即集衆陣說所犯之罪,增長白法清淨之業,名爲長淨也。"

〔二〕見智顗説、灌頂記請觀音經疏。

〔三〕見禮記祭統。

〔四〕開元釋教錄卷五:"毗羅三昧經二卷,祐等諸錄,皆注爲疑。大周錄中,刊之爲正。今尋文言淺鄙,義理疎遺,故入疑科,用除稗穢也。"卷一八別錄中疑惑再詳錄第六中著錄。

〔五〕見智圓述請觀音經疏闡義鈔卷三。

〔六〕見薩婆多毗尼毗婆沙卷一。

〔七〕見大方便佛報恩經卷六優波羅品。

〔八〕詳見大智度論卷一三。

〔九〕提謂經:已佚,參卷六心意識法篇第五十七"紇利陀耶"條注三。此處引文,見法苑珠林卷八八受戒部八戒部第五功能部引。

烏晡沙他 此云"受齋",又云"增長",謂受持齋法,增長善根[一]。南齊沈約,字休文,撰論云:"人所以不得道者,由於心神昏惑。心神所以昏惑,由於外物擾之。擾之大者,其事有三:一則榮名勢利,二則妖妍[二]靡曼,三則甘旨肥濃。榮名雖日用於心,要無暑刻之累;妖妍靡曼,方之已深;甘旨肥濃,爲累甚切。萬[三]事云云[四],皆三者之枝葉耳。聖人知不斷此三事,故求道無從可得,不得[五]不爲之立法,而使易從也。若直言三事惑本,並宜禁絶,而此三事,是人情所惑甚,念累所難遣,雖有禁約之旨,事難卒從。譬於方舟濟河,豈不欲直至彼岸? 河流既急,會無直濟之理,不得不從邪流,靡久而獲至。非不願速,事難故也。禁此三事,宜有其端。何則? 食之於人,不可頓息,於其情性,所累莫甚。故以此晚食,併置中前,自中之後,清虛無事。因此無事,念慮得簡,在始未專,在久自習。於是束八支,紆以禁戒。靡曼之欲,無由得前。榮名衆累,稍從事遣。故云往古諸佛,過中不食,蓋是遣累之筌罤,適道之捷徑。而惑者謂止於不食,此乃迷於向方,不知厥路者也。”〔六〕處處經:“佛言:中後不食有五福:一、少婬,二、少睡,三、得一心,四、無有下風,五、身得安隱〔七〕,亦不作病。”〔八〕四分戒云:“若比丘非時食,波逸提。”〔九〕

〔一〕起世經卷七“烏晡沙他”子注曰:“隋言‘增長’,謂受持齋法,增長善根。”起世因本經卷七:“烏晡沙他,隋言‘受齋’,亦云‘增長’。”

〔二〕妍:大正藏本作“姧”,後同。

〔三〕萬:原作“方”,據諸校本及述僧中食論改。

〔四〕云云:永樂北藏本、嘉興藏本作“芸芸”,大正藏本作子注小字。

〔五〕不得:原無,據廣弘明集卷二四述僧中食論補。

〔六〕見廣弘明集卷二四沈約述僧中食論。

〔七〕隱:大正藏本作“穩”。

〔八〕見佛説處處經。

〔九〕見四分僧戒本。

蒲闍尼　四分律云:有五種蒲闍尼,此云“正食”,謂麨、飯、乾飯、魚、肉也〔一〕。僧祇云:“時食,謂時得食,非時不得食。”〔二〕多論云:從旦至中,其明轉盛,名之爲時。中後明没,名爲非時〔三〕。今言中食,以天中日午時得食。僧祇云:午時日影過一髮一瞬,即是非時〔四〕。宋文帝飯僧,同衆御于地筵。班食遲,衆疑將旰,不食。帝曰:“始可中矣。”生公曰:“白日麗天,天言始中,何得非中?”遂取鉢便食。衆從之,帝大悦〔五〕。

〔一〕四分律卷一五:“佉闍尼食者,根食乃至果食、油食乃至磨細末食。食者,飯、麨、乾飯、魚及肉。”十誦律卷一三:“五種蒲闍尼食,謂飯、麨、糒、魚、肉。”按:道宣撰四分律删繁補闕行事鈔卷下四藥受淨篇:“四分中,有五種蒲闍尼,此云‘正食’。謂麨、飯、乾飯、魚、肉也。五種佉闍尼,此云‘不正’。謂枝、葉、華、果、細末磨食。”

〔二〕見摩訶僧祇律卷三。

〔三〕根本薩婆多部律攝卷八：“藥有二種：謂時、非時。從旦至中，名之爲時。過中已後，總名非時。時與非時，聽食無犯。言若過食者，八日已去名之爲過，服食生犯故。”

〔四〕摩訶僧祇律卷二五：“有罪非時非非時者，正中時是名非時亦非非時。”道宣撰四分律刪繁補闕行事鈔卷中隨戒釋相篇：“僧祇：日正中時，名時非時，若食得吉。時過如一瞬一髮食，得提。”

〔五〕生公：即竺道生。高僧傳卷七竺道生傳：“竺道生，本姓魏，鉅鹿人。（中略）宋太祖文皇深加歎重。後太祖設會，帝親同衆御于地筵。下食良久，衆咸疑日晚。帝曰：‘始可中耳。’生曰：‘白日麗天，天言始中，何得非中？’遂取鉢便食。於是一衆從之，莫不歎其樞機得衷。”

佉闍尼　四分云：五種佉闍尼，此云“不正食”，謂枝、葉、華、果、細末磨食〔一〕。

〔一〕參前“蒲闍尼”條注一。又，四分律卷一四：“佉闍尼食者，有根佉闍尼食，枝、葉、華、果佉闍尼食，油、胡麻、黑石蜜磨細末食。”卷四二：“佉闍尼者，根食、莖食、葉食、華食、菓食、油食、胡麻食、石蜜食、蒸食。”智圓述請觀音經疏闡義鈔卷三：“正食者，四分律云：有五種蒲闍尼，此云‘正食’，謂麨、飯、乾飯、魚、肉也。五種佉闍尼，此云‘不正食’，謂枝、葉、花、果、細末磨食。今云中前得噉，即不正食也。”

半者蒲善尼　寄歸傳云：唐言“五噉食”，謂飯、餅、麨等〔一〕。

〔一〕參後“半者珂但尼”條注。

半者珂但尼　此云“五嚼食”，謂根、莖、葉、花、果等。寄歸傳云：“若已食前五，必不食後五。若先食後五，則前五隨意噉之。”〔一〕今僧齋後，不食果菜是。

〔一〕南海寄歸內法傳卷一受齋軌則：“蒲膳尼以含噉爲義，珂但尼即齧嚼受名。半者謂五也。半者蒲膳尼，應譯爲‘五噉食’，舊云‘五正’者，准義翻也。一、飯，二、麥豆飯，三、麨，四、肉，五、餅。半者珂但尼，應譯爲‘五嚼食’，一根、二莖、三葉、四花、五果。其無緣者若食初五，後五必不合飡。若先食後五，前五噉便隨意。”義淨譯根本說一切有部白一羯磨卷五“五種珂但尼”子注曰：“譯爲‘五嚼食’，即是根、莖、花、葉、果，意取咬嚼爲義。”

佉陁尼　或“蹇茶”，此云“可食物”〔一〕。

〔一〕可洪新集藏經音義隨函錄卷九：“佉陀尼，上丘迦反，此云‘可食’。”十誦律卷一三：“從今聽噉五種佉陀尼自恣食。五種者，謂根、莖、葉、磨、果。”

鉢和羅　應法師據自誓經云“鉢和蘭”，亦梵語輕重耳，此云“自恣食”〔一〕。應法師云：坐臘臘餅，謂夏罷獻佛之餅，名佛臘食〔二〕。又，西方以佛從天降下王宮之日，供養佛食，名佛臘食〔三〕。會正記云：即自恣日食，待佛比丘。

〔一〕玄應一切經音義卷一三：“鉢和羅飯，獨證自誓經云‘鉢和蘭’，亦梵言輕重耳，此譯云‘自恣食’也。”

〔二〕玄應一切經音義卷一六：“臘佛，謂坐臘臘餅，謂今七月十五日夏罷獻供之餅也。”

〔三〕景霄纂四分律行事鈔簡正記卷一六：“佛臘食者，謂七月十五夏滿食也。臘，接也，新舊相接，亦是祭名。俗法，十二月終，新舊交接之時臘，取禽獸祭先祖。今出家人亦爾，若於七月十五日供養佛食，名佛臘食。”

分衛　善見論云：“此云‘乞食’。”〔一〕僧祇律云：“乞食分施僧尼，衛護令修道業，故云‘分衛’。”〔二〕是則論從梵語，律謂華言，兩說未詳。應法師云：“訛略，正言‘儐茶波多’，此云‘團墮’，言食墮在鉢中也。或云‘儐茶夜’，此云‘團’。團者，食團，謂行乞食也。”〔三〕十二頭陀明常乞食〔四〕。大論釋三種食：“一、受請食，二、衆僧食，三、常乞食。若前二食，起諸漏因緣。所以者何？受請食者，若得作是念：‘我是福德好人，故得。’若不得，則嫌恨請者：‘彼爲〔五〕無所別識，不應請者請，應請者不請。’或自鄙薄，懊惱自情而生憂苦，是貪、愛法，則能遮道。衆僧食者，入衆中，當隨衆法，斷事料理僧事，處分作使。心則散亂，妨廢行道。有如是等亂事故，受常乞食法。”〔六〕輔行云：“諸律論文，乞食之法，不一處足。

爲福他故,令至七家。"〔七〕肇法師云:"乞食有四意:一、爲福利群生,二、爲折伏憍慢,三、爲知身有苦,四、爲除去滯著。"〔八〕寶雨經云:"乞食成就十法:一、爲攝受諸有情,二、爲次第,三、爲不疲厭,四、知足〔九〕,五、爲分布,六、爲不躭嗜,七、爲知量,八、爲善品現前,九、爲善根圓滿,十、爲離我執。"〔一〇〕寶雲經明乞食四分:"一分奉同梵行者,一與窮乞人,一與諸鬼神,一分自食。"〔一一〕輔行云:"昔有長者,名曰鳩留,不信因果,與五百俱行。遠見叢樹,想是居家,到彼,唯見樹神。作禮已,説已饑渴。神即攀手五指,自然出於飲食。甘美難言,食訖大哭。神問其故,荅曰:有五百伴,亦大飢渴。神令呼來,如前與食,眾人皆飽。長者問曰:何福所致?荅曰:我本迦葉佛時極貧,於城門外磨鏡,每有沙門乞食,常以此指示分衛處及佛精舍,如是非一,壽終生此。長者大悟,日飯八千僧,淘米汁流出城外,可以乘船。"〔一二〕

〔一〕善見律毗婆沙卷五:"分衛者,毗蘭若聚落乞食不得,遍歷聚落都無一人出應對者。"隋慧遠撰無量壽經義疏卷上:"胡言'分衛',此云'乞食'。"

〔二〕按:摩訶僧祇律中,未見此説。"善見論云"至此,皆見釋氏要覽卷上中食"乞食"條。

〔三〕見玄應一切經音義卷四、卷一六。又,四分律行事鈔資持記卷下釋頭陀篇:"梵云'分衛',此翻'搏墮'。以西竺多搏食墮疊盂中故。論云'乞食',舉事顯也。"

〔四〕詳見佛説十二頭陀經。

〔五〕爲:永樂北藏本、嘉興藏本作"謂"。

〔六〕見大智度論卷六八。

〔七〕見湛然述止觀輔行傳弘決卷二之一。

〔八〕見釋氏要覽卷上中食"乞食"條等引。

〔九〕知足:大正藏本作"爲知足"。

〔一〇〕見佛説寶雨經卷八。

〔一一〕見寶雲經卷五。

〔一二〕見湛然述止觀輔行傳弘決卷二之二。

怛鉢那　此云"麨"〔一〕。通慧指歸云：謂將雜米麨碎蒸曝。母論二種：散麨、又將糖蜜持之〔二〕。或言糒音備，與麨不同。後堂〔三〕云：糒是釜煮，連釜硬乾〔四〕飯也。輔篇〔五〕云：取乾飯麨三過，磨篩作之，稱爲糒也。孟子曰："舜糗飯茹菜。"〔六〕糗，去久反，乾飯屑也〔七〕。

〔一〕玄應一切經音義卷四："歡波那食，或云'怛鉢那'，譯云'麨'也。"

〔二〕善見律毗婆沙卷一六："麨有二種：一者、散麨，二者、以糖蜜搏令相著麨。"

〔三〕後堂：即後堂記。宋高僧傳卷一六唐鐘陵龍興寺清徹傳："釋清徹，未知何許人也。（中略）憲宗元和八年癸巳中，約志著記二十卷，亦鳩聚諸家要當之説，解南山鈔，號集義焉，或云後堂，至十年畢簡。今豫章、武昌、晉陵講士多行此義。嘗覽此記，繁廣是宗。"宋惟顯編律宗新學名句卷下"前代章記解釋事鈔共六十家"，其中之一爲清徹律師後堂記，即此書。宋慧顯集、日本戒月改録行事鈔諸家記標目，著録行事鈔集義記二十卷，云"一作後堂記"，"唐鐘陵龍興寺清徹律師述"。又稱江西後堂記（見後唐景霄纂四分律行事鈔簡正記卷六、卷七等引），鐘陵，屬江西。

〔四〕硬乾：永樂北藏本、嘉興藏本作"乾硬"。

〔五〕輔篇：宋高僧傳卷一四唐越州法華山寺玄儼傳："釋玄儼，俗姓徐氏，晉室南遷，因官諸暨，遂爲縣族。（中略）後乃遊詣上京，探賾律範，遇崇福意律師并融濟律師，皆名匠一方，南山上足，咸能昇堂睹奧，共所印可。由是道尊戒潔，名動京師。安國授記，並充大德。後還江左，偏行四分，因著輔篇記十卷、羯磨述章三篇，至今僧徒遠近傳寫。"宋惟顯編律宗新學名句卷下"前代章記解釋事鈔共六十家"，其中之一爲越州玄儼律師輔篇記，十卷。義天録新編諸宗教藏總録卷二海東有本見行録中四分律類下著録："輔篇記，六卷，玄儼述。"唐志鴻撰述四分律搜玄録（殘存三卷），多有稱引。景霄纂四分律行事鈔簡正記卷一二："輔篇云：取乾飯炒之，然後磨以篩之爲末。"

〔六〕見孟子盡心下。

〔七〕可洪新集藏經音義隨函録卷二〇："漱糗，上俟芬反，論文自切；下丘久反，乾飯屑。"

迦師　後堂[一]云:唐言"錯麥"。慈和[二]云:北人呼
爲鸎麥,南人呼爲雀麥。南泉抄以錯麥爲大麥。十誦指迦師
爲小麥飯[三]。事鈔錯麥與迦師一物也[四]。

〔一〕後堂:即後堂記。參前"怛鉢那"條注三。

〔二〕慈和:慈和記。宋惟顯編律宗新學名句卷下"前代章記解釋事鈔共
　　　六十家",其中之一爲潤州朗然律師慈和記。宋慧顯集、日本戒月
　　　改録行事鈔諸家記標目,著録行事鈔古今決十卷,云"一作慈和
　　　記","唐潤州招隱寺朗然律師述"。宋高僧傳卷一五唐潤州招隱
　　　寺朗然傳:"釋朗然,俗姓魏,世襲冠冕,其先隨東晉南渡,則爲南徐
　　　人也。開元中入道,受業於丹陽開元寺齊大師。天寶初,受具於杭
　　　州華嚴寺光律師。後徙靈隱寺,依遠律師,通四分律鈔,重稟越州
　　　曇一律師,精研律部,講訓生徒,四遠響應。肅宗至德二年,恩命舉
　　　移,隸名於慈和寺。上元中,刺史韋儇又請爲招隱統領大德。即以
　　　其年講授之暇,著古今決十卷,解釋四分律鈔數十萬言,繁雜義例,
　　　條貫甚明,大行於世。觀其先列古人之義,有所不安,則判斷之,故
　　　號'決'也。"

〔三〕十誦律卷一三:"若教食五似食:穄、粟、穬麥、莠子、迦師小麥飯者,
　　　皆波逸提。"

〔四〕道宣撰四分律删繁補闕行事鈔卷中隨戒釋相篇:"五似食者,粟、
　　　糵、麥、莠子、錯麥迦師等。"唐大覺撰四分律行事鈔批卷一〇:"錯
　　　麥迦師者,立謂錯麥此方言,迦師是梵語。今梵漢兩舉,故曰也。
　　　北人呼爲鸎麥,南人呼爲雀麥是也。又解,舊來相承,喚錯麥爲大
　　　麥也,迦師爲小麥。若依南山闍梨,錯麥與迦師一義耳。"元照撰
　　　四分律行事鈔資持記卷中三下:"錯麥是華言,迦師即梵語,謂碎麥
　　　飯也。以錯碎故。有云麵者,濫下未磨食。彼文明五似,或言錯麥則不言
　　　迦師,或言迦師則不言錯麥。鈔中華、梵並列,意彰一物二名耳。"

修陀　此譯云"白"。或云"須陀",此天食也[一]。

〔一〕玄應一切經音義卷四:"須陀食,或云'修陀',此天食也。修陀,此
　　　譯云'白'也。隨相論云:須陀,此云'善';陀,此言'貞實'也。

天台禪師觀心食法

既敷座坐[一]已,聽維那進止。鳴磬後,斂手供養一體

三寶，徧十方〔二〕施作佛事。次出生飯，稱施六道，即表六波羅蜜，然後受此食。夫食者，衆生之外命。若不入觀，即潤生死；若能知入觀，分別生死有邊無邊。不問分衛與清衆淨食，皆須作觀。觀之者，自恐此身自〔三〕舊食皆是無明煩惱，潤益生死。今之所食，皆是般若。想於舊食，從毛孔次第而出。食既出已，心路即開。食今新食，照諸闇滅，成於般若。故淨名云：“於食等者，於法亦等。”〔四〕是爲明證。大品經云：一切法趣味，是趣不過。味尚不可得，云何當有趣非趣？所言一切法趣味者，味即是食，此食即是不思議法界，食中含受一切法。食若是有，一切法皆有。食若是無，一切法皆無。今食不可思議故，尚不見是有，云何當有趣？尚不見是無，云何當有非趣？若觀食不見趣非趣，即是中道三昧，名真法喜禪悦之食，而能通達趣非趣法，即雙照二諦，得二諦三昧法喜禪悦之食，是名食等〔五〕。以此食故，成般若食，能養法身。法身得立，即得解脱，是爲三德。照此食者，非新非故。而有舊食之故，而有新食之新，是名爲假。求故不得，求新不得，畢竟空寂，名之爲空。觀食者，自那可食爲新？既無新食，那可得食？食〔六〕者而不離舊食養身，而新食重益，因緣和合，不可前後分別，名之爲中。只中即假空，只空即中假，只假即空中，不可思議，名爲中道。又，淨名云：“非有煩惱，非離煩惱，非入定意，非起定意。”〔七〕是名食法也。什曰：“一、揣食；二、願食，如見沙囊，命不絶也；三、業食，如地獄無食而活；四、識食，無色衆生，識想相續也。”〔八〕

〔一〕坐：卍新續藏第五五册收觀心食法、宋宗曉編施食通覽收觀心食法皆無。

〔二〕十方：卍新續藏第五五册收觀心食法、宋宗曉編施食通覽收觀心食法作“十方界”。

〔三〕自：卍新續藏第五五册收觀心食法、宋宗曉編施食通覽收觀心食法作“内”。

〔四〕見維摩詰所説經卷上弟子品。

〔五〕“大品經云”至此，見智顗撰維摩經文疏卷一三、延壽集宗鏡録卷二四有引。

〔六〕食：原無，據卍新續藏第五五册收觀心食法、宋宗曉編施食通覽收觀心食法補。

〔七〕見維摩詰所説經卷上弟子品。

〔八〕見僧肇撰注維摩詰經卷二。

篇聚名報篇第六十三

僧祇明五篇：一、波羅夷，二、僧殘，三、波逸提，四、提舍尼，五、突吉羅。四分明六聚，開第三偷蘭遮。或明〔一〕七聚，開第七惡説。今依事鈔，列釋六聚。並無正譯，但用義翻。

〔一〕明：永樂北藏本、嘉興藏本作“名”。

一、波羅夷 僧祇義當極惡，三意釋之：一者、退没，由犯此戒，道果無分故；二者、不共住，非但失道而已，不得於説戒、羯磨二種僧中共住故；三者、墮落，捨此〔一〕身已，墮在阿鼻地獄〔二〕。故四分云：“譬如斷人頭，不可復起。若犯此法，不復成比丘故。偈云：諸作惡行者，猶如彼死屍。衆所不容受，以此當持戒。”〔三〕自古從衆法絶分義，譯名“棄”〔四〕。目連問罪報經云：“犯波羅夷罪，如他化自在天壽十六千歲墮泥犁中，於人間數九百二十一億六十千歲。”〔五〕此墮燄熱地獄。以人間一千六百年，爲他化天一晝夜。

〔一〕此：大正藏本作“比”。

〔二〕摩訶僧祇律卷三：“犯波羅夷，不應共住。波羅夷者，謂於法智退没墮落，無道果分，是名波羅夷。又，如是乃至盡智、無生智，於彼諸智退没墮落，無道果分，是名波羅夷。又復波羅夷者，於涅槃退没墮落，無證果分，是名波羅夷。又復波羅夷者，離於不盜法退没墮落，是名波羅夷。又復波羅夷者，所可犯罪不可發露悔過故，名波羅夷。”又，卷一：“若比丘於和合僧中受具足戒，行婬法，是比丘得波羅夷，不共住。”卷三六：“不共住者，不得共比丘尼住、法食味食。”按：“僧祇義當極惡”至此，見道宣撰四分律刪繁補闕行事鈔卷中篇聚名報篇。

〔三〕見四分律卷一。

〔四〕棄：犯此罪者不收於内法而棄於外之意。

〔五〕見佛説目連問戒律中五百輕重事五篇事品第一、佛説犯戒罪報輕
重經等。

二、僧伽婆尸沙 善見云："僧伽"者,爲僧;"婆"者,爲初,謂僧前與覆藏羯磨也;言"尸沙"者,云殘,謂末後與出罪羯磨也〔一〕。若犯此罪,僧作法除,故從境爲名〔二〕。毗尼母云："僧殘者,如人爲他所斫,殘有咽喉,故名爲殘。"〔三〕理須早救。僧伽婆尸沙罪,如不憍天壽八千歲,於人間數二百三十億四十千歲〔四〕。此墮大大叫地獄。人間八百年,爲天一日夜。

〔一〕善見律毗婆沙卷一二："僧伽婆尸沙者,'僧伽'者,僧也;'婆'者,初也;'尸沙'者,殘也。"

〔二〕"善見云"至此,見道宣撰四分律刪繁補闕行事鈔卷中篇聚名報篇。

〔三〕見毗尼母經卷七。

〔四〕"僧伽婆尸沙罪"至此,見佛説目連問戒律中五百輕重事五篇事品第一、佛説犯戒罪報輕重經等。

摩那埵 論云："秦言'意喜'。前雖自意歡喜,亦生慚愧,亦使衆僧歡喜。"〔一〕

〔一〕毗尼母經卷二："摩那埵者,秦言'意喜'。前雖自意歡喜,亦生慚愧,亦使衆僧歡喜。由前喜故,與其少日。因少日故,始得喜名。衆僧喜者,觀此人所行法不復還犯,衆僧歡言:'此人因此改悔,更不起煩惱,成清淨人也。'是故喜耳。"毗尼母經,又稱毗尼母論。摩那埵是比丘除滅犯僧殘罪行之法。明弘贊繹四分戒本如釋卷三:"摩那埵,此云'意喜',謂行別住竟,更加上與其六夜意喜行。行斯行時,罪得清淨,自心歡喜,亦令衆僧歡喜。僧知此人因斯改悔,更不重起煩惱,成清淨人,乃與之出罪。"

阿浮訶那 善見翻爲"喚入衆羯磨",或名"拔除罪根"〔一〕。母論云:"清淨戒生,得淨解脱。"〔二〕

〔一〕善見律毗婆沙卷一四:"阿浮呵那者,漢言'喚入',亦言'拔罪'。云何喚入拔罪?與同布薩、説戒、自恣法事共同故,名喚入拔罪。"是除比丘犯罪之作法名。道宣撰四分律刪繁補闕行事鈔卷中篇聚名報篇:"治僧殘罪,謂阿浮訶那。"從義撰金光明經文句新記卷四釋懺悔品:"治僧殘罪,謂阿浮訶那,此翻'喚入衆羯磨'。"子注曰:

"以先行法在於衆外,今既行滿,故可喚入衆也。"

〔二〕毗尼母經卷二:"阿浮呵那者,清淨戒生,得淨解脱。於此戒中清淨無犯,善持起去,是名阿浮呵那義。""善見翻爲喚入衆羯磨"至此,見道宣撰四分律删繁補闕行事鈔卷中篇聚名報篇。

三、偸蘭遮 善見云:"偸蘭"名大,"遮"言障善道,後墮惡道〔一〕。體是鄙穢,從不善體以立名者,由能成初二兩篇之罪故也。明了論解偸蘭爲麁,遮耶〔二〕爲過。麁有二種:一是重罪方便,二能斷善根。所言過者,不依佛所立戒而行,故言過也〔三〕。偸蘭遮罪,如兜率天壽四千歲,於人間數五十億六十千歲〔四〕。此墮嗥叫地獄。人間四百年,爲天一晝夜。

〔一〕善見律毗婆沙卷九:"偸蘭遮者,'偸蘭'者大,'遮'者言障善道,後墮惡道,於一人前懺悔,諸罪中此罪最大。"

〔二〕耶:大正藏本作"則"。

〔三〕"善見云"至此,見道宣撰四分律删繁補闕行事鈔卷中篇聚名報篇。

〔四〕"偸蘭遮罪"至此,見佛説目連問戒律中五百輕重事五篇事品第一、佛説犯戒罪報輕重經等。

四、波逸提 義翻爲"墮"。十誦云:墮在燒煮覆障地獄〔一〕。八熱通爲燒煮,八寒黑暗等通爲覆障。波逸提罪,如夜摩天壽二千歲,於人間數二十一億四十千歲〔二〕。此墮衆合地獄。人間二百年,爲天一晝夜。

〔一〕十誦律卷九:"波夜提者,是罪名燒煮覆障,若不悔過,能障礙道。""義翻爲墮"至此,見道宣撰四分律删繁補闕行事鈔卷中篇聚名報篇。

〔二〕"波逸提罪"至此,見佛説目連問戒律中五百輕重事五篇事品第一、佛説犯戒罪報輕重經等。

尼薩耆 出要律儀:舊翻"捨墮"。聲論:"尼"翻爲"盡","薩耆"爲"捨"。四分:僧有百二十種,分取三十,因財事生犯貪慢心,强制捨入僧故,名尼薩耆也〔一〕。

〔一〕"出要律儀"至此,見道宣撰四分律删繁補闕行事鈔卷中篇聚名報篇。按:出要律儀,有釋寶唱等二十卷本和釋法超撰十四卷本,皆佚。<u>唐定賓</u>撰<u>四分戒本疏</u>卷下：“尼薩耆者，此翻爲‘盡捨’。波逸提者，此翻爲‘墮’。謂犯此罪，牽墮三惡。此就總名，故稱爲墮。若犯此墮，要先捨財，後懺墮罪，故云‘捨墮’。”<u>道宣</u>述<u>四分比丘尼鈔</u>卷上<u>釋聚篇第二</u>：“捨財、捨罪、捨心，具此三捨，故云‘盡捨’。”<u>明弘贊繹四分戒本如釋</u>卷四：“尼薩耆，此云‘捨’；波逸提，此云‘墮’。又有釋‘尼’爲‘盡’，‘薩耆’爲‘捨’，謂其所犯財物盡應捨與僧，若衆多人，若一人，不得別衆捨。既其捨已，餘有墮罪，應對他懺悔。此中墮罪，與後九十墮同。然大僧墮事，總有一百二十種，揀三十種，因財生犯貪慢心，强制捨入僧。其九十事無物可捨，以斯爲異，故此名尼薩耆波逸提也。”

五、波羅提提舍尼　義翻“向彼悔”，從對治境以立名。<u>僧祇</u>云：此罪應發露也〔一〕。提舍尼罪，如<u>三十三天</u>壽命千歲，於人間數三億六十千歲〔二〕。此墮<u>黑繩地獄</u>。人間一百年，爲天一晝夜。

〔一〕<u>摩訶僧祇律</u>卷四〇：“波羅提提舍尼者，此罪應發露，是名悔過。”按：“義翻向彼悔”至此，見<u>道宣</u>撰<u>四分律刪繁補闕行事鈔</u>卷中<u>篇聚名報篇</u>。

〔二〕“提舍尼罪”至此，見<u>佛說目連問戒律中五百輕重事五篇事品第一</u>、<u>佛說犯戒罪報輕重經</u>等。

六、突吉羅　<u>善見</u>云：突者，惡也；吉羅者，作也〔一〕。<u>聲論</u>：正音“突悉吉栗多”。<u>四分律</u>本云“式叉迦羅尼”，義翻“應當學”。胡國訛云“尸叉罽賴尼”，胡僧翻“守戒”也〔二〕。此罪微細，持之極難，故隨學隨守以立名。<u>十誦</u>云：天眼見犯罪比丘如駛雨下〔三〕。豈非專翫在心，乃名守戒也。七聚之中，分此一部以爲二聚：身名惡作、口名惡說〔四〕。<u>多論</u>：“問：何此獨名應當學？答：餘戒易持罪重，此戒難持易犯。常須念學，故不列罪名，但言應當學。”〔五〕犯突吉羅衆學戒罪，如四天王壽五百歲墮泥犁中，於人間數九百千歲〔六〕。此墮<u>等活地獄</u>。人間五十年，下天一晝夜。<u>俱舍</u>頌云：“等活等上六，如次以欲天。壽爲一晝夜，壽量亦同彼。極熱中半劫，無間中劫全。傍生極一中，鬼日月五百。頞部陀壽量，如

一婆訶麻。百年除一盡,後後倍二十。”〔七〕

〔一〕 善見律毗婆沙卷九:“突吉羅者,不用佛語,‘突’者惡,‘吉羅’者作,惡作義也。於比丘行中不善,亦名突吉羅。”

〔二〕 四分律卷一九“尸叉罽賴尼法”(按:大正藏本四分律作“式叉迦羅尼”,據文意從大正藏校勘記改)後子注曰:“胡音不正,應言‘式叉迦羅尼’。諸有讀寫者,盡應從此‘式叉迦羅尼’。”

〔三〕 十誦律卷三三八法中遮法第六:“爾時,有比丘得天眼者,見諸比丘犯罪如雨駛下,見已便遮。以是因緣故,鬭諍事起,不得布薩説波羅提木叉。”

〔四〕 “善見云”至此,見道宣撰四分律刪繁補闕行事鈔卷中篇聚名報篇。

〔五〕 見薩婆多毗尼毗婆沙卷九。

〔六〕 “犯突吉羅衆學戒罪”至此,見佛説目連問戒律中五百輕重事五篇事品第一、佛説犯戒罪報輕重經等。

〔七〕 見阿毗達磨俱舍論卷一一、阿毗達磨俱舍論本頌分別世界品第三。

統論二諦篇第六十四

教傳東土,東標所至。法本西域,西顯所出。當聞香以尋根,故沿流而究原,辨佛陀僧伽之號,解菩提般若之名。隨機之語,雖曰無邊,旨歸之意,唯詮二諦。今就集末,略開七門:

一、原宗,二、釋名,三、辨義,四、示體,五、釋相,六、境智,七、勸誡。

一、原宗者,中觀論云:“諸佛依二諦,爲衆生説法,一以世俗諦,二第一義諦。”〔一〕良以佛之説法,語不徒然,凡所立言,咸詮實理。故聞法者,悉有所證,以依二諦爲機説故。如大論云:“有二種衆生:一者、知諸法假名,二者、著名字。爲著名字衆生故,説無相;爲知諸法假名衆生故,説世諦。”〔二〕是以世俗顯緣起之事,諸法歷然。故佛事門中,不捨一法,勸臣以忠,勸子以孝,勸國以治,勸家以和,弘善示天堂之樂,懲非顯地獄之苦,此依俗諦也。真諦彰本寂之理,一性泯然,所以實際理地,不受一塵,是非雙泯,能所俱亡,指萬象爲真如,會三乘歸實際,此依真諦也。

二、釋名者,此二諦法,就能詮名。談真則逆俗,順俗則乖真。以真是實義,審實是真;俗是假義,審假是俗。故涅槃云:"出世人所知,名第一義諦。世人所知,名世諦。"〔三〕北山録云:"會極捐情之謂真,起微涉動之謂俗。真也者,性空也;俗也者,假有也。假有之有,謂之似有;性空之空,謂之真空。"〔四〕此約事理對釋。昭明太子云:"真諦離有離無,俗諦即有即無。即有即無,斯是假名;離有離無,此爲中道。"〔五〕此約中邊判釋也。

三、辨義者,宗鏡:"問曰:一心二諦,理事非虛,證理性而成真,審事實而爲俗,皆具極成之義,不壞二諦之門。大小二乘,同共建立,如何是極成之義? 荅:所成決定,不可移易。隨真隨俗,各有道理。瑜伽論云:一、有世間極成真實,二、道理極成真實。世間極成真實者,謂一切世間,於彼彼事隨順假立,世俗慣習,悟入覺慧所見同性,謂地唯是地,非是火等。乃至苦唯是苦,非是樂等;樂唯是樂,非是苦等〔六〕。以要言之,此即如此,非不如此;是即如是,非不如是。決定勝解所行境事,一切世間從其本際展轉傳來,想自分別,共所成立,不由思惟籌量觀察,然後方取,是名世間極成真實。道理極成真實者,依止現、比及至教量,極善思惟擇決定智所行所知事,由證成道理所建立、所施設義,是名道理極成真實。"〔七〕

四、示體者,二諦之法,明所詮體。如昭明云:"世人所知生法爲體,聖人所知不生爲體。"〔八〕從人雖異,其體不殊。故荆溪云:"秖點一法,二諦宛然。俗則百界千如,真則同居一念。"〔九〕又,起信云:"摩訶衍者,惣説有二種。云何爲二?一者法,二者義。"〔一〇〕此以一法而分二義,談實相不壞於假名,論差别不破於平等。昭明云:"真即有是空,俗指空爲有。"〔一一〕宗鏡云:"俗諦不得不有,有常自空;真諦不得不空,空但徹有。”〔一二〕故十疑論注云："説相而萬法森羅,實無所得;談性而一如寂滅,不礙隨緣。"〔一三〕真是俗家之真,萬法自泯;俗是真家之俗,一性恒殊。以不壞假名故,則彼此生滅差別;以説諸法實相故,則彼此生滅自亡。祇於不一而明不二,故仁王云："於解常自一,智照融通,法性常一。於諦常自二。聖人見真,凡夫見俗。了達此一二,真入聖義諦。"〔一四〕故古德云："二諦並非雙,恒乖未曾各。二雙顯泯中,謂非真非俗。"〔一五〕"一雙孤雁掠地高飛,兩箇鷗〔一六〕鶿池邊獨立。"〔一七〕又,先德云:"真俗雙泯,二諦恒存。空有兩亡,一味常現。"〔一八〕是知各執則失,互融則得。各執則失者,如云"有爲雖僞,捨之則大業不成;無爲雖空,住之則慧心不朗"〔一九〕。互融則得者,如云"雖知諸佛國,及以衆生空,而常修淨土,教化諸衆生"〔二〇〕。故十疑論注云:"聖人得其意也,於隨緣處而談不變,於成事處而説體空。"〔二一〕故荊溪云:"應知萬法是真如,由不變故;真如是萬法,由隨緣故。"〔二二〕此等明文,皆論真俗之體一也。

五、釋相者,妙玄云:"取意存略,但點法性爲真諦,無明十二因緣爲俗諦,於義則足。但人心麄淺,不覺其深妙,更須開祐,則論七種二諦。"〔二三〕釋籤解云:"然此七文,散在諸經,無一處具出。唯大經十二,列八二諦。章安作七二諦銷之。初一是惣,餘七是別。經云:'出世人心所見者,名第一義諦。世人心所見者,名爲世諦。'〔二四〕疏云:惣冠諸諦,世情多種束爲世諦,聖智多知束爲第一義諦,即是諸教隨情智也。經云:'五陰和合稱名某甲,是名世諦;解陰無陰亦無名字,離陰亦無,是名第一義諦。'疏云:名無名即生滅二諦。妙玄云:'實有爲俗,實有滅爲真。'〔二五〕經云:'或有法有名有實,是名第一義諦;或有法有名無實,是名世諦。'疏云:實不實即無生二諦。妙玄云:'幻有爲俗,即幻有空爲真。'經云:'如我、人、衆生、壽命、知見,乃至如龜毛、兔角等,陰、界、入是名世諦;苦、集、滅、道是名真諦。'疏云:定不定二諦即單俗複真。妙玄云:'幻有爲俗,即幻有空不空共爲真。'經云:'世法有五種:謂名世、句世、縛世、法世、執著世,是名世諦。於此五法,心無顛倒,名第一義諦。'疏云:法不法亦是含中二諦也。妙玄云:'四者幻有爲俗。幻有即空不空,一切法趣空不空爲真。'經云:'燒割死壞,是名世諦。無燒割死等,是名第一義諦。'疏云:燒不燒複俗單中也。妙玄云:'幻有、幻有即空皆名爲俗,不有不空爲真。'經云:'有八種苦,是名世諦。無八種苦故,是第一義諦。'疏云:苦不苦二諦,亦是複俗單中。妙玄云:'幻有、幻有即空皆名俗,不有不空一切法趣不有不空爲真。'經云:'譬如一人有多名字,依父母生,是名世諦。依十二因緣和合生者,名第一義諦。'疏云:和合二諦,真俗不二,複俗複中也。妙玄云:'幻有、幻有即空皆爲俗,一切法趣有、趣空、趣不有不空爲真。'又云:'若略説者,界内相即、不相即,界外相即、不相即,四種二諦也。別接通,五也。圓接通,六也。圓接別,七也。'天台遂明四正三接之教法。"〔二六〕

六、境智者,起信鈔:"問云:境智爲一爲異?荅云:智體無二,境亦無二。智無二者,只是一智,義用有殊。約知真處,名爲真智;約知俗處,名爲俗智。境無二者,謂色即是空爲真境,空即是色爲俗境。由是證真,時必達俗。達俗時必證真,了俗無性即是真空,豈有前後耶?況無心外之境,何有境外之心?是即心境渾融爲一法界。"〔二七〕

七、勸誠者,大經云:所言二諦,其實是一,方便説二〔二八〕。如醉未吐,見日月轉,謂有轉日及不轉日。醒人但見不轉,不見於轉〔二九〕。謂一不一,言二非二,當以智解,勿以情執。故佛告阿難:自我往昔作多聞士,共文殊師利諍二諦義,死墮三塗,經無量劫,吞熱鐵丸,從地獄出,值迦葉佛爲我解釋有無二諦。迦葉佛言:一切諸法,皆無定性。汝言有無,是義不然。一切萬法,皆悉空寂。此二諦者,亦有亦無,汝但知文,不解其義〔三〇〕。當知二諦,俗諦故有,真諦故無。體不思議,奚可偏執?學佛教者,當離情想。故佛藏云:刀割害閻浮提人,其罪尤少。以有所得心,説實相法,其過彌甚。

當知“佛法不思議，唯教相難解”〔三一〕。幸冀後賢，於佛聖教，
研精覃思，勿麁略焉。

〔一〕見中論卷四觀四諦品。

〔二〕見大智度論卷二九。

〔三〕見曇無讖譯大般涅槃經卷一三、南本卷一二。

〔四〕見北山録卷二真俗符。

〔五〕見廣弘明集卷二一昭明太子解二諦義章。

〔六〕等：大正藏本作“樂”。

〔七〕見延壽集宗鏡録卷六八。“瑜伽論云”者，見瑜伽師地論卷三六。

〔八〕見廣弘明集卷二一昭明太子解二諦義章。

〔九〕見湛然述法華玄義釋籤卷六。

〔一〇〕見真諦譯大乘起信論。

〔一一〕見廣弘明集卷二一昭明太子解二諦義章。

〔一二〕見延壽集宗鏡録卷五。

〔一三〕見宋澄彧注十疑論。

〔一四〕見不空譯仁王護國般若波羅蜜多經卷上二諦品。

〔一五〕按：吉藏撰中觀論疏卷二引，云“東陽傅大士二諦頌云”。

〔一六〕鵝：諸校本作“鴛”。

〔一七〕按：宗密圓覺經略疏鈔卷二引，云“古人云”。

〔一八〕見法藏述般若波羅蜜多心經略疏。

〔一九〕按：此爲僧肇所説，見僧肇撰注維摩詰經卷九。

〔二〇〕見維摩詰所説經卷中佛道品。

〔二一〕見澄彧注十疑論。

〔二二〕見湛然述金剛錍。

〔二三〕見智顗説妙法蓮華經玄義卷二下。

〔二四〕“經云”者，見曇無讖譯大般涅槃經卷一三、南本卷一二。本條後引
　　　　“經云”者，皆同。

〔二五〕“妙玄云”者，見智顗説妙法蓮華經玄義卷二下。本條後子注中引
　　　　妙玄無單獨注明者，皆同。

〔二六〕見湛然述法華玄義釋籤卷六。

〔二七〕按：見延壽集宗鏡録卷六八引。又見子璿録起信論疏筆削記卷四，
　　　　參卷六心意識法篇第五十七“阿賴耶”條注四。

〔二八〕參見曇無讖譯大般涅槃經卷一三、南本卷一二。

〔二九〕“大經云”至此，見智顗説妙法蓮華經玄義卷二下。

〔三〇〕“佛告阿難”至此，見湛然述止觀輔行傳弘決卷三之二，云“妙勝定經云”。按：妙勝定經，又稱最妙勝定經、最妙定勝經等，藏外佛教文獻第一册收有方廣錩先生整理本。

〔三一〕見智顗撰維摩經玄疏卷六。

翻譯名義續補

初編集時,意尚簡略,或失翻名,或缺解義。後因披閱,再思索之,復述續補,後賢詳悉。

補十號篇

明行足 具足三明及六神通。智論云:"一、如意,二、天眼,三、天耳,四、他心,五、識宿命通,六、無漏通。"〔一〕言神通者,易曰:"陰陽不測之謂神。"〔二〕"寂然不動,感而遂通。"〔三〕瓔珞云:神名天心,通名慧性。天然之慧,徹照無礙,故名神通〔四〕。一、如意者,有三種:能到、轉變、聖如意。能到復四:一、身飛行如鳥無礙;二、移遠令近,不往而到;三、此沒彼出;四、一念能至。轉變者,大能作小,小能作大;一能作多,多能作一。種種諸物,皆能轉變。外道輩轉,極久不過七日;諸佛及弟子轉變自在,無有久近。聖如意者,外六塵中不可愛不淨物,能觀令淨;可愛淨物,能觀令不淨。是聖如意法,唯佛獨有。天眼通者,於眼得色界四大造清淨色,是名天眼。天眼所見,自地及下地六道眾生諸物,若近若遠,若麁若細,諸色無不能照。是天眼有二種:一、從報得,二、從修得。是五道中天眼從修得,非報得。何以故?常憶念種種光明得故。云云。天耳通者,於耳得色界四大造清淨色,能聞一切聲:天聲、人聲、三惡道聲。云何得天耳通?修得常憶念種種聲,是名天耳通。識宿命通者,本事常憶念:日月年歲至胎中乃至過去世中,一世、十世、百世、千萬億世,乃至大阿羅漢、辟支佛知八萬大劫,諸大菩薩及佛知無量劫,是名識宿命通。知他心通者,知他心若有垢,若無垢,自觀心生、住、滅時,常憶念故得。復次,觀他人喜相、嗔相、怖相、畏相,見此相已,然後知心,是為他心智〔五〕。無漏通者,如來莊嚴入一切佛境界經云:"言無漏者,謂離四漏,謂欲漏、有漏、無明漏、見漏。以不取彼四種漏故,乃名遠離諸漏。"〔六〕智論:"問:神通與明,有何等異?荅:直知過去宿命事名通,知過去因緣行業名明;宿命。直知死此生彼名通,知行因緣際會不失名明;天眼〔七〕。直盡結使不知更生不生名通,若知漏盡更不復生名明。無漏。"〔八〕

〔一〕見大智度論卷五。

〔二〕見易繫辭上。

〔三〕見易繫辭下。

〔四〕智顗説妙法蓮華經玄義卷六上:"瓔珞云:神名天心,通名慧性。天心者,天然之心也。慧性者,通達無礙也。"湛然述止觀輔行傳弘決卷七之三:"瓔珞釋名云:神名天心,通名慧性者,天然之慧,徹照無礙,故名神通。"

〔五〕"如意者,有三種"至此,見大智度論卷五。

〔六〕見如來莊嚴智慧光明入一切佛境界經卷下。

〔七〕眼:大正藏本作"明"。

〔八〕見大智度論卷八。

佛陀 肇曰:"佛者,何也?蓋窮理盡性大覺之稱也。其道虛玄,固已妙絕常境,心不可以智知,形不可以像測。同萬物之爲,而居不爲之域。處言數之内,而止無言之鄉。非有而不可爲無,非無而不可爲有。寂寞虛曠,物莫能測。不知所以名,故强謂之覺。其爲至也,亦以極矣。何則?夫同於得者,得亦得之。同於失者,失亦失之。是以則真者同真,法僞者同僞。如來冥照靈諧,一彼實相。實相之相,即如來相。"〔一〕

無機子叙六即佛曰:癡禪任性,濫上聖以矜高;狂慧隨情,居下凡而自屈。由是天台智者祖師明六即佛,破二種見。揀其太過,六分因果之事殊;收彼不收,即顯聖凡之理等。沉生死海,如寶在暗而不失;升涅槃山,猶金出鑛以非得。不一不異,其道融通;無是無非,此智圓妙。今述鄙頌,式讚大猷,庶幾見聞咸得開悟云爾。

一頌理即佛:

動靜理全是,行藏事盡非。冥冥隨物去,杳杳不知歸。

二頌名字即佛:

方聽無生曲,始聞不死歌。今知當體是,翻恨自蹉跎。

三頌觀行即佛:

念念照常理,心心息幻塵。徧觀諸法性,無假亦無真。

四頌相似即佛:

四住雖先脫,六塵未盡空。眼中猶有翳,空裏見花紅。

五頌分真即佛:

豁爾心開悟,湛然一切通。窮源猶未盡,尚見月朦朧。

六頌究竟即佛:

從來真是妄,今日妄皆真。但復本時性,更無一法新。

〔一〕見僧肇撰注維摩詰經卷九。

續補

無量壽 智論云:"無量有二:一者、實無量,諸聖人所不能量,如虛空、涅槃、衆生性,是不可量;二者、有法可量,但力劣者不能量。如須彌山、大海水,斤兩、滴數多少,諸佛菩薩能知,諸天世人所不能知,故言無量。"〔一〕是故天台乃立四句:"實有量而言無量,彌陁是也;實無量而言量,如此品〔二〕及金光明是也;實無量而言無量,如涅槃云'唯佛與佛,其壽無量'〔三〕是也;實有量而言量,如八十唱滅是也。"〔四〕又以三身對凡立四句。故法華疏云:"復次,法身非量非無量;報身金剛前有量,金剛後無量;應身隨緣則有量,應用不斷則無量。通途詮量,三句在聖,一句屬凡。有量無常,都非佛義。"〔五〕

〔一〕見大智度論卷二〇。

〔二〕此品:即妙法蓮華經壽量品。

〔三〕見曇無讖譯大般涅槃經卷九。

〔四〕見智顗説妙法蓮華經文句卷九下。

〔五〕見智顗説妙法蓮華經文句卷九下。

鞏濕弗羅跋那　翻“自在大聲”〔一〕。

〔一〕澄觀撰大方廣佛華嚴經疏卷一三:“北方醫羅跋那者,具云‘醫濕弗羅跋那’。‘醫濕弗’,自在也;‘羅跋那’者,聲也。即圓音自在耳。”

迦羅鳩村馱　此翻“所應斷已斷”〔一〕。

此二佛名。

〔一〕慧苑新譯大方廣佛華嚴經音義卷上:“迦羅鳩馱,具云‘迦羅鳩村馱’,此云‘所應斷已斷’也。”慧琳一切經音義卷二六:“鳩留秦佛,亦名‘拘樓’,亦云‘迦羅鳩村馱’,亦云‘拘留孫’,並梵語訛略不切,正梵音‘羯句忖那’,此云‘滅累’也。”澄觀撰大方廣佛華嚴經疏卷一七:“迦羅鳩馱者,具云‘迦羅鳩村馱’,此云‘所應斷已斷’。如金已淨,如山不動,亦可見無礙者,是此佛德。”

譯師　唐太宗焚經臺詩〔一〕:“門徑〔二〕蕭蕭長緑〔三〕苔,一回登此一徘徊。青牛謾説函關去,白馬親從印土來。確實是非憑烈焰,要分真偽築高臺。春風也解嫌狼籍,吹盡當年道教灰。”唐義淨三藏題取經詩〔四〕曰:“晉宋齊梁唐代間,高僧求法離長安。去人成百歸無十,後者安知前者難。路遠碧天唯冷結,砂河遮日力疲殫〔五〕。後賢如未諳斯旨,往往將經容易看。”

〔一〕按:此詩首見於此(續藏經本宋真宗注四十二章經,末尾附有此詩,題爲“題焚經臺詩”,署名“唐太宗文皇帝製”,當爲後代傳抄者抄録)。全唐詩卷七八六歸此詩於“無名氏”,認爲“其聲調不類,要是後人妄託”。現代學者,多從此説。

〔二〕徑:原作“徭”,據諸校本改。

〔三〕緑:大正藏本作“緣”。

〔四〕按:此詩亦首見於此。全唐詩卷七八六亦歸此詩於“無名氏”。現代學者,亦以其爲後人偽託。

〔五〕殫:原作“彈”,據意從全唐詩改。

天類

提和越　漢言“天地”〔一〕。易曰：“天地設位，而易行乎其中矣。”繫詞云：“易與天地準，故能弥綸天地之道。仰以觀於天文，俯以察其地理。”〔二〕白虎通曰：“天之爲言，鎮也。居高理下，爲人鎮也。地者，易也，言生萬物懷任，交易變化也。”〔三〕

〔一〕薩曇分陀利經：“調達却後阿僧祇劫，當得作佛，號名提和羅耶，漢言‘天王佛’。當得十種力，三十二相八十種好。天王佛國，名提和越。漢言‘天地國’。”

〔二〕見易繫辭上。

〔三〕見白虎通天地。

迦留波陀天　此言“象跡”，自有十處〔一〕。

〔一〕正法念處經卷二三：“迦留波陀天。此言‘象迹天’也。”又，“迦留天有十種地。何等爲十？一名行蓮華，二名勝蜂，三名妙聲，四名香樂，五名風行，六名鼉喜，七名普觀，八名常歡喜，九名愛香，十名均頭。是爲迦留足天十種住處，各各異業，生於天中。”智顗説妙法蓮華經玄義卷四下：“迦留波陀天，此言‘象跡’，亦有十處：一名行蓮華，昔持戒熏心，受三自歸，稱南無佛。所有蜂聲，尚勝餘天，況復餘果報耶！次名勝蜂歡喜，昔信心持戒，有慈悲利益衆生，華香伎樂，供養佛塔。三名妙聲，昔施佛寶蓋。四名香樂，昔信心持戒，香塗佛塔。五名風行，昔信心持戒，施僧扇得清涼，六天香風悉來熏之，皆倍倍增。香風尚爾，況念香風，隨念皆得。六名散華歡喜，昔見持戒人説戒時，施澡缾；或道路中，盛滿淨水，施人澡缾。七名普觀，昔於持戒人，以善熏心，於破戒人病，不求恩惠，悲心施安，心不疲厭，供養病人。八名常歡喜，昔見犯法者應死，以財贖命，令其得脱。九名香藥，昔於持戒、信三寶大福田中，施末香、塗香，淨心供養。如法得財，施已隨喜。十名均頭，昔見人得罪於王，鬢髮受戮，救令得脱。”

質多羅　此翻“雜地”〔一〕。

〔一〕正法念處經卷二三：“常恣意天第五地處，名質多羅。魏言‘雜地’。”

摩偷　此翻“美地”〔一〕。

此三天名，皆居須弥四埵。

〔一〕正法念處經卷二三："常恣意天第七地處，名曰摩偷。魏言'美地'。"智顗説妙法蓮華經玄義卷四下："第三天名常恣意，十住處：一名歡喜峯，昔救護神樹及夜叉所依樹，有樹即樂，失樹即苦。二名優鉢羅色，昔淨信持戒，供養三寶，造優鉢羅華池故。三名分陀利，昔造此華池。四名彩地，昔信淨心，爲僧染治袈裟，雜色染治法服故。五名質多羅，此翻雜地。昔以種種食，施持戒、不犯戒等人故。六名山頂，昔修造屋，遮風寒，令人受用故。七名摩偷，此翻美地。昔持戒，悲心質直，不惱人。食施道行沙門、婆羅門，或一日、或多日、或不息故。八名欲境，昔持戒，若邪見人病，施其所安故。九名清涼，昔見臨終渴病人，以石蜜漿或冷水施病人故。十名常遊戲，昔爲坐禪人作房舍圖畫，作死屍觀故。"

地獄

五無間業　瑜珈第九云："一、害母，二、害父，三、害羅漢，四、破僧，五、出佛身血。"〔一〕

〔一〕見瑜伽師地論卷九。

尸利夜神　此翻"吉祥"〔一〕。

〔一〕慧苑新譯大方廣佛華嚴經音義卷上："尸利夜神，此云'普現吉祥'。"

盎哦囉迦　此翻"火星"〔一〕。

〔一〕文殊師利菩薩及諸仙所説吉凶時日善惡宿曜經卷下："火曜熒惑，胡名'雲漢'，波斯名'勢森勿'，天竺名'糞盎聲哦囉迦盎'。""糞盎聲哦囉迦盎"，大正藏校勘記稱明本作"盎哦囉迦"。知禮述金光明經文句記卷二上："熒惑，火星也。"

部引陁　此翻"水星"〔一〕。

〔一〕文殊師利菩薩及諸仙所説吉凶時日善惡宿曜經卷下："水曜辰星，胡名'咥'丁逸反，波斯名'掣森勿'，天竺名'部引陀'。"

勿哩訶娑跛底　此翻"木星"〔一〕。

〔一〕文殊師利菩薩及諸仙所説吉凶時日善惡宿曜經卷下："木曜歲星，胡名'鶻勿'，波斯名'本森勿'，天竺名'勿哩訶娑跛底'丁以反。"

賒乃以室折囉　此翻"土星"〔一〕。

〔一〕文殊師利菩薩及諸仙所説吉凶時日善惡宿曜經卷下:“土曜鎮星,
　　　　胡名‘枳院’,波斯名‘翕森勿’,天竺名‘賒乃以室折囉’。”

戍羯羅　此云“金星”〔一〕。

〔一〕文殊師利菩薩及諸仙所説吉凶時日善惡宿曜經卷下:“金曜太白,
　　　　胡名‘那歇’,波斯名‘數森勿’,天竺名‘戍羯羅’。”

佉勒迦　著穀麥篇〔一〕。

〔一〕著穀麥篇:永樂北藏本、嘉興藏本作“此云著穀篇”。　澄觀撰大方
　　　　廣佛華嚴經疏卷一一:“佉勒迦者,梵音,此云‘竹篇’也。”玄應一
　　　　切經音義卷一二:“有篇,視專反。字林:判竹爲之,盛穀者也。蒼
　　　　頡篇作‘圖’,時緣反,圓倉也。經文作‘簞’,音單,器名。”

勿伽　此云“胡豆”,即緑豆也〔一〕。

〔一〕玄應一切經音義卷二三:“勿伽,此云‘胡豆’,即是緑色豆也。”

塞畢力迦　此云“苜蓿”〔一〕。漢書云:“罽賓國多
苜蓿。”〔二〕

〔一〕金光明最勝王經卷七大辯才天女品“苜蓿香”子注曰:“塞畢力
　　　　迦。”慧琳一切經音義卷二九:“苜蓿,上音目,下音宿,草名也。本
　　　　出罽賓國,大宛馬嗜之。漢書云:張騫使西國,迴持其種,播植於此
　　　　國,以飤騄馬。從草,形聲字。陸氏切韻等音莫六反,今不取也。”

〔二〕漢書卷九六上西域傳:“罽賓地平,温和,有目宿,雜草奇木,檀、櫰、
　　　　梓、竹、漆。”

薩闍羅婆　或“薩折羅婆”,此翻“白膠香”〔一〕。

〔一〕金光明最勝王經卷七大辯才天女品“白膠”子注曰:“薩折羅婆。”
　　　　廣大寶樓閣善住祕密陀羅尼經卷中結壇場法品作“薩闍羅婆香”,
　　　　子注“白膠香也”。

那羅陀　“那羅”,正云“捼羅”,此云“人”也。“陀”,謂
“陁羅”,此云“持”也。其花香妙,人皆佩之,故名人持
花也〔一〕。

〔一〕澄觀撰大方廣佛華嚴經疏卷一七:“那羅陀者,此云‘人持’,以華
　　　　香妙人皆佩故,王子佩持法王軌度故。”慧苑新譯大方廣佛華嚴經
　　　　音義卷上:“那羅陀花,那羅,正曰‘捼羅’,此云‘人’也。‘陀’,謂
　　　　‘陀羅’,此云‘持’也。其花香妙,人皆佩之,故曰人持花也。”

末利　此翻“黄色花”,花如黄金色〔一〕。

〔一〕澄觀撰大方廣佛華嚴經疏卷一六:"末利香即華名,其色如黃金。"慧苑新譯大方廣佛華嚴經音義卷上:"末利香,花名也,其花金黃色。然非末利之言,即翻爲黃也。"明弘贊輯四分律名義標釋卷一六:"末羅園,或云'磨羅',此云'鬘'。謂此華堪結作鬘,故譯爲'鬘'。或'末'是'末利','羅'是'磨羅',二華合名也。然磨羅華,與末利不同。此園植二種華,皆堪結鬘,故舊譯爲'鬘'。善見律云:廣州有此華,藤生。又云:此翻黃色華,華如黃金色。按梵音'末利',非黃色義,但是華名。其末利華,則白色者多,黃色者希。有藤生者,有樹生者。"

巨磨　此方翻爲"牛糞"〔一〕。

〔一〕牛糞:永樂北藏本、嘉興藏本作"牛糞中生華"。　道宣撰四分律刪繁補闕行事鈔卷下二衣總別篇:"巨磨,此翻'牛屎'。"又作"瞿摩夷"。慧琳一切經音義卷四二:"瞿摩夷,梵語,即牛糞也。所以存梵語者,避嫌疑也。取以香水調,用塗地,應法教。"

阿提目多伽　宗鏡引攝論云:"苣勝〔一〕本來是炭,多時埋在地中,變爲苣勝。西方若欲作塗身香油,先以華香取苣勝子,聚爲一處,淹令極爛,後取苣勝厭油,油遂香也。"〔二〕

〔一〕勝:永樂北藏本、嘉興藏本作"𧆜",後同。

〔二〕見延壽集宗鏡録卷四八。"攝論云"者,世親造、玄奘譯攝大乘論釋卷二:"如苣勝中有花熏習,苣勝與花俱生俱滅,是諸苣勝帶能生彼香因而生。"可洪撰新集藏經音義隨函録卷一一:"苣勝,上音巨,下亦作勝、稱二形,同尸證反,胡麻也。越絕書曰:麻山勾踐欲伐吳,種麻以爲弓絃也。抱朴子曰:胡麻,一名芳莖。餌之不老,耐風。葉名青蘘。本草云:胡麻粒大黑者爲巨勝也。"

解脱　肇曰:"縱任無礙,塵累不能拘,解脱也。"什曰:"亦名三昧,亦名神足。或令修短改度,或巨細相容,變化隨意,於法自在,解脱無礙,故名解脱。"又曰:"心得自在,不爲不能所縛,故曰解脱。"〔一〕淨名疏云:"一、真性,二、實慧,三、方便。故經云:'諸佛菩薩,有解脱名不思議。若菩薩住此解脱者,能以須彌之高廣内芥子中。'乃至種種變現莫測,即是三種解脱不思議義。何者? 諸菩薩有解脱即是真性。

若菩薩住此者，即是實慧，能以須弥内於芥等即是方便。"〔二〕大品云："心得好解脱，慧得好解脱。"〔三〕垂裕云："心脱是俱，慧脱是慧。"〔四〕

〔 一 〕"肇曰"至此，見僧肇撰注維摩詰經卷一。

〔 二 〕見智顗説、湛然略維摩經略疏卷七。"經云"者，見維摩詰所説經卷中不思議品。

〔 三 〕見摩訶般若波羅蜜經卷一。

〔 四 〕見智圓述維摩經略疏垂裕記卷六。

智度　什曰："窮智之原，故稱度。梵音中有母義。"〔一〕

〔 一 〕見僧肇撰注維摩詰經卷七。

方便　什曰："智度雖以明照爲體，成濟萬行，比其功用，不及方便爲父。梵音中有父義。方便有二種：一、解深空而不取相受證，二、以實相理深莫能信受，要須方便誘引群生，令其漸悟。方便義深而功重，故爲父也。"〔一〕淨名疏云："方是智所詣之偏法，便是菩薩權巧用之能巧。用諸法隨機利物，故云方便。"〔二〕荆溪云："法華疏中，爲顯實故，分爲三釋，謂法用及門并秘妙也。今此廢二，但取法用者，門論趣入，秘妙開權。今未開權，故缺後釋。不取門者，菩薩可入，二乘缺之。於菩薩中，且約當分，復置傳入，故且不云。據理亦合〔三〕用門，一意以當分入，與法用同，故且唯用法用一意。又通秘教，亦可具足用彼三意。"〔四〕

論法華方便品

儒詩六義，以思無邪爲指歸。釋教五時，開佛知見是究竟。誠一化之高會，真諸佛之宗極。似太虛而含衆色，若渤澥以納群流。由是管窺義天，蠡酌法海，粗研味乎真詮，豈塵露于達士！初辨品題，次論品義。

初辨品題者，經云："諸佛法久後，要當説真實。"〔五〕文既斥〔六〕其方便，題應號爲真實。安以權名而立今品？如將縣額以牓州門。又佛起定，即自唱言："諸佛智慧，甚深無量。"〔七〕此乃雙歎權實。先達遂云:"此花不有則已,有則華果雙含。"〔八〕此經不說則已,說則權實雙辨〔九〕。經既雙明權實,題那單標方便? 由此疑興,先達相繼,共立七義,以伸題意:

一、權有顯實之功。法王初化,機緣未熟,隱實施權,權掩於實。靈山妙唱,普會權乘。決了聲聞法,是諸經之王。彼秘被開,於今成妙。此權既有顯實之功,故結集家號善權品。二、名偏義圓。若標真實,則違方便。今品權名,雖偏其實,法體圓具,乃彰權實之雙美。三、名體俱不轉。此有四句:一、名轉體不轉。如云"正直捨方便,但說無上道"〔一〇〕。乃至第四名體俱不轉,如云"我等今者,真是聲聞"〔一一〕。名不轉故,名方便品。四、顯開權絕待。法華開權顯實,權外無實。法用能通,當體秘妙。若標真實,但成相待,爲彰絕待之功,號方便品。五、彰詮迷之教。祖云:自非今經,誰肯歎此詮迷之教〔一二〕。由指迷染之心,即是自行方便。則知此權,大有詮迷之力。六、施開一致。昔時所施、既施,即實之權。今日所開、還開,權即是實。乃見施、開之不二也。七、揀異昔經。淨名、報恩,雖皆立方便之名,既是體外之權,豈同今品同體方便? 自昔所說,不出此七。

先師謂舊觀縷,義失至當,自立附文、原意二義,以伸品題:一、附文者,經家立品,附文旨趣,惣別須分。何哉? 五字首題,法則權實惣標,喻乃華果雙舉。所以三周開顯本迹二門,一部之文,並皆不出權實之法。今品若更雙立權實之目,則與惣題無異。二、原意者,言者所以在意。此經開權顯實,意在於權。故云:"過去諸佛,以無數方便,種種因緣,種種譬喻,而爲眾生演說諸法。"〔一三〕是法皆爲一佛乘故。非權無以明實故,令機緣即於權法以曉真實。故曰:"不指所開,無由說實。"〔一四〕具述施權,意在開也。故記主釋開方便門,示真實相云:示謂指示,指其見實之處〔一五〕。且見實之處在何?

在前偏權方便。今日説此方便有真實相,此既即實之方便,乃異昔經之方便,故得秘妙之名。是故經家題名方便,纔言方便即是真實。故身子疑云:“何故殷勤稱歎方便?”〔一六〕則知方便真開權之惣號,誠顯實之大名矣。或者問曰:今由開權稱方便者,淨名既未開權,安稱方便? 既稱方便,權何不開? 荅:彼經言方便者,疏云:“此品正明助佛闡揚,善巧權謀,隨機利物,令入慧起根,故名方便。”〔一七〕雖言方便,機緣當座,烏知所證亦方便焉? 故昔方便之名,權未開矣。

　　次論品義者,吾祖預釋品題,乃立法用、能通、秘妙三種方便。今先通示,然後別解。且通示者,此三方便,初二從昔教,後一屬今經。初名法用者,疏曰:“方者,法也;便者,用也。法有方圓,用有差會。三權是矩、是方,一實是規、是圓。”〔一八〕記云:“初約能用三教得名,法是所用,用是能用,雖法之與用俱通四教,但有方圓差會之殊,故方便之稱,從權立名,權不即實故對昔辨,成體外權非今品意。文中舉圓,即屬真實,相對來耳。”〔一九〕二名能通者,疏云:“又方便者,門也。門名能通,通於所通。方便權略,皆是弄引爲真實作門。真實得顯,功由方便,從能顯得名。”〔二〇〕記曰:“次第二釋,權屬能通三教,亦得名爲方便。然雖不即,以能爲圓作遠詮故,所詮之圓亦帶能詮,爲方便故。故知並非今品意也。”又云:“今以三詮一,三爲一實作詮,故三名能詮。是則前之三教,教行人理,悉爲能詮。”又云:“不破不即,從權入實,故得修名。若於尒前二味三教,利根菩薩有顯露得,兩教二乘唯秘密得,由得入故即稱爲門。”〔二一〕三名秘妙者,疏云:“方者,秘也;便者,妙也。妙達於方,即是真秘。點内衣裏無價之珠,與王頂上唯有一珠,無二無別。指客作人是長者子,亦無二無別。如斯之言,是秘是妙,如經‘唯我知是相,十方佛亦然。止止不須説,我法妙難思’。故以秘釋方,以妙釋便,正是今品之意。”〔二二〕記云:“至第三釋,方乃三權即是一實,指此即實之權，方名今經方便。"又云："第三釋者，即今品意。但前二釋於昔但得名偏名門，秘而不説。今開其偏門，即圓所也，故云秘妙。顯露彰灼，故云真秘。"〔二三〕或問：妙樂記云：即權而實，爲所依體。即實而權，爲當體體〔二四〕。不審第三秘妙之名，爲從所依立號？爲從當體得名？苔：此由當體即所依體，故云："彼秘被開，於今成妙。"又云："第三文者，亦開前二。非能非所，及以能通，並開成所。所中善巧，名爲方便。故妙方便，異於方法及能通門。"又云："故隔偏之圓，亦有體内方便，故名秘妙。秘妙之名，似同第三，然其意則别。何者？第三乃以開顯爲妙，此中乃以獨圓爲妙。"〔二五〕此揀今昔秘妙義異，諦思吾祖崇建三釋，若無初二，豈彰爲蓮故華以施權？苟缺第三，烏顯華開蓮現而顯實？體徧一化，妙彰七軸。非發總持，誰唱斯義？鑽仰堅高，嗟歎不足。

次别釋者，若約部教，初二屬昔教，法用能通，皆異體權。後一屬今經，秘妙方便，名同體權，定此秘妙方便破顯之相。先德彝訓，或定爲所破，或執是所顯。天竺一宗，論同體權，定爲所破。一、據蓮華開喻，原佛出世，意爲顯實，由機未堪，權施昔教，此譬桃李華也。及至法華，法既純圓絶妙，遂指蓮華而立三喻：一、爲蓮故華，譬爲實施權。蓋四時未説施權，此名異體。今無量義，既言從一清淨道，施出二三四，收昔異體，爲今同體。權既從實而施，故譬爲蓮故華。第二、華開蓮現，此開初句之權華，乃顯次句之蓮實。故五佛章中，各有開權、顯實二科。開權是文叙昔教，以爲顯實之所。故無量義經之同體，爲今法華之所破。第三、華落蓮成，此譬廢權立實。都廢序分即實之權，獨立正宗即權之實〔二六〕。次、憑權暫用義。權名權暫，用已還廢；實名實録，究竟指歸。則知十隻之權，皆爲所破，如心意識。既是事權，豈屬所顯矣！三、準祖師定解。如輔行云：解同體之權髻與實相之明珠〔二七〕。又，義例云："如引法華，部唯一實。文叙昔教，以爲所開。”〔二八〕既云“部唯一實”，故同體權爲所破也。近人又謂從名雖開，從義不開。如圓家破即法性之無明，例今品開即實之權耳。

余觀先德破同體權，一迷立喻，二昧開權。初迷立喻者，爲蓮故花，如大師云：“爲十妙故，開出十麤，如爲蓮故華。”〔二九〕此約法體，用在於昔，皆屬麤法。云何一槩以爲蓮故華？俱喻妙法，乃見能譬，立喻淆混。其次，所況爲實施權，始自華嚴，終乎般若，皆是隔歷三諦，俱爲法華之實。而施四時三教之權，故名爲實施權。若獨以此句喻無量義經，則彰所喻法缺略矣。

二昧開權者，四時三教，體外化他，機未純淑，覆權言實，故非究竟，屬異體麤。至今方指昔未真實，執教偏情既遣，即知當體本妙。開此化他之法，全是自行之權。權實不二，乃名同體。故祖師云：“既顯實已。”〔三〇〕全權是實，不可謂之權非究竟。況祖師云：“誰肯以三界有漏識心而爲佛所稱讚？”〔三一〕既佛所讚，安非所顯？

次定所顯者，南屏一宗，皆謂世尊疇昔久轉法輪，所化之機既雜，所施之教不一。雖説三教，不言此是即實之權；雖演圓乘，未云斯是即權之實。權實各逗，大小相隔，是故昔教名異體權。後會靈山，宣妙法華，開昔隱秘之法，爲今微妙之教。權實圓融，故名同體。法既麤妙相即，佛化事理俱圓。若爲所破，乃成開妙。故記文云：“第三釋者，即開前二，非能非所，及以能通，並開成所。”〔三二〕可證秘妙，非所開矣，其如蓮華三喻，輔行等文。

復有五師，消釋義異：一云對論、自論有殊。若約偏圓相對，異體是所破，同體是所顯。例前三教三惑須斷，圓教三惑不斷。就圓自論，須斷四十二品。故同體權，亦屬所破。今謂偏圓對論，前三名權，圓教屬實。那得對論却以圓教，名同體權，不須破耶？又，今開權顯實，開偏是圓，正當偏圓對論，反以蓮華三喻，謂之圓教自論，破同體權，却顯今經都無開權之力乎？

二云機情佛意。機情雖開異體，佛意即是同體。今謂誇節唯在今經，佛意非適今也。據此祖意，對機開顯，雖局法華，原佛密意，俱徧四時。是則機情佛意，正約昔說。若約昔義，以斷今經，其猶欲至湖南，面行塞北，其心雖切，路愈遠矣。

三云法本自妙，麁由物情。雖開異體之權，其實法體本自微妙，即是同體。今謂如記主云："但開其情，理自復本。"〔三三〕又云："開何所開？即彼能覆。"〔三四〕既但破能覆之情，奚嘗開所迷之法？

四云約開竟說，以輔行解同體之權髻，既點迹門流通之經，此約已開異體，成同體竟。今謂安樂行品文雖在後，喻乃顯前，特點正宗，開麁顯妙。斯言無旨，徒虛語耳。

五云同體爲所開者，意彰異體亦不可破。此語孟浪，吾驚怖其言，猶河漢而無極也。今覈昔人，由昧山家諸部文義，致論開權，詞繁理寡。今鱗比諸文，令冰解凍，釋殊塗同歸。初釋喻，舊辨蓮華，或專喻妙，或兼比麁。餘華對辨，則蓮華俱妙。就蓮自分，華亦兼麁。今究所喻既有權實，乃顯能喻亦通麁妙。

今先分所喻權實，後辨能喻麁妙。分權實者，提挈剛〔三五〕要，大有五義：一、因果，二、九一，三、今昔，四、真俗，五、本迹。初因果分者，以十界中前七如是屬因，是權。果報二如是爲實；二、九一分權實。妙玄云："餘花麁，喻九法界十如是因果。此花妙，喻佛法界十如是因果。"〔三六〕三、約今昔分者，以昔爲權，將今爲實。故妙玄云："一爲蓮故華，譬爲實施權。雖說種種道，其實爲佛乘。"〔三七〕四、約真俗分者，空智照真爲實，假智照俗爲權，中智雙照爲亦權亦實，中道雙亡爲非權非實。故妙樂云："以對昔故，須爲四句。通論大剛，法相雖爾，別論今品，唯在第三，亦權一半，名方便品。"〔三八〕五、約本迹分者，如私序云："指久遠之本果，喻之以蓮。會不二之圓道,譬之以華。"〔三九〕權實雖通五義,今唯約界及與部教,以論開權矣。

次明能喻麁妙者。玄義序乎蓮華:"一、爲蓮故華,譬爲實施權。二、華敷譬開權,蓮現譬顯實。三、華落譬廢權,蓮成譬立實。"〔四〇〕當歷三喻,引而伸之。且夫蓮華之喻,唱出今經,本況妙法,而天台以初"爲蓮故華"一句既"譬爲實施權",約此法體,用在昔時,華喻麁法。故妙玄云:"又諸教權實,未融爲權;既融開權,顯實爲實。"〔四一〕由昔赴機,權掩於實,乃名〔四二〕異體。由是今經破此偏情,乃云:雖説種種道,其實爲佛乘〔四三〕。世尊既談爲實施權,吾祖遂立爲蓮故華之喻。據此説在今經纔唱爲實施權,利根便知此權即實,由無量義,曾聞此權從實生故,已破異體之見,但未開顯。鈍根須假第二句"華敷譬開權,蓮現譬顯實",故曰開方便門,示真實相。記主釋曰:"指實爲權,權掩於實,名方便門閉。今指權爲實,於權見實,名方便門開。"〔四四〕此點法用能通,俱成秘妙。"三、華落譬廢權,蓮成譬立實。"又云:"正直捨方便,但説無上道。"〔四五〕此由四時三教,當體秘妙,開已無外,麁法不存,義當於廢。約法雖開廢同時,約喻乃先開後廢,故分三句,彰始終之有序。

二、釋經云:"開方便門,示真實相。"〔四六〕昔人引證,開同體權,須曉祖師二處引用,疏證能通方便。此取門義,從前三教,能通之門,入於圓所,故曰開方便門。記主遂云:"於昔但得名偏名門,非謂於彼已明開門。"〔四七〕若玄義中證開權者,既於方便即見真實,故以此證開權相焉。

三、釋輔行解同體之權髻與實相之明珠。由安樂行,約王賞賜,喻佛授道。昔機與魔共戰,微有其功,但賜禪定解脱之法,如賞田宅。法華大破魔網,至一切智,如王解髻,明珠賜之。昔時權掩於實,如髻覆珠,就機不知是權,喻異體閉。今經赴機,指昔三教權法,全是秘妙方便。故決聲聞之法,即是諸經之王。經既以王喻佛，約佛開異體時，無非同體，故曰解同體之權髻矣。

四、釋義例。如引法華，部唯一實，文叙昔教，以爲所開。天竺[四八]引此部唯一實，證破同體。今謂所叙麁法，既點爲妙，權實相即，能所圓融，故謂法華唯一實耳。

五、釋科目。五佛章門，皆有開權、顯實二科，前四則先開權，次顯實，今佛乃先顯實，次開權。天竺乃謂開權是文叙昔教，顯實乃破同體權。今謂纔開權時，意已顯實，但約説次第，開權言未顯實，顯實方曉開權。立言垂範，遂分二科。故法明講主云：言無並出，語不頓施。殊有旨哉！余慕法王之遺教，學而時習之，遂括古今之論，以究權實之道。雖不足品藻淵流，庶亦無乖商搉，編贈後賢，願開佛慧。

〔一〕見僧肇撰注維摩詰經卷七。

〔二〕見智顗説、湛然略維摩經略疏卷七。

〔三〕合：大正藏本作“今”。

〔四〕見湛然述維摩經疏記卷一，又見智圓述維摩經略疏垂裕記卷四。

〔五〕見妙法蓮華經卷一方便品。

〔六〕斥：大正藏本作“屏”。

〔七〕見妙法蓮華經卷一方便品。

〔八〕見梁法雲撰法華經義記卷一。

〔九〕澄觀述大方廣佛華嚴經隨疏演義鈔卷四八：“昔人云：此華不有則已，有則華實雙含。此經不説則已，説則權實雙辨。”

〔一〇〕見妙法蓮華經卷一方便品。

〔一一〕見妙法蓮華經卷二信解品。

〔一二〕湛然述法華文句記卷四上：“以理望教，教名爲權。理在於迷，迷亦名實。故權實之名，非一處得。果教譚此能詮亦權，故知其教祇詮其理。是故如來稱歎此教，自非今經，誰肯歎此詮迷之教爲方便品？若不爾者，從三昧起所歎者何？”

〔一三〕見妙法蓮華經卷一方便品。

〔一四〕見湛然述法華文句記卷五中。

〔一五〕湛然述法華玄義釋籤卷一：“指實爲權、權掩於實，名方便門閉；今

指權爲實、於權見實,名方便門開。示謂指示,示其見實之處,故
云也。"

〔一六〕見妙法蓮華經卷一方便品。

〔一七〕見智顗説、湛然略維摩經略疏卷三。

〔一八〕見智顗説妙法蓮華經文句卷三上。

〔一九〕見湛然述法華文句記卷三下。

〔二〇〕見智顗説妙法蓮華經文句卷三上。

〔二一〕見湛然述法華文句記卷三下。

〔二二〕見智顗説妙法蓮華經文句卷三上。"如經"者,見妙法蓮華經卷一
方便品。

〔二三〕見湛然述法華文句記卷三下。

〔二四〕湛然述法華文句記卷四上:"今謂所言體者,爲取所依,爲用當體?
若取所依,即權而實爲體;若取當體,即實而權爲體。"

〔二五〕見湛然述法華文句記卷三下。

〔二六〕智顗説妙法蓮華經玄義卷一上:"蓮華多奇:爲蓮故華,華實具足,
可喻即實而權;又,華開蓮現,可喻即權而實;又,華落蓮成,蓮成亦
落,可喻非權非實。如是等種種義便故,以蓮華喻於妙法也。"

〔二七〕湛然述止觀輔行傳弘決卷六之三:"於實法界頂,開同體權髻。與
實相明珠,得法王記莂。法賜之極,極在佛記,故云賞窮。施化之
意,意在開權,故云解髻。"

〔二八〕見湛然述止觀義例卷上。

〔二九〕見智顗説妙法蓮華經玄義卷七上。

〔三〇〕見湛然述法華文句記卷五上。

〔三一〕見湛然述法華文句記卷四上。

〔三二〕見湛然述法華文句記卷三下。

〔三三〕見湛然述法華玄義釋籤卷三。

〔三四〕見湛然述法華玄義釋籤卷一。

〔三五〕剛:大正藏本作"綱",後同。

〔三六〕見智顗説妙法蓮華經玄義卷七下。

〔三七〕見智顗説妙法蓮華經玄義卷一上。

〔三八〕見湛然述法華文句記卷三下。

〔三九〕見智顗説妙法蓮華經文句卷一私序王。

〔四〇〕見智顗説妙法蓮華經文句卷一序王。

〔四一〕見智顗説妙法蓮華經文句卷七上。

〔四二〕名：大正藏本作“云”。

〔四三〕妙法蓮華經卷一方便品：“未來世諸佛，雖説百千億，無數諸法門，其實爲一乘。”

〔四四〕見湛然述法華玄義釋籤卷一。

〔四五〕見妙法蓮華經卷一方便品。

〔四六〕見妙法蓮華經卷四法師品。

〔四七〕見湛然述法華文句記卷三下。

〔四八〕竺：大正藏本作“岳”，後同。

剎摩　此云“土田”〔一〕。瓔珞云：“土名賢聖所居之處。”〔二〕天台釋維摩佛國云：“諸佛利物，無量無邊。今略爲四：一、染淨國，凡聖共居；二、有餘國，方便人住；三、果報國，純法身居，即因陀羅網無障礙土；四、常寂光，即妙覺所居。”〔三〕四土之名，雖出智者，四土之義，本載經論。今伸遺教，略開七門：初、憑文，二、釋名，三、辨義，四、定體，五、示相，六、對身，七、解惑。

初、憑文者，維摩經云：“隨所化衆生而取佛土，隨所調伏衆生而取佛土，隨諸衆生應以何國入佛智慧，隨諸衆生應以何國起菩薩根。”〔四〕天台釋云：“若對四土，宛然相似。”〔五〕若別出者，思益經云：“東方之國，佛号日月光，有菩薩梵天曰思益，白佛：‘我欲詣娑婆世界。’佛言：‘便往。汝應以十法游於彼土。’”〔六〕斯乃淨聖來游穢土。又，智論云：“穢土先施三乘，後顯一乘，娑婆是。淨土先施三乘，後顯一乘，安養是。”〔七〕二、有餘土。如法華云：“我於餘國作佛，更有異名。”〔八〕智論云：“有淨佛土，出於三界，乃無煩惱之名，於是國土佛所，聞法華經。”〔九〕三、果報土。如仁王云：“三賢十聖住果報，唯佛一人居淨土。”〔一○〕四、常寂光。普賢觀云：“釋迦牟尼名毗盧遮那，其佛所住，名常寂光。”〔一一〕

二、釋名。初曰染淨同居者，染淨三種：一、迷悟分。九界迷逆名染，佛界順悟名淨。如妙樂云：“相約隨緣，緣有染淨。"〔一二〕又,不二門云:"法性之與無明,徧造諸法,名之爲染。無明之與法性,徧應衆緣,号之爲淨。"〔一三〕二、情理分。不二門云:"故知刹那,染體悉淨。"〔一四〕指要云:"今之染淨,約情理説。"〔一五〕三、凡聖分。淨名疏云:"六道鄙穢故名染,三乘見真故名淨。三六共住,染淨同居。"〔一六〕問:不二門云:"一理之内而分淨穢,別則六穢四聖,通則十通淨穢。"〔一七〕然此染淨淨穢,文心解云:"染淨從迷悟體用而言,淨穢約凡聖界如而辨。"〔一八〕今謂淨名染淨,正約凡聖而分,云何淨覺却云"淨穢約凡聖界如而辨"? 又,垂裕云:"染淨之名約正,淨穢之名約依。二土凡聖共居,通名染淨。此土砂礫充滿,別受穢名。彼土金寶莊嚴,別受淨号。"〔一九〕今謂淨名疏云:"四趣共住名穢,無四惡趣名淨。"〔二〇〕此從正報立依報名,云何孤山却云"染淨之名約正,淨穢之名約依"? 當知染淨從凡聖之心以立名,淨穢約依正之境而標号。問:既從染淨立同居名,還許亦從淨穢立同居乎? 荅:染淨是通名,淨穢是別号。故垂裕云:"此方即染淨穢土,安養即染淨淨土。"〔二一〕故知同居正從染淨而立。若從通義,如淨名中身子見穢,梵王見淨,乃是娑婆淨穢同居。又,婆沙〔二二〕云:"若人種善根,疑則華不開。信心清淨者,華開即見佛。"〔二三〕此是安養淨穢同居。雖通此義,名非正立。此染淨土,亦名凡聖同居故。淨名疏云:"染即是凡,淨即是聖。"〔二四〕如疏文云:"凡聖各二。凡居二者,一、惡衆生,即四趣也;二、善衆生,即人天也。聖居二者,一實二權。實者,四果及支佛,通教六地,別十住,圓十信。通惑雖斷,報身猶在。二、權聖者,方便有餘三乘,受徧真法性身,爲利有緣,願生同居。若實報及寂光法身菩薩及妙覺佛,爲利有緣,應生同居。皆是權也。此等聖人,與凡共住,故名凡聖同居。"〔二五〕二、方便有餘土。言方便者,如禪門云:"善巧修習,故名方便。"〔二六〕此有三義:一、真中。淨名疏云:"二乘三種菩薩證方便道之所居也。"〔二七〕輔行云:"所以在方便者,並屬空邊。"〔二八〕二、真似。妙玄云:"別、圓似解,未發真修,皆名作意。"〔二九〕三、偏圓。妙樂云:"並以三教而爲方便。"〔三〇〕雖通三義,正從證真立方便名。言有餘者,觀經疏云:"無明未盡,故曰有餘。"〔三一〕淨名疏云:"若修二觀,斷通惑盡,恒沙別惑無明未斷。捨分段身,而生界外。受法性身,即有變易。所居之土,名有餘國。"〔三二〕亦名果報,如輔行云:"通有由因感果之報,未入實報。"〔三三〕又云:"今文且説偏空偏假所感之報,則不如初住已上居果報土。"〔三四〕又名法性,如智論云"受法性身"〔三五〕,非分段生〔三六〕。三、果報土。淨名疏云:"報身所居,依報淨國,名果報土。"〔三七〕輔行云:"言果報者,從報果爲名。"〔三八〕亦號實報,觀經疏云:"行真實法,感得勝報。"〔三九〕淨名疏云:"以觀實相,發真無漏,所得果報,故名爲實。"〔四〇〕亦名妙報,如輔行云:"唯有別、圓,初地初住,獲妙果報。"〔四一〕又名勝妙報,如止觀云:"違即二邊果報,順即勝妙果報。"〔四二〕亦名無障礙,觀經疏云:"色心不相妨,故曰無障礙。"〔四三〕淨名疏云:"一世界攝一切世界,一切世界亦如是,此名世界海,亦名世界無盡藏。"〔四四〕四、常寂光者,觀經疏云:"常即法身,寂即解脱,光即般若。"〔四五〕此以不遷不變名常,離有離無名寂,照俗照真名光。亦名果報,如文句云:"同居、有餘自體,皆是妙色妙心果報之處。"〔四六〕記云:"故知三土,皆是證道色心報處,寂光既徧,遮那亦徧。"〔四七〕此以妙色妙心果報也。問:如輔行云:"今論感報,不論寂光。"〔四八〕據此,寂光豈名果報乎?答:所云寂光非果報者,三惑究盡,業報都亡,所以寂光身土亡泯。雖無惑業之報,而爲願行之果。淨名疏云:"修於圓教願行之因,因極果滿,道成妙覺,居常寂光。"〔四九〕問:如垂裕云:"中下寂光,攝在果報。"〔五〇〕不審四十一地生實報土,云何得受寂光名邪?答:淨名疏云:"前四十一地,若約果報,名生實報。分見真理,名常寂光。"〔五一〕又,彼記云:"約報論生,是故有邊論於果報。

約所入邊,則非果報。但所入邊,即是見真。"〔五二〕名常寂光。

三、辨義。此約教門,辨四土義,復開五門。初、論體用寂光是體,餘三屬用。如釋籤云:"諸佛寂理,神無方所,所依寂境,号常寂光,是故沙石七珍,隨生所感。"〔五三〕又,輔行云:"常寂光土,清淨法身,無所莊嚴,無能莊嚴。爲衆生故,而取三土。"〔五四〕二、論事理。淨名疏云:"寂光是理,餘三是事。"〔五五〕此乃對分事理。若各分事理,如淨名疏云:"諸土非垢,寂光非淨,畢竟無説。此四俱理。而説諸土爲垢,寂光爲淨。"〔五六〕記云:"理論不當垢之與淨,約事唯有寂光永淨。"〔五七〕三、論能所。荆溪記云:"但以寂光而爲所成,即以三土而爲能成。故所成唯一,能成有三。是則能所事別故也。"〔五八〕四、論凡聖。準雜編〔五九〕云:十界對土,有橫有竪。若竪對者,同居六凡,方便二乘,實報菩薩,寂光佛果。橫惧爲竪。若橫敵對,同居有十〔六〇〕,凡聖同居故;方便有四,無六凡故;實報有二,無二乘故;寂光唯一,無菩薩故。竪惧爲橫。五、論淨穢。淨名疏云:"諸土爲垢,寂光爲淨。"〔六一〕三惑覆蔽故爲垢,三德究顯故爲淨。此約四土對論。若各分者,觀經疏云:"五濁輕重同居淨穢。"〔六二〕妙宗釋云:"此淨甚通,須知別意。如戒善者,四教凡位,皆悉能令五濁輕薄。而圓觀輕濁,感同居淨,依正最淨。如此經説地觀已去,一一相狀,比於餘經,修衆善行,感安養土,其相天殊。"〔六三〕雜編乃云:嘗觀鼓音之外六經土相,其實是一,縱有依報,大小不同,此蓋如來善權赴機隨時之義也。良由凡夫心想羸劣,未能觀大,故方便示小,爲發觀之境。若生彼土,所見俱大。今難雪川,既修偏行,安獲勝果?非獨彰行人之偶報,抑亦顯世尊之妄説,因果不類,徒虛語耳。二、"體枴巧拙有餘淨穢。"刊正記〔六四〕云:"通人體色即空故巧,藏人枴色明空故拙。"妙宗云:"體觀感淨,不專通人。衍門三教,對三藏拙,俱明體法,通但空體,別次弟體,圓不次體。三人生彼,俱感淨相,圓人最淨。"〔六五〕又,往生記引輔行云:"次明體法,依門修觀,亦應具含三種四門。"〔六六〕三、"次弟頓入實報淨穢。"刊正云:"別人漸修次弟三觀,登地入實,以之爲穢。圓人頓修一心三觀,登住入實,以之爲淨。"妙宗云:"若論實證,此土唯有圓聖所居,別人初地,證與圓同,稱實感報,有何優降?今就教道,十地不融,致使感土,異於圓人。"〔六七〕雜編雙取,謂偏成非。次弟頓入者,即別、圓所修巧、拙二觀也。實報淨穢者,即地住所見融礙二相也。良由別人久習次弟,雖回向圓修,入地之時,仍見一分染礙之色,名之爲穢。圓人始終唯修頓行,入住之時,但見此土融通之相,号之爲淨。往生記破約教道説,則見神智自違。輔行義學之者,當思審矣。四、"分證究竟寂光淨穢。"妙宗鈔云:"若就別人同證圓實,論寂光者,唯約真因,對圓極果而分淨穢。今論教道詮於極果,但斷無明一十二品,寂光猶穢。圓知須斷四十二品,名究竟淨。"〔六八〕往生記云:今約分滿相對,故合中下,但名分證寂光猶穢。妙覺上品,真常究滿,方爲極淨。請觀今文,諸佛如來所游居處,極爲淨土,豈非分得究竟寂光?正約圓家真因極果,對分淨穢。四明〔六九〕云:"別教教道,深不可也。"刊正記云:"由分證寂光,方生實報。今約分證,猶帶無明,無明故穢。究竟無明已盡故淨。"雜編難云:"若尔,則成穢屬實報,淨屬寂光。今謂無明分破證少分無相故穢,無明全盡證究竟無相故淨。"〔七〇〕

四、定體。先達通以三道爲下三土當體之體,引輔行云:"分段三道,謂見思惑爲煩惱道,煩惱潤業爲業道,感界內生爲苦道。方便三道,謂塵沙惑爲煩惱道,以無漏業名爲業道,變易生死名爲苦道。實報三道,謂無明惑爲煩惱道,非漏非無漏業爲業道,彼土變易名爲苦道。"〔七一〕通以三德爲所依體,苦道即法身,結業即解脫,煩惱即菩提。先師乃謂惑業是因,苦道是果。今之土體三世間中,唯取苦道爲國土一千當體之體，還以三德爲所依體。故荆溪云："既許法身徧一切處，報應未嘗離於法身。"〔七二〕若寂光土，觀經既約四德釋名，當以三德爲土當體，理無所存，徧在於事，乃以三土爲所依體。廣慈法師〔七三〕準妙樂云："本有四德爲所依，修德四德爲能依。"〔七四〕遂指修德三因爲當體，性德三法爲所依。今謂妙樂因釋下方空中菩薩，所以將身表智，以空表土，故明身土。今唯辨土，安得兼身？況將修德以對理土，乃彰能所，義顛倒矣。

五、示相。此約教門，示四土相。初、示一異相，娑婆安養，垢淨相別，故名異。方便有餘，純清淨境，故名一。淨名疏云："三乘同以無言說道，發真無漏。所感國土，一往相同，故言一也。"〔七五〕二、示融礙相。方便雖是一相，無明未破，果報隔別。淨名疏云："染淨有餘，二種衆生，見有障礙。別圓地住，分破無明。"〔七六〕依正互融，一多相即，故名融也。三、示橫竪相。舊釋橫竪，句義紛雜，惑亂學者。今分二義，泠然易解。初就土自分，如妙玄云："若分別而言，謂方便在三界外。若分別而言，謂實報在方便外。"〔七七〕例此分別，謂寂光在實報外。故淨名記："問：三土之外，何殊太虛？答：徧同理別。"〔七八〕言理別者，法身即土，離身無土，離土無身。但真如實相，非智非境，說智說境，非身非土，說身說土。約此分別，義當竪矣。若約相即，如妙樂云："豈離伽耶別求常寂？非寂光外別有娑婆。"〔七九〕淨名記云："橫解者，如前所引法華經文，秖於此土而覩上二，故小被斥，見淨不驚，足指按地，即其事也。"〔八〇〕約此相即義屬橫焉。若約相攝，淨名記云："既一土攝一切土，故得此界徧攝下二。"〔八一〕準此，以勝攝劣，土亦橫矣。二、與教對分。妙樂記云："橫論土體，與教相當。竪論約土，用教多少。"〔八二〕然其竪論，如止觀云："若以四諦竪對諸土，有增有減，同居有四，方便則三，實報則二，寂光但一。"〔八三〕輔行釋曰："竪約設教對機。機既增減不同，致使教有差別。四土對教，優劣多少，故名爲竪。"〔八四〕此則土相雖

堅,教乃橫説。故淨名記云:"然約橫論,同居具四,餘三漸
減。"〔八五〕同居機雜,遂設四教。方便但以大乘,訓令修學,理
唯別圓。盖爲稟三藏者,始生方便,未習通門,逗其爲知故
學,遂談通教,以蕩執情,實報約行,證道同圓。但約有餘,用
教之時,教道化機,説別異圓。具用二教,方生實報。寂光上
品,不須用教,但被中下,故有圓乘設教之相。雖橫就土,自
分成堅。若約相即,同居橫具四土體相,與四教旨論其相當;
三藏談於生滅,乃與同居無常相當;通教談乎幻化即空,乃與
方便證真相當;別教從事受名,乃與實報感果相當;圓教談乎
性德,乃與寂光理體相當。橫辨四教,無復優劣,故名橫矣。
四、示有無相。妙宗云:"經論中言寂光無相,乃是已盡染礙
之相,非如太虛空無一物。良由三惑究竟清淨,則依正色心
究竟明顯。"〔八六〕故大經云:"因滅是色,獲得常色。受想行
識,亦復如是。仁王稱爲法性五陰,亦是法華世間相常。大
品色香無非中道,是則名爲究竟樂邦、究竟金寶、究竟華池、
究竟瓊樹。又復此就捨穢究盡,取淨窮源,故苦域等,判屬三
障,樂邦金寶以爲寂光。若就淨穢平等而談,則以究竟苦域
泥沙而爲寂光。此之二説,但順悉檀,無不圓極。"〔八七〕又,淨
覺撰雜編云:且常寂光者,實三德之妙性也。離爲三法,合成
一性,一尚無一,豈有苦樂華胎之相乎? 當知無相之言,其語
猶略,具足須云無相不相,所謂無生死相,不涅槃相,强而名
之,稱曰實相。今議二師所論,與而言之。若依説示分別,如
普賢觀示寂光土,乃以四德釋三德法。故祖師判寂光是理,
餘三是事。約此就説分別,淨覺乃合分別之義。若約相即,
所依理無所存,偏在於事。故維摩疏:"問:別有寂光土邪?
荅:不然,秖分段變易,即常寂光。"〔八八〕四明乃合相即之義,
奪而言之,分別但解三土之外別有寂光。而迷寂光亦偏三
土,遂執寂光空空然,誠不異乎太虛,故吾無取焉。然淨覺雜
編難四明云:今問:此依正色心,爲體爲用? 若言體者,且妙

玄明體用權實中云："體即實相,無有差別。用即立一切法,差降不同。"〔八九〕妙樂指淨緣爲一切法,豈非實體亦無淨相?若言用者,則依正色心,正是下三土事,何得認爲寂光之理邪?今謂:如指要云："夫體用之名,本相即之義。故凡言諸法即理者,全用即體,方可言即。輔行云:'即者,尔雅云合也。若依此釋,仍似二物相合,其理猶疎。今以義求,體不二故,故名爲即。'今謂全體之用,方名不二。"〔九〇〕故釋迦之王娑婆,即毗盧之處常寂。故文句云："同居、有餘自體,皆是妙色妙心果報之處。"〔九一〕荆溪釋云:"寂光既徧,遮那亦徧。"〔九二〕此皆事理相即之明文,云何撥事別求理邪?雜編又問:他引妙經疏云:"常即常德,寂即樂德,光即我淨,是爲四德秘密之藏。"〔九三〕妙樂云:"本有四德爲所依,修德四德爲能依,能所並有能依之身,依於能所所依之土,二義齊等,方是毗盧遮那身土之相。"〔九四〕以此爲證,寂光有相,不亦可乎?荅:此人但聞身土之名,便作形相而〔九五〕解,而不知四德爲是何物。又云:須了遮那本無身土,隨順世閒,彊指妙覺極智爲身,如如法界之理爲土。若消妙樂之文,應云:本有四德者,理也;修德四德者,智也。能所並有能依之身,所依之土者,謂性德之理爲所依,本覺之智爲能依。又修德之理爲所依,始覺之智爲能依。修性雖殊,詎存萬有之境?始本雖二,寧留五陰之形?故維摩疏云:"法身即土,離身無土,離土無身。"今謂此釋,凡有二非:一、能所不辨。妙樂因釋下方空中菩薩,遂以菩薩之身,以表能依之修德;以虛空土,以表所依之性德。安得唯釋所表修性,全棄能表身土乎?二、修性不即。他以性德之理爲所依,本覺之智爲能依,修德之理爲所依,始覺之智爲能依。今謂本覺望修,俱屬乎性;修理望性,俱屬於修。依其所解,則成以性泯性,以修會修,非修性之不二焉。當云全性起修,故所依之土,即能依之身。寂光是應身,全修在性,故能依之身,即所依之土。應身是寂光,方顯身土之齊等,乃見事理之無別矣。又云:若謂寂光無相,便同偏真,猶如太虛者,斯由不知大小二理,智非智別也。如維摩疏云:"大乘法性,即是真寂智性,不同二乘偏真之理。"〔九六〕今問:寂光法身既俱無相,真寂智性爲依何法? 既彰智性之無依,顯非卓識之明鑒也。雜編又云:若據三身相,即四土互具,必須身身即三,土土具四。若然者,法身寂土,豈得無相耶? 通曰:今爲子論四土互具之義。若約事理相對論互具者,寂具三土,乃全體起用,無相而相也。三土具寂,乃全用是體,相即無相也。今問:全用是體,可得無相。全體起用,應云有相。那得一槩言無相耶? 雜編又云:問:若三相不可混同者,何故荆溪難云"一一塵刹一切刹"〔九七〕耶? 荅:此指刹性徧收,故云一切。如金錍即狹徧義。狹何以徧? 狹即性故。又如芥容須彌。芥何以容? 芥亦性故。此文但見事即是理,不見理即是事。理不即事,安得芥納須彌無傷樹木,毛吞巨海不撓龍魚乎? 雜編又云:若無依正之相,斯則理無所具,事無所存。豈可法身便同灰滅? 荅:小乘無相,猶如太虛無生法之理。大乘無相,譬若明鏡具現像之性。像由形對,鏡匪自殊。無謂鏡具像性,便云性已差別。今謂:若言但具於性,不具於相,觀音玄義安云"千種性相,冥伏在心"〔九八〕? 又,不二門云:"理性〔九九〕、名字、觀行,已有依正不二之相。"〔一〇〇〕嗚呼,雪川雖留意於山家,但解修性之相依,未達事理之融即。違法示徒,後嗣絶矣。

六、對身。淨名疏云:"前二是應,即應佛所居。"良以王宮誕質,鶴樹潛神,現生滅相,説三藏法,化同居土,名劣應身。洎有餘國,現法性身,機興應興,機息應息。斯異娑婆,通佛灰斷,既非果報,但名勝應。"第三亦報亦應,即報佛所居。"以他受用,稱實感報,赴於地住菩薩大機,故彼土佛,亦名應也。"後一但是真淨,非應非報,法身所居。"〔一〇一〕此約土體,橫對四佛。若竪論土,凡聖同居,具現四身。方便唯勝,故無劣應。其實報土,無二乘人,唯別圓佛,寂光無機,獨妙法身。

七、解惑者,或曰:維摩經云:"欲得淨土,當淨其心。隨其心淨,即佛土淨。"〔一〇二〕心如形聲,土如影響。秖須自淨其心,何假別求淨土? 荅:初言心淨,應辨理事,一者性淨,二者事淨。且性淨者,大集經云:"一切衆生,心性本淨。心本淨故,煩惱諸結不能染著,猶如虛空。"〔一〇三〕此則衆生、國土,同一法性;地獄、天宮,俱爲淨土。二事淨者,性雖本淨,心乃忽迷,一念不覺,二障久翳,當修三觀,以破三惑。故仁王曰:"三賢十聖住果報,唯佛一人居淨土。"〔一〇四〕登妙覺果,方究竟淨。最下凡夫,慎勿叨濫。次云土淨,須曉難易。婆沙論云:於此世界,修道有二:一者難行。在於五濁惡世,於無量佛時求阿鞞跋致,甚難可得。此難無數塵沙説不可盡。十疑論明五種難事。二、易行道。謂信佛語,教念佛三昧,願生淨土,乘阿彌陁佛願力攝持,決定往生,名易行道〔一〇五〕。

此七義門,辨諸佛土,縱數逾地塵,皆理同鏡象。舒雖萬化橫陳,卷實一法不立。

編至此時,六十四歲,幸目未昏,得書小字。絶筆自慶,遂述頌曰:

梵語星分難徧求,列篇舉要會群流。

惣持三藏如觀掌,顒望後賢爲續周。

〔一〕 湛然述法華文句記卷二上:"刹者,應云'刹摩',此云'田',即一佛所王土也。"智圓述維摩經略疏垂裕記卷一:"刹者,具云'刹摩',此云'土田'也。"

〔二〕 菩薩瓔珞經卷一〇三道三乘品:"佛告舍利弗:西北去此過十四江河沙已,復過十四江河沙數,有佛土名爲淨泰,(中略)盡諸賢聖所居之處。"

〔三〕 見智顗説、湛然略維摩經略疏卷一。

〔四〕 見維摩經所説經卷上佛國品。

〔五〕 見智顗説、湛然略維摩經略疏卷一。

〔六〕見思益梵天所問經卷一序品。

〔七〕按：大智度論未見此説。智顗説妙法蓮華經玄義卷六上：“大論云：‘有國土純聲聞僧，或國土純菩薩僧，或菩薩聲聞共爲僧。’或淨、或穢，何故差别？皆由乘、戒緩急。若戒緩乘亦急亦緩者，即是穢土，以聲聞菩薩共爲僧。以戒緩故，五濁土穢；乘亦緩故，是開三乘；乘亦急故，是顯一乘，娑婆是也。戒急乘亦緩亦急者，淨土也。戒急故，土無五濁；乘亦緩故，開三乘；亦急故，顯一，安養是也。乘緩戒急者，即是淨土，純聲聞爲僧，此可知也。戒緩乘急，即是穢國，純菩薩爲僧，此亦可知。淨穢差别，悉由衆生，高下苦樂，不關佛也。”

〔八〕見妙法蓮華經卷三化城喻品。

〔九〕見大智度論卷九三。

〔一〇〕見仁王護國般若波羅蜜多經卷上菩薩行品。

〔一一〕見佛説觀普賢菩薩行法經。

〔一二〕見湛然述法華文句記卷五中。

〔一三〕見湛然述十不二門。

〔一四〕見湛然述十不二門。

〔一五〕見知禮述十不二門指要鈔卷下。

〔一六〕見智顗説、湛然略維摩經略疏卷一。

〔一七〕見湛然述十不二門。

〔一八〕見仁岳述十不二門文心解。

〔一九〕見智圓述維摩經略疏垂裕記卷一。

〔二〇〕見智顗説、湛然略維摩經略疏卷一。

〔二一〕見智圓述維摩經略疏垂裕記卷一。

〔二二〕沙：大正藏本作“娑”。

〔二三〕見十住毗婆沙論卷五易行品。

〔二四〕見智顗説、湛然略維摩經略疏卷一。

〔二五〕見智顗説、湛然略維摩經略疏卷一。

〔二六〕見智顗説釋禪波羅蜜次第法門卷二。

〔二七〕見智顗説、湛然略維摩經略疏卷一。

〔二八〕見湛然述止觀輔行傳弘決卷二之五。

〔二九〕見智顗説妙法蓮華經玄義卷六下。

〔三〇〕見湛然述法華文句記卷三下。

〔三一〕見智顗説觀無量壽佛經疏。

〔三二〕見智顗説、湛然略維摩經略疏卷一。

〔三三〕見湛然述止觀輔行傳弘決卷二之五。

〔三四〕見湛然述止觀輔行傳弘決卷一之三。

〔三五〕見大智度論卷九三。

〔三六〕智顗説觀無量壽佛經疏：“釋論云：出三界外有淨土，聲聞辟支佛出
　　　　生其中。受法性身，非分段生。”

〔三七〕見智顗説、湛然略維摩經略疏卷一。

〔三八〕見湛然述止觀輔行傳弘決卷二之五。

〔三九〕見智顗説觀無量壽佛經疏。

〔四〇〕見智顗説、湛然略維摩經略疏卷一。

〔四一〕見湛然述止觀輔行傳弘決卷二之五。

〔四二〕見智顗説、灌頂記摩訶止觀卷一上。

〔四三〕見智顗説觀無量壽佛經疏。

〔四四〕見智顗説、湛然略維摩經略疏卷一。

〔四五〕見智顗説觀無量壽佛經疏。

〔四六〕見智顗説妙法蓮華經文句卷五下。

〔四七〕見湛然述法華文句記卷六下。

〔四八〕見湛然述止觀輔行傳弘決卷三之一。

〔四九〕見智顗説、湛然略維摩經略疏卷一。

〔五〇〕見智圓述維摩經略疏垂裕記卷一。

〔五一〕見智顗説、湛然略維摩經略疏卷一。

〔五二〕見智圓述維摩經略疏垂裕記卷一。

〔五三〕見湛然述法華玄義釋籤卷一三。

〔五四〕見湛然述止觀輔行傳弘決卷二之一。

〔五五〕出處俟考。按：湛然述維摩經疏記卷上有云：“寂光是理。”

〔五六〕見智顗説、湛然略維摩經略疏卷二。

〔五七〕見湛然述維摩經疏記卷上。

〔五八〕見湛然述維摩經疏記卷中。

〔五九〕雜編：即義學雜編，仁岳撰，六卷，已佚。

〔六〇〕十：大正藏本作“六”。

〔六一〕見智顗説、湛然略維摩經略疏卷二。

〔六二〕智顗説觀無量壽佛經疏：“四種淨土，謂凡聖同居土、方便有餘土、

實報無障礙土、常寂光土也,各有淨穢:五濁輕重同居淨穢,體析巧拙有餘淨穢,次第頓入實報淨穢,分證究竟寂光淨穢。”

〔六三〕見知禮述觀無量壽佛經疏妙宗鈔卷三。

〔六四〕刊正記:孤山智圓撰,已佚。

〔六五〕見知禮述觀無量壽佛經疏妙宗鈔卷三。

〔六六〕按:往生記者,當即從義撰觀經往生記。釋門正統卷五扣擊宗途傳從義:“字叔端,永嘉平陽葉氏。(中略)所著大部補注十四卷、光明順正記三卷、新記七卷、觀經往生記四卷、金錍寓言記四卷、不二門圓通記三卷、淨名略記十卷、義例纂要六卷、法華句科六卷、四教集解三卷、搜玄三卷、菩薩戒疏科一卷。”佛祖統紀卷二一諸師雜傳神智從義法師亦云其撰有往生記四卷,子注曰:“釋觀經疏。”“輔行云”者,見湛然述止觀輔行傳弘決卷三之四。

〔六七〕見知禮述觀無量壽佛經疏妙宗鈔卷三。

〔六八〕見知禮述觀無量壽佛經疏妙宗鈔卷三。

〔六九〕四明:即知禮。此説他處未見。

〔七〇〕“刊正記云”至此,宋普容台宗精英集卷五四土横豎四釋疑妨亦有引。

〔七一〕見湛然述止觀輔行傳弘決卷三之一。

〔七二〕見湛然述止觀輔行傳弘決卷一之二。

〔七三〕廣慈法師:芝園集卷一杭州雷鋒廣慈法師行業記:“師名慧才,字曇遠,永嘉樂清王氏之子。”

〔七四〕見湛然述法華文句記卷九中。

〔七五〕見智顗説、湛然略維摩經略疏卷一。

〔七六〕見智顗説、湛然略維摩經略疏卷一。

〔七七〕見智顗説妙法蓮華經玄義卷六下。

〔七八〕見湛然述維摩經疏記卷下。

〔七九〕見湛然述法華文句記卷九下。

〔八〇〕見湛然述維摩經疏記卷上。

〔八一〕見智顗説、湛然略維摩經略疏卷上。

〔八二〕見湛然述法華文句記卷八上。

〔八三〕見智顗説、灌頂記摩訶止觀卷一上。

〔八四〕見湛然述止觀輔行傳弘決卷一之三。

〔八五〕見湛然述維摩經疏記卷上。

〔八六〕見知禮述觀無量壽佛經疏妙宗鈔卷一。

〔八七〕見曇無讖譯大般涅槃經卷三九、南本卷三五。

〔八八〕見智顗説、湛然略維摩經略疏卷七。

〔八九〕見智顗説妙法蓮華經文句卷三下。

〔九〇〕見知禮述十不二門指要鈔卷下。"輔行云"者,見湛然述止觀輔行傳弘決卷一之一。又,"尔雅云"者,止觀輔行傳弘決作"廣雅云"。

〔九一〕見智顗説妙法蓮華經文句卷五下。

〔九二〕見湛然述法華文句記卷六下。

〔九三〕見智顗説妙法蓮華經文句卷九上。

〔九四〕見湛然述法華文句記卷九中。

〔九五〕而:永樂北藏本、嘉興藏本作"之"。

〔九六〕見智顗説、湛然略維摩經略疏卷一。

〔九七〕見湛然述法華玄義釋籤卷一四。

〔九八〕見智顗説、灌頂記觀音玄義卷下。

〔九九〕理性:原作"理即",據十不二門改。延壽集宗鏡録卷一五引十不二門,亦作"理性"。

〔一〇〇〕見湛然述十不二門。

〔一〇一〕"淨名疏云"至此,引文皆見智顗説、湛然略維摩經略疏卷一。

〔一〇二〕見維摩詰所説經卷上佛國品。

〔一〇三〕見大方等大集經卷二。

〔一〇四〕見仁王護國般若波羅蜜多經卷上菩薩行品。

〔一〇五〕智顗説淨土十疑論:"十住婆沙論云:於此世界修道有二種:一者、難行道;二者、易行道。難行者,在於五濁惡世,於無量佛時,求阿鞞跋致,甚難可得。此難無數塵沙説不可盡,略述三五:一者、外道相善,亂菩薩法;二者、無賴惡人,破他勝德;三者、顛倒善果,能壞梵行;四者、聲聞自利,障於大慈;五者、唯有自力,無他力持。譬如跛人步行,一日不過數里,極大辛苦,謂自力也。易行道者,謂信佛語教念佛三昧,願生淨土,乘彌陀佛願力,攝持決定,往生不疑也。如人水路行,藉船力故,須臾即至千里,謂他力也。譬如劣夫從轉輪王,一日、一夜周行四天下,非是自力,轉輪王力也。""婆沙論云"者,"難行道"參見十住毗婆沙論卷四阿惟越致相品,"易行道"參見十住毗婆沙論卷五易行品。

附録一　校注引用書目

說明：

（一）按音序排列。

（二）校注中所引内典，凡未列入此書目者，皆據大正藏、卍續藏本等。其中個別文字，根據文意從校勘記等做了校改。

白虎通疏證，清陳立撰，吳則虞點校，中華書局，一九九四年。

抱朴子内篇校釋（增訂本），東晉葛洪撰，王明校釋，中華書局，一九八〇年。

北山錄校注，唐神清撰，富世平校注，中華書局，二〇一四年。

北史，唐李延壽撰，中華書局點校本，一九七四年。

博物志校證，晉張華撰，范寧校證，中華書局，二〇一四年。

成唯識論校釋，唐玄奘譯，韓廷傑校釋，中華書局，一九九八年。

出三藏記集，梁僧祐撰，蘇晉仁、蕭鍊子點校，中華書局，一九九五年。

初學記，唐徐堅等著，中華書局，二〇〇四年。

楚辭補注，宋洪興祖撰，白化文等點校，中華書局，一九八三年。

大乘起信論校釋，梁真諦譯，高振農校釋，中華書局，一九九二年。

大慈恩寺三藏法師傳，唐慧立、彥悰著，孫毓棠、謝方點校，中華書局，二〇〇〇年。

大戴禮記解詁，清王聘珍撰，王文錦點校，中華書局，一九八三年。

大廣益會玉篇，梁顧野王著，中華書局，一九八七年。

大宋僧史略校注，宋贊寧撰，富世平校注，中華書局，二〇一五年。

大唐西域記校注，唐玄奘、辯機撰，季羨林等校注，中華書局，一九八五年。

大唐西域求法高僧傳校注，唐義淨撰，王邦維校注，中華書局，二〇〇〇年。

大藏經總目提要文史藏，陳士强著，上海古籍出版社，二〇〇八年。

爾雅，中華書局十三經注疏本，一九八〇年。

法顯傳校注，東晉法顯撰，章巽校注，中華書局，二〇〇八年。

法言義疏，汪榮寶撰，陳仲夫點校，中華書局，一九八七年。

法苑珠林校注，唐道世編，周叔迦、蘇晉仁校注，中華書局，二〇〇三年。

封氏聞見記校注，唐封演撰，趙貞信校注，中華書局，二〇〇五年。

風俗通義校注，漢應劭撰，王利器校注，中華書局，二〇一〇年。

高僧傳，梁慧皎撰，湯用彤校注，中華書局，一九九二年。

古今注，晉崔豹撰，上海商務印書館叢書集成初編本，一九三七年。

顧炎武全集，上海古籍出版社，二〇一一年。

管子校注，黎翔鳳撰，梁運華點校，中華書局，二〇〇四年。

廣雅疏證，清王念孫著，鍾宇訊點校，中華書局，一九八三年。

國語集解，徐元誥撰，王樹民、沈長雲點校，中華書局，二〇〇二年。

韓非子集解，清王先慎撰，鍾哲點校，中華書局，一九九八年。

漢書，漢班固撰，唐顏師古注，中華書局點校本，一九六二年。

漢魏兩晉南北朝佛教史，湯用彤著，北京大學出版社，二〇一一年。

後漢書，宋范曄撰，唐李賢等注，中華書局點校本，一九六五年。

淮南鴻烈集解,劉文典撰,馮逸、喬華點校,中華書局,一九九
　　七年。

晉書,唐房玄齡等撰,中華書局點校本,一九七四年。

開元釋教録,唐智昇撰,富世平點校,中華書局,二〇一八年。

孔子家語,上海古籍出版社諸子百家叢書本,一九九〇年。

困學紀聞,宋王應麟著,遼寧教育出版社新世紀萬有文庫本,
　　一九九八年。

老子校釋,朱謙之校釋,中華書局,一九八四年。

禮記,中華書局十三經注疏本,一九八〇年。

梁書,唐姚思廉撰,中華書局點校本,一九七三年。

列子集釋,楊伯峻撰,中華書局,二〇一三年。

論語,中華書局十三經注疏本,一九八〇年。

論衡校釋,黃暉撰,中華書局,一九九〇年。

吕氏春秋集釋,許維遹撰,中華書局,二〇〇九年。

孟子,中華書局十三經注疏本,一九八〇年。

墨莊漫録,宋張邦基撰,中華書局,二〇〇二年。

南海寄歸内法傳校注,唐義淨撰,王邦維校注,中華書局,一
　　九九五年。

全唐詩,清彭定求等編,中華書局,一九六〇年。

三國志,晉陳壽撰,宋裴松之注,中華書局點校本,一九五
　　九年。

山海經,晉郭璞注,上海古籍出版社諸子百家叢書本,一九九
　　〇年。

尚書,中華書局十三經注疏本,一九八〇年。

詩經,中華書局十三經注疏本,一九八〇年。

史記,漢司馬遷撰,中華書局點校本,一九五九年。

世説新語箋疏,余嘉錫撰,周祖謨、余淑宜整理,中華書局,一
　　九八三年。

釋迦方誌,唐道宣著,范祥雍點校,中華書局,二〇〇〇年。

釋名,漢劉熙撰,中華書局叢書集成初編本,一九八五年。

釋氏要覽校注,宋道誠撰,富世平校注,中華書局,二〇一四年。

述異記,梁任昉撰,中華書局,一九八五年。

説文解字,漢許慎撰,宋徐鉉校訂,中華書局,二〇一三年。

説文解字注,漢許慎撰,清段玉裁注,許惟賢整理,鳳凰出版社,二〇〇七年。

宋高僧傳,宋贊寧撰,范祥雍點校,中華書局,一九八七年。

隋書,唐魏徵等撰,中華書局點校本,一九七三年。

太平御覽,宋李昉等編,中華書局,一九六〇年。

太玄校釋,漢揚雄撰,鄭萬耕校釋,中華書局,二〇一四年。

魏書,北齊魏收撰,中華書局點校本,一九七四年。

文選,梁蕭統編,唐李善注,上海古籍出版社,一九八六年。

西京雜記,晉葛洪撰,中華書局古小説叢刊本,一九八五年。

小爾雅集釋,遲鐸集釋,中華書局,二〇〇八年。

新輯本桓譚新論,漢桓譚撰,朱謙之校輯,中華書局,二〇〇九年。

新序、説苑,漢劉向撰,上海古籍出版社諸子百家叢書本,一九九〇年。

續高僧傳,唐道宣撰,郭紹林點校,中華書局,二〇一五年。

荀子集解,清王先謙撰,沈嘯寰、王星賢點校,中華書局,一九八八年。

顏氏家訓集解(增補本),王利器撰,中華書局,一九九三年。

藝文類聚,唐歐陽詢等編,中華書局,一九六五年。

中論,漢徐幹撰,上海商務印書館四部叢刊本,一九一九年。

周禮,中華書局十三經注疏本,一九八〇年。

周易,中華書局十三經注疏本,一九八〇年。

莊子集釋,清郭慶藩撰,王孝魚點校,中華書局,一九六一年。

左傳,中華書局十三經注疏本,一九八〇年。

附録二　法雲及翻譯名義集相關資料

蘇州景德寺普潤大師行業記（據永樂北藏本録）

　　普潤大師，名法雲，字天瑞，自稱無機子。姓戈（校注者按：姓戈，大正藏本作"戈姓"），世居長洲彩雲里。父母禱佛，夢一梵僧云："吾欲寄靈於此。"迨生，顏如所夢，瑞相特異。襁褓間見僧，則欣然欲趨，似獲珍玩。五歲辭親，禮慈行彷公爲師，始從庭訓，神鋒發硎。越明年，背誦妙經七軸。九歲薙髮，二十（校注者按：二十，大正藏本作"十"）歲進具。以所受法，即登猊座，爲衆説戒。紹聖四禩，發軔參方，首見通照法師，學習天台大教。次投天竺敏法師几下，諦受玄談。最後啐啄同時，得法於南屏清辯大法師，代柄如意，爲衆敷揚。既而德風四鬣，芳譽遐蜚。時政和七年，郡侯、徽猷閣直學士、通議大夫應安道禮請住持松江大覺教寺，仍薦錫今號。而學者輻輳，如川東之。凡八年間，環講法華、金光明、涅槃、淨名，大小部帙，繼晷待旦，慈霔洋洋。

　　續因慈母年邁，思念報親之恩，遂謝事歸寧，廬於祖墳，曰"藏雲"。居雖蕞（校注者按：蕞，大正藏本作"叢"）爾，躡屬充多（校注者按：充多，大正藏本作"尤多"），假道問津，盈諸户外。仍造西方三聖像，設廣以化人。其母後有微疾，師就卧牀，夜講心經，念阿（校注者按：阿，大正藏本無）彌陀佛。佛放金光，母及四方無不瞻覩。殊祥既兆，臨終怡然。火餘舍利，燦如圓珠。閲數日，現蓮花跡二莖，其爲生處，蓋可知矣。以此方彼大義，渡頭爲道，似乎岐致，然至人適理，何往不從？故我世尊上昇忉利説法酬恩，指鬘比丘彌爲慈行。

　　紹興甲子，寺僧率衆僉詣雲庵，請師歸寺，作衆依止。受已明年，與諸徒弟迎像入寺，敞（校注者按：敞，大正藏本作"敝"）華

閣以舍之。大興蓮社勝會，集千人結課觀經，念本性唯心之
佛，仍建八關齋會及金光明、法華、大悲、圓覺、金剛等會，並
作西資。士夫名賢，善信四衆，飲（校注者按：飲，疑爲"欽"字之誤）
師高風，來者闐咽於路。或争先而趨之者，終成超越。若錦
江進士王齡、武林貢元張啓、三衢國録吴彦英、嘉禾登仕金廷
珪、吴會安人錢氏等凡若干人，俱生淨土。

　　法師博通經史，囊括古今。具八備之才能，蘊十條之德
善。編集翻譯名義、注解金剛經及心經疏鈔，著息陰集等，並
行於世，莫不憲章聖化，鼓吹山家。自行化他，能事畢矣。

　　一日，索浴更衣，端坐西向，召門弟子曰："汝等各念無常
之火，燒諸世間，早求自度，慎勿怠墮。"仍書偈云："瓊樹矗雲
霄，紫雲（校注者按：雲，大正藏本作"金"）臺更高。無生生彼土，不
動一絲毫。""汝等持此并遺書，達於知識，我之最後，爲請定
慧堂頭、寶幢法主，依此起龕舉火，餘無他事。"言已，默然而
蜕。是夜，鐘聲遠聞，異香滿室。既斂龕幃，衆猶聞師口稱佛
名，琅琅在耳。當紹興二十八年九月二十八（校注者按：二十八，
大正藏本作"二十一"）日也。住世七十一年，爲僧五十一（校注者
按：五十一，大正藏本作"六十一"）臘。香薪之次，設利無窮。

　　噫，微渤澥不足以容翻空之濤，微廣漠不足以展垂天之
翮！今法師出廣長舌相於薩婆若海，搏扶摇羊角於第一義
天，雖古高僧，不復多讓。頃修法師塑像，得其弟子文辯大師
師緒狀其行於像藏之内，蒙不揆無似，借爲筆削，以幖幟（校注
者按：幖幟，大正藏本作"標熾"）之者，蓋欲揚摧（校注者按：摧，大正藏本
作"攉"）宗祖之德善，子孫知而傳之云爾。

　　大德五年歲在辛丑九月九日，嗣祖住持永定教寺吉祥雄
辯大師普洽記。（校注者按：大正藏本後有"此記安於翻譯名義之前，庶觀
覽者知夫能述之人勝也"數字，蓋大正藏本此行業記置於卷一之前，法雲自勉
短文之後故）

佛祖統紀卷一四諸師列傳第六之四超果賢法師法嗣（據大正藏録）

法師彥倫，學超果賢師爲有成。大觀元年，主仙潭，撰教義名精微集四卷，賜號妙慧。又撰金剛經疏二卷。法師蘊齊，錢唐周氏，號清辯，幼歲試經得度，傳教觀於法明會賢。師嘗患疫疾，百藥不治，遂力課觀音尊號。夢一婦人，以鑿開其胸，易其心，手捫摩之，患即愈。疇昔所覽，靡不通記，走筆成章，率歸典雅，咸謂辯才之證，主錢唐道林、常熟上方、姑蘇東靈、錢唐南屏、姑蘇廣化、三衢浮石。政和中，復歸上方，閒居於方丈，述頂山記，釋天台戒疏凡三卷。建炎四年正月，集衆誦彌陀經，稱佛號畢，即刻而化，塔舍利於上方。門人法清及景德法雲克傳其道。雲編翻譯名義七卷，大爲梵學檢討之助，頗亦附以教義云。

佛祖統紀卷一五諸師列傳第六之五清辯齊法師法嗣（據大正藏録）

法師法雲，受業姑蘇景德，賜號普潤。學教觀於清辯爲得旨。紹興十三年，撰翻譯名義七卷，以釋藏典之梵語。援引疏記，有所論辯，甚爲學者之益。咸澤山嘉其作，爲贊化刻梓云。

釋門正統卷六（據大正藏録）

蘊齊，字擇賢，錫號清辨，錢唐周氏。師湖山淨明子猷。二十三，試經進具，傳教觀於法明會賢、慈潤靈玩。因患疫病，百藥不治，力課觀音尊號，夢大士以斤斧鑿開胸臆，易以他臟。用手捫摩，所患即愈。凡平日經服，微文奧義，靡不洞達。講唱無滯，舉筆成章，咸謂大士以辨才三昧錫之。住錢唐道林、常熟上方，次東靈、次南屏、次姑蘇廣化、次三衢浮

石,後又住上方,老于東方丈。南屏乃蔣樞密所請,贈詩云:
道人重演蓮華教,佛隴家風好諦聽。浮石疏云:坐斷頂山,悲
垂廣化。酌東靈之水,潤焦穀牙。起南屏之雲,注甘露雨。
政和中,述菩薩戒記於上方,世號頂山記,有二十八偈贊妙
經,皆囊括經旨,匪恃騷雅也。如序品云:彌勒、文殊兩饒舌,
方知鉬稟舊威仗。建炎四年正月十一集衆,諷彌陀經,稱彌
陀號,作頌曰:七十七年機關木,逢場作戲任縱橫。如今線索
俱收了,北斗藏身即便行。門人法清分舍利藏於上方、方丈。
高弟姑蘇景德法雲編翻譯名義七卷。

佛祖歷代通載卷二〇<small>(據大正藏錄)</small>

(宋紹興癸亥年)翻譯名義,平江景德法雲編次,荆溪周
敦義作序。

釋氏稽古略卷四<small>(據大正藏錄)</small>

翻譯名義,宋(紹興十三年)秋八月,蘇州今平江路。景德
寺沙門法雲編成七卷,唯心居士周葵序。

翻譯名義集大正藏本跋

夫翻譯名義集者,姑蘇景德寺普潤大師法雲之所編也。
此書來于此國也,蓋于茲有年矣,以故往往鋟梓而傳于世亦
尚矣。粤有唐本,以之點撿,已廣之本則多有脫簡者,是故考
訂而補其闕略也。又傍加倭點者,其點不一準,請於處處之
學校而寫之者也。定知有是處亦有非處,仰而俟明者之添削
也。聊命工壽木,以廣其傳焉。

維時寬永五戊辰仲冬上旬

附録三　底本各卷後刻書題記

卷一

宋太尉宅施錢十四貫足，助開此集，增崇福慧。

東掖白蓮教院住持與咸喜遇翻譯名義，回施五貫，助集流通。

開元寺都僧正普照大師智燈施錢開集二版，比丘、淨行遂各開一版，並用莊嚴淨土。

比丘祖輝等回施蓮華淨社剩十七貫足，助開此集，莊嚴淨土。

傳法寺比丘尼彥楷施五貫足，莊嚴淨土。

常熟縣明静菴淨人蘇彥億募錢十二貫足，各隨施主，願心如意。

卷二

平江府寧國寺西面南居住弟子沈貴并妻朱氏梵憨各施錢伍貫文足，儒教鄉女弟子陸氏百二娘捨錢伍貫文足，共助開板，各懺罪愆，莊嚴淨土，上報四恩，下資三有。

中街路西面南居住女弟子朱氏淨因施錢伍貫文足，開板上薦先考三郎、先妣杜氏七娘，仍懺罪愆，莊嚴安養。

弟子裴寧捨錢貳貫文足、弟子陸珍捨錢貳貫文足、女弟子裴氏八娘捨錢貳貫文足，共助開板，各報四恩三有，成就佛果菩提者。

卷三

弟子費清、妻王氏願安施錢伍貫文足，莊嚴淨土。

卷四

尹山延慶庵沙門曇定回施儭錢陸貫文足,開版資悼故李十一承事往生淨土。

吳江法喜院比丘如浩回施伍貫文足,開版資悼先師祖機首座往生淨土。

雪川潯溪楊世隆施錢伍貫文足,開版洗滌罪愆,莊嚴淨土。

姑蘇崑山顏天成施錢伍貫文足,開版洗滌罪愆,莊嚴淨土。

平江開元寺比丘蘊蒙回施伍貫文足,開版莊嚴安養。

卷五

少傅、保寧軍節度使、充醴泉觀使、信安郡王謹施俸資一百貫文,彫開翻譯名義,助法流布,保國安寧,壽禄增延,福慧圓顯,法界有情,同霑法利者。

卷六

景德寺徒弟守志謹將先和尚法因首座遺下長財叁拾貫足,命工助雕諸經梵語,願淨罪瑕,冀生安養。

附録四　條目索引（梵漢對照表）

説明：

（一）本索引收録全書各條目名稱,正文中出現相同詞語概不編列。

（二）大正藏本翻譯名義集已注明梵語者及其他能查出梵語者,均在詞條後注明梵語。

（三）條目後標注所在頁碼。

（四）個別條目前的序號或引導性詞語,爲查找方便而略去,如"一、波羅夷"作"波羅夷"、"謂空、假、中"作"空、假、中"。

（五）文字完全相同的詞條,在其後以括號標明其所屬篇章。

（六）按漢語詞條音序排列。

B

T